안식일과 주일

크리스챤신서 80

안식일과 주일

성경신학적 이해와 그 적용

박희석

크리스챤
다이제스트

차례

서문

우리는 주일마다 교회에 출석하여 하나님께 예배를 드린다. 신약교회는 누구의 가르침을 받아 그날을 지키면서 교회의 질서를 유지하고 있는가? 신약교회가 주일에 교회에 모여서 예배드리는 패턴은 두말할 필요 없이 구약성경에서 가르치는 원리를 따랐다. 구약의 유대인들은 안식일에 하나님께 제사를 드리면서 영적인 은혜를 공급받았다. 신구약 성도들은 모두 일주일에 하루씩은 제사와 예배드리는 일을 통해 하나님과 교통하면서 신앙생활을 하였다. 구약 성도들이 지킨 안식일은 언제 어디서 누구로부터 시작되었는가? 그리고 안식일의 원리는 무엇이며 신앙생활에서 왜 그것을 따르고 순종해야 하는가?

안식일의 기원에 대해 많은 이론과 논란이 있다. 우리는 성경이 제시하는 자료에 따라 안식일이 언제 누구의 권위에 의해 시작되었는지 연구하면서 안식일에 대한 인간의 의무를 규명할 것이다. 인간은 안식일을 의무적으로 지켜야 하는가? 안식은 무엇을 의미하는가? 하나님이 자기 백성에게 주신 안식은 매주 순환 반복되는 주일을 지킬 것만 요구하는가? 아니면 하나님의 영원한 천국에서 누릴 안식을 뜻하는가? 인간은 스스로의 노력으로 참된 안식을 누릴 수 있는가? 하나님은 그 안식을 에덴 동산의 아담에게 허락하셨는가? 하나님이 천지를 창조하실 때 그 제도를 만들어 인간에게 주셨다면 안식일도 결혼이나 노동 명령처럼 모든 인류가 동일하게 지켜야 할 의무가 될 것이다. 모세가 십계명을 받기 전에도 안식일은 있었는가? 아담과 그의 후손들은 안식일 계명을 받기까지 어느 날, 어떤 방법으로 하나님께 제사를 드렸을까? 하나님의 자녀들이 창조주 하나님을 예배드리고 섬기는 데에는 하나님께서 정하신 일정한 규정에 따라 하였을 것이다. 우리는 제1장에서 이러한 문제에 대해 연구할 것이다.

성경은 아담이 하나님과 맺은 언약을 파기하므로 모든 불행이 시작되었다고 가르친다. 아담이 타락한 후 안식일을 지키는데 어떠한 변화가 생겼는가? 안식일법은 도덕법인가 의식법에 속하는가? 타락한 인간이 스스로의 노력으로 하나님이 주신 안식을 취할 수 없다면 어떻게 인간이 안식을 얻을 수 있는가? 하나님은 애굽에서 노예 생활하던 이스라엘 백성에게 자유와 해방을 주어 안식을 누리게 하셨고, 또한 안식일법도 주셨다. 모세를 통해 주신 안식일법은 그 핵심이 무엇이며 이스라엘 백성들은 그것을 어떻게 이해하고 그 법을 지켰는가? 하나님은 자기 백성들을 관계하실 때 항상 언약을 중심으로 이루어 나가셨는데 안식일도 언약에 속하는가? 하나님은 이스라엘 백성에게 언약의 표로 안식일을 주셨다. 이스라엘 백성이 안식일 언약을 지키면서 순종할 때 어떠한 축복을 받았으며 불순종할 때 그 결과는 어떠하였는가? 하나님의 백성이 안식일 계명을 순종하므로 얻는 유익은 무엇인가? 안식일법과 다른 계명의 차이점은 무엇인가? 이러한 문제들은 제3장과 4장에서 취급할 것이다.

하나님이 아브라함과 맺은 언약의 핵심은 하나님께서 그들의 백성들과 항상 함께 하시겠다는 임마누엘이다. 인간은 하나님과 함께 동행하는 것이 축복이며 안식이다. 하나님이 자기 백성과 함께하신다는 상징과 징표로써 하나님은 광야의 성막과 예루살렘 성의 성전에 임재하셨다. 성막과 성전은 안식일과 무슨 관계가 있는가? 성막과 성전의 모형은 어떠하였으며 무엇을 상징하는가? 이스라엘 백성이 하나님을 만나기 위해서는 만날 장소와 시간이 필요했다. 하나님께서는 성막과 성전을 그 장소로 택하셨고, 순환되는 시간은 안식일로 정하셨다. 마지막 때 하나님의 본체이신 그리스도께서 육체로 오셔서 인간들과 함께 하셨고 이제는 하나님께서 성령으로 우리 가운데 계신다. 성전과 우리 마음에 성령으로 하나님이 함께 하심은 무엇을 상징하는가?

인간이 스스로의 노력으로 하나님의 영원한 안식을 취할 수 없다면 어떻게 얻을 수 있는가? 하나님은 아담의 타락으로 상실한 안식을 어떠한 방법으로 예정하셨는가? 하나님께서는 아담이 타락한 후 즉시 메시아 탄생을 예고하셨고, 아브라함에게 그 씨로 천하 만민이 복 받을 것을 예고하셨고, 이스라엘 백성은 아브라함의 자손을 통해 안식이 임할 것을 믿었다. 또한 다윗 왕국을 세워 영원한 하나님 나라의 그림자로 주셨다. 메시아의 대속적 죽음은 제사와 유월절 사건 등을 통해 모형으로 보여 주셨다. 이스라엘 백성은 메시아가 오시는 그날이 여호와의 날로서 그들에게 완전한 안식이 임할 것을 기대하였다. 그리스도는 구약 선지자들이 예언한 것처럼 성도들에게 정말 안식을 주셨는가? 그리스도의 죽음과 부활은 성도들의 안식에 어떠한 영향을 끼쳤는가? 그리스도의 부활로 택함 받은 성도들이 기대하던 안식을 성취했다면 완성된 최종적인 안식은 언제 맛볼 수 있는가? 우리는 이 땅에서 생활하는 동안 안식을 맛볼 수 있는가? 이러한 문제에 대한 해답은 제6장에서 얻게 될 것이다.

구약 이스라엘 백성들은 무엇을 기다리며 소망 가운데 생활하였는가? 하나님께서는 아브라함에게 자손과 함께 땅을 언약하셨다. 그들은 약속의 땅에 정착되기를 얼마나 열망하였는가? 하나님은 출애굽한 이스라엘 백성들을 약속의 가나안 땅으로 인도하였다. 그들은 가나안에서 참된 안식을 누렸는가? 하나님은 이스라엘 백성에게 가나안 땅을 영원한 천국의 그림자와 표상으로 주셨을 뿐 영원하고 완전한 안식은 미래적이며 종말론적이다.

그리스도는 구약의 안식일을 인정하셨는가? 예수께서는 안식일을 지키셨는가? 주님은 왜 안식일에 대해 바리새인과 서기관들과 논쟁을 하셨는가? 예수님과 유대 종교지도자들의 안식일 견해는 어떠한 차이가 있는가? 예수님은 구약 성경이 가르치는 율법의 원래 정신에서 이탈하여 생활하는 당시 종교 지도자들을 비판하시고 율법을 재해석하셨다. 바리새인들이 가르친 율법과 안식일은 원래 구약성경의 원리와 어떻게 차이가 있는가? 이러한 문제들을 제8장에서 연구할 것이다.

구약 유대인들은 토요일을 안식일로 지켰는데 신약교회는 왜 매주 첫날에 예배드리는가? 신약교회가 예배드리는 날짜를 변경시킨 이유는 어디에 있는가? 신약교회는 안식의 완성인 그리스도께서 부활하신 날을 기념하여 안식 후 첫날을 새로운 안식일로 정하여 지킨다. 안식일은 어느 누구의 권위로 바뀌었는가? 하나님인가? 사람인가? 제칠일에 안식일을 지키는 안식교회의 주장은 무엇인가? 그들의 주장처럼 주일에 모여서 하나님께 예배드리는 모든 교회는 과연 하나님의 말씀에서 이탈된 집단인가? 아니면 그들이 성경의 해석을 잘못하고 있는 것인가? 이러한 문제는 제9장에서 취급할 것이다.

필자가 본서를 집필한 이유는 오늘날 성도들의 주일 성수에 대한 관심을 촉진시키는데 있다. 성도들이 안식일에 대한 바른 견해를 갖는다면 성실하고 진실된 마음으로 안식일을 지키는데 도움이 될 것이다. 성도들이 주일 성수에 대한 열심들이 약한 것은 안식일의 성경적 의미를 깨닫지 못하고, 신앙생활을 하는 성도들이 많기 때문이다. 성경에서 가르치는 안식일의 의미가 무엇인지 그리고 하나님께서 안식일을 제정하여 인간에게 주신 이유를 이해한다면 기쁘고 즐거운 마음으로 주일을 지킬 수 있을 것이다. 성경에서 가르치는 중요한 주제는 하나님께서 사랑하는 자녀들에게 참된 안식을 주려 한다는 사실이다.

본서는 신구약 성경을 언약 신학적 관점에서 안식일을 중심으로 해석하였다. 즉 안식을 주제로 하여 신구약 성경의 중심 사상을 구성하였다. 하나님께서 인간들에게 약속하신 언약을 중심으로 안식일 신학을 해석하였다. 안식일에 대해 신구약 전체 가르침을 주제별로 분석한 책은 한국은 물론 영어권에서도 없었다. 본서를 읽는 독자들은 누구나 안식일에 관한 많은 정보와 의미를 이해하게 될 것이다. 필자는 처음에는 기독교 역사에 나타난 안식일을 주제로 집필을 시작하였으나, 한국교회의 상황이 그 주제보다는 성경적 관점의 이해가 더 필요한 것 같아서 순서를 바꾸기로 하였다. 이어서 교회사에서 이해된 안식일과 안식일을 둘러싼 논쟁들을 중심으로 다른 저서를 집필 중임을 밝힌다.

지금까지 하나님의 영원한 안식의 소망을 갖게 함과 동시에 주일마다 그 안식의 맛을 느끼도록 필자를 인도하여 준 모든 선생님들과 신앙의 선배들께 감사드린다. 뿐만 아니라 총신대학교에서 강의하는 동안 질문과 토론을 통해 많은 것을 깨닫고 배우도록 하여 준 학생들에게도 감사를 표한다. 그동안 나를 위해 여러 방면으로 기다리면서 가정의 안식을 위해 수고한 모든 식구들에게 감사의 뜻을 표하고 싶다. 원고를 읽으면서 교정을 봐주신 총신대학교 문용식 교수님과 정성을 다하여 원고를 정리한 비서 이재은 선생에게도 학교에서 맡은 사역과 생활에 안식이 넘치기를 바란다. 끝으로 이 책을 읽는 모든 독자들에게 하나님께서 주시는 안식이 가득하기를 바란다.

총신대학교 연구실에서
저자 박희석

제1장

안식일의 기원

안식일은 교회사적으로 볼 때 교회 내에 지대한 관심을 불러일으킨 지속적인 주제였다. 안식일을 어떻게 지킬 것인가 하는 문제에 대한 답은 시대와 교회, 개인에 따라 다르게 나타난다. 안식일에 관한 구약과 신약이 가르치는 원리는 동일하다 할지라도 적용 방법과 표현에 따라 차이가 있다. 그 결과 시대와 환경에 따라 안식일에 관한 가르침이 항상 일치하지는 않았다. 이러한 차이로 중세교회와 종교개혁시대의 주장이 다르고, 교파마다 안식일에 대한 그들 자신들의 특징적 견해를 갖게 되었다. 그리고 교회사적으로 볼 때 안식일을 어떻게 지키는가의 여부는 교회의 존립과 병행한다. 개인의 신앙 성장과 교회의 부흥은 안식일을 얼마나 잘 지키느냐의 여부에 달려있다. 안식일을 무시하는 교회는 존립이 불가능하다. 신앙 교육과 훈련에 관련된 대부분의 일들이 주일에 교회를 중심으로 해서 이루어지기 때문이다. 안식일인 주일을 제대로 지키지 않는다면 정상적 예배와 성경공부 및 신앙과 관련된 모든 교육과 프로그램이 존재할 수 없다. 그렇게 되면 성도들은 성경적인 신앙을 유지할 수 없게 되고, 따라서 교회는 존립의 위협을 당하게 될 것이다. 반대로 주일을 성경의 가르침에 따라 철저하게 지키게 된다면 성도들의 신앙은 견고하게 유지될 것이다.

안식일을 거룩하게 지키느냐 아니냐에 따라 개인이나 교회의 부흥과 존폐가 좌우된다. 안식일을 올바로 지키지 않는 개인이나 교회는 반드시 영적 혼돈을 경험할 것이며 그 결과, 하나님을 떠나게 될 것이다. 안식일은 개인의 신앙과 교회의 부흥과 존립에 그만큼 중요한 문제이다. 안식일을 바로 지키려면 성경에서 안식일을 어떻게 지키라고 하는지를 바로 이해하는 것이 무엇보다 우선시 되어야 한다.

그러나 안식일에 관한 성경의 교훈을 바로 이해하는 성도는 많지 않다. 그 이유는 교파와 학자들의 가르침과 주장이 각기 다르며 그와 동시에 교회와 성도들의 신앙적 열정이 과거보다는 미온적이고, 또한 세속화의 결과로 주일에 대한 관심이 약하기 때문이다. 주일 오전에 교회당에 들어오는 성도들에게 다른 날 모이지 않고 주일 오전에 예배드리는 이유가 무엇인지를 질문한다면 대부분의 교인들이 교회에서 예배 시간을 주일 오전 11시로 정하였기 때문이라고 대답할 것이다. 교회에서 다른 날 예배드리지 않고 주일에 예배드리는 이유가 무엇인지 질문하면 여러 종류의 대답을 할 것이다. 어떤 사람은 그날만은 모든 직장이 공휴일로 쉬기 때문에 시간적으로 예배드리기에 편리해서 그렇다는 사람도 있을 것이고, 또 다른 사람은 이미 전통적으로 옛날부터 그렇게 지켜온 관습 때문이라는 등등 이런저런 각기 다른 답을 듣게 될 것이다.

주일이 하나님께 예배드리기 위해 제정되었다는 사실 자체를 비성경적인 것으로 믿고 가르치는 신학자들의 몇 가지 견해를 소개하면 다음과 같다. 19세기부터 안식일에 대해 연구하는 학자들 가운데 안식일의 기원을 성경에 두기를 거부하는 사람들도 있었다.[1] 폴 주잇(Paul K. Jewett)은 신학자들이 안식일의 뿌리를 고대 바벨론의 역사와 문화에서 찾는 것을 비평학자인 벨하우젠의 역사 비평의 결과로 이해한다.[2] 안식일의 뿌리를 성경에 두기를 거부하는 사람들에 의하면 구약의 안식일은 유대민족이나 구약역사에 뿌리를 두지 않고 고대 근동의 종교와 문화 사상이 구약을 기록

---

1) Julius Welhausen, *Prolegomena to the History of Israel*, 112-116. 벨하우젠은 성경의 문서 편집설로 이미 잘 알려진 자유주의 신학자이다. 그와 신학적 입장이 비슷한 사람들에 의해 구약 안식일이 고대근동의 신화나 문화의 영향을 받았다는 주장이 제기되었다.

2) Paul K. Jewett, *The Lord's Day: A Theological Guide to the Christian Day of Worship*, (Grand Rapids: Eerdmans, 1971), 14.

한 저자에게 영향을 끼쳐 유대종교화 되었다고 한다. 즉 성경이 가르치는 안식일은 하나님이 만드신 것이 아닌 고대 근동의 종교와 문화의 영향으로 만들어졌다는 것이다. 이들은 안식일 제도의 신적 기원을 거부한다. 따라서 성경에서 가르치는 안식일 교훈이 절대적 권위를 갖지 못하며 동시에 반드시 그날을 지킬 필요가 없다는 논리를 편다. 비록 안식일을 지킨다 할지라도 지키는 방법은 꼭 성경에 얽매일 필요가 없이 환경에 따라 변경이 가능하다고 주장한다. 안식일은 인간의 필요와 요구에 의해 제정되었기 때문에 후대 사람들이 마음대로 변경하거나 수정할 수 있다는 이들의 견해에 따르면 안식일의 시작과 목적은 유대교나 기독교와 아무런 관계가 없고, 고대 사회의 사람들이 만든 제도이므로 시대와 상황에 따라 수정하고 변경하거나 경우에 따라서는 그날을 지키지 않아도 된다는 것이다. 그래서 이들은 토요일이나 일요일 혹은 목요일이나 수요일 그 어떤 날도 특별한 의미를 갖지 않고 로마서 14:5[3]에서 모든 날을 같게 여긴다는 사도 바울의 말을 인용하여 안식일이나 주일의 폐지를 주장하기도 한다. 심지어 여호와의 증인들은 주장하기를 기독교인이라면 모든 날을 믿음으로 그리스도께 순종하면서 안식일을 지켜야 한다며 특정한 날을 정하는 것을 반대한다.[4] 모든 날을 동일하게 취급하자는 주장은 훌륭한 믿음을 소유한 듯한 인상을 주지만 실상은 안식일 지키기를 거부하는 대표적 이론이다.

또 다른 사람들은 비록 안식일이 하나님에 의해 제정되었음을 인정하면서도 주일이 하나님께 예배드리기 위한 날로 하나님에 의해 제정되었다는 사실을 받아들이지 않는다. 최근 크리스토퍼 키슬링을 포함한 천주교 신학자들은 기독교인들이 과거와 같이 주일에 한가하게 예배만 드리는 것이 불가능하다고 전망하였다. 그들에 의하면 일요일은 놀이(play), 자유, 쾌락, 그리고 창조를 위해 만들어진 날이다. 따라서 그날 기독교인들이 예배드리면서 영적인 일에만 시간을 낭비하기보다는 각자의 유익을 위해 다른 일들도 함께 해야 한다고 강조한다.[5] 이들의 견해에 의하면 성도들이 주일에

---

3) 롬 14:5 혹은 이날을 저날보다 낫게 여기고 혹은 모든 날을 같게 여기나니 …
4) 여호와의 증인, 『하나님을 하나님되게 하라』, 179.

일상생활을 중단하고 예배를 드리면 비판의 대상이 될 뿐이다. 하나님이 안식일을 만드셨음을 믿기는 하지만 그날을 다른 날과 특별히 구별하여 지킬 필요를 느끼지 않는다. 평일에 행하던 사업이나, 사회생활, 가정생활, 여가생활, 기타 무슨 일이든지 주일에도 자유롭게 행하라고 권고한다. 이들에 의하면 주일을 어떻게 지켜야 할 것인지에 대한 관점은 불신자와 차이점이 전혀 없다.

린셀은 천주교의 다른 학자들보다는 온건한 입장을 취하지만 하나님께서 안식일을 제정하셨다는 사실을 믿지 않는다. 그는 기독교인이라도 그날에 세속적 일을 하기 원하는 사람은 그것을 하게 하고, 교회에서 하나님께 예배드리기를 원하는 사람은 예배에 참석하게 하라고 가르친다. 그는 개신교 학자이지만 안식교회의 주장도 수용하면서 개인의 기호에 따라 토요일로 예배일을 변경해도 좋다는 견해를 밝혔다.[6] 그에 의하면 개인의 형편에 따라 주일이나 토요일을 예배일로 지키든지 아니면 그날 세속적 사업을 하는 것도 권장할 수 있는 일이라고 주장한다. 그 이유는 안식일은 하나님의 권위에 의해 제정된 것이 아니라 사람이 만들었기 때문에 모든 사람은 그 개인의 형편에 따라 자유롭게 선택하여 그날을 지킬 권리가 있다고 믿기 때문이다.

안식일 교회에서는 하나님께서 천지를 창조하실 때 모든 인류에게 토요일을 안식일로 지키도록 제정하셨다고 믿고 지금까지 안식일에 예배를 드리고 있다.[7] 그들은 하나님께서 그날을 정하셨기 때문에 인간이 원한다 하

---

5) Christopher Kiesling, *The Future of the Christian*(New York, 1970), 16. 다른 천주교 학자들도 Kiesling과 견해를 같이한다. James Garcia, "Contribution to the Theology of Sunday," *Worship* 52 (July, 1978): 369-74. Willy Rordorf, *Sunday: The History of the Day of Rest and Worship in the Earliest Centuries of the Christian Church*, (Philadelphia, 1968), 154-163.

6) Harold Lindsell, "Consider the Case for Quiet Saturday," *Christianity Today*, 5 (November, 1976), 42

7) Samuel Bacchiocchi, *From Sabbath to Sunday: A Historical Investigation of the Rise of Sunday Observance in Early Christianity*, (Rome: The Lord's Day Alliance of the United States, 1977), 10. 이 책은 로마에 있는 Pontifical

여 수정이나 변경할 수 없다고 주장한다. 안식일 교회 가운데 가장 큰 교
단은 제칠일 안식일 교회로서 1845년에 미국에서 토요일을 안식일로 지
킬 것을 결의하였다.[8] 이 교회의 창시자인 화이트(Ellen G. White)는 토요
일을 안식일로 지키지 않는 것은 우상숭배와 같다고 하였다.[9] 이 원리에
의해 지금도 모든 안식교회는 하나님께 예배드리는 날을 주일이 아닌 토
요일로 정하여 지키고 있다. 이들은 그리스도를 믿음으로 구원을 받는다는
사실은 인정하지만, 토요일 안식일을 지키지 않는 자는 참믿음을 소유하지
못했다고 주장한다. 즉 토요일 안식일을 지키지 않으면 구원이 불가능하다
는 논리를 펴고 있는 느낌을 준다. 그래서 오직 믿음의 교리인 종교개혁의
원리에서 벗어난 듯한 주장을 한다. 이들은 그리스도가 부활하신 다음 안
식일이 토요일에서 주일로 변경되었다는 사실을 인정하지 않는다.

　반면 개혁신학자들은 안식일의 기원을 창조 규범으로 하나님께서 제정

Gregorian University의 박사학위 논문이다. 그는 자기 논문을 영어로 번역 출판하
였다. 그리고 그가 학위를 받은 학교는 천주교 학교인데 비천주교인으로 학위를 받
는 것은 어려운 일이다. 이 책 외에도 Bacchiocchi는 토요 안식일에 관한 많은 저
서를 남겼으며 토요 안식일을 주장하는 제칠일 안식일 교회 학자 가운데 제일 많이
알려진 사람이다. 그가 남긴 다른 저서들은 다음과 같다. *Anti-Judaism and the
Origin of Sunday*(Rome, 1975), *Rest for Modern Man*(Nashville, 1966), *Divine
Rest For Human Restlessness: A Theological Study of the Good News of the
Sabbath For Today*(Rome: The Lord's Day Alliance, 1980). 이 책은 그의 대표
적 저서로 제칠일 안식일 교회의 신학을 잘 대변하고 있다. 그는 안식일이 하나님
이 창조 때 제정하신 창조 규범임을 강하게 변증한다. 나아가 안식일의 창조법칙을
거부하는 자유주의 자들의 모든 이론들을 강하게 반박한다. 이 부분에서는 개혁주
의자들과 뜻을 같이한다. 그러나 안식일이 토요일에서 주일로 변경되었다는 사실에
대해서는 주로 개혁주의자들과 대립하게 된다. 안식일을 연구하는 사람이 읽어야
할 필독서다. 그 외에도 알려진 학자로는 Gerhard F. Hasel, Sakae Kubo, Kenneth
A. Strand, Edwin R. Thiele 등이다. 이들은 현재 안식일 교회가 운영하는 학교로
서는 제일 잘 알려진 Michigan에 소재한 The Seventh-Day Adventist
Theological Seminary of Andrews University에서 가르치고 있다. 그 학교에서
발행하는 학술지 *Andrews University Seminary Studies*를 통해 계속 자기들의 학
문적 입장을 밝히고 있다.

　8) Norman C. Deck, *The Lord's Day or the Sabbath, Which?* 35.
　9) Ellen G. White, *The Story of Patriarchs and Prophets*, 336.

하셨다고 믿는 것이 안식교회의 견해와 동일하다. 하지만 칼빈주의자들은 신적 계시에 의해 하나님께 예배드리는 날이 일곱째 날에서 주님께서 부활하신 첫째 날로 변경되었다고 강조한다. 이들의 가르침은 신약교회의 예배일이 토요일에서 일요일 즉 주일로 변경되었다는데서 안식교회와 견해를 달리 하고 있다. 이들은 그리스도께서 구속사역을 완성하고 부활하신 그날이 새 언약 시대의 안식일이라고 가르친다. 언약이 옛 언약에서 새 언약으로 변경되면서 안식일도 토요일에서 주님이 부활하신 주일로 변경되었다고 믿는다. 대부분의 천주교회와 개신교가 여기에 속한다. 이들은 제4계명을 인간들이 피할 수 없이 지키고 순종해야 할 도덕법으로 믿는다. 장로교회,[10] 감리교회,[11] 영국 성공회,[12] 그리고 기타 개혁교회들[13]은 현재의 주일이 하나님이 정하신 신적 명령으로 제정되었다고 믿는다. 1888년 일요일을 기독교인의 안식일로 고백하는 교회들이 미국안식일협의회 (American Sabbath Union)를 만들었다.[14] 이 단체는 일요일이 기독교인이 지켜야 할 안식일임을 선전하고 알리는데 노력하고 있다.

---

10) The Westminster Confession of Faith, 21,7.

11) *Methodist Articles of Religion* (1784) by John Wesley, Phillip Schaff, *The Creeds of Christendom*, 3:808.

12) *Thirty-nine Article of Religion of the Church of England* (16세기 영국이 종교개혁을 일으킨 후 1571년 첫 번 개혁신앙을 반영한 신앙고백서), Article VII, Schaff, *The Creeds of Christendom*, 3:491-92. *The Irish Articles of Religion* (1615), Article 84.

13) *The Second Helvetic Confession* (1566), Schaff, 1:405, *The Savoy Declaration of the Congregation Churches*, (1658), Schaff, 3:718 Savoy 고백서는 회중교회의 신앙고백서다. 그러나 그 내용은 대부분 Westminster 고백서와 동일하다. 단지 교회행정과 정치에서 큰 차이가 난다. 개혁신앙의 영향을 많이 받은 결과다.

14) 그 후 이름을 주의 날 협의회(the Lord's Day Alliance of the United States)로 변경하였다. James P. Wesberry가 상임총무가 되어 논문을 썼다. "Are We Compromising Ourselves?" *Sunday*, April-June 1976. 이 논문에서 그는 예수님은 구약의 안식일을 폐하지 않고 신약교회가 지키는 주일에 합쳐졌다고 하였다. 그의 논문이 LDA의 입장을 대변한다. 그리고 LDA출판사에서 안식일에 관한 책들이 많이 출판되고 있다.

성도가 일요일에 하나님께 예배를 드릴 것인지, 그날 예배를 드리면 어떠한 자세로 예배를 드려야 할 것인지 결정하는데는 안식일이 언제, 무슨 목적으로, 누구에 의해 제정되었는가라는 문제와 직결된다. 이 문제의 초점은 안식일을 만드신 분이 하나님이시냐 아니면 인간이냐 하는 것이다. 인간들이 하나님께 예배드리게 하기 위한 목적으로 하나님께서 안식일을 만들었다고 믿는다면 그 사람은 그날을 그 목적에 따라 지킬 것이다. 하나님이 인간을 처음 창조하실 때 안식일을 만들어서 인류의 시조인 아담에게 주셨다면 모든 인류가 의무적으로 그날을 지켜야 한다. 그 이유는 창조 규범으로서 도덕법이 되기 때문이다. 하나님이 그렇게 하셨기 때문에 사람은 아무것도 변경할 수 없고 오직 순종만 있을 따름이다. 만일 교회나 사람이 안식일 제도를 처음 설정했다고 인식하면 교회와 사람의 결정에 의해 어떤 내용이든 수정이 가능하다고 생각할 수 있다. 안식일이 하나님에 의해 제정되지도 않았고, 교회가 결정한 것도 아니며, 오직 각 개인에게 위임된 사항이라면 모든 사람이 자신의 사정에 따라 그날을 의미 있게 보내면 될 것이다.

우리는 안식일의 기원에 관해서 성경이 가르치는 교훈을 바로 이해해야 한다. 이것이 안식일 연구에서 가장 중요하다. 이에 대한 많은 책과, 논문, 설교들이 출판된 만큼 안식일은 학자들 사이에 많은 쟁점이 되고 있다. 우리는 이 문제에 관한 핵심 주장이 무엇인지 차례로 연구한 후 마지막으로 개혁신학이 가르치는 입장을 소개하여 어느 것이 성경에서 가르치는 바른 교훈인지를 살피려 한다.

1. 고대 근동의 안식일 기원에 관한 이론

1883년부터 현재까지 많은 학자들이 안식일의 기원을 연구하면서 성경의 가르침을 배제하고 고대 바벨론 종교나 신화를 통해 찾으려는 시도를 했다.[15] 이러한 시도를 한 사람들은 주로 신학적으로 자유주의 입장을 지지하는 사람들이다.[16] 이들은 모세가 오경을 기록할 때 이러한 고대 근동

자료들의 영향을 받아 성경의 안식일이 종교적 의미로 채색되어 만들어졌다고 한다. 따라서 이들은 안식일이 하나님에 의해 만들어졌다는 신적 기원을 거부한다. 안식일의 신적 기원을 거부하는 많은 이론들 가운데 대표적인 몇 개의 이론만 간략하게 소개하려 한다.

1) 바벨론 타부 일(Taboo Day) 기원설
이스라엘의 안식일 제정에서 바벨론의 영향을 받았다는 이론들 가운데 타부(Taboo) 일(日)이 가장 오래된 이론이다. 타부는 가나안 민족들이 지키는 7일로 구성된 주간의 일곱째 날이다. 타부 일은 토성(土星)과 관련이 있으며 매월 7, 14, 21, 28일로 정해졌다.[17] 타부 일은 악(惡)하고 나쁜 날이기 때문에 그날은 노동이나 일하지 않고 쉬는 날로 지켰다. 왕을 비롯한 모든 관리들은 그날에 금기사항이 많았다. 예컨대 마차를 타고 여행하는 것을 금하였다. 신을 섬기는 자는 그날 점술행위를 삼갔다. 언행을 조심하고 불에 구운 고기는 먹지 않았으며 깨끗한 의복을 입고 그날 하루 동안은 다른 옷으로 갈아입지도 않았다. 또한 밤에 신에게 제사를 드린 후에 일상적 생활을 했다는 등등의 금기 사항이 있다.[18]

---

15) 안식일의 기원에 대해 고대 근동의 자료를 연구한 첫 작품은 Gulielmus Lotz, *Questiones de historia Sabbati libri duo* (Leipzig: 1883)이다. 이 책의 세밀한 내용은 Hasel, "The Sabbath in the Pentateuch," *The Sabbath in Scripture and History*, 37에 있다. 그 외에 안식일의 기원을 고대 근동의 역사에서 찾는 연구에 관한 대표적 자료들은 다음과 같다. Willy Rordorf, *Sunday*, 19-24. Th. J. Meek, "The Sabbath in the Old Testament: Its Origin and Development," *Journal of Biblical Literature* 33 (1914): 201-212. E. G. Krealing, "The Present Status of the Sabbath Question," *American Journal of Semitic Languages and Literatures*, 49 (1931-33): 218-228. Bacchiocchi, *Divine Rest and Human restlessness*, 21-32.

16) G. H. Waterman, "Sabbath," *The Zondervan Pictorial Encyclopedia of the Bible* 5, 182.

17) J. Morgenstern, "Sabbath," *Interpreter's Dictionary of the Bible*, 4 (1962): 137.

18) Ibid.

구약의 안식일이 가나안의 타부 일의 영향을 받았다고 주장하는 사람들
은 출애굽기 16:29[19])과 35:3[20])등에 기록된 안식일에 만나를 거두지 말 것
과 불도 피우지 말라는 금기 사항은 가나안 종교가 끼친 결과로 간주한다.
학자들은 모세가 애굽에서 바로의 칼을 피해 미디안으로 피난했을 때 가
나안 타부 일의 영향을 받아 창세기를 비롯한 구약의 오경을 유대종교적
의미로 변형하여 기록했다고 주장한다.[21])

이스라엘의 안식일이 바벨론의 타부 일의 영향을 받았다는 이론은 수긍
하기 어렵다. 우선 타부 일은 왕과 제사장을 비롯한 그 사회의 지도층에
있는 소수의 사람에게만 적용되었다. 타부 일에 왕과 관리들에게는 여행과
육식을 금하였고 제사장은 점성술을 못하게 하였다. 일반 대중들에게는 타
부일에 무엇을 하라든지 혹은 금지하든지 하는 사항이 없다. 즉 타부 일은
오직 고대 근동의 지도적 계층의 사람들에게만 적용되는 금기 사항이 있
는 날일 뿐이다. 바벨론의 타부 일은 그 지역에서 생활하는 모든 사람에게
적용된 것이 아니라 상류층의 지배 계급에 속한 사람에게만 한정되었다.
그러나 구약의 안식일법은 예외가 없이 모든 사람이 그날을 지키고 그 법
에 따라 순종할 것을 요구한다. 바벨론의 타부 일을 지키는 대상과 구약의
안식일을 지켜야 할 대상은 완전히 다르다. 그리고 타부 일에 지켜야 할
내용과 안식일에 해야 할 일들의 내용도 전혀 다르다.

19세기에 고대 바벨론의 종교와 문화를 기록한 석판(tablet) 3,138개가
발견되었다. 그 석판에는 바벨론에서 시행된 타부 일은 주전 604-649년에
지켜졌다는 것과 그 타부 일 제도에 관한 내용이 설명되어 있다.[22]) 그런데

---

19) 출 16:29 볼지어다 여호와가 너희에게 안식일을 줌으로 제육 일에는 이틀
양식을 너희에게 주는 것이니 너희는 각기 처소에 있고 제칠 일에는 아무도 그 처
소에서 나오지 말지니라.

20) 출 35:3 안식일에는 너희의 모든 처소에서 불도 피우지 말지니라.

21) Karl Budde, "The Sabbath and the Week: Their Origin and Their
Nature," *The Journal of Theological Studies* 30 (1928): 1-15. H. H. Rewley,
"Moses and Decalogue," *Bulletin of the John Rylands Library*, 34, (1951-52):
81-118.

22) C. H. W. Johns, "The Babylonian Sabbath," *The Exopsitory Times*, 17

무엇보다 문제가 되는 것은 연대(年代)가 전혀 맞지 않는 것이다. 바벨론에서 시행된 안식일은 주전 7세기에 처음 만들어진 제도였고, 모세가 오경을 기록한 연대는 주전 15세기였다. 구약의 안식일과 바벨론의 안식일이 어떤 영향을 주고받았다면 모세가 바벨론 안식일의 영향을 받은 것이 아니라 오히려 바벨론의 안식일인 타부 일이 구약 안식일의 영향을 받았을 가능성이 더 높다고 할 수 있다. 그러므로 최소한 구약의 안식일이 바벨론의 타부 일에서 전혀 영향 받지 않았다고 결론 내릴 수 있다.

2) 바벨론 만월일(滿月日, Full Moon Day) 기원설

구약의 안식일이 바벨론의 영향을 받았다는 또 다른 이론은 바벨론의 만월일 이론이다.[23] 바벨론 사람들은 초생달에서부터 그 달이 사라지기까지 사등분하여 구분하였다. 그 가운데 가장 밝은 보름달이 뜨는 날을 제일 큰 날로 여겼다. 만월이 되는 날은 신(神)을 즐겁게 하기 위해 축제를 행했다. 그 축제는 자식과 농업의 풍요로운 생산을 기원하는 종교적 의미가 강하다. 이날은 일상생활의 피곤하고 고달픈 노동으로부터 휴식을 취하는 바벨론 안식일이었다. 고대 바벨론에서 아카디안(Akkadian) 족은 강한 민족 중에 하나였다.[24] 아카디안에서는 만월이 되는 날을 사바투(sabattu)라 하였으니, 곧 보름이 사바투이다. 매월 하루씩, 만월이 되는 15일 사바투는 신을 즐겁게 하기 위해 휴식하는 날이다. 어떤 학자들은 아카디안 언어 사바투(sabattu)가 히브리어 안식을 뜻하는 사바트(sabbat)에 영향을 끼쳤다고 생각한다. 그 이유는 어원에서 비슷한 아카디안 안식일인 사바투가 히브리어 안식일인 사바트에게 영향을 주었다고 가정하기 때문이다. 영

(1905-1906): 566-567.

23) Th. J. Meek, "The Sabbath in the Old Testament," 201-212.

24) 창 10:4에 악갓으로 기록된 민족이 아카디안이다. NIV는 Akkad로 기록하고 있다. 이 민족에 관한 언급이 구약에 많이 나타나지 않는 이유는 족장들을 비롯한 이스라엘 조상들이 이들과 직접적 접촉이 많지 않았던 것으로 추정된다. 그러나 아카디안 족은 당시 종교와 정치, 문화적으로 강대국이었다. 따라서 주변국들은 이 민족의 영향을 받았음이 틀림없다.

어에서 sabbath와 어원적으로 깊은 관련이 있는 아카디안어와 히브리어의 유사성으로 인하여 구약 안식일이 바벨론 사바투의 영향을 받았다고 결론 내린다.[25]

어떤 학자는 고대 이스라엘 민족들이 초기에 안식일을 칠 일 단위로 행하지 않고 매월 한 번씩 안식일을 지켰다고 주장한다.[26] 그러나 매월 음력 15일인 만월이 되는 그날에 월 일 회씩 행하던 축제가 언제부터, 어떻게, 왜 안식일인 칠 일에 한 번씩 안식하게 되었는지에 대해서는 침묵한다. 또한 이스라엘 민족들이 만월이 되는 그날에 안식일을 지켰다는 기록은 전혀 나타나지 않는다. 나아가 아카디안어의 사바투(sabattu)는 히브리어에서 안식일을 나타내는 sabbat와 어원적 차이가 있다. sabattu는 끝 자음인 t가 겹자음인데 sabbat는 가운데 자음인 b가 겹자음이다. 그래서 학자들은 이 두 단어가 비슷한 부분은 있으나 히브리어의 sabbat가 아카디안의 sabattu에서 영향을 받았다는 견해를 받아들이지 않는다.[27] 따라서 구약의 안식일이 아카디안의 영향을 받았다는 이론은 일부 학자들의 단순한 가설일 뿐이다. 우리는 구약 안식일이 고대 바벨론 사바투의 영향을 받았다는 이론은 정당한 근거가 없기 때문에 인정하기가 어렵다.

3) 겐 족속의 제사의식 기원설

창 15:19[28]에는 족장시대부터 유대민족은 겐(Kenite) 족속과 접촉이 있었음을 나타내고 있다. 그리고 삿 1:16[29]은 모세의 장인 이드로가 겐 족속이었음을 가르친다. 이들은 가나안에서 토성(土星)을 숭배하였는데, 모

---

25) Theophilus G. Pinches, "Sabattu, the Babylonian Sabbath," *Proceedings of the Society of Biblical Archeology* 26 (1904): 51-56. H. Radau, *Early Babylonian History*, (1900), 314.

26) Meek, "The Sabbath in the Old Testament," 204.

27) J. C. McCann, Jr. "Sabbath," *ISBE* 4, p. 247-248.

28) 창 15:18-19 그날에 여호와께서 아브람으로 언약을 세워 가라사대 내가 이 땅을 네 자손에게 주노니 … 곧 겐(Kenotes) 족속과 그니스 족과 르바 족속과 아모리, 가나안, 기르가스, 여부스 족속의 땅이니라.

29) 삿 1:16 모세의 장인은 겐 사람이라 …

세가 이드로의 딸과 결혼한 후 유대민족들도 겐 족속이 토성을 숭배하는 영향을 받아 토요일을 안식일로 정하였다고 한다.[30] 즉 겐 족속의 영향으로 이스라엘 민족이 토요일 안식일 제도를 만들었다는 것이다. 또한 겐 족속의 토성숭배를 변형하여 유대교의 여호와께만 제사하는 규정을 제도화하였다는 주장을 한다. 즉 유대 민족이 지켜온 안식일은 겐 족속의 토성숭배의 영향을 받아 토요일에 그들의 하나님께만 예배드리도록 변형된 것이라는 주장이다.

그러나 이 이론도 학자들의 지지를 받지 못하고 있다. 그 이유는 태양계 별들의 이름인 월성, 화성 … 토성, 태양(日)을 날짜에 붙이는 것은 기독교의 출발시점인 1세기 직전에 시작되었기 때문이다.[31] 일요일에서 시작하여 토요일로 연결되는 칠 일을 한 주간으로 하는 주간 원리는 주전 1세기에 제도화 되었다. 주전 15세기의 역사 무대에서 활동한 민족이 어떻게 주전 1세기의 영향을 받을 수 있는가? 그러므로 겐 족속이 토성을 숭배하였다는 것과 유대 민족이 그들에게서 영향을 받았다는 주장은 성립이 불가능하다.

4) 장날 (Market Day)

고대 가나안 민족은 매 7일 단위로 물건을 사고 팔기 위해 시장을 열었다.[32] 오늘날 도심지의 골목이나 시골의 장날과 비슷한 형태일 것이다. 이 장날은 물건 매매를 위해 모든 노동을 중단하고 안식하였다. 고대 로마에서도 매 8일마다 시장에서 물건을 사고 팔기 위해 일상적인 노동을 하지 않았다. 그날에는 종교적 의식을 집행하기 위해 같은 종교를 가지고 있는 사람들이 한자리에 모이기도 하였다.[33] 심지어 고대 가나안 민족은 종들과

---

30) Karl Budde, "The Sabbath and the Week: Their Origin and Their Nature," 10-15.

31) E. G. Kreling, "The Present Status of the Sabbath Question," 218-219. Helmer Ringgren, *Israelite Religion*, 202.

32) Kraeling, 226-28.

33) J. C. McCann, Jr. Sabbath, 248.

소와 나귀 같은 짐승까지도 그날은 노동으로부터 휴식을 취하게 하였다. 베버(Max Weber)에 의하면 시장경제 원리에 의해 시장이 개설된 최초의 모형이 가나안이다.[34] 그는 인류 역사에서 안식일 제도를 지킨 최초의 민족은 가나안이었고, 그 목적은 사회경제적 이유에 있다고 가르친다. 고대 농경사회에서 농사를 짓는 가나안 원주민들은 바벨론 사람들이 관심을 기울인 천문학 연구보다는 경제에 더 많은 주의를 기울였다고 한다. 그래서 육 일간 열심히 일하고 칠 일에 쉬는 성경의 안식일 제도는 이스라엘이 가나안 점령 후 그들의 영향으로 처음 시작되었다는 주장이다.[35] 이들에 따르면 이스라엘 백성도 처음에는 가나안 원주민들의 영향으로 종교적 목적보다는 사회경제적 필요를 위해 안식일 제도를 만들어 그것을 지켰으나 후일 유대 민족 종교에 맞게 변형시킨 것으로 보인다.

구약의 안식일이 가나안 장날의 영향이라는 이론도 수용하기 어렵다. 우선 고대 가나안 사회에 매 칠 일마다 개설되는 시장제도가 있었다는 확실한 증거가 없다.[36] 학자들에 의하면 고대사회에 시행되었던 시장이 매 5일, 6일, 8일, 혹은 10일 단위의 시장으로 열렸으나 7일마다 시장을 연 민족은 없었다고 한다.[37] 그래서 7일마다 시장이 열리는 날 노동에서 휴식을 취하는 가나안 민족이 구약의 안식일에 영향을 미쳤다는 주장은 받아들이기 어렵다.

또한 이스라엘 백성이 안식일에 시장에서 물건을 매매하였다는 주장은 성경의 안식일 원리와 일치하지 않는다. 제4계명이 강조하는 요소 가운데

---

34) Max Weber, *Ancient Judaism*, 151. Weber는 안식일의 시작은 시장경제 원리에 의해 제정되었으며 유대인이 가나안의 영향을 받은 것으로 결론 내린다

35) Morgenstern과 Rordorf는 유대인들이 가나안 정착 후 그 땅에서 농작물 재배법과 기후와 토질 등 그 지역에서 생활하는 원리에 대해 가나안 사람들로부터 많은 것을 배웠다고 한다. 그리고 유대인들은 그때까지는 안식일을 지키지 않았으며 가나안 점령 후 그 땅 민족의 영향으로 안식 제도가 시작되었다고 강조한다. 이 주제에 대해 다음에 자세히 취급하겠다. J. Morgenstern, "Sabbath," *The Interpreter's Dictionary of the Bible*, (1961). Willy Rordorf, *Sunday*, 12.

36) Bacchiocchi, *Divine Rest For Human Restlessness*, 27-29.

37) Hasel, "The Sabbath in the Pentateuch," 22.

하나는 안식일에는 어떤 노동이라 할지라도 완전히 금하셨다는 사실이다. 출 16:29[38]에 따르면 심지어 안식일에 아무도 그 처소에서 나오지 말라고 하셨다. 또한 출 34:21[39]에서는 추수 때에 밭 갈거나 추수하는 일도 금하셨다. 농경사회에서 때때로 추수기는 분초(分秒)를 다투는 긴급을 요구하는 때도 있다. 그러나 안식일 계명은 예외를 인정하지 않는다. 안식일 노동에 대한 구약의 가르침이 이렇게 엄격한데도 불구하고 이스라엘의 가나안 정복 초기에 안식일에 시장에서 매매행위를 허용하였다고 가정하는 것은 불가능하다. 암 8:5-6[40]의 백성의 타락을 질책하는 선지자 아모스의 책망에도 이스라엘 백성들이 안식일에 양식을 매매하는 범죄를 짓지 못하도록 교훈하고 있다. 구약의 가르침에 의하면 이스라엘 백성은 제칠 일 안식일을 매매하는 장날로 시행하지 않은 것이 분명하다. 그러므로 구약 안식일이 가나안 장날의 영향을 받았다는 이론은 수용하기 어렵다.

5) 달력 (Calendar)

안식일이 고대 근동의 종교와 문화의 영향을 받았다는 마지막 논리는 달력에 기원을 두는 이론이다.[41] 줄리어스와 레위에 의하면 고대 셈족의 달력은 일곱 숫자를 중심에 두었다. 일 년은 칠 일로 구성된 일주일 50개로 구성된다. 일년 365일 가운데 나머지 15일은 봄과 가을에 각각 축제를

---

38) 출 16:19 볼지어다 여호와가 너희에게 안식일을 줌으로 제육 일에는 이틀 양식을 너희에게 주는 것이니 너희는 각기 처소에 있고 제칠 일에는 아무도 그 처소에서 나오지 말지니라.

39) 출 34:21 너는 엿새 동안 일하고 제칠 일에는 쉴지니 밭 갈 때에나 거둘 때에도 쉴지며

40) 암 8:5-6 너희가 이르기를 월삭이 언제나 지나서 우리로 곡식을 팔게 하며 안식일이 언제나 지나서 우리로 밀을 내게 할꼬 에바를 작게 하여 세겔을 크게 하며 거짓 저울로 속이며 은으로 가난한 자를 사며 신 한 켤레로 궁핍한 자를 사며 잿밀을 팔자 하는도다.

41) 자세한 내용은 Julius and H. Lewy, "The Origin of the Week and the Oldest Calendar," *HUGA*, 17 (1941-43): 1-152에 있음. J. B. Payne, *Sabbath*에서 재인용됨.

일주일씩 두고 나머지 하루는 새해 축제를 둔다고 한다.[42] 이 달력 구조에 의하면 숫자 7이 핵심이 된다. 이 달력이 고대 메소포타미아와 히브리인에게 통용되었다고 한다. 메소포타미아와 이스라엘이 달력을 통용하면서 7이라는 숫자를 중심으로 축제일을 지키던 중 그 영향을 받아 유대인의 안식일이 만들어졌다고 한다. 그런데 문제는 당시에 50주로 구성된 이 달력의 존재가 입증되지 않고 있다.[43] 비록 구약에서 7이라는 숫자가 중요하게 취급되고 있다 할지라도 고대 셈족의 영향이라는 뚜렷한 증거를 제시하지 못하고 있기 때문에 구약의 안식일이 그들의 영향을 받았다는 주장을 이해하기가 어렵다.

지금까지 안식일의 기원에 관한 고대 근동의 이론들을 간략히 살펴보았다. 모두가 역사적 증명이 불가능한 가설이다. 이러한 이방 문화나 종교에 바탕을 둔 안식일의 기원은 결코 만족할 만한 해답이라 할 수 없다. 오히려 혼란만 가중할 뿐이다. 최근 학계에서 안식일의 기원을 이방 문화의 영향으로 보는 연구는 과거에 비해 세력이 약화되었다. 우상숭배와 타종교와의 혼합을 가장 싫어하는 하나님이 이방 종교와 문화에 뿌리를 둔 안식일 제도를 이스라엘 백성에게 주셨다는 것은 성경 전체의 교훈과 일치하지 않는다. 그리고 구약의 안식일은 고대 근동의 천문학, 사회경제학, 혹은 달력에 우선적 관심을 두지 않고 있다. 성경은 안식일을 창조와 구속을 통한 영원한 안식의 신학적 확신에 뿌리를 두고 있다. 하나님이 그의 백성과 맺은 언약의 표로 주신 것이 안식일이다. 그 언약의 표로 주신 안식일이 하나님이 가장 미워하는 이방문화의 핵심인 종교와 신화에 뿌리를 두었다는 것은 하나님의 속성과 일치하지 않는다. 성경은 어디에서도 안식일이 이방 종교의 산물이라든지 혹은 영향을 받았다는 것을 가르치거나 암시하지 않는다. 그러므로 안식일은 고대 근동의 어떠한 종교나 문화의 영향을 받지

---

42) 계산은 7(7일로 구성된 한 주간) x 50(일 년은 50주)=350일, 7(일 주일간의 축제)x2(봄과 가을)=14일, 하루는 새해 축제일. 350+14+1=365. 그래서 일 년을 365일로 계산하였다.

43) J. C. McCann, Jr. 248.

않았다고 결론을 내릴 수 있다. 오히려 하나님께서 창조 원리로 만드신 안식일 제도가 아담의 타락으로 인해 변형되어 고대 이방종교와 문화의 여러 형태로 나타났다고 가정할 수도 있을 것이다. 안식일은 하나님이 자신의 영광과 인간의 유익을 위하여 세우신 제도이다. 하나님께서 이스라엘 백성의 영적 안식을 통한 축복을 주시기 위해 독자적으로 이 제도를 만드셨다.

2. 모세에 의한 제정

지금까지 안식일의 기원이 성경 계시가 아닌 고대 근동지방의 신화와 문화에서 영향을 받았다는 이론들 가운데 대표적인 것 몇 가지를 고찰하였다. 모두 증거가 부족한 신화적 내용이거나 안식일이 하나님에 의해 제정되었다는 사실을 반대하기 위한 전제하에 만들어진 가설로 여겨진다. 그러므로 위의 가설들은 안식일에 대해 성경에서 가르치는 사상과 전적으로 대립된다. 그들의 주장과 가르침이 옳다면 성경에서 안식일에 대해 가르치는 내용이 틀리게 된다. 그러나 그들의 이론들을 뒷받침하는 역사적 증거가 약할 뿐 아니라 자기들끼리도 의견이 일치하지 않고 있어서 고대 근동의 안식일에 관한 이론들은 기독교에서 수용이 불가능하다. 이제 성경에서 안식일의 기원에 대해 어떻게 가르치는지 살펴보자.

그러나 불행하게도 기독교 내에서도 안식일의 기원과 신학적 내용 그리고 안식일을 지키는 방법들에 대해서는 의견의 차이가 많다. 그 이유는 성경을 해석하는 원리와 적용에서 차이가 나기 때문에 신학과 신앙의 노선에 따라 안식일 규정을 바라보는 시각에 큰 차이가 나기 때문이다. 아쉽게도 오늘날 교파와 교회의 수가 다양한 만큼 안식일법을 해석하는 원리와 방법도 천차만별이다. 그래서 안식일에 관한 대표적 교파의 이론들을 소개하고 개혁신학의 입장으로 결론을 맺으려 한다.

교회와 성도가 안식일을 의무적으로 반드시 지켜야 하느냐라는 논의는 언제나, 그 안식일이 하나님의 뜻에 의해 제정되었느냐? 라는 질문과 직결

된다. 하나님의 명령이 "모든 인간은 안식일을 준수해야 한다"라고 하면 안식일을 지킬 것인가 아닌가의 논란은 필요 없으며 오직 그 말씀에 순종만 있을 뿐이다. 따라서 안식일이 하나님의 뜻에 의해 만들어졌는지 아닌지를 연구하는 것이 우선적 과제다. 만일 하나님께서 안식일을 만드셨다면 하나님 외에는 누구도 그 안식일의 내용을 가감하거나 수정할 권한이 없다. 따라서 안식일법을 어떻게 지키고 순종할 것인가 하는 문제만 남게 된다. 그와는 반대로 안식일법의 한 부분이 어느 특정한 그룹이나 사람에 의해 제정되었다면 안식일은 특정 그룹이나 사람에 의해 만들어진 그 부분만 수정이 가능할 것이다. 만일 그 안식일법을 하나님이 만들지 않았고 모두 사람이 만들었다면 안식일법을 완전히 없앨 수도 있다. 아니면 최소한 사람들의 요구와 필요에 따라 변경하여서 지킬 수도 있을 것이다. 그러므로 사람이 안식일을 반드시 지키고 순종해야 하느냐는 질문에는 항상 안식일법이 하나님에 의해 만들어졌는가 아니면 사람에 의해서 만들어졌는가라는 문제가 핵심적인 주제가 된다.

이 주제는 구약의 안식일이 창조 명령(Creation ordinance) 즉 하나님께서 천지를 창조하실 때 만드신 제도인가라는 문제와 항상 직결된다. 창조 명령이란 인간의 자녀 생산, 땅을 정복하는 일, 노동, 안식일, 결혼 등에 관한 일이다. 이러한 것들은 인간의 기본적 본능으로서 사람이 사람답게 생활하는데 반드시 있어야 할 필수적 속성이며 본성이다.[44] 이 인간의 기본적 본능인 창조 명령은 하나님이 인간을 처음 창조할 때 인간의 마음에 심어 주셨다. 그래서 이러한 본능이 없으면 인간이 인간으로서 생활이 불가능하게 된다. 따라서 창조 명령은 사람이 정상적 행복을 추구하는데 반드시 필요한 본질이다. 그리고 인간의 본능이며 본성에 속하는 이 창조 명령은 어떤 국가의 법이나 개인이 억제할 수 없다. 그 이유는 인간이 소유한 천부적 본성은 모든 법을 초월하기 때문이다.

안식일이 창조 명령이 아니라면 교회나 사람에 의해 수정이나 변경이

---

44) John Murray, 김남식 역, 『성경과 기독교 윤리』(도서출판 엠마오: 1990), 32.

가능하지만 하나님의 창조 명령이라면 어떠한 변경도 불가능하다. 존 머레이도 안식일을 거룩하게 지켜야 하는가라는 질문은 언제나 그것이 창조 규례인가?라는 질문과 직결된다고 하였다. 창조 명령에 기초한 것이라면 안식일은 영구히 불변하는 의무적 법칙이 된다.[45] 이 문제는 개혁교회대회(Reformed Ecumenical Synod)에서 임명한 연구 위원회의 토론에서 제시되어 "본 주제 (안식일)와 관련된 제반 문제들은 안식일이 창조 명령인가 아닌가라는 해답에 따라 모든 것이 결정된다"고 결의하였다.[46] 주일성수와 관련된 주제를 연구하는 모든 사람들은 언제나 안식일이 창조 명령인가라는 논의에 큰 비중을 두고 있다.

신학자들이 안식일의 근본적 문제를 해결하는 데는 두 종류의 접근 방법이 있다. 안식일이 창조 명령이라는 입장을 취하는 견해와 이를 반대하는 견해가 그것이다. 본서는 안식일이 창조 규정이 아니라는 입장이 무엇인지를 먼저 논한 후 창조 규정에 대해 연구하려 한다. 안식일을 연구하는 사람들 가운데 상당수는 안식일법은 하나님이 만드셨다는 것을 주장하면서도 창조 규범으로 믿지 않는 사람들이 있다. 안식일은 하나님이 만드셨지만 창조 때 만들어진 제도는 아니라는 주장이다. 안식일이 창조 때 만들어지지는 않았지만 창조 후 역사가 진행되는 가운데 어느 시점에 하나님이 만드셨다는 견해다.

안식일이 창조 원리인가 아닌가에 관한 연구의 핵심은 창 2:2-3[47]을 어떻게 해석하느냐에 달려있다. 안식일을 창조 규정으로 믿는 사람들은 이 말씀은 하나님께서 인류의 시조 아담과 하와와 함께 모든 사람들에게 주신 안식일 명령으로 해석한다. 그러나 그와 반대 입장에 있는 사람들은 이

---

45) John Murray, *Collected Writings of John Murray*, Vol 1(The Banner of Truth Trust: 1977), 205.

46) *Acts of the Reformed Ecumenical Synod*(Australia, 1972), 148.

47) 창 2:2-3 하나님의 지으시던 일이 일곱째 날이 이를 때에 마치니 그 지으시던 일이 다하므로 일곱째 날에 안식하시니라. 하나님이 일곱째 날을 복 주사 거룩하게 하셨으니 이는 하나님이 그 창조하시며 만드시던 모든 일을 마치시고 이날에 안식하셨음이더라.

말씀이 안식일과는 어떤 관련도 없는 것으로 해석한다. 이 말씀은 하나님
께서 천지를 창조하신 후 안식하셨을 뿐 인간을 위한 안식일 제정과는 관
련이 없다는 뜻이다. 그들에 의하면 안식일이 창조 때 제정된 것이 아니고
모세에 의해 처음으로 만들어졌다. 따라서 그 법의 효력은 전 인류가 아닌
오직 이스라엘 민족에게만 제한된다고 주장한다. 그러한 가르침을 강조하
는 사람들의 견해를 소개하면 다음과 같다.

(1) 안식일이 창조 원리가 아니라고 하는 사람들은 창세기 말씀 속에
안식일에 관한 내용이 없다고 주장한다. 그들에 따르면 안식일은 모세 때
처음 만들어졌으며 또한 그리스도께서 십자가에서 죽으실 때 안식일법도
다른 의식법과 함께 폐지되었다. 그들의 주장을 받아들인다면 안식일법은
제사와 의식법과 같이 모세에 의해 처음 제정되어 유대인을 위해 한시적
으로 사용된 후 그리스도가 오시므로 폐지되고 사라졌다는 것이다. 그래서
모세에 의해 제정된 안식일은 유대 민족에게만 구속력이 있었고 이방인과
는 아무런 관련이 없었다. 그리스도가 십자가에서 죽었다가 부활하면서 의
식법이 폐지될 때 안식일법도 함께 폐지되었기 때문에 신약의 성도들이
안식일법으로부터 자유하며 그것을 지킬 이유가 없다는 것이다.[48] 이들은

---

48) 이 주장을 따르는 사람들은 많다. 대표적으로 몇 사람을 소개하면 다음과 같
다. John Pocklington, *Sunday No Sabbath*(London; 1636, Peter Heylyn,
History of Sabbath (London; 1636) Heylyn의 책은 17세기 영국국교회의 안식일
입장을 대변한다. 그래서 그의 저서는 이후 계속 안식일이 창조 원리임을 반대하는
사람들의 교과서 역할을 한다. Heylyn의 책은 Anglican Church 입장에서 안식일
에 관한 모든 성경 말씀을 해석함과 동시에 중요한 신학자들의 견해도 함께 소개하
고 평가한다. 신학적 입장이 우리와 다르기는 하지만 안식일에 관한 한 학문적으로
뛰어난 책이다. Rodney E. Ring, "Please don't call Sunday the Sabbath,"
Dialog 25(Spring 1986): 139-40. Umberto Cassuto, *A Commentary on the
Book of Genesis*, 2 vols., 1:64. Gerhard Von Rad, *Genesis: A Commentary*,
(1961), 60. Rad, Trns. into English E. W. Trueman Dickens "There Remains
Still a Rest for the People of God: An Investigation of a Biblical Conception,"
The Problem of the Hexateuch and Other Essays (N. Y. :1966): 94-102.
Lewis Sperry Chafer, *Systematic Theology*, 8 vols., 4:102-104. H. C. Leupold,
Exposition of Genesis, 1:103. Harold H. P. Dressler, ed. D. A. Carson, "The
Sabbath in the Old Testsment," *From Sabbath to the Lord's Day: A Biblical,*

창세기 2장에는 하나님 자신이 창조 사역을 완성한 일곱째 날에 안식하셨다는 기록은 있으나 그것이 아담과 하와 혹은 인간이 지켜야 할 안식일에 관한 것은 아니라고 믿는다.[49] 그들은 만약 하나님께서 안식하신 그날 아담에게 안식일에 관한 규정을 주셨다면 그날을 어떻게 지켜야 하는지 그날을 지키는 방법에 대한 교훈도 함께 주셨을 것이라 한다. 저들은 창세기 2장에 하나님의 피조물인 사람이 안식일을 어떻게 지켜야 한다는 가르침이 없는 이유는 하나님께서 창조 때 안식 규정을 주시지 않았기 때문이라고 해석한다.[50] 단지 하나님께서 엿새 동안 천지를 창조하신 후 일곱째 날 안식하셨을 뿐, 그 안식이 인간의 안식일과는 아무런 관련이 없다는 주장이다.

17세기 영국에서 안식일에 관한 논쟁이 일어났을 때 영국 성공회(Anglican Church)는 안식일이 창조 규범이 아니라고 가르쳤다. 제임스 왕은 1618년에 합법적 운동에 관한 선언을 발표하였다. 이 선언은 안식일에 관한 당시 영국국가와 교계의 공식적 입장이었다.[51] 이 선언문은 청교도들이 수용할 수 없는 내용을 상당히 포함한다. 브레어우드(Brerewood)는 모세가 시내 산에서 안식일 제정을 강조하기 위하여 창 2:1-3을 삽입시켰다고 주장하였다.[52] 하나님께서는 엿새 동안 창조 후 일

Historical and Theological Investigation, 1980, 27-30. Richard J. Griffith, "The eschatological significance of the Sabbath," Dissertation for Doctor of Theology at Dallas Theological Seminary, 1990, Griffith는 논문의 처음부터 끝까지 안식일은 창조 규범이 아닌 모세 시대에 제정되었으며, 현재 기독교인에게는 지킬 의무가 없다는 주장을 일관되게 밝히고 있다. 그 외에도 이 이론을 펴는 학자와 자료들은 그들의 주장을 소개하면서 제시할 것이다.

49) Griffith, "The Eschatological significance of the Sabbath," 42

50) Charles L. Feinberg, "The Sabbath and the Lord's Day," *Bibliotheca Sacra*, 138, (April-June, 1968): 180.

51) 이 선언문은 당시, 안식일에 운동이 가능한가?라는 논쟁에 대한 왕의 답변이다. 그는 이 선언문에서 신학적으로 천주교와 청교도들의 중간 노선을 표방한다. 따라서 이것을 계기로 청교도들은 왕실과 크게 대립한다. 다음에 세밀하게 취급할 것이다.

52) 브레어우드는 Gresham College의 수학 교수였다. 그는 제4계명은 주인에게

곱째 날 안식하신 일도 없는데 모세가 고의로 그 내용을 삽입하였다는 주장을 하였다. 그는 성경의 영감성을 부인하는 결과까지 초래한 셈이다. 헤이린(Heylyn)의 저서 『안식일의 역사』는 안식일이 창조 규범이라고 주장하는 이론을 반박하기 위하여 안식일에 관한 성경적 역사적 모든 자료를 분석하여 연구한 저서이다. 헤이린의 『안식일의 역사』는 17세기 영국의 청교도들과 영국 성공회와의 논쟁에서 성공회의 신학적 입장을 대변하는 책으로서 학문적 가치가 높은 책이다. 그는 자신의 책에서 안식일이 창조 규범으로서 모든 인류가 지켜야 한다는 원리를 반대하고 오직 유대인을 위해 만들어졌다는 견해를 성경 해석적·역사적·신학적 입장을 논리적으로 강변한다. 그에 따르면 안식일은 창조 규범이 아니며 모세에 의해 유대인만을 위해 제정된 규정이다.[53] 영국 국교회와 그 지지자들은 안식일이 창조 규범이 된다는 사실을 반대하고 모세가 유대인들을 위하여 안식일을 처음 만들었다고 강조한다.

반면 안식일의 창조 규범을 강조하는 사람들은 하나님께서 비록 아담에게 안식일에 관해 문자적으로 명령은 하지 않았다 할지라도 하나님이 친히 안식하신 것은 큰 소리로 명령하는 것보다 더 강한 뜻을 내포한다고 주장한다.[54] 하나님께서 일곱째 날에 안식하신 것은 아담을 비롯한 그의 모든 후손들이 안식일을 반드시 지켜야 한다는 하나님의 뜻을 몸소 실천한 것이다.[55] 안식일이 창조 규범임을 주장하는 모든 사람들은 일곱째 날에 하나님께서 안식하신 것은 하나님 자신을 위해 안식한 것이 아니라 인간의 유익을 위해 하셨다고 강조한다. 베퀴스와 스토트(Beckwith & Stott)는 아담과 그 후손들이 안식일을 반드시 지켜야 한다는 사실을 강조하기 위하여 하나님께서 교훈적 모범을 보이려고 의도적으로 일곱째 날에

만 주었고 종들은 관계가 없다는 주장을 하였다.

53) Peter Heylyn, *The History of the Sabbath*, 250.
54) John Murray, *Collected Writings*, vol. 1, 206-7. Bacchiocchi, *Divine Rest for Human Restlessness*, 34-35.
55) Hasel, "The Sabbath in the Pentateuch," 24.

안식하셨다고 가르친다.[56]

사실 하나님은 인간처럼 피곤을 느끼는 육체를 소유하지 않았기 때문에 안식할 필요가 없었다. 창세기의 기록에서 하나님은 천지를 창조하는 큰 일을 하셨지만 피곤하였다는 흔적을 전혀 찾을 수가 없는데 이는 이사야 40:28에서 "영원하신 하나님 여호와 땅 끝까지 창조하신 자는 피곤치 아니하시며 명철이 한이 없으시다"고 한다. 명철이 한이 없다는 것은 지혜가 무한하다는 뜻이다. 어느 분야에서든지 무지하고 약한 사람이 무슨 일을 하면 지혜롭고 건강한 사람보다 훨씬 더 피곤하게 된다. 그러나 하나님은 지혜와 능력이 무한하시기 때문에 천지창조에서 전혀 피곤을 느낄 이유가 없었다. 그러므로 하나님은 자신을 위하여 안식하실 필요가 없었다. 그렇다면 육 일간 창조 사역을 마친 후 하나님이 안식하신 것은 오직 인간의 유익을 위한 것이었다고 보는 것이 바른 해석으로 여겨진다.

(2) 안식일이 창조 규범이 아니라고 가르치는 사람들은 창세기 2:2-3[57]에 기록된 용어를 자세히 분석하면 안식일이 창조 규범이라는 내용은 나타나지 않는다고 주장한다. 창세기 2장에는 안식(Sabbath)이라는 단어는 사용되지 않았다.[58] 우리말 성경에는 "하나님이 안식하셨다"는 단어가 두 번 기록되어 있지만 영어성경에는 이 본문을 안식(sabbath)이 아닌 휴식

---

56) Roger T. Beckwith and Wilfrid Stott, *This is the Day: The Biblical Doctrine of the Sunday in its Jewish and Early Church Setting*(Greenwood, S.C.: The Attic Press Inc.: 1978), 5. 이 책은 영어권에서도 많이 읽히는 중요한 책이다. 그 책이 한글로 번역 출판되었다. 신헌재 역 『기독교인과 주일』(할렐루야서원: 1985) 이 책은 개혁주의 관점에서 모든 문제를 접근하고 있으며, 자료도 여러 종류를 다양하게 소개한다. 안식일의 기원, 안식일의 의미, 구약과 신약의 안식일 신학, 초대교회와 교부들의 안식일에 관한 견해 등을 깊이 있게 분석한다. 독자들에게 일독을 권한다.

57) 창 2:2-3 하나님의 시으시던 일이 일곱째 날이 이를 때에 마치니 그 지으시던 일이 다하므로 일곱째 날에 안식하시니라 하나님이 일곱째 날을 복 주사 거룩하게 하셨으니 이는 하나님이 그 창조하시며 그 만드시던 모든 일을 마치시고 이날에 안식하셨음이더라.

58) Robert A. Morey, "Is Sunday the Christian Sabbath?" *Baptist Reformation Revirw*, 8 (1979): 6.

(rest)으로 기록하고 있다. 이는 하나님이 천지를 창조하는 그 사역으로부터 휴식(rest)을 취하신 것을 나타낼 뿐 안식(sabbath)하셨다는 말이 없다는 주장이다.

"일곱째 날"이라는 단어는 3회 나타난다. 모세는 출 20:10[59]에서 일곱째 날과 안식일을 동일한 뜻으로 사용한다.[60] 그리피스에 의하면 안식일을 나타내는 단어는 일곱째 날이라는 용어보다는 안식일이라는 단어가 더 정확하다고 주장한다. 창세기 2장을 기록할 때 하나님께서 모세를 통해 "안식일"이 아닌 "일곱째 날"이라는 단어를 사용하게 하신 이유는 창조 때 안식일을 제정하지 않았기 때문으로 해석한다.[61]

본문에서 하나님께서 휴식(rest)을 하셨지 하나님의 안식(sabbath)이나, 인간을 위한 안식(sabbath)과 관련된 뜻은 전혀 나타나지 않는다는 뜻이다. 그들은 "안식(sabbath)"이라는 단어가 성경에서 모세가 율법을 받을 때까지 나타나지 않기 때문에 아담과 그 후손들은 안식일을 인식하지 못하였을 것이라 한다. 그러므로 출애굽 이후 모세가 율법을 받았을 때에야 비로소 안식일을 처음 지켰다는 주장을 한다.[62] 그래서 안식일은 전 인류에게 구속력이 있는 것이 아니라 유대인들에게만 제한적으로 구속력이 있으며, 또한 영원한 규범이 아니라 모세 때부터 그리스도가 오실 때까지 한시적으로 유효하였다는 견해를 펴고 있다.

창조 원리를 주장하는 자들은 이에 대한 반론으로 창세기 2장에 '안식일'이라 쓰지 않고 '일곱째 날'로 기록된 것은 안식일(sabbath)을 인정하지 않는 것이 아님을 주장한다. 창세기 저자가 '일곱째 날'이라는 단어를 사용한 것은 안식일은 하나님이 천지를 창조하는 마지막날임을 반영함과 동시에 바로 그날이 창조 규범으로 제정되었음을 나타낸다고 해석한다. 또

---

59) 출 20:10 제칠 일은 너의 하나님 여호와의 안식일인즉 너나 네 아들이나 네 딸이나 네 남종이나 네 여종이나 네 육축이나 네 문안에 유하는 객이라도 아무 일도 하지 말라.

60) Bacchiocchi, *Divine Rest for Human Restlessness*, 262.

61) Griffith, 43-44.

62) Robert A. Morey, "Is Sunday the Christian Sabbath?" 6.

한 안식일은 이방 신화와 종교나 문화와 관련이 있는 것이 아니라 하나님이 천지를 창조하실 때 제정되었다는 것을 강조하기 위해 특별히 '일곱째 날'이라는 용어가 사용되었음을 강조한다.[63] 하나님께서 엿새 동안 천지를 창조하시고 일곱째 날 안식하시므로 안식일법이 제정되었기 때문에 고대 근동의 종교와 문화의 영향이나 사람에 의해서 만들어진 것이 아니라 하나님께서 친히 만드셨다는 것을 강조하는 의미가 담겨 있다.

"안식"이라는 단어는 "끝나다"라는 뜻과 함께 휴식을 취하다라는 의미가 내포되어 있다. 하나님께서 엿새 동안 천지만물의 창조 사역을 완성하신 후 일곱째 날 그 사역에서 휴식을 취하신 것이 안식이다. 그리고 엿새 동안의 창조 사역 후 안식하신 그날이 바로 안식일이다. 그래서 일곱째 날이라는 단어가 안식일의 독특성과 영구성을 나타낸다고 믿는다. 비록 창세기 2장에 하나님이 일곱째 날 안식하셨다고 기록되었지만 창세기의 저자는 하나님이 바로 그 날을 복 주사 거룩하게 하신 안식일임을 뜻한다고 믿고 있다.[64]

또한 안식일에 관한 분명한 명령이 나타나지 않는 이유는 창세기 2장은 창조에 관한 내용을 서술하는데 목적을 두었기 때문이다. 타락 전 아담은 의와 거룩과 지식에서 흠 없고 완전한 상태였다. 하나님의 뜻이 무엇인지 그리고 자기가 무엇을 해야 할지 분명히 이해하였다. 범죄하여 타락한 후의 인간과는 지, 정, 의 모든 면에서 타락 전의 아담은 현격한 질적 차이가 있었다. 그래서 죄를 짓기 전의 아담은 하나님으로부터 구체화된 법령을 받지 않았다 할지라도 하나님이 안식하시는 모범적 행위 그 자체만으로도 창조주의 뜻을 이해하였을 것으로 믿는다. 이때 아담은 이성이 명석하였고 지혜가 밝았기 때문에 하나님의 자세한 설명이 없이도 충분히 이해하였을 것이다. 그러므로 안식일은 창조 규범으로서 아담과 그 자녀들과 함께 모든 인류에게 영구적 구속력을 갖는 하나님의 뜻이다.[65]

63) U. Cassuto, *A Commentary on the Book of Genesis*, 1961, 63.
64) G. H. Waterman, "Sabbath" 183.
65) Julian Morgrnstern, *The Book of Genesis*, 1965, 38. C. Westermann,

타락 후 사람들의 양심이 어두워지고 이성과 감성이 마비되어 하나님의 뜻을 이해하지 못하기 때문에 모세를 통해 분명하고도 명확한 말씀을 기록해 주셨다.[66] 즉 타락 전 아담에게는 타락 후의 인간처럼 명문화된 법이 필요 없었기 때문에 창조 시에는 기록된 안식일법을 하나님께서 주시지 않았다. 타락한 인간의 성향은 하나님께 예배드리기를 싫어하는 방향으로 기울어졌기 때문에 타락 전보다는 더 분명하면서도 강한 요구가 필요하였다. 그 결과 인간생활에서 혼란을 막고 질서를 유지하면서 행복한 생활을 하는데 필요한 구체적이고도 세밀한 모든 법령들은 모세를 통해 주셨다.

이것은 하나님의 계시가 인간에게 주어진 과정만 보아도 이해가 된다. 인간에게 주신 하나님의 계시는 단번에 모든 것을 주신 것이 아니다. 우리는 계시의 점진적 발전성을 인식할 필요가 있다. 신구약 성경은 수 천년의 시간을 통해 수많은 선지자와 사도들을 통해 주어졌고, 그 계시가 시간이 지날수록 더 구체적이고 확실하게 계시되었다. 하나님의 뜻과 작정은 영원 전부터 확고하고 분명하였지만 그것이 인간에게 나타나는 과정에서 처음에는 희미하던 것이 시간이 지날수록 점점 더 밝고 분명하게 되었다. 하나님의 계시는 처음에는 약하고 희미하게 나타나지만 시간이 흐르면서 점점 더 밝고 분명하게 나타난다. 안식일 계명도 계시의 점진적 발전 과정 가운데 이해해야 한다. 처음에는 그 법이 구체적이고 분명한 율법의 형태로 제시되지 않았지만 창조 때 계시된 것은 분명한 사실이다. 따라서 창세기 2장에 나타난 안식일에 관한 계시는 출애굽기 20장에 기록된 제4계명과 명료성과 확실성에서 차이가 난다. 그렇다고 해서 출애굽기의 제4계명이 창세기 2장의 안식일과 이질적인 것은 아니다. 창세기 2장의 안식일과 출애굽기 20장의 안식일법은 질적인 면에서 동일하지만 양적인 면에서 창세기의 안식일법은 희미하고 약하였으나 출애굽기의 안식일법은 그보다는 훨씬 분명하고 확실하여 사람들이 이해하기가 용이하였다.

또한 하나님이 계시를 인간에게 주실 때 유일한 한 가지 방법만 사용한

Genesis, 1974, 236.
66) U. Cassto, 75.

것은 아니다. 인간들의 이해와 형편을 고려하여 하나님은 다양하고도 수많은 방법들을 동원하셨다. 때로는 귀로 들을 수 있는 음성과 같은 말씀으로, 어떤 때는 이상, 환상, 꿈, 역사적 사건 등 수많은 방법이 계시의 수단으로 이용되었다. 하나님이 행동으로 일곱째 날 안식하신 것도 안식일에 관한 자신의 뜻을 인간에게 나타내는 하나의 방편이었다. 그러나 역사적 사건이나 행동 같은 계시는 구체적 설명이 없으면 우리가 이해하는데 한계를 느낄 수 있다. 창세기 2장에 나타난 안식일에 대한 하나님의 뜻을 출애굽기에 기록된 계명과 비교한다면 이해하기 어려운 부분이 있는 것은 사실이다. 창세기 2장에는 하나님의 행동으로 나타내는 계시가 있을 뿐 그것에 대한 구체적 설명이 없기 때문이다. 그러나 그것은 단지 타락한 인간들의 문제이지 하나님이 안식일에 대한 계시를 주시지 않은 것은 아니다. 오늘날 타락한 우리의 관점에서 바라볼 때 이해하기 어려울 뿐이지 타락 전 아담에게도 이해가 불가능한 것은 아니었을 것이다. 타락한 인간을 위하여 모세가 기록한 출애굽기의 안식일법은 창세기에 기록된 동일한 내용을 더욱 분명하고 밝게 나타냈을 뿐이다. 창세기의 안식일은 십계명에 포함된 제4계명과 질적 차이가 없는 동일한 내용이다. 그래서 하나님이 창조 때 안식일에 관한 계명을 주셨다는 사실을 의심할 수 없다는 주장이다.

(3) 그리피스는 만일 아담이 안식일을 지켰다면 타락 후 이방 세계에서도 안식일에 관한 흔적이 조금이라도 남아 있어야 하는데 역사적 현실은 그렇지 못하였다고 한다. 그는 그러한 이유 때문에 안식일이 창조 규범임을 반대한다고 하였다.[67] 인류 역사 초기에서부터 구약역사가 끝날 때까지 안식일이 이방종교화된 흔적이 없다는 것이다. 창조 때 하나님께서 정하신 결혼제도는 지금까지 모든 종족과 시대 문화를 초월하여 시행되고 있는 것과 비교가 된다고 하였다.[68] 그에 따르면 창조 규범으로 주신 결혼제도는 모든 이방인들도 순종하고 있지만 안식일은 이방 민족들이 지키지 않는 것으로 보아 창조 규범으로 주신 것이 아니라는 주장이다. 그 이유는

---

67) Morey, 6-7.
68) Griffith, 44.

안식일은 유대인에게만 주셨고 이방인은 이 규정에서 제외되었기 때문이라는 것이다.

본 장 앞부분에서 구약의 안식일이 고대 근동의 미신이나 종교와 문화의 영향을 받지 않았다는 사실을 밝힌 바와 같이 이방종교에는 기독교의 안식일과 유사한 제도가 존재하지 않는다. 다른 종교와 문화에서 안식일을 지킨 흔적이 없다는 이유만으로 창조법으로 주어진 안식일을 부정할 수는 없다. 타락한 인간의 무지와 간사한 속성이 안식일을 창조 때 하나님으로부터 받았다할지라도 잊어버릴 가능성은 얼마든지 있기 때문이다. 안식일 제도 그 자체는 잃어버렸다 할지라도 안식일의 근본 정신인 하나님을 예배하는 종교적 마음은 모든 시대 모든 인간에게 공통적으로 있다. 그 이유는 인간이 하나님의 형상으로 지음을 받았기 때문에 하나님을 향한 종교의 씨앗이 그 마음에 뿌려져 있기 때문이다. 롬 1:18-20[69]에는 하나님께서 천지창조 때 모든 사람들이 하나님을 알 수 있도록 하셨다고 기록하고 있다. 그래서 종교적 심성이 다양하게 여러 종교의 형태로 나타나고 있다. 종교의 씨앗을 사람의 마음에 심어 주신 하나님이 그 씨앗을 성장 발육시킬 제도와 틀인 안식일을 마련하지 않았다고 하는 것은 비합리적인 생각이다. 비록 창조 때 명문화 한 명령으로 밝히지는 않았지만 하나님이 스스로 안식일을 지키시므로 그 제도를 인간에게 제시하신 것이 분명하다.

그리피스가 지적한 것처럼 결혼제도를 창조 규범으로 주신 것과 죄의 결과 결혼 질서가 깨어졌지만 이방세계에도 그 제도가 여전히 남아 있는 것은 사실이다. 그 이유는 창조 때 종교심을 모든 사람의 마음에 심어 주신 것처럼 남녀가 그리워하는 성욕도 함께 주셨기 때문이다. 성적 욕망이 없는 사람은 없다. 이성을 그리워하는 성적 본능이 있기 때문에 문제가 많기는 하지만 가정제도가 존속되고 있다. 그리고 하나님께서는 비록 타락한

---

69) 롬 1:18-20 ⋯ 하나님을 알 만한 것이 저희 속에 보임이라 하나님께서 이를 저희에게 보이셨음이니라. 창세로부터(For since the creation of the world) 그의 보이지 아니하는 것들 곧 그의 영원하신 능력과 신성이 그 만드신 만물에 분명히 보여 알게 되나니 그러므로 저희가 핑계치 못할지니라

인간이기는 하지만 생육하고 번성하는 축복을 계속 주시기 때문이다. 인간이 생육하고 번성하는 길은 남녀의 결혼을 통한 가정이 유일한 방법이다.

그러나 결혼제도는 하나님이 분명한 말씀으로 아담에게 주셨다. 창세기 2장은 하나님이 결혼제도와 안식일 규정 모두 창조 시에 주셨음을 나타낸다. 그러나 주시는 방법은 현저히 다르다. 안식일과는 다르게 결혼제도는 분명한 말씀인 "남자가 부모를 떠나 그 아내와 연합하여 둘이 한 몸을 이룰지로다"[70]라는 명령형으로 밝히고 있다. 그 이유는 결혼에 관한 규정이 안식일처럼 하나님이 친히 행동으로 시범이나 모범을 보일 수는 없는 성질의 것이기 때문이다. 하나님은 속성상 비물질적 존재이기 때문에 육체를 소유한 인간이나 동물처럼 결혼할 수 없지 않은가? 그래서 하나님이 안식일 제도와는 다른 방법으로 결혼에 관한 원리를 아담에게 주셨다. 하나님은 결혼에 관한 제도는 말씀으로 주셨고 안식일법은 하나님의 모범으로 주셨다. 그러므로 안식일 규범의 전달 방법이 결혼제도와 다르다는 이유로 안식일이 창조 규범이 된다는 것을 거부하는 일은 올바른 성경해석이라 할 수 없다.

(4) 안식일이 창조 규범임을 반대하는 사람들은 아담 시대부터 모세에 이르기까지 누구도 안식일을 지켰다는 분명한 기록이나 증명이 없기 때문이라고 강조한다. 그리피스는 여러 학자들의 견해를 소개하면서 아담의 후손들이 모세 때까지 안식일을 지켰다는 기록이 없는 것은 그들이 안식일에 관한 정보를 일체 알지 못했기 때문이고, 그들이 몰랐던 이유는 모세 때까지 안식일이 제정되지 않았기 때문이라 한다.[71]

그리피스는 또한 유대인 학자 새갈의 이론도 수용한다. 새갈은 아브라함이 고대 바벨론의 만월인 사파투(shappatu)의 영향을 받았을 것으로 추정한다. 그에 의하면 아브라함이 원래 고대 메소포타미아의 문화권인 갈대아 우르에서 달신(月神)을 섬겼으므로 그것을 변형시켜 안식일로 지켰다고 결론을 내린다.[72] 그러면서 세갈은 구약 족장들이 하나님이 창조 원리로

---

70) 결혼 제도는 창세기 2:18-25을 보라.
71) Griffith, 53-66.

주신 안식일이 아닌 이방 종교의 영향으로 안식일을 지켰다고 한다. 그러므로 족장들은 제4계명의 안식일을 전혀 인식하지 못하였다는 결론을 내리고 있다. 족장들뿐 아니라 그 전 시대와 함께 그 후의 유대인들도 안식일의 존재를 알지 못하였다고 한다.

구약에는 출애굽기 16장에 이르기까지 안식일에 대한 구체적 기록이 없는 것이 사실이며 그로 인하여 많은 추측과 가설들이 나오고 있다. 그러나 그러한 예는 다른 곳에도 있다. 바치오키(Bacchiocchi)는 느 8:17-18[73]에 나타난 신명기부터 느헤미야 때까지 약 천 년 동안 이스라엘 백성들이 안식일과 절기를 지키지 못하였던(느 8:17) 것과 아담 후 모세 때까지 안식일을 지켰다는 기록이 없는 것은 비교가 된다고 강조한다.[74] 이 기간 동안 유대인들이 절기들을 지켰다는 성경 기록은 없지만 하나님이 이미 과거에 그들에게 주신 것은 분명한 사실이다. 바치오키는 그 실제적 예로 신명기부터 열왕기상하까지 안식일에 관해 침묵하고 있는 사실을 주목한다. 이 기간 동안 안식일법을 지킨 것에 대해 침묵하고 있지만 그렇다고 이스라엘 백성들이 안식일을 완전히 잊었다고 볼 수는 없다. 왕상 4:23[75]은 선지자가 규례대로 안식일에 백성들의 가정을 방문하는 일은 통상적 관례가 되었음을 밝히고 있다. 선지자가 통상적인 방법을 따라 안식일에 가정방문을 하였다면 방문을 하는 선지자와 선지자의 방문을 받는 백성들은 안식일에는 그러한 일을 한다는 사실을 이미 과거부터 인식하고 있음을 말한다. 선지자의 가정방문이 안식일이라는 특정한 날에 통상적으로 이루어져 그것이 백성들에게 보편적으로 인식이 되었다면 그 백성들은 안식

---

72) M. H. Segal, "The Religion of Israel Before Sinai," *Jewish Quarterly Review* 52 (July 1961): 41-68. Griffith, 57-58에 재인용.

73) 느 8:17-18 사로잡혔다가 돌아온 회 무리가 다 초막을 짓고 그 안에 거하니 눈의 아들 여호수아 때로부터 그날까지 이스라엘 자손이 이같이 행함이 없었으므로 이에 크게 즐거워하며 에스라는 첫날부터 끝 날까지 하나님의 율법 책을 낭독하고 무리가 칠 일 동안 절기를 지키고 제팔 일에 규례를 따라 성회를 열었느니라.

74) Bacchiocchi, *Divine Rest for Human Restlessness*, 35.

75) 왕하 4:23 그 남편이 기로되 초하루도 아니요 안식일도 아니거늘 그대가 오늘날 어찌하여 저에게 나가고자 하느뇨?

일이 무슨 날인지 이해하였고 또한 그들이 알고 있는 지식에 따라 안식일을 지켰다고 볼 수 있다. 그러므로 이 기간 동안 이스라엘 백성이 안식일을 준수했다는 기록은 없지만 모든 선민들이 안식일에 관한 법도를 이해하였고 또한 그 법을 지키려고 노력한 것으로 이해할 수 있다.

아담의 후손들이 모세 시대까지 안식일을 지켰다는 기록은 없었지만 족장들이나 하나님의 백성들은 하나님께 예배 드렸다. 모세의 기록에 따르면 하나님은 이스라엘 백성들이 안식일에는 제사드릴 것을 명하고 있고 그들은 그 법을 순종하였다. 그러므로 아담의 후손들도 하나님께 제사를 드릴 때 다른 날보다는 안식일에 제사를 드렸을 가능성이 훨씬 높다. 그 이유는 어제나 오늘이나 영원토록 불변하시는 하나님께서 모세를 통해서 안식일에 예배드릴 것을 명하셨기 때문이다. 모세를 통해 안식일에 예배드리도록 명령하신 하나님이 아담과 그들의 후손이나 족장들에게는 안식일이 아닌 다른 날 하나님께 제사 드리도록 명령하였다고 해석하는 것은 하나님의 속성에 비추어 볼 때 일관성이 없고 어색한 해석이다.

하나님의 속성상 모세 전에는 인간들이 원하는 아무 날에나 제사를 드리게 하고 모세 때부터 안식일을 예배드리는 날로 규정하였다는 것은 영구 불변하신 하나님의 성품에 맞지 않다. 인간에게 제일 중요한 예배에 속하는 제사를 하나님은 모세를 통해 그의 백성들이 안식일에 드리도록 명령하셨다. 그렇다면 하나님은 모세 전 시대에도 하나님께 드리는 제사는 안식일을 중심으로 드리도록 하셨다고 보는 것이 타당할 것이다. 비록 모세 전시대에는 안식일에 관한 분명한 기록은 없다 할지라도 그들이 제사를 드린 사실과 후대에는 안식일을 철저하게 지켰다는 기록을 참고하여 모세 전 시대 사람들도 안식일을 지켰다고 이해하는 것이 자연스럽다. 그러므로 그 기간 동안 아담의 후손들도 안식일법을 인식하고 있었다고 결론을 내리는 것이 옳은 해석인 듯하다.

(5) 안식일이 창조원리가 됨을 반대하는 또 다른 이유는 그날을 이스라엘에게만 주었다는 성경의 분명한 기록이 많다는 주장이다. 그들은 구약의 많은 구절들을 인용하면서 이방민족이 아닌 오직 이스라엘 민족과 언약의

표로 안식일을 주었다고 강조한다.[76] 그리피스는 하나님께서 아브라함과 그의 후손들이 언약을 맺을 때 이방인들은 제외되었으며 그 대상은 오직 이스라엘 민족이라고 강조한다. 이 부분은 다음에 더 자세히 논하기로 하고 지금은 간략히 언급한다.

출 31:13[77]과 구약의 많은 말씀은 안식일이 하나님과 이스라엘 사이에 언약의 징표임을 강하게 가르친다. 그러나 이 말씀들은 이방민족이 언약에서 제외되었다는 주장이 결코 아니다. 아담, 노아, 아브라함, 모세, 다윗, 그리스도의 언약들이 각각 독립적으로 존재하는 것은 아니다. 후대의 언약은 먼저 세워진 언약에 기초하고 뿌리를 두어 그 기본 원리를 이어받고 있다.[78] 그래서 성경에 나타난 모든 언약은 서로가 보완하는 관계로 얽혀 있다. 하나님은 각기 다른 사람들과 개별적으로 언약을 수립하시지만 그 언약들의 뿌리와 사상은 언제나 통일성을 이루어 하나가 되게 하신다. 하나님은 자신의 뜻을 인간에게 전달하고 그의 백성이 자신의 뜻에 순종하게 하기 위하여 다양한 방법을 사용하셨다. 언약이 다양함에도 불구하고 그 내용은 언제나 동일한 목표를 지향하고 있다.

하나님의 언약은 영원하며 모든 택한 백성을 대상으로 한다. 여기에는 이스라엘과 이방인의 구분이 없으며 영적으로 아브라함의 모든 자손들은 누구도 예외가 될 수 없다. 신 29:14-45[79] 말씀은 21세기에 그리스도 안에서 생활하는 모든 국가, 민족들도 포함된다. 신 7:9[80]에서 언약의 유효성

---

76) Griffith, 45-46

77) 출 31:13 너는 이스라엘 자손에게 고하여 이르기를 너희는 나의 안식일을 지키라. 이는 나와 너희 사이에 너희 대대의 표징이니 나는 너희를 거룩하게 하는 여호와인 줄 너희로 알게 함이라.

78) O. Palmer Roberston, 김의원 역, 『계약신학과 그리스도』(기독교 문서선교회: 1983), 36-60.

79) 신 29:14-15 내가 이 언약과 맹세를 너희에게만 세우는 것이 아니라. 오늘날 우리 하나님 여호와 앞에서 우리와 함께 여기 선 자와 오늘날 우리와 함께 여기 있지 아니한 자에게 까지니.

80) 신 7:9 그런즉 너희는 알라. 오직 네 하나님 여호와는 하나님이시요 신실하신 하나님이시라 그를 사랑하고 그 계명을 지키는 자에게는 천 대까지 그 언약을 이행하시며 인애를 베푸시느니라.

은 영원하다고 가르친다. 한 세대가 20년으로만 가정을 하여도 아브라함
과 맺은 언약은 2만 년까지 유효하다. 아브라함은 지금부터 약 4천 년 전
의 실존 인물이므로 그 유효성은 아직 1만6천 년이 더 남았다. 그래서 천
년이란 문자적 천 년이 아닌 언약의 영원성을 강조한다.

하나님이 이스라엘과 세운 언약에서 이방인이 제외되었다는 것은 접붙
임의 원리와도 위배된다. 아브라함 때부터 이방인의 접붙임이 있었다. 창
17:12-13[81]에 따르면 개종자를 받아들여 접붙이는 일로 인하여 어느 민
족이라도 진정한 의미의 이스라엘 백성이 될 수 있었으므로 이방인이라도
하나님의 선민이 될 수 있었다. 하나님은 이스라엘을 민족적 집단으로 제
한시키지 않았다. 혈통적으로는 이스라엘 백성이 아니라 할지라도 하나님
을 믿는 신앙을 받아들인다면 개종자로 접붙여진다.

바울은 롬 11:17, 19[82]에서 이방인의 접붙임 원리를 강조한다. 갈
4:28-29[83] 말씀은 접붙임을 통해 이방인이 완전한 아브라함의 후손이요
참된 이스라엘 백성이 될 수 있음을 가르친다. 접붙임을 받은 이방인도 합
법적인 아브라함의 후손이며, 동시에 그의 상속자가 될 수 있다. 그래서 구
약 성경에 나타나는 하나님과 이스라엘이 맺은 언약에는 이방인도 포함된
다. 사도 바울이 가르치는 접붙임의 원리는 세계 각 국에 있는 신약교회의
모든 성도들이 아브라함의 후손이라는 의미이다.

반대로 가지치기 원리도 있다. 이방인을 아브라함의 후손으로 접붙이는
원리와 함께 원래 혈통적 아브라함의 후손을 제거하는 가지치기 원리도

81) 창 17:12-13 대대로 남자는 집에서 난 자나 혹 너희 자손이 아니요 이방 사
람에게서 돈으로 산 자를 무론하고 난 지 팔일 만에 할례를 받을 것이라 너희 집에
서 난 자든지 너희 돈으로 산 자든지 할례를 받아야 하리니 이에 내 언약이 너희
살에 있어 영원한 언약이 되려니와.
82) 롬 11:17, 19 또한 가지 얼마가 꺾여졌는데 돌감람나무인 네가 그들 중에 섭붙
임이 되어 참감람나무 뿌리의 진액을 함께 받는 자 되었은즉 … 그러면 네 말이 가
지들이 꺾이운 것은 나로 접붙임을 받게 하려 함이라 하리니.
83) 갈 4:28-29 너희는 유대인이나 헬라인이나 종이나 자주자나 남자나 여자없
이 다 그리스도 예수 안에서 하나이니라 너희가 그리스도께 속한 자면 곧 아브라함
의 자손이요 약속대로 유업을 이을 자니라.

중요하다. 즉 혈통적 아브라함 후손들의 특권이 제거되는 원리다. 나무를 접붙이는 과정에는 원가지가 반드시 잘려야 접붙임이 가능하다. 롬 11:17-19은 이 원리를 충분히 설명하고 있다. 접붙이기와 가지치기 원리는 참된 이스라엘이 아브라함의 혈통적 후손만으로 정의될 수 없음을 나타낸다. 이 말씀은 비록 혈통적으로는 아브라함의 피를 받았다 할지라도 그들이 하나님의 뜻을 순종하지 않는다면 아브라함의 언약적 축복에서 제외될 수 있음을 보여 준다. 반대로 혈통으로는 아브라함과 아무런 관련이 없다 할지라도 하나님의 은혜로 그들이 회개하고 그리스도를 믿는다면 하나님은 그 사람을 아브라함의 자녀로 인정하여 하나님의 축복을 받을 수 있게 한다는 뜻이다. 다시 말하면 하나님은 그가 사랑하시는 자들을 택하여 언약을 맺으시지만 그 언약에서 이방인이 제외되었다고 할 수 없다. 하나님의 언약은 어느 특정한 민족만을 위한 것도 아니고, 동시에 어느 특별한 민족을 제외하는 것도 아니다. 따라서 안식일 언약에는 이방인은 제외되고 오직 유대인만 대상이 된다는 그리피스의 주장은 받아들이기 어렵다. 하나님이 언약을 맺는 대상은 민족적 시대적으로 보편성을 지니고 있다. 그러므로 하나님의 언약에는 이스라엘 사람과 함께 모든 시대, 모든 민족이 다 포함된다.

하나님이 아담, 노아, 아브라함, 모세, 다윗 그리고 예수 그리스도와 세운 언약은 서로 상관없이 개별적으로 분리된 언약이 아니다. 차이가 있다면 계시의 발전 과정에 따라 후대에 나타난 언약이 더욱 명확하며, 그 앞 시대의 언약을 함께 포함한다는 것이다. 또한 시대와 환경에 따라 적용 방법에서 차이가 있을 수 있다. 신약교회의 모든 성도들도 아브라함과 다윗의 언약 가운데 포함되어 있다. 그러므로 하나님이 이스라엘과 맺은 언약의 표로 안식일을 주신 것은 이스라엘의 혈통적 후손에게만 제한되는 것이 아니라 선택된 하나님의 모든 자녀가 그 가운데 있음을 말한다. 따라서 안식일을 이스라엘 민족에게만 주셨기 때문에 창조 원리가 아니라는 주장은 성경해석 원리와 일치하지 않는다. 구약에서는 비록 이방인이라 할지라도 그가 하나님의 은혜를 받았다면 그 사람은 하나님의 언약에서 제외되지 않았다. 이와 같이 구약시대에 하나님의 은혜를 받은 이방인이 안식일을 지키는 유대인과 함께 생활하였다면 그들도 유대인으로부터 안식일에 관한 교육을 받아서 안식일을 지켰을 것이다.

지금까지 안식일이 창조 원리가 아니라는 사람들의 주장을 소개하였다. 그 내용을 요약하면 다음과 같다. 창세기 2장에는 안식일에 관한 명령이 없기 때문에 안식일은 창조원리가 아니라는 주장이다. 안식일은 모세 시대에 유대인들을 위해 만들어진 것이다. 그리스도의 죽음과 부활을 통해 다른 의식법들과 함께 폐지되었으므로 신약교회는 안식일의 의무에서 해방되었기 때문에 안식일을 반드시 지켜야 할 필요가 있는 것은 아니다. 이것은 구약과 신약의 단절을 뜻하며, 이스라엘과 신약 성도는 아무런 관계가 없다는 의미다.

또한 창세기 2장에서 하나님이 휴식(rest)하였으며 안식(sabbath)한 것이 아니므로 안식일은 창조 규범이 아니라는 주장이다. 그리고 창세기에서 하나님이 안식하신 날도 안식일이 아닌 일곱째 날로 기록된 이유는 안식일이 창조 원리가 아니기 때문이라는 주장이다. 만약 안식일이 창조 때 만들어진 제도라면 같은 시기에 정해진 결혼제도처럼 이방세계에도 안식일을 지킨 흔적이 남아있을 것이라고 주장한다. 이방 종교나 문화에서 안식일에 관한 흔적이 없는 것은 안식일이 창조 원리가 아니기 때문이다. 안식일이 창조 원리임을 반대하는 사람들은 만약 안식일이 창조 때 제정되었다면 아담부터 모세 때까지 노아, 족장 등이 안식일 규정을 지켰다는 증거가 있을 것인데 그것이 없으므로 창조 규범이 아니라고 주장한다. 마지막으로 안식일은 하나님과 이스라엘 민족이 맺은 언약의 표이므로 이방인은 이 언약에서 제외되었다. 그래서 안식일은 창조 규범으로서 모든 민족과 모든 시대에 구속력을 갖는다는 사실을 강하게 거부한다.

3. 포로시대 제정

일부 자유주의 학자들은 안식일이 창조원리가 되는 것을 거부함은 물론 모세 시대에 제정되었다는 학설도 인정하지 않는다.[84) 이 학설은 성경의 고등비평을 소개한 벨하우젠에 의해 주장되어 그와 입장을 함께 하는 사람들에 의해 주장되고 있다.[85) 그들은 안식일이 주전 6-7세기 이스라엘 백성들이 바벨론 포로로 잡혀간 시기에 만들어졌다고 주장한다. 따라서 안식일은 하나님께서 제정하지도 않았을 뿐 아니라 그 출발점이 유대 민족이라는 사실도 거부한다. 안식일의 기원은 고대 바벨론 문화와 종교의 산물이라는 주장이다.

로돌프(Rordorf)를 비롯한 몇몇 학자들은 안식일에 관한 기록은 포로시대 혹은 그 후 시대에 만들어졌다고 믿는 P 문서에 처음 기록되었다고 생각한다.[86) 현재 이 이론은 큰 지지를 받지 못하고 있다. 그 이유는 포로시대 전에 이미 이스라엘 백성들이 안식일을 지키고 있었다는 증거가 너무 많기 때문이다. 그들의 학설에 따른다 할지라도 J 문서인 출 34:21[87)과 E 문서인 출 23:12[88)등은 포로시대 전에 존재한 자료들이다.[89) 나아가 그 외에도 포로로 잡혀가기 전에 이미 이스라엘이 안식일을 지켰다는 증거는 많다. 왕하 4:23[90)과 사 1:13[91) 같은 말씀은 포로 훨씬 전시대에 관한 말

---

84) J. C. McCann, Jr. 249.

85) Francis Nigel Lee, *The Covenantal Sabbath: The Weekly Sabbath Scripturally and Historically Considered*(London: The Lord's Day Observance Society), 61.

86) 안식일이 포로시대에 만들어진 P문서에 기원을 두고 있다는 주장을 하는 학자들은 다음과 같다. Willy Rordorf, *Sunday*, 46, 로돌프의 *Sunday*는 스위스에서 *Der Sonntag*라는 제목으로 1962년에 출판되었다. 1968년에 영어로 번역된 후 영어권에서 안식일에 관한 필독서가 되었다. 많은 자료를 소개하기 때문에 유익한 책이다. 그러나 그의 논리나 결론은 많은 문제를 안고 있다. John Skinner, *A Critical and Exegetical Commentary on Genesis*, ICC, 35-38, Claus Westermann, *Genesis 1-11: A Commentary*, 168.

87) 출 34:21 너는 엿새 동안 일하고 제칠 일에는 쉴지니 밭갈 때에나 거둘 때에도 쉴지며.

88) 출 23:12 너는 육 일 동안에 네 일을 하고 제칠 일에는 쉬라 네 소와 나귀가 쉴 것이며 네 계집종의 자식과 나그네가 숨을 돌리리라.

89) J. C. McCann, Jr. 249.

90) 왕하 4:23 그 남편이 가로되 초하루도 아니요 안식일도 아니어늘 그대가 오

쓰이기 때문이다. 맥케인(McCann)에 의하면 포로시대나 포로 후의 시대보다 이스라엘이 포로로 잡혀가기 전시대에 안식일에 관한 관심이 더욱 높았다고 한다.[92] 그래서 안식일이 포로시대 후에 제정되었다는 이론은 성경적 지지가 없으며, 따라서 더 이상 큰 호응을 받지 못하고 있다.

로돌프에 의하면 포로시대 후에 바벨론의 영향으로 만들어진 구약의 안식일은 그리스도에 의해 폐지되었다고 한다. 현재 기독교가 지키는 주일은 그리스도의 부활에 뿌리를 두었다기보다 주의 만찬에 근거한 것이다. 그 이유는 그리스도께서 부활한 후 즉시 신약교회가 주일을 지키지 않았기 때문이라 한다. 콘스탄티누스 황제에 의해 신약교회가 예배드리는 일요일이 주일로 제정되었다. 현재 주일은 성경이나 교회에서 제정한 것이 아니고 이교 사상의 영향을 받은 결과로 해석된다. 로돌프는 콘스탄티누스 황제가 이교도들이 태양의 날인 일요일에 태양신을 숭배하던 것을 받아들여 모든 로마인들이 노동에서 해방되어 태양신을 섬기게 하기 위하여 그날을 공휴일로 정하였으며 그것이 기독교의 주일로 변하였다고 한다.

그는 초대교회는 주일을 지키기보다 오히려 성찬에 더 많은 관심을 두었고, 신약교회는 성찬과 함께 주일을 지켜야 한다고 강조한 것으로 보았다. 그 이유는 성찬은 주일에 행하므로 성찬을 행하려면 자연히 주일을 지켜야 하기 때문이다. 그래서 그는 주일도 평일과 같이 일상적 사업을 하기 전후, 각자 상황에 맞는 시간에 성찬을 거행하고 예배만 드리면 되는 것으로 보았다. 그래서 주일은 평일과 동일한 방법으로 그날을 경건하게 보내는 것이 필요하다. 이외의 모든 것은 주일을 지키는데 본질이 아닌 부수적이고 이차적인 문제다. 본질보다 이차적인 문제에 관심을 기울일 필요는 없다. 로돌프는 주일에 대한 성경적 근거를 극소화 시켰다. 그는 주일에 예배드리는 문제에서 4계명과 함께 하나님의 모든 뜻을 완전히 거부한다. 안

늘날 어찌하여 저에게 나아가고자 하느뇨 여인이 가로되 평안이니이다.

91) 사 1:13 헛된 제물을 다시 가져오지 말라. 분향은 나의 가증히 여기는 바요, 월삭과 안식일과 대회로 모이는 것도 그러하니, 성회와 아울러 악을 행하는 것을 내가 견디지 못하겠노라.

92) J. C. McCann, Jr. 249

식일과 주일은 전적으로 사람의 뜻에 의해 만들어졌다. 인간이 주일에 관한 모든 것을 결정하고 만들었기 때문에 사람이 원한다면 무엇이든지 변경이 가능하다. 그러한 믿음의 결과는 현대인들이 원하는 욕구를 받아들여 주일 성수에 관하여 인간에게 무한한 자유를 주었다.[93] 그러나 교회가 그의 견해를 받아들여 적용한다면 전도와 선교가 가능하겠는가? 사람들이 원하는 대로 하나님께 예배드리는 날짜, 시간, 방법 등을 변경한다면 그 결과는 사람이 예측하지 못한 비참한 결말을 맺을 가능성이 많다. 아마 교회와 성도들의 신앙의 존속이 불가능하게 될 수도 있을 것이다.

안식일의 기원을 정확하게 계산하는 일은 쉬운 일이 아니다. 성경에 기록된 자료들이 지식의 한계가 있는 인간들에게 혼란을 일으키는 부분이 있기 때문이다. 그러나 하나님의 영광을 위하여 성경 전체에서 가르치는 신학과 신앙의 토대 위에서 연구 분석하면 성경이 제시하고자 하는 결론을 얻을 수 있다. 안식일이 모세 시대나 이스라엘의 포로시대에 만들어졌다는 학설들은 성경해석에서 성경의 종합적 분석이 결여된 결론이다. 이제 우리는 안식일이 창조 때 만들어진 창조원리에 속한다는 사실에 대해 더 깊은 연구를 할 것이다.

ㄴ. 창조 규범으로서 안식일

지금까지 우리는 안식일의 기원이 창조 규범이 아니라고 주장하는 이론을 소개하고 그 이론들의 문제점이 무엇인지를 살펴보았다. 이제 개혁 신학에서 가르치는 안식일이 창조 원리가 됨을 연구하려 한다. 하나님은 인간을 처음 창조할 때 인간을 위하여 안식 제도도 함께 만드셨다. 창조 규범으로 만들어진 첫 안식일은 인간의 죄와 구원과는 직접적인 관련성이 없었다. 창조 규범으로 주신 모든 제도들이 인간이 인간답게 생활하는데 반드시 필요하여 만드신 것처럼 안식일도 인간의 유익을 위해 주셨다. 이

---

93) Roger T. Backwith & Wilfrid Stott, 『기독교인과 주일』, 9-10

창조 규범들은 죄가 세상에 침입한 후에도 폐지되지 않았다. 예를 들면 결혼과 노동의 원리도 창조 규범이지만 타락 후에도 지금까지 존속되고 있다. 단지 타락한 인간의 결혼과 남녀관계가 많은 부분에서 하나님이 세운 질서에서 이탈하였을 뿐이다. 그 결과 남녀의 성적인 관계가 가정과 사회에 혼란을 일으키기는 하지만 결혼제도는 폐지되지 않고 지금까지 계속되고 있다.

인간의 타락으로 자녀를 생산하는 축복도 여자에게 해산의 고통만 첨가되었을 뿐 없어지지 않고 계속되고 있다. 또한 노동에서 얻는 축복도 하나님이 거두어 가지 않았다. 죄로 인해 이마에 땀이 흐르는 고통만 첨가되었을 뿐, 죄가 창조 규범으로 주신 인간의 본성과 법을 폐지시킬 수는 없다. 따라서 죄지은 아담의 후손인 인간은 지금까지 결혼하여 자식을 출산하면서 생존을 위해 땀을 흘리고 있다. 안식일이 창조 원리에 속하기 때문에 안식일을 지키는 데에 하나님의 계명대로 순수하게 순종하지 못해도 인간 역사가 이어지는 동안 계속하여 지켜져 왔다. 안식일이 창조 원리임을 강조하는 학자들은 다음과 같다.[94] 그들이 창조 원리를 주장하는 이유는 다

---

94) 이 이론을 주장하고 가르치는 학자들과 자료들은 대략 다음과 같다. John Calvin, 김종흡, 신복윤, 이종성, 한철하 공역, 『기독교 강요』 상권 (서울: 생명의 말씀사, 1988), 560 *Calvin's Commentary: the Book of Genesis*, 2 vols., 1:105-106, Benjamin W. Farley, 박희석 역 『칼빈의 십계명 설교』(성광문화사: 1991), Charles Hodge, *Systematic Theology*, 3 vols., 3:321-3, John Murray, *Collected Writings of John Murray* 1 vol., 205-228, 상기 저자, 김남식 역, 『성경과 기독교 윤리』, 36-42, O Palmer Roberston, 김의원 역, 『계약신학과 그리스도』, 74-80 Gordon J. Wenham, Genesis 1-15, *Word Biblical Commentary*, 7, 35-36, Griffith Thomas, *Genesis: Devotional Commentary*, 38-39, 상기 저자, *Studies in Colossians and Philemon*, 94, George Bush, *Notes in Genesis*, 1:48, Augustus H. Strong, *Systematic Theology*, 408-10, Bruce Vawter, *On Genesis*, 62, John Bright, *The History of Israel*, 330, Karl Barth, *Church Dogmatics*, 3 vols., 3,4:47-72, E. J. Young and F. F. Bruce, "Sabbath," *New Bible Dictionary*, 1042, Walter C. Kaiser, *Toward and Old Testament Theology*, 76-77, Roger T. Beckwith and Wilfred Stott, 신헌표 역 『기독교인과 주일』 13-29, A. R. Fausset, "Colossians," *A Commentary Jamieson, Fausset, and Brown*, 6 vols., 6:448, Marchant A. King, "Sabbath and the Spring Feast," *Moody* (May,

음과 같다.

1) 인간에게 본이 된 하나님의 안식

창 2:2-3은 하나님이 엿새 동안 천지와 만물을 다 지으신 후 일곱째 날 안식하셨다고 기록하고 있다. 창 2:2은 "하나님의 지으시던 일이 일곱째 날이 이를 때에 마치니 그 지으시던 일이 다하므로 일곱째 날에 안식하시 니라"고 하였다. 성경에서 가르치는 안식일은 창조사역을 마친 후 하나님 이 안식하셨다는 말씀으로 시작된다. 여기서 일곱째 날은 천지창조가 계속 되는 칠 일간의 마지막 일곱째 날이다. 이것은 하나님의 창조사역 활동의 날이며 인간들의 날은 아니다. 하나님의 천지창조 사역에는 육 일간의 창 조활동과 하루의 안식이 있었다. 이는 창세기 1장에 기록된 특별한 창조사 역 후에 하신 안식이다.[95]

하나님의 안식은 완성된 창조사역을 기뻐하시는 휴식이다. 하나님께서 엿새 동안 천지만물의 창조사역을 완성하시고 일곱째 날 휴식을 취하셨는 데 그날이 안식일이다. 하나님은 그가 창조한 모든 것을 보시니 보시기에 심히 좋았더라(창 1:31)고 하였다. 하나님은 창조사역을 마친 후, 자신이 하신 모든 일이 완전한 것을 보시고 만족해 하신 것이다. 시 104:31에는 "여호와의 영광이 영원히 계속할지며 여호와는 자기 행사로 인하여 즐거 워하실지로다"라는 말씀이 있다. 여호와께서는 그가 하신 모든 사역을 돌 아보실 때 그것이 흠이 없고 너무 완전하고 의로운 것이어서 크게 기뻐하 셨다. 그래서 시편 기자는 "여호와는 자기 행사로 인하여 즐거워하실지로

1985): 46, Samuele Bacchiocchi, *Divine Rest for Human Restlessness*, 32-91, G. H. Waterman, "Sabbath,", *ZPEB*, 5vols., 182-190, Meredith G. Kline, *Kingdom Prologue*, 52-64, Francis Nigel Lee, *The Covenantal Sabbath: The Weekly Sabbath Scripturally and Historically Considered*, 16-104, W. J Dumbrell, 최우성 역,『언약과 창조 – 구약언약의 신학』(도서출판 크리스챤서적: 1990), 53-57. 최낙재,『웨스트민스터 소요리문답 강해』II, (경기도 고양: 크리스챤 다이제스트: 2000), 197-266. 이 외에 안식일이 창조원리임을 가르치는 학자들은 논의하는 가운데 소개할 것이다.
  95) John Murray,『성경과 기독교 윤리』, 36,

다" 하고 노래하였다. 이와 같이 하나님은 자신이 창조하신 그 사역을 보고 기뻐하시면서 모든 피조물을 향하여 이 기쁨에 참여하라고 안식을 선포하셨다.

출 31:17[96]에서 하나님은 자신의 일곱째 날 안식에 대해 "제칠 일에 쉬어 평안하였음이라"고 하여 육 일 동안에 완성한 창조사역에 대한 충만한 만족감을 나타내셨다. 하나님은 광대한 전체 우주와 그 가운데 모든 것을 세밀히 만들어 창조 세계가 잘 운행되도록 다 이루신 후 안식하셨다. 하나님은 자신이 하신 창조사역을 보시고 큰 기쁨에 들어가신 것이다. 엿새 동안 이 모든 일을 완성하시고 일곱째 날은 모든 것을 마친데 대한 기쁨 가운데 안식하신 것이다. 그 모든 사역을 마칠 때 하나님이 그 지으신 모든 것을 보시니 보시기에 심히 좋았다고 하셨다. 그리고 하나님은 아담과 하와에게도 하나님의 기쁨에 초대하셨다.

그러나 하나님의 안식은 아무 활동도 하지 않는 활동의 정지 상태를 뜻하지는 않는다. 하나님께서는 자신이 창조하신 우주만물이 창조 때 주입된 속성에 의해 운행되도록 하여 중단되는 일이 발생하지 않게 하신다. 즉 천지만물이 계속 유지되도록 섭리하신다. 만일 하나님께서 창조하신 피조물을 돌보시고 섭리하는 일들을 한 순간이라도 중단하신다면 모든 피조물들은 순식간에 혼돈에 빠져 무서운 결과를 초래하게 될 것이다. 또한 하나님께서는 우리의 구원이 완성되도록 역사 하신다. 그래서 예수님은 내 아버지께서 이제까지 일하시니 나도 일한다(요 5:17)고 하셨다.

문제는 창세기 2장에 나타난 하나님의 안식은 하나님에게만 적용되는 안식인가? 아니면 그 안식이 인간과 관계가 있는가? 하는 것이다. 이것은 안식일을 연구하는 모든 사람에게 가장 중요한 핵심 주제가 된다. 출애굽기 20장의 말씀이 이 문제 해결에 도움이 된다. 출 20:11[97]은 제4계명이

---

96) 출 31:17 이는 나와 이스라엘 자손 사이에 영원한 표징이며 나 여호와가 엿새 동안에 천지를 창조하고 제칠 일에 쉬어 평안하였음이니라 하라.

97) 출 20:11 이는 엿새 동안에 나 여호와가 하늘과 땅과 바다와 그 가운데 모든 것을 만들고 제칠 일에 쉬었음이라. 그러므로 나 여호와가 안식일을 복되게 하여 그 날을 거룩하게 하였느니라.

다. 모든 사람에게 구속력을 가진 4계명이 이스라엘 자손에게 안식일을 거
룩하게 지킬 것을 명하셨고 이는 엿새 동안 천지를 창조하신 후 일곱째
날 안식하신 하나님의 안식에 동참하게 하심이다. 출 20:10-11에서 "제칠
일은 너의 하나님 여호와의 안식일인즉 … 아무 일도 하지 말라 이는 엿
새 동안 나 여호와가 하늘과 땅과 바다와 그 가운데 모든 것을 만들고 제
칠 일에 쉬었음이라 그러므로 나 여호와가 안식일을 복되게 하여 그날을
거룩하게 하였느니라" 하였다. 십계명을 주신 분도 하나님이시므로 제4계
명의 권위만으로도 안식일을 충분히 선포할 수 있다.

　그러나 제4계명은 스스로의 권위로 이스라엘에게 안식을 명령하지 않는
다. 하나님은 육일간 노동한 후 일곱째 날 하루 안식하신 하나님의 안식을
모방하여 안식일 지킬 것을 명하신다. 제4계명은 하나님께서 육 일간 창조
사역을 마친 후 제칠 일에 안식하신 것을 강조하면서 하나님의 백성들이
안식일 계명에 순종할 것을 명령한다. 제4계명이 그렇게 한 것은 하나님의
안식이 제4계명의 근원의 뿌리가 되었기 때문이라고 보아야 할 것이다. 즉
하나님이 창조사역 후 안식하신 것이 인간의 안식과 깊은 관련이 있었기
때문에 제4계명이 하나님의 안식에 호소한다고 해석하는 것이 자연스럽
다. 하나님의 안식과 아담의 안식에 아무런 관련이 없었다면 제4계명이 스
스로 창세기에 나타난 하나님의 안식에 호소할 필요도 없을 것이다.

　제4계명에 의하면 하나님이 일곱째 날 안식한 이유는 하나님 자신을 위
함이라기보다는 이스라엘 자손들의 유익에 초점이 있음이 분명하다. 하나
님은 인간이나 짐승처럼 육체가 없으므로 피곤을 느끼지 않으며 인간과
같은 휴식이나 안식이 필요 없는 존재이시다. 이는 하나님의 속성이 시간
과 공간을 초월하는 영이시기 때문이다. 사 40:28[98)]에서 천지를 창조하신
하나님은 피곤하거나 곤비치 아니하다 하셨다. 먼 훗날 모세를 통해 인간
들에게 안식일을 지키라고 구체적인 계명으로 명령하실 것을 미리 내다보

---

98) 사 40:28 너는 알지 못하였느냐 듣지 못하였느냐 영원하신 하나님 여호와,
땅 끝까지 창조하신 자는 피곤치 아니하시며 곤비치 아니하시며 명철이 한이 없으
시며 피곤한 자에게는 능력을 주시며 무능한 자에게는 힘을 더하시나니

신 하나님께서 천지를 창조하시고 피곤치 않은 영을 안식하신 이유가 무엇이겠는가? 하나님은 모든 것을 동시에 다 아시는 전지(全知)하신 분이시다. 그러므로 역사의 미래에 무슨 일이 일어날 것인지 모든 것을 아실 뿐 아니라, 어느 시기에 어떤 방법으로 모세를 통하여 이스라엘 백성들에게 십계명을 주실 것인지도 이미 만세 전에 예정하고 계획하셨다. 그러한 하나님께서 안식하신 것을 인간과 아무런 관련이 없는 안식이라고 한다면 성경의 다른 부분의 가르침과 상통하지 않는 주해이며 해석이다. 바치오키는 아담이 창조된 다음날이 첫 일곱째 날이며 아담은 그날 하나님이 창조하신 천지만물의 아름다움에 대한 감사로 하나님의 안식에 동참하였다고 한다.[99]

출 20:10-11말씀과 창 2:2-3을 해석하면 하나님이 제칠 일에 안식하신 것은 창조 때 정하신 안식이요, 하나님의 백성을 위해 만드신 약속된 안식이다. 하나님은 자신이 필요하여 일곱째 날 안식한 것이 아니다. 인류의 시조인 아담과 그의 후손들이 하나님의 안식에 들어오게 하기 위함이다. 창 2:2-3에 기록된 하나님의 안식은 인간의 유익을 위해 하나님이 먼저 본을 보이셨다고 해석하는 것이 타당하다. 하나님이 친히 모범을 보이면서 안식하신 것은 인간들이 효율적으로 안식일을 지킬 때 피조물들이 하나님의 축복을 받게 하기 위함이셨다. 이것이 하나님께서 안식하시고 그 안식일에 관한 계명을 만드신 이유이다. 그리고 하나님이 인간을 창조하시고 곧 안식제도를 함께 만드심으로 구속주가 되심을 나타내고 있다. 이것은 하나님이 인간을 궁극적으로 구원하여 영원한 안식으로 인도하시겠다는 표현이다. 또한 하나님의 형상으로 지음 받은 인간이 지향해야 할 최종 목표는 우리를 창조하신 하나님이시다. 인간의 궁극적 표상은 하나님을 닮는 것이다. 그러기 위해서는 우리의 생활 영역에서 하나님을 닮아 가기 위해 하나님의 안식처럼 우리도 안식일을 지키고 순종해야 할 것이다.

출 31:17에서 자신의 안식에 대해 "제칠 일에 쉬어 평안하였음이라"

---

99) Bacchiocchi, *Divine Rest for Human Restlessness*, 20.

하여 만족감을 나타내신 하나님은 인간들도 동일한 안식을 얻어야 한다고
가르치신다. 하나님은 인간들도 하나님과 함께 안식일을 지키므로 자신이
누리셨던 평안함에 동참토록 하셨다. 출 23:12[100]에서 하나님은 사람들도
안식과 연관하여 "평안을 얻어야 한다"고 말씀하신다. 로버트슨
(Robertson)은 출 23:12에서 "숨을 돌리리라"(may be refreshed)는 말
씀을 출 31:17에서 하나님이 평안을 얻었다는 그 "평안"과 동일한 내용으
로 해석하였다.[101] 이는 하나님의 백성들도 안식일을 지켜 하나님이 누리
신 평안을 소유해야 한다는 뜻이다. 하나님은 자신이 일곱째 날 안식하신
것처럼 인간이 안식일을 지켜 하나님이 그날에 쉬어 편안하셨던 그 평안
을 인간들도 누릴 수 있도록 하셨다. 하나님의 평안을 얻는 방법은 하나님
께서 하신 그 안식에 동참하는 길뿐이었다. 하나님께서는 자기 형상으로
지음 받은 아담과 하와가 그러한 안식과 축복을 얻도록 하셨다.

출 31:12-17은 안식일이 하나님과 이스라엘 사이에 영원한 언약이 되
므로 그들의 후손은 반드시 안식일을 지켜야 함을 강조한다. 또한 안식일
을 지키는 이유는 하나님 자신이 제칠 일에 안식하므로 평안을 얻었기 때
문이다. 출 23:12은 언약의 백성들에게 육 일 동안 일하고 제칠 일에는
안식할 것을 명령한다. 언약의 백성들이 안식일을 지켜야 할 이유는 하나
님 자신이 제칠 일에 안식하므로 얻었던 바로 그 평안을 누리기 위함이다.
그러므로 창 2:2에서 하나님이 일곱째 날에 안식한 그 안식은 하나님 자
신만 위한 안식이 아니라 인간들도 안식해야 한다는 뜻이 내포되어 있다.

칼빈은 유대인들이 일곱째 날 아무 일도 하지 않고 안식한 것은 오직
하나님의 일곱째 날 안식을 본받은 것이라 한다. 칼빈은 그의 『기독교 강
요』 1536년 판과 1559년의 최종 판 그리고 『창세기 주석』 등에서 하나님
의 안식이 이스라엘이 지키는 제칠 일 안식일의 원형임을 특히 강조한다.
그는 1536년에 출판된 『기독교 강요 초판』에서 "하나님께서는 엿새 동안

---

100) 출 23:12 너는 육 일 동안 네 일을 하고 제칠 일에는 쉬라. 네 소와 나귀가
쉴 것이며 네 계집종의 자식과 나그네가 숨을 돌리리라
101) Robertson, 『계약신학과 그리스도』, 75.

에 완성하신 천지창조와 안식에서 우리에게 안식의 원리를 보여 주신다. 오직 제칠 일에 하나님은 모든 일을 쉬셨는데(창 2:1-3), 그분의 모범에 의해 우리 또한 우리의 일을 쉬고 그분 안에서 우리의 안식을 찾으며 제칠 일의 이 안식을 간절하게 동경하게 하셨다"[102]고 하였다. 그는 또 1559년 최종 판에서 "주님이 이스라엘 백성에게 자신의 모범을 따르도록 명령하신 것은 그들이 경건한 마음으로 그날을 지키게 하기 위함이라"고 하였다.[103]

그리고 창세기 주석에서 칼빈은 "하나님이 일곱째 날을 복주어 거룩하게 하신 것은 특별히 모든 일곱째 날을 택하여 묵상을 통하여 필요한 영적 양식을 공급하기 위한 목적이라고 밝힌다. 이어서 "하나님이 일곱째 날 안식하신 모범은 모든 일곱째 날이 안식일로서 영원한 법이 되게 하기 위함이다"라고 하였다.[104] 또한 칼빈은 『십계명 강해 설교』에서 "하나님이 안식하신 것은 하나님 자신이 필요해서가 아니며, 또한 그분이 반드시 그렇게 해야 할 필요가 있었던 것도 아니다. 오히려 하나님이 안식한 이유는 우리를 초청하여 그분이 하신 일을 묵상하게 하기 위함이다."[105] "피조물이 창조주의 모범을 따라 하나님이 안식하신 것처럼 안식한다면 그것은 가장 큰 유익이 될 것이다. 왜냐하면 하나님이 경험하신 가장 완전한 안식과 즐거움을 경험하기 때문이다"[106] 하였다. 하나님이 안식한 이유는 우리를 하나님 자신의 안식에 초청하기 위함이라는 결론이다. 칼빈에 의하면

---

102) 칼빈, 양낙흥 역, 『기독교 강요』 (크리스챤 다이제스트, 1988), 83. 『기독교 강요 초판』은 1559년의 최종판을 요약한 축소판이라할 수 있다. 칼빈은 초판을 1539년, 1543-1550년 그리고 1559년 3회에 걸쳐 증보 출판하였다. 그러나 특이한 점은 26세 때 기록한 초판의 내용을 수정하지는 않았다. 증보판이 거듭될수록 단지 천주교와 재세례파 등의 오류를 많이 지적하고 내용을 더 깊게 해석하였을 뿐이다. 그래서 현재 초판이 많은 각광을 받고 있다.

103) Calvin, 『기독교 강요』, 2:8:30.

104) Calvin, *Commentaries On Genesis*, 106.

105) Benjamin W. Farley, 박희석 역, 『칼빈의 십계명 설교』(성광문화사: 1991), 104.

106) Calvin, *Institutes of Christian Religion*, Opera Select, ed. p. Barth, 1 (Kaiser; 1926), 46-47.

우리에게 안식일을 주신 것과 하나님의 안식에는 특별한 관련이 있다는
것이 자명하다.

머레이(John Murray)도 주님이 안식일을 특별히 구별하여 거룩하게 하
고 그날을 복되게 하신 것은 인간이 하나님의 창조사역 때 하신 패턴을
따라 엿새 동안 일하고 하루는 안식하라는 뜻이라고 한다.[107] 로버트슨은
하나님이 창조활동과 관련하여 안식일을 "복 주셨다"함으로써 이날이 세
상에 중요한 결과를 가져왔다고 한다. 그리고 이 축복을 하나님이 자기 자
신을 위해 그날을 축복하신 의미로 해석해서는 안된다고 강조한다.[108] 창
조질서에서 안식일의 중요성은 하나님의 6일 창조사역 후 하루 안식하는
것으로 끝나지 않는 데 있다. 하나님이 창조와 관련하여 안식일을 축복하
심은 인간과 연결되어 있다. 그 이유는 예수님이 지적했듯이 안식일은 인
간을 위해 만들어졌기 때문이다(막 2:27). 그것이 인간에게 유익하기 때
문에 하나님은 안식일을 제정하셨다. 즉 하나님이 일곱째 날 안식한 이유
는 인간의 유익을 위함이다.

하나님께서 엿새 동안 일하시고 일곱째 날 안식하신 것은 인간에게 큰
복을 주시기 위함이다. 사람들이 하나님처럼 육일간 노동하고 칠일째는 안
식하므로 하나님께서 취하신 안식에 동참하게 하기 위한 것이다. 육 일간
일하고 제칠 일에는 안식하는 이 원칙이 반복되어 나가는 역사의 마지막
종말에서 모든 인간들은 세상의 모든 노동을 끝내고 하나님의 안식에 들
어오라는 명령이 내포되어 있다. 역사의 시작부터 끝을 모두 아시는 전지
하신 하나님은 인간 역사의 마지막에 있을 모든 것들을 예정하시고 계획
하셨다. 하나님께서는 인간 역사의 미래도 친히 창조하시기 때문에 인간
역사의 마지막에는 영원한 내세가 있다는 것을 천지창조 하시고 안식하는
그 순간에 이미 다 알고 계셨다. 이러한 하나님께서 인간을 창조하실 때부
터 이 세상에서 인간이 하나님의 뜻에 따라 반복적으로 엿새 동안 열심히
일하고 일곱째 날 안식하는 생활을 한 후 마지막에는 하나님의 영원한 안

---

107) John Murray, *Collected Writings of John Murray*, 206-207.
108) O Palmer Robertson, 『계약신학과 그리스도』, 74.

식에 들어오게 하기 위함이었다. 이것은 하나님의 극진한 사랑을 받은 인간이 자신들의 달려갈 길을 마친 후 허무하게 그 존재 자체가 없어진다거나 이상하게 끝나는 것이 아니라 하나님이 예비하신 영원한 안식에 들어오라는 초대이다. 하나님은 인간에게 큰 기쁨과 즐거움이 있는 영원한 하나님의 안식에 들어오라는 것을 인간이 창조되는 그 순간부터 보여 주셨다.

일곱째 날 안식의 의미는 인류 역사가 진행되는 동안 모든 사람이 육일 일하고 칠 일에 안식하는 이 주기를 계속적으로 반복하는 가운데 인생의 영원한 목적지가 되는 하나님의 안식에 소망을 두고 방향을 잃지 않고 생활하게 하기 위함이다. 하나님은 역사 전체가 이러한 주기에 따라 계속 진행되다가 결국은 영원한 안식에 들어가도록 예정하셨다. 역사의 모든 과정이 그렇게 정해져 있으므로 인간은 미래의 영원한 소망을 바라보고 그렇게 하신 하나님께 감사드리고 찬송하면서 의미 있는 생활을 하도록 하셨다. 그렇게 함으로 원대한 창조주 하나님의 계획과 경영을 잊지 않고 하나님을 경배하면서 바른 목표와 길에서 벗어나지 않고 정도를 걸어가도록 하셨다. 그래서 안식의 최종 목표는 이 땅에서 기쁨과 안식을 누린 후 최후의 영원한 안식을 누리는데 있다.

하나님은 천지를 창조하실 때 인간 역사의 마지막에 있을 모든 일들도 이미 알고 계셨다. 하나님의 창조 사역은 전부가 하나님 자신이 계획하고 작정하신 대로 이루어졌다. 이 세상 모든 것이 하나님의 뜻과 작정대로 창조된 것처럼 하나님의 뜻에 의해 역사는 흘러가고 변하며 하나님이 원하시는 대로 세상은 끝이 난다. 그리고 마침내 내세가 어떻게 될지도 하나님의 계획에 의해서 이루어질 것이기 때문에 모든 것이 하나님이 계획하시는 뜻을 벗어날 수 없다. 하나님은 세상을 처음 창조하실 때 벌써 역사의 모든 과정과 세상 끝과 내세에 관한 모든 것을 동시에 내다보셨고 그것을 계획하셨다. 사 44:6에 "나는 처음이요 나는 마지막이라 나 외에 다른 신이 없느니라 내가 옛날 백성을 세운 이후로 나처럼 외치며 고하며 진술할 자가 누구뇨?" 하셨다. 하나님은 태초부터 앞으로 이루어질 모든 일을 작정하시고 그대로 진행시켜 나가기 때문에 미래에 대하여 확실하게 예언할 수 있다. 그래서 이사야는 앞으로 될 일에 대하여 하나님처럼 외치고 진술하며 고할 신이 없다고 한다.

그리고 사 41:4에는 "누가 태초부터 만대(萬代)를 명정(命定)하였느냐 나 여호와라 태초에도 나요 나중 있을 자에게도 내가 곧 그니라" 하였다. '만대를 명정하다'라는 뜻은 하나님은 할아버지 다음 아버지, 그리고 아들 세대를 이어서 만대가 되도록 정하셨다는 것이다. 만대가 되도록 부르시고 명하시고 그대로 되게 하신다는 것이다. 아무것도 없는 가운데서도 하나님이 명하여 부르시면 그대로 이루어진다. 그렇게 하여 천지가 창조되었다. 하나님께서 안식일 제도를 만드신 이유는 인간이 하나님께서 창조하신 것을 보고 기뻐하며 찬송하면서 하나님의 안식에 참여토록 하기 위함이다. 그뿐 아니라 이 땅 위의 안식을 통하여 이제 역사의 마지막에 나타날 영원한 하나님 나라를 바라보고 무한한 소망과 기쁨을 갖게 하셨다. 역사의 마지막에 이러한 영원한 안식이 있을 것을 미리 내다보게 하시고 그런 가운데 역사가 진행되도록 하셨다. 그러한 사실을 천지를 창조하면서부터 인간에게 보여 주셨다. 하나님께서 엿새 동안 일하시고 일곱째 날 안식하신 것은 인생의 모든 수고가 끝이 나면 영원한 안식이 있다는 것을 보여 주시기 위함이다.

하나님께서 엿새 동안 모든 것을 창조하시고 그 지으신 만물의 완성으로 인하여 만족하시며 기뻐하시고 일곱째 날에 안식하셨다는 것은 이미 이루어진 사실에만 해당하는 것이 아니다. 미래의 역사 과정에서 하나님이 창조하신 피조물들에 의해 이루어질 일들도 포함되어 있다. 하나님께서는 앞으로 인간이 만들어낼 문화와 역사 발전의 모든 것을 보시고 안식하면서 기뻐하실 것이다. 그러한 역사의 모든 과정이 끝난 다음 하나님의 사랑하는 백성들이 하나님 자신의 안식에 들어가서 영화롭게 생활하는 것을 보시면서 하나님은 안식하신다. 하나님은 그런 것을 처음부터 모두 보시면서 알고 계셨기 때문에 창조사역의 완성을 보시고 만족하셨으며 기뻐하는 가운데 안식하셨다.

2) 아담과 안식일

성경은 첫 번 일곱째 날에 아담이 안식일을 지켰는지에 관한 언급이 없다. 그렇기 때문에 이에 대해 상반된 견해가 존재하고 있다. 안식일이 창조 규범임을 반대하는 사람들은 하나님이 일곱째 날 하신 안식은 사람과는 아무런 관계가 없다는 주장을 한다. 그 이유는 성경이 아담에게 일곱째 날 안식을 지키도록 명령하거나 혹은 그가 그날 안식하였다는 증거가 없기 때문이다.[109] 또한 아담이 일곱째 날 안식을 하였다면 어떻게, 무엇을 하면서 안식하였는지에 대한 기록이 없는 이유는 그가 안식하지 않았기 때문이라는 주장이다.

그러나 하나님이 일곱째 날 안식하신 것과 그날을 복되고 거룩하게 하고 안식일을 제정하신 이유가 인간의 유익을 위한 것이었다면 아담은 그 안식에 동참하였을 것이다. 그리고 타락 전의 아담은 하나님의 뜻과 창조 세계에 대한 내용을 많이 이해하였을 것이다.[110] 그 이유는 아담은 지혜와 공의와 거룩한 속성을 창조주의 형상을 따라 하나님이 보시기에 심히 좋은 완벽한 최상의 인간으로 지음을 받았기 때문이다. 아담이 타락하기 전에는 모든 면에서 완벽한 상태였기 때문에 하나님의 뜻을 이해하는 데에 현재의 인간들처럼 구체적이고도 세밀한 말씀은 필요 없었을 것이다. 그 결과 하나님이 엿새 동안 천지를 창조하신 후 일곱째 날에 안식하신 이유와 그 목적도 충분히 이해하였을 것이다. 인간의 유익을 위하여 하나님이 제정하신 안식일을 아담이 인식하지 못하였다거나 순종하지 않았다는 가정을 하기는 어렵다. 그래서 머레이에 의하면 아담은 타락 전이었다 할지라도 하나님이 제정한 안식일 제도에서 자유로울 수 없었을 것이다.

창세기 1:14-19에서 하나님은 해를 만드시므로 낮과 밤, 하루의 기간, 계절 등의 규칙을 확립하셨다. 하나님은 아담을 여섯째 날 만드셨다. 하나님의 형상으로 창조된 아담의 처음 생활은 죄와 상관없는 무죄한 상태다. 하나님이 그를 완전한 거룩(holiness)과 의(righteousness)와 지식

---

109) Griffith, "The eschatological significance of the Sabbath," 43.
110) John Murray, 『성경과 기독교 윤리』, 38-40.

(knowledge)을 소유한 생활을 하도록 창조하셨다. 그는 지, 정, 의 모든 면에서 완전성을 소유하였다. 그래서 완전한 거룩과 의와 지식을 소유한 아담은 기쁨과 즐거운 마음으로 하나님의 뜻을 이해하고 그 뜻에 순종하였을 것이다. 또한 아담은 하나님이 정하신 시간, 낮과 밤, 계절과 같은 자연의 통제를 받았을 것이다.

아무리 부족함이 없는 완전한 상태의 인간이라 할지라도 하나님이 정하신 자연의 흐름을 거역하지는 않았을 것이다. 예를 들면 하루의 길이와 또한 하루하루가 여섯 번 반복하여 시간이 흘러 지난다면 일주일의 시간이 흐른다는 것을 충분히 이해하였을 것이다. 그리고 하나님이 창조 때 정하신 자연적인 시간의 흐름에 맞추어서 생활을 하였을 것이다. 타락 전의 아담은 밤에는 잠을 자고 아침에는 잠에서 깨어나 낮 시간에는 생활에 필요한 노동을 하였을 것이다. 그가 시간을 이해하지 못하였다든지 혹은 그 시간의 원리에 역행하는 생활을 했다고 가정하는 것은 모순이다. 그 법칙에 순응하지 않았다면 그것이 오히려 무죄하고 완전한 상태에서 이탈된 상황일 것이다. 그래서 아담은 순환적으로 흐르며 교차하는 일주일 단위의 날짜를 이해하고 그 시간에 순응하면서 생활하였을 것이다.

그러나 아담이 이 모든 것에 대하여 어느 정도 알았으며, 어떤 방법을 통해 알게 되었는지에 대해서 세밀한 사항을 알기에는 우리 인간은 무지할 뿐이다. 이러한 내용은 성경이 침묵하기 때문에 성경적 사고의 틀 안에서 논리적으로 유추하여 그 해답을 가정할 뿐이다. 아담과 동시대의 타락한 사람들도 창조에 관해 약간의 정보를 소유하고 있었는데 완벽하고 흠 없는 상태의 아담이 창세기 1-2장의 모든 내용을 이해하지 못하였을까? 아담은 하나님께서 육 일간 창조사역을 하시고 일곱째 날 안식하신 것을 이해하였을 것이다. 아담이 하나님의 육 일간 창조와 칠 일째 안식의 원리를 모른다는 것은 논리적 사고의 원리를 부정하는 행위와 동일하다.[111]

---

111) Ibid., John Murray도 성경이 침묵하지만 이러한 논리의 유추를 거부하는 그 자체가 합당하지 않다고 강조한다. Francis N. Lee, *The Covenant Sabbath*, 16-40, Lee도 Murray와 같이 논리적 유추를 통해 아담은 하나님의 창조세계와 함

머레이는 이러한 문제를 취급할 때 성경이 언급하지 않는 침묵에 강조점을 두지 않기를 바란다고 하였다. 즉 성경이 그러한 세밀한 부분까지 설명하지 않았다고 하여 그러한 일이 없었다고 결론을 내려서는 안된다는 것이다. 성경은 당시에 발생한 모든 생각과 상황을 기록한 책은 아니다. 창세기에는 세밀한 기록이 없다 할지라도 다른 성경 말씀의 안내를 받아 상당 부분은 유추할 수 있다. 따라서 세밀한 기록이 없다 할지라도 성경의 전체적인 교훈과 다른 말씀의 빛에 비추어 더 밝고 분명한 해석이 가능한 부분은 그렇게 해석하는 것이 정당하다. 그래서 아담이 창조 때 만들어진 자연적인 순환 원리에 따라 흐르는 시간에 맞추어 생활하였으며 또한 육일 다음에 오는 제칠 일의 안식일을 지켰다고 해석하는 것이 정당하다. 하나님의 형상을 따라 지음 받은 아담이 육 일간 창조사역 후 제칠 일에는 안식을 취하신 하나님의 원리를 따르지 않고 자기 마음대로 생활하였다고 생각하는 것은 옳지 않다. 성경은 이에 대한 세밀한 기록을 하지 않았다 할지라도 그가 하나님의 형상대로 완벽하게 창조되었다는 사실을 이해한다면 그가 하나님이 하신 패턴을 따라 생활하였다고 믿는 것이 순리이다. 이것은 성경의 다른 말씀에 비추어 그렇게 유추할 수 있다.

이러한 사례는 다른 사건에도 적용할 수 있다. 예를 들면 성경은 아담과 하와가 가인과 아벨 및 셋을 낳았다는 기록을 하고 있지만 딸을 출산하였다는 기록과 함께 그들의 이름도 기록하지 않고 있다. 그리고 창세기의 기록에 의하면 하나님은 아담과 하와 외에는 어떠한 인간도 창조하지 않았다. 하나님은 친히 손으로 흙에서 오직 아담과 하와만 최초의 인간으로 창조하셨다. 또한 창세기 4장 이하에서는 아담의 후손들이 생육하고 번성한 인간 역사를 담고 있다. 클라인(Meredith G. Kline)은 창세기가 그 당시에 생존한 모든 사람의 이름을 기록한 것은 아니고 필요한 사람들만 골라서 발췌하였다고 한다.[112]

께 안식일의 본질을 이해하고 하나님의 안식일에 동참하였을 것으로 결론을 내린다.

112) Meredith G. Kline, *Kingdom Prologue*, 16.

성경에서 아담과 하와가 아들들을 출산하였다는 기록만 남기고 딸을 낳았다는 기록에는 침묵하고 있다 할지라도 창세기 4장 이하에 나타난 역사적 사건으로 기록한 내용들에 비추어 아담과 하와가 딸들도 출산하였다는 결론을 내리는 것은 당연하다. 누가 성경에서 아담과 하와가 딸을 낳았다는 기록이 없다 하여 딸을 낳지 않았다고 주장하겠는가? 그렇다면 가인과 셋은 누구와 결혼하여 후손들을 낳았겠는가? 비록 창세기는 아담의 딸들의 이름을 기록하지 않았지만 성경의 다른 기록들을 보아 가인과 셋은 자신들의 친자매와 결혼하여 가정을 만들었을 것이다. 아우구스티누스도 성경에 나타난 가인의 족보를 설명하면서 가인의 자손들의 이름이 모두 기록된 것은 아니라고 하였다. 그는 "성경 저자는 그 시대에 생존하였던 모든 사람의 이름을 기록한 것이 아니라 그가 필요하다고 생각되는 사람의 이름만 기록하였다"[113]고 하였다.

성경에서 침묵하고 있지만 아담과 하와는 아들과 함께 딸들도 출산하였을 것이다. 아담과 하와는 아들들뿐 아니라 딸들도 낳았으며 아담의 아들들은 그의 딸들과 결혼하였다고 결론을 내리는 것이 성경의 교훈과 인간의 자연적 원리에도 맞다. 비록 성경은 아담이 자녀들을 모두 몇 명이나 낳았는지, 또 그 가운데 딸은 몇이나 되는지에 대해 기록하지 않았지만 아담은 아들과 함께 딸도 낳았으며, 그들은 형제 자매들끼리 결혼하였다고 이해하는 것이 바른 해석이다. 성경에 기록되지 않았다 할지라도 성경의 다른 기록과 인간 생활의 일반적 보편 원리에 따라 그렇게 해석하는 것이 자연스럽다. 이와 같이 아담이 안식일을 지켰다는 기록은 없지만 성경의 다른 말씀에 비추어 해석하면 인류의 시조들은 안식일을 준수하였다고 보는 것이 당연하다.

그러나 안식일이 모세 시대에 처음 제정된 것으로 주장하는 사람들은 아담이 안식일에 대한 인식이 전혀 없었다는 주장을 한다. 그 자료를 모두 열거할 필요는 없다.[114] 만약 아담이 안식일을 지키지 않았다면 무엇을 하

---

113) Augustine, 『하나님의 도성』(서울: 크리스챤다이제스트, 1997), 711-712.
114) Griffith, 27-28.

였겠는가? 하나님께서 안식하는 첫 안식일에 아담은 노동을 했을까? 아담이 안식일에 노동하였다면 하나님의 뜻을 어기는 일을 행한 결과가 될 것이다. 만일 휴식하였다면 안식일을 준수한 셈이 된다. 무엇보다 아담은 하나님의 형상으로 창조되었기 때문에 하나님의 속성 가운데 상당한 부분을 공유하고 있었다. 하나님의 속성인 지혜, 선, 사랑, 은혜와 자비, 공의와 거룩함 등은 아담에게도 주어진 공유적(共有的) 속성들이다. 개혁신학에서는 하나님의 유일하고도 절대적이며 불변하는 무한한 비공유적 속성이 아담에게 주어지지 않았지만, 공유적 속성은 아담과 그 후손들에게 주어졌다는 사실을 강조한다.[115] 아담이 하나님의 형상으로 지음 받아 하나님의 공유적 속성을 소유하고 있었기 때문에 하나님께서 안식하신 그 안식일에 아담이 하나님과 다른 그 무엇을 하였다는 것은 인간의 본성에 비추어 보더라도 옳지 않다. 하나님께서 아담을 창조하신 최고의 목적이 인간으로부터 찬양과 영광을 받는 것인데 하나님의 속성을 가장 완전하게 나타낼 수 있는 에덴에서 안식일을 지키지 않았다는 것은 상상하기 어렵다.

창 2:2-3; 출 20:11 그리고 출 31:17 등의 말씀을 종합적으로 검토하면 무죄 상태에서 아담이 어떠한 생활을 하였는지 추측이 가능하다. 하나님이 엿새 동안 일하고 일곱째 날 안식하는 하나님의 원형적 활동 양식을 따라 아담도 노동하고 휴식하는 생활을 하였을 것이다.[116] 즉 하나님이 엿새 동안 노동하시고 일곱째 날 안식하는 양식을 아담은 반항하지 않고 순응하게 되었다. 하나님이 정한 낮과 밤, 계절 등의 원리에 순종한 아담은 노동과 휴식에도 하나님의 활동 양식을 자기 생활의 원리로 이해하였다고 하는 것이 정확한 해석일 것이다.

타락하기 전 아담이 하나님이 하신 이 생활 양식을 자기의 것으로 받아들이지 않았다든지 혹은 다른 방식의 생활을 했다고 가정하는 것은 성경 전체의 교훈과 논리의 흐름에 일치하지 않는다. 다른 말로 표현하면 아담

---

115) Louis Berkhof, 권수경, 이상원 역, 『벌코프 조직신학』 상(크리스챤 다이제스트, 1991), 248-249

116) John Murray, 『성경과 기독교 윤리』, 38-40.

은 하나님이 행하신 노동과 안식의 원리에 의해 규제 받았을 것이다. 투레틴(Turretin)은 하나님께서 일곱째 날을 복되고 거룩하게 하신 목적은 인간이 하나님의 창조사역과 안식을 기억하면서 예배를 드리게 하기 위함이라고 하였다. 하나님이 그날을 다른 날과 구별하여 거룩하게 하신 이유는 하나님께 경건한 예배를 드리게 하는데 있다.[117] 투레틴은 하나님께서 일곱째 날을 복 주시고 거룩하게 하신 이유는 하나님 자신을 위함이 결코 아니고 아담과 그 후손들의 유익을 위함이라고 강조한다. 비록 하나님이 아담에게 그날을 거룩하게 지키라는 명령은 하지 않았지만 하나님의 안식이 아담에게는 그대로 따라야 할 모범이었다.[118]

데이비스는 아담이 타락 전 에덴 동산에서 어떠한 생활을 하였는지에 대한 성경 기록은 없지만 마음과 정성을 다하여 하나님의 뜻을 순종하였을 것이라 한다. 아담은 하나님의 뜻에 따라 노동하고 안식하며 피조물을 다스렸을 것이다. 하나님의 성전인 에덴 동산에서 아담은 제사장으로서 하나님께 항상 예배드리며 하나님을 영화롭게 하는 일을 하였을 것이라고 그는 주장한다.[119] 찰스 하지(Charles Hodge)도 안식일은 창조 규범으로 아담도 지켰으며 모세 때까지 계속 안식일이 지켜졌다고 주장한다.[120] 웨스트민스터 대요리문답 제20번의 질문과 답에서 안식일은 창조 규범으로 아담에게 주어졌음을 가르친다.[121] 웨스트민스터 요리문답에 의하면 하나

---

117) 투레틴은 칼빈의 신학을 총정리하고 체계화한 칼빈 후의 최대 칼빈주의 신학자다. 그는 『논박신학 강요』라는 책을 저술하여 17세기의 스콜라적 방법으로 칼빈주의 신학을 발전시켰다. 그의 『논박신학 강요』는 중세의 훌륭한 신학자 토마스 아퀴나스(Thomas Aquinas)의 『신학대전』과 같은 방법으로 주제에 대해 질문하고 답하는 형식을 취하였다. Francis Turretin, Tr. George M. Giger, ed. James T. Dennision, Jr. *Institutes of Elenctic Theology*(New Jersey: Presbyterian & Reformed Publishing, 1992), 79.

118) Turretin, 80.

119) Glenn N. Davies, "New Covenant Worship", Th. M. Thesis, at *Westminster Theological Seminary*: 1979, 22.

120) Charles Hodge, *Systematic Theology* vol. Ⅲ, 322.

121) 웨스트민스터 대요리문답 제20. 창조 후 타락 이전의 사람의 지위에 대한 하나님의 섭리는 어떠하였는가? … 또 사람으로 하여금 하나님 자신과 교통할 수

님께서 아담의 타락 전에 안식일 제도를 만들었음이 분명하다. 그리고 안식일을 제정하신 목적은 사람이 하나님과 교통하게 하기 위함이었다. 안식일은 인간이 하나님과 영적으로 교통하는 귀중한 날이다. 육일간 노동하고 하루 휴식을 취하는 순서는 죄 없는 상태의 아담에게도 적용되었을 것이다.

그러나 아담은 오늘날 우리의 노동과 예배 드리는 시간을 구별하는 것과 같은 구별을 하지는 않았을 것이다. 그 이유는 아담은 하나님의 영광이 넘치는 에덴 동산에서 노동을 했기 때문이다. 그는 하나님의 영광 가운데서 노동하면서 안식하였을 것이다. 그 동산 자체가 거룩한 동산이기 때문에 아담이 하는 노동도 거룩하였고 예배도 하나님이 받으실 만한 예배를 드렸을 것이다.[122] 그리고 아담은 강압이나 억지가 아닌 기쁨과 즐거운 마음으로 하나님의 영광을 위해 순종하였을 것이다. 아담은 즐거운 마음으로 노동하고 하나님이 안식한 일곱째 날에 안식하며 예배드리는 과정을 통해 하나님께 신령과 진정한 예배로 영광을 돌렸을 것이다. 이 해석이 성경 말씀의 자연스러운 결론이다.

3) 하나님의 역사적 섭리인 안식일

하나님께서 안식하신 것은 천지창조의 완성을 나타내는 표시이다. 하나님은 자신이 설계하셨던 창조사역이 끝난 다음 그것을 기념하여 창조의 완성자이심을 선포하는 뜻에서 안식하셨다. 창 1:31에서 "하나님이 그 지으신 모든 것을 보시니 보시기에 심히 좋았더라" 하여 하나님은 창조주가 되실 뿐 아니라 창조를 완성하신 분이심을 나타낸다. 시 11:4과 미 1:2-3에서[123] 하나님이 하늘과 땅을 창조하심은 만유의 주가 되시고 왕이신 여

있게 하시고 안식일을 세정하셨으며, 온전하게 인격적으로 영구히 복종할 것을 조건으로 하나님께서 사람과 더불어 생명의 언약을 맺으셨나니 …

122) Glenn N. Davies, "New Covenant Worship", 24.

123) 시 11:4 여호와께서 그 성전에 계시니 여호와의 보좌는 하늘에 있음이여 …
미 1:2-3 백성들아 너희는 다 들을지어다 땅과 거기 있는 모든 것들아 자세히 들을지어다 주 여호와께서 너희에게 대하여 증거하시되 곧 주께서 성전에서 그리하

호와께서 거하실 왕궁과 성전으로 나타나고 있다. 하나님께서 창조사역 후 안식하신 것은 그 자신이 영원히 거하실 집에 등극하신 것이라고 가르친다.[124) 그래서 이사야는 66:1에서 "여호와께서는 하늘은 나의 보좌요 땅은 나의 발등상이라"고 하였고, 또한 "너희가 나를 위하여 무슨 집을 지을까?" 하였다. 온 우주가 하나님께서 거하시는 집인데 어찌 인간이 하나님의 거하실 처소를 건축하겠는가라는 뜻이다(대하 6:18). 성경은 하늘과 땅 즉 우주를 하나의 집으로 보고 있으며 그 집에 하나님께서 거하신다고 가르친다. 즉 아담은 하나님의 성전인 에덴 동산에서 생활하였다.

다윗은 대상 28:2에서 "나의 백성들아 내 말을 들으라 나는 여호와의 언약궤 곧 우리 하나님의 발등상을 봉안할 전 건축할 마음이 있어 재료를 준비하였다"고 하였다. 반면 시 132:7-8에서는 "우리가 그의 성막에 들어가서 그 발등상 앞에 경배하리라 여호와여 일어나사 주의 권능의 궤(櫃)와 함께 평안한 곳으로 들어가소서"라고 하였다. 그는 하나님의 언약궤가 성막에 들어가는 것을 평안한 곳에 들어간다고 하였다. 시편 기자가 말하는 평안한 곳(resting place)은 안식할 장소를 가리킨다. 안식일을 중심으로 성막에서 하나님께 제사와 예배를 드린다는 원리가 나타나고 있다. 또한 시 132:13-14의 말씀은 "여호와께서 시온을 택하시고 자기 거처로 삼고자 하여 이르시기를 이는 나의 영원히 쉴 곳이라 내가 여기 거할 것은 이를 원하였음이라"고 가르친다. 하나님은 시온을 자신의 영원히 쉴 곳(resting place for ever and ever)이라 하였다.

출 20:11에서는 창 2:2에서 하나님이 일곱째 날 안식하신 안식을 가르칠 때의 "안식(rest-menuhah)"은 하나님께서 성전에 들어갈 때 "평안한 곳(resting place)"이라는 말을 할 때 사용한 "안식(sabat)"과 같은 어근의 단어이다.[125) 그러므로 하나님께서 육 일간 천지를 창조하신 후 제칠 일에

실 것이라 여호와께서 그 처소에서 나오시고 강림하사 땅의 높은 곳을 밟으실 것이라.

124) Meredith G. Kline, *Kingdom Prologue* vol.1, (1981), 54.
125) Meredith Kline, *Kingdom Prologue*, 55.

하신 안식과 그 후 광야의 성막과 솔로몬이 건축한 성전에서 안식하신 안식은 동일한 안식이다. 아담이 에덴 동산에서 생활할 때 후대의 이스라엘 백성이 성막이나 성전에서 하나님께 예배드리는 것과 동일한 예배를 드렸다고 할 수 있다. 아담은 에덴 동산에서 항상 하나님을 찬양하고 예배드리는 생활을 하였겠지만 특별히 안식일을 중심으로 하나님께 예배하였을 것이다.

그리고 하나님께서 하신 안식은 만왕의 왕이신 주님의 안식이기 때문에 그 안식은 모든 안식에서 가장 중요한 제왕적 성격의 하나님의 안식(royal nature of God's Sabbath)이다. 이 하나님의 안식에 근거하여 주님은 이스라엘 백성에게 안식과 평안을 보장하고 있다.[126] 모세는 이스라엘 백성들에게 신 3:20과 신 12:9[127]에서 그들이 가나안 땅에 들어가서 누리게 될 그 "안식"은 하나님의 선물이라고 하였다. 모세는 이스라엘 백성이 가나안에서 누리는 안식과 하나님께서 일곱째 날 성막과 성전에서 하신 안식을 설명할 때 모두 매누하(menuhah)라는 단어를 사용하여 같은 안식임을 나타내고 있다. 하나님이 창조사역 후 하신 안식, 하나님께서 성막과 성전에 들어가심으로 하신 안식, 그리고 이스라엘 백성이 가나안에서 누린 안식이 모두 동일한 어근을 사용한 안식이라면 이 안식들은 모두 같은 종류의 안식임이 분명하다.

이스라엘 백성은 하나님의 안식과 기업을 얻기 위하여 가나안 땅을 향해 가고 있었다. 그들은 광야의 고통스러운 여행을 끝내고 가나안에 정착하여 하나님께서 누리신 안식의 기업을 누리는 것이 최대의 희망이며 꿈이었다. 실제로 히브리서 4장에서 이스라엘 백성이 가나안 땅을 점령하고 그 땅을 차지하는 일을 설명하는 4:3 이하의 말씀은 그들이 안식에 들어

---

126) Meredith Kline, *Kingdom Prologue*, 55.

127) 신 3:20 여호와께서 너희에게 주신 것같이 너희 형제에게도 안식을 주리니 그들도 요단 저 편에서 너희 하나님 여호와의 주시는 땅을 얻어 기업을 삼기에 이르거든 너희는 각기 내가 준 기업으로 돌아갈 것이니라.

신12:9 너희가 너희 하나님 여호와의 주시는 안식과 기업에 아직은 이르지 못하였거니와 …

간 것으로 가르치며 그들이 얻은 안식은 하나님께서 창조사역 후 일곱째 날 안식하신 것에 근거한다고 해석하였다. 히 4:3-5에서 이스라엘 백성과 신약 성도의 안식은 창 2:2-3에 나타나는 하나님의 안식에 뿌리를 두고 있음을 밝힌다. 또한 히 4:9-10[128]에서는 하나님께서 제칠 일에 하신 그 안식은 신약의 새 언약 제도 하에서 하나님의 백성이 얻는 안식의 원형이 된다는 것을 가르친다. 또한 이스라엘 역사에서 반복적으로 나타나는 안식년과 희년 제도는 모두가 하나님께서 창조 때 안식하신 그 안식에 근거하고 있다. 요컨대 하나님의 안식은 성경 역사에 나타나는 모든 안식의 원형이다.

그리고 이스라엘 역사 가운데서 이스라엘 백성이 대적과의 전쟁에서 승리한 결과 그것을 기념으로 안식하는 경우도 있다. 모세는 민 10:35-36[129]에서 광야에서 하나님의 언약궤가 떠날 때와 멈출 때 기도하였음을 밝힌다. 모세의 기도는 하나님께서 이 궤에 임재 하실 뿐 아니라 궤를 통해 역사하고 계심을 가르친다. 실제 이스라엘의 역사에는 하나님의 언약궤가 전장에 출전함으로 승리하였던 예가 많다. 모세는 이스라엘이 광야에서 만나는 대적을 이기고 승리하게 하는 원인은 하나님께 있음을 고백하였다. 그래서 모세는 "여호와여 일어나사 주의 대적들을 흩으시고 주를 미워하는 자로 주의 앞에서 도망하게 하소서"라고 기도하였다. 모세는 하나님의 임재를 나타내는 언약궤가 전쟁을 위해 떠날 때마다 이러한 간구를 올렸다. 또한 그 궤가 전쟁에서 승리하고 돌아와 휴식을 취할 때를 가리켜 안식한다고 하였다. 모세는 언약궤가 전쟁에서 돌아올 때는 "여호와여 이스라엘의 천만 인에게 돌아오소서"라는 기도를 하였다. 이처럼 모세는 전쟁에서 승리하는 것을 안식하는 것으로 표현하였다. 이스라엘이 전쟁에서 승리하지 못하고 패하였다면 그들에게는 안식이 없었을 것이다. 승리의 결과 그

---

128) 히 4:9 그런즉 안식할 때가 하나님의 백성에게 남아 있도다 이미 그 안식에 들어간 자는 하나님이 자기 일을 쉬심같이 자기 일을 쉬느니라.

129) 민 10:35-36 궤가 떠날 때에는 모세가 가로되 여호와여 일어나사 주의 대적들을 흩으시고 주를 미워하는 자로 주의 앞에서 도망하게 하소서 하였고 궤가 쉴 때에는 가로되 여호와여 이스라엘의 천만인에게로 돌아오소서 하였더라.

민족에게 안식이 있었을 것이다.

모세는 신 12:10에서 이스라엘 백성에게 "하나님께서 너희에게 기업으로 주시는 땅에 거하게 될 때 또는 여호와께서 너희로 너희 사방의 모든 대적을 이기게 하시고 너희에게 안식을 주사 너희로 평안히 거하게 하신다"고 하였다. 유랑과 불안정한 광야생활을 하는 그들에게 고향과 같은 기업의 땅에서 평안과 안식을 누리는 것은 너무나 중요한 일이다. 이스라엘이 가나안 땅에 들어가기까지는 가나안 칠족을 비롯한 수많은 원수들이 기다리고 있었다. 모세는 그러한 상황 가운데서도 하나님께서 그 모든 원수들을 물리치시고 그들을 그 땅에 정착하여 생활하게 할 것이라고 하였다. 모세는 사방의 모든 적과 원수를 물리치고 그 땅에 들어가 평안하게 생활하는 것을 안식이라 하였다. 하나님께서는 그 백성들을 약속의 땅으로 인도하여 안식을 주셨을 뿐 아니라 그 땅을 둘러싸고 있던 모든 대적들을 물러가게 하심으로 이스라엘 민족에게 안식을 주셨다.

하나님께서는 삼하 7:11에서 다윗에게 "전에 내가 사사를 명하여 내 백성 이스라엘을 다스리던 때와 같지 않게 하고 너를 모든 대적에게서 벗어나 평안케 하리라" 하셨다. 하나님께서 다윗의 모든 대적을 물리치시고 그에게 평안(rest) 즉 안식을 주겠다고 하셨다. 그래서 하나님은 사바의 모든 대적을 파하시고 다윗을 왕으로 세우고 예루살렘의 왕궁에 평안히 거하게 하셨다(삼하 7:1). 이스라엘 백성이 모든 원수를 물리치고 가나안을 정복하고 예루살렘의 왕궁에 왕이 평안히 거하는 것이 곧 안식이다. 군인과 백성들이 전쟁에서 승리하고 돌아와서 얻는 평화와 안정된 생활이 안식이다. 하나님께서는 자기 백성들에게 이 안식을 주신다고 약속하셨다.

새 언약 하의 영원한 안식은 하나님께서 사탄의 모든 세력을 쳐부수고 마지막 심판을 통해 얻는 승리를 통해 완성된다. 요한계시록 19장과 20장은 그리스도가 모든 대적을 물리치고 재림하는 장면을 그리고 있다. 특히 20장은 하나님 나라와 하나님의 보좌를 설명한다. 이 영원한 하나님의 나라는 주님이 사탄의 모든 세력을 파괴한 후 성도들에게 주신 선물이다. 그 하나님의 나라는 성도들이 소망하던 영원한 안식처이다. 성도들이 마지막

날에 얻을 궁극적인 이 영원한 안식은 하나님께서 천지를 창조하신 후 일
곱째 날 안식한 안식에 뿌리를 두고 있다. 아담이 타락하기 전의 에덴 동
산과 요한계시록 21-22장에 나타난 새 하늘과 새 땅은 서로 연결되어 있
다. 그리고 하나님께서 창조 후 하신 안식에 모든 성도가 궁극적으로 동참
하게 될 것이다.[130] 하나님께서 천지를 창조하시고 제칠 일에 안식하시면
서 모든 우주와 피조물의 왕으로 등극하신 것처럼 성도들은 마지막 날 하
나님께서 사탄을 무찌르고 건설하신 그 영원한 안식에 들어가게 될 것이
다.

4) 족장들과 안식일

족장들이 안식일을 인식하고 있었는지, 그들이 안식일을 이해하고 있었
다면 그 안식일을 어떻게 지켰는지 여부에 대해서 성경은 침묵한다. 안식
일이 창조 규범으로 제정되었다면 그 흔적이 발견될 것을 기대할 수 있으
나 모세 시대 이전의 어떤 자료에도 안식일을 지켰다는 명확한 자료가 성
경에는 없다. 안식일의 기원을 고대 이방 문화에서 찾으려는 시도는 실패
하였음에도 불구하고 그들의 자료는 안식일이 고대사회에 존재하고 있었
음을 암시하고 있다. 즉 안식일이 이방종교의 신화나 문화에 뿌리를 두지
는 않았지만 그 자료가 안식일의 흔적을 명확하게 보여 준다. 모르겐슈테
른(Morgenstern)에 의하면 앗수르와 바벨론, 수리아와 팔레스타인의 셈족
들은 주전 3천 년 전부터 달력을 소유하고 있었다. 그 달력에는 칠 일, 혹
은 팔 일이라는 기록을 남겨 그들이 안식일의 영향을 받았거나 혹은 안식
일을 인식하고 있었던 흔적이 엿보인다.[131] 이미 위에서 살핀 바와 같이 고
대 바벨론의 타부 일은 7일, 14일, 21일, 28일이었다. 이날은 악한 날이기
때문에 왕을 비롯하여 관리들은 이날을 일하지 않고 쉬는 날로 정하였
다.[132] 이 또한 하나님께서 창조 때 정하신 안식일의 영향을 받은 것이 아

---

130) Meredith Kline, *Kingdom Prologue*, 56-57.
131) Morgenstern, "Sabbath," 138.
132) 자세한 기록은 Willy Rordorf의 *Sunday*, 18-24를 참고할 것.

닌가 하는 추측이 가능하다.

이러한 내용들은 성경의 안식일 교훈과 일치하지 않는다. 또한 그들이 어떻게 그날들을 지켰는지에 대한 정확한 자료는 없지만 그들이 7일이라는 날짜를 신비하게 생각한 것은 사실이다. 이것이 창조 규범으로 주어진 일곱째 날의 안식일이 인간의 타락으로 인하여 이교의 미신적 의미로 변한 듯한 암시를 주고 있다. 인간의 마음에 뿌려진 종교심이 부패하여 미신과 각종 우상을 만들기도 하고 교활하고 거짓된 사교를 따르기도 한다는 사실은 종교사를 통해 입증된다. 그래서 아담에게 분명하게 제시된 안식일 제도가 시간이 흐르면서 이방종교화 되거나 다른 종교의 영향을 받아 원래의 의미를 상실한 후 그 조각만 부분적으로 남았을 가능성도 있다. 고대 바벨론 사회에서 7이라는 날짜를 신비롭게 생각하여 미신적 의미를 부여한 것이 이 결과인지도 알 수 없는 일이다. 그렇다 할지라도 이런 자료가 고대 사람들이 안식일을 지켰다는 증거는 되지 못한다.

타락을 기점으로 하여 예배의 형태가 변한 것처럼 안식일을 지키는 것도 원래의 의미에서 변경되었을 가능성이 있다. 즉 안식일을 지키는 일에서 타락을 전후하여 차이가 발생하였을 가능성은 충분히 있다. 타락 후 안식일에 해야 할 의무 가운데 가장 강조되는 의무가 예배다. 인간은 하나님께서 인간을 위해 하신 사역을 항상 기억하고 감사해야 하는 것이 의무이기 때문이다. 하나님의 창조사역을 기억하기 위해 안식일과 같은 특정한 날을 정하여 예배를 드리지 않는다면 그것은 불가능하다.[133] 그래서 제 4계명은 의무적으로 그날에 아무 일도 하지 말고 오직 예배와 관련된 영적인 일에만 힘쓰라고 명령하고 있다. 그러나 타락 전에는 항상 예배하는 마음으로 하나님과 함께 생활하였기 때문에 특별한 시간에 드리는 예배에 얽매이지 않았을 것이다.

비록 타락한 후의 일이긴 하지만 셋은 자기의 부모 아담과 하와를 통해 하나님께 어떻게 예배드려야 하는지에 대해 가르침 받았고, 셋의 후손들도

---

133) John Calvin, 『기독교 강요』, 395.

구원의 방편 역할로 번제를 어떻게 드려야 하는지에 대해 부모들로부터 교육을 받았을 것이다. 아담이 안식일을 지키고 그 명령에 순종하였다면 셋과 그 후손들도 안식일에 관한 교육을 받았을 것이다. 하나님께 드리는 제사와 안식일을 지키는 일은 서로 밀접하게 묶여 있기 때문에 제사 원리와 함께 안식일에 관한 것을 후손들에게 계속하여 계승하였다면 성경은 침묵하고 있지만 믿음이 신실한 족장들은 안식일을 지켰을 가능성이 있다.

투레틴도 믿음의 조상인 아브라함을 비롯한 족장들이 하나님을 예배하고 제사드리는 일은 반드시 행하였을 것으로 주장한다. 그리고 그들이 예배를 드렸다면 하나님께서 복 주시고 거룩하게 하신 안식일에 그 일들을 시행하였을 것으로 강조한다. 하나님이 제정한 안식일을 제쳐 두고 다른 날에 예배를 드린 것으로 생각하는 것은 자연스럽지 않다. 그 이유는 하나님께서 모세를 통해 주신 제사원리에 의하면 안식일에 제사드릴 것을 명하고 있기 때문이다. 십계명의 모든 말씀은 창조 때 인간에게 주신 도덕법으로 모든 인간의 마음에 새겨져 있다. 따라서 십계명에 기록된 안식일 계명도 창조 때 인간의 마음에 새겨진 예배의 원리이다. 그 원리에 따라 족장들도 하나님께 제사를 드렸으며 다른 날보다 안식일을 중심으로 제사를 드렸을 것이다. 그러므로 투레틴에 의하면 족장들이 안식일을 지킨 것은 너무나 당연하다.[134]

이미 위에서 설명한 바와 같이 성경에서 족장들이 안식일을 지켰다는 기록이 남아있지 않은 또 다른 이유는 이미 모든 백성들이 안식일법을 잘 순종하므로 이에 관한 언급이 필요가 없었기 때문으로 추측된다. 비록 아담이 타락하였다 할지라도 안식일은 계속 지켰을 가능성이 많다. 그러한 일들의 다른 사례는 성경에 많다. 여호수아서 이후 구약 역사서에 이스라엘 백성들이 할례를 행했다는 기록은 없지만 그 시대에 이스라엘 자손들이 할례를 하지 않았을 이유가 없다. 할례는 아브라함과 그 자손들에게 하나님께서 언약의 표로 주셨고 할례를 행하지 않는 자의 후대가 끊어지리

---

134) Turretin, 81.

라고 하면서 할례를 강조하셨기 때문에 비록 성경에 할례에 관한 언급은 없다 할지라도 그 시기에 할례를 계속 잘 지키고 있었음이 분명하다. 또한 신명기와 열왕기하 사이에 이스라엘이 안식일을 지켰다는 기록이 없으나 누구도 이 기간 동안 그들이 안식일을 지키지 않았다고 의심하지 않는다.

그러면 이 기간 동안 왜 그러한 기록이 삭제되었는가? 그 이유는 그것은 너무나 당연한 일로서 누구나 잘 지키고 있기 때문에 기록의 필요를 느끼지 못했기 때문이다. 베퀴스(Roger T. Beckwith)에 의하면 족장들이 안식일을 지켰다는 기록이 없는 이유가 그들에게는 너무 당연한 사실로 받아들여지고 있었기 때문일 가능성이 크다.[135] 존스톤도 아담을 비롯하여 모든 족장들이 안식일을 지켰다고 믿는다. 그는 인류의 시조 아담이 안식일의 찬송인 시 92:1을 기록하였으며, 비록 수 세기 동안 그 시를 잊고 있었으나 모세 때 다시 기록되었다고 주장한다.[136] 아담을 비롯한 그들의 자손들이 비록 타락하였지만 하나님이 창조법으로 주신 안식일을 잘 지키고 있었기 때문에 그에 대한 특별한 기록의 필요를 느끼지 못해서 안식일에 관한 기록이 없다고 가정할 수도 있다.

그리고 숫자 7은 특별한 의미를 갖고 쓰여졌다. 특히 노아 홍수와 관련하여 창 7:4[137], 10[138], 8:10[139], 12[140]에서 7이라는 숫자가 기록되었다. 이렇게 세 번이나 7일을 기다린다는 기록이 있고 특히 칠 일 후 홍수가 시작된 것은 노아가 하나님께서 안식하신 일과 관련하여 다른 숫자보다는 특별히 신성한 의미를 느낀 듯한 암시를 준다. 만일 노아가 일곱이라는 숫자를 특별하게 생각하였다면 하나님께서 안식하신 그날을 복주어 거룩하

---

135) Roger T Beckwith & Wilfrid, 『기독교인과 주일』, 16.

136) Robert M. Johnston, "Patriarchs, Rabbis, and Sabbath," *Andrews University Seminary Studies*, 12 (July 1974), 101.

137) 창 7:4 지금부터 칠 일이면 내가 사십 주야를 땅에 비를 내려 나의 지은 모든 생물을 지면에서 쓸어버리리라.

138) 창 7:10 칠 일 후에 홍수가 땅에 덮이니.

139) 창 8:10 또 칠일을 기다려 다시 비둘기를 방주에서 내어놓으매.

140) 창 8:12 또 칠 일을 기다려 비둘기를 내어놓으매 다시는 그에게로 돌아오지 아니하였더라.

게 하신 것과 관련이 있을 것이다. 노아가 하나님의 안식과 연관하여 7이라는 숫자를 특별히 취급하였다면 그가 안식일을 지켰다고 볼 수 있다.[141] 그리고 당대의 모든 사람들은 하나님의 뜻에 역행하는 생활을 하였지만 노아는 하나님의 은혜를 받은 의인이었다. 그래서 그는 하나님의 뜻을 지키기 위해 최선의 노력을 하였을 것이다. 그러한 노아가 하나님의 안식에 관련한 어느 정도의 지식이 있었다면 그 자신도 안식일을 거룩하게 지키려고 노력하였을 것이다.

또한 창 29:27[142]은 야곱과 라반의 이야기를 기록하면서 일주일과 7이라는 숫자를 함께 기록하고 있다. 야곱과 라반의 대화 가운데 나타난 칠일의 문자적 기록은 일주일(week)이었는데 한글 성경은 칠 일로 번역하였다. 모세가 창세기 2장에서 하나님이 일곱째 날에 안식하셨다고 기록하여 안식일은 신적 제정임을 인정하였기 때문에 족장들이 안식일을 지키지 않았다 할지라도 우리가 다루고 있는 주제에 문제가 되지는 않는다. 그러나 우리는 족장들이 안식일을 지켰다는 기록은 없지만 성경의 다른 기록들에 비추어 하나님의 말씀을 읽는다면 그들이 안식일을 지켰다고 해석하는 것이 자연스럽다.

그러면 족장들은 어떻게 안식일을 지켰을까? 베퀴스는 족장들이 안식일을 지켰다면 하나님의 모범을 따라 지켰을 것으로 생각한다.[143] 하나님이 일곱째 날 안식하셨기 때문에 하나님의 안식을 모방하면서 그들도 일곱째 날에 휴식을 취하였을 것이다. 족장들은 그날은 휴식하면서 하나님께 예배드림으로 안식일을 지켰을 것이다. 안식일에 반드시 해야 할 일차적 의무는 육 일 동안의 노동으로부터 휴식을 취하는 것이다. 안식일이란 문자적 의미는 예배보다 휴식이 우선이다. 육체적 노동으로부터 휴식이 없으면 하나님께 진정한 예배가 불가능하다. 일상적 노동으로부터 휴식을 취하면서

---

141) G. H. Wenham, *Genesis 1-15* (Waco: Word Books, 1987), 177.

142) 창 29:27 이를 위하여 칠 일(week)을 채우라 우리가 그도 네게 주리니 네가 그를 위하여 또 칠 년을 내게 봉사할지니라.

143) Roger T. Beckwith & Wilfrid Stott, 『기독교인과 주일』, 18.

예배를 드려야 한다. 예배드리는 사람은 하나님이 인간을 위해 천지만물을 창조한 것을 기념하면서, 우리에게 베풀어 주신 하나님의 은혜에 감사하는 마음으로 영적인 예배를 드려야 한다. 믿음의 조상인 족장들은 안식일에 육 일 동안 하던 일상적 사업을 중단하고 하나님께 영적 예배를 드리기 위해 단을 쌓고 제사를 드렸을 것이다.

타락 전 아담은 즐겁고 행복한 마음으로 하나님의 뜻을 깨닫고 순종하였다. 타락을 통하여 하나님과의 관계가 파괴된 후 인간의 본성과 생활이 하나님 중심에서 하나님을 멀리하는 길을 걷게 되었다. 자연히 하나님을 예배하는 본질과 방법에도 변화가 있었다.[144] 타락 전 아담이 어떤 형태의 예배를 드렸는지에 대한 성경 기록은 없다. 에덴 동산에서 아담의 생활은 하나님 면전의 생활이었다. 그가 하는 모든 일은 하나님 뜻에 순종하는 일이었으므로 그의 생활 자체가 예배였다. 그는 특별한 시간과 장소를 정하여 예배를 드릴 필요가 없었다. 아담은 항상 하나님 앞에서 노동하면서 예배를 드렸다. 타락 전이었으므로 아담에게는 성스러운 것과 세속적인 것, 거룩한 것과 속된 것의 구별이 없었다.

그러나 아담이 타락한 후 예배의 본질과 형태가 변했다. 하나님께서 범죄하여 추방당한 인간을 위하여 가죽옷을 지어 입힌 것은 그리스도의 희생적 죽음을 통해서만이 인간의 수치를 덮을 수 있기 때문이다. 하나님은 범죄한 인간에게 그리스도의 대속의 죽음의 모형인 희생제사 제도를 만들어 주셨다. 그리고 그 제사 드리는 제단에 하나님이 나타나셨다. 타락 전에는 아담이 항상 하나님 앞에서 하나님의 신에 충만한 생활을 하였지만 타락 후는 하나님의 신이 항상 인간과 함께 하지는 않았다. 희생제사를 드리는 그때 제단에 하나님의 성령이 나타나셨다. 성령은 하나님과 인간의 매개자였다. 그래서 다윗은 "나를 주 앞에서 쫓아내지 마시며 내게서 성신을 거두지 미소서"(시 51:11)라고 하였다.

예배가 타락 전에는 하나님 앞에서 진실한 생활과 삶이었는데 타락 후

---

144) Glenn N. Davies, "New Covenant Worship," 8.

에는 피가 요구되는 희생제사로 변했다.[145] 즉 아담이 타락하기 전에는 하나님께 예배드릴 때 피가 요구되지 않았다. 피를 요구하는 희생제사는 타락 후에 시작되었다.

창 8:20[146]에서 노아는 홍수가 끝난 다음 방주에서 나와 단을 쌓고 짐 승과 새를 잡아 하나님께 번제로 제사 드렸다. 아브라함과 이삭은 단을 쌓고 여호와의 이름을 불렀다(창 12:20). 우리는 족장과 동시대로 알려진 욥기를 통해 족장시대의 예배와 제사에 대해 배울 수 있다. 욥 1:5[147]은 사죄의 수단으로 하나님께 번제를 드렸다. 욥 42:8[148]에서도 여호와께서 데만 사람 엘리바스에게 번제로 사죄 은총을 받을 것을 명하셨다. 레 1:4[149]과 17:11[150]은 후일 레위 족속들이 드리는 번제가 사죄를 위한 속죄 수단이 됨을 가르친다. 타락 전에는 희생 제사가 필요없는 예배를 드렸다. 그러나 타락 후에는 피가 요구되는 희생제사를 드리게 되었다. 그래서 예배의 형태가 아담 타락 후 즉시 단을 쌓는 희생제사로 변하였음을 알 수 있다.[151]

족장시대의 제단은 하나님의 전이었고 때로는 사람의 눈으로 식별할 수 있도록 하나님의 신현이 가시적으로 나타나기도 하였다.[152] 특별히 창

---

145) Ibid., 25.

146) 창 8:20 노아가 여호와를 위하여 단을 쌓고 모든 정결한 짐승 중에서와 모든 정결한 새 중에서 취하여 번제로 단에 드렸더니.

147) 욥 1:5 그 잔치 날이 지나면 욥이 그들을 불러다가 성결케 하되 아침에 일어나서 그들의 명수대로 번제를 드렸으니 이는 욥이 말하기를 혹시 내 아들들이 죄를 범하여 마음으로 하나님을 배반하였을까 함이라.

148) 욥 42:8 그런즉 너희는 수송아지 일곱과 수양 일곱을 취하여 내 종 욥에게 가서 너희를 위하여 번제를 드리라 내 종 욥이 너희를 위하여 기도할 것인즉 내가 그를 기쁘게 받으리니 너희의 우매한 대로 갚지 아니하리라 이는 너희가 나를 가리켜 말한 것이 내 종 욥의 말 같이 정당하지 못함이니라.

149) 레 1:4 그가 번제물의 머리에 안수할지니 그리하면 열납되어 그를 위하여 속죄가 될 것이라.

150) 레 17:11 육체의 생명은 피에 있음이라 내가 이 피를 너희에게 주어 단에 뿌려 너희의 생명을 위하여 속하게 하였나니 생명이 피에 있으므로 피가 죄를 속하느니라.

151) Glenn N. Davies, "New Covenant Worship," 25.

28:10-22은 야곱이 벧엘에서 꿈 가운데 하나님의 임재를 보았다. 꿈에서 깨어난 야곱이 "여호와께서 과연 여기 계시다" 하였다(28:16). 그래서 야곱은 그곳 이름을 벧엘이라 하여 하나님이 하늘에서 내려오심을 인식하였다. 하늘은 하나님의 성전이며 벧엘은 하나님의 전으로 들어가는 문이었다(28:17). 야곱은 베개하였던 돌을 기둥으로 세우고 그 위에 기름을 부었다(28:18). 칼빈은 야곱이 기름을 부은 이유는 그 장소를 성별하여 하나님께 제단예배를 드리기 위한 것이라 하였다.[153] 창 35:14[154]은 야곱이 다시 벧엘에서 다른 돌기둥을 세우고 기름을 붓는 것을 기록하고 있다. 칼빈에 의하면 야곱은 두 번 모두 제사예배를 드렸다.

창 31:13[155]에 따라 28장의 돌기둥에 기름 붓는 사건을 해석하면 야곱은 기름 외에 다른 소유물이 없어 돌기둥과 기름을 하나님께 제단예배로 드렸음을 뜻한다. 야곱의 벧엘 경험은 제단예배에 하나님이 임재 하셨다는 사실이다. 야곱은 하나님이 그곳에 계셨음을 확신하여 십일조를 서원하였다. 이처럼 타락을 기점으로 하여 예배의 양식이 제단예배로 변형되었다. 그리고 그 제단에 하나님이 임재 하셨다. 타락 전의 인간은 항상 하나님과 함께 하는 생활이었으나 타락 후는 하나님께 예배드리는 제단에 하나님께서 특별히 임하셨다.

모세의 제사법에 의하면 하나님께 드리는 제사는 매일 드리지만 특별히 이스라엘의 절기와 안식일에 반드시 드릴 것을 명하고 있다. 레 23:37-38[156]에 의하면 안식일은 여호와의 절기이므로 백성에게 공포하여 성회로

---

152) Geerhardus Vos, *Biblical Theology* (Grand Rapids: Eerdmans, 1948), 83.

153) John Calvin, *Commentaries on the First Book of Moses Called Genesis*, 2 (Grand Rapids: Eerdmans, 1948), 119.

154) 창 35:14 야곱이 하나님의 자기와 밀씀하시던 곳에 기둥 곧 돌기둥을 세우고 그 위에 전제물을 붓고 또 그 위에 기름을 붓고.

155) 창 31:13 나는 벧엘 하나님이라 네가 거기서 기둥에 기름을 붓고 거기서 내게 서원하였으니 지금 일어나 이곳을 떠나서 네 출생지로 돌아가라.

156) 레 23:37-38 이것들은 여호와의 절기라 너희는 공포하여 성회를 삼고 번제와 소제와 희생제와 전제를 각각 그날에 여호와께 화제로 드릴지니 이는 여호와의

삼고 번제와 소제와 희생과 전제를 여호와께 드려야 한다. 38절에서 '안식일 외에'라는 말은 특별한 의미가 있다. 민 29:1-38에 의하면 안식일에는 상번제로서 번제와 함께 소제와 전제를 드렸다. 따라서 이 말씀은 특별한 절기 중 안식일을 당하면 평소 안식일에 드리는 예물 외에, 즉 안식일 제물에 절기 예물을 더하여 드리라는 말이다. 그러므로 이 말씀은 평소에 안식일은 성회로 모여 지켰다는 뜻이다. 그래서 안식일에 가정이나 개인적 예배도 성회로 모여 공적으로 예배드릴 것을 의무로 하였다. 즉 안식일에 회중이 함께 모여 드리는 공예배가 필수적이었다. 레위기의 말씀에 비추어 족장들의 안식일을 유추한다면 그들은 자기의 영향력 하에 있는 모든 사람들을 소집하여 제사를 드렸을 것이다. 그리고 그날은 하나님의 창조사역을 기념함과 동시에 하나님이 그들에게 베풀어 주신 은혜를 감사하면서 안식일을 지켰을 것이다. 레위기의 기록에 따라 야곱의 제단예배를 해석하면 야곱은 자기 친족들을 모아 함께 예배를 드렸다. 그리고 예배를 드리는 날은 다른 날이 아닌 안식일이었다.

족장들은 안식일에 예배드리는 일과 함께 하나님의 말씀과 계명을 자녀들에게 가르쳐야 했다. 창 18:19[157]은 소돔성을 심판하기 위해 가는 길에 아브라함을 만난 여호와의 사자들이 이야기한 내용이다. 이 말씀에 의하면 아브라함은 하나님의 계명과 도를 자신만 깨닫고 지키는 것으로 만족하지 않고 하나님에 관한 도를 그 자식과 권속에게 가르쳐 지키게 하였다. 자기가 하나님으로부터 받은 모든 계시의 언약을 자기의 자식과 권속에게 명하여 그들도 아브라함과 동일하게 깨닫고 지켜 하나님의 축복을 받게 했다. 자녀들도 하나님의 말씀을 깨닫고 지키기를 원한다면 그 말씀을 배우고 가르치는 교육이 필수적이다. 그래서 하나님은 아브라함으로 하여금 그의 자식과 권속에게 여호와의 도를 가르치게 하고 그들도 부모로

안식일 외에, 너희의 헌물 외에, 너희의 모든 낙헌 예물 외에, 너희가 여호와께 드리는 것이니라.

157) 창 18:19 내가 그로 그 자식과 권속에게 명하여 여호와의 도를 지켜 의와 공도를 행하게 하려고 그를 택하였나니 이는 나 여호와가 아브라함에게 대하여 말한 일을 이루려 함이니라.

부터 배운 하나님의 계명에 순종하도록 하였다.

욥기 1:5에서 욥은 그 자녀들을 불러 성결케 하고 아침에 그 명수대로 번제를 드렸다. 욥이 그렇게 한 이유는 그 자녀들이 혹시 죄를 범하고 하나님의 계명에서 이탈된 생각과 행동을 하지 않나 하는 염려 때문이었다.

이것은 욥이 일상적으로 행하는 일과 중의 하나였다. 이 말씀에 의하면 욥은 그 자녀들에게 하나님의 계명을 가르치고 그 말씀대로 생활하도록 교육하였음이 분명하다. 아브라함과 욥은 자기 자녀들과 권속에게 여호와의 계명과 율례를 가르쳤고 그들이 그 말씀대로 생활하는지 살피고 지도하였다. 이것이 그들에게 주신 하나님의 명령이다.

자녀들에게 하나님의 도와 계명을 언제 가르쳤을까? 욥은 매일 아침 그렇게 하였다. 아브라함도 그들의 상황에 맞는 계획을 수립하여 적절한 교육을 자녀들에게 하였을 것이다. 즉 이러한 자녀교육은 안식일이 아닌 다른 육 일 동안에도 하였을 것이다. 그러나 안식일은 다른 날보다 특별히 이러한 교육이 강조되었을 가능성이 높다.

평소 육 일 동안은 세속적 노동으로 인하여 휴식을 취하는 안식일보다는 교육 상황이 좋지 않을 것이다. 또한 안식일은 제4계명에 명시된 바와 같이 반드시 하나님의 창조를 기념해야 한다. 그것은 하나님이 그들에게 베푸신 일반 은총적 은혜를 생각하고 감사하는 일이다. 하나님의 은혜를 감사하면서 그의 계명과 언약을 교육하고 묵상하는 일은 자연스럽다. 그래서 족장들은 안식일에 자기 자녀와 권속에게 하나님의 계명을 다른 날보다 특별하게 교육하였을 것이다.

안식일에는 자녀들에게 하나님의 계명을 교육시킴과 동시에 제사를 드렸다. 그러므로 비록 성경에 족장들이 안식일을 지켰다는 기록이 없다 할지라도 하나님을 경외하며 신실한 믿음을 소유한 족장들은 창조 규범으로 제정된 안식일을 지켰을 것으로 우리는 결론을 내린다. 그리고 족장들은 안식일에 하나님께 제사로 예배를 드렸으며 또한 자녀들에게 하나님의 말씀을 가르치면서 휴식을 취하였을 것이다.

5) 만나 사건과 안식일

안식일에 관한 교훈이 만나 사건에서 처음 나오지만 만나 사건 전에 이미 안식일이 있었다고 추측할 수 있는 증거들이 있다. 애굽의 모든 장자를 칠 때 유월절 어린양의 피가 있는 집은 하나님의 사자가 넘어가서 아무런 피해를 보지 않았다. 하나님은 이스라엘 백성에게 유월절을 기념하여 지킬 것을 명령하셨다. 출 12:16은 "유월절의 첫날과 제칠 일은 성회이므로 아무 일도 하지 말고 각인의 식물만 너희가 갖출 것이니라" 하였다. 하나님은 유월절의 첫날과 제칠 일은 아무 일도 하지 말라 하셨다. 유월절의 첫날과 마지막 날에 이스라엘 백성은 아무 일도 하지 못하도록 금지되었다. 이스라엘 백성에게 노동이 금지된 또 다른 날은 안식일이다. 유월절 사건에서 아무 일도 못하도록 하는 노동 금지 명령을 듣는다. 그날이 유월절의 첫 날과 제칠 일이다. 우리는 이 사건에서 이스라엘 백성이 애굽 땅을 떠나 가나안으로 출발할 즈음 안식일에 관한 교훈을 이해하고 있지 않았나 하는 추측을 할 수 있다. 그렇기 때문에 제칠 일이 강조되고 있다.

그리고 이스라엘 백성이 신 광야에서 만나를 거둘 때 안식일은 만나가 내리지 않아 쉬는 날이었다. 출 16:23은 "내일은 휴식이니 여호와께 거룩한 안식일이니라" 하였다. 안식일이기 때문에 만나도 내리지 않는 휴식이었다. 만나가 내리지 않는 안식일이므로 백성들은 아무 일도 하지 않고 오직 휴식만 취할 수 있었다. 제4계명은 안식일에 관해 구체적인 설명을 하면서 누구든지 아무 일도 하지 말 것을 명한다. 노동을 금지한 것에 대해 유월절과 안식일은 유사성이 있다.

그리고 유월절 첫날과 마지막 날에 다른 노동은 금지하였으나 각인이 자기의 식사를 위해 준비하는 노동은 예외로 하였다. 출 12:16에서 유월절 절기 때 "각인의 식물만 너희가 갖출 것이라" 하여 유월절 절기 가운데도 식사하는 것을 허용하였다. 모든 노동은 금지되었으나 음식을 준비하는 일은 예외로 하고 있다.[158] 음식을 먹으려면 요리와 함께 식사에 따르는 준

---

158) NIV에서는 "except to prepare food for everyone to eat-that is all you may do"로 번역하였다.

비 과정에 필요한 노동은 필수적이다. 신 광야에서 맞이하는 안식일에서도 이스라엘 백성은 음식을 위한 노동이 허용되었다. 출 16:23은 "내일은 휴식이니 여호와께 거룩한 안식일이라 너희가 구울 것은 굽고 삶을 것은 삶고 그 나머지는 다 너희를 위하여 아침까지 간수하라" 하였다. 안식일 전날에 안식일을 위하여 구울 것은 굽고 삶을 것은 삶아야 했다. 그렇게 굽고 삶고 난 다음, 나머지는 이튿날 안식일 아침까지 간수해도 되었다. 그러나 모세는 이튿날 즉 안식일에는 어떻게 요리를 해야 하는지에 대해서 침묵을 지키고 있다. 그럼에도 유월절과 신 광야에서 맞이하는 안식일을 위해 음식을 준비하는 과정은 상당히 비슷한 점이 있다.

또한 하나님의 사자가 애굽의 장자들을 심판하는 유월절날 밤에는 문설주에 피를 바른 그 집에서 아무도 나가지 못하게 하였다. 모세는 출 12:22에서 말하기를 "너희는 우슬초 묶음을 취하여 그릇에 담은 피에 적시어서 그 피를 문 인방과 좌우 설주에 뿌리고 아침까지 한 사람도 자기 집 문 밖에 나가지 말라"고 하였다. 그 집 문 밖으로 나가는 자는 애굽의 장자를 치는 하나님의 사자에 의해 죽임을 당할 위험이 있었다. 자기 집 처소에서 밖으로 나오지 못하게 하는 규정이 만나 사건에도 나타난다. 모세는 출 16:29에서 이스라엘 백성에게 하나님의 명령을 전달하기를 "볼지어다 여호와가 너희에게 안식일을 줌으로 제육 일에는 이틀 양식을 너희에게 주는 것이니 너희는 각기 처소에 있고 제칠 일에는 아무도 그 처소에서 나오지 말지니라" 하였다. 하나님께서 안식일에는 만나를 내리시지 않았기 때문에 만나를 얻기 위해 밖으로 나가는 일은 하나님을 불신하는 행위가 된다. 자기의 처소에서 밖으로 나오지 못하게 하는 하나님의 명령은 첫 번 유월절날 밤과 신 광야에서 맞이하는 안식일이었다. 사람을 자기 집밖으로 나오지 못하게 하는 데에 두 사건의 공통점이 있다.

첫 번 유월절과 신 광야에서 맞이하는 안식일에는 많은 공통점들이 있다. 아무 노동도 못하게 하는 노동 금지 명령이 두 사건에 함께 있다. 유월절과 안식일 모두 하나님의 은혜를 감사하고 기념하게 하기 위하여 이스라엘 백성들에게 노동을 금지시켰다. 그럼에도 불구하고 두 사건 모두 사람들이 먹는 음식을 준비하는 노동은 허용하고 있다. 음식 준비를 위해 하는 노동과 식사하는 일은 하나님께서 허용하셨다. 마지막으로 유월절과 안식일에는 각자 자기 처소에 거하면서 밖으로 나가는 것을 허용하지 않았다. 그러므로 출애굽기 12장의 유월절 사건과 16장에 나타난 만나 사건은 많은 유사성이 있다. 따라서 이 두 사건은 앞으로 나타날 안식일 계명에 대해 미리 알려 주는 의미를 갖고 있다.

이 사건들을 통해 우리는 이스라엘 백성이 애굽에서 생활하는 동안 이방 문화와 종교의 영향을 받아 하나님을 섬기는 신앙이 많이 흐려졌지만 안식일에 관한 근본적인 원리는 이해하고 있었음을 느낄 수 있다. 아마 요셉을 따라 애굽으로 내려간 그들이 과거부터 안식일을 지켰으나 애굽에서 생활하는 동안 애굽 사람들이 이스라엘 백성으로 하여금 안식일을 지키지 못하도록 하는 등의 종교적 박해와 이방종교의 영향으로 안식일에 관한 신앙이 흐려졌을 가능성이 있다고 추측할 수 있다. 비록 애굽에서 이스라엘 백성이 안식일에 관한 믿음이 많이 흐려졌다 할지라도 안식일에 관한 중심적이고도 중요한 내용은 여전히 간직하였을 것이다. 그래서 안식일에 아무 일도 하지 못하는 것, 문 밖으로 나오지 못하게 하는 것, 식사 준비를 위한 간단한 노동의 허용 등은 출애굽 때까지 지켜지고 있었을 것이다. 이 사건의 유사성은 안식일이 이스라엘 백성들이 신 광야에 도착하기 전에 이미 존재하고 있었다는 근거가 된다.[159]

그러나 성경에서 안식일이라는 단어가 처음 사용된 곳은 이스라엘 백성이 애굽을 떠나 가나안을 향한 여행길이 서술된 출 16:23[160]에서 만나를 거두는 규정을 백성들에게 선포하는 과정에서이다. 만나를 거두는 사건은 이스라엘이 애굽에서 나온 후 2월 15일 엘림과 시내 산 사이에 있는 신

159) Richard A. Robinson, "The Laws of Prohibited Labor on the Sabbath in Relation to the Book of Exodus: From Exodus Through the Mishnah," Ph. D. diss., (Westminster Theological Seminary, 1993), 9-41.
160) 출 16:23 모세가 그들에게 이르되 여호와께서 이같이 말씀하셨느니라. 내일은 휴식이니 여호와께 거룩한 안식일이라 너희가 구울 것은 굽고 삶을 것은 삶고 그 나머지는 다 너희를 위하여 아침까지 간수하라.

광야에서 발생하였다(출 16:1). 이 사건 2주 후, 즉 애굽을 출발한 지 2주 후 3월 1일은 시내 광야에 도착하였다(19:1). 그 후 약 4일 뒤 모세는 하나님으로부터 십계명을 받기 위해 시내 산으로 올라갔다. 십계명을 받은 후 하나님의 인도를 받아 가나안을 향해 가는 도중 이스라엘 백성들이 신 광야에 도착하였다. 만나를 거두는 사건은 안식일이 모세 시대 전부터 존재했다는 성경에 기록된 중요한 증거다. 따라서 우리는 이 사건을 조심스럽게 연구할 필요가 있다.

그러나 우리와 신학적 입장이 다른 사람들은 안식일은 창조 규범이 아닌 모세 시대에 처음 제정된 규정이라는 주장을 한다. 즉 만나를 거두는 사건에서 안식일이 처음 이스라엘에게 소개되고 그 법을 지키도록 명령받았다는 것이다. 이들은 이스라엘 백성이 신 광야에 도착하기 전에는 과거 역사의 어느 시점에도 안식일이라는 단어가 사용되지도 않았고 지켜지지도 않았다고 주장한다. 하나님이 모세를 통해 신 광야에서 오직 유대인들에게만 안식일을 소개하셨다고 강조한다. 그래서 안식일은 창조 규범이 아니고 이스라엘 민족에게만 주어진 법이라고 단언하므로 이스라엘이 아닌 다른 이방 민족들은 안식일법을 지킬 필요가 없다는 논리다.[161] 사실이 그러한지 살펴보기로 하겠다.

만나 사건의 개요는 다음과 같다. 출 16:16은 하나님께서 각 개인이 매일 한 오멜씩 거두어 그날의 식량으로 사용할 것을 지시하였다. 16:19-20에서는 그 명령에 불순종한 사람이 평일에 많은 양의 만나를 수거한 후 다음날 그것을 먹으려 했으나 벌레가 생기고 냄새가 나서 먹지 못하게 되었으므로, 모세는 불순종한 백성들에게 노하였다. 그러나 출 16:5에서 여호와께서 제육 일에는 평일보다 두 배의 만나를 거두어 준비할 것을 명령하였다. 출 16:22에서 회중의 모든 지도자들은 모세에게 나와 하나님의 명령대로 제육 일에 각 개인이 평일의 두 배의 양을 거두었다고 보고하였

---

161) J. Phillip Hyatt, *Commentary on Exodus* NCB, 178. Harold H. Dressler, "The Sabbath in the Old Testament," *From Sabbath to Lord's Day*, 24, 37. Robert A. Morey, "Is Sunday the Christian Sabbath," 16. Griffith, "The eschatological significance of the Sabbath," 61-66.

다. 그 후 16:23에서 제육 일에는 평일보다 두 배의 만나가 필요한 이유를 내일은 여호와께 거룩한 안식일이므로 만나가 내려오지 않는다고 모세가 설명하였다. 16:24-25은 모세의 명대로 백성들이 제육 일에 두 오멜씩 거두어 다음 날 아침까지 보관하였으나 벌레나 냄새가 생기지 않았다. 그러자 모세가 백성에게 오늘은 여호와께 안식일인즉 제육 일에 거둔 만나를 먹으라고 하였다. 16:26-28은 모세가 육일 동안은 만나를 거둘 수 있으나 제칠 일은 안식일이기 때문에 얻을 수 없다 하였음에도 불구하고, 백성들 중 어떤 사람은 제칠 일에도 만나를 거두러 나갔으나 얻지 못하자 하나님은 모세에게 어느 때까지 너희가 내 계명과 내 율법을 지키지 않겠느냐고 질책하였다. 16:29-30은 모세가 계속하여 백성들에게 여호와가 너희에게 안식일을 주었으므로 육일 동안은 만나를 얻을 수 있으나 제칠 일은 안식일이므로 누구도 그 처소에서 나오지 못하도록 명하였을 때 비로소 백성들이 제칠 일에 안식하였다.

출애굽기 16장에 나타난 만나를 거두는 사건의 전모를 보면 안식일은 아무 일도 하지 않고 완전한 휴식을 해야 한다는 사상이 전제되어 있다. 백성들이 평일은 각 개인이 매일 한 호멜씩 그리고 제육 일은 안식일을 위한 식량과 함께 평일의 두 배인 두 호멜씩 수거하도록 하나님의 명령을 받았다. 안식일은 만나를 내리지 않으니 그 전날 준비한 것으로 식사를 하여야 했다. 그러나 백성 중에 어떤 사람은 제육 일에 두 배의 양을 거두지 않고 안식일에 만나를 거두러 나갔으나 얻지 못하였다. 이때 하나님은 그 백성들이 안식일을 지키지 않는데 대해 모세에게 심한 질책을 하셨다.

이 사건에서 중요한 관심의 초점은 안식일이 만나 사건 전부터 존재했느냐? 아니면 안식일은 이 사건 때 비로소 처음 제정되어 백성들에게 알려졌느냐? 하는 문제다. 여기에서도 안식일이 창조 규범임을 주장하는 사람과 안식일은 모세 때 처음 만들어졌으며, 따라서 오직 이스라엘 사람만을 위한 규범임을 주장하는 사람 사이에 첨예한 대립이 있다. 만일 신 광야의 만나 사건 전에 안식일이 있었다면 안식일은 창조 규범임이 확실하다. 또한 이때 안식일이 처음 만들어져서 백성에게 공포되었다면 안식일이 창조 규범은 될 수 없으며 모세 때 제정된 것이 분명하다.

안식일이 창조 규범이 됨을 반대하는 자들은 이 사건에서 안식일은 창조명령으로 입증할 증거가 없다고 주장한다. 그들은 만나 사건을 하나님께서 이스라엘을 시험하기 위해 전개한 것이라고 믿기 때문이다. 16:4-5[162] 에서 밝힌 대로 제육 일에 두 배의 만나를 준비하도록 명령하신 것은 이스라엘 백성이 하나님의 명령에 순종하는지 여부를 시험하기 위함이다. 그리고 출 16:23, 25, 26, 29 등 적어도 4회 이상 하나님은 백성들에게 하나님의 명령에 순종할 것을 지시했으나 불순종하였다고 한다.[163] 그들에 의하면 이스라엘이 이렇게 하나님의 계명에 불순종하였음에도 불구하고 하나님은 사십 년 동안 인내하면서 육식과 채식으로 먹이시고 인도하는 하나님의 사랑을 나타내기 위해 시험하셨다.[164] 다른 말로 표현하면 하나님은 이스라엘을 시험하기 위해 신 광야에서 안식일을 처음 제정하여 그 원리를 만나 거두는데 적용하였다는 뜻이다. 그러나 백성들을 시험하기 위해 과거에 없던 안식일을 처음으로 이 시점에서 만들었다는 주장은 설득력이 약하다. 출애굽기 16장의 기록대로 만나 거두는 사건을 통해 이스라엘 자손을 시험한 것은 사실이다. 그때까지 존재하지 않았던 안식일법을 처음 만들어 시험한 것이 아니고 옛날부터 있었던 안식일법으로 시험하였다고 보는 것이 더욱 타당한 해석이 될 것이다.[165]

그들이 하나님이 안식일에 관한 말씀을 신 광야에서 처음으로 이스라엘 백성에게 선포했다고 생각하는 다른 이유는 이스라엘이 만나 사건 전에는 안식일에 대해 전혀 무지했다고 생각하기 때문이다. 그 증거는 출 16:5에서 제육 일에는 평일에 거두는 것의 갑절이 되리라는 말씀을 들었을 때

---

162) 출 16:4-5 … 내가 너희를 위하여 하늘에서 양식을 비같이 내리리니 백성이 나가서 일용할 것을 날마다 거둘 것이라. 이 같이 하여 그들이 나의 율법을 준행하나 아니하나 내가 시험하리라. 제육 일에는 그들이 그 거둔 것을 예비할지니 날마다 거두던 것의 갑절이 되리라.

163) Griffith, 36.

164) F. B. Mayer, *Studies in Exodus*, 183.

165) Bacchiocchi, *Divine Rest for Human Restlessness*, 36.

그 백성들은 그 이유를 알지 못했다고 해석한다. 왜냐하면 하나님이 안식일에 관한 말씀을 백성에게 직접 선포하지 않고 먼저 모세에게 말씀하셨기 때문이다. 그래서 백성의 지도자들이 놀라면서 제육 일에 갑절의 양을 거둘 것을 선포하였다.[166] 백성들이 지금까지 안식일을 이해하지 못했기 때문에 제육 일에 갑절의 양을 거두지 않았다는 것이다. 백성의 지도자들이 제육 일에는 갑절의 만나가 내린 것에 대해 놀란 것은 사실이다. 즉 그들에 따르면 지도자가 놀란 이유는 안식일이라는 제도가 처음 소개되면서 동시에 제육 일에 갑절의 만나가 내렸기 때문이다. 그러나 지도자들이 놀란 이유는 과거에 그들이 안식일을 전혀 알지도 못한 상황 가운데서 제육 일에 갑절의 만나가 내린 것을 보고 놀란 것이 아니라 다른 곳에 이유가 있다고 생각할 수도 있다. 백성의 지도자들이 놀란 이유는 안식일이 처음 소개되었기 때문이 아니라, 이스라엘 백성이 이미 지켜오던 안식일이지만 제육 일에는 갑절의 만나가 내리고 안식일에는 전혀 내리지 않게 하는 하나님의 세심한 배려와 관심에 대해 놀랐다고 해석하는 것이 자연스럽다.

또한 그들에 의하면 하나님이 불순종한 백성에게 문책성 있는 꾸중을 하는 이유는 안식일법을 지키지 않기 때문이 아니다. 출 16:28에서 어느 때까지 내 계명과 율법을 순종하지 않겠느냐 하고 질책의 원인을 다른 곳에서 찾는다. 그것은 백성들이 하나님을 불신하여 바로가 쫓아올 때(출 14:11-12)와 마라에서 물로 인하여(15:24: 16:2) 모세를 대항하여 불평한데 대한 하나님의 꾸중으로 해석한다.[167] 만나 사건에서 발생한 위법행위는 언급하지도 않고 과거에 일어났던 잘못을 만나 사건에서 꾸짖었다고 강조한다. 성경이 그렇게 하였다는 기록이 없는데도 불구하고 이러한 해석을 하는 것은 옳지 않고 억지로 논리를 짜 맞추는 듯한 인상이 강한데 이는 현재 발생한 하나님을 불신한 죄는 꾸중도 하지 않고 과거에 이스라엘 백성이 하나님을 불신하고 모세를 대항한 사건에 대해서 질책한 것으로 보기에 보편적 상식 원리와 맞지 않다. 물론 출 16:28의 하나님이 하신

---

166) Dressler, "The Sabbath in the Old Testament," 37.
167) Griffith, 63.

질책은 그리피스가 한 주장도 예외가 될 수는 없는 것은 사실이나 하나님이 꾸중한 직접적이고 근본적 이유는 안식일법에 대한 불순종이다. 육 일에 평일의 두 배를 거두지 않았을 뿐 아니라 안식일에 거두러 나갔기 때문이다. 그러므로 안식일이 신 광야에서 백성들에게 처음 주어졌다는 주장은 납득하기 어렵다.

성경은 이스라엘 자손이 신 광야에 도착하기 전에 이미 안식일을 알고 있었음을 밝히고 있다. 출 16장에서 안식일이 처음 만들어졌다면 부연설명이 있을 것이다. 그러나 본문은 전혀 그런 설명 없이 갑자기 제시되었다. 또한 그 백성들의 불순종에 대해 여호와께서 질책하신 사실이 안식일은 오래 전부터 있었음을 암시한다. 제육 일에 갑절의 만나를 거두라는 하나님의 명령을 불순종하고, 어떤 사람이 안식일에도 평일처럼 거두러 갔을 때 하나님은 "어느 때까지 너희가 내 계명과 내 율법을 지키지 않겠느냐?" 하셨다. "어느 때까지"라는 단어를 사용하신 것은 하나님께서 지금까지 참아오신 것도 충분한데 얼마나 더 기다려야 너희들이 안식일에 관한 내 계명과 율법을 지키겠느냐? 지금까지 기다린 시간으로는 부족한가? 라는 뜻이 함축적으로 내포되어 있다. 불순종한 백성을 꾸짖는 하나님의 말씀은 방금 가르친 내용을 지키지 않았을 때 사용하는 용어가 아니다. 오래 전부터 알려 주었을 뿐 아니라 그 동안 그 계명을 지키고 순종할 수 있음에도 불구하고 그것을 지키지 않았을 때 꾸짖는 단어이며 문장이다.

신 광야에서 처음 안식일법이 제정되었다고 주장하는 사람들도 십계명이 만나 사건 이후에 시내 산에서 선포된 사실을 알고 있다. 그러나 다른 아홉 개의 율법이 왜 신 광야에서 제정되지 않았는가에 대한 답변은 없다. 무슨 이유로 아홉 개의 율법은 시내 산에서 선포하고 안식일법만 신 광야에서 선포되었는가? 같은 십계명인데 왜 제4계명만 분리하여 선포하였는가? 신 광야에서 이스라엘에게 처음 안식일에 관한 법을 제정희였다면 그 이유가 무엇인가? 왜 이 시점에 안식일법이 만들어졌는가? 그리고 잠시 후 모세가 십계명을 받게 되는데 왜 안식일법만 신 광야에서 먼저 만들어졌는가? 십계명 중 다른 아홉 개의 법은 왜 신 광야에서 소개되지 않았는가? 만일 안식일이 그곳에서 처음 만들어졌다면 이러한 질문에 답변이 있어야 한다. 그러나 누구도 이 질문에 해답을 제시하지 못하고, 침묵으로 답할 뿐이다. 그것은 그들의 논리가 타당성이 부족하고 사실에 맞지 않기 때문이다. 십계명의 내용은 이미 모든 이스라엘 백성이 과거부터 이해하고 있었지만 그 계명을 성실하게 순종하여 지키지 못하는 것을 하나님이 보시고, 그 언약을 지킬 것을 촉구하기 위하여 시내 산에서 십계명을 주셨다. 안식일도 다른 아홉 계명과 함께 이스라엘 백성은 과거부터 이미 인식하고 있었지만 단지 지키지 않았기 때문에 신 광야에서 안식일에 관한 계명에 대해 주의를 준 다음 시내 산에서 다시 계명으로 주셨다.

출애굽기 16장을 분석하면 안식일은 이미 과거부터 있었음을 암시한다. 출 16장에서 비로소 안식일이라는 단어가 처음 나타나지만 그렇다고 그것이 첫 번 안식일은 아닌 듯하다. 출 16장의 주제는 안식일이 아니라 하나님이 이스라엘 백성에게 공급하시는 만나다. 안식일 문제는 만나를 거두는 사건에서 부수적으로 거론되었다. 그래서 안식일에 관한 규정을 발표하거나 가르치는 과정은 아예 기록되지 않았다. 또한 아무런 부연 설명도 없이 바로 제육 일에 두 곱절의 만나를 거둘 것을 명령하고 그 명령에 따라 안식일을 예비하고 또한 안식일을 지킬 것을 명령한다. 이스라엘 백성들이 안식일에 관한 규정을 알고 있으면서도 그 말씀대로 생활하지 못한 것을 책망하고 있다. 그 안식일 규정에 따라 안식일을 지키지 못한 백성들을 교정한다.[168]

안식일 규정이 그때 처음 제정되었다면 백성들이 이해하고 납득할 수 있도록 다른 추가 사항이 더 있었을 것이다. 만나를 거두는 사건에서 발생한 안식일 문제는 안식일이 이미 과거부터 이스라엘 백성들에게 인식되어 있었을 뿐 아니라 그들이 그 법을 순종하고 지킬 수 있는 상황이었음을 말하는데, 이러한 것들은 안식일이 그때 처음 제정되지 않았다는 사실을 증명하는 증거가 된다.

출애굽기 16장과 20장에 기록된 안식일이 처음 제정되는 규정이라기보

---

168) Turretin, 80.

다는 차라리 옛날부터 있었던 의식을 재천명한 것으로 보아야 할 것이다. 즉 창세기 2장에서 제정된 창조 규범으로 이미 백성들에게 알려져 있었던 것을 신 광야에서 새롭게 인식시키는 것으로 해석해야 할 것이다. 족장들은 안식일 규정을 잘 준수하였다 할지라도 후손들이 우상을 숭배하는 애굽에서 오랫동안 종살이하면서 안식일 신앙을 잊었을 가능성이 있다. 그것은 할례가 창세기 17장에서 처음 언급된 후 레위기 12장에서 할례제도로 재확인되는 것과 비교가 된다.[169] 그래서 많은 학자들은 안식일이 신 광야에서 처음 제정되었다는 견해를 인정하지 않고 창조 규범으로 존재해 있었음을 확신하고 있다.[170]

6) 신약의 교훈

구약이 안식일을 창조 규범으로 가르친다면 신약은 어떻게 가르치는가? 신약도 구약과 동일하게 모든 인간이 안식일을 의무적으로 지켜야 한다고 가르치는가? 아니면 구약과 다른 내용을 가르치는가? 안식일에 대한 예수님과 사도들의 교훈은 무엇인가? 이러한 질문의 답을 이해한다면 오늘 우리가 안식일을 어떻게 지켜야 할 것인지에 대해 알게 될 것이다. 안식일에 관한 신약의 교훈을 이해하는 것은 중요하다.

첫 번째 우리가 취급할 본문은 마가복음 2:23-28이다. 마가복음 2장에서 예수님은 안식일이 창조 규범이라는 사실을 암시한다. 예수님은 안식일에 관해 바리새인과 많은 논쟁을 하면서 그들의 주장을 받아들이지 않았다. 주님은 안식일을 지키기도 하셨지만 안식일에 관한 모든 권리도 함께 소유하셨다. 안식일이 창조 원리인가? 여기에 대한 답으로 "안식일은 사람을 위하여 있는 것이요, 사람이 안식일을 위하여 있는 것이 아니라"(2:27)고 하였다. 바리새인에게 하신 예수님의 이 답은 안식일이 창조 규범임을

---

169) Backwith & Stott, 17.

170) G. H. Wenham, *Genesis*, 177, B. S. Childs, *The Book of Exodus* (Louisville: The Westminster Press, 1974), 290. Bacchiocchi, *Divine Rest*, 37. Jae Jang "The Role of the Deuteronomic Sabbath Commandment," Th. M. Thesis, 1997, at *Westminster Seminary*, 12-15.

반대하는 견해와는 큰 차이가 있음을 나타내고 있다.

본문은 예수님께서, 안식일에 제자들이 밀 이삭 자른 것을 정당화시킨다. 마태의 기록은 안식일에 제자들이 시장하기 때문에 밀 이삭을 잘랐다는 이유를 밝힌다. 그러나 바리새인은 왜 제자들이 안식일에 하지 못할 일을 합니까? 라고 정죄하면서 항의를 하였다. 이에 대해 예수님은 다윗과 그의 소년들이 제사장만 먹을 수 있는 진설병을 먹었던 경우를 상기시키면서 제자들이 밀 이삭 자른 행위가 정당하다고 변호하였다. 인간의 필요가 안식일의 법적 요구에 우선한다는 뜻이다.

바리새인들에게 "안식일은 사람을 위하여 있다"고 한 예수님의 말씀이 무슨 뜻인가? 는 논쟁의 핵심이다. '사람'은 유대인을 가르치는 제한적 의미인가? 아니면 무제한적 모든 인류를 뜻하는가? 그리고 '있다'는 말은 무슨 의미인가? 안식일이 창조 규범이 된다는 것을 반대하는 자들은 예수님이 언급한 '사람'은 전 인류가 아닌 오직 유대인만 가리킨다고 주장한다.[171] 그리피스는 예를 들어 미국 시민에게 '헌법은 국민을 위하여 있는 것이요, 국민이 헌법을 위하여 있는 것이 아니라'는 말을 했을 때 국민은 미국 국민을 의미하지 전 세계 모든 사람을 뜻하지 않는다[172]고 하였다. 특별히 외국인이 제외된다는 언급이 없어도 이 헌법 조항을 듣는 사람은 이 문장에서 말하는 국민은 미국 헌법의 보호 아래 있는 사람으로 제한 된 것을 알고 있기 때문이라 한다. 그는 예수님도 유대인에게 "안식일이 사람을 위하여 있다"고 한 말씀은 유대인 외의 이방인은 포함되지 않는다고 주장한다. 그러면서 그는 신구약 어디에서도 안식일을 이방인과 관련하여 언급하신 말씀은 한곳도 없다고 강조한다. 그는 안식일이 유대인만 위해 만들어졌음을 주장할 뿐 아니라 구약의 언약에서도 이방인은 제외되었다고 한다. 즉 그리피스는 안식일과 언약은 모두 오직 유대인을 위해 만들어졌다고 한다.

그러나 제4계명에 기록된 말씀도 잘못 해석하였거나 믿지 않는 오류를 범하고 있다. 출 20:10은, "제칠 일은 너의 하나님 여호와의 안식일인즉

---

171) Feinberg, "The Sabbath and the Lord's Day," 185.
172) Griffith, 124.

… 네 남종이나 여종이나 네 육축이나 네 문안에 유하는 객이라도 아무일도 하지 말라"고 가르친다. "네 문안에 유하는 객"이 누구인가? 유대인인가? 이방인인가? 를 밝혀야 한다. 제4계명에 나타난 "객"은 유대인 나그네가 같은 유대인의 집에서 안식일을 보낼 때로 제한하여 해석할 필요가 없다. 왜냐하면 아무도 일하지 말라는 그 말씀 가운데 유대인이 손님으로 다른 유대인의 집에서 안식일을 보내는 것도 포함되기 때문이다. "네 아들이나 네 딸이나 네 남종이나 네 여종이나"라는 문구에 이미 모든 유대인은 안식일에 일을 할 수 없다는 것이 표현되었다. 유대인을 위해서 "네 문안에 유하는 객"이라는 표현을 할 필요가 없다. 그래서 "네 문안에 유하는 객"은 유대인이 아닌 이방인 객에게 하신 말씀일 가능성이 높다. 칼빈도 이 말씀은 유대인이 아닌 이방인이 유대인 가정에서 안식일을 보낼 때를 뜻한다고 가르친다. 유대인 가정에서 안식일을 보내는 이방인도 그날의 노동을 금지했는데 이는 유대인 가정에 손님으로 있는 이방인이 일하면 유대인이 유혹을 받아 죄를 범할 가능성이 크기 때문이다. 이방인의 노동을 금지한 이유는 객으로 있는 이방인을 위한다기보다는 오히려 유대인의 유익을 위해서이다.[173] 그리고 이방인도 하나님의 은총에서 완전히 단절된 것은 아님을 가르친다. 이방인들도 유대인들과 함께 안식일과 하나님의 다른 계명을 지키고 순종한다면 유대인들이 받는 하나님의 은혜를 받을 수 있다. 칼빈에 의하면 본문의 '객'은 유대인이 아닌 이방인이다. 그러므로 구약의 제4계명도 이방인에게 관심을 두고 있다.

그리피스의 주장이 사실이라면 이방인은 하나님이나 기독교와 아무런 관계가 없게 된다. 그 이유는 구약과 신약 모든 말씀의 직접적이고 일차적 대상은 유대인이었기 때문이다. 복음서에 따르면 사실 예수님은 이방인보다는 주로 유대인에게 많은 말씀을 가르쳤다. 그렇다 할지라도 예수님의 기르침이나 사역에서 이방인을 제외시킨 일은 없지 않은가? 예수님은 모든 족속을 제자로 삼으라고 명령하셨다. 복음은 어느 특정 지역이나 민족에게 제한 되지 않고, 언제나 보편적이고 우주적이었다. 그러나 그리피스

---

173) Benjamin W. Farley, 『칼빈의 십계명 설교』, 129.

를 비롯한 일부 학자들은 구약은 물론 신약의 어떤 말씀도 안식일이 이방인에게 적용된다는 사실을 거부하고 오직 유대 민족만 관련지어 해석함으로 기독교가 유대 민족만을 위한 종교임을 강조하는 듯한 결과를 초래한다. 이 해석은 복음의 보편성을 무시하였다. 또한 하나님 사랑의 우주성과 무제한성을 무시하고 유대인에게만 제한시키고 있다.

안식일은 사람을 위하여 있는 것이요, 사람이 안식일을 위하여 있는 것이 아니라고 한 뜻은 무엇인가? '사람'(anthropos)이라는 뜻은 유대인에게 제한시킨 것이 아니라 분명히 전 인류를 가리킨다. 그 이유는 제4계명이 이방인에게 관심을 두고 있을 뿐 아니라 예수님의 사역 자체가 유대인에게만 제한을 두고 있다고 해석할 수 없기 때문이다. 그리고 "있다"(ginomai)라는 말은 "만들어지다"를 의미한다.[174] 그러면 언제 만들어진 것을 뜻하는가? 그것은 인간과 안식일이 처음 만들어진 때를 의미한다. 인간이 있을 때부터 안식일이 있었다는 뜻이다. 다른 말로 표현하면 인간이 있기 시작할 그때 안식일도 처음 시작되었다는 의미다. 즉 안식일은 전 인류를 위해 만들어진 것이며, 안식일이 처음 만들어진 시점은 인간의 창조와 연관성이 있음을 암시하고 있다. 안식일이 인간을 위하여 있다면, 인간이 처음 창조될 그때 안식일도 만들어졌음이 분명하다. 만약 안식일이 인간 창조 때 만들어지지 않고, 후대 어느 시점에 만들어졌다면, 인간은 존재해 있으나 안식일이 존재하지 않았던 때가 있었다는 뜻이다. 그러면 안식일이 존재하지 않았던 때에 생존하였던 사람에게는 불이익이 있었으며 또한 안식일이 사람을 위하여 있다는 말씀이 그 사람들에게는 적용되지 않게 된다. 그렇게 되면 예수님의 말씀이 진리가 아니라는 뜻이 된다. 그러므로 예수님이 이 말씀을 하신 것은 안식일은 단지 이스라엘만을 위하여 제정되지 않았으며 오히려 창조 시에 온 인류를 위해 제정된 제도라고 보아야 할 것이다. 그러므로 안식일의 출발점과 인간 역사의 시작은 동일하다. 그것이 모든 인간에게 유익이 되기 때문이다. 예수께서 "안식일은 사람을 위하여 있다"고 가르친 이 말씀은 안식일이 창조 규범임을 간접적으로 가

---

174) Roger T. Beckwith & Wilfrid Stott, 『기독교인과 주일』, 27.

르치는 말씀으로 결론을 내릴 수 있다.

둘째, 요한복음 5:1-18의 말씀도 안식일이 창조 규범이라는 사실을 암시하고 있는 것으로 여겨진다. 본문은 베데스다 못에서 예수님이 안식일에 38년 된 병자를 고치셨다. 이러한 예수님의 치유 사역에 대해 유대인들은 예수님을 안식일을 범한 범법자로 취급하면서 박해를 하였다. 그러자 예수님은 "내 아버지께서 이제까지 일하시니 나도 일한다"(5:17)고 대답하셨다. 예수님이 유대인들에게 하신 이 대답은 논쟁의 핵심이 될 뿐 아니라 동시에 안식일이 창조 원리임을 간접적으로 가르치고 있다.

이 말씀에서 예수님은 자신이 하나님의 아들이라고 밝힌다. 즉, 자기 자신을 하나님과 동등한 하나님으로 가르친다. 이로 인해 유대인들이 예수님을 죽이려 하였다.[175] 그리고 본문에서 하나님은 "이제까지" 일하신다고 하였다. 이제까지는 무슨 뜻인가? 하나님은 지금까지 항상 일하신다(always to this very day)로 해석된다. 즉 하나님은 지금까지 항상 쉬지 않고 일하신다는 뜻이다. 그러면 하나님은 언제부터 지금까지 항상 일하시는가? 하나님은 태초부터 쉬지 않고 지금까지 항상 일하신다는 해석에 학자들은 대체로 동의한다.[176] 예수님은 하나님께서 태초부터 지금까지 자기의 뜻을 완성하기 위해 쉬지 않고 항상 일하신다고 가르쳤다.

예수님이 하신 말씀 가운데 "하나님의 하시는 일"이 무엇인가에 대해 많은 이론들이 제기되고 있다. 어떤 사람은 하나님의 창조사역으로[177] 보는 반면, 피조물을 보존하는 하나님의 섭리로 해석한다.[178] 어떤 사람은 하나님이 지금까지 하시는 일은 창조와 섭리 모두를 포함한다고 한다.[179] 어떤

---

175) W. F. Howard, *Christianity According to St. John*, 71. R. V. G. Tasker, *The Gospel According to St. John*, TNTC, 87. 바리새인은 예수님이 자신을 하나님으로 여기는 행위를 신성모독으로 단죄하였다.

176) Oscar Cullman, *Early Christian Worship*, 92

177) C. K. Barrett, *The Gospel According to St. John*, 213.

178) W. F. Howard, 445. Tasker, 87. J. H. Bernard, *A Critical and Exegetical on the Gospel According to St. John*, 1:236-7.

179) Davis J. Ellis, "John," *International Bible Commentary*, 1242.

학자는 그리스도를 통한 구속사역과[180] 성도의 견인으로[181] 해석한다. 또 다른 사람은 구속사역과 함께 병자를 고치고 치료하는 신유사역이라 한다.[182]

어느 주장이 옳은가? 하나님의 창조사역은 끝났음을 창 2:1-3에서 분명하게 밝히고 있어 하나님이 지금까지 하시는 일이 창조사역이 아닌 것은 분명하며 창조하신 피조물들을 유지하고 보호하는 섭리 사역은 지금까지 쉬지 않고 계속 역사하신다. 그러나 이신론자들(Deist)은 하나님의 섭리를 부정한다. 저들도 하나님의 존재와 지혜, 권능 등 하나님에 대한 중요한 모든 교리를 믿는다. 이신론자들에 의하면 하나님은 천지창조 때 완벽하게 모든 피조물들을 창조하셨기 때문에 창조 후에는 다시 피조물을 간섭할 필요가 없다는 것이다. 하나님께서 자신이 창조하신 피조물을 다스리고 통치한다는 것은 천지만물을 완벽하게 만들지 못하였기 때문이라는 주장이다. 하나님이 태초에 천지를 창조하실 때 불량품으로 만들었기 때문에 계속하여 돌보고 관리할 필요가 있다는 뜻이다. 즉 계속 애프터 서비스가 필요하다는 것이다. 예를 들어 훌륭하고 완벽한 시계를 만들었으면 시계를 만든 사람에게 찾아가지 않아도 그 시계는 정확하게 시간을 잘 맞춘다. 그러나 시계 만든 사람이 시계를 계속 만지고 간섭하는 것은 처음에 그 시계를 불량품으로 만들었기 때문이다. 이와 같이 하나님은 창조 때 모든 피조물들에게 각각 필요한 원리들을 주입시켰으므로 창조 후에는 하나님의 간섭이 없이도 창조 때 지음 받은 원리에 따라 잘 운행되어야 한다고 강조한다. 하나님의 섭리를 주장하면 이는 하나님의 창조 능력을 격하시키는 결과를 초래한다고 가르친다. 즉 섭리교리는 하나님께 불경죄가 된다는 주장이다.

---

180) Bacchiocchi, *Divine Rest*, 41-42. Paul K. Jewett, *The Lord's Day*, 85-86.

181) B. F. Westcott, *The Gospel According to St. John*, 84. William Hendricksen, *Exposition of the Gospel of John*, NTC, 196.

182) Campbell Morgan, *The Gospel According to John*, 91. Leon Morris, *The New International Commentary of the John*, 202-3.

　이신론자들의 주장은 하나님의 주권을 높이는 것처럼 보일지 모르나 사실은 성경에서 가르치는 하나님의 능력을 전적으로 부인하는 결과를 초래한다. 이신론자들의 주장처럼 하나님이 천지창조 후 피조세계와 관계가 완전히 단절되었다면 어떤 결과가 있었겠는가? 하나님과 인간의 모든 관계가 부정된다. 즉 계시, 성경, 선지자의 활동 그리스도의 탄생과 죽음, 그리고 부활과 구속사역 이 모든 것들이 있을 수 없다. 이러한 하나님의 사역은 하나님께서 인간과 교통하시고 자신의 뜻을 인간에게 나타내시며 인간의 역사를 주관하실 때만 가능하다. 이신론의 주장은 성경과 기독교의 존재 자체를 거부하는 결과를 초래한다. 그래서 하나님의 섭리를 거부하는 가르침은 기독교의 신앙과 신학은 물론 성경과 반대가 될 뿐 아니라 기독교를 파괴하는 결과를 초래하기 때문에 결코 수용할 수 없다.

　시편 135:6[183]을 비롯한 많은 성경은 하나님이 모든 피조물을 다스리고 통치하시는 일을 계속하고 있다는 사실을 강조한다. 창조사역에 나타난 동일한 하나님의 능력이 천지만물과 인간의 삶을 주관하는 데서도 역사하신다. 지금도 하나님이 인간과 함께 하지 않는다면 우리의 호흡은 계속될 수 없다. 하나님은 초월적 존재로서 하늘 높이 계시지만 항상 우리와 함께 하셔서 우리를 인도하고 우리의 생명이 유지되도록 하신다.

　하나님이 지금까지 쉬지 않고 계속 역사하는 사역 가운데 또 하나의 중요한 일은 자기의 사랑하시는 자를 영원으로 인도하는 구원사역이다. 그러나 그리피스는 하나님의 육 일간 창조와 일곱째 날 안식 할 때는 그리스도의 사역을 통한 인간 구원에 관한 하나님의 뜻은 아직 나타나지 않았다고 주장한다.[184] 즉 그때는 아담이 타락하기 전이었으므로 인간 구원에 관한 하나님의 작정이란 있을 수 없다는 주장을 한다. 그에 따르면 그리스도를 통한 구속사역은 아담이 타락한 후 비로소 하나님이 작정하고 그 작정을 인간 역사에 실현시킨다는 뜻이다. 그래서 요한복은 5장에서 가르치는 예수님의 말씀은 안식일이 창조 원리가 아니라는 주장을 한다. 그러나 에

---

183) 시 135:6 여호와께서 무릇 기뻐하시는 일을 천지와 바다와 모든 깊은데서 다 행하시도다.
184) Griffith, 56.

베소서 1:4을 비롯한 많은 성경은 하나님은 창세 전에 우리를 그리스도 안에 택하여 거룩하고 흠이 없게 하셨다고 가르친다. 하나님은 천지창조 전에 이미 인간구원에 관한 모든 계획을 작정하셨고, 천지창조와 함께 만세 전에 작정하신 하나님의 뜻을 인간에게 적용시키기 시작하셨다.

즉 하나님은 그의 영원한 안식에 인간의 능력만으로는 참여할 수 없음을 아시고 그리스도를 통한 안식의 길을 예비하셨다. 그래서 하나님이 육일간 천지만물의 창조를 완성하시고 일곱째 날 안식하셨지만 그의 백성들은 하나님의 완전한 안식에 동참하지 못했기 때문에 하나님은 인간을 하나님의 안식에 거하게 하기 위하여 그의 독생자를 보내셨다. 인간이 하나님의 안식에 들어가는 유일한 방법은 그리스도를 통하는 길뿐이다. 예수께서 십자가에서 죽으시고 부활하심으로 원수 사탄은 파멸되고 하나님 백성의 구원과 안식은 성취되었다. 예수님이 십자가 위에서 다 이루었다(요 20:30)고 하신 말씀은 그의 구속사역을 통한 인간의 안식이 다 이루어졌음을 가르친다.

하나님은 참된 안식이 그리스도의 십자가와 부활을 통해 성취되도록 창세 전에 작정하셨다. 창세 전에 작정된 그 안식을 완성하기 위하여 하나님의 구속사역은 창조 때 시작하여 지금까지 계속 돕고 있다. 그리고 하나님의 구속과 안식을 위한 사역은 그리스도께서 십자가에 죽으신 후 부활하심으로 성취되었다. 그래서 하나님의 구속사역이 이미 성취되었다. 그러나 그 구원의 은혜를 성령을 통해 선택받은 모든 사람에게 나눠 주시는 사역은 아직 완성되지 않았기에 하나님은 그리스도께서 완성하신 그 구원의 은혜를 택한 사람들에게 적용시키는 사역을 지금도 성령을 통해 계속 하신다. 그래서 구속사역의 최종적 완성은 아직 미래적이다. 인류역사가 끝나는 순간 그리스도께서 재림하실 때 하나님의 영원한 안식이 최종적 완성을 이룰 것이다.

요한복음 5장은 안식일이 인간의 구속역사와 함께 시작되었음을 가르친다. 하나님은 인간을 그의 영원한 안식에 인도할 계획을 이미 창세 전에 세우셨다. 창세 전에 작정된 인간의 안식은 천지창조와 함께 역사 현장에 실현되기 시작하였다. 천지창조 때 시작된 그 안식을 위한 하나님의 사역은 이제까지 쉬지 않고 끊임없이 계속되고 있다. 그러므로 요한복음은 안식일이 창조원리가 됨을 간접적으로 가르치고 있다고 결론지을 수 있다.

셋째, 히브리서 4:1-13 말씀에 안식일이 창조 원리임을 가르친다. 지금까지 막 2:23-28과 요 5:1-18은 안식일 제도가 창조 원리에 의하여 제정되었음을 간접적으로 가르치고 있다는 사실을 살펴보았다. 그러나 히브리서 4:1-13은 안식일이 하나님의 창조원리에 근거하는 명확한 증거를 제시한다. 뿐만 아니라 히브리서 4장은 안식의 현재성과 함께 미래의 영원한 안식에 대해서도 깊이 가르치고 있다. 히브리서에 나타난 안식일 신학에 대해서는 다음에 자세히 논하겠지만 히 4장은 장차 모든 성도가 누리게 될 천국의 영원한 안식에 대한 교훈을 준다. 그래서 이 본문은 특히 중요하다.

히브리서의 주제는 이 세상에서 순례자의 길을 가는 성도에게 초점을 두고 있다.[185] 특히 히 3:7-4:13은 이 주제에 핵심이 되는 단락이다.[186] 히브리서는 신약교회의 정체성을 설명하기 위해 출애굽 사건을 소재로 사용한다. 그래서 출애굽한 후 40년 동안 광야 생활하는 이스라엘을 인용한다. 그들은 이 세상에서 나그네요, 이방인들이며, 잠정적 체류자들이었다. 그리고 신약교회를 하늘 나라를 바라보면서 여행하는 나그네로 묘사한다. 유랑하는 순례자들에게 필요한 것은 안식이다. 광야 이스라엘 백성이 가나안의 안식을 소망한 것처럼 신약의 공동체는 하늘 안식을 고대한다. 이스라엘은 가나안을 안식의 땅으로 믿었다(수 1:12-15). 그러나 히 4:7-8[187]은 그 가나안 땅이 그들에게 영원한 안식을 주지 못하였음을 나타낸다. 가나안 정착 후에도 많은 고난과 역경, 전쟁과 나라를 잃고 이방으로 잡혀가 포로생활까지 겪었다. 이스라엘은 가나안 땅을 정복한 후에도 또 다른 안식 즉

185) Ralph P. Martin, 원광연 역, 『신약의 초석』 II, (서울 : 크리스챤다이제스트, 1997), 525-33.

186) 류호준, 『히브리서: 우리와 같은 그분이 있기에』 (서울: 크리스챤다이제스트, 1998), 120.

187) 히 4:8-9 만일 여호수아가 저희에게 안식을 주었더면 그 후에 다른 날을 말씀하지 아니하셨으리라. 그런즉 안식할 때가 하나님의 백성에게 남아 있도다.

영원한 하나님의 안식을 기다려야만 했다.

히브리서 저자는 가나안 안식을 가리켜 여호수아가 준 안식이라 하였다. 광야 40년간 이스라엘 백성이 기다리며 소망한 결과 여호수아의 지도하에 들어간 가나안의 정착은 그들에게 일시적 안식이 되었지만 그 땅의 안식은 참된 평안과 천국의 안식을 주지는 못하였다. 가나안 땅은 그들에게 하나님이 주신 안식을 현세적인 것으로 표시하는 하나의 표상에 지나지 않았다. 장차 하나님의 영원한 안식을 바라보게 하고 깨닫게 할 상징물이었다. 그래서 이스라엘 백성들도 참된 안식은 현 세상의 가나안 땅이 아닌 앞으로 나타날 영원한 하나님 나라임을 가르친다.

히브리서 저자는 광야의 이스라엘 백성들이 모세를 원망하고 하나님을 불신하여 저들이 소망하던 가나안에 들어오지 못하였음(히 3:15-19)을 상기시킨다. 그러면서 히 4:1-2[188]에서 신약교회도 옛 이스라엘처럼 불신앙과 불순종으로 하나님의 영원한 안식에서 제외될 수 있음을 경고한다. 광야의 이스라엘이 하나님을 불신한 결과 안식을 얻지 못한 것처럼 신약교회도 복음에 순종하지 않으면 안식에 들어갈 수 없다고 경고한다. 히브리서는 광야사건을 예표론적으로 회상시켜 특별히 박해 아래 있었던 초대교회 성도들이 실패하지 않기를 바라면서 권면하고 있다. 광야의 이스라엘은 하나님의 능력으로 애굽으로부터 구원받았으며 만나와 메추라기로 굶주리지 않고 구름기둥과 불기둥의 안내를 받으면서 여행하고 있었다. 그들은 이미 하나님의 능력을 경험하였으며 복음을 들었다. 그러한 하나님의 초자연적 능력으로 인도 받고 복음을 들었음에도 불구하고 그들의 불신앙과 불순종이 그들을 낙오자로 만들었다. 옛 이스라엘의 실패를 거울삼아 박해와 시련이 있다 할지라도 흔들리지 않는 믿음으로 구원을 성취하여 하나님이 예비하신 영원한 안식에 들어갈 것을 권하고 있다.

그리고 우리가 관심을 기울여야 할 주제는 히브리서 저자가 본문에서

---

188) 히 4:1-2 그러므로 우리는 두려워할지니 그의 안식에 들어갈 약속이 남아 있을지라도 너희 중에 혹 미치지 못할 자가 있을까 함이라 저희와 같이 우리도 복음 전함을 받은 자이나 그러나 그 들은 바 말씀이 저희에게 유익되지 못한 것은 듣는 자가 믿음을 화합지 아니함이라.

하나님의 안식을 근본 모델로 하여 가나안 안식을 평가하고 또한 오늘의 안식과 미래의 영원한 안식을 제시하고 있다는 사실이다. 창세기 2:1-3 말씀에 근거하여 히 4:3-5[189] 이하에서 안식일의 의미를 설명하면, 3절에서 "이미 믿는 우리들은 저 안식에 들어가는도다. 그 말씀하신 바와 같으니 내가 노하여 맹세한 바와 같이 저희가 내 안식에 들어오지 못하리라 하셨다 하였으나 세상을 창조할 때부터 그 일이 이루었느니라." "이미 믿는 우리들은 저 안식에 들어가는도다"라는 말씀의 뜻은 불신자들은 안식에 들어가지 못하지만 믿는 자들은 현재 하나님의 안식에 들어가고 있다는 의미이다.[190] 즉 하나님의 말씀을 믿지 않고 불순종하는 자는 하나님의 안식에 들어가지 못하지만, 믿고 순종하는 자들은 옛날부터 지금까지 하나님의 안식에 계속 들어가고 있다는 사실이다.

히브리서 기자는 이 원리가 창조 때부터 이미 이루어져 지금까지 변하지 않고 계속되고 있음을 강조하여 "세상을 창조할 때부터 그 일이 이루었느니라"고 한다. 즉 하나님의 말씀을 불순종하는 자는 하나님의 안식에 들어갈 수 없고, 그 말씀에 순종하는 자들은 그 안식에 들어간다는 원리는 창조 때부터 시작되어 지금까지 반복되어 이루어졌다는 뜻이다. 하나님의 말씀을 불순종한 아담은 하나님이 그에게 제공하는 안식을 소유하지 못했으며, 불순종한 광야의 백성들도 하나님의 안식에 들어가지 못하였다. 그러나 두 번째 아담인 그리스도를 믿는 자는 지금도 하나님의 영원한 안식에 들어가고 있다.

히브리서는 불순종하는 자와 순종하는 자에 대한 심판의 결과 어떤 사람은 안식에 들어가기도 하고, 또 다른 사람은 들어가지 못하기도 하는데 그 원리가 이미 창조 때부터 이루어졌다고 가르친다. 창조 때 "안식"이 없

---

189) 히 4:3-5 이미 믿는 우리들은 저 안식에 들어가는도다. 그 말씀하신 바와 같으니 내가 노하여 맹세한 바와 같이 저희가 내 안식에 들어오지 못하리라 하셨다 하였으나 세상을 창조할 때부터 그 일이 이루었느니라. 제칠 일에 관하여는 어디 이렇게 일렀으되 하나님은 제칠 일에 그의 모든 일을 쉬셨다 하였으며 또 다시 거기 저희가 내 안식에 들어오지 못하리라 하였으니 그러면 거기 들어갈 자들이 남아 있거니와 …

190) 권성수, 『히브리서』 (서울: 총신대학교 출판부, 1977), 142.

었다면 어떻게 순종하는 자는 안식에 들어가고 불순종하는 자는 안식에 들어가지 못하는 원리가 창조 때 존재하였겠는가? 그러므로 이 말씀은 안식일이 창조원리임을 가르친다.

또한 3절은 안식의 정의를 설명한다. 3절의 원래 뜻은 "하나님이 말씀하신 바와 같으니 내가 노하여 맹세한 바와 같이 저희가 내 안식에 들어오지 못하리라 …"이다. 히브리서 4장의 주제가 되는 안식을 하나님은 '내(나의) 안식"으로 선언하신다. 하나님의 안식이 무슨 뜻인가? 창조원리로 제정된 안식인가? 아니면 모세 때 제정된 안식인가? 창조 원리를 반대하는 사람들은 이 말씀은 창조 원리를 가르치지 않는다고 한다.[191] 그러나 저들은 이 말씀을 바르게 해석하지 않고 있다.

하나님의 안식이란 하나님이 창조 사역을 끝내고 일곱째 날 안식하신 그 안식을 뜻한다. 그래서 하나님께 불순종한 사람은 하나님의 안식에 들어가지 못하지만 순종하는 자는 영원한 안식에 들어가는 원리가 창조 때부터 이루어졌다고 가르친다. "창조할 때부터 그 일이 이루었느니라"는 말씀은 곧 안식일이 창조 때부터 존재하였음을 입증한다. 그리고 4절에서 "제칠 일에 관하여는 어디 이렇게 일렀으되 하나님은 제칠 일에 그의 모든 일을 쉬셨다 하였으며." 안식일이 창조원리임을 더 명확하게 밝히고 있다. 그 안식은 창조 때부터 지금까지 복음에 믿음과 복종으로 순종하는 사람만이 동참할 수 있다. 광야 백성이 안식에 들어가지 못한 것은 안식이 준비되지 않아서가 아니라 불신앙과 불순종으로 인해 창조 때부터 준비된 안식에 들어가지 못했던 것이다. 히브리서가 가르치는 안식은 하나님의 창조사역 완성부터 시작된 안식이다.

구약과 함께 신약의 말씀도 안식일은 창조원리에 의해 만들어졌음을 간접 혹은 직접적으로 가르치고 있다. 따라서 안식일 제도가 유대 민족만을 위하여 제정된 것이 아님이 입증되었다. 그러므로 안식일은 창조 규범으로 제정되었으며 모든 시대를 초월하여 전 인류가 지켜야 할 하나님의 뜻이다.

---

191) Griffith, 47과 277이하를 읽기 바람.

제2장

아담의 죄와 안식

이미 1장에서 살핀 바와 같이 죄를 짓기 전 아담은 하나님의 기쁨이 되고, 하나님께 영광 돌리는 생활을 하였다. 그것이 그에게는 전혀 부족함이 없는 완전한 행복과 만족의 생활이었다. 즉 아담은 타락하기 전에 에덴 동산에서 완전한 안식을 누리고 있었다. 에덴 동산 그 자체가 하나님의 성전이었고, 아담은 그 가운데서 자유롭고도 즐거운 마음으로 하나님께 예배하는 마음으로 자기의 생활을 하였다. 전적으로 하나님을 영화롭게 하는 생활이었다. 그러한 아담의 생활은 모든 면에서 기쁨과 즐거움뿐이었다. 그러나 아담은 자기에게 주어진 자유의 한계를 지키지 못하고 하나님께 범죄한 존재로 전락하였다. 하나님께 지은 단 한 번의 죄가 그와 그의 모든 후손들에게 치명적인 악영향을 끼쳤다고 성경은 가르친다. 범죄한 아담은 하나님이 주시는 완전한 안식을 소유할 수 없었다. 죄가 아담에게 심각한 악영향을 끼친 것처럼 아담의 안식에도 결정적으로 불행한 영향을 끼쳤다. 우리는 최초의 아담은 어떤 상태로 지음 받았으며, 타락 한 후 그 자신과 후손들은 어떻게 변하였는지에 대해 살펴볼 것이다.

1. 피조물에 나타난 하나님의 뜻

하나님은 자연을 아름답게 창조하셨고 모든 피조물들은 하나님의 뜻을 나타내고 있다. 자연을 통해서도 하나님은 자신의 존재하심과 그 지혜가 얼마나 무한하며 권능의 위대함이 어떠한지를 나타내 보이신다. 하나님은 하나님의 존재하심과 자신의 속성들을 자연 가운데 나타내셨는데, 롬 1:18-20[1]에서 하나님의 자연계시에 관해 말씀하신다. 자연계시라는 말은 말 그대로 자연에 나타난 하나님의 계시를 뜻한다. 바울은 하나님을 알만한 것이 사람들 속에 보인다고 하였다. 그 이유는 하나님께서 하나님을 알만한 모든 것들을 그들에게 보이셨기 때문이다. 하나님이 인간의 눈으로 인식할 수 없는 하나님의 속성인 능력과 신성을 창세로부터 하나님이 창조하신 만물로 나타내셨다. 하나님은 인간이 하나님을 인식하고 믿을 수 있도록 하나님의 존재하심과 그의 여러 속성들을 자연을 통해 보이셨는데, 이것을 자연계시라 한다.[2]

이 자연계시는 인간의 구조 자체를 포함한 자연 현상을 통해서 하나님의 뜻이 인간에게 전달되는 계시다. 비유로 설명하자면 자연은 하나님께서 자신의 뜻을 나타내기 위해 출판된 크고 작은 문자들로 기록하신 거대한 책과 같다. 그리고 인간은 이 책에서 하나님의 선하심과 지혜와 영원한 능력과 신성을 배울 수 있다. 이 자연계시는 모든 사람에게 일반적으로 나타나기 때문에 일반계시(general revelation)라 하기도 한다.[3] 이 일반계시는 그 뿌리를 하나님의 창조에 두고 있으며 그 목표는 인간으로 하여금 자신이 창조된 목적, 즉 하나님을 알고 하나님과의 사귐을 누리도록 하는데 목적을 두고 있다. 자연계시는 모든 사람이 자연을 통해 하나님의 뜻을 배워 하나님을 예배하고 섬겨서 축복을 받게 하기 위함이다.

---

1) 롬 1:18-20 하나님의 진노가 불의로 진리를 막는 사람들의 모든 경건치 않음과 불의에 대하여 하늘로 좇아 나타나나니 이는 하나님을 알만한 것이 저희 속에 보임이라 하나님께서 이를 저희에게 보이셨느니라 창세로부터 그의 보이지 아니하는 것들 곧 그의 영원하신 능력과 신성이 그 만드신 만물에 분명히 보여 알게 되나니 그러므로 저희가 핑계치 못할지니라.

2) 칼빈은 자연계시에 대해 깊이 설명한다. 이 주제에 관한 칼빈의 사상을 깊이 연구하기 원하면『기독교 강요』제1권 2-5장을 연구하기 바란다. 그리고 이 부분에 관한 칼빈의 신학은 신복윤,『칼빈의 신학사상』(서울: 성광문화사, 1993) 81-173에 잘 정리되어 있다.

3) James M. Boice,『로마서』, 181.

1) 자연에 나타난 계시

자연계시는 언어로 표현되지 않고 사물로 하나님의 뜻을 나타낸다. 자연계시에 그려진 하나님의 뜻은 자연현상, 역사, 그리고 인간의 마음에 나타난다고 학자들은 가르친다.[4] 하나님은 자신이 창조하신 피조물 가운데 자신의 뜻을 나타내고 있음을 성경의 여러 곳에서 가르치신다. 롬 1:18-20에서 바울은 인간이 하나님을 인식하여 알 수 있도록 지음 받은 존재임을 가르친다. 하나님은 창세(創世)부터, 즉 창조 때부터 인간이 하나님을 알 수 있도록 창조하셨다. 인간은 하나님이 소유하고 계신 지혜의 한 부분인 지, 정, 의를 부여받았으므로 자연을 보고 그것의 본질과 그 자연이 나타내는 뜻이 무엇인지 파악하고 이해하는 능력을 소유하였다.

칼빈은 자연계시에 대해 다음과 같이 설명하였다. 하나님은 자연현상에서 자신을 드러내시므로 사람들이 눈을 뜨고 있는 한 하나님의 존재와 그의 뜻을 느끼지 않을 수 없다. 하나님은 우주 만물에 자신을 나타내시기 때문에 인간이 매일매일 생활 속에서 그분을 인식하도록 하셨다.[5] 이는 마치 박물관에 진열된 조각이나 미술품 등의 모든 작품들은 작가의 사상과 철학을 반영하는 것과 같다. 예술가들의 작품이 작가들의 사상과 철학을 반영하고 있는 한 그 가치를 인정받고 박물관에 소장된다. 후대 사람들이 박물관에서 그들의 작품을 감상하는 이유는 그것을 통하여 그 사람과 그 시대의 사상과 철학을 이해할 수 있기 때문이다. 이 천지 만물들은 하나님의 작품들이기 때문에 하나님의 뜻이 반영되어 있다.

다윗은 시편 19:1-3[6]에서 자연계가 하나님의 뜻을 선포하고 있다고 노래하였다. 태양과 달, 동물과 식물, 우주의 체계와 그것들이 정교하고 질서대로 움직이는 것 등을 통해 하나님은 자신을 나타내셨다. 이 모두는 하나님에 대한 증거이다. 칼빈은 정교하게 조화와 균형을 이루고 있는 이 세계

---

4) Louis Berkhof, 권수경 이상원 역, 『벌코프 조직신학』 상, 139.
5) 칼빈, 『기독교 강요』, 1권 5장 1절.
6) 시 19:1-3 하늘이 하나님의 영광을 선포하고 궁창이 그 손으로 하신 일을 나타내는도다. 날은 날에게 말하고 밤은 밤에게 지식을 전하니 언어가 없고 들리는 소리도 없으나 그 소리가 온 땅에 통하고 그 말씀이 세계 끝까지 이르도다.

야말로 하나님을 볼 수 있는 일종의 거울이다[7]라고 하였다. 자연계는 하나님의 위대하신 지혜를 반영하고 능력을 우리에게 보여 주기 때문에 그는 우주를 하나님의 속성을 나타내는 한 권의 책이며 하나님의 영광을 드러내는 극장이라 하였다.[8]

이 세계는 하나님의 영광의 섬광이 빛나지 않는 곳이 한 곳도 없다. 인체 구조의 관절, 균형, 미, 효용 등이 너무 정교하기 때문에 창조주는 놀라운 예술가라는 사실은 모든 사람이 인정해야 한다[9]고 하였다. 우리는 매일 TV에서 방영되는 동물, 바다의 물고기, 공중의 새와 각종 식물과 미생물들이 어떠한 신체적 구조를 갖고 있으며 또한 그들이 어떠한 조직체를 만들어 공동생활을 영위하고 있는지에 대한 프로그램들을 즐긴다. 그 모든 것들은 하나님의 권능과 지혜를 감탄하게 할 뿐이다. 그 결과 아무리 배우지 못한 무식한 사람이라 할지라도 눈을 뜨기만 하면 반드시 하나님의 존재를 인식할 수 있도록 되어 있다.[10] 그러므로 자연을 통해서 하나님을 찾고 배우는 방법은 교회 밖이나 교회 안에 속한 사람 모두에게 공통적이다. 그러나 기독교인은 성경 말씀을 통해 설명을 듣고 성령의 조명을 받기 때문에 비기독교인에 비하여 하나님에 대해 더 정확한 정보를 얻으므로 그들보다 훨씬 더 정확하게 배울 수 있다.

그럼에도 불구하고 오늘날 우리 인간은 이 자연계를 통하여 하나님을 정확하게 배우지 못한다. 그 이유는 아담의 타락으로 인하여 인간의 내적 변화가 크게 발생하였기 때문이다. 아담이 타락하므로 인간에게 주어졌던 모든 감각 기관과 지혜가 본질적으로 변화되었다. 인간의 본성이 죄로 인하여 부패하고 심각하게 오염된 것은 사실이지만 그중 하나님께서 우리에게 주신 종교의 씨앗이 근절되거나 말살되지는 않는다. 그러나 하나님이 주신 이 지식이 일그러지고 부서졌기 때문에 정상적 기능을 발휘하지 못

---

7) 칼빈, 『기독교 강요』, 제2권 5장 1절.
8) 칼빈, *Sermon on Job* 9:7-15
9) Ibid.
10) 칼빈, 『기독교 강요』, 제2권 5장 1절.

한다. 마음에 하나님을 아는 지식이 고장나고 부서졌기 때문에 사람들은 자연에 뿌려진 하나님의 뜻을 보고도 하나님에 대한 지식을 소유하지 못한다. 죄 때문에 인간의 모든 감각과 지성은 어둡게 되어 모든 통찰력은 하나의 속임수에 불과하다. 칼빈은 하늘과 땅 그리고 자연계시를 극장으로 비유하고 있다. 그러나 인간은 하나님의 자연계시의 눈부신 극장에서 관람하고 있어도 눈이 가려져 그 내용을 전혀 파악하지 못하고 있다.[11]

이로 인해 인간은 자연에서 하나님의 영광을 보고도 마음을 창조주 하나님께 돌리지 못하고 피조물을 향하고 있다. 피조물에게 하나님과 같은 가치를 부여한다. 그 결과 바울이 롬 1:21-23[12]에서 경고한 바대로 피조물을 하나님으로 착각하고 우상으로 섬기고 있다. 인간에게 하나님의 뜻을 가르쳐 하나님을 바로 예배하고 섬겨 영광 돌리기 위해 자연에 자신의 속성과 뜻을 나타내셨으나 타락한 인간들은 그것을 하나님으로 알고 거기에 예배하면서 복을 비는 우상숭배의 죄를 범하였다. 그 결과 인간은 하나님의 축복은 고사하고 오히려 하나님의 무서운 저주와 심판을 자초하게 되었다. 자연계시를 주신 하나님의 원래 뜻을 역행하는 결과를 초래하였다. 이는 타락한 인간의 심성과 이성의 노력만으로는 하나님의 존재와 그의 뜻을 도저히 이해할 수 없다는 결론이다.

2) 역사에 나타난 계시

하나님의 뜻은 자연과 함께 인간 역사에도 나타난다.[13] 칼빈은 역사를 하나님이 주관하시며 하나님의 뜻에 따라 운행되므로 역사는 하나님의 뜻

---

11) 칼빈, 『기독교 강요』, 제1권 5장 8절.

12) 롬 1:21-23 하나님을 알되 하나님으로 영화롭게도 아니하며 감사치도 아니하고 오히려 그 생각이 허망하여지며 미련한 마음이 어두워졌나니 스스로 지혜있다 하나 우준하게 되어 썩어지지 아니하는 하나님의 영광을 썩어질 사람과 금수와 버러지 형상의 우상으로 바꾸었느니라.

13) Anthony A. Hoekema, 류호준 역, 『개혁주의 종말론』 (서울: 기독교문서선교회, 1988), 38-61. Anthony Hoekema 박사는 개혁신학 입장에서 역사의 의미를 명쾌하게 밝히고 있다.

을 나타낸다고 강조한다.[14] 성경은 하나님께서 역사를 주관하고 있음을 분명히 가르친다. 시 103:19[15]이 하나님이 만물의 통치자이심을 가르치고, 대하 20:6[16]은 세상의 열방들을 통치하심을 나타내며, 잠 21:1[17]은 하나님은 자신이 원하시는 임의대로 왕의 마음을 돌이키신다고 하였다. 엡 1:11에서 하나님은 모든 일을 그 마음의 원대로 역사하신다고 하였다. 래드 교수는 "하나님은 왕이시며 역사 속에 나타난 그의 행동들은 신적으로 조정된 목표를 향해 역사를 이끌고 있다"[18]고 하였다.

하나님은 역사를 주관하신다. 하나님은 자신의 목적을 수행하기 위하여 인간들의 악한 일까지 조정하여 그것을 사용하신다. 구약의 요셉은 형들이 그를 돈 받고 노예로 팔아 넘겼지만 요셉은 애굽 왕국의 총리가 되어 가족을 포함한 많은 사람들을 기근으로부터 구원하고 보호하였다. 요셉이 아버지 야곱이 죽은 후에 그의 형들에게 한 말은 역사를 지배하는 하나님의 주권적 사역을 강조한 말이다. 형들은 아버지 야곱이 죽은 후 자신들이 요셉에게 행한 일에 대한 요셉의 보복을 두려워하여, 아버지가 이르기를 네 형제들이 네게 악을 행하였다 할지라도 이제 그 허물과 죄를 용서하라고 하셨다고 요셉에게 고하였다. 이에 대해 요셉은 "당신들은 나를 해하려 하였으나 하나님은 그것을 선으로 바꾸사 오늘과 같이 만인의 생명을 구원하게 하려 하셨나이다"(창 50:20)고 답하였다. 요셉의 형들은 악한 마음으로 요셉을 팔았지만 하나님은 형들이 요셉을 판 악한 행동을 이용하여 결과적으로는 선하고 유익하도록 하셨다. 우리는 하나님의 섭리의 발자국

14) 칼빈, 『기독교 강요』, 1권 5장 1절.

15) 시 103:19 여호와께서 그 보좌를 하늘에 세우시고 그 정권(政權)으로 만유를 통치하시도다.

16) 대하 20:6 우리 열조의 하나님 여호와여 주는 하늘에서 하나님이 아니시나이까 이방 사람의 모든 나라를 다스리지 아니하시나이까 주의 손에 권세와 능력이 있사오니 능히 막을 사람이 없나이다.

17) 잠 21:1 왕의 마음이 여호와의 손에 있음이 마치 보의 물과 같아서 그가 임의로 인도하시느니라.

18) George Ladd, *The Presence of the Future* (Grand Rapids: Eerdmanns, 1974), 331.

이 너무 명백하기 때문에 때로는 인간에게 우연한 사건으로 보이는 것들도 다 하나님의 뜻을 나타내는데 사용되고 있다.

신약에 나타난 역사를 지배하시는 하나님의 주권적 통치에 대한 좋은 사례는 예수 그리스도의 십자가 사건이다. 그리스도의 십자가 사건은 인류 역사상 가장 사악하고 나쁜 일이었으나 하나님은 그것을 인류의 죄를 속량하는 사죄의 도구와 방편으로 사용하셨다. 행 4:27-28[19]에서 하나님의 통치 섭리는 역사에서 가장 악한 일도 하나님의 구속적 섭리의 핵심이 되었으며 인류에 대한 최상의 축복의 원천이 되었음을 가르친다. 하나님이 역사의 주님이라는 의미는 이 세상에서 발생하는 모든 사건이 결과적으로 하나님의 뜻을 성취하는데 사용된다는 것을 의미한다.

예수님이 사랑하는 제자였던 가룟 유다는 욕심에 눈이 어두워 돈을 받고 자신의 선생님을 팔아 넘겼다. 오늘날 현대 사회에서도 이러한 사람이 있다면 배은망덕한 인간의 표상이 될 것이다. 그러나 하나님께서는 유다가 행한 그 악행의 결과를 하나님께서 인류를 구속하는 방편으로 사용하셨다. 이는 마치 영화나 드라마에서 악역을 맡은 배우와 선행을 맡은 배우들이 주연과 조연의 역을 담당하여 조화있게 작품을 만드는 것과 같다. 그러나 그 모든 배우들은 감독의 계획과 지시에 의하여 연기하기 때문에 훌륭한 작품이 된다.

영화나 드라마에서 한 장면만 분리하여 감상한다면 그것이 무슨 뜻을 나타내는지 모를 수 있지만 작품의 전체적 조명으로 그것을 본다면 이해가 훨씬 쉬울 것이다. 비록 드라마를 관람하는 관객은 특정한 하나의 장면을 정확하게 이해하지 못한다 할지라도 그 드라마의 감독은 그 장면을 통해 자신의 의도를 정확하게 표시할 것이다. 그와 같이 인간 역사에서 날마다 발생하는 크고 작은 사건들을 인간이 이해할 수 없다 하여도 하나님은 그 모든 것들을 조정하면서, 그런 사건들을 통해 자신이 원하시는 곳으로

---

19) 행 4:27-28 헤롯과 본디오 빌라도는 이방인과 이스라엘 백성과 합동하여 하나님의 기름 부으신 거룩한 종 예수를 거슬려 하나님의 권능과 뜻대로 이루려고 예정하신 그것을 행하려고 이 성에 모였나이다.

역사를 끌고 가신다. 역사 현실에서 발생하는 모든 사건들도 우리는 단편적 지식만 소유하고 있기 때문에 때로는 편견과 오해가 발생하여 역사를 올바로 해석하지 못하는 경우가 많다. 이 세상에서 발생하는 모든 일들은 하나님의 뜻을 벗어날 수 없고 그 모든 사건과 일들이 결국 하나님의 뜻을 나타내는데 사용될 뿐이다.

역사는 하나님의 주권 하에 진행되기 때문에 개인이나 국가를 막론하고 모두 하나님의 뜻을 수행하는 수단으로서 역할을 한다. 국가는 하나님의 뜻에 따라 서기도 하고 넘어지기도 한다. 하나님은 그가 기뻐하신 뜻에 따라 특정한 나라를 사용하시며 그 나라의 정치인과 정책이나 계획을 사용하기도 한다. 이러한 진리는 개인에게도 동일하게 적용된다. 하나님이 역사의 주인이기 때문에 역사는 하나님의 뜻을 나타낸다. 그러나 우리는 일상생활에서 발생하는 사건마다 그 사건의 의미를 정확하게 이해하지 못한다. 그것이 타락한 인간이 갖는 지혜와 능력의 한계다. 우리가 사건 속에 있는 하나님의 뜻을 깨닫지 못한다 할지라도 역사 속에는 하나님의 감추어진 뜻이 있다는 사실은 분명하다. 우리는 때때로 그 사건이 지난 몇 년 후에 그 뜻을 알기도 하고 또는 이 땅에서는 전혀 납득할 수 없을 때도 있다. 그러나 비록 인간이 모른다 할지라도 하나님의 숨은 뜻이 감추어져 있는 것은 사실이다. 하나님은 인류 역사를 통해 자신의 뜻을 나타내고 있지만 타락한 인간의 눈은 하나님의 지혜와 능력을 보고도 그 뜻을 바로 파악하지 못한다. 자연에 타나난 계시가 인간에게 하나님의 뜻에 관한 정확한 정보를 제공하지 못하는 것과 같이 역사에 나타난 하나님의 뜻도 인간이 바르게 깨닫지 못하는 것은 동일하다. 그러나 역사는 하나님의 뜻을 나타내는 자연 계시다. 다른 말로 하면 하나님은 자신의 계속적 역사 통치에서 자신의 뜻을 나타내고 계신다.

3) 인간의 본성에 나타난 계시

하나님의 뜻은 인간의 본성에도 나타난다. 바울은 하나님께서 그것을 사람들 마음에도 나타내셨다고 하였다. 롬 1:19에서 "하나님을 알 만한 것이 저희 속에 보임이라"는 말은 모든 인류에게 신 의식(神 意識)이 있다는 보편적 사실을 지적한 것이다. 하나님께서 인간을 창조하실 때 그 마음에 종교심을 심어 주셨기 때문이다. 모든 사람이 최고 절대자인 하나님이 존재한다는 신 의식을 소유하고 있다는 사실은 세계 어느 민족에게서나 공통적으로 발견할 수 있다. 그래서 이 신 의식은 인간의 본성이며 이 의식이 없는 사람은 없다.

칼빈은 『기독교 강요』와 그의 주석에서 신 지식의 중요성에 관하여 강조한다. 칼빈은 하나님께서 인간을 창조할 때 그 마음에 종교의 씨앗(sense of divinity)을 심었다고 한다.[20] 하나님이 인간을 창조할 때 이 종교의 씨를 심었기 때문에 어떠한 경우를 막론하고 이것은 없어지지 않는다고 하였다. 인간이 자신에게서 하나님의 존재를 느끼지 못한다 할지라도 하나님은 그들 속에서 하나님의 존재를 느낄 수 있는 종교의 씨를 주신 것은 사실이다. 이것을 느끼지 못하는 이유는 그들 자신이 악하기 때문이다.[21] 이 하나님을 아는 지식은 출생하면서부터 본능적으로 소유하고 있기 때문에 아무리 근절하려 해도 없어지지 않는다.[22] 그래서 아무리 악한 사람이라 할지라도 종교심인 이 종교의 씨앗은 있다. 인간의 본성인 종교의 씨앗이 없다면 그는 금수와 같은 짐승이나 벌레일 것이다.[23] 이는 마치 마음이나 양심이 없으면 사람이라 할 수 없는 것과 같다. 그러한 것들은 비물질적인 것들이기 때문에 사람들의 눈이나 손으로 만질 수는 없지만 사람이 사람되게 하는데 반드시 필요한 지체임에는 분명하다. 종교의 씨앗도 동일하다. 오늘날 아무리 미개하다 할지라도 종교가 없는 민족은 없다. 종교의 형태와 신앙의 내용에 차이가 있을 뿐 모든 민족이 종교를 소유하고 있는 것은 공통적 사실이다. 모든 인류가 종교를 소유하고 있는 것은 모든

---

20) 칼빈, 『기독교 강요』, 1권 3장 3절. 이말은 sensus divinitatis(하나님 의식), sensus deitatis(신격에 대한 의식)이다. 이 말은 semen religionis (종교의 씨앗) 등으로 표현된다.

21) 칼빈, 『기독교 강요』, 제1권 4장 1절.

22) 칼빈, 『기독교 강요』, 제1권 3장 3절.

23) 칼빈, 『기독교 강요』, 제1권 3장 1절.

사람들 마음에 종교의 씨앗이 뿌려졌다는 증거다.

그러므로 칼빈에 따르면 아무리 무신론자라 할지라도 자신의 마음에 심어진 종교의 씨앗을 통해 자연에 나타나는 하나님의 존재와 권능과 지혜에 대해 고백하지 않을 수 없다. 인간은 원래 하나님의 형상으로 창조되었기 때문에 사람의 본성은 하나님을 향하고 찾게 되어 있는데 이는 마치 어린 아이가 본성적으로 어머니를 찾으며 어머니의 가슴을 향하는 것과 같다. 어린이가 어머니를 향하는 본능적 마음이 없다면 그는 어린 아이가 아닌 것과 같다. 어린 아이에게서 천성적으로 어머니를 찾고 그리워하는 마음을 제거할 수 없는 것과 같이 사람들의 마음에서 하나님을 향한 종교심을 삭제할 수 없다. 무신론자는 일이 잘 되면 하나님을 비웃지만 그들에게 절망적인 고통이 따르면 그들도 하나님을 찾고 하나님을 향해 소리지르며 기도한다[24]고 하였다. 인간은 하나님의 눈길을 피할 수 없고 항상 그 가운데 둘러싸여 생활한다. 칼빈에 의하면 무신론자들도 그들이 참으로 정직하다면 자신들의 입으로 하나님은 살아 계신다는 사실을 고백해야 한다.[25]

바울이 롬 1:18-20에서 말한 것처럼 자연계시에 의하면 인간은 스스로 하나님을 알 수 있게 창조되었다. 우리가 생활하고 있는 우주와 천체, 동물과 식물, 심지어 인간의 신체 구조까지 모든 것이 하나님의 존재와 지혜와 권능을 선포하고 있다. 또한 인류 역사가 하나님의 뜻을 나타내면서 하나님이 의도하는 목적을 향해 나가고 있다. 게다가 인간의 본성이 하나님을 알고, 하나님을 경배하게 하는 종교의 씨를 소유하고 있기 때문에 인간은 가슴 속에 심어진 종교적 본성을 통해 자연과 역사에 나타난 하나님의 존재하심과 위대한 능력과 지혜를 느끼면서 생활하고 있다. 그러므로 사람이라면 누구든지 하나님에 관해서 완전한 무지의 상태로 생활할 수 없다. 칼빈이 증언한 것처럼 인간이면 누구나 눈을 뜨고 생활하고 있는 한 하나님의 존재와 역사하시는 흔적을 눈으로 보고 몸으로 체험하게 된다.

---

24) 칼빈, 『기독교 강요』, 제1권 4장 4절.
25) 칼빈, 『기독교 강요』, 제1권 3장 3절.

하나님께서 인간에게 이러한 자연계시를 주신 목적은 천지와 인간을 창조하시고 우리를 구원하시는 하나님을 바로 이해하고 예배하면서 영광을 돌려 그분의 축복을 받게 하기 위함이다.

타락 전 아담은 하나님을 완벽하게 섬기면서 예배하였다. 그 이유는 하나님이 아담을 창조하실 때 필연적으로 하나님을 예배하고 섬기는, 하나님의 형상대로 창조하셨기 때문이다. 창 1:26-27[26]에서 인간이 하나님의 형상과 모양으로 지음을 받았다고 가르친다. 하나님께서 모든 다른 피조물들과는 다르게 인간만 하나님 자신의 형상대로 지으셨으며 또한 친히 흙으로 사람을 지으시고 그 코에 생기를 불어넣으시므로 생령이 있게 하셨다. 인간이 하나님의 형상으로 만들어진 고귀한 존재이기 때문에 그 코에 직접 하나님의 생기를 불어넣으셨기에 하나님의 형상은 인간에게 덧붙여진 부수물이 아니다. 이 형상은 우리가 인간으로 존재하는 동안 잃어버릴 수 있는 것이 아니라 인간으로 존재하는데 필수적인 요소이다. 인간이 하나님의 형상을 닮은 것은 인간으로 하여금 인간 되게 하는 유일한 조건이다. 하나님의 형상이 그 사람의 인격이며 그 사람 자체이다. 하나님의 형상이 없는 인간은 존재 자체가 불가능하다.

인간이 하나님의 형상을 따라 창조되었다는 뜻은 무엇을 의미하는가? 인간이 하나님의 형상 안에 있다는 사실은 하나님의 속성이 인간에게 나타난다는 뜻이다.[27] '형상'이라는 단어의 뜻은 " … 을 반영하다", " … 과 같다" 혹은 " … 과 비슷하다"는 의미이다.[28] 창세기 1장의 기록에 의하면 하나님과 인간은 비슷한 점이 있으며 인간이 하나님의 속성을 반영하고

---

26) 창 1:26-27 하나님이 가라사대 우리의 형상을 따라 우리의 모양대로 우리가 사람을 만들고 … 하나님이 자기 형상 곧 하나님의 형상대로 사람을 창조하시되 남자와 여자를 창조하시고.

27) Millard J. Erickson, 『복음주의 조직신학』, 중 (서울: 그리스챤나이제스트, 1995), 84.

28) 하나님의 형상에 대해 더 깊은 연구를 원하는 사람은 Anthony Hoekema, 『개혁주의 인간론』, 118-177을 참고하고, 형상의 단어 분석은 Francis Brown, S. R. Driver, and Charles Briggs, *Hebrew and English Lexicon of the Old Testament* (New York: Houghton Mifflin, 1907), 853을 참고할 것.

있다. 그래서 하나님의 형상으로 인간이 창조되었다는 것은 인간은 하나님을 투영하고 나타내도록 되었음을 뜻한다. 이는 거울이 얼굴을 반사하듯 인간은 하나님을 반영하여 나타내도록 되어 있다. 다른 말로 표현하면 땅위의 사람을 통하여 하나님을 볼 수 있게 되었다. 이 땅의 모든 피조물이 하나님의 영광을 나타내지만 오직 인간을 통해서, 인간 속에서 하나님은 특별하게 나타난다. 하나님은 인간 창조를 통하여 독특한 방법으로 자신을 나타내고 계신다. 하나님께서 인간을 창조하실 때 그 마음에 하나님 자신의 형상이 나타나도록 하셨기 때문이다.

그러면 인간에게 반영된 하나님의 형상은 무엇인가? 칼빈은 지(知),정(情), 의(意)를 포함한 인간의 본성이라 하였다. 그는 골 3:10과 엡 4:24에 근거하여 인간 속에 있는 하나님의 형상은 참된 지식, 의로움, 거룩성을 포함한다고 하였다.[29] 칼빈에 따르면 인간이 창조 시에 소유하였던 초자연적 은사들은 하나님에 대한 믿음, 사랑, 그리고 이웃을 향한 사랑과 성결과 의로움을 바라는 열정이다.[30] 즉 원래 인간에게 심어진 하나님의 형상은 하나님과 이웃에 대한 책임감 있는 반응과 의무이다. 다른 말로 표현하면 하나님과 인간에 대한 의무를 완벽하게 행할 수 있는 능력이다. 하나님의 형상은 인간의 지성과 합리적 능력이 포함된다.[31] 칼빈은 아담이 하나님의 형상을 부여받았기 때문에 명료한 지성과, 적절히 통제된 감성, 창조주가 부여한 탁월한 재능을 소유하였다[32]고 보았고, 그 가운데는 옳고 그름을 구분하는 인간의 도덕적 감수성과 양심도 포함시켰다.

나아가 하나님의 형상에는 칼빈이 말하는 종교적 본성인 하나님을 예배하는 종교 행위가 하나님과 인간을 향하여 마땅히 해야 할 인간의 의무와 책임으로 중요한 위치를 차지한다. 무엇보다 인간에게 하나님의 속성인 하나님의 존재, 지식, 권능, 공의, 거룩, 자비, 인자 등의 자질들이 주어졌다.

---

29) Calvin, 『기독교 강요』, 1권 15장 4절. 칼빈의 주석 골 3:10; 엡 4:24을 참고 할 것.
30) Calvin, 『기독교 강요』, 2권 2장 12절.
31) Hoekema, 『개혁주의 인간론』, 126 이하.
32) Calvin, 『기독교 강요』, 1권 15장 4절.

하나님의 속성이 인간의 성품에 심어진 것을 공유적 속성이라 한다. 하나님의 속성의 많은 부분들이 인간에게 심어졌고 그것을 하나님의 형상이라 한다.[33] 인간에게 심어진 하나님의 형상은 인간의 존재와 지식과 의와 거룩을 포함한 모든 것을 말하며, 인간에게 하나님의 공유적 속성이 심어졌기 때문에 필연적으로 인간은 하나님과 밀접한 관계가 형성되게 마련이다. 그래서 인간이 하나님의 형상을 나타내는 요소 가운데 중요한 부분은 종교적 본성이다. 무엇보다 우리 인간이 해야 할 최대 의무는 하나님에 대한 책임이다. 하나님의 형상으로 하나님에 의해 창조된 인간은 하나님과의 관계를 바로 정립하는 것이 무엇보다 중요하다.

아담이 타락하기 전에는 하나님을 올바로 경배하고 섬김으로 영화롭게 하였다. 다음 장에서 연구하겠지만 에덴 동산은 작은 우주이면서 동시에 하나님을 섬기는 성전으로 그 안에서 아담은 모든 피조물을 대표하여 제사장 직분을 위임받아서 수행하였다.[34] 따라서 아담은 에덴 동산에서 안식일을 지켰으며 그의 생활은 전적으로 하나님 중심이었다. 이미 우리가 제1장에서 살펴본 바와 같이 타락 전의 아담은 안식일을 지키면서, 하나님의 안식에 동참하므로 인하여 하나님이 주시는 기쁨과 만족이 충만하였다. 그래서 그는 항상 하나님을 예배하는 가운데 모든 일을 하였으며 그가 하는 모든 일은 하나님께 영광이 되었다. 그리고 인간과의 관계도 서로 사랑하면서 하나님의 사랑을 반영하였다.

이미 1장에서 연구한 바와 같이 타락하기 전 아담은 에덴 동산에서 하나님의 뜻을 따라 안식일을 지켰다. 하나님께서 아담을 완벽하고 하나님 보시기에 가장 아름답게 창조하셨기 때문에 아담은 하나님의 뜻인 양심에 심어진 본능에 순종하였다. 아담이 타락하기 전에는 창조 때 하나님이 그에게 심어주신 본성에 따라 즐겁고 기쁜 마음으로 안식일을 지키면서 하나님께 예배드렸다. 안식일을 다른 모든 날과 구별하여 지키아 하는 깃은 하나님의 형상으로 지음 받은 인간의 양심에 뿌리내린 본능이었다. 아담의

---

33) Millard J. Erickson, 『복음주의 조직신학』, 83.

34) Meredith Kline, *Kingdom Prologue*, 40-50

에덴' 동산 생활은 자기 마음에 뿌려진 양심과 본능의 법을 잘 지켰기 때문에 하나님과 영적인 교제가 활발하여 전혀 부족함이 없는 풍족한 행복을 누렸을 것이다. 또한 아담의 본성적 종교심에 하나님이 정하신 규례대로 안식일을 지키고자 하는 열정적 의지와 능력도 더불어 주셨을 것이다. 하나님께서 아담을 창조하실 때 심어준 종교심 가운데는 하나님을 예배하는 본성과 함께 안식일을 지키는데 필요한 모든 은사도 함께 주셨다.

이미 언급한 것처럼 아담이 하나님께 드리는 예배는 평일에도 항상 행하여졌지만 특히 안식일을 중심으로 예배하였다. 안식일에 해야 할 의무 가운데 가장 중요한 기능이 하나님께 예배드리는 일로 아담이 하나님께 예배드렸다면 안식일을 중심으로 예배드렸을 것이다. 아담은 안식일마다 완벽한 예배로 하나님을 영화롭게 하였다. 아담이 안식일에 하나님께 드린 그 예배는 하나님이 아담의 마음에 뿌려 놓으신 종교의 씨앗이 성장하여 맺은 열매라 할 수 있다. 인간이 타락하기 전 아담에게 뿌려진 종교의 씨앗은 아담이 안식일에 하나님께 드린 예배가 아름답고 탐스런 열매를 맺게 하였다. 아담은 안식일에 하나님께 예배드리면서 영광 돌리는 존재로 창조되었기 때문이다. 그래서 에덴 동산에는 미움과 시기와 다툼이나 분쟁과 같은 것이 있을 수 없었다. 자연계에 대해서도 하나님이 그들에게 맡기신 모든 의무를 성실하게 수행하는 인간으로서 전혀 부족함이 없는 선하고 아름다운 상태였다.

2. 원죄의 전가

하나님의 형상으로 창조된 아담과 그 후손들은 마음에 하나님과 이웃에 대해 인간으로서 마땅히 행해야 할 도덕적 양심이 뿌리내려 있지만 타락의 결과로 인하여 인간의 양심은 회복 불가능한 큰 상처를 입었다. 아담에게 심어진 하나님의 형상이 심각한 타격을 받아 타락한 인간은 하나님과 자기의 이웃을 향해 오히려 해서는 안될 나쁘고 악한 일들을 반복적으로 행하게 되었다. 이렇게 된 원인은 아담이 하나님과 맺은 언약을 파괴하므로 생긴 타락의 결과이다. 모든 인류가 죄인이 된 것은 아담이 단 한 번에 지은 그 죄의 결과로 아담의 모든 후손은 아담이 지은 죄의 영향을 받고 있다고 성경은 가르친다. 아담의 후손들이 날마다 죄를 짓지 않고 생활할 수 없는 상황이 된 것은 아담이 지은 바로 그 죄의 결과 때문이다. 아담이 하나님과 맺은 언약을 파괴하여 죄를 범하지 않았다면 아담 자신과 그의 모든 후손들은 완전하고 무죄한 상태로 하나님을 영화롭게 하고 이웃을 사랑하면서 생활하였을 것이다. 아담이 지은 그 한 번의 범죄로 인해 그의 모든 후손들이 죄를 지은 당사자와 동일한 죗값을 치르게 된 것은 아담이 그의 모든 후손을 대표하여 하나님과 맺은 언약을 파기하였으므로 그에 따른 벌칙이 그의 자손들에게 임하게 된 것이다.

바울은 로마서 5장에서 아담이 전 인류의 대표자로서 하나님과 언약을 맺었고 아담이 그 언약을 파기하므로 모든 사람이 죄인이 되었음을 가르친다. 롬 5:12[35]은 한 사람을 통해 죄가 세상에 들어오고, 그 죄 때문에 모든 사람이 죄를 지었으며, 이로 인해 사망이 모든 사람에게 이르렀다고 가르친다. 이 말씀은 죄와 사망의 보편성을 말한다. 왜 죄와 사망이 모든 인류에게 보편화되었는가?

롬 5:12 말씀은 모든 사람이 죽음에 이르게 되었고, 그 죽음은 죄 때문이며, 죄는 단 한 사람 아담이 지은 바로 그 단 한 번의 죄 때문임을 분명히 밝힌다. 아담이 죄를 지을 때 그의 모든 후손들이 공범으로 동시대에 아담과 함께 있었던 것은 아니지만 근원적으로 그의 모든 후손들은 아담과 함께 있었으며 아담 안에 있었다. 그래서 아담이 하나님의 언약을 배반하고 죄를 범할 때 그의 모든 후손들도 아담이 범한 그 죄와 그가 받은 심판 가운데 포함되었다는 뜻이다. 이 말은 아담은 그의 모든 후손을 대표하는 대표자의 자격으로 하나님과, 선악과를 먹으면 반드시 죽는다는 언약을 맺었다. 아담은 개인 자격으로 선악과를 먹은 것이 아니라 하나님과 맺은

---

35) 롬 5:12 이러므로 한 사람으로 말미암아 죄가 세상에 들어오고 죄로 말미암아 사망이 왔나니 이와 같이 모든 사람이 죄를 지었으므로 사망이 모든 사람에게 이르렀느니라.

언약을 어기고 선악과를 먹으므로 죄인이 되었다. 그의 모든 후손은 아담이 맺은 언약 내용의 조건에 따라 아담과 함께 죽음의 형벌을 피할 수 없는 죄인이 되었다.

롬 5:13-14[36]은 다른 표현으로 아담이 오실 자의 표상이라 말씀하셨고, 모든 사람이 죄를 지었기 때문에 사망이 모든 사람에게 이르렀다는 죄와 사망의 보편성을 가르친다. 바울은 "죄가 율법이 있기 전에도 세상에 있었으나 율법이 없을 때는 죄를 죄로 여기지 아니하였다. 그럼에도 불구하고 아담으로부터 모세 때까지 아담의 범죄와 같은 죄를 짓지 아니한 자들 위에도 사망이 왕 노릇하였다"고 가르친다. "율법이 있기 전에"라는 말은 아담의 타락 때부터 모세가 율법을 받을 때까지를 뜻한다. 즉 아담 타락 후 모세가 시내 산에서 율법을 받기까지 죄는 세상에 있었다. 이는 타락한 인간이 본능적으로 타오르는 죄의 본성을 억누를 수 없었기에 아담의 후손은 예외 없이 모두가 죄를 범하였다.

그러나 13절에서 바울은 "율법이 없을 때는 죄를 죄로 여기지 아니하였다"고 하였다. 이 말은 율법이 없을 때는 죄가 없었다는 뜻이 아니다. 롬 4:5의 "율법이 없을 때 범법함도 없느니라"는 말씀의 뜻에 비추어 13절을 해석하면 율법이 없을 때는 죄를 죄로 여기지 아니하였다는 의미이다.[37] 율법은 죄를 죄로 명백하게 밝히고 규정하는 역할을 하기 때문에 율법이 없을 때는 죄는 있었지만 죄를 죄로 정죄하지 못하였다. 아담으로부터 모세 때까지 죄는 있었지만 율법이 없었으므로 죄를 죄로 여기지 아니하였지만 그때도 사망과 죽음은 있었다.

아담이 하나님의 언약을 배반한 죄와 같은 죄를 짓지 아니한 자들 위에도 사망이 왕노릇하였다. 이 기간 동안 죄를 죄로 여기지 아니하였지만 사

---

36) 롬 5:13-14 죄가 율법이 있기 전에도 세상에 있었으나 율법이 없을 때에는 죄를 죄로 여기지 아니하느니라 그러나 아담으로부터 모세까지 아담의 범죄와 같은 죄를 짓지 아니한 자들 위에도 사망이 왕노릇 하였나니 아담은 오실 자의 표상이니라.

37) D. Martyn. Lloyd-Jones, 서문강 역, 『로마서강해』 제2권 (서울: 기독교문서선교회, 1978), 247.

망이 왕노릇 한 것을 보아 죄를 죄로 취급하였음이 분명하다. 이 기간 동안 모세의 율법은 없었다 해도 롬 2:14-15에서 말씀하신 도덕법은 있었다. 하나님은 모든 사람의 마음에 새겨진 그 도덕법으로 그들을 심판하셨다. 아담에서부터 모세 때까지의 모든 사람들은 "선악을 알게 하는 나무의 열매는 따먹지 말라. 그것을 먹는 날에는 정녕 죽으리라." 이와 같은 명시적으로 분명하게 기록된 법이 없음으로 아담의 범죄와 같은 죄를 지은 자도 없었다. 설령 사람들이 죄는 범하였다 해도 명시적으로 밝혀 주는 법이 없었기 때문에 죄를 죄로 인정하지 않았다. 이때 모세의 법과 같은 분명한 법은 없었지만 인간에게 심판의 죽음이 있었고, 죽음의 심판이 사람에게 계속되는 것을 보아 법도 있었다. 단지 명시적으로 기록된 법이 없었을 뿐 사람의 마음에 기록된 양심법은 있었다. 하나님은 아담부터 모세 때까지는 모든 사람의 마음에 뿌려진 양심의 법에 따라 그들을 심판하셨다. 모세가 계명을 받을 때까지 모든 사람은 자기 마음에 뿌려진 양심의 법에 따라 정죄와 심판을 받아 죽음을 맞이하였다.

아담부터 모세 때까지 모든 사람이 아담과 동일한 죄를 짓지 않았음에도 불구하고 에녹 외에는 모든 사람이 죽었다. 그 이유는 12절에서 밝혀진 대로 모든 사람이 죄를 지었기 때문이다. 칼빈은 "모든 사람이 죄를 지었다"는 말씀을 모든 사람들이 죄의 본성을 소유하였다는 의미에서 모든 사람들이 죄를 범했다는 뜻으로 해석한다. 칼빈은 "우리는 모두 아담으로부터 오염되고, 부패하고, 죄있는 본성을 물려받았다"고 말한다. 그는 모든 인간이 죄스럽고 부패하고 오염된 본성을 아담에게서 물려받았으며 하나님은 그것을 죄로 여기신다고 하였다.[38] 하나님은 인간의 본성에 내재해 있는 그 본성을 죄로 여기고 우리에게 죽음이 이르게 하므로 심판하신다는 주장이다. 이 부분에서 칼빈은 바울의 사상을 약간 오해하고 있다.[39] 본문에서 바울은 칼빈이 말한 것처럼 오염되고 죄있는 본성을 물려받았기

---

38) John Calvin, *Commentaries on Romans*, 113-114.
39) Lloyd-Jones,『로마서강요』제2권, 251-2, James M. Boice, 『로마서』2권, 103.

때문에 죄인이 아니고 우리 모두 죄를 지었다(We all sinned)고 말한다. 죄있는 본성을 소유하면 죄를 지을 가능성은 많지만 그것만으로 죄인 취급하는 것은 곤란하다. 죄성과 범죄는 엄연한 차이가 있다. 바울은 12절에서 사망이 모든 사람에게 이르게 된 이유는 모든 사람이 죄를 지었기 때문으로 밝히고 있다. 롬 5:15-19에서 아담의 범죄 행동에 관한 언급이 다섯 번 반복되고 있다. 바울은 아담의 이 범죄 때문에 모든 사람이 죽었다고 가르친다. 어떻게 아담의 그 한 행동이 한 사람의 예외도 없이 모든 사람을 사망에 이르게 했는가? 이는 한 사람의 범죄로 인하여 모든 사람을 죄인으로 만들었기 때문이다. 그 이유는 아담이 범한 그 죄 가운데 그의 모든 후손이 그 속에 있었기 때문이다. 하나님은 각 사람의 양심에 뿌리내린 법에 따라 심판하셨다. 범죄한 아담의 후손들은 양심이 요구하는 모든 선행을 행할 수 없어서, 그들은 항상 양심의 법을 어기면서 생활하였을 것이고 하나님은 그들의 양심에 기록된 법을 따라 죽음에 이르는 심판을 내리셨다.

바울은 죄와 사망의 결과를 낳은 아담과 구원의 은혜를 대표한 예수 그리스도에 대해 롬 5:15[40]에서 비교한다. 아담 한 사람의 범죄의 결과 많은 사람을 사망에 이르게 한 것처럼 하나님의 은혜와 선물도 한 사람 예수 그리스도를 통해 많은 사람에게 넘쳤다고 가르친다. 롬 5:17-19[41]은 아담은 죄와 사망이 들어오게 한 대표자요, 예수 그리스도는 의와 생명이 들어오게 하는 또 다른 대표자로 비유된다. 롬 5:17은 아담 한 사람의 범죄가 원인이 되어 모든 인류에게 사망이 왕노릇한 것처럼, 예수 그리스도

---

40) 롬 5:15 한 사람의 범죄를 인하여 많은 사람이 죽었은즉 더욱 하나님의 은혜와 또는 한 사람 예수 그리스도의 은혜로 말미암은 선물이 많은 사람에게 넘쳤으리라.

41) 롬 5:17-18 한 사람의 범죄를 인하여 사망이 그 한 사람으로 말미암아 왕노릇 하였은즉 더욱 은혜와 의의 선물을 넘치게 받는 자들이 한 분 예수 그리스도로 말미암아 생명 안에 왕노릇하리로다. 그런즉 한 범죄로 많은 사람이 정죄에 이른 것 같이 의의 한 행동으로 말미암아 많은 사람이 의롭다하심을 받아 생명에 이르렀느니라. 한 사람의 순종치 아니함으로 많은 사람이 죄인 된것 같이 한 사람의 순종하심으로 많은 사람이 의인이 되리라.

한 분을 통해 은혜와 의의 선물을 넘치게 받은 자들이 생명 안에서 왕노릇하게 되었다. 아담과 예수 그리스도 두 대표 모두 많은 사람을 왕이 되게 하는 대표자이다. 아담은 죄를 들어오게 하고 그 죄를 통해 사망이 모든 사람에게 왕이 되게 하지만, 예수 그리스도는 은혜와 의의 선물을 받은 자들이 생명 안에서 왕이 되게 한다.

롬 5:18은 아담이 행한 한 범죄가 원인이 되어 많은 사람이 정죄를 받은 것처럼, 예수 그리스도가 행하신 의의 한 행동으로 많은 사람이 의롭다 함을 받아 생명에 이르게 되었음을 가르친다. 아담과 예수 그리스도는 모두 각각 하나의 행동으로 모든 사람에게 영향을 끼친다. 아담이 한 번 행한 범죄의 결과(the result of one trespass)로 모든 사람을 정죄에 이르게 한 것(was condemnation for all men)처럼, 그리스도께서 행하신 단 한 번의 의의 행동이(the result of one act of righteousness) 많은 사람이 의롭다 하심을 받아 생명에 이르게 하였다(was justification that brings life for all men). 롬 5:19은 아담의 불순종으로 많은 사람이 죄인이 된 것처럼, 그리스도의 순종으로 많은 사람이 의인이 되었다고 가르친다. 한 사람의 불순종(the disobedience of the one man)과 한 사람의 순종(the obedience of the one man)이 많은 사람에게 영향을 끼치는 대표적 행동이다. 아담과 그리스도가 각각 대표가 되어 많은 사람들에게 큰 영향을 끼치기는 하지만 영향의 내용은 질적으로 완전히 다른 것이다.

바울은 특히 롬 5:18-19은 그가 쓴 편지에서 문법적 기교를 살려서 아담과 예수 그리스도가 각각 대표가 된다는 사실을 밝히고 있다. NIV 성경의 5:18을 읽으면 "Consequently, just as the result of one trespass was condemnation for all men, so also the result of one act of righteousness was justification that brings life for all men"(한 범죄로 많은 사람이 정죄에 이른 것같이 의의 한 행동으로 말미암아 많은 사람이 의롭다하심을 받아 생명에 이르렀느니라). 5:19은 "For just as through the disobedience of the one man the many were made sinners, so also through the obedience of the one man the many will be made righteous"(한 사람의 순종치 아니함으로 많은 사람이 죄인 된 것같이 한 사람의 순종하심으로 많은 사람이 의인이 되리라). 영어에서 just as A … so also B … 용법은 A가 무엇 무엇한 것처럼 B도 무엇 무엇을 한다는 뜻이다. B는 A가 행한 것과 같은 방법으로 한다는 의미다. Just as … so also의 용법은 표현의 정확성을 나타내기 위해 사용된 사도 바울의 문장 스타일이다.

롬 5:18-19은 아담과 그리스도를 각 진영의 대표자로 전제하고 각각의 대표자가 행한 한 번의 일과 그 결과를 비교한다. 아담이 범죄한 한 번의 불순종과 그리스도께서 순종하신 한 번의 의의 행동을 완벽하게 비교하고 있다. 아담과 그리스도께서 행하신 단 한 번의 행동의 질과 성격은 큰 차이가 있으며, 따라서 그 결과가 많은 사람에게 미치는 영향의 내용과 성격도 현저하게 차이가 난다. 그러나 아담과 그리스도가 각각 대표가 된다는 사실과 그 대표들이 행한 단 한 번의 행동이 많은 사람에게 결정적인 결과를 초래하게 되었다는 데는 공통점이 있다. 아담은 범죄와 사망을 그리스도는 의와 생명을 많은 사람에게 가져다준다고 하였다. 저 편에서는 아담의 죄가 우리에게 전가되고 이 편에서는 그리스도의 의가 우리에게 전가된다. 롬 5:14에서 "아담은 오실 자의 표상"이므로 아담의 죄가 우리에게 전가되는 똑같은 방식으로 그리스도의 의가 우리에게 전가된다는 사실을 강조한다. 어떻게 아담이 그리스도의 표상이 될 수 있는가? 그리스도가 그러하듯이 아담도 우리의 머리요 대표자였다는 의미다. 즉 아담이 행하는 바가 모든 인류를 포함하여 그 안에 있는 우리 모두에게 영향을 끼쳤다는 의미에서 아담이 그리스도의 표상이었다.

바울은 로마서 5장에서 아담과 예수 그리스도를 대표의 원리로 설명하는 것은 분명하다. 인류의 대표가 되는 아담을 통해서는 죄와 사망이 모든 인류에게 들어오게 되었다. 그와 같은 방법으로 예수 그리스도를 통해서는 은혜와 의와 생명이 많은 사람에게 임하게 되었다. 바울은 아담과 그리스도를 비교는 하지만 일치시키지는 않는다. 롬 5:16-17은[42] 그리스도를 통

---

42) 롬 5:16-17 또 이 선물은 범죄한 한 사람으로 말미암은 것과 같지 아니하니

해 받은 은혜가 아담의 범죄를 통해 들어온 정죄와 사망보다 엄청나게 크다는 것을 밝힌다. 롬 5:16에서 그리스도의 은혜가 범죄한 한 사람으로 말미암은 것과 같지 않다고 밝힌다.

그리스도를 통해 우리를 의롭다한 하나님의 은혜는 아담의 범죄를 통해 들어온 정죄를 훨씬 능가한다. 롬 5:17 말씀도 아담의 범죄 때문에 사망이 왕노릇하였지만, 더욱 풍성한 은혜와 의의 선물을 넘치게 받은 자들이 한 분 예수 그리스도로 말미암아 생명 안에 왕 노릇하리라("how much more will those who receive God's abundant provision of grace and of the gift of righteousness reign in life through the one man Jesus Christ")고 하여 그리스도를 통한 은혜와 의의 선물이 아담을 통해 들어온 죄와 사망을 훨씬 능가한다는 사실을 강조한다.

바울은 롬 5:17에서 그리스도를 통해 은혜와 의의 선물을 너무 많이 받았기 때문에 생명 안에서 왕 노릇하고도 남음이 있다고 감격한다. 아담을 통해 들어온 죄와 사망보다 그리스도를 통해 받은 은혜와 생명이 훨씬 풍족하고, 그 영향력은 아담을 통해 들어온 죄와 사망을 능가한다. 그러므로 그리스도의 은혜는 왕 노릇하고도 남음이 있을 만큼 여유가 있다는 표현이다. 아담과 그리스도는 인간의 대표자로서 하나님과 언약을 맺었다. 그러나 영향력에서 그리스도를 통한 은혜가 아담을 통해 들어온 죄에 비교하면 비교가 안될 만큼 강하고 풍족하여 우리에게 넘치는 기쁨과 소망을 준다. 바울은 그리스도를 통해 우리에게 주신 풍족한 은혜와 의와 생명을 설명하면서 감격하여 기뻐한다.

롬 5:17은 "한 사람의 범죄를 인하여 사망이 그 한 사람으로 말미암아 왕노릇하였은즉." … 18절에서 "한 범죄로 많은 사람이 정죄에 이른 것 같이." 이 말씀들은 명백하게 모든 인류가 아담 안에서 죄를 지었다고 가르

심판은 한 사람을 인하여 정죄에 이르렀으나 은사는 많은 범죄를 인하여 의롭다하심에 이름이니라. 한 사람의 범죄를 인하여 사망이 그 한 사람으로 말미암아 왕노릇하였은즉 더욱 은혜와 의의 선물을 넘치게 받은 자들이 한 분 예수 그리스도로 말미암아 생명 안에서 왕노릇하리로다.

친다. 19절의 "한 사람의 순종치 아니하므로 많은 사람이 죄인 된 것같이"
에서는 문장을 분석할 필요가 있다. "죄인 된"은 죄인으로 정해지다 혹은
죄인으로 여겼다는 뜻이다. 로마서 5장은 한 사람 인류의 시조인 아담이
행한 단 한 번의 불순종이 원인이 되어 모든 인류에게 죄와 사망이 임하
게 되었음을 분명히 가르친다. 그러면 아담이 지은 죄가 어떤 방법으로 후
손들에게 전달되었는가? 기독교 학자들은 아담의 죄가 후손들에게 영향을
끼친다는 데는 이론의 여지가 없다. 그러나 아담의 죄가 후손들에게 전가
된 방법에 대해서는 의견이 일치하지 않는다. 그 이론들은 다음과 같다.

1) 원죄 거부설

아담의 원죄가 후손들에게 전가되었다는 사실을 거부하는 학설이다. 이
이론을 처음 가르친 사람은 펠라기우스로 알려져 있다. 영국의 사제로 알
려진 펠라기우스(Pelagius)[43]는 아담의 죄는 아담 자신에게만 나쁜 영향

---

43) 펠라기우스는 영국 아일랜드(Ireland)출신이며 영국 사람으로서 제일 먼저
국제 사회에 알려진 신학자이다. 그가 400년경 로마에 나타났을 때는 회개에 관해
매우 엄격한 설교가로 알려졌다. 후에 그는 북아프리카에서도 사역하였다. 그의 제
자인 코엘레스티우스(Coelestius)와 에클라눔의 줄리안(Julian of Eclanum)은 펠라
기우스주의(Pelagianism)를 대표하는 학자가 되었다. 펠라기우스주의는 북아프리카
일대에서 상당한 지지를 받았으나 아우구스티누스(Augustine)를 비롯한 많은 반대
파의 공격을 받았다. 결국 431년 에베소 종교회의에서 펠라기우스와 그의 모든 주
장들은 이단으로 정죄되었다. Bengt Hagglund, 박희석 역, 『신학사』, (서울: 성광문
화사, 1989), 181-82. 펠라기우스는 하나님의 특별 은혜가 필요 없는 자력구원을
가르쳤다. 이 학설에 대해 더 깊이 연구하기를 바라는 사람은 B. B. Warfield, 모수
환 역, 『구원의 계획』(서울: 크리스챤다이제스트, 1991), 30-53을 읽기 바란다. 워
필드가 쓴 『구원의 계획』은 중요하고 가치있는 책이다. 각 종교와 기독교 서클 안에
서 각기 다른 방법의 구원 교리들을 소개하면서 성경적 교리가 무엇인지를 제시한
다. 먼저 자력구원설을 주장하는 부류와 초자연적 종교를 구별하면서 자력구원설은
인간의 자력적 힘으로 구원받는다고 가르치는 모든 이방 종교를 지칭한다. 그러나
저자는 기독교 내에도 자력구원을 가르치는 부류가 있음을 지적하고 그 대표로 펠
라기우스를 말한다. 그는 하나님의 구원의 은혜의 필요성을 약화시키고 인간의 노
력을 통해 구원받는다고 가르쳤기 때문이다. 초자연주의 내에서 사제주의와 복음주
의로 나누어진다. 초자연주의는 구원은 하나님의 능력으로만 가능함을 인정하지만
그 은혜가 개개인에게 어떻게 전달되는가?라는 문제에 사제주의인 천주교회는 오직

을 끼쳤을 뿐 후손에게는 그가 지은 죄의 영향이 미칠수 없고, 아담이 선악과를 먹으므로 지은 죄나 우리 친할아버지와 아버지가 지은 많은 죄는 전혀 차이가 없다는 주장이다. 펠라기우스는 아담이 선하지도 악하지도 않은 중립적 상태에서 창조되었으며, 그의 모든 후손들도 그와 같은 중립 상태에서 출생한다고 가르친다. 그는 아담이 선악과를 먹은 행위는 하나님께 죄가 된다는 것을 인정하나 그 죄의 영향은 죄를 범한 당사자에게만 끼쳤지 다른 사람에게 아무런 영향을 주지 않는다고 가르친다.[44] 펠라기우스는 하나님은 의로우시기 때문에 인간을 공평하게 대하시고, 누구든지 행할 수 없는 것을 명령하지도 않으며, 따라서 하나님이 명령하신 것은 순종할 수 있다는 것을 의미한다고 전제를 세웠다.[45] 그래서 원죄라는 것은 없으며, 아담의 후손들은 아담으로부터 죄책의 전가나 오염의 어떠한 전가도 있을 수 없다.

교회의 사제들을 통해서만 그 은혜가 성도들에게 전달된다고 가르친다. 그러면 인간인 은혜를 나누어주는 사제나 그 은혜를 받아들이는 성도 가운데 누구나 한 사람이라도 구원의 은혜를 거부하면 하나님의 은혜가 전달될 수 없게 된다. 그러므로 인간 구원의 결정적 최종 선택권은 인간에게 있으므로 사제주의는 자력구원파로 돌아갔다고 가르친다. 복음주의는 구원은 하나님의 은혜로만 가능하고 그 은혜도 인간의 능력으로가 아닌 하나님께서 모든 개인에게 직접 전달한다는 견해를 가지므로 사제주의와 다르다. 그러나 복음주의 내에서 보편주의와 특수주의(칼빈주의)로 의견이 나누어진다. 보편주의는 하나님의 은혜가 모든 인류에게 차별없이 임한다. 누구나 그 은혜를 받아들이기만 하면 구원이 가능하다고 가르친다. 하나님께서는 구원받을 사람을 구별하거나 차별하시지 않고 모든 인류에게 동등하게 구원의 은혜를 나누어 주셨으나 각 개인의 결정에 따라 구원이 가능하기도 하고 불가능하기도 하다. 워필드에 의하면 보편주의는 구원의 은혜가 인간의 노력이 아닌 하나님의 은혜로 된다고 가르치므로 초자연주의에 속하지만 구원의 최종적 결정권은 인간에게 있기 때문에 결국은 자력구원파로 돌아갔다고 가르친다. 그러나 칼빈주의는 하나님의 은혜로만 인간 구원이 가능하고 개인에게 전달되어 적용하시는 분도 성령 하나님이시기 때문에 칼빈주의만 진정한 초자연주의 신학을 믿고 가르친다고 주장한다. 워필드가 쓴 많은 책들 가운데 이 책이 그의 대표적 저서로 무게와 가치가 있는 책이다.

44) Louis Berkhof, 권수경, 이상원 역, 『조직신학』, 상 (서울: 크리스챤다이제스트, 1992). 491

45) 한철하, 『고대기독교 사상』 (서울: 대한기독교서회, 1982), 293.

펠라기우스의 이 주장은 교회에서 가르쳐온 원죄론과 충돌하게 되었다. 그는 어린아이는 무죄 상태로 출생하고, 인간 자신이 선과 악을 원할 때 양자를 택일할 능력이 있다고 가르쳤다. 펠라기우스에 의하면 사람이 스스로 악한 것을 행하기 원한다면 죄를 범하게 되지만, 이때도 선을 행할 능력이 인간 자신에게 충분히 있다고 한다. 또 죄는 한 인간 개인의 행동 여하에 달려있기 때문에 그것이 조상으로부터 유전이나 혹은 물려받을 수 없으며, 따라서 죄가 인간의 본성 가운데 함축되어 있지 않다고 하였다.

펠라기우스는 이러한 전제하에서 타락한 아담의 후손들도 죄를 짓지 않는 무죄한 상태에까지 이를 수 있으며, 악을 피하고 선을 선택 수 있다고 강조하였다. 인간이 죄를 짓는 것은 자기 자신이 죄를 짓기 원하기 때문에 죄를 짓는다고 한다. 반대로 그가 원하기만 한다면 자유롭게 선행을 할 수도 있다고 하였다. 그는 인간은 완전한 자유의지를 소유했다고 가르쳤다. 반면 죄가 우주적으로 보편화된 죄의 보편성과 죄에 대해 자유로울 수 있는 인간이 무엇 때문에 모든 인간이 항상 죄를 지으며 죄의 종이 되었는가? 이 질문에 대한 그의 답은 오랜 세월 동안 전 인류가 죄를 짓는 습성으로 돌린다. 즉 반복되는 행위들로 인해서 인간이 죄를 짓는 성향이 증가되었다고 본다. 펠라기우스는 죄의 보편성을 모방으로 보고, 아담이 후손들에게 나쁜 모범을 보였다고 말한다. 모든 인간은 부모, 형제, 아내와 남편, 친구와 동료들의 생활 방식이나 습관을 모방하려는 경향이 있다. 특히 어린 아이는 죄에 대한 모방 능력이 강하고, 또한 사람은 누구나 죄에 대한 모방력이 강하기 때문에 이 모방이 죄를 이 사람에서 저 사람으로 한 세대에서 다른 세대로 전가하는 방법이 된다.

그러나 아담의 죄는 모방을 통해 후손에게 전가되는 것이 아니다. 로마서 5장에서 바울이 아담과 그리스도를 대표의 원리에 의해 비교하듯, 만약 전 인류가 아담의 죄를 모방한 결과 아담과 같은 죄인으로 전락하였다면 성도들은 그리스도를 모방한 결과 그리스도의 의와 생명이 우리에게 전가되었을 것이다. 성도가 그리스도의 선행을 모방하였기 때문에 의와 생명을 얻었다는 것은 신구약 모든 성경의 가르침과 완전히 모순된다. 칼빈도 펠라기우스의 이론을 강도 높게 비판하며 비성경적임을 주장한다.[46] 펠라기우스가 말한 죄의 모방설은 결국 아담의 원죄가 후손에게 전가된다는 성경의 가르침을 거부한 것이다.

펠라기우스는 아담의 원죄를 부인하였기 때문에 자연히 그리스도의 대속의 죽음의 절대적 가치를 부인하는 결과를 초래하였다. 그는 구원이 전적으로 하나님의 은혜로 이루어 진 것이 아니라 인간 스스로 자신의 구원을 결정할 수 있다고 하였다.[47] 그는 자력 구원론을 주장하였다. 펠라기우스가 아담의 원죄를 부인하였기 때문에 그리스도의 대속의 죽음을 거부하는 것은 자연스러운 논리의 귀결로, 그의 가르침에 의하면 예수 그리스도는 모든 성도들에게 훌륭한 모범을 보여 주었을 뿐이다. 아담이 후손에게 나쁜 모범을 보인 것처럼 그리스도는 성도들에게 아름다운 모범을 보였다. 로마서 5장에서 아담의 원죄와 그리스도의 대속의 은혜는 하나로 묶여 있기 때문에 아담과 그리스도를 따로 생각할 수 없다. 따라서 펠라기우스는 아담의 원죄와 함께 그리스도의 대속의 죽음을 동시에 거부한 결과가 되었다.

정통신학을 수립한 아우구스티누스는 펠라기우스를 정죄했다. 그는 아담의 타락이 그의 후손들에게 선과 악을 분별할 수 있는 능력을 완전히 제거시켰고, 아담이 지은 단 한 번의 죄는 그의 모든 후손의 본성이 악의 방향으로 변하도록 하였다. 그 결과 선을 선택할 자유의지가 상실되어 인간은 정욕의 굴레를 벗지 못하고 죄를 따르는 본성을 소유하게 되었다. 원래 인간은 죄를 짓지 않는 능력을 소유한 존재로 창조되었으나 이제는 죄를 지을 수밖에 없는 존재로 변하였다.[48] 그래서 펠라기우스 이론은 더 이상 수용할 수 없다는 사실을 알게 되었다.

펠라기우스의 견해는 오류를 갖고 있다. 롬 5:12-21에서 아담과 후손들의 죄는 실재석 연관이 있다고 분명히 가르진다. 엡 2:3에서 바울은 성도

---

46) Calvin, 『기독교 강요』, 제1권 1장 6-7절.
47) Warfield, 『구원의 계획』, 31-32.
48) Hagglund, 『신학사』, 182-92.

들에게 "전에는 다른 이들과 같이 본질상 진노의 자녀이었더니"라고 하여
인간이 중립된 상태에서 출생하지 않고 있음을 가르친다. 도덕적으로 중립
된 상태에서 출생한다면 왜 누구나 본질상 진노의 대상이어야 하는가? 다
윗은 시 51:5에서 "내가 죄악 중에 출생하였음이여 모친이 죄 중에 나를
잉태하였나이다"고 하여 이미 죄인으로 출생하고 있음을 밝힌다. 펠라기우
스의 가르침은 성경의 교훈과 정면으로 충돌되기 때문에 교회에서 정죄를
받았다. 그럼에도 불구하고 그의 이론과 학설은 현대의 많은 학자들에게
호감을 주고 있다. 그만큼 오늘날 교회가 하나님의 말씀에서 멀어지는 경
향으로 가고 있다는 증거이다.

2) 바르트(Karl Barth)의 견해

바르트는 1952년 『Christus und Adam nach Rom. 5』를 저술하여
*Christ and Humanity in Romans 5*라는 제목으로 영어로 번역되었다.[49]
바르트도 롬 5:12-21을 아담과 그리스도가 병행으로 비교되는 점에 초점
을 맞추었지만 그는 아담이 단 한 번의 범죄 결과로 모든 후손에게 죄책
을 전가시킨 인류 시초의 역사적 인물이라는 사실을 부인한다. 바르트는
모든 인류가 아담 자신이 범하였던 죄와 동일한 범죄를 행하게 한데서 그
의 후손에게 모형적 인간(typical man)이라는 사실을 분명히 밝힌다. 그
는 모든 인류의 생활들이 아담이 행하였던 여러 범죄와 죽음을 계속 반복
되게 하였다는 점에서 그의 자손들도 아담 안에 있었다[50]고 하였다.

바르트는 바울이 롬 5:12에서 "모든 사람이 죄를 지었으므로"(all have
sinned)라고 분명하게 말한 것은 아담이 범하였던 가증스러운 범죄행위
(Adam's sinful act)를 모든 사람이 반복하였기 때문으로 해석한다.[51] 바

---

49) 바르트가 로마서 5장을 어떻게 이해하고 있으며 또한 무슨 문제가 되는지를
더 깊이 연구하기를 원하면 John Murray, *NIC The Epistle to the Romans*, 1권,
384-390을 읽기 바란다. Murray 교수는 이 부분에서 바르트를 깊이 있게 비평적
으로 분석한다.

50) Karl Barth, *Christ and Humanity in Romans 5* (New York, 1957), 29.

51) Ibid., 62.

르트는 아담이 전 인류의 대표가 된다는 사실을 인정은 하지만 창세기 2-3장의 기록을 역사적 사건으로 믿지 않는다. 그는 모든 후손 개개인이 그들 스스로 아담이 행하였던 범죄를 행하고 아담처럼 죽었기 때문에 그러한 의미에서 아담이 전 인류의 대표일 뿐이다.[52] 즉 아담이 하나님께 죄를 지을 그때 그의 모든 후손이 죄인이 된 것은 아니다. 그의 후손들이 죄인이 되는 시점은 아담이 죄를 범할 그때가 아니고 모든 인류가 각각 스스로 아담이 범한 죄를 지었을 때 비로소 죄인이 된다고 했다.

바르트의 해석은 성경의 가르침과는 일치하지 않는다. 바울은 아담이 범한 단 한 번의 죄가 문제였지 후손들이 반복적으로 지은 죄를 언급하지 않는다. 롬 5:12의 "모든 사람이 죄를 지었으므로"에서 헬라어 시제가 제2 부정과거형으로, 모든 사람이 과거 한때에 이미 죄를 지었고(all sinned), 아담의 후손들이 계속적으로 반복하여 죄를 범하는 것은 아니다. 바르트는 모든 사람이 죄를 지었다는 말을 모든 사람이 직접 자범죄를 지었다는 것으로 해석한다. 자범죄는 인간이 출생한 후 그들이 죄를 범한 것을 뜻한다. 그러나 이 말씀은 자범죄를 가르치는 것이 아니라 모든 인간이 아담 안에서 단 한 번 범죄한 것을 말한다. 바울은 모든 인류가 아담이 지은 죄와 동일한 자범죄 행위 때문에 죄인이 된 것이 아니라 아담이 처음 단 한 번의 죄를 지었을 때 그 죄 가운데 있었음을 의미한다. 그래서 아담이 그 죄를 짓는 즉시 그의 모든 후손들은 죄인이 되었다고 가르친다. 모든 후손들이 아담과 같은 죄인이 되는 시점이 각기 다르지 않고 아담이 범죄한 그 동일한 시점에 전 인류가 죄인이 되었다. 그러므로 바르트의 교훈은 성경의 가르침과는 일치하지 않고 거리가 멀다.

또한 바르트의 이론을 따르면, 롬 5:13-14은 "죄가 율법이 있기 전에도 있었으나 … 아담으로부터 모세까지 아담의 범죄와 같은 죄를 짓지 아니한 자들 위에도 사망이 왕노릇하였느니라"는 말씀을 해석할 수 없다. 바르트는 아담의 후손들이 아담이 지은 죄와 같은 죄를 반복하였기 때문에 죽음에 이르렀다고 하였다. 바울은 아담으로부터 모세까지 많은 사람이 죽었

---

52) Ibid., 90.

지만 그들은 아담이 지은 죄와 같은 죄를 범하지 않았다고 가르친다. 이 말씀의 원래 뜻은 아담이 범한 죄와 비슷한 범죄를 행하지 않았다는 뜻이다.[53] 즉 바울은 아담의 후손들이 아담과 같은 죄를 짓지 않았다고 가르친다. 반면 바르트는 모든 사람이 아담이 지은 그 죄를 범하였다고 주장한다. 따라서 바르트는 아담으로부터 모세까지 왜 많은 사람이 죽었는지 대답할 수 없다.

바르트에게서 문제가 되는 다른 부분은 롬 5:14 "아담은 오실 자의 표상"이라는 말씀이다. 표상은 형태, 모델, 혹은 표본이다. 즉 아담은 그리스도의 표상이다. 그리스도가 성도를 대신하였듯이 아담 또한 그러하였다. 바르트의 주장처럼 모든 사람이 아담이 범한 죄를 반복하여 죄를 지었기 때문에 아담이 모든 인류의 대표가 되었다면 그리스도는 의와 생명을 성도들에게 어떻게 전가하였는가? 아담이 그리스도의 표상이었다는 말씀을 받아들이려면 그리스도가 하나님의 율법을 순종한 것처럼 모든 성도들이 하나님의 말씀에 반복적으로 순종할 때 그의 의와 생명이 우리에게 전가되었다고 해야 하지 않겠는가? 성경이 가르치는 전체적인 말씀의 핵심은 타락한 인간은 스스로 하나님의 뜻을 행하거나 선한 생활을 할 수 없다고 가르친다. 그래서 그리스도께서 우리를 위해 율법에 순종하시고 십자가에서 대속의 피를 흘려 우리를 하나님 앞에 의인이 되게 하셨다. 바르트의 원리를 따른다면 모든 그리스도인이 스스로 그리스도의 선행을 모방하므로, 그리스도께서 십자가에 달려 돌아가실 필요가 없다는 결론을 추론할 수 있다. 이 원리는 펠라기우스의 가르침을 따르는 결과를 초래할 뿐 로마서 5장이 가르치는 대표원리를 해석하는 부분에서 우리는 바르트의 주장을 수용할 수 없다.

3) 원죄의 간접 전가(Mediate Imputation)

아담의 죄가 후손들에게 직접 혹은 즉각적으로 전가되지 않고 간접적으로 전가되었다는 견해다. 전가(impute)는 "그 무엇을 어떤 사람의 셈에

---

53) Anthony A. Hoekema, 『개혁주의 인간론』, 273.

넣다"라는 사법적 의미다. 그래서 전가의 뜻은 하나님의 심판적 의미를 나타내는 법률 용어다. 신학에서 "전가"라는 용어를 사용할 때는 아담의 죄가 후손들에게 전가되었으며, 하나님의 선택받은 백성들의 죄가 그리스도에게 전가되었고, 그리스도의 의가 성도들에게 전가되어 의인이 되었다고 가르칠 때 사용된다.[54]

아담의 죄가 그의 자손들에게 간접전가 되었다는 이론을 처음 제기한 사람은 17세기 프랑스 샤물 신학교의 라플라스(La Place 혹은 Placaeus) 및 아미로(Amyraut)와 카펠(Cappel) 교수 등이다.[55] 라플라스는 아담의 죄가 아닌 아담의 부패의 본질(corrupt nature)이 전가되어 모든 인류에게 저주가 임하게 되었다고 가르친다. 그의 가르침에 의하면 사람들은 아담의 부패성을 부모로부터 모든 자녀들이 물려받아 아담의 죄책이 직접 후손에게 전가되지 않고 부패성이 부모를 통해 간접적으로 전달됐다. 아담의 타락으로 인해 그 모든 후손이 즉시 직접적으로 죄인이 된 것이 아니고 아담의 부패성이 생물학적 유전 원리에 의해 자손들에게 전가되었다. 그리고 모든 후손들은 아담으로부터 물려받은 그 부패성 때문에 스스로 죄를 지어 하나님 앞에 죄인이 되었다는 것이다.

이러한 주장이 나오게 된 이유는 하나님께서 죄가 없는 후손에게 아담의 죄책이 전달된다는 인상을 피하기 위해 노력한 결과이다. 사랑과 공의의 하나님께서 직접 죄를 범하지도 않은 아담의 후손을 죄인으로 만든다는 것은 하나님의 속성과 위배된다는 뜻에서 원죄의 간접 전가설을 발전시켰다. 라플라스는 아담의 죄가 후손에게 전가된다는 사실을 부인하지는

---

54) R. K. Johnson, "Imputation," *Evangelical Dictionary of Theology*, ed. Walter A. Elwell (Grand Rapids: Baker, 1984), 554-55.

55) Charles Hodge, *Systematic Theology*, vol. II(Grand Rapids: Eerdmanns, 1977), 205. 미국 프린스턴 신학교 조직신학 교수였던 하지 교수는 미국에서 개혁신학을 뿌리내려 발전시키는데 큰 역할을 한 신학자다. 3권으로 구성된 그의 조직신학은 칼빈의 사상과 칼빈의 후계자들의 신학을 포괄적으로 정리하면서 당시 미국 문화를 반영하는 미국의 개혁신학자다. 하지는 아담의 죄의 본질과 원죄가 어떻게 후손에게 전가되었는지를 설명하면서 간접 전가설을 비평적으로 자세히 평가하고 동시에 실재론과 연합대표론도 성경적으로 설명하고 있다.

않지만 단지 아담의 죄책이 직접 전가된다는 사실을 피하려 할 뿐이다. 그는 아담의 죄가 전가된다는 정당성을 확보하기 위하여 인간이 부패성을 소유하고 출생한 것이 결국은 죄를 짓게 만든다고 보았다.[56] 그래서 아담의 죄책의 전가는 출생 때부터 모든 인간이 소유한 "죄를 지을 수 있는 가능성"에 뿌리를 두고 있다. 이 이론은 아담의 죄의 직접적 전가를 거부하고 간접적 전가를 가르치고 있다.

원죄의 간접 전가설은 개혁교회와 루터교회로부터 큰 반발을 일으켜 1644-45년 프랑스 종교회의에서 정죄를 받았다. 성경은 아담의 죄가 후손들에게 간접적인 방법을 통해 전가되었다고 가르치지 않는다. 롬 5:12-21은 인류의 시조 아담이 지은 한 범죄가 전 인류를 죄인으로 만들었으며, 그 결과 모든 사람에게 사망이 임하였다. 아담이 범죄하는 그 순간에 모든 인간이 동시에 죄인이 되었다. 라플라스의 주장처럼 아담의 죄성이 후손들에게 전가되어 죄를 짓게 만든 것이 아담의 죄책과 관련을 맺었다고 가르치지 않는다. 아담이 불순종하는 그 순간 그의 모든 자손들은 아담의 죄에 동참하였다고 가르친다. 또한 아담의 부패성을 이어받아 출생한 것이 원인이 되어 우리가 아담의 죄를 전가하게 된다면 아담의 죄와 아담 다음부터 자신에게 이르는 모든 조상들의 부패성도 전가하게 된다. 그러나 성경은 아담의 죄만 언급할 뿐 다른 부모들의 부패에 대해서는 중요하게 취급하지 않는다. 아담 외에 우리의 다른 조상의 죄가 우리에게 전가된다는 것은 성경의 가르침과 조화를 이룰 수 없다.

4) 실재론(Realism)

이제 우리는 아담이 죄를 범할 때 실재 그의 모든 후손들이 죄를 범했다고 가르치는 견해를 살펴려 한다. 이 이론을 다른 말로 씨앗 원리(Seminal theory)라 하기도 한다. 아담의 후손들이 어떻게 아담 안에서 죄를 범했는지 성경은 밝히 말하지 않는다. 단지 성경은 모든 인류가 아담

---

56) Anthony A. Hoekema, 류호준 역, 『개혁주의 인간론』 (서울: 기독교문서선교회, 1990), 261-263.

안에서 죄를 지었다는 사실과 아담의 죄책이 그의 후손들에게 전가되었다는 사실을 가르칠 뿐, 아담의 죄가 후손에게 전가된 방법에 대해서는 침묵한다. 아담의 죄와 후손들이 범한 죄의 관계를 실재론으로 가르치는 견해는 초대교회 터툴리안과 아우구스티누스가 주장하였으며 최근에는 셰드(Shedd)와 스트롱(Strong) 같은 학자들도 이 견해를 가르친다.[57]

실재론의 성경적 근거로는 히 7:10[58]에서 레위가 자기 조상의 허리에 있었다는 말씀에 기초하여 아담이 범죄할 때 우리가 그와 함께 범죄하였다고 한다. 레위는 자기가 출생하기 200년 전 아브라함이 멜기세덱에게 십일조를 바칠 때 레위가 그의 조상의 허리에 있었기 때문에 자기도 십일조를 바쳤다고 하였다. 레위가 출생하기 전에 아브라함의 허리에 있었던 것처럼 아담의 후손들도 출생은 하지 않았지만 실제로 아담의 허리에 있었기 때문에 아담과 함께 죄를 지었다고 한다. 그 결과 아담과의 관계에서 하나님이 그의 모든 후손들에게 죄인으로 취급하신다는 주장이다. 모든 인류가 아담의 허리에 있었다면 아담이 범죄할 때 그의 후손들도 아담과 함께 범죄하였다고 할 수 있다.

이 견해는 하나님이 하나님의 총체적 인성을 창조하였는데 시간이 지남에 따라 그 인성은 많은 독립된 개체들로 나누어졌다는 것이다. 아담은 이 인성의 전부를 소유하였으며, 아담이 범죄할 때 아담 안에 있던 모든 인성들이 범죄하였다. 모든 인류는 아담이 소유한 인성 가운데 포함된 인성의 각 부분이었으므로 아담이 범죄할 때 전 인류는 아담과 함께 죄를 지은 결과라는 것이다. 아우구스티누스는 그의 불후의 명작 『하나님의 도성』에서 씨앗의 원리로 실재론을 설명한다.[59] 실재론은 하나님은 인간이 범하지

---

57) W. G. T. Shedd, *Dogmatic Theology*, vol. 2(Grand Rapids: Zondervan, 1894), 181-92. A. H. Strong, *Systematic Theology*, vol 2(Philadelphia: Griffith and Rowland, 1907-1909), 619-37.

58) 히 7:10 이는 멜기세덱이 아브라함을 만났을 때에 레위는 아직 자기 조상의 허리에 있었음이니라.

59) Augustine, 『하나님의 도성』(서울: 크리스챤다이제스트, 1998), 13권 14장에서 다음과 같이 설명한다. 우리 모두 범죄한 그 한 사람이었기에 그 한 사람 안에

않은 죄를 심판하지 않으므로, 아담이 범죄할 때 분명히 모든 사람이 그 가운데 동참하였다고 믿는다. 즉 아담의 죄가 우리의 죄가 되어야 한다. 이 원리를 만족시키기 위해 모든 후손이 아담 안에 있었다고 주장하였다. 그러면 어떻게 아담 안에 존재하였는가? 그것은 씨앗으로 존재하였다고 믿었다. 그래서 아담이 죄를 지을 때 모든 인류가 죄를 지었으며 아담의 죄가 곧 모든 후손들의 죄가 된다고 가르쳤다.

이 이론은 많은 학자들로부터 지지를 받고 있으며, 아담의 역사성을 부인하는 바르트나 죄의 간접 전가설보다는 성경의 가르침을 만족시킨다. 그러나 실재론도 모든 의심을 해소하기는 부족한 점이 있다. 로마서 5장을 비롯하여 모든 성경은 하나님이 금지하신 선악과를 아담이 최초로 먹은 한 번의 죄만 문제로 여겼다. 그 후에 행한 아담의 다른 모든 죄들은 후손들에게 아무런 영향을 끼치지 못하며, 우리의 다른 모든 조상들의 죄들도 우리에게 영향을 끼치지 않았다. 씨앗의 원리에 의해 아담의 죄가 후손들에게 유전적으로 전가되었다는 이론과 다르지 않다. 그러면 어떻게 첫 번 지은 죄만 전가되고 아담의 다른 죄와 함께 다른 조상들의 죄는 무관한지 설명할 수 없다. 아담 안에 있었던 씨앗이 모든 조상을 경유하여 각 개인에게 전하여지므로 생명이 존재한다면 왜 아담의 그 죄만 후손들에게 영향을 끼치고 아담이 지은 다른 죄들에 대해 침묵하는지 밝힐 수 없다. 그것과 함께 많은 조상들이 범한 다른 죄들은 우리에게 관계가 없는지에 대한 대답이 없다.

롬 5:12-21에 나타나는 아담과 그리스도를 병행하여 비교하는 대표원리 해석에 실재론은 큰 어려움이 있다. 씨앗 원리에 의하여 아담은 육체적으로 우리 모두의 조상이기 때문에 아담 안에 모든 인류가 실재로 존재하였다는 데는 만족을 준다. 그러나 모든 인류가 육체적으로 그리스도 안에

있다. 특정한 형상이 만들어져 우리에게 주어지므로 이미 씨눈 상태의 본성이 존재해서 그로부터 우리가 번식하도록 되어 있었다. 이 본성이 죄로 인해 더럽혀지고 죽음의 쇠사슬로 묶여 저주를 받았기 때문에 인간은 다른 상태의 사람으로 출생할 수 없다.

존재하지는 않았다. 그리스도와 우리가 육체적으로는 어떠한 접촉점도 없다는 것은 그리스도께서는 결혼을 하지 않았기 때문에 육체적으로는 아담과 같은 후손이 한 명도 없다. 롬 5:12-21에 의하면 아담의 죄가 씨앗의 원리에 의해 유전적으로 그 후손에게 전가되었다면 예수 그리스도의 의와 생명도 씨앗의 원리에 의해 유전적으로 성도들에게 전가되어야 하지만, 우리가 위에서 분석한 것과 같이 사도 바울은 아담의 행적과 그리스도의 사역을 철저하게 같은 방법으로 일치시키면서 대표원리를 설명하므로 실재론은 지금까지 언급한 다른 이론과 비교해 많은 부분에서 성경의 가르침을 충족시키고 있지만 로마서 5장을 비롯한 중요한 성경 말씀을 해석하기에 어려움이 있다.

5) 연합 대표 이론(Federalism)

이 이론은 즉각 전가 혹은 직접 전가설로 부르기도 한다. 아담이 범죄할 때 즉각적으로 그리고 다른 중간 매체를 통하지 않고 직접적으로 모든 후손 개개인에게 그 죄책이 전가되었다는 뜻이다. 아담의 죄가 즉각적이면서 다른 조상이나 중간매체를 통하지 않고 직접전가 할 수 있는 것은 아담이 모든 인류를 연합한 대표자이기 때문이다. 아담은 전 인류의 조상이기 때문에 자연적으로 육체적으로 머리인 동시에 대표자가 된다. 아담이 죄를 범했을 때 개인 자격이 아닌 우리의 대표자의 위치에서 죄를 범했다. 그는 전 인류를 대표하는 위치에서 하나님과 맺은 언약을 파기하였기 때문에 모든 인류가 아담이 언약을 파기한 것과 동일한 효력을 갖고 있다. 또한 아담이 죄인이 되는 그 동일한 시간에 그의 모든 후손들도 죄인이 되었다. 그 결과 아담이 지은 그 죄는 아담을 대표로 모셨던 전 인류의 죄가 된다.

하나님께서 아담이 죄를 지을 때 그의 후손들은 존재하지 않았으나 앞으로 존재할 것을 미리 보시고 후손들도 아담과 같은 죄인으로 취급하셨다. 바울은 롬 5:8에서 "우리가 아직 죄인 되었을 때 그리스도께서 우리를 위하여 죽으셨다"고 하였다. 그리스도가 십자가에서 죽으실 때 그의 보혈의 공로로 구원받을 다수의 사람들 역시 그때 존재하지 않았지만 미래에 존재할 사람들의 죄까지 그 십자가에서 모두 용서하셨다. 인류가 존재하지 않았을 때 지은 아담의 죄가 후손들에게 전가되는 것과 같은 원리로 다수의 구원받은 성도가 존재하지 않았을 때 죽으신 그리스도의 보혈의 공로에 의한 의가 전가되었다. 그렇게 하여 우리 모두가 아담의 죄책에 연루되었으며, 그 죄로부터 나온 모든 저주가 임하게 되었다. 우리는 이러한 죄책과 저주의 연관성을 전가(imputation)라 부른다. 그러나 자기가 실재로 짓지 않은 죄의 죄과가 전수된다는 것을 이해하기란 쉽지 않다.

웨스트민스터 대요리 문답은 모든 인류가 아담의 죄책이 전가되었다고 가르친다.[60] 문답서는 자연 생육법(natural generation)으로 출생한 모든 사람은 아담의 죄 안에 있음을 밝힌다. 이는 자연 생육법을 따르지 않고 출생한 자는 아담의 죄와 관계가 없다는 뜻으로 초자연적 방법인 성령으로 잉태한 그리스도는 아담의 원죄와 관계가 없음을 나타내고 있다. 대요리문답은 실재론과 연합 대표이론을 모두 포함하는 절충적 입장을 자연 생육법이라 했는데, 아마도 신앙고백서를 만드는 이 시기에는 아담의 죄가 어떻게 전가되었는가 라는 문제에 대한 논쟁이 시작될 무렵이었다.[61] 후크마(Anthony Hoekema) 교수도 웨스트민스터 대요리문답과 동일한 결론을 내린다.[62] 그러나 로마서 5장의 말씀에 초점을 맞추어 분석하면 대표 연합 이론이 성경에 더 가까운 해석이다.

대표성은 전가와 연결되어 직접 죄를 범하지 않은 자들도 죄 있는 사람으로 인정된다. 비록 모든 사람들이 선을 행한다 할지라도 인류의 대표자인 아담이 행한 범죄는 법적으로 모든 사람 개개인이 행한 것과 동일한 효력을 갖는다. 도르트(Dort) 신앙고백서에서 아담의 모든 후손들이 도덕적으로 부패하게 된 형벌을 받은 것은 "하나님의 공정한 심판에 의해서"

---

60) 웨스트민스터 대요리문답 26. 문) 원죄는 어떻게 우리 시조로부터 그 후손에게 전해지는가? 답) 원죄는 우리 시조로부터 그 후손에게 자연 생육법으로 전해지므로 우리 시조에게서 그와 같이 나오는 모든 후손은 죄중에 잉태되어 출생하게 된다.

61) Charles Hodge, *Systematic Theology*, vol. II, 209.

62) Anthony Hoekema, 『개혁주의 인간론』, 264-274.

된 것이라 하였다.[63] 이 원리에 따르면 아담의 범죄가 우리와 상관이 없다는 주장을 할 수 없게 된다.

오늘날 가족제도는 대표원리를 그대로 따르고 있다. 한 가정의 가장이 동산이나 부동산 혹은 기타 모든 재산관리와 매매과정에서 서명을 하면 법적으로 그 가정 전체의 대표성을 갖는다. 실재 부모는 자녀들의 대표자이며, 넓은 의미에서 부모가 자녀들의 운명을 좌우하는데 부모가 성실 근면하고 지혜로우면 자녀가 그 축복을 받고 반대로 부모가 게으르고 부도덕하면 자녀는 고통을 받게 된다. 또한 국가의 지도자는 그 국민의 대표로서 권리와 의무를 행사한다. 한 국가가 훌륭한 대통령이나 왕을 통치자로 세웠다면 전체 국민에게 유익이 되지만 사악하고 나쁜 지도자를 두었으면 모든 국민이 고통을 당하게 될 것이다. 인류 역사에서 사악하고 나쁜 통치자 한 사람 때문에 그 통치자 아래서 생활하는 모든 국민들이 큰 어려움과 고통을 당한 사례는 얼마든지 있다. 반면 훌륭한 통치자의 지혜로운 정치와 지도하에 경제, 사회, 문화적인 면에서 크게 발전하고 부흥한 나라도 많다.

대표자가 행한 그 행동은 그 대표를 모시고 있는 모든 사람들에게 직접 영향을 끼친다. 법적으로 대리인이나 대표자가 우리를 위해 무슨 일을 행할 때 그 대표자의 행위가 유익하든지 손해가 되든지 간에 그가 행한 일이 우리에게 영향을 끼치게 된다. 성경은 인류가 공통 조상으로부터 한 연합, 하나의 가족이며, 한 혈통으로 연결되었다고 가르친다. 인류는 이러한 생명적 연합을 가지므로 하나님은 처음부터 인류의 조상과 언약을 맺었다. 이 언약에는 언약을 맺은 당사자와 함께 모든 자손들도 포함된다. 그 결과 인류의 대표가 되는 아담이 죄를 범하여 심판을 받을 때 그를 대표자로 둔 모든 인류가 아담과 동일한 죄인으로 전락되어 심판을 받아 죽음에 이르게 되었다.

그러나 어떤 이들은 유아의 사망에 대해 의문을 제기한다. 유아가 죽으면 아담이 범한 원죄와 관계없이 하나님 나라에 가서 안식을 누린다고 가

---

63) Dort Confession 3장 2절.

르친다. 성경 말씀의 가르침에 따르면 출생한 순간 유아들도 아담이 범한 범죄의 결과로 주어진 저주의 그늘을 피할 길이 없다. 그러나 성경 말씀 가운데는 하나님은 모든 사람을 그들이 행한 행위에 따라 심판하신다고 하였다.[64] 그러면 출생한 후 스스로 자범죄를 한 번도 범하지 않고 죽은 유아들의 영혼은 어떻게 되는가? 모든 사람들이 행한 행위에 따라 심판 받는다면 하나님은 그들에게 영원한 형벌을 면하게 하실 것인가?

프린스턴 신학교 조직신학 교수였던 찰스 하지는 모든 유아들은 천국으로 갔다고 가르친다.[65] 그는 유아들이 스스로 아무런 죄를 범할 능력이 없기 때문에 로마서 5장에 나타난 아담과 예수 그리스도의 대표이론이 유아의 구원을 지지한다고 강조한다. 그의 주장에 따르면, 롬 5:18-19에서 "한 범죄로 많은 사람이 정죄에 이른 것 같이 의의 한 행동으로 많은 사람이 의롭다함을 받고, 한 사람의 불순종으로 많은 사람이 죄인 된 것 같이 한 사람의 순종하심으로 많은 사람이 의인이 된다"는 말씀이 유아의 구원을 보장한다고 해석한다. 그가 이렇게 해석하는 이유는 성경 어느 곳에도 유아의 구원을 배제하지 않았지만 성경은 아담을 통해 들어온 죄와 사망보다 그리스도를 통해 우리에게 임하는 하나님의 은혜가 훨씬 더 크기 때문

---

64) 참고. 마 16:27.

65) Charles Hodge, *Systematic Theology*, vol. I(Grand Rapids: Eerdmans, 1977), 26-27. 2페이지에 걸쳐 유아들의 구원을 강력히 주장한다. 하지의 이 주장은 전통적 칼빈주의 가르침과 일치하지 않는다. 하지(1797-1880) 교수는 1820년에 프린스턴의 교수가 되어 60년간 교수로서 학생을 가르치면서 많은 저술을 남겼다. 그는 학교 설립자는 아니었지만 프린스턴에 제일 큰 영향을 끼쳤다. 하지 교수는 실재로 프린스턴 신학의 대변자 역할을 충실히 하였다. 하지 교수는 프린스턴에서 히브리어, 헬라어, 신약, 변증학, 조직신학 등을 강의하면서 3,000여 명의 학생을 배출하였다. 그가 교수 초기에는 주로 17세기 칼빈주의 신학자 투레틴(Turretin)의 라틴어 저서인『논박신학 강요』를 교재로 사용하였다. 그러나 말년에 그 자신의『조직신학』3권을 저술하였다. 그래서 하지의 조직신학 저서에는 라틴어 인용문이 너무 많아 미국 학생들도 읽기 어려워하지만 훌륭한 책인 것은 분명하다. 그리고 그는 미국의 부흥운동을 통해 회개하고 프린스턴 대학에서 신학 공부를 하였기 때문에 뜨거운 신앙을 소유하였다. 그래서 위대한 학자이면서 동시에 경건을 학생들에게 심어주었다. 매주일 오후에는 학생들과 함께 신학 문제를 토론하면서 신앙지도와 함께 기도운동을 하였으며, 때로는 학생들과 함께 노방전도도 하였다고 한다.

에 심판으로 저주를 받는 사람보다 은혜로 구원받는 수가 더 많아야 한다고 주장한다. 하지는 계속해서 마 7:14에서 주님이 "생명으로 인도하는 문은 좁고 협착하여 찾는 이가 적다"고 한 것은 어른에게 적용되는 말씀이며 유아들은 아니라 한다. 그러면서 하지는 로마서 5장에서 바울이 강조하는 교훈은 아담을 통해 저주받는 사람보다 그리스도를 통해 구원받는 사람의 수가 많다는 것이다. 하지가 직접 그러한 표현은 하지 않았지만 결론은 구원받는 수가 더 많아지려면 모든 유아들의 죽음은 천국으로 가야 한다는 주장이다. 그는 모든 유아들의 구원과 함께 교회에 출석하는 절대 다수의 교인들이 영생을 얻는다고 가르친다. 교회에 출석하는 소수보다는 다수가 구원받아 영생을 얻는 것이 좋은 일이기는 하지만 교인의 소수가 천국 갈지 다수가 천국 갈지는 하나님만 아시는 일이다. 하나님께서 유아 때 죽는 어린이들과 교회에 출석하는 절대 다수는 구원으로 선택하였다는 결론이다.

그는 칼빈부터 17-18세기를 지나는 동안 누구도 말하지 않았던 하나님께서 구원으로 인도하는 수가 지옥으로 향하는 수보다 훨씬 많을 것이라는 견해를 피력하였다. 정통 칼빈주의 신학을 대변하고 있는 하지가 이 부분에서 분명한 성경적 근거도 제시하지 않고, 왜 개혁신학에서 이탈된 견해를 밝히면서 모든 유아들과 절대 다수의 교인들이 구원받았다고 가르쳤는가? 하지가 이러한 신학을 가르친 이유는 많겠지만 그 가운데 가장 큰 이유는 당시 미국 문화가 그에게 그러한 해석과 결론을 내리도록 영향을 끼쳤다고 볼 수 있다.[66] 당시 미국문화는 낙관적 견해를 소유하고 있었기

---

66) 하지 교수도 다른 사람과 사회의 영향을 받기도 한다. 하지가 모든 유아의 구원을 강조한데 영향을 준 요인은 대략 다음과 같다. (1)미국의 낙관적 분위기가 영향을 끼쳤다. 당시 미국 사회의 분위기는 미국이 세계의 지도적 위치에서는 산 위에 세운 등대와 같은 국가가 되는 야망을 갖고 있었다. 이러한 꿈은 청교도들이 영국에서 박해를 피해 신대륙으로 오는 피난길 배 위에서 자신들은 하나님의 뜻이 지배하는 국가를 건설하고 그 국가가 세계를 지배하는 강력한 국가를 만들자는 언약을 자기끼리 맺었다. 그리고 그 꿈의 실현을 위해 총력을 기울였다. 이러한 분위기는 서부개척과 독립운동에도 나타나며 교회가 그 꿈의 신앙적 확신을 제공하였다. 목회자들과 부흥사들은 이 꿈이 실현되도록 설교로써 교인들을 지도하였다. 그

때문에 무엇이든지 적극적이고 희망적인 견해를 보였으며 교회도 미국의 그러한 영향을 받았다. 하지는 당시의 미국 문화와 모든 면에서 미래를 낙관적이고 희망적으로 보는 교회의 후천년설의 영향을 받아 신학을 형성했다.

그러나 이미 위에서 검토한 바와 같이 하지교수의 이 가르침은 로마서 5장을 정확하게 해석하지 못한 결과이다. 바빙크는 모든 유아들이 구원받아 천국에 간다는 성경적 뒷받침은 없다[67]고 하였다. 유아기에 죽은 모든 어린 아이들의 구원을 강조한 하지를 포함하여 대부분의 개혁신학자들은

결과 당시 사회 분위기는 낙관적이며 모든 일에 적극적이었다. 사회와 교회의 이러한 분위기가 하지로 하여금 유아들의 구원관에 낙관적 견해를 취하게 하였다. (2)후천년설과 그의 선교적 열정이 영향을 끼쳤다. 미국의 사회적 분위기를 반영한 신학이 후천년설(Post-millenium)이다. 후천년설은 선교 사역과 교육, 그리고 문화가 발전되면 이 지상이 천국으로 변한다는 이론이다. 이 후천년설은 미국사회의 영향을 받았고 하지는 이 신학의 영향을 받았다. 그래서 하지는 선교에 대단한 열정을 갖고 있었다. 자신의 아들 하지(A. A. Hodge)를 인도의 선교사로 파송하여 장기간 사역한 후 프린스턴 교수로 불러들였다. 선교 사역을 통해 절대 다수의 인구가 기독교화 되며 아울러 하나님의 나라가 임하고 그리스도의 재림이 실현된다고 믿었다. 문화에 대한 낙관적 신학이 하지로 하여금 유아의 천국을 강조하게 하였을 것이다. 이외에도 하지는 다른 사람의 영향을 받은 것이 있다. 한 예로 그가 프린스턴의 교수가 된 후 2년간 유럽에 가서 슐라이어마허(Schleiermacher) 아래서 연구한 일이 있다. 프린스턴의 설립자이며 초대 교장인 알렉산더(Archibald Alexander)가 유럽에서 돌아온 하지에게 '당신이 호흡할 때 자유주의 유독성 냄새가 풍긴다'고 하였다. 하지는 이 기간 동안 당시 유럽에서 유행하던 성경의 고등비평에 대해 약간 호의적 영향을 받았다. 또한 하지는 유럽에서 뜨겁게 일어난 경건주의 운동의 영향도 받았다. 유럽에서 돌아온 그는 강의 시간과 그의 저서 설교 등에서 뜨거운 경건주의 열정이 나타나기 시작하였다. 물론 이러한 영향은 하지의 신학을 풍요롭게 하였으며 고유한 미국의 신학을 만드는 계기가 되었다. 어떻든 그렇게 훌륭한 하지도 자기가 생활하는 사회와 교회의 분위기의 영향을 받았으니 그도 역시 한 시대의 아들이었다.

67) Herman Bavinck, *Dogmatics*, 4:810, Hoekema 『개혁주의 인간론』 p. 276에 인용함. 바빙크는 유아로 죽은 어린이들의 구원에 관해 성경은 긍정이든 부정이든 확실한 대답을 하지 않는다고 하였다. 그에 따르면 개혁주의 신학자들은 구원에 필요하다고 생각되는 지식의 정도를 정하기를 원치 않는다. 또한 구원에 반드시 필요한 은혜의 수단이 되는 말씀과 성례가 없이도 하나님은 사람을 중생시킬 수 있다.

아담의 죄가 모든 인류에게 심각한 영향을 끼쳤다는 사실에 반문하지 않는다. 하지는 연합대표 이론을 강조하면서 아담의 죄가 유아를 포함한 모든 인류에게 전가되었고, 유아는 단지 자범죄를 짓지 않았기 때문에 그리스도의 풍성한 은혜가 그들의 죄를 깨끗하게 용서하여 주었을 것으로 가르칠 뿐이다. 하지는 아담의 죄책이 유아에게 제외되었다는 견해를 펴지 않고, 아담이 타락한 결과 유아를 포함한 전 인류가 부패하였으나 단지 그리스도가 베푸시는 구원의 은혜가 유아에게 더 많이 임하였다는 견해를 나타내었다. 그는 그리스도의 풍성한 은혜를 강조하였고, 그 은혜가 어른들보다는 자범죄를 범하지 않은 깨끗한 유아에게 더욱 많이 임한다고 주장한다. 그러나 하지는 그리스도를 통한 하나님의 은혜가 유아에게 더 풍성하게 임하였다는 이론을 지지하는 성경적 증거를 제시하지 않고 있다.

로마서 5장의 가르침과 함께 성경은 아담 한 사람의 범죄로 인하여 전 인류가 저주 아래 놓여있고, 아담의 범죄가 그의 후손에게 전가되어 어린 이를 포함한 모든 인류가 죄인이 되었다. 웨스트민스터 대요리 문답서는 전 인류가 그 첫 범죄에서 함께 타락하였는가? 라는 질문의 답으로 보통 생육법으로 출생한 모든 인류는 아담 안에서 범죄하였다고 정의를 내렸다.[68] 웨스트민스터 고백에 의하면 한 사람도 예외 없이 모든 인류가 아담 안에서 전적으로 타락하였기 때문에 유아 때 죽은 모든 어린 아이들도 아담의 죄를 전가 받았다. 하나님은 사람의 죄가 많고 적음에 따라 구원의 은혜를 주지 않거나 혹은 더 풍성하게 주는 기준으로 삼지 않으시므로, 전통적 개혁주의 신학에서는 유아가 어른보다 더 풍성한 은혜를 받는다는 주장을 하지 않는다. 오직 일방적인 하나님의 사랑만이 구원의 은혜를 받는 유일한 기준이 될 뿐이다.

이렇게 아담 안에서 전적으로 타락한 인간은 하나님과 관련된 영적인

---

68) 웨스트민스터 대요리문답 22번. 전 인류의 대표로서의 아담과 맺은 언약은 자기만 위한 것이 아니고 그 후손까지 위한 것이므로 그로부터 보통 생육법으로 출생하는 인류는 모두 아담 안에서 함께 범죄하여 그의 첫 범죄 때에 그와 함께 타락하였다.

일에 대해서는 완전 무지하여 아무것도 할 수 없다. 칼빈은 신 29:3-4[69])에서 인간의 육신적 눈으로는 하나님에 관한 신비를 알 수 없다는 모세의 가르침을 인용해, 인간의 육신을 '나무토막'이라 표현했고 더 이상의 반문은 없다고 했다.[70]) 바울도 고전 2:14[71])에서 육에 속한 사람은 하나님에 관한 일은 전적으로 무지함을 가르친다. 인간이 아무리 노력하고 연구해도 세상의 지혜로 하나님의 영적인 일을 볼 때 소경일 뿐이다. 하나님께서 하나님과 구원에 관한 진리를 저들에게는 숨기셨기 때문에 성령이 사람의 마음을 비추시지 않으면 하나님의 말씀이 어리석게 보인다. 아우구스티누스는 타락한 인간에게는 자연적인 성품이 남아있기는 하지만 부패하였으며 초자연적인 영적 성품은 완전히 제거되었다고 한다.[72]) 칼빈도 범죄한 인간이 하나님으로부터 쫓겨나는 순간 창조 때 하나님이 주신 영적인 모든 요소가 완전 소멸되었다고 강조한다.[73])

아담의 타락 후에 인간에게서 하나님의 형상이 없어진 것은 아니지만 원래의 상태에서 변질되었다.[74]) 칼빈은 아담이 타락하기 전에는 완전한 하나님의 형상을 소유하였으나 타락 후에는 엄청난 파괴적 영향을 미쳤다고 한다. 칼빈은 아담의 타락으로 인해 인간이 소유한 하나님의 형상에 끼친 악영향을 강조했다.[75]) 타락 후에도 인간에게 하나님의 형상이 남아 있기는

---

69) 신 29:3-4 이적과 큰 기사를 네가 목도하였느니라 그러나 깨닫는 마음과 보는 눈과 듣는 귀는 오늘날까지 여호와께서 너희에게 주지 아니하였느니라.

70) Calvin, 『기독교강요』, 2권 2장 2절.

71) 고전 2:14 육에 속한 사람은 하나님의 성령의 일을 받지 아니하나니 저에게는 미련하게 보임이요 또 깨닫지도 못하나니 이런 일은 영적으로라야 분변함이니라.

72) Augustine, *On Nature and Grace*, 3권 3장.

73) Calvin, 『기독교강요』, 2권 2장 12절. 칼빈은 아담의 원죄를 물려받은 인간이 오성은 부패한 상태이긴 하지만 아직 정상적으로 활동한다고 가르친다. 단지 영적인 일에 대해 전적으로 무지하며 무능하여 하나님과의 관계가 마비된 상태임을 강조한다.

74) 모든 개혁 신학자들은 타락으로 인해 하나님의 형상은 남아있으나 큰 상처를 받았다고 가르친다. 그러나 천주교회는 타락으로 하나님의 형상이 상실되었다고 주장한다.

하지만 형체를 알아보기 힘들게 된 것을 한탄했고, 그는 『기독교 강요』에서 하나님의 형상은 아담이 죄를 짓기 전에는 우월성이 넘쳤으나 범죄 한 후에는 거의 없어질 정도로 소멸되어 이제 오직 일그러지고 뭉그러져 병들어 버린 것만 남게 되었다고 한다.[76] 인간의 모든 구석이 온통 일그러지고 변질되었으며 거기다 악한 요소들까지 첨부되어 인간 속에 있는 하나님의 형상은 어느 부분도 손상을 입지 않은 곳이 없다고 하였다.[77]

그 결과 구조적 측면에서 하나님의 형상이 존재하는 것은 사실이지만 인간의 재능, 자질, 역량 등은 하나님의 뜻과 역행하는 방향으로 사용되었다. 바빙크는 타락한 후 인간으로 남아있기는 하지만 그의 모든 능력, 재능은 변질되었으며 이런 능력들의 형태, 성향, 방향 등이 너무 크게 변하였기 때문에 하나님의 뜻을 역행하여 육체의 법을 만족시킨다[78]고 하였다. 그 결과 모든 인류는 본능적으로 온갖 종류의 사악하고 가증스러운 범죄 행위를 동시다발적으로 자행하게 되었다. 타락 후의 인간 본성은 타락 전의 상태와는 질적으로 완전히 다른 종류로 변질되었다.

또한 하나님이 아담의 마음에 심어 주신 종교의 씨앗도 변질되어 하나님이 원하시는 원리와 방법을 따라서 하나님께 예배드릴 수 없게 되었다. 하나님을 향하던 종교의 씨앗도 변질되거나 거의 소멸되어 마음에 뿌려진 종교성이 변질되었기 때문에 자연히 안식일도 하나님의 계명을 따라 순종하거나 지킬 수가 없게 되었다. 하나님이 아담을 창조할 때 하나님의 안식에 동참하여 하나님의 축복을 받도록 하셨으나 범죄 후에는 하나님의 심판과 저주를 자청하는 길로 달려가게 되었다. 안식일의 시작은 하나님께

---

75) 칼빈은 때때로 죄로 말미암아 하나님의 형상이 파괴되었다(destroyed), 『창세기 주석』 1:26, 없어졌다(obliterated), 3:1 씻겨져 없어졌다(wiped out) 『에베소서 주석』 4:24, 취소되었다(cancelled) 『고린도후서 주석』 3:18, 깨끗이 없어졌다(blotted out) *sermon on Job* 14:16-7, 철저하게 도말되었다(utterly defaced) *sermon on Job* 32:4-5 등의 표현을 하기도 하였다.

76) Calvin, 『기독교 강요』, 2권 2장 12절.

77) Calvin, *Commentaries on Genesis*(Grand Rapids: Eerdmans, 1948), 1:26.

78) Herman Bavinck, *Dogmatic*, 3:137.

찬양과 예배로 영광을 돌리던 인간의 생활이었으나 이제는 하나님의 영광을 욕되게 하는 날로 변하게 되었다. 롬 8:8[79]에서 바울은 타락한 인간이 하나님을 기쁘시게 할 수 없다고 하였다. 전 인류가 아담 안에서 타락한 결과 영적 생명의 원천인 하나님과의 교제가 끊어져 모든 사람이 부패하였다.[80] 아담이 타락한 후 하나님과의 영적인 교제가 완전히 단절된 인간은 하나님을 영화롭게 하는 일보다 오히려 하나님의 영광을 훼손하는데 열심을 내게 되었다. 항상 하나님께 예배하면서 생활하던 모습은 자신의 인간적 욕망을 채우는데 급급했고, 이런 인간의 생활이기에 성경은 하나님께서 요구하시는 대로 인간이 의로운 생활을 한다는 말씀이 한 곳도 없다. 엡 2:1-3[81]은 심지어 사람은 모두 허물과 죄로 죽었으며 사탄과 육체의 정욕만 좇아 본질상 진노의 자식이라 하였다.

아담의 범죄 후 인간은 중립 상태로 머무르지 않고, 악한 일을 하기 위해 모든 지혜와 능력을 총동원해 하나님의 거룩한 뜻을 역행하고 파괴하는 일에 열심을 냈다. 타락한 인간이 범한 죄들에 대해 성경은 다양하게 설명한다. 변질된 하나님의 형상은 하나님을 예배하기보다는 우상을 숭배하였는데, 바울은 롬 1:20-23에서 모든 인간이 우상을 숭배한다고 하였다. 옛날 사람들은 돌이나 나무로 우상을 만들었으나 현대인들은 자기 자신, 사회, 국가, 돈, 명예, 쾌락 등의 교묘한 형태의 우상을 갖고 있다. 인간의 이성도 하나님을 찬양하는데 사용하지 않고 하나님을 저주하는데 모든 노력을 기울인다. 창 6:5[82]은 사람의 생각이 항상 악하다고 하였으며, 렘

---

79) 롬 8:8 육신에 있는 자들은 하나님을 기쁘시게 할 수 없느니라.

80) 웨스트민스터 대요리문답 27. 문) 타락은 인류에게 어떠한 불행을 가져왔는가? 답) 타락은 하나님과의 절교를 가져왔고 또 그의 진노와 저주를 인류에게 가져왔으므로 우리는 본질상 진노의 자식이 되고 사탄에게 매인 종이니 현세와 내세의 모든 형벌을 받아 마땅하다.

81) 엡 2:1-3 너희의 허물과 죄로 죽었던 너희를 살리셨도다 그때에 너희가 그 가운데서 행하여 이 세상 풍속을 좇고 공중의 권세 잡은 자를 따랐으니 곧 지금 불순종의 아들들 가운데 역사하는 영이라 전에는 우리도 다 그 가운데서 우리 육체의 욕심을 따라 지내며 육체와 마음의 원하는 것을 하여 다른 이들과 같이 본질상 진노의 자식이었더니.

17:9[83]은 사람의 마음이 만물보다 거짓되고 부패하다고 가르친다. 완고한 마음과 추악한 애착심뿐 아니라 도덕적 부패와 범죄의 경향이 출생 때부터 인간의 천성이 되었다. 그 결과 왕상 8:46에서는 범죄하지 아니하는 사람이 없다고 하며, 요한은 요일 1:8[84]에서 어떤 사람이 자기는 죄가 없다 하면 그는 스스로 속이는 사람이라 하였다. 성경은 인간의 보편적 죄성을 전제로 모든 논리를 전개한다. 시 51:5[85]은 모든 사람이 출생하면서부터 죄인으로 태어난다고 가르친다. 자연상태의 인간은 선행이 불가능하고 누구나 스스로 죄 짓기에 급급하여 허물과 죄로 죽는다. 대요리 문답도 타락 후의 모든 인간은 선행이 불가능하고 오직 악행만 하게 된다고 가르친다.[86]

인간이 타락하지 않았다면 지금도 최상의 상태에서 안식일법을 잘 지킬 것이다. 그러나 타락과 동시에 영적인 소경이 되었기 때문에 하나님과 관계된 모든 일은 완전히 단절되었다. 타락한 인간이 영적인 일에 소경이 되어 하나님을 기쁘게 할 수 없다는 것은 하나님의 모든 계명과 함께 안식일을 온전하게 지킬 수 없다는 뜻이다. 그러나 하나님의 형상으로 지음 받은 인간의 첫째 의무가 하나님을 예배하는 일이기 때문에 인간의 첫 번째 중요한 의무는 자연히 안식일을 거룩하게 지키는 것이 핵심이 되어야 한

---

82) 창 6:5 여호와께서 사람의 죄악이 세상에 관영함과 그 마음의 생각의 모든 계획이 항상 악할 뿐임을 보시고 땅위에 사람 지으셨음을 한탄하사 마음에 근심하시고 …

83) 렘 17:9 만물보다 거짓되고 심히 부패한 것은 사람의 마음이라.

84) 요일 1:8 만일 우리가 죄없다 하면 스스로 속이고 또 진리가 우리 속에 있지 아니할 것이요.

85) 시 51:5 보라 내가 죄악 중에 출생하였음이여 모친이 죄 중에 나를 잉태하였나이다.

86) 웨스트민스터 대요리문답 25번. 문) 사람이 타락한 그 처지의 죄악성은 무엇으로 구성되는가? 답) 사람이 타락한 처지의 죄악성은 아담의 첫 범죄의 죄책과 그가 창조함을 받았을 때의 의 없음과 그의 성품의 부패로 구성되어 있다. 이로 인하여 그는 영적으로 선한 모든 것에 대해서 전혀 싫증을 내며 선행할 능력도 없으며 오히려 악한 것에만 전적으로 또는 계속적으로 기울어지게 되니 이를 보통 원죄라 일컬으며 이 원죄에서 모든 실재적인 범죄가 나오는 것이다.

다.

아담이 타락한 후에 그와 함께 모든 후손들은 창조 때 하나님께서 그들의 마음에 심어 주신 하나님을 사랑하고 하나님의 뜻에 순종하려는 마음이 변하여 하나님을 미워하고 하나님의 계명을 어기는 일을 즐겨하게 되어 하나님과 관계가 단절되었기 때문에 하나님을 예배하는 안식일을 타락 전과 같이 정상적으로 지킬 수 없었다. 인간들끼리 관계에서 서로 마음이 닫힌 사람들이 비록 피상적이고 형식적인 인사나 대화를 한다 할지라도 깊은 사랑이란 있을 수 없다. 인간 관계가 정상적으로 회복되기 전에 행하여지는 의례의식이나 겉치레를 통해서는 서로의 우정을 느낄 수 없다. 오히려 다른 사람의 눈을 의식하면서 행하는 의식은 위선적이기 때문에 관계를 더 악화시킬 뿐이다. 이러한 예는 하나님과의 관계에서 안식일을 지키는 모습에서도 나타났다. 구약시대 이스라엘이 안식일을 잊어버리고 등한히 하였던 때도 있었고, 때론 그 계명을 지킨다고 하였지만 그 율법의 정신은 버리고 허식과 가식에 매여 오히려 다른 죄를 첨가한 때도 있었다. 이와 같은 일들은 오늘날 우리의 신앙생활에서도 반복적으로 나타나는 현상들이다. 타락한 인간은 그 일이 제일 중요한 일임에도 불구하고 결코 그날을 온전히 지키면서 하나님을 예배할 수가 없다. 인간 스스로는 참된 안식의 축복을 누릴 수가 없다는 뜻이다.

3. 도덕법과 안식일

대부분의 현대 사람들은 윤리에 대해 관심이 많다. 최근에는 개인윤리와 함께 사회윤리가 그 어느 때보다 강조되고 때때로 사회 지도급 인사들의 사생활이 TV 뉴스와 신문지면에서 논란의 대상이 되기도 한다. 국민의 대표인 국회의원이나 지방자치단체장들을 뽑는 선거에서 시민단체가 출마자의 과거 행적들을 언론에 발표하여 투표에 상당한 영향을 끼치기도 하였다. 또한 시민단체들과 언론은 정당, 종교, 기업을 망라하여 잘못이 있다고 생각하면 그것을 발표하여 여론의 질책을 받게 한다. 이는 지금까지 과

거의 우리 사회가 바른 생활을 하지 못한 것에 대한 반성이기도 하지만 국민 모두가 올바른 윤리의식을 갖자는 바람이기도 하다.

일반사회뿐 아니라 기독교회 내에서도 과거 어느 때보다 기독교인의 바른 생활을 강조하는 음성이 커지고 있다. 자유주의 신학을 지향하는 지도자들은 정부 정책과 그들의 잘잘못에 대해 많은 관심을 나타내 보였고 기독청년 대학생들도 시민단체들과 합세하여 사회의 공익에 위배되는 집단을 향하여 정부나 경제단체를 막론하고 분명한 반대의 입장을 표하기도 하였다. 심지어 교회지도자들이 사회의 공공이익을 해치는 집단을 향해 목소리를 높이기 위하여 모든 종교집단을 초월한 하나의 단체를 만들어 동일한 목소리를 내기도 하였다. 그 결과 시민단체와 함께 종교집단들이 때로는 정부와 경제계 등 사회의 지도급 집단들에게 상당한 실력을 과시하기도 한다. 앞으로 개인과 집단의 사회윤리를 강조하는 현상은 더욱 강조될 것이다. 이러한 경향이 교회에도 강하게 나타날 것이며, 따라서 과거보다 더 큰 영향을 받게 될 것이다.

근래 우리 사회와 교회는 생활과 윤리는 강조하면서도 생활원리, 즉 생활철학과 신학은 등한시하는 모순된 점을 보인다. 학교교육이 기술을 강조하면서 교양교육, 역사, 철학, 윤리교육 등을 뒷전으로 밀고, 교회도 기독교신학의 독특성을 강조하지 않는다. 다른 종교집단들과 사회운동을 협력하는 상황에서 성경에서 가르치는 대로 기독교만이 영생을 주는 유일한 참 종교임을 강조한다면 그들과 공조가 불가능할 것을 염려하여 근래에는 신학자들이 신학의 경계를 넘어 타종교와 종교 혼합을 주장하거나 기독교의 정통교리를 거부하는 사례가 적지 않다. 이러한 현상은 항상 새로운 것을 추구하면서 시대의 조류에 영합하려는 부패한 인간 본성의 산물이다. 바른 윤리와 생활은 올바른 신학과 신앙이 있을 때만 가능하다. 누구든지 무슨 행동이나 생활을 하려면 자기의 가치관과 신앙에 따라서 하게 된다. 기독교를 포함한 모든 종교인들은 그들의 종교적 신앙과 교리가 가르치는 윤리관을 자기의 가치관으로 삼기 때문에 신학과 신앙이 옳지 않으면 바람직한 바른 생활을 할 수 없다는 결론이다.

우리는 하나님 앞에서 바르고 진실한 생활을 해야 하지만 무엇이 참진리인지 인간들은 알지 못한다. 진리의 기준이 시대와 시대, 사회와 집단, 개인마다 다를 수 있다. 그러나 기독교인은 옳고 그름의 문제에서 하나님의 특별계시인 성경에 의존해야 한다. 성경만이 완전하고 무오하며 충족한 의무와 행위의 법칙을 가르치고 있다고 믿는 것이 우리 신앙의 대 원칙이다. 모든 성경 말씀이 우리의 신앙과 생활 지침의 안내자가 된다는 데는 의심할 여지가 없다. 하나님은 신구약 모든 성경을 통하여 하나님의 자녀들이 어떻게 생활해야 할 것인지에 대해 다양하고도 세밀하게 가르치신다. 딤후 3:16-17[87]에서 성경이 우리 생활의 지침서가 된다는 사실을 밝히고 있다. 이렇듯 성경은 우리가 가정과 교회와 사회에서 지켜야 할 생활의 모든 원리를 잘 제시하면서 가르친다는 사실을 믿어 의심하지 않는다.

성경 말씀이 우리의 윤리와 생활의 최고 권위를 지닌 안내자이지만 성도들이 성경에서 모든 상황에 맞는 생활 원리를 찾는 것은 간단하지 않다. 머레이에 의하면 오늘날 교회가 혼란하고 성도들의 생활에 문제가 많은 것은 성경에서 가르치는 최소한의 도덕법도 이해하지 못하거나 혹은 깨닫고 있다할지라도 지키지 않는 데 그 이유가 있다.[88] 성경은 윤리만을 가르치기 위해 만들어진 교과서가 아니기 때문에 기독교인들이 성경책에서 모든 상황에 맞는 생활규범을 찾기 어렵지만 성경에서 가르치는 도덕규범만이라도 인식하고 실천하면 세상에서 빛과 소금의 역할을 할 것이다. 그 이유는 도덕법이 특별히 우리 생활의 지침이 되기 때문이다.

그러면 도덕법(moral law)이란 무엇인가? 도덕법은 하나님의 도덕적 본성을 인간생활에 나타내는 반영 혹은 표현이며[89] 인간의 양심에 계시 된

---

87) 딤후 3:16-17 모든 성경은 하나님의 감동으로 된 것으로 교훈과 책망과 바르게 함과 의로 교육하기에 유익하니 이는 하나님의 사람으로 온전케 하며 모든 선한 일을 행하기에 온전케 하려 함이라.

88) John Murray, 『존 머레이 선집』1: 『조직신학I』, 196.

89) 도덕법은 많은 신학자들이 강조한다. 도덕법에 관한 자료들은 대략 다음과 같다. Calvin, 『기독교 강요』, 2권 8장 1-2절, 2권 7장 3-4절, 3권 19장 15-16절, 4권 10장 3절, 4권 20장 2절, John Murray, 『존 머레이 선집』1: 『조직신학I』,

하나님의 뜻을 반영하는 억제할 수 없는 지식이다.[90] 이 양심은 자연 질서와 반대되지 않으며 자연법을 나타내는 언어이다. 칼빈은 도덕법이란 하나님께서 인간의 마음에 새겨 주신 양심의 법에 지나지 않는다[91]고 가르쳤다. 도덕법이라고 하는 하나님의 율법은 자연법의 선언이며 하나님께서 자신의 뜻을 인간의 마음에 새겨 주신 양심이다.[92] 하나님이 심어 주신 이 양심은 사람이 태어날 때부터 심겨져있다. 선과 의를 추구하는 이 양심은 이교도들과 함께 모든 인류가 공통적으로 소유한 본성이며 하나님이 사람의 마음에 새긴 율법이다.[93] 이렇게 볼 때 인간의 양심에 심어진 도덕적 본성은 원초적이고 창조된 대로의 선을 의미하며 어떠한 악이나 죄는 자연스럽지 못하다.[94] 하나님은 모든 사람의 가슴에 하나님의 율법을 기록하였다고 할 수 있다. 그래서 사람이면 누구나 양심의 소리만 순종하면서 생활하여도 하나님의 뜻을 행할 수 있게 되었다.

사실 하나님의 형상에는 인간의 지성과 합리성, 그리고 양심을 나타내는 도덕성이 포함된다.[95] 하나님의 속성에는 선과 악을 분별하시는 지혜와 함께 죄를 멀리하는 거룩성과 악을 심판하시는 공의적 요소가 있다. 따라서 양심에 이러한 하나님의 속성인 도덕법이 새겨져있기 때문에 사람은 거룩하고, 의롭고, 선한 생활을 하도록 요구당한다. 나아가 인간은 그가 상관하

193-204, Thomas Watson, 이기향 역, 『십계명 해설』, (서울: 기독교문서선교회, 1984),65-71, 최낙재, 『소요리문답 강해』 11, 21-42, James M. Boice, 김덕천 역, 로마서: 1.『믿음으로 의롭다 함』(서울: 도서출판 줄과추, 1999), 306-316. R. A. Cole "Law in the Old Testament", ed., Merrill C. Tenney, *The Zondervan Pictorial Encylopedia of the Bible* 5, 883-894.

90) Paul Lehmann, *Ethics in a Christian Context* (New York: Harper, 1963), 333.

91) 칼빈, 『기독교 강요』, 4권 20장 16절.

92) 칼빈, 『기독교 강요』, 4권 20장 16절.

93) 칼빈, 『기독교 강요』, 2권 2장 22절.

94) David C. Jones, *Biblical Christian Ethics* (Grand Rapids: Baker Books, 1994, 73.

95) John Murray, 『조직신학I』, 196. Anthony Hoekema, 『개혁주의 인간론』, 126.

는 모든 피조물과의 관계에서도 도덕적으로 하나님의 완전성을 반영하기를 바라는 본성이 있다.[96] 인간은 이러한 도덕적 완전성을 하나님으로부터 물려받았다.

그러므로 도덕법이란 인간생활에서 하나님의 속성을 나타내는 거룩하고, 의로우며, 선한 생활을 하도록 하는 표준이다. 칼빈은 이 도덕법을 인간이 자신의 생활을 하나님의 뜻에 맞추어 살아가야 하는 참되고 영원한 의의 규범(the true and eternal rule of righteousness)으로 정의하였다.[97] 하나님의 형상으로 창조된 인간의 마음에 하나님의 속성인 거룩과 공의와 선함이 심어졌기 때문에 유대인과 함께 이방인이라 할지라도 인간으로서 지켜야 할 가장 근본적인 법 정신이 그들의 마음에 새겨져있다. 칼빈을 포함한 옛날 신학자들은 이것을 도덕법 혹은 자연법(law of nature)이라 불렀다.[98] 이 자연법 혹은 도덕법을 바울이 로마서에서 소개하였다.

칼빈은 이 자연법을 중요하게 생각하였다. 인간은 자신들의 마음에 새겨진 자연법에 따라 올바르게 살아가야 한다는 확실한 교훈을 받고 있기 때문이다.[99] 칼빈은 신 16:18-19을 본문으로 한 설교에서 "만약 우리가 하나님이 창조하신 그 온전한 성품을 그대로 유지하였더라면 오늘처럼 강력한 정부가 필요하지는 않았을 것이다. 왜냐하면 모든 사람이 그 마음속에 법을 지니고 있기 때문에 누구든지 외부의 강요 없이 법을 지켰을 것이다" 하였다.[100] 칼빈은 하나님이 인간에게 너무 완전한 도덕법을 주셨기 때문에 아담이 타락하지 않았다면 정부가 법으로 범법자를 규제하거나 처벌할 필요가 없고, 정부의 사법적 기능이 없어도 모든 사람이 스스로 선행을 하면서 악한 일은 하지 않아 강력한 정부가 필요하지 않았을 것이라고 하였다.

---

96) John Murray, 『존 머레이 선집』:『조직신학I』, 196
97) 칼빈, 박희석 역, 『칼빈의 십계명 설교』, 37-38.
98) Calvin, 『기독교 강요』, 제1권 1장 22절, 2권 8장1-2절, 로마서 2:14-16에 대한 주석 등에서 칼빈은 도덕법을 자연법으로 해석하였다.
99) 칼빈, 『기독교 강요』, 2권 2장 22절.
100) Calvin, *Sermons on Deuteronomy*, Ch. 16:18-19

영국의 종교개혁가들은 칼빈의 신학을 영국교회 신학으로 받아들였다. 청교도들만큼 도덕법을 강조한 사람은 없을 것이다. 그들은 도덕법(moral law)을 인간이 소유한 자연적 본성으로 파악하였기 때문에 그것을 자연법(natural law)이라 불렀다.[101] 청교도들에 의하면 하나님의 형상으로 창조된 인간은 자연히 창조주에게 도덕적 순종관계가 형성되어 하나님의 율법과 인간의 합리적 본질(rational nature)은 밀접한 관련이 있다고 믿었다. 아담은 합리적 피조물로 창조되었기 때문에 자연히 하나님의 모든 율법이 그의 마음에 기록되었다. 따라서 모든 인간은 하나님의 율법을 지키면서 악은 피하고 선만 추구해야 한다.[102] 인간은 하나님의 뜻에 따라 본능적으로 악한 죄는 멀리하고 선하고 착한 생활을 하도록 지음을 받았다.

청교도들의 신학적 결정체는 웨스트민스터(Westminster) 고백서와 대소요리문답서이다. 대요리문답에서 다음과 같이 가르친다. "도덕법은 인류에게 선포된 하나님의 의지이다. 모든 사람이 개별적으로 온전하게 영원토록 이 법을 지켜 순종하되 마음을 다하고 힘을 다하여 하나님과 사람에게 마땅히 해야 할 모든 의무를 성결과 의로 행하도록 지시하시고 요구한다. 이 도덕법을 지키면 생명을 약속하고 이것을 위반하면 죽음으로 경고한다."[103] 대요리문답서에 의하면 도덕법은 인류를 향한 하나님의 의지이며 모든 사람들이 영원히 지켜야 한다고 강조하였다. 도덕법은 인간의 본성이기 때문에 이것을 거부하면 인간이기를 거부하는 결과를 초래한다. 청교도들은 하나님의 본성인 도덕법이 인간 행위의 본성으로 주어진 것이 아니라 인간 본성의 법으로 주어졌다고 강조한다. 그래서 청교도인 버자스(Anthony Burgess)는 도덕법은 하나님의 신성의 복사본이므로 이 도덕법을 지키지 않고 거역하는 것은 하나님의 공의와 선하심을 거부하는 것으로 해석하였다.[104]

---

101) Ernest F. Kevan, *The Grace of Law: A Study in Puritan Theology* (London: The Carey Kingsgate Press), 53.

102) Ernest F. Kevan, *The Grace of Law: A Study in Puritan Theology* (London: The Carey Kingsgate Press Limited), 53

103) 대요리문답 93번

그렇기 때문에 롬 10:5에서 "모세가 기록하되 율법으로 말미암는 의를 행하는 사람은 그 의로 살리라"고 하였다. 모세가 성경을 기록할 때 이미 모든 사람이 타락하였지만 원래 인간은 하나님의 속성인 거룩과 공의와 선을 받아 그 뜻을 지키면서 생존하도록 만들어진 존재들이다. 하나님께서 인간을 창조하실 때 이 원리를 스스로 알도록 마음속에 본성으로 심어 주심으로 인간이 이 사실에 대해 특별한 강의를 듣거나 교육을 받지 않아도 본능적으로 그것을 알도록 하셨다.

그러나 아담의 타락으로 인하여 모든 인간의 이성과 지성과 감정이 흐려져서 하나님이 심어 주신 인간의 본성이 큰 상처를 받았다. 아담이 지은 죄의 결과 모든 인간이 타락하므로 하나님의 본성을 알게 하는 능력이 부서져 그 빛이 흐려졌고, 인간은 스스로 하나님의 말씀과 계명을 순종하고 지킬 수 있는 능력이 거의 말살되었다. 결국 인간의 마음에 뿌려져 심어진 하나님의 법이 너무 희미하게 나타나기 때문에 인간 스스로 인식이 불가능하게 되었다. 아담의 타락이 인간에게 끼친 악영향은 너무 엄청나고 커서 말과 글로 다 표현할 수 없다. 현재 우리 인간의 마음은 죄로 인하여 타락하고 부패하여 하나님의 말씀을 오히려 반역하고 있지만 아담이 타락하기 전 무죄 상태 때는 기쁘고 즐거운 마음으로 거룩하고 선한 생활이 가능하였다. 하나님이 인간의 마음에 도덕법을 새겨서 그것을 알게 하였을 뿐 아니라 그 법을 지킬 수 있는 능력을 함께 주셨기 때문이다.

또한 롬 2:14-15[105]의 말씀은 이 원리를 더 분명하게 가르친다. 롬 2:1-3[106]에서 바울은 다른 사람을 판단하고 정죄하는 사람을 책망하고 있다. 1

---

104) Anthony Burgess, *Vindiciae Legis : Or, A Vindication of the Moral Law and Covenant, From the Errours of Papists, Arminians, Socinians, and more especially Antinomians* (London, 1646), 142. quoted in John Von Rohr, *The Covenant of Grace in Puritan Thought* (Scholars Press: Atlanta, Georgia, 1986), 38.

105) 롬 2:14-15 율법 없는 이방인이 본성으로 율법의 일을 행할 때는 이 사람은 율법이 없어도 자기가 자기에게 율법이 되나니 이런 이들은 그 양심이 증거가 되어 그 생각들이 서로 혹은 송사하며 혹은 변명하여 그 마음에 새긴 율법의 행위를 나타내느니라.

절에서 "남을 판단하는 사람아, 무론 누구든지 네가 핑계치 못할 것은 남을 판단하는 것으로 네가 너를 정죄함이니"라는 말로 엄중하게 질책한다. 자신은 거룩하고 고결한 것처럼 하면서 다른 사람을 판단하고 비방하는 사람, 즉 바울의 엄중한 책망과 비난의 대상이 된 사람은 누구인가? 칼빈은 "자기들의 행위가 하나님을 만족시키는 줄 상상하지만 실재로는 거룩의 가면으로 위선적 생활을 하는 유대인을 향한 질책"으로 해석하였다.[107] 존 머레이도 2장 전체의 흐름은 바울이 유대인을 염두에 두고 글을 썼기 때문에 책망 받을 대상은 유대인으로 보고 있다.[108]

롬 2:14의 "율법 없는 이방인"이라는 말은 바울이 인류를 두 분류로 나누어 모세를 통해 율법을 받은 이스라엘 백성과 그 외의 모든 민족을 율법 없는 이방인으로 표현했다. 하나님은 이스라엘 백성들과 특별한 관계를 맺으셨다는 사실은 의심의 여지가 없다. 그들에게는 하나님의 계시의 말씀, 약속, 언약들이 선포되고 가르쳐졌다. 아브라함과 맺은 언약으로 아브라함의 후손으로서 모든 유대인들은 언약의 유익을 누려왔다. 따라서 이방인들에게 숨겨졌던 하나님의 계시의 말씀이 그들에게는 선포되고 가르쳐졌다. 그래서 이스라엘 백성은 모세를 통해 주신 율법을 지켜 행하므로 구원받으려 하였다. 그들은 구원이 율법을 통해 완성된다고 믿었다. 경건한 유대인들은 많은 시간을 할애하여 율법을 묵상하고, 회당에서 성경 낭독과 강론 시간에 빠짐없이 출석하였다.[109] 그들은 자신들의 업적을 큰 소리로 외쳐 자랑도 하였다.[110] 바울도 빌 3:5-6에서 자기 자신은 율법의 의로는

---

106) 롬 2:1-3 그러므로 남을 판단하는 사람아, 무론 누구든지 네가 핑계치 못할 것은 남을 판단하는 것으로 네가 너를 정죄함이니 판단하는 네가 같은 일을 행함이니라. 이런 일을 행하는 자에게 하나님의 판단이 진리대로 되는 줄 우리가 아노라. 이런 일을 행하는 자를 판단하고도 같은 일을 행하는 사람아, 네가 하나님의 판단을 피할 줄로 생각하느냐.

107) John Calvin, *The Epistle of Paul the apostle to the Romans and to the Thessalonians*(Grand Rapids: Eerdmann, 1973), 40.

108) John Murray, *The Epistle to the Romans*(Grand Rapids: Eerdmann, 1968), 55-56.

109) James M. Boice, 『로마서』, 309.

흠이 없다고 자랑하기도 하였다.

그러나 성경은 죄를 범하지 아니한 의인은 세상에 한 명도 없다고 하였다. 바울은 유대인들에게 하나님 앞에서는 율법을 듣는 자가 의인이 아니요 율법을 행하는 자가 의인이라(롬 2:13) 하였다. 유대인들은 율법을 듣고 입술로 외치기만 하였지 율법이 가르치는 원리와 정신을 따라 생활하지 않고 오히려 그 율법을 역행하는 생활을 하였다. 다윗은 주의 목전에 의로운 인생이 하나도 없나이다(시 143:2) 한탄하였다. 사도 바울은 육체의 소욕은 성령을 거스르고 성령의 소욕은 육체를 거스른다(갈 5:17)고 하였다. 바울에 의하면 육체를 입은 인간은 자력의 힘으로 성령의 소욕인 하나님의 계명을 결코 지킬 수 없다.[111] 바울은 기록된 바 누구든지 율법책에 기록된 대로 온갖 일을 항상 행하지 아니하는 자는 저주 아래 있는 자라(갈 3:10; 신 27:26) 하였다. 그러므로 이스라엘 백성들도 롬 2:21-23[112]에 의하면 하나님의 율법을 알면서도 지키지 않았을 뿐 아니라 오히려 그 말씀들을 거역하여, 하나님으로부터 받은 혜택을 자기들의 소유로 만드는데 실패하였다. 결국 유대인들은 율법 아래서 범죄 하였다.

그러나 제임스 보이스는 바울의 책망을 받을 사람은 유대인만이 아니라고 주장한다. 보이스에 의하면 로마서 1장의 흐름에 비추어 2장을 분석하면 유대인과 함께 이방인도 바울의 책망에 포함된다고 강조한다.[113] 사실 이방 철학자들이나 이교도들 가운데 고상한 생활을 하면서 스스로 거룩한

---

110) 눅 18:11-12 나는 다른 사람들 곧 토색, 불의, 간음하는 사람들과 같지 아니하고 이 세리와도 같지 아니함을 감사하나이다. 나는 이레에 두 번씩 금식하고, 또 소득의 십일조를 드리나이다.
눅 18:21 부자 청년은 예수께 하나님의 모든 계명들은 어려서부터 다 지키었나이다 하였다.
111) 칼빈은 타락하여 부패한 인간이 하나님의 뜻을 결코 순종하거나 지킬 수 없다는 주장을 강하게 한다. 『기독교 강요』 2권 7장 3-6절.
112) 롬 2:21-23 그러면 다른 사람을 가르치는 네가 네 자신을 가르치지 아니하느냐 도적질 말라 반포하는 네가 도적질하느냐 간음하지 말라 하는 네가 간음하느냐 우상을 가증히 여기는 네가 신사(紳士) 물건을 도적질하느냐 율법을 자랑하는 네가 율법을 범하므로 하나님을 욕되게 하느냐.
113) James M. Boice, 『로마서』, 267.

척하면서 다른 사람을 무시하거나 멸시한 사례가 많다. 롬 2:1-3에 나타나는 책망의 주요 대상은 유대인이라 할지라도 이방인이 완전히 배제된다고 할 수 없다. 인간의 보편적이고 일반적 성향이 자신들은 선한 줄 착각하면서 다른 사람을 무시하고 비판하기를 좋아하기 때문에 당시 철학자들이나 이교도들은 자신들의 윤리관과 생활이 고귀한 줄 알고 기독교인을 무시하는 사례가 상당히 많았다. 그래서 롬 2:4 이하의 말씀들도 유대인과 함께 이방인들에게도 해당이 된다. 1절에서 바울의 책망을 받아야 할 대상은 유대인과 함께 모든 이방인이며, 따라서 모든 인류가 대상이다.

양심이나 본성이 무엇인가를 바로 이해할 필요가 있다. 모든 사람의 마음에 새겨진 본성 혹은 양심이란 부모를 공경해야 된다는 것과 거짓말, 도둑질, 간음, 살인 등을 하면 안된다는 법을 뜻한다. 이러한 규범들은 모두 십계명 가운데 제5계명에서 10계명에 걸쳐 나타난 내용들로 인간이 사람으로서 생활하는 동안 최소한으로 지켜야 할 근본적인 규범이다. 이 십계명은 시내 산에서 모세가 하나님께서 두 돌판에 기록하여 주신 것을 받아 오늘날 우리에게까지 전달되었지만 사실 하나님은 그 십계명을 인류의 시조 아담의 마음판에 제일 먼저 기록하여 주셨다. 아담의 마음에 새겨진 법을 본성, 혹은 양심이라 한다면, 그 동일한 내용이 간결하고 분명한 글로 요약 정리된 것이 십계명이다. 즉 십계명은 모세가 시내 산에서 하나님으로부터 받기 전에 아담의 마음에 먼저 심어졌다. 인류의 조상 아담의 마음에 하나님의 법이 뿌리가 내렸다는 것은 그의 모든 후손들의 마음에도 동일하게 심어진 것으로 모든 인류는 각자 그들 자신의 마음에 하나님이 심어 주신 본성인 양심의 법을 소유하고 있다.

십계명 제5계명에서부터 제10계명이 아담의 마음에 심어진 본성이라면, 제1계명에서부터 제4계명까지의 내용도 그 본성의 법에서 제외될 필요가 없다. 신구약은 항상 십계명 전체를 하나로 묶어서 취급하고 1계명부터 4계명, 그리고 5계명부터 10계명을 분리하여 다르게 취급하지 않았다. 이 모두는 하나님의 뜻을 나타내는 하나의 계명이다. 십계명이 모든 인간의 마음에 심어진 본성이며 양심이라면 안식일 규범인 제사 계명도 자연히 양심법이며, 본능의 법이다. 십계명 가운데 다른 아홉 개의 계명은 도덕법인데 제사 계명만 제외된다는 것은 억지 논리일 것이다. 모든 십계명이 인간이면 반드시 지켜야 할 본성의 법이라면 안식일법 또한 창조 때부터 모든 인간의 마음에 뿌리내려진 인간의 본능이다.

그래서 바울은 "그 마음에 새긴 율법의 행위를 나타내느니라"고 하였다. 이방인들은 유대인처럼 하나님의 율법을 받지는 않았다 할지라도 하나님께서 창조 때 이방인들의 마음에도 율법을 심었기 때문에 하나님의 율법을 알 수 있게 되었다. 바울은 마음에 심어진 이 도덕법을 양심이라 하고, 올바른 생활을 하지 않았을 때 양심이 증거가 되어 그 생각이 서로 송사하며 혹은 변명하여 그 마음에 새긴 율법의 행위를 나타낸다고 하였다. 마지막 심판 때 누구든지 법을 알지 못하여 지키지 못하였다는 핑계는 할 수 없다는 뜻이다.

아담의 타락으로 하나님의 형상이 너무 큰 상처를 입은 결과 인간은 자연을 통해 얻을 수 있는 신 지식과 마찬가지로 양심에 새겨진 하나님의 율법을 심각하게 왜곡하고 있다. 칼빈에 의하면 모든 인간의 재능이 부패하여, 사람이 선악을 구별하여 사물을 이해하고 판단하는 능력인 이성이 완전히 소멸되지는 않았지만 일부분은 약화되고 일부분은 기형적인 잔해가 남았을 뿐이다.[114] 그래서 인간은 하나님의 율법에 대해 무지하다. 이 무지는 원죄의 결과로 왔으며 모든 인간은 출생 때부터 하나님의 율법을 파괴하는 본성을 지니고 있다.

인간에게 심어진 도덕법이 거의 소멸될 만큼 심각할 정도로 부패하였지만 그럼에도 불구하고 그 도덕법이 완전히 소멸되지는 않았다. 만약 아담의 타락으로 양심이 완전히 소멸되어 없어졌다면 지구상에 인류의 생존 상황은 지옥으로 변화되었을 것이다. 오늘날 불신자들에게도 화인 맞은 양심이라 할지라도 최소한의 양심인 도덕법이 있기 때문에 현재와 같은 가정생활과 사회와 문화생활이 가능하다. 그러나 하나님의 형상이 너무 큰

---

114) 칼빈, 『기독교 강요』, 2권 2장 12절.

피해를 입는 것과 함께 도덕법도 엄청난 손상으로 정상적 기능을 발휘하지 못한다. 모든 사람의 마음에 뿌려진 도덕법의 양심이 정상적 기능을 발휘하지 못하고 삐뚤어진 작동을 하기 때문에 인류사회 전체가 온통 문제투성이로 복잡하게 변하였다.

성경에 나타난 하나님의 율법은 십계명에 요약되어 있다. 십계명에 요약된 하나님의 율법이 도덕법이다. 칼빈은 모세의 율법과 양심의 법인 도덕법, 그리고 예수님의 윤리적 교훈과 모세의 율법을 동일시 하였다. 그는 "모든 사람의 마음에 내면적인 법이 기록되어 있으며 그것이 새겨져 있다. 그것은 저 두 돌판에서 배울 수 있는 것과 동일하다"[115]고 하였다. 그리고 이어서 분명히 그리스도는 경건하고 의로운 생활의 법칙을 규정하셨는데, 이것은 모세의 법에서 규정된 것과 동일한 것이라[116]고 가르쳤다. 우리는 우리의 마음에 기록된 도덕법의 내용이 무엇인지 정확하게 알 수 없었으나 성경을 통해 배울 수 있다. 그 내용은 모세를 통해 우리에게 주신 십계명이다.

십계명 가운데 첫 돌판에 새겨진 내용은 하나님에 관한 인간의 의무이고, 두 번째 돌판은 우리 이웃을 향한 의무를 기록하였다. 근본적으로 인간이 지켜야 할 의무는 하나님에 대한 것과 인간을 향한 것 두 부분으로 분류 된다. 그 가운데 더 중요하고 우선적인 것은 사람에 대한 것보다 하나님을 향한 우리의 의무이다. 우리의 주제가 되는 안식일에 관한 제4계명은 첫 돌비에 속해 있으므로 분명히 더 우선되는 도덕법에 포함된다. 따라서 안식일법은 하나님께서 인간을 창조하실 때 제정하였으며 또한 그것을 지켜야 한다는 본능적 의식을 도덕법으로 주시면서 마음에 기록하였다.

그러므로 타락하기 전의 아담은 양심과 도덕의식이 완전한 상태로 생활하였기 때문에 안식일을 지키는 데는 아무런 어려움이 없었다. 오히려 하나님을 영화롭게 하는 예배를 적극적으로 온전하게 드렸다. 도덕법의 핵심이 되는 하나님을 영화롭게 하는 일을 완전하게 행하였기 때문에 그는 하

---

115) 칼빈, 『기독교 강요』, 2권 8장 1절.
116) Calvin, *Commentaries on Luke*, 10:25.

나님께서 누리는 안식의 기쁨에 동참하였다. 그러나 타락한 아담은 안식일을 완전하게 지킬 수 없게 되었고, 자신의 모든 의식 기관이 고장이 나고 파괴되었기 때문에 하나님을 배신한 인간은 하나님을 예배하기보다는 육신의 쾌락을 따르거나 우상을 숭배하게 되었다.

비록 아담의 후손들 가운데 일부가 안식일을 지킨다 할지라도 하나님께서 그들에게 주신 원리대로 지키지 않고 부패한 인간의 욕심이 원하는 방향을 따라 하였을 것이다. 하나님께서 아담에게 안식일과 하나님을 예배하는 원리에 관한 법을 주셨기 때문에 아담이 타락하기 전에는 완벽한 예배를 드렸을 것이다. 그러나 타락 후에는 아담의 모든 생활이 악하고 나쁘게 변질되는 것과 같이 안식일을 지키는 일과 하나님을 예배드리는 일도 크게 변질되었다. 하나님께서 아담의 양심에 심어 주신 안식일법이 부패하고 지워졌기 때문에 타락한 인간이 스스로 안식일을 지킬 수 없게 되었다. 또한 어떻게 안식일을 지켜야 하는지 그 원리와 방법도 알 수 없게 되었다. 그래서 하나님께서는 모세를 통해 안식일에 관한 법을 십계명에 포함하여 영원히 지워지거나 변질되지 않는 돌판에 기록하여 인간에게 주셨다.

도덕법인 십계명 가운데 인간을 위한 의무보다 하나님을 향한 의무가 우선이기 때문에 첫 돌비의 내용이 더 중요하다. 그 이유는 하나님과의 관계가 무너지면 인간들끼리의 윤리는 가치를 상실하게 되고, 이는 마치 부모와의 관계는 불효자로 생활하면서 형제들끼리 사랑한다면 형제간의 사랑이 빛을 잃고 의미가 없는 것과 같다. 하나님과 관계가 되는 안식일법을 지키지 않는다면 인간들끼리의 법도 사실은 지킬 수 없다. 즉 안식일을 제대로 준수하지 못하면 두 번째 돌비의 내용을 아무리 잘 지킨다 해도 하나님이 보실 때 가치가 없다. 하나님과 올바른 관계를 유지하는 길은 최소한 일주일에 한 번씩은 하나님께 예배드리는 주일을 거룩하게 지킬 때만 가능하다. 하나님을 바로 섬기지 않고 다른 일을 아무리 훌륭하게 한다 할지라도 그것은 전혀 가치가 없다.

이 도덕법의 중심에는 하나님을 경배하고 예배 드려야 한다는 안식일 신학이 그 중심에 자리하고 있다. 예배는 인간이면 본질상 하나님께 반드시 드려야 할 것으로, 성도들이 안식일에 해야 할 중심적이고도 가장 중요한 의무이다. 오웬은 "인간은 누구나 의무적으로 일정한 시간을 할애하여 하나님께 예배 드려야 한다는 것을 부인할 수 없다. 그 이유는 하나님을 예배하는 일이 안식일법의 본질이기 때문이다"[117]라고 하였다. 안식일을 지키면서 하나님께 예배드려야 한다는 원리를 하나님께서는 모든 인간의 본성으로 그들의 마음에 심어 주셨다. 그래서 안식일에 관한 계명이 바로 도덕법이다. 청교도들의 가르침에 따르면 누구든지 일정한 시간을 정하여 하나님께 예배드리지 않는다면 그의 마음이나 양심과 지식의 빛은 하나님이 주신 본성의 빛과 정면으로 충돌되는 것을 발견할 것이다. 그러므로 안식일을 지키지 않거나 무시하는 행위는 도덕법을 무시함이요 도덕법을 거부하는 행위는 하나님의 가장 중요한 뜻을 역행하는 행위가 된다. 다른 말로 표현하면 안식일을 지키지 않는 것은 인간의 본성을 어기는 행위이다. 청교도들은 본성을 역행하거나 위배하는 일을 인간이 자신의 존재를 거부하는 것으로 보았다.

칼빈의 가르침에 따르면 도덕법은 신앙생활과 교회와 가정에서 예배드리는데 절대 필요하다. 인간이 하나님께 예배드리는 일은 절대적인 의무인데 양심이 마비되거나 도덕법이 파괴된 사람은 그 의무를 인식하지 못하여 예배가 불가능하다. 하나님의 자녀들이 안식일에 해야 할 의무들 가운데 가장 중요한 일은 하나님께 예배드리는 일로, 사람의 마음에 뿌려진 도덕법은 안식일을 안식일답게 지키게 하기 위한 수단이 된다. 사람의 마음에 그 법이 없다면 주일의 공적 예배와 개인의 묵상이나 기도가 불가능하게 될 것이다.

따라서 하나님의 형상으로 지음 받은 사람이 하나님을 예배하는 것은 인간의 본성과 분리할 수 없는 도덕법의 요구이다. 오늘 우리 사회에서 주일이 아닌 다른 날 모든 성도가 정한 시간에 지정된 장소에서 예배드리기

---

117) John Owen, *The Exercitations Concerning the Day of Sacred Rest*, William Orme, ed. *The Work of John Owen D. D. With Memorial of His Life and Writing*(London, 1826), 330.

란 사회 제도적으로도 불가능하다. 예배 드리는 시간은 안식일이 가장 자연스럽고, 안식일법과 그 제도를 지키는 것이 도덕법을 순종하는 일이다. 안식일을 지키지 않는 것은 하나님의 속성인 도덕법을 어기는 행위이므로 그런 사람은 인간이라 할 수 없으며, 인간은 인간의 마음에 새겨진 본성의 빛을 따라 안식일을 반드시 지켜 하나님의 뜻을 순종해야 한다.

자연계시와 도덕법의 목적은 공통적으로 사람들이 하나님께 참된 예배를 드리고 영광 돌리는데 있으나 오히려 우상을 숭배하는 결과를 초래하였다. 그 이유는 사람의 마음에 종교의 씨앗이 있어 종교적 열심은 뜨거운데 마음에 뿌려진 종교의 씨앗이 변질되어 참종교에서 이탈하는 결과를 초래하였기 때문이다. 타락으로 인해 인간의 이성과 감정과 의지가 흐려졌기 때문에 자신의 눈앞에 펼쳐진 자연계시를 객관적으로 정확한 평가를 할 수 없다. 타락하였지만 가슴속에 불타는 종교적 열정이, 사물을 정확하게 분석 평가 할 수 없는 인간들로 하여금 우상을 섬기게 하여 지연을 하나님으로 알고 그것을 숭배하게 하였다. 어느 민족이나 모든 사람들이 우상을 숭배하며 이방종교를 믿는 이유는 바로 이러한 결과 때문이다.

이것은 하나님께서 도덕법과 자연계시를 주신 목적에 정면으로 도전한 것으로 인간이 하나님을 영화롭게 하고 예배드리도록 하기 위해 자연계시를 주셨는데 사람들은 하나님이 제일 미워하는 우상을 숭배하도록 하는 결과를 초래하였다. 이에 바울은 인간에게 주신 도덕법이나 자연계시만으로는 인간을 구원으로 인도할 수 없다는 사실을 강조하고, 성경에 기록된 그리스도를 통하지 않으면 누구도 창조주 하나님을 바로 알 수 없다고 했다. 그 결과 자연계시 아래 있는 자들도 자신들의 불신앙과 부도덕에 대해 심판을 받게 된다. 그 이유는 하나님의 완전하심, 곧 그의 영원하신 능력과 신성이 창조 때부터 그분이 지으신 만물을 통해 선포하고 있는데도 그들이 창조주를 인정하지 않았기 때문이다. 그들은 하나님을 하나님으로 예배드리고 감사도 하지 않았을 뿐더러 피조물을 창조주보다 더 섬기면서 우상을 숭배하는 죄를 범하였다. 바울은 롬 1:21-23에서 하나님을 하나님으로 인정하여 영광과 감사를 드리지 않고 사람들의 생각이 허망하여져서 하나님의 영광을 우상의 형상으로 바꾼 것에 대해 책망한다. 이어서 1:25[118]에서도 하나님의 진리를 거짓으로 바꾸어 피조물을 조물주보다 더 섬기는 죄를 범하지만 하나님이 그들을 저희의 더러움에 그대로 내버려두셨다고 하였다.

하나님은 하나님께서 유일하신 참하나님 되심과 우리가 하나님 되심을 알고 인정하며 그에 합당하게 하나님을 경배하고 영화롭게 할 것을 원하신다.[119] 사람은 누구나 종교적 본능이 있기 때문에 하나님을 바로 알고 경배하고 영광을 돌리지 않으면 우상을 숭배하게 되어 있다. 하나님을 섬기지도 않고 우상도 섬기지 않는 중립지대는 없다. 어떤 사람은 재물을 믿고 하나님 대신 재물을 섬기는 사람도 있고, 다른 이들은 권력을 만능 열쇠로 믿고 권력을 숭배하는 사람도 있다. 또 다른 이들은 하나님 아닌 다른 신을 의지하고 믿는다. 결국 사람이 하나님과 하나님의 말씀을 믿지 않으면 반드시 다른 헛된 신을 믿게 마련이다.

대부분의 현대 기독교인들은 하나님도 경배하면서 다른 우상도 섬기는 경우가 많다. 그 예가 사무엘 당시 이스라엘 백성들이다. 사무엘은 이스라엘 역사에서 위대한 지도자로 생존해 있는 동안 블레셋 사람들이 이스라엘을 넘보지 못했다. 하나님이 이스라엘을 지키는데 사무엘을 사용하셨다. 삼상 7:3[120] 말씀은 사무엘이 이스라엘 백성에게 교훈 한 말씀이다. 사무엘은 이스라엘이 블레셋의 침공을 받게 된 것은 우상을 숭배했기 때문이라고 책망하고 그들이 참자유를 원한다면 우상을 버리라고 강조하였다. 사무엘은 이스라엘 사람들이 하나님을 버리고 바알과 아스다롯만 섬겨서 책망

---

118) 롬 1:25 저희가 하나님의 진리를 거짓으로 바꾸어 피조물을 조물주보다 더 경배하고 섬김이라 주는 곧 영원히 찬송할 이시로다 아멘

119) 이 부분에 대해 더 깊은 연구를 원한다면 최낙재, 『소요리문답강해』 11, 43-149를 참고하기 바람. 최낙재 목사는 십계명 서론과 제1계명을 깊게 주해하면서 본문을 오늘의 기독교인에게 잘 적용을 시키고 있다. 일독하면 많은 유익이 있을 것이다.

120) 삼상 7:3 사무엘이 이스라엘 온 족속에게 일러 가로되 너희가 전심으로 여호와께 돌아오려거든 이방 신들과 아스다롯을 너희 중에서 제하고 너희 마음을 여호와께로 향하고 그만 섬기라 너희를 블레셋 사람의 손에서 건져내리라

한 것이 결코 아니라 그들이 하나님도 예배하면서 때로는 바알과 아스다롯을 섬기기도 하였기 때문에 이스라엘에게 오직 여호와만 섬길 것을 명하고 백성들의 마음을 하나님께 모았으며 여호와만 섬기게 하였다. 사무엘의 위대한 점은 이스라엘 사람들의 마음에서 우상을 제거하고 마음을 오직 하나님께만 향하고 하나님만 경배하고 섬기게 한 데 있다.

예수님은 마 6:24[121]에서 사람이 하나님과 재물을 동시에 섬길 수 없다고 하였다. 하나님만 섬기면 하나님만 섬기고 재물만 섬기면 재물만 섬기게 되는 것이지 이것도 섬기고 저것도 섬길 수는 없다고 말씀하셨다. 재물을 제일로 알고 돈을 하나님처럼 의지하면 그것이 우상이다. 오늘날 기독교인이 부처와 같은 형상을 만들어 두고 절하는 사람은 없을 것이다. 현대 사회는 과학과 문화가 발달되어 원시적 우상숭배는 자취를 감추어 가고 있다. 현대인들은 현대식 우상으로 물질, 권력, 학력, 자식이나 남편 등등의 우상을 섬기고 있다.

웨스트민스터 대요리문답 제일 계명에서 요구하는 의무에 관한 정의를 잘 내리고 있다.[122] 대요리문답은 성도가 우상을 섬기지 않으려면 적극적으로 해야 할 것이 무엇인지에 대해 자세히 설명하고 있다. 오직 하나님만을 생각하고, 명상하고, 기억하고, 높이고, 공경하고, 경배하고, 사랑하고, 사모하고, 영화롭게 하라고 하셨다. 즉 다른 어떤 것도 하나님처럼 생각하고 명상하거나 사랑하지 말라는 것이다. 대요리문답은 이어서 죄 되는 문제들에 대해서도 설명한다.[123] 하나님과 함께 다른 신을 섬기지 말라는 말씀이

---

121) 마 6:24 한 사람이 두 주인을 섬기지 못할 것이니 혹 이를 미워하며 저를 사랑하거나 혹 이를 중히 여기며 저를 경히 여김이라. 너희가 하나님과 재물을 겸하여 섬기지 못하느니라.

122) 웨스트민스터 대요리문답 104번. 제일 계명에 요구되는 의무는 우리의 하나님이심을 알고 인정하며 따라서 그만을 생각하고, 명상하고, 기억하고, 높이고, 공경하고, 경배하고, 좋아하고, 사랑하고, 사모하고, 경외하므로 그에게만 경배하고, 영화롭게 하는 것이다. 또 그를 믿고 의지하고 바라고 기뻐하고 즐거워하고 그에 대한 열심을 가지고 그를 불러 모든 찬송과 감사를 드리고 전인격적으로 그에게 모두 순종하고 복종하며 그를 기쁘시게 하기 위하여 범사에 조심하고 만일 무슨 일에든지 그를 노엽게 하면 슬퍼하며 그와 겸손히 동행하는 것이다

다. 동시에 하나님을 섬기되 성경 말씀이 가르치는 대로 섬기면서 신앙생활 할 것을 가르친다. 대요리문답에서 가르치고 설명하는 내용들을 지키기를 노력하면서 생활하는 것이 하나님을 기쁘게 하는 일이다.

인간을 하나님의 형상대로 창조하신 목적은 하나님을 영화롭게 하고 영원히 그를 즐겁게 하기 위함이어서 하나님은 인간을 창조하실 때 그의 본성을 하나님의 영광을 나타내도록 하셨다. 즉 하나님은 자신이 인간을 창조하신 목적에 맞추어 활동하도록 인간의 마음이 천부적으로 하나님을 향하고 그 분께 예배하는 속성을 심어 주셨다. 즉 창조주 하나님께서 인간을 창조하신 목적은 자신이 영광을 받고 즐겁게 하기 위함인데 창조함을 받은 인간이 하나님에 대한 지식이나 예배와 공경의 마음이 없다면 인간으로서 존재가 불가능하게 된다. 하나님은 인간 창조의 목적에 맞게 인간의 마음과 본성도 하나님만을 향하고 그 분만 섬김으로 행복과 만족을 얻도록 하셨다.

---

123) 웨스트민스터 대요리문답 제105번. 제일 계명에 금한 죄들은 다음과 같다. 하나님을 부인하거나 모시지 않는 무신론과 참하나님 대신 다른 신을 모시거나 유일신보다 여러 신을 섬기거나 예배하는 우상숭배와 이 계명이 요구하는 바 하나님께 당연히 드릴 것을 무엇이든지 생략하거나 태만히 하는 것과 그를 모르고 잊어버리고 오해하고 그릇된 의견을 가지며 하나님께 합당치 않은 악의로 그를 생각하는 것과 그의 비밀을 감히 호기심을 가지고 꼬치꼬치 파고 들려 하는 것이다. 또 모든 신성모독과 하나님을 미워하고 자기를 사랑하고 또 자기 중심으로 지, 정, 의를 과도하고 무절제하게 다른 모든 일에 쏟는 것과 전적으로 또는 부분적으로 우리의 지, 정, 의를 하나님에게서 떠나게 하는 것과 공연한 경신(輕信), 불신앙, 이단, 그릇된 신앙, 의혹, 절망 완고함, 심판을 받으면서도 무감각하여 돌같이 굳은 마음, 교만 주제넘음, 유신의 방심, 하나님을 시험하는 것, 불법적인 수단을 씀과 비합법적인 수단을 의뢰하는 것이다. 또 육에 속한 기쁨과 향락에 빠지는 것과 부패하고 맹목적이며 무분별한 열심을 가지는 것과 미지근하여 하나님의 일에 대하여 죽음과 하나님에게서 멀어짐과 배교하는 것과 성도들이나 천사들 혹은 다른 어떤 피조물에게 기도하든지 종교적 예배를 드리는 것과 마귀와 의논하며 그의 암시에 귀를 기울이는 것과 사람들을 우리의 신앙과 양심의 주로 삼는 것과 하나님과 그의 명령을 경시하고 경멸하는 것과 하나님의 영을 대항하고 슬프게 하고 그의 경륜에 대해 불만스러워 하고 참지 못하며 우리에게 주신 재난에 대하여 어리석게 하나님을 원망하는 것과 우리들의 됨됨이나 소유나 능히 할 수 있는 어떤 선에 대한 칭송을 행운, 우상, 우리들 자신, 또는 어떤 다른 피조물에 돌리는 것이다.

인간이 창조주 하나님을 섬기고 예배하도록 하기 위하여 하나님은 아담을 자신의 형상을 따라 창조하셨다. 이는 마치 어린아이는 부모를 닮았기 때문에 아버지와 어머니를 따르며 부모의 품속에서 자라면서 만족과 행복감을 얻는 것과 같다. 하나님의 형상을 닮았다는 것은 하나님의 속성의 일부를 공유하고 있다는 뜻이다. 하나님의 속성인 지혜, 권능, 거룩, 공의와 선하심과 진실한 본질이 인간의 마음에 뿌려져 이러한 속성들은 인간이 소유한 인격의 총체라 할 수 있다. 하나님의 형상으로 만들어졌기 때문에 인간은 다른 피조물과 다르게 이러한 본성을 소유하고 있다. 그 결과 인간은 사회와 가정을 만들어 질서 가운데서 문화를 발전시키면서 생활하고 있다. 나아가 하나님의 형상이 있기 때문에 인간은 언제나 하나님을 찾고 예배하게 되고, 이는 인간이 본성적으로 안식일을 지키도록 만든다.

제3장

언약으로서의 안식일

모든 신학자들이 모세 시대에 안식일 제도가 존재하고 있었다는 데에 대해서 의견을 달리 하지 않는다. 우리가 제1장에서 본 바와 같이 하나님이 엿새 동안 천지 창조를 완성하신 다음 일곱째 날에 안식하심으로 결혼이나 노동 명령처럼 창조 언약 중 하나로 안식일이 제정되었다. 그러나 많은 학자들이 안식일법과 제도는 창조 규범이라는 사실을 부정한다. 안식일이 모세 시대 전에는 존재하지 않았으며, 따라서 모세 때까지는 누구도 안식일을 지키지 않았다고 주장한다. 안식일이 창조 규범임을 거부하는 다수의 학자들은 하나님이 모세를 통해 안식일을 처음 만들었다고 강조하고 안식일에 관한 제도와 법은 창조 규범이 아니라고 주장한다. 창조 규범이 아니기 때문에 모든 인류가 의무적으로 지켜야 할 규범이 될 수 없다고 논의를 확대시켰다. 이들은 안식일이 단지 선택받은 유대인과 이스라엘 민족만을 위해서 만들어졌다고 주장한다.[1]

---

1) 안식일이 모세에 의해 제정되었다고 주장하는 사람들은 다음의 학자들을 포함한 다수가 있다. 그러나 이들 모두가 5경의 모세 저작권을 부인하는 것은 아니다. N. E. Andearson, "Recent Studies of the Old Testament Sabbath: Some Observation," *Zeitschrift fur alttestamentliche Wissenschaft* 86 (1974): 455. Charles R. Briggs, "Exposition and Adaptation of the Sabbath Commandment in the OT," *Australian Biblical Review*, 23 (October 1975): 13-23. Werner H. Schmidt, *The Faith of the Old Testament*, 89. Griffith, "The eschatological significance of the Sabbath," 67-8. Gnana Robinson, *The Origin and Development of the Old Testament Sabbath*, 22. Robinson, "The Prohibition of

그러나 성경은 안식일이 창조 규범으로서 아담에게 주어졌을 뿐만 아니라 아담의 후손들도 지켰을 것으로 암시되어 있다. 따라서 창조 규범으로 주어진 하나님의 언약들이 어떻게 다음 세대에 전달되었는지 살피는 것은 대단히 중요한 문제이다. 창조 언약에 속하는 도덕법이 후대에 전하여진 내용을 알면 동일한 언약인 안식일도 자연스럽게 후손에 전해진 과정을 이해하게 될 것이다. 그래서 이 장에서는 창조 과정에 하나님의 창조 언약이 있는지, 있다면 그 창조 언약이 안식일과 어떠한 관계가 있는지 검토하고자 한다. 먼저 창세기에 나타난 창조 기사를 연구하면서 천지창조가 정말 하나님의 언약에 의해 창조되었는지를 논증할 필요가 있다. 만약 하나님께서 창조 때 언약에 의해 만물을 만드셨다면 누구와 어떠한 언약을 하였는지 제시하셨을 것이다. 천지만물이 하나님의 언약에 의해 만들어졌다면 창조과정의 마침이 되는 하나님의 안식도 언약이 된다. 그리고 언약은 무엇이며 그 언약의 유효성은 언제까지인지 아는 것도 중요하다. 만약 창조 때 언약에 의해 천지만물이 만들어졌고, 그 언약이 영원하다면 자연히 안식일도 변함없는 영원한 언약이 된다.

그리고 도덕법으로 아담에게 주어진 모든 내용은 모세를 통하여 성문화된 형태로 나타난다. 따라서 다른 도덕법과 함께 안식일에 관한 자세한 설명과 규정은 십계명 제4계명에서 설명하고 있다. 안식일에 관한 더 깊은 연구를 위해 십계명에 나타난 안식일에 관한 연구가 필연적이다. 그래서 우리는 하나님께서 모세에게 써 주신 두 돌비의 십계명과 거기에 기록된 안식일에 대해서도 살펴볼 것이다.

1. 창조와 언약

성경은 하나님께서 자신이 창조하신 피조물들과 많은 언약을 맺었다고 가르치는데 언제 그 언약이 처음 시작되었는가? 신학자들 사이에 약간의

Strange Fire in Ancient Israel: A New Look at the Case of Gathering Wood and Kindling Fire on the Sabbath," *Life of Constantine* 28 (1978): 301-17.

논란이 있기는 하나 하나님이 피조물과 맺은 언약은 창조과정에서부터 시작된다. 언약의 핵심이 되는 내용은 인간과 관련한 것이기는 하지만 하나님은 자연계를 창조할 때부터 언약적 관계에서 모든 피조물을 창조하셨다. 하나님이 정하신 언약은 그 당시 당사자에게만 유효한 것이 아니라 그들의 후손에게까지 영향을 미치고 있다.

성경은 하나님과 맺은 언약이 수천대까지 연장된다는 사실을 가르친다. 신 7:9에서 "네 하나님 여호와는 신실하신 하나님이시라 그를 사랑하고 그 계명을 지키는 자에게는 천 대까지 그 언약을 이행하시며 인애를 베푸시느니라"고 언약의 영속성을 나타낸다. 한 세대를 40년으로 계산하여도 천 대는 사만 년이 되며, 이는 하나님의 언약은 그 유효성이 영원하다는 의미이다. 성경은 아담, 노아, 아브라함과 맺은 언약이 그들의 후손에게도 그대로 적용되고 있음을 나타내고 있다. 그렇기 때문에 조상들이 맺은 언약을 후손들도 반드시 지켜야 한다는 뜻이다.

성경에서 언약을 설명할 때 사용된 단어들은 다양하다. 먼저 베리트(berit)가 사용되었는데 이는 창세기에서 언약이 지닌 결속과 맹세로 때가 차면 그것이 반드시 실현된다는 확실성을 갖고 있다.[2] 창 6:18; 9:9 등에서 노아와의 언약을 세울 때와 창 17장에서 할례의식 때도 베리트가 사용되었다. 베리트는 '단절되다'라는 의미를 갖고 있다. 약속을 위반할 경우 단절되어 끊어진다는 뜻으로 할례 언약에서 베리트가 사용되었다. 그리고 베리트는 언약의 내용이 쌍방 합의하에 동의되었다는 공식적 표현이다. 또한 세운다는 뜻을 가진 바브(waw)도 언약을 나타낸다(창 17:1-2). 언약을 가리키는 또 다른 단어는 나탄(natan)으로 세우다, 수립하다라는 뜻이 있다(창 15:18).[3] 그러므로 언약은 서로의 합의하에 무엇을 하겠다는 것을 공적으로 나타내는 의미이다. 언약은 공통으로 인식할 수 있는 구성 요

---

2) Thomas Edward McComiskey, 김의원 역, 『계약신학과 약속』*(The Covenant of Promise: A Theology of Old Testament Covenant)*, (서울: 기독교문서선교회. 1987), 63.

3) McComiskey, 『계약신학과 약속』, 68.

소들로서, 쌍방을 묶는 합의를 뜻하는 표로 행하는 의식이 따른다.

고대사회에서 민족과 민족이 언약을 맺을 때 그 언약의 약속을 지키겠다는 의지를 의식을 통해 표현하고 어느 한쪽이 그 약속을 지키지 못하여 파기한다면 파기하는 편에는 보복이, 동시에 반대편에는 보상이 있었다. 구약에 나타나는 언약은 고대 근동사회의 언약 체결 형태를 따르고 있다는데 학자들은 일치된 견해를 취한다. 성경에서 하나님과 인간이 언약을 맺을 때 서약 혹은 약속과 표적(sign) 혹은 의식이 있었다. 약속은 책임(obligation)이 수반된다. 이 언약을 맺을 때 의식은 선물을 증여하거나(창 21:28-32), 식사(창 26:28-30), 혹은 기념비를 수립하기도 하고(창 31:44이하), 아니면 피 뿌리는 행위나(출 24:8) 제물을 바치는 것 등 다양한 형태로 나타난다. 이렇게 언약을 맺는 목적은 서로 다른 집단이나 개인이 친밀하게 묶여 결속력을 갖기 위함이다.

하나님께서 인간과 맺은 언약은 하나님의 주권으로 피를 증표로 삼아 맺은 약정이다. 즉 삶과 죽음을 담보로 하는 약속이며 서원이다. 그래서 구약에서 언약을 체결한다는 말은 "자르다"는 뜻이 포함되어 있다.[4] 이러한 예는 창세기 15장 아브라함 언약에서 이 모든 사례를 확인할 수 있다. 하나님과 아브라함은 짐승들을 쪼개어 언약 예식을 행하였다. 언약을 맺은 당사자 가운데 어느 누구라도 그 언약을 이행하지 못하면 짐승이 쪼개어져 죽는 것처럼 죽음이 있을 뿐이라는 뜻이다. 언약을 파기하는 자는 생명을 담보로 언약을 맺었기 때문에 죽음으로 그 값을 지불해야 한다. 그래서 언약관계를 수립하는데 표현되는 전체적 흐름은 삶과 죽음의 약정이다.

그러므로 하나님이 인간과 언약을 맺을 때는 하나님 자신도 그 언약을 반드시 지킨다는 약속이 전제되어 있다. 성경은 하나님께서 인간에게 약속한 모든 언약을 신실하게 지켜왔음을 밝히고 있다. 히 6:17-18[5]에 의하면

---

4) O. Palmer Robertson, 『계약신학과 그리스도』, 16.
5) 히 6:17-18 하나님은 약속을 기업으로 받는 자들에게 그 뜻이 변치 아니함을 충분히 나타내시려고 그 일에 맹세로 보증하셨나니 이는 하나님이 거짓말하실 수 없는 이 두 가지 변치 못할 사실을 인하여 앞에 있는 소망을 얻으려고 피하여 가는 우리로 큰 안위를 받게 하려 하심이라.

하나님은 약속을 기업으로 받은 자들에게 변치 않음을 나타내시려고 맹세로 보증하셨다. 그리고 하나님은 속성상 거짓말하실 수 없는 분임을 가르치면서 언약에 신실한 하나님이심을 강조한다. 그래서 하나님은 언약을 파기한 인간을 구원하기 위하여 하나님이신 그리스도께서 짐승이 쪼개지는 것처럼 십자가에서 피를 흘렸다. 그리스도께서는 피의 언약을 파기한 죄인의 자리에서 십자가를 지셨다. 하나님이 인간이나 다른 어떤 피조물과 언약을 맺었다면 그것이 없어지거나 변할 수 없다는 것은 자명한 사실이다. 따라서 안식일이 하나님과 맺은 창조언약 가운데 포함된 것이라면 그 안식일은 영구하며 모든 인류에게 유효하다.

하나님과 인간의 관계도 언약으로 맺어져 있기 때문에 인간생활에서 중요한 모든 것들은 언약적 뜻이 포함되어있다. 나아가 인간과 인간끼리의 관계와 인간과 다른 피조물의 관계도 언약이 중심이 된다. 그리고 아담이 하나님의 형상으로 창조되었기 때문에 인간은 언약을 통해 하나님과 교통하게 되었다. 그래서 생존에 반드시 필요한 노동과 가정을 만드는 결혼, 다른 피조물을 다스리고 지배하면서 에덴 동산을 관리하는 일 모두가 언약관계에서 이루어졌다. 다른 말로 표현하면 인간은 언약관계를 떠나서는 생존이 불가능하게 되었다. 하나님께서 천지를 창조할 때부터 타락한 인간과 언약이 어떻게 이루어졌는지 살펴보자.

1) 창조 과정에 나타난 언약

창세기 1-3장에 창조언약이 포함되어 있느냐에 우리의 관심이 있다. 하나님은 인간을 자신의 모양과 형상으로 창조하셔서 하나님과 피조물 사이에 특별하고도 독특한 언약 관계를 세우셨다. 사 24:5[6], 렘 33:20-21[7],

---

6) 사 24:5 땅이 또한 그 거민 아래서 더럽게 되었으니 이는 그들이 율법을 범하며 율례를 어기며 영원한 언약을 파하였음이다.

7) 렘 33:20-21 나 여호와가 이같이 말하노라 너희가 능히 낮에 대한 나의 약정(covenant)과 밤에 대한 나의 약정(covenant)을 파하여 주야로 그때를 잃게 할 수 있을 진대 내 종 다윗에게 세운 언약도 파하여 그로 그 위에 앉아 다스릴 아들이 없게 할 수 있겠으며 내가 나를 섬기는 레위인 제사장에게 세운 언약도 파할 수 있

25-26[8] 그리고 호 6:7[9]의 말씀들은 하나님이 언약관계 하에 천지를 창조하였음을 암시한다. 사 24:5은 땅이 더럽게 된 원인을 그 거민이 영원한 언약을 파하였기 때문이라 한다. 여기서 영원한 언약은 창조 때의 언약을 뜻한다.[10] 그 언약이 창조 때 세워지지 않고 이스라엘 역사의 어느 한 시점에서 만들어졌다면 이사야 선지자가 영원한 언약이라 하지 않았을 것이다. 창조 때 하나님과 피조물이 세운 영원한 언약을 이스라엘 백성이 파기하므로 그 땅이 더럽게 되고 황폐되었다. 이사야가 그 땅이 더럽게 된 원인은 그 거민이 영원한 언약을 파기하였기 때문이라 한 말은 이스라엘 백성이 파기한 언약은 한시적이거나 일시적이 아닌 시간적으로 끝없이 영원한 언약이라는 의미와 관련이 있다. 이스라엘 백성이 파기한 언약이 영원하려면 역사가 진행되는 어느 한 시점에 처음 만들어진 것이 아니라 창조 전부터 존재해 있어야 하며, 동시에 창조 때도 그 언약이 이미 있어야 한다. 그러므로 영원한 언약이란 창조 때 언약이 존재해 있었다는 근거가 된다.

호 6:7은 호세아가 이스라엘 백성이 하나님께 드리는 예배와 제사를 신령과 진정으로 드리지 않고 형식적으로 드렸기 때문에 신앙의 순수성이 상실된 것을 지적하고, 그러한 이스라엘 백성을 향하여 아담처럼 언약을 파기한 것으로 가르친다. 아담이 언약의 파기자로 나타난다.[11] 아담은 인류의 시조이기 때문에 하나님이 아담과 언약을 맺었다면 그 언약은 창조언

으랴.

8) 렘 33:25-26 나 여호와가 이같이 말하노라. 나의 주야의 약정이 서지 않을 수 있다든지 천지의 규례가 정한 대로 되지 않을 수 있다 할진대 내가 야곱과 내 종 다윗을 버려서 다시는 다윗의 자손 중에서 아브라함과 이삭과 야곱의 자손을 다스릴 자를 택하지 아니하리라 내가 그 포로된 자로 돌아오게 하고 그를 긍휼히 여기리라.

9) 호 6:7 저희는 아담처럼 언약을 어기고 거기서 내게 패역을 행하였느니라.

10) John N. Oswalt, *The Book of ISAIAH Chapters 1-39* (Grand Rapids: Eerdmans Publishing Co., 1986), 446.

11) John Calvin, *Calvin's Old Testament Commentaries: Minor Prophets* Vol.1 (Grand Rapids: Eerdmans Publishing Co.), 230-1.

약이라 할 수 있다. 호세아는 창조 때 세워진 인간에 대한 하나님과의 관계에서 언약적 용어를 사용하고 있다. 사 24:5; 호 6:7 그리고 렘 33:20-21 말씀들은 하나님이 창조 때 아담과 자연계를 향하여 언약을 맺은 근거가 된다. 이사야 선지자의 '영원한 언약'과 호세아의 '아담과 언약을 맺었다'는 말은 창조 때 하나님이 언약을 세웠음을 가리킨다. 이사야와 호세아의 글에 따르면 창조 때 언약이 있었음이 분명하다.

클라인에 의하면 비록 언약(berith)이라는 단어가 창세기 6:18에서 처음 나오지만 하나님께서는 창세기 1-3장의 천지창조도 언약관계에서 천지를 창조하였다고 강조한다.[12] 창세기 1-3장에 언약이라는 단어가 기록되어 있지는 않지만, 그 내용의 구성 요소, 하나님의 축복과 저주, 그리고 하나님의 말씀 등 모든 본질이 언약적 관계가 성립된 것으로 나타난다.[13] 클라인의 주장처럼 창세기 1-3장의 내용이 언약을 포함하고 있는지 살펴보기로 하자.

창 1:2에서 하나님의 신이 운행하시는 형식은 출애굽기 19장에 기록된 시내 산에서 모세가 하나님의 율법을 받을 때 하나님의 영광이 구름 모양으로 나타나는 것과 동일하다.[14] 하나님이 시내 산에서 이스라엘과 언약을 맺을 때 구름과 같은 모양을 한 하나님의 영광이 증인으로 서 있었다. 하나님께서 시내 산에서 모세를 통해 십계명을 주시면서 이스라엘 백성과 언약을 세울 때 하나님의 영광이 나타난 것과 창조 때 하나님의 신이 임재한 것은 동일한 패턴이다. 클라인은 하나님의 영광이 천지를 창조 할 때와 이스라엘에게 언약을 맺을 때 같은 형식으로 나타나셨기 때문에 창조사역도 언약 관계에서 완성되었다는 결론이다.

이스라엘 백성과 고대사회는 언약을 맺을 때 항상 언약의 당사자들이 증인으로 참석하였다. 창조 때 하나님의 영광이 나타난 것은 언약의 당사

---

12) Meredith G. Kline, *Kingdom Prologue*, 1 vol., 25-64.

13) Kline, *Kingdom Prologue*, 26. 클라인은 고대사회에서 통용된 언약문서들과 성경기록을 면밀히 비교 분석하면서 창세기 기록은 하나님과 아담이 맺은 언약문서로 결론을 내린다.

14) Kline, *Kingdom Prologue*, 26.

자이면서 증인의 자격으로 참석한 것과 동일한 패턴이다. 하나님은 창조 때 천지를 그의 성전으로 삼으시고 하나님의 영광이 가득하게 하셨다. 하나님은 하늘과 땅을 그의 보좌로 삼으시고 영광이 넘치게 하셨다. 에덴 동산은 하나님의 영광이 가득한 성전으로서 그 가운데 사람이 거하였다고 사 51:3[15]; 겔 28:13과 16[16]에서 가르친다. 성경은 에덴 동산을 단순한 동산이 아닌 하나님의 영광이 가득한 하나님의 임재를 나타내는 성전으로 말씀하고, 창조 때 하나님의 영광이 나타난 것은 언약의 증인으로 나타난 것으로 가르친다. 창조주 하나님은 창조 시에 언약을 맺으시므로 천지의 대 주재이시며 만 왕의 왕으로 자신을 나타내신 것이다.[17]

하나님의 신은 창조과정의 처음부터 끝까지 항상 동일하게 역사하셨다. 하나님의 신이 운행한 것은 하나님 영광의 임재의 표현임과 동시에 언약을 맺는 형식을 나타내는 것으로 보면 하나님이 창조하신 모든 것은 언약에 의해 창조되었다는 뜻이다. 창 1:3에서 하나님의 말씀이 선포되며 창 1:2은 땅이 혼돈하고 공허하며 흑암이 깊음 위에 있고 하나님의 신(the Spirit of God)은 수면에 운행한다고 기록되었다. 2절의 하반부에 하나님의 신이 "운행하다"의 히브리어 동사는 "메라헤페트"이다. 이 단어는 모세 오경에서는 이 곳과 신 32:11[18]에 두 번 나타난다.[19] 이 동사는 하나님이

---

15) 사 51:3 대저 나 여호와가 시온을 위로하되 그 모든 황폐한 곳을 위로하여 그 광야로 에덴 같고 그 사막으로 여호와의 동산 같게 하였나니 그 가운데 기뻐함과 즐거워함과 감사함과 창화하는 소리가 있으리라.

16) 겔 28:13, 16 네가 옛적에 하나님의 동산 에덴에 있어서 각종 보석 곧 홍보석과 황보석과 금강석과 황옥과 홍마노와 창옥과 청보석과 남보석과 홍옥과 황금으로 단장하였음이여 네가 지음을 받던 날에 너를 위하여 소고와 비파가 예비되었었도다 … 네 무역이 풍성함으로 네 가운데 강포가 가득하여 네가 범죄하였도다 너 덮는 그룹아 그러므로 내가 너를 더럽게 여겨 하나님의 산에서 쫓아 내었고 화광석 사이에서 멸하였도다.

17) Kline은 *Kingdom prologue*에서 창조 때부터 하나님은 언약을 세우셨고 만 왕의 왕으로 자신을 나타내셨다고 많은 성경과 고대 근동의 자료를 인용하여 주장한다. 더 깊이 연구하기를 원하면 Kline의 *Kingdom Prologue*를 참고하기 바란다.

18) 신 32:11 마치 독수리가 그 보금자리를 어지럽게 하며 그 새끼 위에 너풀거리며 그 날개를 펴서 새끼를 받으며 그 날개 위에 그것을 덮는 것과 같다

이스라엘을 인도하시는 모습을 마치 독수리가 그 새끼를 보호하기 위하여 그 새끼 위로 날며, 어린 독수리가 지칠 때면 그 어미가 자신의 날개를 펴서 그 새끼를 받아 날개 위에 업고 자라기까지 인도하는 모습에 비교하였다. 창 1:2에서는 수면에 운행하시는 하나님의 신을 신 32:11에서는 독수리가 새끼를 돌보는 것과 같은 것으로 표현한 것은 의미가 크다. 창 1:2에 나타난 하나님의 임재와 신 32:11에 이스라엘의 보호자로 나타난 하나님의 임재를 동일시하고 있다.

신명기에 나타난 하나님은 이스라엘 백성을 애굽에서 구원하여 가나안으로 인도하심 같이 영원히 그들을 인도하신다는 뜻이다. 창 1:2에서 하나님의 신이 수면에 운행하신다는 용어가 신 32:11에서 독수리가 그 새끼를 인도하듯 이스라엘을 인도하는 것을 설명할 때 사용된 "메라헤페트" 단어와 동일하다. 이스라엘이 하나님의 인도로 출애굽하여 가나안으로 구원받은 것은 하나님이 아브라함과 맺은 언약의 실현이다. 창 1:2에는 하나님께서 창조주로 나타나셨고, 신 32:11에는 구원의 하나님으로 나타나셨으나 동일한 하나님이시다. 또한 '메라헤페트'라는 단어가 신 32장에서 구원의 언약을 나타내는데 사용되었다면 창 1:2에서는 창조언약을 나타내는 목적으로 사용되었다고 할 수 있다. 그러므로 하나님의 천지 창조는 언약적 관계에서 진행되고 완성되었다고 할 수 있다.

창 1:2에 하나님의 신이 운행하시던 땅의 상태를 나타내는데 "토후"를 사용하였다. 그리고 신 32:10[20]에서 하나님이 이스라엘을 보호하시기 위해 나타나신 광야를 "토후"로 표현하였다. "토후"라는 단어는 이 두 곳 외에는 사용되지 않았다.[21] 모세는 신 32:10에서 창조사건과 출애굽에서 하나님이 이스라엘을 인도하신 것을 비교하여 이 두 사건을 같은 의미로 이해하고 있다. 그러면서 하나님이 하신 사역을 역사적으로 세밀하고도 풍부

---

19) Meredith, 『구약에 나타난 성령의 형상』(*Image of the Spirit*), 서홍종 역, (서울: 줄과 추, 2000), 24.

20) 신 32:10 여호와께서 그를 황무지에서 짐승의 부르짖는 광야에서 만나시고 호위하시며 보호하시며 자기 눈동자같이 지키셨도다.

21) Meredith Kline, 『구약에 나타난 성령의 형상』, 23-24.

하게 나타낸다. 이 두 사건이 근본적으로 동일한 성격의 내용임을 보여 주는 예의 하나로, 우리는 출애굽 당시에 나타났던 불기둥과 구름기둥을 들 수 있다. 창 1:2에 나타났던 하나님의 신이 어두움 가운데 빛을 내며 밤과 낮이 구분되게 하였던 것처럼 출애굽 시에는 하나님의 영광이 밤에는 불기둥으로 낮에는 구름 기둥으로 나타났다. 사실 창조 때 나타나셨던 그 동일한 하나님의 신이, 물들을 나누며 깊음 가운데서 마른땅으로 드러나게 한 하나님의 신이, 자기 백성을 가나안의 안식처로 인도하셨다. 천지창조 때 사용된 창 1:2의 말씀과 이스라엘 백성을 구원하는 신 32:10 말씀이 동일하고 창조가 하나님의 언약에 의해 완성되었다면 구원도 언약에 의해 완성되었다고 할 수 있다.

출애굽 시에 이스라엘을 앞서가며 인도하였던 것은 하나님의 영광의 임재였다. 사막 길에서 이스라엘을 앞서가며 그들을 인도하고 그늘이 되었던 것은 주님의 임재의 현현이었던 구름기둥과 불기둥이었다. 모세가 영광의 구름을 독수리의 펴진 날개로 표현하는 것은 광야에서 구름이 이스라엘을 보호하는 그늘이 되어 주겠다는 형태적 표현으로, 그가 예언자적 안목으로 구름을 꿰뚫어 볼 때 그 구름은 마치 독수리와 같이 날개 달린 그룹이나 스랍들과 더불어 날아다니는 생명체처럼 살아 움직이는 모습이었다.

우리가 창 1:2에 나타난 하나님의 임재의 뜻을 잘 깨닫고 나면 창세기의 창조기록과 구속사의 다른 정점에서 나타나는 재창조의 기록간의 연관성은 한결 분명하게 이해할 수 있다. 그리고 이 책의 주제가 되는 안식일 신학의 근원과 과정을 더불어 언약 신학과 구속사와 안식일과의 관계도 깊이 이해할 수 있게 될 것이다. 출애굽의 구원과 마찬가지로 노아 홍수 사건 또한 세밀한 재창조의 사건으로 묘사되고 있다. 창 8:1[22]에 의하면 노아의 홍수에서 구원의 출발점은 하나님께서 바람으로 땅위에 불게 하시며 물을 감소하게 한 순간이었다. 창 1:2에서 하나님의 신이 수면에 운행 하셨다는 뜻은 태초에 하나님께서 물에 무엇인가 역사하셨으니 창 8:1과

---

22) 창 8:1 하나님이 노아와 그와 함께 방주에 있는 모든 들짐승과 육축을 권념 하사 바람으로 땅위에 불게 하시매 물이 감하였고 …

동일한 사역이다. 출애굽의 재창조 사건에서도 그 물들을 처리하는 하나님의 사역자는 강한 동풍(출 14:21)으로 묘사되고 있으며 좀 더 시적인 용어를 사용하여 "하나님의 콧김에 물이 쌓인다"고 표현하였다(출 15:8, 10). 창조언약의 창시자로서 천지를 창조하신 하나님의 신이 구속언약을 성취하기 위하여 홍수 때 바람을 보내어 물을 감하여 노아의 가족을 구원하여 안식으로 인도하셨다. 이스라엘 백성이 광야에서 가나안을 향하여 힘들고 피곤한 여행길에서 고생할 때 천지를 창조하신 하나님의 신이 불기둥과 구름기둥으로 그들을 가나안의 안식으로 인도하셨다. 또한 하나님은 자기 백성들 앞서서 불기둥과 구름기둥으로 그들을 인도하면서 돌보실 뿐 아니라 이스라엘을 독수리가 그 새끼를 보호하듯 가나안의 영원한 안식을 제공하기 위하여 역사하셨다.

창 1:2의 하나님이 천지창조를 완성하시므로 창조언약을 성취하셨다면 노아 홍수 때의 구원과 홍해에서 이스라엘 백성의 구원도 언약의 성취이다. 그 이유는 하나님의 사역이 창조 때와 구원에서 동일한 사역으로 나타나기 때문이다. 하나님의 언약을 이러한 맥락에서 이해한다면 하나님의 창조사역과 이스라엘을 구속하신 이유는 그들에게 영원한 안식을 제공하기 위한 목적이라 할 수 있다. 하나님께서 천지를 창조하신 목적도 인간에게 이 땅 위에서 안식을 얻게 하기 위함이며, 또한 홍수 때 물을 감한 것은 노아와 그 가족에게 안식을 제공하기 위함이고, 이스라엘을 구름과 불기둥으로 인도하심도 그들에게 가나안 땅의 안식을 얻게 하기 위함이다. 결국 하나님이 천지를 창조하고 인간을 구원하기 위하여 언약을 맺으신 이유는 그의 사랑하는 백성에게 참된 안식을 제공하기 위함이다.

클라인에 의하면 사도 요한은 계 10:1[23]에서 창 1:2-3[24]의 천지 창조 때 나타난 하나님의 영광이 마지막 날에 다시 재현될 것을 이상으로 보았

---

23) 계 1:10 힘센 다른 천사가 구름을 입고 하늘에서 내려오는데 그 머리 위에 무지개가 있고 그 얼굴은 해 같고 그 발은 불기둥 같으며 …

24) 창 1:2-3 땅이 혼돈하고 공허하며 흑암이 깊음 위에 있고 하나님의 신은 수면에 운행하시니라 하나님이 가라사대 빛이 있으라 하시매 빛이 있었고.

던 것을 가르친다고 보았다.[25] 많은 주석가들은 계 10:1에 나타난 힘센 천사는 그리스도를 가리킨다고 말한다.[26] 그가 구름을 입었고(시 104:3)[27], 머리에 무지개가 있고(계 4:3)[28], 그 얼굴이 해 같고(계 1:16),[29] 그 발은 불기둥 같다(출 13:21이하).[30] 요한은 천지창조 때 언약의 증인으로 나타난 하나님의 영광이 창조언약의 완성인 구속 언약을 성취하는 마지막 증인으로 세상 끝날에 다시 나타날 것을 미리 보았다. 그러므로 클라인은 하나님의 신이 수면에 운행하는 것은 하나님이 창조언약을 맺을 때 증인으로 서 있는 것으로 해석한다. 이 원리에 따르면 창조사역이 언약적 내용이었음이 분명하다. 창 1:2에 나타난 창조주 하나님의 현현이 재림 때 주님의 나타나심과 동일하다면 그리스도의 재림도 언약을 맺는 장면과 동일하다는 뜻이다. 그리고 마지막 날 주님이 다시 재림하실 때 영원한 안식이 성취될 것이다. 우리가 제1장에서 연구한 것처럼 창조언약으로 안식일을 만드신 하나님은 그 언약을 최종적 완성으로 성취하여 우리에게 영원한 안식을 주시기 위하여 그리스도를 재림시키신다. 인간에게 참된 안식을 주시기 위하여 창조 때 안식일을 만드신 하나님은 그리스도의 재림을 통하여 영원한 안식을 완성시키실 것이다.

창조언약에 의해 만물을 만드신 하나님의 언약은 창조 후 하나님의 안식에도 동일하게 나타난다. 하나님은 자신이 만드신 언약을 지키기 위해 만물을 창조하시고 또한 안식하셨다. 뿐만 아니라 하나님은 자신이 경험하

---

25) Meredith G. Kline, *Kingdom Prologue*, 28.

26) Robert H. Mounce, *The Book of Revelation* (Grand Rapids: Eerdmans Publishing Co., 1977), 207.

27) 시 104:3 물에 자기 누각의 들보를 얹으시며 구름으로 자기 수레를 삼으시고 바람 날개로 다니시며 …

28) 계 4:3 앉으신 이의 모양이 벽옥과 홍보석 같고 또 무지개가 있어 보좌에 둘렸는데 그 모양이 녹보석 같더라.

29) 계 1:16 그 오른손에 일곱 별이 있고 그 입에서 좌우에 날선 검이 나오고 그 얼굴은 해가 힘있게 비취는 것 같더라.

30) 출 13:21 여호와께서 그들 앞에 행하사 낮에는 구름 기둥으로 그들의 길을 인도하시고 밤에는 불기둥으로 그들에게 비취사 주야로 진행하게 하시니.

신 그 안식으로 그의 백성들을 초대 하셨다. 그리고 우리가 앞으로 깊이 연구하겠지만 안식으로의 초대가 구약과 신약의 일관된 내용이다. 실로 성경이 가르치는 역사의 모든 과정은 하나님의 백성들에게 참된 안식을 누리게 하기 위한 하나님의 사역이다. 그래서 육 일간 창조사역을 완성하고 안식하신 하나님은 이스라엘 백성을, 노아 시대에는 홍수 사건에서 모세 시대에는 바로의 압제에서, 광야에서는 굶주림과 헐벗음과 고통에서 구원하셨다. 이스라엘에게 참된 안식을 주시기 위하여 하나님은 그들을 가나안으로 인도하셨다. 이스라엘 백성은 안식의 기쁨을 그들 스스로 힘으로 소유할 수 없고 오직 하나님이 인도할 때에만 가능하였다. 하나님께서 인간에게 안식을 주시기 위하여 창조 때 제정된 안식은 그리스도의 재림을 통해 완전히 성취될 것이다.

2) 자연과 맺은 언약

하나님께서 천지를 창조하시는 과정에서 셋째 날의 창조에 우리의 관심이 요구된다. 창 1:14에서 셋째 날 하나님이 하늘에 태양을 만드시고 그것으로 낮과 밤을 나뉘게 하고 사시와 일자와 연한을 이루게 하셨다. 하나님이 태양을 만드시므로 시간, 낮과 밤, 계절과 연한을 만드셨다고 하였다. 그리고 창 1:29-30은 지면에는 각종 식물과 열매가 무성할 것과 그것들은 공중의 새와 짐승들과 인간의 식물이 될 것이라 하였다. 그래서 하나님이 육신을 가진 인간은 낮에는 햇빛 아래서 노동하고 밤에는 잠자면서 휴식을 취하고 식물과 열매와 동물을 음식을 취하여 생활하도록 하셨다. 이것이 하나님의 창조원리이며 또한 자연의 섭리다. 창 8:22은 "씨뿌림과 거둠과 추위와 더위와 여름과 겨울과 낮과 밤이 쉬지 아니하리라" 하셨다. 자연계의 대변화가 발생한 노아 홍수 후에도 하나님은 자신이 정하신 계절과 낮과 밤의 흐름과 씨뿌림과 추수는 그대로 유지될 것을 약속하셨다. 그래서 하나님이 창조 때 정하신 연한과 계절, 낮과 밤과 같은 시간의 개념과 그 원리는 지금까지 변하지 않고 정확하게 지켜지고 있다. 하나님이 창조 때 만드신 계절과 시간의 순환적 흐름은 정확하게 반복되고 있다.

성경의 다른 곳에서 하나님이 천지를 창조하실 때 자연과 천체의 질서를 언약으로 세웠다고 가르친다. 렘 33:20-21과 25-26[31]에서 하나님은 해가 밤과 낮을 나뉘게 하고 사계절을 다스리게 하는 것을 창조언약이라 하셨다.[32] 예레미야는 창 1:14에서 하나님이 태양을 만드시고 연한과 계절들과 낮과 밤을 정하여 그것이 변하지 않고 운행되는 것은 하나님이 자연계에 대해 약정을 맺은 결과로 가르친다. 20절은 "낮에 대한 약정과 밤에 대한 약정"에 대한 것과 25절은 "주야의 약정"대해 가르치는 주의 말씀을 이야기하고 있다. 약정이라는 단어는 언약과 같은 의미이다. 따라서 이 말씀들은 하나님의 창조언약이다.

그러나 학자들 사이에는 예레미야의 말씀이 창조언약인지 아니면 노아언약을 언급한 것인지에 대해 약간의 논란이 있다. 그러나 예레미야의 이 말씀이 창조언약임을 밝히는 데에는 렘 31:35-36[33]이 도움된다. "해를 낮의 빛으로 주었고, 달과 별을 밤의 빛으로, 규정한 여호와가 말하노라." 여기서 예레미야는 언약이라는 용어는 사용하지 않고 규정 혹은 법규(statute)라는 용어를 사용한다. 로버트슨에 의하면 언약과 규정, 법규는 대부분 구약에서 같은 의미로 동등하게 사용되는 용어이다.[34] 그의 견해에

---

31) 렘 33:20-21 나 여호와가 이같이 말하노라. 너희가 능히 낮에 대한 나의 약정과 밤에 대한 나의 약정을 파하여 주야로 그때를 잃게 할 수 있을진대 내 종 다윗에게 세운 나의 언약도 파하여 그로 그 위에 앉아 다스릴 아들이 없게 할 수 있겠으며 내가 나를 섬기는 레위인 제사장에게 세운 언약도 파할 수 있으리라.

렘 33:25-26 나 여호와가 이 같이 말하노라. 나의 주야의 약정이 서지 않을 수 있다든지 천지의 규례가 정한 대로 되지 아니할 수 있다 할진대 내가 야곱과 내 종 다윗의 자손을 버려서 다시는 다윗의 자손 중에서 아브라함과 이삭과 야곱의 자손을 다스릴 자를 택하지 아니하리라 …

32) 이 부분에서 더 깊은 연구를 원하면 O. Palmer Robertson, 『계약신학과 그리스도』, 25-34를 참고하기 바란다. Robertson도 하나님이 천지를 창조하실 때 자연계와 천체 질서는 하나님이 정하신 언약에 바탕을 두고 있다고 강조한다.

33) 렘 31:35-36 나 여호와는 해를 낮의 빛으로 주었고 달과 별들을 밤의 빛으로 규정하였고 바다를 격동시켜 그 파도로 소리치게 하나니 내 이름은 만군의 여호와니라 내가 말하노라. 이 규정이 폐할진대 이스라엘 자손도 내 앞에서 폐함을 입어 영영히 나라가 되지 못하리라.

34) Robertson, 『계약신학과 그리스도』, 28.

의하면 예레미야 31:35-36과 33:20-21 그리고 25-26절 말씀은 동일한 창조언약에 대해 하신 말씀이다. 예레미야 31장과 33장은 같은 내용에 대한 말씀으로 31장에는 언약이라는 용어가 없으나 33장에는 "주야에 대한 언약"이라는 용어가 나온다. 이 두 장은 모두 창세기 1장의 창조언약을 말하고 있음이 분명하다. 예레미야는 하나님께서 천지를 창조하실 때 태양계와 전체 우주가 하나님이 정하신 궤도와 시간을 지켜 질서를 따라 운행하도록 그 자연계와 언약을 맺었다고 한다.

해가 낮을 다스리고 달이 밤을 다스림이 중단되지 않는 것처럼 하나님께서 이스라엘을 돌보고 인도하시는 일이 그치지 않을 것이다. 렘 31:35은 하나님은 낮의 빛으로 해를 주시고 밤의 빛으로 달과 별의 규례를 주셨다. 낮과 밤에 빛을 발하는 해와 달이 창조 기사에는 있으나 노아 사건에는 언급이 없다. 그리고 셋째 날 창조기사는 렘 31:35처럼 달과 별에 대해 언급하지만 노아의 기록에는 언급이 없다. 그래서 예레미야에 나오는 언약은 노아의 언약을 설명하는 것이 아니라 창조언약을 가르침이 분명하다. 뿐만 아니라 하나님은 천지를 창조하실 때 자신이 세우신 언약에 따라 모든 자연의 사물에 속성과 원리를 주입시켜 질서를 유지하도록 하여 하나님의 뜻이 성취되도록 하셨다. 그리고 이것은 인간에게 이성과 양심과 같은 본성을 주신 것과 같이 자연에 심어 주신 자연의 본성이다.

하나님은 천지창조 때 자연의 모든 사물들에게 각각 심어 주신 본성이 계속 유지되도록 하셨다. 그래서 창조 후 지금까지 자연원리는 조금도 변하지 않고 반복과 순환의 원리가 잘 지켜지므로 자연계가 흔들리지 않고 있다. 하나님은 태양과 달과 별들과 언약을 맺으시므로 그것들이 변하지 않고 자기의 궤도를 지키므로 하나님이 정하신 계절과 낮과 밤의 시간을 유지하도록 하셨다. 해와 달과 별들이 하나님과 언약을 맺었다는 것은 천체의 모든 우주가 하나님과 언약을 맺어 자기 궤도를 이탈하지 않고 운행하도록 하셨다는 뜻이다.

하나님은 해와 달과 언약을 맺어 연한과 계절과 낮과 밤이 변함없이 계속 유지되게 하실 뿐 아니라 자연계의 동물들과도 언약을 맺으셨다. 호

2:18[35)]의 말씀에서 장차 하나님 나라가 임하면 하나님은 그가 창조한 자연계의 평화와 질서유지를 위해 하나님이 자연과 언약 맺을 것으로 가르친다. 호 2:18은 현재 이스라엘을 포함한 인간들은 짐승을 비롯한 자연계의 모든 피조물로부터 위협을 당하고 있는데 그날에 하나님이 이 모든 위협으로부터 인간을 보호하시기 위해 보호하는 수단으로 하나님이 다른 피조물들과 언약을 맺겠다는 것이다. 하나님은 천지만물을 창조하실 때 다른 모든 자연계의 피조물들에게는 인간에게 복종하고 순종하는 본성을 그들의 본성에 심어 주셨다. 하나님이 피조물들에게 인간에게 순종하는 본성을 주셨기 때문에 인간들은 지상에서 제왕적 위치에서 만물을 다스리고 지배하는 위치를 유지하고 있다. 창 1:29-30에서 하나님은 땅의 모든 채소와 나무와 짐승과 공중의 새와 생명이 있어 땅에서 기는 모든 것과 푸른 풀을 인간에게 식물로 주셨다고 하였다. 하나님이 천지를 창조하실 때 자연계의 모든 피조물은 인간에게 순종하고 복종할 뿐 아니라 그것들이 인간의 유익을 위해 사용되도록 하셨다.[36)]

칼빈에 의하면 짐승들과 자연계의 여러 피조물들이 인간을 대항하고 인간에게 피해를 입히는 것은 인간이 하나님의 계명을 어기면서 하나님께 대항하는 것에 대한 심판이라 하였다.[37)] 창 3:17-18[38)]은 아담이 하나님의 명령을 불순종하였을 때 그를 심판하는 벌칙 가운데 하나가 자연이 인간에게 앙갚음을 하게 되었다고 한다. 인간이 하나님을 대항하여 범죄하지 않았다면 동물이나 다른 피조물들이 인간을 대항하는 일은 없었을 것이다. 창 3:18에서 하나님은 타락 결과로 심판하는 과정 가운데 "땅이 네게 가

---

35) 호 2:18 그날에는 내가 저희들을 위하여 들짐승과 공중의 새와 땅의 곤충으로 더불어 언약을 세우며 또 이 땅에서 활과 칼을 꺾어 전쟁을 없이하고 저희로 평안히 눕게 하리라.

36) John Calvin, *Commentaries on Minor Prophets*, Vol. 1 (Grand Rapid: Eerdmans, 1974), 110-111.

37) Ibid.

38) 창 3:17-18 내가 너더러 먹지 말라 한 나무 실과를 먹었은즉 땅은 너로 인하여 저주를 받고 … 땅이 네게 가시덤불과 엉겅퀴를 낼 것이라.

시덤불과 엉겅퀴를 낼 것이라" 하였다. 그러나 자연계가 인간에게 반역하는 일은 인간이 하나님과의 관계가 회복되면 원래의 상태로 좋아질 것이다. 호세아는 그날에 하나님은 자연계와 언약을 맺으시므로 창조 때 심으셨던 자연계의 본성을 회복하여 다시는 하등 피조물들이 인간에게 앙갚음하여 질서를 파괴하면서 자연계의 조화를 어지럽히는 일이 없을 것이라고 한다.

겔 34:25³⁹⁾도 그날에 하나님께서 들짐승과 공중의 새를 비롯한 피조물들과 평화의 언약을 세워 악한 것들이 그 땅에서 그치게 한다고 하였다. 선지자들은 여기서 하나님과 언약을 맺는 자연계의 피조물을 인간이 하나님과 언약을 맺을 때와 같은 위치에 두고 있다.⁴⁰⁾ 하나님이 천지를 창조하실 때 아담과 함께 모든 피조물과도 언약을 맺었다. 그러나 모든 피조물의 대표적 위치에 있는 인간과 맺은 언약이 파기됨으로 인하여 다른 피조물과의 언약은 함께 무너지고 말았다. 그러나 하나님은 그리스도를 통한 하나님의 나라가 임할 때 모든 피조물들과 새 언약을 맺으므로 인간과 자연계에 하나님이 처음 주셨던 조화와 평화를 회복되게 하실 것이다.

호 2:18과 겔 34:25은 하나님께서 창조 때 들짐승과 공중의 새와 땅의 곤충을 비롯한 자연계와 더불어 언약을 맺었다는 명확한 언급은 없지만 그러한 언약이 있었음을 암시하고 있다. 아담도 처음 하나님의 형상으로 창조될 때는 상처가 없는 완전한 본성을 소유하였다. 그러나 타락으로 인하여 인간의 내면적 속성들이 파괴되고, 인간이 관계하는 모든 것들과 질서가 깨어져 부조화를 초래하였다. 성경은 그리스도를 통한 새 언약이 성취될 그때 인간은 처음 창조된 때처럼 완전한 상태로 회복되고 그 결과 인간이 맺고 있는 모든 관계도 완전하게 회복될 것임을 가르친다. 선지자들은 그리스도의 새 언약으로 아담의 타락 후 인간이 내면적 부패를 초래

---

39) 겔 34:25 내가 또 그들과 화평의 언약을 세우고 악한 짐승을 그 땅에서 그치게 하리니 그들이 빈들에 평안히 거하며 수풀 가운데 잘지라.

40) G. Ernest Wright, John Bright, James Barr and Peter Ackroyd ed. *Ezekiel: A Commentary, Walther Eichrodt*(Philadelphia: The Westminster Press, 1970), 479-480.

하여 모든 관계가 악화되었던 것이 타락 전 상태의 완전한 인간이 된 것처럼 타락으로 가시와 엉겅퀴를 내던 자연이 새 언약을 통해 처음 창조 당시의 상태로 회복될 것임을 가르친다.

창조언약을 어긴 아담이 원래의 선에서 부패하여 타락하였으나 새 언약을 통하여 새 사람으로 거듭나는 것처럼, 자연계의 피조물들도 창조언약에 따라 선하게 창조되었으나 타락을 통해 본질이 변형되었지만 새 언약을 통해 원래의 속성을 회복할 것이다. 그러므로 에스겔과 호세아가 새 언약을 통해 동물들과 인간의 관계가 새롭게 변화한다고 가르치는 것은 그들도 인간이나 해와 달처럼 창조언약에 의해 창조되었음을 뜻하는 것이다. 구약 선지자들의 글에 의하면 하나님은 분명히 천지를 창조하실 때 인간 뿐 아니라 자연계의 모든 피조물들과 동물들과도 언약을 맺으셨다. 하나님은 언약관계 하에서 천지만물을 창조하셨다.

후크마(Anthony Hoekema)는 계 21:1-4에서 새 하늘과 새 땅은 현재 우리가 생활하는 이 자연계가 완전히 소멸하여 없어지고 전혀 새로운 땅이 창조되지 않는다고 가르친다. 그는 새 하늘과 새 땅의 참신함을 나타내기 위하여 사용된 헬라어 단어가 네오스(neos)가 아니라 카이노스(kainos)임을 주목한다. 네오스(neos)는 시간과 기원에서 완전히 새로운 것인데 비해 카이노스(kainos)는 본성이나 질에서 새롭다는 뜻이다. 그래서 새 하늘과 새 땅은 현재의 우주와 동질이되 영화롭게 갱신된 우주를 뜻한다.[41] 이는 곧 마지막 날에 현재의 우주가 아담의 타락 전 상태와 같이 완전한 것으로 변한다는 것이다. 에스겔과 호세아가 주목하는 그날은 후크마가 계 21:1-4을 설명하면서 가르치는 새 하늘과 새 땅이 임하는 그날이다. 그날에 인간을 비롯한 모든 자연계가 새롭게 태어나는 대변혁이 있겠지만 그것은 하나님께서 처음 창조하신 원래의 모습으로 돌아가는 것일 것이다.

아담이 타락하기 전, 모든 자연계와 인간의 관계는 질서가 있고 평화로

---

41) Anthony Hoekema, 『개혁주의 종말론』, 375-380.

운 가운데 공존하였다. 하나님께서 모든 피조물들에게 환경에 적응하고 조화를 이루며 인간에게 순종하는 속성을 주셨기 때문이다. 피조물들이 창조시 하나님으로부터 부여받은 본성을 어기지 않고 각기 자기의 위치를 지키도록 하신 것을 성경은 피조물과 하나님의 언약의 결과로 가르친다. 그 결과 모든 미생물과 식물과 채소 및 동물을 포함한 전 피조물들이 인간에게 순종하게 되었다. 모든 식물과 동물 그리고 공중의 새들도 각각 그것들의 상급 피조물들에게 항거하지 않고 순종하면서 자기에게 주어진 속성을 유지하는 언약을 주셨다. 또한 모든 하등 피조물들은 그보다 높은 고등 피조물들에게 순종하는 원리를 주입시켜 작은 벌레와 물고기들은 흙과 물이나 풀을 먹으면서 생존한다. 그보다 큰 짐승이나 새들은 자기보다 낮은 종류의 하등 곤충이나 벌레를 먹이 사슬로 연명하여 모든 피조물들은 쇠사슬처럼 단계적으로 생존을 위해 먹이 사슬이 연결되어 있다. 마지막으로 인간은 모든 피조물을 관리하고 다스릴 수 있는 최종적 권한과 의무를 하나님으로부터 부여받았다. 그래서 아담은 에덴 동산에서 공중의 새와 모든 들짐승에게 이름을 지어주면서 그것들을 관리하고 다스릴 수 있었다(창 2:19).[42] 하나님께서 천지를 창조하실 때 모든 피조물들과 언약을 맺어 하등 피조물들은 상등 피조물에게 복종하는 속성을 주입하지 않으셨다면 자연계가 지금까지 유지되겠는가? 에스겔과 호세아는 그날이 임하면 타락 전 아담이 에덴 동산에서 생활하던 것처럼 들짐승과 공중의 새들로부터 위협을 당하지 않고 평화롭게 생활하는 환경으로 변할 것을 가르친다.

모든 피조물들이 하나님과 맺은 언약의 결과 각개 피조물들이 하나님이 주신 속성을 거스르지 않고 지킬 때 인간이 자연계를 완전하게 관리하고 지킬 수 있다. 그러나 인간의 타락으로 자신의 내면적 파괴와 함께 자연계가 앙갚음을 하는 부조화가 생겨 인간이 자연을 다스리고 관리하는데 큰

---

42) 창 2:19 여호와 하나님이 흙으로 각종 들짐승과 공중의 각종 새를 지으시고 아담이 어떻게 이름을 짓나 보시려고 그것들을 그에게로 이끌어 이르시니 아담이 각 생물을 일컫는 바가 곧 그 이름이라. 아담이 모든 육축과 공중의 새와 모든 들짐승에게 이름을 주니라.

문제가 되고 있다. 어떠하든지 하나님께서 창조 때 자연계와 언약을 맺은 것은 분명한 사실이다. 그리고 모든 피조물은 하나님이 주입하신 본성을 지키도록 하신 하나님이 자연계와 맺은 언약이 있기 때문에 인간은 자연을 지배하고 다스리며 관리하게 되었다

또 다른 언약 형태가 나타나는 것은 하나님의 형상으로 인간을 창조할 때이다. 하나님이 인간을 창조할 때 언약관계에서 창조하셨다. 로마서 5장은 아담이 아직 출생하지 않은 후손들을 포함하여 모든 인류를 대표하여 하나님과 언약을 맺었으나 그것을 지키지 못하여 죄와 사망이 전 인류에게 임한 것을 나타내고 있다. 출생하지 않은 아담의 모든 후손들까지 언약에 포함되었다는 사실이 인간은 언약관계에서 창조되었다는 것을 나타낸다. 그리고 하나님이 천지만물을 다스리고 지배하는 권한을 아담에게 위임한 것도(창 1:26-28) 언약이다. 창조주가 에덴 동산에서 땅과 모든 피조물을 아담의 손에 위임한 것은 아담이 다른 피조물과 언약적 관계에서 작은 주인으로서 관리자가 된다.[43] 이러한 말씀은 모두가 아담과 다른 피조물들도 언약 관계에서 창조되었음을 가르치는 내용이다.

그러나 최종적 권위를 소유한 최고의 통치권자는 하나님이시다. 아담은 언약관계에서 하나님으로부터 제한된 권한을 위탁받았을 뿐이다. 하나님은 아담을 중간 매개자로 임명하여 자연을 관리하는 권한을 위임하여 피조 세계를 다스린다. 웨스트민스터 대요리문답에서 아담은 하나님으로부터 자연계와 모든 피조물을 다스릴 권한을 위임받았다고 가르친다.[44] 하나님은 모든 자연계의 피조물들을 창조하실 때 하나님으로부터 통치권을 위

---

43) Fred H. Klooster, "The Biblical Method of Salvation: A Case for Continuity", ed. John S. Feinberg, *Continuity and Discontinuity: Perspectives on the Relationship Between the Old and New Testaments*(Westchester: Crossway Books, 1988), 140.

44) 웨스트민스터 대요리문답 20. 창조 후 타락 이전의 지위에 대한 하나님의 섭리는 사람을 낙원에 두시고 그로 하여금 낙원을 가꾸게 하셔서 땅의 과실을 마음대로 먹게 하시고 다른 피조물을 사람의 통치하에 두시고 그를 돕기 위한 배필과 결혼도 하게 하셨다.

임받은 아담에게 순종하는 본성을 심어 주셨다. 그 결과 모든 동물들과 식물들이 자연계의 속성에 따라 하나님이 주신 질서에 순종하고 있다. 선지자들은 자연 피조계의 이러한 순종을 하나님과 맺은 언약이라 한다.[45] 즉 이것은 단순한 명령이 아니고 하나님과 아담이 맺은 언약의 표로 나타난 증거이다.[46] 하나님은 창조 때부터 언약관계에서 모든 피조물을 관리하고 다스리신다.

아담은 다른 피조물과는 다르게 자기의 의식과 판단력으로 이것과 저것을 선택할 수 있는 결정권과, 의지적 능력이 있는 존재로 지음 받았다. 웨스트민스터 대요리문답에서 아담과 하와에게 하나님의 법을 지킬 수 있는 능력을 주셨음을 밝히고 있다.[47] 다른 피조물처럼 기계적으로 움직인다든지 조건 반사적으로 활동하거나 본능적으로만 행동하지 않는다. 동물이나 공중의 새들은 그들의 생존을 위해 본능에 따라 움직일 뿐이다. 그래서 미래를 구상하거나 계획하는 지혜와 능력이 없다. 그러나 인간은 하나의 인격체로서 자기의 의사에 따라 이것과 저것을 행하기도 하고 거절하기도 한다. 이러한 이유에서 사람은 어느 누구에게 예속된 존재가 아니라 완전한 자유인이다. 아담은 누구의 종이 아니라 완전한 자유를 가진 자유인으로서 자기의 의사대로 생활 수 있는 피조물이었다. 아담은 하나님의 뜻을 위임받아 자기의 의지와 지혜에 따라 자유롭게 판단하고 생활할 능력을 소유한 독립된 인격체로 지음 받았다.

인간이 외부의 세력에 의해 움직이지 않고 자기 뜻대로 무엇이든지 행할 수 있다는 점에서 다른 피조물들과 현저하게 차이가 나는 것은 사실이지만 자기를 창조하신 하나님에게까지 자유로울 수는 없다. 사람은 자기의 지식과 의지와 감정으로 창조주 하나님의 뜻을 살펴서 순종하는 가운데

---

45) John Calvin, *Calvin's Old Commentaries: Minor Prophets* Vol.1, 110-1.
46) Meredith G. Kline, *Kingdom Prologue*, 31.
47) 웨스트민스터 대요리문답 17. 그들(아담과 하와)은 하나님의 형상대로 지식과 공의와 거룩함으로 지으시고 그들의 마음속에 하나님의 법을 기록하시고 피조물의 통제권과 함께 하나님의 법을 지킬 수 있는 능력을 주셨으나 타락할 수도 있게 지으셨다.

생활하도록 지음 받았다. 엄밀히 말하자면 사람도 넓은 의미에서 피조물 중에 하나이기 때문에 하나님의 종이다. 하나님에게만은 완전히 자유롭지 못한 제한적 자유인이다. 하나님의 뜻에 순종한다는 조건하에 사람이 창조 되었다. 그러므로 아무런 조건도 없는 자유인은 결코 아니다. 인간은 자기 의 의사나 결정 없이 무조건 하나님의 뜻에 순종해야 하는 존재는 아니고, 자기의 지, 정, 의를 가지고 선택권을 행사 하되 하나님의 뜻에 순종하면서 자유롭게 생활해야 하는 인격체다.

하나님의 창조물 가운데 제일 중요한 아담도 고유한 인간의 본성을 소 유하였는데 그것이 하나님과 언약관계에서 주어진 것들이다. 자연인 아담 과 맺은 언약은 모든 피조물들을 관리하고 다스리면서 하나님께 순종하는 것이다. 하나님께서 태양계를 비롯한 모든 자연계와 그리고 인간과 언약을 맺으신 이유는 무엇이겠는가? 그 모든 것이 궁극적으로 하나님께 영광이 되기 때문일 것이다. 그러나 무엇보다 이 모든 언약들은 인간에게 참된 안 식을 제공하기 위함이다. 태양계나 자연계에 그 어느 한 부분이라도 정상 궤도를 이탈하여 자기의 본질에서 벗어난다면 인간에게는 엄청난 재앙이 아닐 수 없다. 자연 재해가 발생한다면 인간은 참된 평안과 안식을 취할 수 없게 된다. 하나님은 인간들이 땅위에서 육신으로 생활하는 동안 영원 한 안식을 바라고 소망하면서 그것을 준비하는 가운데 안식의 즐거움을 맛보게 하기 위해 모든 피조물과 언약을 맺으셨다. 하나님의 백성이 육신 으로 생활하는 동안 영원한 안식을 소망하면서 바라도록 이 땅 위에서도 하늘나라의 안식을 맛보게 하셨다. 하나님은 인간에게 하나님이 취하신 그 안식을 제공하기 위하여 천지만물을 창조하셨다. 즉 인간이 하나님의 영광 을 찬양하면서 안식을 누리는 것이 하나님께 영광이 된다.

2. 아담과 맺은 언약

우리는 하나님께서 천지 만물을 언약에 의하여 창조하신 것을 살펴보았 다. 창조언약에 의해 육 일간 만들어진 천지만물은 인간이 안식하기에 최고의 환경과 조건이었다. 하나님께서 육 일간 창조에서 이렇게 세심한 배려를 하지 않았다면 아마 인간의 생존은 불가능하였을 것이며 생존한다 할지라도 지옥을 방불케 하는 고통뿐이었을 것이다. 무한한 지혜와 권능을 가지신 하나님은 인간에게 최상의 안식을 주시고 자신이 영광 받으시기 위하여 아담에게는 여러 개의 언약을 주셨다. 우리는 아담의 생활에서 주어진 언약들을 간략하게 연구할 것이다.

1) 아담과 노동언약

먼저 노동명령에 대해 살펴보기로 한다. 하나님이 정하신 노동에 관한 언약과 안식일 언약은 밀접한 관련이 있다. 하나님은 아담에게 노동의 언약을 주셨다. 인간이 생존하기 위해서 노동은 필수적이다. 그래서 아담은 타락하기 전에 하나님으로부터 에덴 동산에서 노동하라고 명령받았다. 인간은 노동을 해야 할 제한된 존재이기 때문에 정신적 육체적으로 일정한 안식이 필요하며, 안식 없이 노동과 업무를 계속 한다면 건강상 많은 문제를 일으키게 될 것이다. 특히 인간의 육체는 적당한 노동과 함께 안식과 휴식이 필연적이다. 인간이 노동과 안식의 순환적 시간의 흐름을 잘 지키게 하기 위하여 낮과 밤을 만드셔서 낮에는 노동하는 시간, 밤은 휴식하는 시간으로 주셨다. 또한 육 일간 노동 후 일곱째 날 노동으로부터 안식하면서 하나님께 예배드리게 하기 위하여 칠 일간의 일주일 단위의 주기가 계속적으로 순환되도록 하셨다.

하나님은 아담과 하와를 창조하신 후 즉시 그들에게 노동명령을 주셨다. 창 1:28에 "하나님이 그들에게 복을 주시며 그들에게 이르시되 생육하고 번성하여 땅에 충만하라, 땅을 정복하라, 바다의 고기와 공중의 새와 땅에 움직이는 모든 생물을 다스리라"고 하셨다. 하나님은 아담에게 자신이 창조한 모든 피조물을 정복하고 다스리라고 명령하셨다. 정복하라는 말의 뜻은 땅의 자원을 찾아내고 토지를 경작하고 땅에 묻혀 있는 보화를 채굴하라는 명령이다. 하나님의 형상으로 창조된 인간은 하나님으로부터 땅을 정복할 것과 바다의 고기와 공중의 새와 땅에 움직이는 모든 생물을 다스릴 권한을 창조주로부터 위임받았다. 하나님은 자신이 창조한 모든 자연계를 그의 뜻에 따라 인간이 다스리기를 원하셨다. 우리는 아담이 받은 이 노동 명령을 문화명령(cultural mandate)이라 한다. 인간은 이 땅 위의 모든 영역에서 하나님의 뜻이 나타나도록 문화를 창조하고 변혁시켜야 할 의무가 있다는 뜻이다.

하나님은 아담에게 노동 명령을 주셨다. 창 2:15[48]은 하나님이 친히 그 사람을 에덴 동산으로 이끌어 내어 그것을 다스리고 지키게 하였음을 나타낸다. 창 2:19[49]은 아담이 하나님께서 지으신 각종 들짐승들과 공중의 새의 이름을 만들었다. 모든 피조물들을 효율적으로 관리하기 위해서는 그 본질과 속성을 파악하여 그것에 맞는 이름을 붙이는 것은 필수적이다. 이름이 없다면 관리에 많은 어려움과 혼란이 있을 것이다. 사람들에게 이름이 없다면 어떻게 사회를 통제하고 다스리겠는가?

오늘날은 동일한 이름이 너무 많아서 이름만으로도 관리에 어려움을 겪게 되어 모든 개개인에게 고유한 주민등록번호까지 갖도록 하였다. 비록 타락하기 전이라 할지라도 동물과 새들에게 이름이 없다면 그것들을 관리하고 다스리는데 어려움이 있었을 것이다. 예를 들어 먹이를 먹게 할 때 토끼를 불러내야 하는데 "토끼야 나오너라"하지 않고 "짐승들아 나오너라" 하고 명령한다면 모든 짐승들이 그들의 우리에서 다 뛰어나올 것이다. 그러면 혼란이 생기고 불필요한 노동이 증가할 것이다. 그래서 아담은 자신이 관리하는 짐승과 새들에게 각각 종류대로 고유한 이름을 지어 주었다. 구약에 나타나는 이름은 속성과 본질을 나타내며 이름에 의미를 부여하고 있다. 그래서 아담은 각종 들짐승들과 공중의 새에게 이름짓는 일을 제일 먼저 하였다. 인간은 하나님의 형상을 반영하기 때문에 하나님이 창

---

48) 창 2:15 여호와 하나님이 그 사람을 이끌어 에덴 동산에 두사 그것을 다스리며 지키게 하시고 …

49) 창 2:19 여호와 하나님이 흙으로 각종 들짐승과 공중의 각종 새를 지으시고 아담이 어떻게 이름을 짓나 보시려고 그것들을 그에게로 이끌어 이르시니 아담이 각 생물을 일컫는 바가 곧 그 이름이라.

조하신 피조물들의 속성을 파악하고 그것들의 본성에 맞게 관리 할 수 있는 능력이 있었다. 그리고 모든 피조물들도 하나님과 맺은 창조언약에 의해 하나님으로부터 관리의 권한을 위임받은 인간에게 복종하는 속성을 지니고 있었다.

아담이 땅을 정복하고 짐승과 새와 바다의 물고기를 다스리라는 노동명령을 받은 것은 인간생활의 모든 영역이 언약에 포함된다는 뜻이다. 땅을 정복한다는 것은 단지 토지나 경작하고 동식물만 돌보는 것은 아니다. 하나님은 총체적 의미의 자연과 인간 속에서 발전되는 모든 잠재력을 인간에게 개발하라고 위임하셨다. 그래서 농업, 원예, 축산 등을 개발해야할 뿐 아니라 학문, 과학기술, 예술 등도 발전 시켜야 한다. 인간은 이 땅에서 하나님의 영광을 위하여 문화를 발전시켜야 할 사명을 위임받았다. 하나님께서 아담에게 노동과 문화명령을 주셨기 때문에 오늘 모든 인류가 하나님의 뜻을 따라 하나님의 영광과 인류의 복지향상을 위하여 노력하고 연구해야 할 사명이 있다. 인간이 노동하고 노력해야 할 분야는 하나님의 영광과 인류복지에 도움이 되는 모든 영역이다.

아담은 에덴 동산을 돌보고 가꾸는 명령을 받았을 뿐 아니라 그것을 보존해야 할 의무도 함께 있다. 그것은 인간이 땅의 모든 자원을 보존하며 그것들을 아름답게 선용하는데 관심을 기울여야 한다. 토양의 침식, 삼림자원의 무모한 파괴, 에너지의 무책임한 낭비, 강과 호수의 오염, 공기의 오염 등을 방지하는 데에도 관심을 기울여야 한다. 인간은 자연을 돌보고 보존하라는 언약적 청지기의 사명을 하나님으로부터 받았다. 현대인은 개인과 집단과 민족이나 국가의 이익만 추구한 결과 하나님께서 창조하신 자연계를 마구 개발하고 취급하여 지혜로운 관리를 하지 못하는 부분이 많다. 그 결과 자연이 앙갚음하여 공해와 폐수가 나와 자연 생태계를 파괴하고 나아가 인간의 생존권까지 위협을 당하고 있다. 이는 하나님이 인산에게 주신 노동명령을 정상적으로 지키지 않고 자신들의 욕심에 사로잡혀 땀흘리면서 일한 결과로서 받는 하나님의 징계이다.

아브라함과 맺은 언약에서 하나님은 아브라함에게 자손과 땅에 축복을 하셨다(창 17:1-8). 그 조건으로 하나님은 그에게 너는 내 앞에서 행하여 완전하라 하셨다. 이 말씀은 아브라함이 그의 모든 생활 영역에서 하나님의 언약을 실현하기 위해 생활하라는 뜻이다. 즉 하나님은 인간과 언약을 맺을 때 언약의 범위를 신앙생활이나 경건한 종교생활에만 제한시키지 않았다. 문화명령을 받은 우리는 하나님의 뜻이 인류의 모든 생활영역에 두루 나타나도록 각 분야에서 문화를 창조하고 변혁시키는 일에 힘써야 할 것이다. 성도들이 행하는 문화사역을 통하여 인간생활의 모든 분야에서 하나님의 주권이 확립되고 따라서 하나님의 나라가 확장될 것이다. 하나님의 나라가 확장되고 하나님의 주권이 강하게 나타나면 그것은 하나님께 영광이 된다. 그리고 소요리문답에서 정의한 것처럼 인간의 제일 되는 목적은 하나님을 영화롭게 하는 일이다.

그러나 타락한 인간의 본성은 하나님의 영광을 나타내는 일을 하기보다는 하나님의 영광에 역행하는 성향으로 기울어져 있다. 타락전의 아담은 완벽한 상태였으나 아담의 원죄의 결과 모든 인간은 쾌락과 세속적 욕심에 사로잡혀 사탄의 도구로 기울어지는 성향을 갖고 있다. 그 결과 인간은 하나님의 나라를 건설하기보다는 그 나라를 훼방하는 자요, 하나님의 주권을 세우기보다는 그의 주권을 허무는 성향으로 기울어졌다. 이러한 인간이 하나님께 영광 돌리는 일을 하기 위하여 최소한 매주 하루만이라도 안식일을 지키는 일이 필요하다. 칼빈은 모든 성도가 4계명을 지키지 않으면 영적인 일에 대해 전적으로 무지할 뿐 아니라 하나님의 뜻을 행할 수 없다는 것을 계속 강조한다.[50] 성도가 영적 안식을 취할 때 하나님은 성도의 심령에 역사하여 세속적 모든 죄악을 끊게 하신다. 칼빈에 의하면 이 영적 안식을 통하여 성도는 하나님의 은혜를 체험하게 된다.[51] 하나님의 영적인 은혜를 깨닫고 체험하지 못한 사람들은 자신의 욕심과 집착에만 사로잡히기 때문에 모든 면에서 자연과 인간 본성의 원리를 역행하는 일을 하게 될 것이다. 인간의 제일 되는 목적을 수행하기 원한다면 누구든지 안식일

50) 칼빈, 『기독교 강요』, 2: 8: 28.
51) Ibid., 2: 8: 29.

을 지켜야 한다는 것은 자명한 사실이다.

하나님께 영광을 돌리려면 열심히 일하는 것 또한 필수적이다. 안식일을 경건하게 지키는 방법은 성실하고도 부지런한 노동을 통해서만 가능하다. 일곱째 날 안식하는 것은 6일간 노동한 사람에게만 의미가 있다. 십계명의 제사 계명은 하나님의 6일간 창조사역과 제7일에 안식하신 패턴을 따라 엿새 동안 힘써 네 모든 일을 하고 칠 일에 안식할 것을 명령한다. 육 일 간 열심히 일하지 않은 사람에게는 안식이 의미가 없다. 사실 평소에 엿새 동안 공부하지 않은 학생이나 일하지 않은 노동자는 하나님께 예배드리고 거룩하게 지켜야 할 안식일에도 공부하거나 노동을 하는 경우가 많다. 그러나 평소 주중에 열심히 노력한 사람은 안식일을 거룩하게 지킬 수 있다. 존 머레이(John Murray)에 의하면 하나님이 정하신 노동의 규범은 영구적이다. 매주 일곱째 날 안식은 매주 육 일간 노동한 다음에 가질 때 그 가치가 있다. 그리고 인간은 육 일간 열심히 노동하라는 뜻에서 손과 발을 주셨다. 그래서 육 일간 노동의 주기도 안식일 패턴처럼 변경이 불가능하다. 안식일은 육 일간의 노동의 완성에 바탕을 갖는 휴일로써만 이해가 가능하다.[52] 하나님께서 엿새동안 힘써 일하라 하신 하나님의 명령을 지킬 때 안식일의 가치가 있다.

엿새 동안 열심히 노동을 하는 것은 사실이지만 노동에만 몰두하는 것은 바람직하지 않다. 인간에게 닥치는 육체적 불행은 하나님이 정하신 휴식의 주기를 지키지 않는데서 발생하는 경우가 많다. 더욱이 현대인에게 관심의 초점이 되는 경제적 문제는 육 일간 노동의 신성함을 바로 인식하지 못한 결과가 원인이 된다. 바꾸어 생각하면 이 노동명령을 불순종하면 인간에게는 불행이 찾아오지만 순종하면 하나님께서 축복을 주신다. 육 일간의 노동은 우리에게 주어진 의무이면서 동시에 축복이다. 이 노동명령은 안식일 언약과 밀접한 연관성이 있기 때문에 의미가 크다. 육 일간 노동 후 하루의 안식은 인간이 하나님의 모범을 따라야 한다는 언약으로 인간

---

52) John Murray, 『성경과 기독교 윤리』, 94-95.

이 하나님과 언약적 관계에서 창조된 피조물이기 때문에 하나님의 모범을 따라야 한다는 것이다.

아담은 창조 때부터 하나님과 언약적 피조물로 존재하였다. 그 증거는 하나님이 육 일 동안 천지창조 후 지킨 안식일 언약에 아담도 동참하였다는 사실이다. 하나님이 일곱째 날 안식한 것은 하나님 자신이 아닌 아담을 위함이다. 아담이 언약의 표로 주어진 안식일을 지킨 이유는 하나님의 창조사역이 언약적 관계임을 입증한다.[53] 클라인에 의하면 하나님이 창조사역 후 안식한 목적은 하나님이 창조한 인간과 자연계에 대한 최고의 통치자로 취임한 것이다. 안식규범을 만드신 이유는 모든 피조물이 하늘의 최고 통치자 아래 아담은 속국의 왕 즉 봉신(封臣)과 같은 위치에 있음을 인정하는 것이다. 다른 나라의 속국으로 있는 봉신은 그 나라를 지배하여 다스리는 최고 통치자로부터 임명받아서, 자신을 임명한 통치자가 위임한 권위를 받아 속국을 다스린다.

클라인은 고대 사회에서 강대국과 식민지 국가의 국제관계는 강대국 최고 통치자와 약소국 봉주 사이의 언약 관계로 형성됨을 예로 들어 하나님과 아담은 분명한 언약관계가 설정되었음을 강조한다. 그리고 안식일은 하나님께서 천지창조의 완성을 기념하는 마침표와 같다. 창조사역 후 지킨 하나님의 안식일은 마치 전쟁에서 승리한 장군이 승리를 축하 기념하는 축제와 같다. 축하파티는 모든 전쟁이 끝났음을 알리는 마침표 역할을 한다. 전쟁이 끝나면 패배한 나라는 승리한 나라를 주인으로 섬기고 국가간에 주인과 종의 관계가 형성된다. 종전을 알리는 파티는 국가끼리 주종 관계가 시작된다는 의식과 같다. 그러한 파티는 전쟁에서 승리한 국가의 통치자는 명실공히 양 국가의 최고 통치자이며 패한 나라의 지도자는 최고 통치자에게 충성을 약속하는 의전행사와도 같다. 하나님의 안식에 피조물들의 대표인 아담과 천지만물이 참여한 것은 하나님의 창조사역을 축하함과 동시에 하나님과 피조물들은 언약관계로 묶였음을 뜻한다.

---

53) Ibid.

그래서 안식일은 여호와 하나님이 이스라엘과 천지만물의 주인임을 나타낸다. 출 31:16-17[54]은 하나님이 안식일을 이스라엘과 맺은 언약의 표(sign)로 정하여 모든 땅과 백성이 하나님의 소유인 것을 나타낸다.[55] 만약 안식일 규범이 하나님을 이스라엘의 언약의 왕이 됨을 상징적 표로 나타낸다면 그것은 창조 때 하나님의 일곱째 날의 안식이 천지만물에 대한 하나님의 언약적 주인 됨을 나타내기 때문이다. 하나님이 천지만물의 대주인 되심을 이스라엘에게 안식일 규범을 통해 선포하신다. 후일 모세를 통해 이스라엘에게 주신 안식일은 하나님의 천지만물 창조를 기념함과 동시에 구속주로서 하나님이 언약의 주인이 되심을 재확인하고 다시 언약을 세웠다.

2) 아담과 결혼언약

하나님은 결혼제도에 관한 언약도 만드셨다. 창 1:27은 하나님이 자신의 형상대로 사람을 창조하시되 남자와 여자를 창조하셨다고 한다. 남녀 결혼에 관련된 모든 규정은 하나님이 인간을 창조할 때 만들어졌고 그 원리들을 인간의 본성에 심어 주셨다. 이는 사람은 동반자가 필요한 존재라는 뜻이다. 하나님은 외롭게 혼자 계시는 분이 아니시다. 아버지와 아들과 성령 하나님은 항상 교제하면서 세 분이 한 하나님이 되신다. 세 분 하나님이 한 하나님이 되는 것처럼 하나님의 형상을 닮은 인간은 부부가 한 몸을 이루어야 한다. 이 구절은 인간은 혼자서는 완전하지 못하며 따라서 고립된 존재가 아니라는 사실이다. 다른 사람과 교제와 협력이 필요한 존재이다. 그래서 결혼제도를 만드셨다. 결혼제도에 대해 성경은 어떻게 가르치는가? 창 2:18[56]은 사람이 독처하는 것이 좋지 못하기 때문에 남자를

---

54) 출 31:16 17 이같이 이스라엘 자손이 안식일을 지켜서 그것으로 대대로 영원한 언약을 삼을 것이니 이는 나와 이스라엘 자손 사이에 영원한 표징이며 나 여호와가 엿새 동안에 천지를 창조하고 제칠 일에 쉬어 평안하였음이니라 하니라.

55) Ibid.

56) 창 2:18 여호와 하나님이 가라사대 사람의 독처하는 것이 좋지 못하니 내가 그를 위하여 돕는 배필을 지으리라 하시니라.

위하여 돕는 배필을 만드셨음을 나타낸다. 결혼에는 남녀가 하나되는 결합의 신비가 있다. 하와는 그녀의 남편 아담의 몸의 일부인 갈비뼈를 취하여 만들어졌다. 그래서 창 2:22-24[57]은 남편과 아내는 부모를 떠나 둘이 한 몸을 이루어야 함을 강조한다. 남자와 여자는 결혼을 통하여 하나님이 창조 때 만드신 한 몸이 되는 원리를 완성하게 된다.

또한 결혼에서 여자는 남편을 돕는 배필로 창조되었다. 바울은 고전 11:9[58]에서 결혼의 내부 질서를 설명하면서 남자가 여자를 위해 창조된 것이 아니라 여자가 남자를 위해 창조되었다고 한다. 남자와 여자 모두 하나님의 형상으로 만들어졌기 때문에 존재론적으로는 동등하다. 여자도 아담과 동등하게 하나님의 형상으로 지음 받았기 때문에 아담을 도울 수 있었다. 그러나 기능적으로는 남자와 여자의 차이가 있다. 여자는 남자를 돕는 위치에 있다. 그래서 여자는 남자의 협력자요 내조자이다. 이는 남자는 여자를 여자는 남자를 도우며 서로 부족한 부분을 보완하라는 뜻이다. 여자 없는 남자나 남자 없는 여자는 모두 불완전한 존재이다. 결혼관계의 내부질서도 창조원리에 의해 정해졌다.

일부일처가 결혼의 창조원리다. 하나님은 남자가 그 아내와 연합하여 그 둘이 한 몸을 이룰 것이라(창 2:24)고 하였다. 셋이나 넷이 아닌 두 명만이 한 몸을 이루어야 한다. 그리스도께서도 창조 규례에 호소하면서 "사람을 만드신 이가 본래 저희를 남자와 여자로 만드시고 … 이러므로 사람이 그 부모를 떠나서 아내와 합하여 그 둘이 한 몸을 이룰지니라"(마 19:4-5) 하였다. 이 말씀은 결혼하지 않는 독신도 창조 원리에 어긋나는 것이지만 동시에 일부다처제는 하나님의 뜻이 아님을 분명히 하고 있다. 바울은 딤전 3:2, 12에서 감독과 집사의 자격을 설명하면서 "한 아내의 남편이

---

57) 창 2:22-24 여호와 하나님이 아담에게서 취하신 그 갈빗대로 여자를 만드시고 그를 아담에게로 이끌어 오시니 아담이 가로되 이는 내 뼈 중의 뼈요 내 살 중의 살이라 이것을 남자에게서 취하였은즉 여자라 칭하리라 하니라 이러므로 남자가 부모를 떠나 그 아내와 연합하여 둘이 한 몸을 이룰지로다.

58) 고전 11:9 또 남자가 여자를 위하여 지음을 받지 아니하고 여자가 남자를 위하여 지음 받은 것이니

되어"로 제한하면서 독신과 한 사람이 여러 아내를 둔 사람을 제외시키고 있다. 현대 사회는 독신생활과 정조관념이 약한 삶이 증가하고 있다. 이 모두는 창조 원리에 위배되는 생활이다.

창조 규범에서 하나님은 동성결혼도 금하고 있다. 하나님의 뜻은 "사람이 그 부모를 떠나 아내 즉 여자와 합하여 한 몸을 이루는 것"이다. 부모를 떠나 아내와 합하라는 것은 남자가 남자와 합하는 것이 아닌 여자와 결혼하여 합하는 것을 의미한다. 남자가 남자와 합하거나 여자가 여자와 합하는 것은 창조 때 만들어진 결혼제도의 원리에서 벗어난 것이다. 소돔과 고모라 성이 멸망할 때 그 성에는 동성연애자들이 많았으며 그 성이 하나님의 심판을 받은 원인 가운데 하나도 이 동성연애이다. 그 성을 심판하기 위해 들어간 두 명의 천사가 롯의 집에서 쉬고 있을 때 그 성 사람들이 몰려와서 천사를 끌어내라고 소리질렀다. 그들은 "이 저녁에 네게 온 사람이 어디 있느냐 이끌어내라 우리가 그들을 상관하리라"(창 19:5)고 하였다. 무리들이 "우리가 상관하리라"고 한 말은 우리가 그들과 성관계를 하리라(we have to sex with them)는 뜻이다. 즉 남자들끼리 남색을 하겠다는 의미다. 남색에 빠진 소돔성 사람이 자기들의 정욕을 채우기 위해 롯의 집으로 와서 소동을 피웠다. 그래서 영어에 소도미(Sodomy)라는 단어는 동성연애 혹은 남색으로 고유명사화 되었다. 소돔성이 동성연애자들이 많아 멸망당한 것을 잊지 말라는 뜻에서 그 단어에 의미를 부여한 것 같다.

바울은 "남자가 남자와 더불어 부끄러운 일을 행하여 저희의 그릇됨에 상당한 보응을 그 자신에 받았느니라"는 말씀으로 동성결혼을 정죄하고 있다. 오늘 우리 사회가 서구 문화의 나쁜 것들 가운데 동성연애를 합법화하고, 이를 교회 내에서도 정당화하려는 움직임이 있다. 네덜란드는 역사상 최초로 국가기 동성 결혼을 합법적으로 승인하였으며 그 법에 따라 2001년 4월 1일 동성연애자들이 암스테르담 시장의 주례 하에 결혼식을 올렸다. 우리 한국 사회도 동성연애가 서서히 스며들고 있다. 서울의 기독교 정신을 바탕으로 하는 어느 명문 대학에서도 학생회 내에 성경이 엄격하게 금하고 있는 동성애 동아리가 있다고 한다.

하나님은 결혼제도를 처음 만드신 창조 원리에서 이혼을 금하고 있다. 남자가 그 아내와 연합하여 그 둘이 한 몸을 이룰 것이라는 하나님의 명령에 의해 결혼하면 부부는 한 몸이 된다. 몸의 한 부분을 분리하거나 나누거나 쪼개는 것은 아픔이 따르며 동시에 생명과 생존에 치명적일 수 있다. 그래서 이혼은 결혼의 창조질서에 위배된다. 누구도 하나님이 짝지어 준 것을 끊을 수 없다. 음행의 경우나(마 5:32), 교회나 민법으로 해결할 수 없는 고의적 버림의 경우에만 이혼이 허용된다(고전 7:15).[59] 이 결혼 규범은 신약의 모든 성도들에게 변함없이 그대로 적용된다. 모든 인류에게 불변의 원리로 시행되고 있는 결혼제도는 하나님께서 인류에게 주신 창조언약에 속한다. 창조언약으로 주신 결혼제도 자체도 남편과 아내가 언약 관계에서 결혼예식을 행하고 또한 그 언약을 지키면서 결혼생활을 계속한다.

정상적 결혼을 통하여 행복한 생활을 하는 것은 하나님의 무한한 축복으로 인간은 누구나 가정을 통하여 안식과 행복을 느낀다. 하나님은 모든 인간이 가정을 통해 참된 휴식과 기쁨을 느끼면서 새로운 에너지를 보충하여 자기에게 주어진 의무를 잘 감당하기를 원하신다. 인간에게 가정이 없다면 참다운 마음과 육체의 안식을 누릴 곳이 없다. 하나님께서 인간에게 가정을 허락하신 것은 인간을 향한 하나님의 은혜이며 또한 영원한 안식의 그림자라 할 수 있다.

3) 아담과 선악과 언약

아담의 자유와 결정권은 선악과 사건에서 잘 나타난다. 선악과에 관한 금지명령도 창조언약에 포함된다. 선악과를 먹지 않는다 하여 창조언약의 책임을 모두 수행하는 것은 아니다. 그것과 함께 더 넓은 의무가 있었을 것이다.[60] 그러나 선악과 금지 명령의 결과는 결정적 영향을 미쳤다. 창조

---

59) Westminster 신앙고백서 14장 6항
60) O. Palmer Robertson, 『계약신학과 그리스도』, 89.

언약의 핵심은 이 하나의 시험에 달렸다. 만약 아담이 이 시험에서 하나님께 순종하였다면 창조언약의 여러 축복을 확실히 받았을 것이다. 하나님은 아담이 하나님의 명령에 순종할 수 있는 능력과 양심을 주셨다.[61] 아담이 에덴 동산에서 하나님의 율법을 잘 지켰다면 행함으로 의를 얻었을 것이다. 웨스트민스터 신앙고백서도 이 부분에서 만약 아담이 그 법을 성취하면 생명을 주실 것을 약속하였다고 설명한다.[62] 그래서 영원히 멸망하지 않고 영생을 얻었을 것이다.

아담은 동산의 모든 나무의 열매를 먹을 수 있는 특권을 소유하였다. 하나님으로부터 관리자로 위임받은 특권이었다. 그러나 예외가 하나 있었는데, 그것은 인간이 하나님이 아니라는 사실을 상기시켜 주는 동산 가운데 있는 선악을 알게 하는 나무의 열매는 먹지 말라는 것이다. 모든 것이 아담에게 자유롭게 할 수 있도록 주어졌으나, 한 가지 예외는, 그는 창조주와 구별되는 유한한 존재라는 사실이다. 아담은 피조물이고 하나님은 창조주이시다. 선악과와 관련된 언약은 삶과 죽음을 담보로 하고 있다. 그것을 먹는 날에는 정녕 죽으리라(창 2:17)고 하셨다. 아담에게 이러한 언약을 맺으신 이유는 아담은 다른 동물이나 피조물과는 다른 도덕적 인격을 가진 존재라는 뜻이다.

그러나 이 말씀은 또한 먹지 않으면 영원한 영생을 얻는다는 뜻도 함께 포함하고 있다. 우리가 위에서 언약의 본질에 대해 설명한 바와 같이 언약에는 항상 생명을 담보로 하는 피의 약정을 맺고 있다. 선악과의 언약이 바로 생명과 죽음을 걸고 하는 피의 약정이었다. 그러므로 비록 창세기 1-3장 사이에 언약이라는 단어가 기록되어 있지는 않지만 그 내용들은 언약적 관계에서 쓰여진 말씀임을 알 수 있다. 따라서 아담은 하나님과 언약

---

61) Fred H. Klooster, "The Biblical Method of Salvation: Continuity", 140.

62) 웨스트민스터 신앙고백서 19장 1항. 하나님은 아담에게 행위언약으로서 한 법을 주셨다. 그 법으로 그와 그의 모든 후손에게 개인적이고 온전하고 정확하게 영구히 순종할 의무를 가지게 하셨다. 그 법을 성취하면 생명을 주실 것을 약속하시고 그 법을 위반하면 사망을 내릴 것을 경고하시고 그것을 지킬 힘과 재능을 그에게 부여하셨다.

관계에 의해 만들어진 존재라고 결론을 내리는 것이 자연스럽다. 모든 피조물 가운데 대표가 되는 아담이 언약관계 하에서 창조되었다는 사실로서 다른 피조물들도 언약관계에서 창조되었다고 볼 수 있다. 아담은 하나님과 생명을 담보로 하여 맺은 그 언약을 어기고 사탄에게 속아서 금지된 과실을 먹으므로 하나님과의 관계가 단절됨과 동시에 영혼과 육체가 죽음을 맛보는 심판을 받았다.

창조 기사에는 인간의 유익을 위하여 몇 가지의 명령을 내리셨다. 그 첫째는 음식을 먹고 생존하라는 것이다. 에덴 동산은 하나님이 아담과 그 후손들을 위해 창조하셨고, 하나님에 의해 지음 받은 아담과 하와는 에덴 동산에서 생활하면서 하나님이 창조하신 모든 동물과 식물들을 음식으로 사용할 수 있었다. 에덴 동산에는 인간이 먹고 생활하는데 필요한 많은 종류의 식물과 채소가 재배되었다(창 2:9).[63] 하나님은 창 1:29와 창 2:16[64] 에서 아담과 하와가 에덴 동산에서 생산되는 각종 식물을 먹으라고 명령하셨다. 하나님은 인간에게 식사를 통해 생명이 보존되도록 하셨다. 인간이면 누구나 식사를 해야 한다는 이 창조법칙은 인간이 처음 창조된 그날부터 세상 끝날까지 변하지 않을 것이다.

4) 아담과 맺은 구속언약

하나님은 범죄한 인간을 버리지 않고 그들과 새로운 언약으로 관계를 맺었다. 범죄한 인간을 구원하기 위해 맺은 언약을 구속언약이라 한다. 하나님은 선악과를 따먹으면서 하나님의 명령을 어긴 당사자들인 사탄, 여자 그리고 남자에게 각각 벌칙을 내리셨다. 그 벌칙은 저주와 축복의 요소가 포함된 구속언약 속에 창조언약도 함께 내포되어 있다. 이는 창조언약과

---

63) 창 2:9 여호와 하나님이 그 땅에서 보기에 아름답고 먹기에 좋은 나무가 나게 하시니.

64) 창 1:29 하나님이 가라사대 내가 온 지면의 씨 맺는 모든 채소와 씨 가진 열매맺는 모든 나무를 너희에게 주노니 너희 식물이 되리라.

창 2:16 여호와 하나님이 그 사람에게 명하여 가라사대 동산 각종 나무의 실과는 네가 임의로 먹되 선악을 알게 하는 나무의 실과는 먹지 말라.

구속언약을 분리할 수 없도록 하는 가교 역할을 하고 있다.[65]

하나님은 먼저 창 3:14-15[66]에서 사탄에게 말씀하신다. 하나님은 뱀에게 "네가 이렇게 하였으니 너는 모든 들짐승들보다 더욱 저주를 받으리라"는 말씀으로 여자를 유혹하면서 하나님의 뜻을 왜곡시킨 것에 대한 심판을 하셨다. 사탄의 도구가 되었기 때문에 배로 기어다니면서 최종 패배의 상징적 존재로 남게 되었다. 사탄에게 내린 저주는 창 3:15의 "내가 너로 여자와 원수가 되게 하고 너의 후손도 여자의 후손과 원수가 되게 하리니 여자의 후손은 네 머리를 상하게 하고 너는 그의 발꿈치를 상하게 할 것이니라"는 말씀에서 하나님은 선악과를 먹는데 서로 협력한 뱀과 여자 사이에 원수가 되게 하시고, 남자가 아닌 여자를 더 언급하셨다. 그 이유는 여자가 먼저 꾀임을 받았을 뿐 아니라 사탄의 압제에서 인류를 구원할 후손을 여자가 낳는다는 데 초점을 두기 때문이다.

또한 사탄의 후손과 여자의 후손이 원수가 되게 하였다. 사탄의 후손과 여자의 후손은 역사의 긴 시간 가운데서 서로 대립을 보이고 있다. 여자의 후손이 사탄의 머리를 상하게 하고 사탄의 후손은 여자의 후손의 발꿈치를 상하게 하는데, '상하게 한다'는 치명적 상처를 입힌다는 뜻을 가지고 있다. 하나는 원수의 발꿈치를, 다른 하나는 머리에 심각한 상처를 입힌다. 여기서 발꿈치는 부분적 상처를 의미하지만 머리의 상처는 치명적 상처를 뜻한다. 시 110:6[67]은 다가올 메시아가 원수의 머리를 치므로 승리를 얻는다고 가르친다. 결국 여자의 후손인 메시아가 십자가에서 사탄에게 치명적

---

65) Robertson, 『계약신학과 그리스도』, 99. 이 부분에 대해 더 깊은 연구를 하기 원한다면 『계약신학과 그리스도』 99-130을 참조.

66) 창 3:14-15 여호와 하나님이 뱀에게 이르시되 네가 이렇게 하였으니 네가 모든 육축과 들의 모든 짐승보다 더욱 저주를 받아 배로 다니고 종신토록 흙을 먹을 지니라. 내가 너로 여자와 원수가 되게 하고 너의 후손도 여자와 원수가 되게 하리니 여자의 후손은 네 머리를 상하게 할 것이요 너는 그의 발꿈치를 상하게 할 것이니라.

67) 시 110:5-6 주의 우편에 계신 주께서 그 노하시는 날에 열왕을 쳐서 파하실 것이라 열방 중에 판단하여 시체로 가득하게 하시고 여러 나라의 머리를 쳐서 파하시며 …

상처를 입히는 투쟁을 하였다. 사탄에게 치명상을 입히는 말씀 가운데 인간을 향한 축복이 포함되어 있다. 여자의 후손이 십자가에서 죽으시므로 인류를 구원하실 것을 예고하셨다.

하나님은 자신의 공의의 속성으로 범죄한 당사자들을 심판하신다. 그러나 그 가운데 인간에게 여자의 후손을 통한 구원의 길을 함께 보여 주고 있다. 여자의 후손인 그리스도를 통한 구원이 하나님의 백성에게 유일하고도 영원한 안식이 된다. 하나님은 창조 과정에서 인간을 안식으로 초대하였으나, 아담의 타락으로 그것이 성취되지 못하자, 하나님 자신이 또 다른 안식의 방법을 제시하셨다. 인간에게서 가장 귀하고 큰 기쁨과 행복은 하나님의 축복을 받는 것으로 하나님의 축복 가운데서도 하나님의 안식에 참여하는 그것이다. 하나님은 선악과를 통해 범죄하여 심판을 받아야 할 인간에게 그리스도를 통한 하나님의 영원한 안식의 길을 준비하셨다. 하나님은 이 영원한 안식의 축복을 아담이 타락한 후 즉시 제시하셨다.

하나님께서는 창 3:16[68]에서 여자에게 저주와 축복을 동시에 내리신다. 여자는 아이를 임신하고 출산하는 과정에서 고통을 당하는 저주로 나타난다. 그러나 여자가 아이를 낳는 것은 축복이다. 타락 전 아담에게 생육하고 번성하라고 하신 자녀의 축복이 계속되고 있다(창 1:28). 여자에게도 아이를 출산할 때 고통을 더하시므로 징계하셨으나 또한 아이를 계속 낳게 하는 기쁨을 주므로 축복도 동시에 주셨다. 또한 "너는 남편을 사모하고 남편은 너를 다스릴 것이라" 하여 결혼 생활에 변화가 왔다. 여자는 남편을 의지하고 남편이 여자를 지배한다는 불평등 관계로 변하였다. 타락 전에는 남편과 아내가 동등한 관계였으나 타락 후에는 불평등한 관계로 변하는 심판이 임하였다. 그러나 남편의 사랑을 받으므로 여기서도 축복이 동시에 나타난다. 이 땅 위에서 여자의 기쁨과 안식은 남편의 사랑을 받으면서 자녀를 생산하여 품에 안고 자녀들을 양육할 때 생긴다. 하나님은 범

---

68) 창 3:16 또 여자에게 이르시되 내가 네게 잉태하는 고통을 크게 더하리니 네가 수고하고 자식을 낳을 것이며 너는 남편을 사모하고 남편은 너를 다스릴 것이니라.

죄의 수단으로 이용된 여자에게도 영원한 안식의 그림자가 될 수 있는 가정에서 안식을 느낄 수 있게 하셨다.

하나님께서는 남자에게도 저주와 함께 축복을 내리신다(창 3:17-19).[69] 남자에게는 먹는 음식에 관한 내용이 먼저다. 죄인이 음식을 먹고 생명을 유지하는 것은 축복이지만, 얼굴에 땀을 흘리는 심한 노동, 즉 생존을 위해 남자들이 피눈물을 흘리는 생존경쟁을 하는 것은 타락의 결과이다. 창 1:28에서 하나님이 타락 전 아담에게 주신 축복의 언약으로 땀흘린 노동의 대가로 음식을 먹는 것도 안식이었다. 비록 이마에 땀이 흐른다고 할지라도 노동의 대가로 음식을 먹을 수 있는 것은 인간이 땅 위에서 누릴 수 있는 최고의 안식 가운데 하나이다.

남자도 이 땅에서 육신으로 생활하는 동안 노동을 통해 자기와 자신의 가정이 안식을 누릴 수 있는 축복을 받았다. 비록 등에는 땀이 흐를지라도 가장으로서 열심히 노동하는 그 가정은 조금이나마 천국에서 누리는 안식의 맛을 느낄 수 있다. 인간에게 내려진 최종적 저주는 무덤으로 내려가는 것으로 아담이 범죄하기 전 모든 만물을 다스리는 위치였으나 "너는 흙이니 흙으로 돌아가라"는 하나님의 말씀은 흙이 인간을 다스릴 것을 나타낸다. 그러나 인간에게 내려진 심판 가운데 제일 무서운 죽음은 절망적 심판만으로 채워진 것은 아니다. 이는 인간이 죽음으로 모든 것이 끝나지 않기 때문이다. 하나님은 여자의 후손이 사탄의 머리에 상처를 입히므로 인간에게 구원과 안식의 축복을 예고하셨다. 인간에게 그리스도를 통한 부활의 소망을 주셨고, 그리스도 안에서 부활한 성도들은 영원한 안식이 있다. 이 죽음은 부활로 들어가는 관문으로 인간이 죽음을 통하여 육신은 잠시 동안 어두운 터널을 통과하지만 곧 밝고 희망찬 부활과 그 후에 하나님 나라의 영원한 안식이 있기 때문에 죽음도 절망적인 것만은 아니다.

---

69) 창 3:17-19 아담에게 이르시되 네가 네 아내의 말을 듣고 내가 너더러 먹지 말라한 나무의 실과를 먹었은즉 땅은 너로 인하여 저주를 받고 너는 종신토록 수고를 하여야 그 소산을 먹으리라. 땅이 네게 가시덤불과 엉겅퀴를 낼 것이라 너의 먹을 것은 밭의 채소인즉 네가 얼굴에 땀이 흘러야 식물을 먹고 필경은 흙으로 돌아가리니 그 속에서 네가 취함을 입었음이라 너는 흙이니 흙으로 돌아갈 것이라.

우리가 이미 제1장에서 하나님은 천지를 창조하는 과정의 일부로서 안식일을 만드셨음을 연구하였다. 하나님께서 육 일 동안의 창조사역을 마치신 후 일곱째 날 안식하신 것은 하나님 자신이 필요해서라기보다는 오히려 아담과 그의 후손들의 유익을 위함이었다. 성경의 다른 내용에 비추어 하나님이 안식하신 그날 아담이 무엇을 하였을지 생각을 하면 노동이나 그 외의 다른 일을 하였다고 보기는 힘들다. 타락 전의 아담의 성품과 마음은 전적으로 하나님의 영광을 나타내는데 조금도 손색이 없었을 것이다. 그러한 아담이 하나님의 안식에 동참하여 안식일을 지켰다고 해석하는 것은 너무 자연스럽고 당연하다. 그 당시에 비록 노동이나 결혼처럼 하나님께서 말씀으로 안식일을 지키라는 명령은 없었지만 하나님께서 자신의 모범적 실천으로 아담과 안식에 관한 언약을 맺으시고 그것을 자손 대대로 지키게 하셨다. 그래서 안식일을 지키는 일도 결혼이나 노동과 함께 창조 시에 하나님께서 아담에게 주신 창조언약에 속한다.

3. 노아 언약

아담 이후부터 아브라함 때까지 언약이 있었는가? 있었다면 어떤 내용이었는가? 하나님께서는 노아를 언약으로 관계하셨다. 노아 언약의 특징 가운데 많은 부분이 창조언약의 규정이 다시 갱신 혹은 재확인되고 있는데, 이는 하나님의 언약이 영원하다는 것을 입증하기도 한다. 그리고 노아 언약의 또 다른 특징은 하나님이 창조하신 피조물들의 보존과 구원이다. 그러면 노아 언약이 어떠한 것인지 논의해 보자.

먼저 노아 언약은 하나님이 창조하신 천지만물이 멸하지 않고 보존될 것임을 약속하고 있다. 창 8:22[70]은 계절과 낮과 밤과 씨를 심는 일과 추수가 반복될 것을 가르친다. 창 1:14에서 셋째 날, "하나님이 하늘에 태양을 만드시고 그것으로 낮과 밤을 나뉘게 하고 사시와 일자와 연한을 이루

---

70) 창 8:22 땅이 있을 동안에는 심음과 거둠과 추위와 더위와 여름과 겨울과 낮과 밤이 쉬지 아니하리라.

게 하셨다." 창 1:29-30은 지면에는 각종 식물과 열매가 무성할 것과 그것들은 공중의 새와 짐승들과 인간의 식물이 될 것이라 하였다. 하나님은 땅 위의 모든 생물체들의 생존을 위해 낮과 밤이 순환하는 계절과 시간의 흐름을 정하셨다. 또한 태양과 땅으로부터 영양을 공급받아 식물이 성장하고 벌레나 곤충, 새와 짐승들은 식물성 채소를 먹고 생명이 유지되도록 하셨다. 나아가 큰 짐승과 사람들은 채소와 함께 동물들을 음식으로 사용하도록 하셨다. 그래서 하나님은 육신을 가진 인간은 낮에는 햇빛 아래 노동하고 밤에는 잠자면서 휴식을 취하고 식물과 열매와 동물을 음식으로 생활하도록 하셨다. 이것이 하나님의 창조원리이며 자연의 섭리다. 인간은 이 원리를 잘 지킬 때 땅 위에서 안식을 누릴 수 있다.

창 8:22에는 "씨뿌림과 거둠과 추위와 더위와 여름과 겨울과 낮과 밤이 쉬지 아니하리라"는 말씀이 있다. 천지창조 때 정하여진 낮과 밤의 규정과 더위와 추위로 변경되는 사계절은 노아 때에도 변하지 않고 계속하여 반복된다. 자연계의 대변화가 발생한 노아 홍수 후에도 하나님은 자신이 정하신 계절과 낮과 밤의 흐름과 계절 따라 식물이 번성하며 각종 열매가 무성하게 되어 땅 위의 모든 생명체들에게 양식이 되는 것은 그대로 유지하신다. 그래서 하나님이 창조 때 정하신 연한과 낮과 밤과 같은 시간과 계절, 식물과 과일의 성장은 자연계가 변하지 않고 유지되는데 절대로 필요한 수단이다. 하나님은 창조 때 자연과 맺은 언약을 노아에게 재확인시켜 인간이 육체적 생활인 노동과 휴식을 취하고 필요한 음식을 먹으므로 생명을 보존하도록 하셨다. 인간의 음식이 되는 식물이 성장하고 자라나게 하기 위하여 하나님은 창조 시부터 노아 때까지 사계절과 낮과 밤이 반복되도록 하셨다. 하나님이 만드신 자연계의 순환 원리는 인간의 생존과 땅 위에서 생활하는 동안 육신의 안식을 위해 반드시 필요한 환경을 제공하고 있다.

또한 창 9:9-11[71]에 의하면 노아의 언약은 노아의 가족과 후손은 물론

---

71) 창 9:9-11 내가 내 언약을 너희와 너희 후손과 너희와 함께 한 모든 생물 곧 너희와 함께 한 새와 육축과 땅의 모든 생물에게 세우리니 방주에서 나온 모든

땅의 모든 짐승과 생물들과 자연과 우주와도 세웠다. 하나님은 창조 때 아담에게 주셨던 "생육하고 번성하라"는 축복을 노아에게도 반복하셨다(창 9:1-7). 땅 위에서 인간이 생육하고 번성하려면 자연재해나 동식물이 파괴되는 재앙이 없어야 가능하다. 하나님은 아담에게 하셨던 생육하고 번성하라는 언약을 노아에게도 재확인하셨다. 또한 아담에게 창조언약으로 주셨던 땅을 정복하고 다스리는 권한도 노아에게 동일하게 나타난다. 그러나 창 9:2[72])에 의하면 범죄 후에는 땅의 모든 짐승과 새들이 노아를 두려워하는 변화가 일어났다. 타락 전에는 사람과 모든 생명있는 피조물들이 친숙하였으나 이제는 그들 사이에 평화가 무너졌다. 아담이 타락한 후 동물들과 생물들이 인간에게 두려움을 느꼈지만 그들이 인간의 통제와 관리의 영역에서 완전히 벗어난 것은 아니다. 하나님께서 처음 만물을 창조하실 때 인간이 생육하고 번성하는 데 필요한 모든 조건을 만드신 후 그 환경이 변하지 않고 계속 되도록 하셨다.

아담과 맺은 창조언약이 우주적이며 문화의 모든 부분을 포함하는 것처럼 노아의 언약도 인간 구원과 함께 전 세계와 우주적 삶을 내포하고 있다.[73]) 호세아 선지자는 2:18[74])에서 이스라엘의 구원이 성취되면 노아가 세운 이 언약이 실현될 것이라 하였다. 호세아는 노아 언약에 근거하여 하나님 나라가 실현될 때 인간과 자연계가 평화공존할 것을 가르친다. 하나님의 구원이 성취되면 인간세상뿐 아니라 자연계의 동물과 새와 바다의 물고기 심지어 곤충들까지 평화를 누리게 된다. 이 평화는 인간과 함께 모든 피조물이 참안식을 누리게 될 것을 말한다. 이러한 평화와 안식은 아담이

것 곧 땅의 모든 짐승에게니라. 내가 너희와 언약을 세우리니 다시는 모든 생물을 홍수로 멸하지 아니할 것이라 땅을 침몰할 홍수가 다시 있지 아니하리라.

72) 창 9:2 땅의 모든 짐승과 공중의 모든 새와 땅에 기는 모든 것과 바다의 모든 고기가 너희를 두려워하며 너희를 무서워하리니 이들은 너희 손에 붙이웠음이라.

73) Robertson, 『계약신학과 그리스도』, 115-116.

74) 호 2:18 그날에는 내가 저희를 위하여 들짐승과 공중의 새와 땅의 곤충으로 더불어 언약을 세우며 또 이 땅에서 활과 칼을 꺾어 전쟁을 없이하고 저희로 평안

타락하기 전 창조언약이 처음 세워진 그때 있었다.[75) 창 6:20과 9:9-10[76)에 의하면 하나님은 노아의 후손들과 우주와 자연에 언약을 맺어 그들을 보존하셨다. 그래서 노아의 언약은 자연의 보존과 함께 인간의 구원을 내포한다. 그리고 노아의 언약은 노아의 모든 후손과 피조물들이 최초의 인간과 자연이 소유하였던 그 안식과 평화를 누리는데 목적이 있다. 노아의 언약에는 하나님께서 창조 시에 정하신 인간에게 안식을 주시기를 원하셨던 하나님의 사랑과 언약의 정신이 계속 흐르고 있다.

또한 노아의 언약은 전 인류는 물론 하나님이 창조하신 모든 우주가 이 언약의 범위에 그 영향력을 행사한다. 노아와 그의 모든 후손들뿐 아니라 모든 생존해 있는 생물은 무지개의 표적 아래 생활하고 있다. 하나님은 노아와 맺은 언약의 표시와 증표로 무지개를 주셨다. 노아와 모든 피조물에게 언약의 표로 주신 무지개는 하나님이 창조하신 천지만물들이 영원히 존속될 것이라는 약속의 징표이다. 이 무지개를 주신 목적은 홍수로 인하여 모든 생물들이 전멸한 것과 같은 재앙이 다시는 발생하지 않으리라는 하나님의 약속을 보증하는 표시이다.[77) 이는 마치 결혼하는 신랑과 신부가 영원히 서로 사랑하면서 변하지 않겠다는 서약의 증표로 결혼반지를 선물

히 높게 하리라.

75) 이러한 평화와 안식은 천지창조 후 아담의 타락 전에 있었음을 창세기 1장이 잘 설명하고 있다. 창 1:20, 24-26, 28, 30절을 참조하라. 1:20 물들은 생물을 번성케 하고 궁창에는 새가 날고, : 24-26절 땅에는 생물이 그 종류대로 내되 육축과 기는 것과 땅의 짐승을 종류대로 내셨다. 그리고 하나님의 형상대로 지음 받은 인간은 바다의 고기와 공중의 새와 육축과 온 땅의 기는 것을 다스리게 하셨다. : 28절 인간에게 생육하고 번성하여 땅에 충만하라는 축복을 하면서 바다의 고기와 공중의 새와 땅에 움직이는 모든 생물을 다스리게 하셨다. : 30절 땅의 모든 짐승과 공중의 모든 새와 생명이 있어 땅에 기는 모든 것에게는 푸른 식물을 주셨다.

76) 창 6:20 새가 그 종류대로 육축이 그 종류대로 땅에 기는 모든 것이 그 종류대로 각기 둘씩 네게로 나오리니 그 생명을 보존케 하라.

창 8:17 너와 함께한 모든 혈육있는 생물 곧 새와 육축과 땅에 기는 모든 것을 다 이끌어 내라 이것들이 땅에서 생육하고 땅에서 번성하리라.

창 9:8-10 내가 내 언약을 너희와 너희 후손과 함께한 새와 육축과 땅의 모든 생물에게 세우리니 방주에서 나온 모든 것 곧 땅의 모든 짐승에게니라.

77) W. J. Dumbrell, *Covenant and Creation: A Theology of Old Testament*

하는 것과 비슷하다. 구름 가운데 하늘에 떠 있는 무지개는 하나님의 은혜를 나타내는 상징이다. 하나님께서 창조하신 창조질서를 신실하게 유지한다는 하나님의 언약은 인간을 향한 하나님의 사랑과 인내를 나타내고 있다. 그리고 구름 가운데 떠 있는 무지개는 하나님의 평화의 언약을 선언하는 증거물이다. 노아 때 발생한 홍수와 같은 자연 재해가 발생한다면 모든 자연과 인간은 막대한 피해와 고통을 당하게 된다. 인간이 감당할 수 없는 큰 재난을 당한다면 정상적 생활이 불가능하며 따라서 그것이 주는 결과는 인간을 불행하게 한다. 이러한 상황을 맞이한다면 누구나 안식을 누릴수 없으므로 노아에게 주신 무지개 언약은 인간에게 풍요와 안식을 약속한 증표이다.

노아의 언약에는 모든 사람이 홍수심판으로 멸망을 받을 때 노아와 그 가족은 하나님의 은혜로 구원을 받는 것이 의미심장하게 나타난다(창 6:8). 노아가 하나님의 은혜를 받았기 때문에 그 시대의 모든 사람이 타락한 것과 같은 죄를 범하지 않게 되었다.[78] 노아 자신이 스스로의 힘으로 의로워서가 아니라, 구원에 대한 하나님의 은혜로운 계획이 나타나 있다. 노아가 당시의 모든 사람이 행하는 방탕한 길을 가지 않고 의로운 사람으로 생활한 것은 하나님의 은혜가 그에게 임하였기 때문이다. 창 6:18과 7:1[79]은 하나님의 은혜를 받은 결과 노아가 의로운 사람이 되었기 때문에 하나님께서 그의 모든 가족을 함께 구원하셨다고 가르친다. 그러므로 노아 홍수가 우리에게 주는 메시지는 오직 하나님의 은혜로 구원이 가능하며, 인간의 참된 안식은 하나님의 은혜의 선물을 받을 때에 비로소 주어지는 것이다.

Covenant (New York: Thomas Nelson Publishers, 1984), 29.

78) Martin H. Woudstra, "The Toledot of the Book of Genesis and their Redemptive Historical Significance," *Calvin Theological Journal*, 5(1970): 184-191.

79) 창 6:18 너와는 내가 언약을 세우리니 너는 네 아들들과 네 아내와 네 자부들과 함께 그 방주로 들어가라.

창 7:1 여호와께서 노아에게 이르시되 너와 네 온 집은 방주로 들어가라. 네가 (1인칭 단수) 이 세대에 내 앞에서 의로움을 내가 보았느니라.

베드로 사도는 노아가 물로 인하여 구원받아 방주에서 나오는 것을 구속사적 관점에서 해석하였다. 벧전 3:20-21[80]의 말씀은 노아가 물로 말미암아 구원받은 것을 그리스도의 부활과 물로 세례 받는 표로 가르친다. 베드로는 노아가 물 가운데서 구원받은 것을 예수 그리스도의 부활로 비교한다. 노아가 전 인류를 물 심판으로 멸망시킨 홍수 가운데 있었던 사건을 그리스도께서 무덤 속에 머물러 있었던 것으로, 그리고 홍수에서 구원받은 것을 그리스도의 부활과 비교한다.

또한 베드로는, 죄인들은 홍수 가운데서 죽고 의인들은 물위로 올라와서 살았다는 점에서 노아의 홍수를 물세례의 모형이며 예표로 해석한다. 노아가 방주 속에서 생활한 것을 죽어서 땅에 묻혀 장사지낸 것으로, 홍수의 죽음에서 생명을 구한 것을 영원한 구원으로 비교한다. 비록 노아 가족의 구원과 그리스도를 통한 구속 사건이 세밀한 부분까지 완전하게 일치하지는 않는다 할지라도 베드로는 홍수 심판을 물세례의 예표로 제시하는 것이 분명하다. 홍수 때의 물은 세례를 상징한다. 그리고 세례는 구약에서 하나님의 심판으로부터 구원의 성취이며, 구약 구원의 모형이다. 베드로는 이 물을 우리를 구원하는 세례임과 동시에 구원의 표라 하였는데, 표라는 단어인 안티티포스(antitypos)는 '모형'이나 '복사'라는 뜻이다.[81] 베드로는 노아가 홍수에서 구원받은 것을 성례의 예표로 가르친다.[82]

베드로는 그리스도의 부활이 세례의 근원이 된다는 사실을 밝히고 노아의 구원 사건에서 그것이 예표로 나타났다고 가르친다. 세례는 죄 씻음의 표이며 동시에 그리스도와의 연합을 나타낸다. 오직 그리스도의 십자가 죽

---

80) 벧전 3:20-21 그들은 전에 노아의 날 방주 예비할 동안 하나님이 오래 참고 기다리실 때에 순종치 아니하던 자들이라 방주에서 물로 말미암아 구원을 얻은 자가 몇 명뿐이니 겨우 여덟 명이라 물은 예수 그리스도의 부활하심으로 말미암아 이제 너희를 구원하는 표니 곧 세례라 육체의 더러운 것을 제하여 버림이 아니요 오직 선한 양심이 하나님을 향하여 찾아가는 것이라.

81) Edwin A. Blum, Frank E. Gaebelein Ed., *1 Peter: The Expositor's Bible Commentary* (Grand Rapids: Regency Zondervan, 1981), 243.

82) John Calvin, *New Testament Commentaries: Hebrews and 1 and 11 Peter* (Grand Rapids: Eerdmans, 1979), 295.

음과 부활이 우리의 죄를 깨끗이 씻을 수 있다. 그리스도의 부활은 죄와 사망에 대한 최후의 승리를 오게 하였고 우리의 구원을 완성시켰다. 베드로는 노아의 홍수 사건이 그리스도의 죽음과 부활을 통한 구원을 예표하는 세례의 모형으로 가르친다. 그러므로 노아의 홍수는 그리스도의 대속의 죽음과 부활을 통해 택함 받은 하나님의 자녀들이 영원한 지옥 형벌로부터 구원받을 것을 모형적으로 가르치는 역사적 사건으로 결론지을 수 있다. 베드로는 노아가 홍수에서 구원받은 사건을 통해 노아도 그리스도의 죽으심과 부활을 믿는 믿음으로 구원받았음을 분명하게 가르친다. 노아도 신약의 성도처럼 물세례를 통해 그리스도의 죽음과 부활에 동참하여 그리스도와 연합하였다. 노아가 믿음으로 그리스도와 연합하는 세례를 받았기 때문에 그는 구원받아 영생을 얻었다. 그러므로 노아의 홍수 사건은, 성도의 영원한 안식은, 오직 믿음으로 그리스도의 죽음과 부활을 믿을 때만 가능하다는 사실을 보여 준다.

또한 하나님은 창 8:21-22[83]에서 현재의 지구와 자연계를 계속 보존하겠다는 언약을 노아에게 하셨다. 하나님은 지구를 다시 저주하지 않겠다고 언약하셨고, 비록 인간이 죄로 인하여 타락하였지만 하나님은 은혜로 그들의 생명을 보존하실 것을 결심하시고 그 후손들을 번성하게 하신다. 홍수 후에 인간을 보존하시겠다는 하나님의 언약은 창 9:3-6[84]에서 명백하게 나타난다. 하나님은 인간의 생명에 가장 높은 가치를 두고 있다. 인간은 자기의 생명을 보존하기 위하여 하나님이 창조하신 모든 채소, 동물, 식물들을 먹을 수 있다. 창 1:11-12[85]에서 하나님은 각종 식물과 열매 맺는 과일

---

83) 창 8:21-22 여호와께서 그 중심에 이르시되 내가 다시 사람으로 인하여 땅을 저주하지 아니 하리니 이는 사람의 마음의 계획하는 바가 어려서부터 악함이라 내가 전에 행한 것같이 모든 생물을 멸하지 아니 하리니 땅이 있을 동안에는 심음과 거둠과 추위와 더위와 여름과 겨울과 낮과 밤이 쉬지 아니하리라.

84) 창 9:3-6 무릇 산 동물은 너의 식물이 될지라. 채소같이 내가 이것을 다 너희에게 주노라. 그러나 고기를 그 생명 되는 피채 먹지 말 것이니라. 내가 반드시 너희 피 곧 너희 생명의 피를 찾으리니 짐승이면 그 짐승에게서 사람이나 사람의 형제면 그에게서 그의 생명을 찾으리라. 무릇 사람의 피를 흘리면 사람이 그 피를 흘릴 것이니 이는 하나님이 자기 형상대로 사람을 지었음이니라.

나무를 만드셨다.

그리고 창 1:21[86]은 물이 땅 위의 모든 식물을 자라게 하고 또한 공중의 새와 바다의 물고기들을 창조하심을 보여 주고 있다. 창 1:24-25[87]은 땅의 모든 종류의 동물과 육축을 창조하셨다. 그 후에 창 1:26-27에서 인간을 창조하셨고 창 1:28-30[88]에서 인간에게 채소와 동물들을 식물로 사용하라고 하셨다. 뿐만 아니라 창조 과정은 단계적이고 세밀하다. 물은 생물 가운데서 제일 먼저 지음 받은 식물과 채소를 자라게 하고 그 다음 단계로 지음 받은 동물은 식물과 채소를 먹으므로 성장하게 하셨다. 제일 마지막에 창조된 인간은 물과 식물들과 동물을 식량으로 사용하여 생존하도록 하셨다. 하나님은 노아에게도 창세기 1장에서와 동일한 말씀으로 창 9:3에서 "무릇 산 동물은 너희의 식물이 될지라 채소같이 내가 이것을 다 너희에게 주노라" 하였다. 인간은 누구나 동물이나 채소를 통하여 음식을 먹으므로 영양을 섭취해야만 생존이 가능하기 때문에 하나님은 인간의 생존을 위해 음식을 허용하셨다. 창세기 1장에서 정하신 모든 피조물의 생존 원리가 노아 때에 반복하여 그대로 강조되고 있다. 육체가 있는 인간은 채

---

85) 창 1:11-12 하나님이 가라사대 땅은 풀과 씨 맺는 채소와 각기 종류대로 씨 가진 열매맺는 과목을 내라 하시매 그대로 되어 땅이 풀과 각기 그 종류대로 씨 맺는 채소와 각기 종류대로 씨 가진 열매 맺는 나무를 내니 하나님의 보시기에 좋았더라.

86) 창 1:20-21 하나님이 가라사대 물들은 생물로 번성케 하라 땅 위 하늘의 궁창에는 새가 날으라 하시고 하나님이 큰 물고기와 물에서 번성하여 움직이는 모든 생물을 그 종류대로, 날개있는 모든 새를 그 종류대로 창조하시니 하나님의 보시기에 좋았더라.

87) 창 1:24-25 하나님이 가라사대 땅은 생물을 그 종류대로 내되 육축과 기는 것과 땅의 짐승을 종류대로 내라 하시고 그대로 되니라. 하나님이 땅의 짐승을 그 종류대로, 육축을 그 종류대로 땅에 기는 모든 것을 그 종류대로 만드시니 하나님의 보시기에 좋았더라.

88) 창 1:28-30 하나님이 그들에게 복을 주시며 그들에게 이르시되 생육하고 번성하여 땅에 충만하라. 땅을 정복하라 바다의 고기와 공중의 새와 땅에 움직이는 모든 생물을 다스리라 하니라 하나님이 가라사대 내가 온 지면의 씨 맺는 모든 채소와 씨 가진 열매 맺는 모든 나무를 너희에게 주노니 너희의 식물이 되리라. 또 땅의 모든 짐승과 공중의 모든 새와 땅에 기는 모든 것에게는 내가 모든 푸른 풀을 식물로 주노라 하시니 그대로 되니라.

소와 동물 등을 음식으로 사용할 때만 안식하면서 생존할 수 있다.

그러나 생명을 상징하는 피의 원칙은 존중해야 했다. 모든 인간은 하나님의 형상으로 지음을 받은 존귀한 존재이기 때문에 하나님의 형상인 인간의 생명을 귀하게 생각하지 않는 것은 하나님을 무시하는 일이 되므로, 살인한 사람이나 동물은 인간의 손에 의해 보응(報應)을 받게 하였다. 창 1:28에서 아담에게 '생육하고 번성하여 땅에 충만하라' 하신 하나님께서 창 9:1에서 노아와 그 가족에게도 동일한 말씀을 하셨다. 사람이 번성하고 땅에 충만하려면 그 생명이 살인으로부터 보호되어야 한다. 사람이 다른 사람을 죽이는 살인행위나 타인의 몸에 상해를 입히는 일들이 난무한다면 사람의 안정된 생존이 불가능하게 된다. 인간의 생존이 가능하고 번성하면서 충만하게 되기 위해서는 다른 사람을 해치는 행위는 반드시 중단되어야 한다. 그래서 하나님은 노아와 그 아들들에게 인간의 생명을 위협하는 일체의 행위를 금하셨다. 사람을 살인한 인간이나 짐승을 보복하는 것은 인간의 생명의 신성함을 강조하여 종족을 번성하게 하려는 수단이다. 인간에게 살생 행위가 나타나면 생육하고 번성하는 과정에 문제가 발생하고, 인간이 안식을 취할 수도 없다. 생명의 위협을 느끼거나 육체의 고통이 있는 사람에게 안정과 안식은 불가능하다.

그러나 살인자를 보복하는 권한을 개인에게 주지 않았다. 하나님은 죄를 억제시키기 위하여 노아의 언약에서 국가 개념과 국가의 사법 정신을 나타낸다.[89] 노아 당시는 지상에 인구가 소수였기 때문에 후대 역사에 나타나는 것과 같은 국가 조직이나 세밀한 기능이 필요 없었으므로 국가에 관한 구체적 설명은 명확하지는 않다. 그러나 이스라엘 이후 모든 국가는 살인자에 대한 보복을 개인이 아닌 국가가 법에 의해 철저하게 억제하게 된다. 하나님이 살인자를 처벌하고 보복하는 권한을 개인이 아닌 국가에 허락하셨다. 그러므로 피해를 당한 사람은 자신의 힘으로 보복할 생각을 버리고 국가에 호소해야 한다. 피해 입은 당사자가 개인적으로 보복을 한다면 사회는 큰 혼란에 직면할 것이다. 개인이 보복을 한다면 또 다른 보복

---

89) Calvin, *Commentaries on Genesis*(Grand Rapids: Eerdmans, 1979), 295.

으로 더 큰 문제가 발생하기 때문이다. 오늘날까지 국가가 해야 할 가장 근본적이고 중요한 의무는 국민의 생명과 재산을 보호하는 일이다. 국가는 외래의 침입과 함께 국내에서 발생하는 모든 종류의 폭력으로부터 국민을 보호해야 한다. 사람의 생명이 짐승이나 다른 사람에 의해 상해 위협을 받거나 죽임을 당한다면 땅 위에서 안식이 어렵게 된다. 인간에게 풍요로운 안식을 주시기를 원하는 하나님은 우리가 이 세상 장막에서 생활하는 동안 모든 위협으로부터 보호받을 제도를 마련하셨다.

노아의 언약은 하나님이 죄인을 심판하셨지만 구원의 은혜가 계속 유지되게 한다는 원리를 나타낸다. 모든 사람이 물을 통한 심판을 받았지만 노아는 하나님의 은혜로 구원을 받았다. 또한 하나님이 죄인을 심판하면서도 생육하고 번성하라는 아담에게 주신 언약이 성취되도록 하기 위해 인간의 생존이 유지되도록 창조언약으로 주신 자연계 보존을 언약하셨다. 그래서 노아 언약의 핵심이 되는 창조질서를 보존하는 원리는 구원역사 과정에서 중심 역할을 하고 있다. 오늘까지 인간은 이 언약의 규정 아래서 생활한다. 정기적인 계절의 순환은 죄에서 구원이 완성될 때까지 지구를 보존하려는 하나님의 뜻에서 유래한다. 그리고 인간 생명의 존엄성을 상기시키면서 살인을 억제하는 국가 제도를 주셨다. 그래서 노아의 언약은 상당한 부분에서 아담에게 주신 창조언약을 재확인하면서 반복하고 있다. 이는 곧 시 105:8[90]의 하나님의 언약은 영원하다는 말씀을 기억하게 한다. 나아가 노아의 언약은 땅 위에서 모든 인간들이 육신적 안식을 누리기 위한 하나님의 사랑과 함께 영원한 안식의 모형과 표로 주셨다. 즉 노아 언약의 중심에는 인간을 향한 하나님의 사랑인 안식이 자리하고 있다.

ㄴ. 아브라함의 언약

구속역사의 연장선상에서 창조언약과 노아의 언약에 이어 아브라함의

---

90) 시 105:8-10 그는 그 언약 곧 천 대에 명하신 말씀을 영원히 기억하셨으니 … 이것은 곧 이스라엘에게 하신 영원한 언약이라.

언약이 계속되고 있다. 노아의 언약이 아담 언약을 포함하면서도 더 분명하고 발전적인 것처럼 아브라함의 언약은 아담과 노아의 언약을 모두 포함함과 동시에 하나님의 뜻을 더 명확하고 분명하게 나타내고 있다. 아브라함의 언약은 아담과 노아가 맺은 언약보다 더 구체적이면서 세밀하고 발전적이다. 이 후의 모든 성경 기록은 아브라함과 그의 후손들에게 초점이 맞추어져 있으므로 아담과 노아의 언약이 아브라함을 통해 성취된다는 사실이 입증되었다. 하나님이 아담에게 주셨던 언약이 아브라함을 통해 성취된다. 또한 아브라함의 언약은 그 후에 이어지는 언약의 기초가 된다. 그 이유는 그 후에 이루어갈 모든 언약이 아브라함의 언약에 포함되어 있기 때문이다.

아브라함의 언약은 아담과 노아가 맺은 언약과 어떠한 관련이 있는가? 우리가 이미 위에서 살펴본 바와 같이 아담과 노아에게 언약으로 주었던 "생육하고 번성하라"는 말씀이 아브라함에게도 강조된다. 아담에게 생육하고 번성하라고 하신 축복이 성취되기 위하여 인간의 생존에 필요한 모든 것을 창조하여 그를 위해 주셨다. 인간은 생육하고 번성하기 위한 수단으로 땅을 정복하고 다스려야 하며 다른 모든 피조물들을 관리해야 하였다. 노아 시대는 아담이 타락한 영향력이 인간과 모든 자연계에 나타나기 때문에 자연의 속성들이 변하여 인간을 대적하는 일들이 나타났다. 뿐만 아니라 인간의 본성이 악하게 변질되어 하나님을 대적하고 다른 사람에게 상처를 입히고 생명을 살해하는 사건들도 나타났다. 하나님이 인간에게 주신 원래의 안식에서 이탈된 상황이 여러 곳에서 전개되었다. 영혼은 하나님을 떠났고 생육하고 번성하라는 하나님의 뜻에 역행하는 일들이 발생하였다.

아브라함의 언약은 안식일 신학에서 특별한 의미를 갖는다. 아브라함의 언약은 이전의 것보다는 더 포괄적이고 내용이 깊으며 후손에게 계속하여 반복되는 약속이다. 그래서 아브라함의 언약은 신구약 성경의 주제가 될 만큼 중요하다. 하나님은 창 12:1에서 "너는 너희 본토, 친척, 아비 집을 떠나 가나안으로 가라"고 명령하면서 아브라함과의 언약이 시작된다. 그는 하나님의 명령에 순종하여 우르를 떠나 하란으로 또 다시 가나안으로 이주하는 여행을 하였고, 이 여행은 역사상 가장 중요한 의미를 지닌 사건들 가운데 하나가 되었다. 그의 순종은 하나님을 믿는 믿음이 있었기 때문에 가능하였다.

창 12:2-3[91])에서 하나님이 최초로 아브라함에게 축복하신 약속의 내용은 의미심장하다. 이 축복은 아브라함 자신뿐 아니라 전 인류에게도 의미가 크다. 그가 큰 민족을 이루며, 복을 받을 것이며, 그의 이름이 창대케 되며, 그가 복의 근원이 될 것이며, 그를 축복하는 자에게 복을 내리고, 저주하는 자에게 저주를 내리며, 땅의 모든 족속이 그로 인해 복을 얻으리라는 말씀이다. 아브라함에게 하신 이 축복을 통해 유대인뿐 아니라 모든 족속이 복 받을 수 있음을 밝힌다. 그러나 예외 없이 모든 사람이 복을 받는 것은 아니다. 하나님께서는 어떤 사람에게는 복을 또 다른 사람에게는 저주를 내리신다 하여 하나님의 축복을 받을 사람이 제한적이라는 사실을 밝히고 있다.

창 12:3에서 너를 축복하는 자에게는 복을 내리고 너를 저주하는 자에게는 저주하리라는 말씀은 무슨 뜻인가? 이는 하나님의 축복이 모든 인류에게 평등하게 주어지지는 않음을 가르친다. 누가 축복을 받고 또 누가 저주를 받을 것인가? 저주하다의 히브리어 어근은 "사람을 경멸한다", "경멸투로 대하다", "얕보다"라는 뜻이다.[92]) 이것은 아브라함이 하나님을 믿는 믿음의 본을 경멸하여 얕보는 자를 하나님이 저주하신다는 뜻이다. 하나님은 아브라함을 통해 모든 사람이 이 언약의 복음을 믿고 하나님의 축복을 받도록 권장하신다는 사실을 무시하며 경멸하는 사람을 저주할 것이다.[93])

---

91) 창 12:2-3 내가 너로 큰 민족을 이루고 네게 복을 주어 네 이름을 창대케 하리니 너는 복의 근원이 될지라 너를 축복하는 자에게는 내가 복을 내리고 너를 저주하는 자에게는 내가 저주하리니 땅의 모든 족속이 너를 인하여 복을 얻을 것이라.

92) Josef Scharbert, "Curse," *Sacramentum Verbi: An Encyclopedia of Biblical Theology*, ed. Johannes B. Bauer(New York: Herder and Herder, 1970), vol. 1, 175.

그러한 사람은 하나님이 초청하는 안식을 거부하였기 때문에 그 종말은 비참할 것이다.

축복하다의 히브리어 어근은 명예와 존경의 뜻이다.[94] 너를 축복하는 자에게 복을 내린다는 뜻은 아브라함 믿음의 본을 감사하고 그 믿음에 순종하는 사람은 하나님의 복을 받는다는 뜻이다. 여기서 복의 내용이 구체적으로 표현되지는 않았지만 하나님의 은혜를 뜻할 것이다. 하나님은 아브라함이 소유한 믿음을 지닌 사람에게 복을 주실 것이다.[95] 아브라함의 언약은 인간이 누릴 수 있는 궁극적 안식은 아브라함이 가졌던 그 믿음을 소유할 때만 가능함을 보여 주고 있다. 반대로 그 믿음을 소유하지 못하면 하나님의 안식과는 관계가 없는 하나님의 저주를 받게 될 것을 가르친다.

아브라함에게 하신 이 축복의 핵심적 요소는 그의 후손이 큰 민족을 이루며(창 12:2), 그를 통해 천하만민이 복을 받는다(12:3)는 내용이다. 큰 민족을 이루어 국가를 형성하는데는 자녀 생산과 함께 그들이 거주할 땅이 절대 필요한 요소가 된다.[96] 그래서 하나님은 아담과 노아에게 생육하고 번성하라고 축복하셨던 그 언약을 아브라함에게는 더 구체적 내용으로 반복하셨다. 아담과 노아에게는 생육하고 번성하라 하셨으나 아브라함에게는 큰 민족을 이루게 될 것이라 하셨다. 그리고 아브라함이 가나안 땅에 도착할 때 하나님은 그에게 "내가 이 땅을 네 자손에게 주리라"(창 12:7) 하여 그의 꿈이 실현되고 있었다.

1) 공식적 언약 의식

하나님은 아브라함에게 복을 주시겠다고 말씀만 하시지 않고 공식적 언약을 맺어 약속하셨다. 언약은 어떻게 만들어졌으며 그 언약에는 무슨 뜻

---

93) McComiskey, 『계약신학과 약속』, 39-40.

94) Josef Scharbert, *A Commentary on the Book of Genesis*, vol. 2, trans. Israel Abraham(Jerusalem: Megnes Press, Hebrew University, 1961-4), 314, quoted in McComiskey, 41.

95) McComiskey, 40.

96) Thomas Edward McComiskey, 『계약신학과 약속』, 9-101.

이 있는지 이해하는 것이 중요하다. 무엇보다 아브라함과 맺은 그 공식적 언약이 안식일 신학과는 어떠한 연관성이 있는지 연구하는 것도 우리의 관심을 이끌기에 충분하다. 시간이 흐르면서 아브라함은 아직 자식이 없으므로 하나님이 하신 약속의 실현에 대해 초조해 하면서 걱정하였다. 아브라함 부부는 자신들의 몸에서 출생한 상속자가 없다는 사실이 얼마나 부끄러운 수치이며 마음에 고통이 되었는지 모른다. 그가 상속자를 두어야겠다는 마음의 소원이 얼마나 간절하였던지 엘리에셀을 양자로 두려고 하기도 하고, 사라의 몸종인 하갈을 통해 얻은 이스마엘을 자신의 후계자가 아닌가 생각하기도 하였다.

아브라함이 자식에 대한 이러한 강박관념을 가진 것은 당시 사회의 풍속과 문화의 영향도 적지 않은 듯하다. 현대 사회도 자식이 없는 가정은 외로움과 쓸쓸한 마음이 있을 뿐 아니라 노후 대책과 경제적 문제 등 많은 면에서 염려가 되는데 고대 사회에서는 두말할 필요가 있겠는가. 인간적으로도 아브라함 가정에는 자식이 있어야만 기쁨과 안식이 있을 수 있었다. 그 당시는 누구든지 가정에 자식이 없다면 그에게 안식이 있을 수 없었다. 아브라함은 많은 재물과 명예가 있었음에도 불구하고 자식이 없기 때문에 그들의 마음에 그려진 어두운 그림자를 제거할 수가 없었다. 자식은 아브라함에게 제일 큰 소망이며 희망이었다. 자식을 얻고 싶은 소망이야 간절하지만, 아들을 얻는 일이 인간의 뜻과 마음대로 되는 일은 아니다. 하나님의 축복이 있어야만 가능하다.

그래서 그는 당시 시대의 풍속을 따라 다메섹의 엘리에셀을 법적 양자로 삼아 자신의 상속자로 삼으려 하였다. 그때 하나님은 양자가 아닌 그의 몸에서 날 자가 후사가 되리라는 약속을 하면서 그를 이끌고 밖으로 나가 "너의 자손이 하늘의 별과 같이 많으리라" 하였다. 그 가정이 축복과 안식을 얻는데 절대적으로 필요한 아들을 그에게 약속하셨다. 그들 부부는 이미 늙었는데 하늘의 별과 같이 많은 자손을 얻는다는 것은 정상적인 이성으로는 수용이 불가능하였다. 그러나 아브라함은 여호와를 믿었고 여호와께서는 이를 그의 의로 여기셨다(창 16:6). 신약은 이 말씀을 네 번이나 인용하면서(롬 4:3, 23; 갈 3:6; 약 2:23) 성도들이 믿음으로 구원받을 근거를 여기에 둔다. 하나님은 자손에 대한 약속을 주신 후에 "이 땅을 네게 주어 업을 삼게 하려고 너를 갈대아 우르에서 이끌어 낸 여호와로라"(창 15:7)고 하셨다. 그러자 그는 "주 여호와여 내가 이 땅을 업으로 받을 줄 어떻게 알리이까?" 하면서 더 확실한 증거를 요구한다(창 15:3-5). 아마 그에게 땅을 얻는데 대한 의심이 있었는지 확실한 보증을 요구하였다. 그는 하나님이 자신에게 자기의 후손이 큰 민족을 이루고 땅을 차지하면서 장대한 민족이 된다는 약속은 받았으나 자신과 그의 아내가 늙어감에 따라 그 약속의 실현 가능성에 대해 고민하게 되었다.

이에 대한 답으로 창 15:9-21에서 하나님은 아브라함과 공식적 언약을 수립하기 위해 그에게 동물을 바치라고 명하셨다.[97] 그는 당시 풍습을 따라 동물들의 중간을 쪼개어 그것들을 마주 세워놓는다. 아브라함이 잠들었을 때 그에게 축복한 언약이 비록 지연될지라도 성취될 것임을 이상으로 보여 주셨다. 해질 무렵 아브라함은 깊은 잠에 빠진다. 잠든 그에게 캄캄함이 임하면서 깊은 두려움에 떨어져 심판의 공포를 경험하게 된다. 어두움은 종종 하나님의 심판에 사용된다. 암 5:18, 20은 여호와의 날이 임할 때 태양이 빛을 잃고 캄캄할 것이라고 말한다. 이는 하나님의 심판의 날이 시작됨을 뜻한다. 애굽 사람에게 내려졌던 아홉 번째 재앙은 삼 일간 어둠이 임하는 것이었다. 이것은 최후 심판을 예고하는 징조이다. 마 24:29은 재림 때 있을 최후 심판은 해가 어두워지는 것으로 시작된다. 고대 사회에서 언약 체결 시에는 분위기가 어둡고 엄숙하였다 한다. 언약에는 항상 책임이 따르기 때문에 큰 왕은 최대한 위엄을 갖추고 작은 속국 왕에게 두려움을 느끼게 만들었을 것이다. 시내 산에서 하나님께서 모세와 언약을 맺을 때도 하나님은 최고의 위엄 찬 모습으로 임하셨다.

하나님의 말씀이 끝날 때 "연기 나는 풀무와 타는 횃불이 쪼개어 세워

---

97) 이 부분에 관한 더 깊은 연구를 원한다면 O. Palmer Robertson, 『계약신학과 그리스도』, 132-150를 참고하라. 로버트슨은 아브라함의 계약에 대해 신학적으로 깊이 있게 설명하고 있다.

둔 고기 사이로 지나가는 것을" 아브라함이 보았다. 여기서 연기 나는 풀무와 타는 횃불은 하나님의 영광을 뜻한다. 출 19:18[98]에서도 연기와 불은 하나님의 현현임을 나타낸다. 쪼개진 동물 사이로 하나님이 지나가셨다. 쪼개진 동물 사이로 지나간 것은 계약의 당사자들이 계약을 위반하였을 때 쪼개진 동물처럼 그들 자신의 몸도 쪼개진다는 뜻이다.

고대 사회에서 언약을 맺을 때는 원래 언약의 양쪽 당사자들이 쪼개진 동물 사이로 지나게 되어 있다. 그러나 아브라함은 쪼개진 동물 사이로 지나지 않고 하나님만 지나셨다. 하나님이 쪼개진 고기 사이로 지나가심은 하나님께서 자신의 생명을 담보로 언약을 하셨음을 뜻한다. 그리고 환상 가운데서 새는 쪼개지 않았다. 아브라함은 솔개들이 동물들의 사체에 내리는 것을 쫓아버렸다. 동물의 사체에서 새들이 그 시체를 먹는 것은 계약을 파기하는 사람은 그 몸이 쪼개질 뿐 아니라 공중의 새들에게 먹이가 된다는 뜻이다. 고대 사회는 부족들이 계약을 맺을 때 상징적으로 동물을 죽이는 의식이 행하여졌다.[99] 아브라함과 맺은 이 언약을 통하여 하나님 자신이 반드시 약속을 지키겠다는 맹세를 한 것이다. 하나님은 자신의 죽음을 걸고 언약을 반드시 지키겠다는 약속을 하였기 때문에 아브라함의 의심은 사라졌다.

또한 창 13:16; 15:5; 22:17[100] 등에서 하나님은 아브라함의 자손의 수가 방대하여 큰 무리를 이루리라고 하셨다. 자손과 씨에 대해서는 다음 부분에 더 깊이 연구하겠지만 아브라함의 자녀가 큰 무리를 형성한다는

---

98) 출 19:18 시내 산에 연기가 자욱하니 여호와께서 불 가운데서 거기 강림하심이라 그 연기가 옹기점 연기 같이 떠오르고

99) Meredith Kline, *By Oath Consigned: A Reinterpretation of the Covenant Signs of Circumcision and Baptism*(Grand Rapids: Eerdmans, 1968), 17.

100) 창 13:16 내가 네 자손으로 땅의 티끌 같게 하리니 사람이 땅의 티끌을 능히 셀 수 있을진대 네 자손도 세리라.
창 15:5 그를 끌고 밖으로 나가 가라사대 하늘을 우러러 뭇별을 셀 수 있나 보라 또 그에게 이르시되 네 자손이 이와 같으리라.
창 22:17 내가 네게 큰 복을 주고 네 씨로 크게 성하여 하늘의 별과 같고 바닷가의 모래와 같게 하리니 네 씨가 그 대적의 문을 얻으리라.

말씀은 아담과 노아에게 "생육하고 번성하여 땅에 충만하라"는 축복의 성취이다. 아브라함의 후손들이 민족과 국가를 이루는 과정을 돌아보면 숫자의 방대함은 벌써 성취되었다고 할 수 있다. 나아가 그리스도 안에서 아브라함의 영적인 자녀들을 포함시킨다면 아브라함의 자녀는 하늘의 별처럼 바닷가의 모래처럼 많아진다는 이 예언이 무엇을 뜻하는지 이해할 수 있을 것이다. 그리고 언약대로 그의 후손을 통하여 열왕이 나오고 또한 그 씨를 통해 천하 만민이 복을 얻게 되었다. 단지 숫자만 많은 것이 아니라 그의 후손이 세계를 지배하며 하나님의 복을 이방에 전달하는 매개자가 될 것을 가르치고 있다. 하나님께서 아담과 노아에게 하셨던 생육하고 번성하라는 언약이 아브라함을 통해 성취되는 것을 보여 주고 있다.

하나님께서 쪼개어진 동물 사이로 지나가는 언약을 보여 주셨기 때문에 아브라함은 더 이상 다른 보증이나 약속이 필요가 없었다. 하나님이 자신의 죽음을 걸고 아브라함과 맺은 이 언약은 후대 구속역사에서 반복적으로 강조되면서 나타나고 있다. 모세는 아브라함이 생명을 담보로 하는 언약의 원리를 따라 그 형태를 변형하여 시행하였다. 출 24:6-8[101]에서 모세는 시내 산에서 하나님의 언약의 말씀을 받고 내려와 산 아래서 기다리는 백성들에게 자기가 받은 율법을 읽고 난 후 백성들에게 피를 뿌려 언약을 세웠다. 이렇게 한 후 8절에서 모세는 백성에게 "보라 이것은 여호와께서 너희와 세우신 언약의 피니라" 하였다. 백성들에게 피를 뿌린 것은 모든 백성이 죽음으로써 하나님의 언약의 율법을 준수하겠다는 것을 상징하는 의식이다.

아브라함이 짐승을 둘로 쪼개어 그 사이로 지나가는 것과 모세가 백성에게 피를 뿌리는 것은 모두 죽음을 담보로 언약을 수립하는 과정이다. 피를 뿌리는 것은 쪼갠 짐승 사이로 지나는 것을 변형한 것이다.[102] 아브라함

---

101) 출 24:6-8 모세가 피를 취하여 반은 여러 양푼에 담고 반은 단에 뿌리고 언약서를 가져 백성에게 낭독하여 들리매 그들이 가로되 여호와의 모든 말씀을 우리가 준행하리이다 모세가 그 피를 취하여 백성에게 뿌려 가로되 이는 여호와께서 이 모든 말씀에 대하여 너희와 세우신 언약의 피니라.

102) 더 깊이 연구하기를 원한다면 O. Palmer Robertson, 『계약신학과 그리스

의 언약과 모세가 세운 언약의 차이는, 아브라함은 하나님의 음성을 듣고 난 다음 환상 가운데서 언약이 수립되는 것을 보았으나 모세는 자신이 직접 하나님으로부터 받은 언약을 백성에게 읽고 난 후 그들에게 피를 뿌려 언약을 세웠다. 짐승을 쪼개고 그 사이로 지나가기에는 사람들의 수가 너무 많았기 때문에 그 대신 짐승의 피를 백성들에게 뿌렸다. 그리고 백성들은 이에 대한 응답으로 "여호와의 모든 말씀을 우리가 준행하리이다"라고 하였다(출 24:7).

모세 시대의 백성들은 하나님께서 그들에게 주신 언약의 말씀을 지켜 순종할 때 하나님의 축복과 안식이 임할 것으로 믿었다. 모세가 하나님으로부터 시내 산에서 받은 언약의 율법을 순종하면서 생활하는 것만이 하나님의 안식에 거할 것으로 받아들였다. 반대로 모세의 율법을 불순종하면 그만한 심판과 징계가 임하였다. 그래서 공중의 새가 언약을 파기한 사람의 시체를 먹는 것도 아브라함의 언약과 동일하다. 신 28:26[103]에서 하나님은 언약을 파기하는 사람에게 아브라함에게 언약한 것과 동일하게 그들의 시체가 짐승과 공중의 새의 먹이가 될 것을 경고하셨다. 아브라함이 생명을 걸고 언약을 맺은 그 의식이 모세에게서 형식만 조금 변하였을 뿐 그 내용은 그대로 반복되었다. 그래서 아브라함과 모세의 언약에는 내용적 차이가 없다.

아브라함의 언약 수립 1400년이 지난 후 예레미야 선지자는 시드기야 왕이 아브라함의 언약과 동일한 의식으로 언약을 세운 것을 설명하였다. 아브라함의 언약이 그때까지 인식되고 있으면서 사용되고 있다는 점이 확인되었다. 유다는 바벨론 느부갓네살의 지배하에 들어갔다(렘 34:1, 6-7). 그리고 예레미야는 렘 34:17-20[104]에서 하나님의 말씀을 불순종하는 백성

두』135-141을 참고하라

103) 신 28:26 네 시체가 공중의 새와 땅 짐승들의 밥이 될 것이나 그것을 쫓아 줄 자가 없을 것이라

104) 렘 34:17-20 나 여호와가 이같이 말하노라 너희가 나를 듣지 아니하고 각기 형제와 이웃에게 자유를 선언한 것을 실행치 아니하였은즉 내가 너희에게 자유를 선언하여 너희를 칼과 염병과 기근에 붙이리라 나 여호와의 말이니라 내가 너희

들에게 아브라함의 언약을 직접 인용하여 심판을 예언한다. 시드기야 왕은
언약을 세우는 형식에서 아브라함과 모세의 언약을 혼합적으로 따르고 있
다.[105)]

시드기야는 언약을 맺는 의식을 행하기 전에 모든 히브리인 노예들을
해방시켰다. 그리고 언약을 맺는 절차는 백성들의 공식적 회집, 백성들에
게 율법 낭독, 백성들의 응답 순서로 진행되었다. 노예를 해방시킨 이유는
무엇인가? 모세에 의하면 언약을 갱신할 때는 모든 아브라함의 자손들은
히브리인 노예를 반드시 해방시켜야 한다. 모세가 시내 산에서 받은 언약
을 구성하는 출 21-24장은 제일 먼저 히브리인 노예 해방부터 시작한다.
출 21:2-3[106)]은 안식년에는 모든 히브리인 노예해방을 선언한다. 모든 히
브리인 노예는 육 년 동안 주인을 섬긴 후 칠 년째는 해방의 자유를 갖는
것이 중요하다. 그 이유는 모세의 언약이 하나님의 창조언약에 바탕을 두
고 있기 때문이다. 하나님께서 육 일 동안 천지창조를 끝내시고 제칠 일에
안식하신 패턴을 따라야 했다. 시드기야는 창조언약에 바탕을 둔 모세 언
약을 따라 언약을 갱신하기 전에 먼저 모든 히브리인 노예들을 해방시켰
다.

또한 신 5:14-15에서 모세는 이스라엘 백성들에게 안식일에 관한 언약
을 설명할 때 하나님께서 그들을 해방시켜 주신 것을 기억하여 안식일을
지키라고 하였다. 안식일에는 하나님께서 이스라엘이 애굽에서 노예로 있

를 세계 열방 중에 흩어지게 할 것이며 송아지를 둘에 쪼개고 그 둘 사이로 지나서
내 앞에 언약을 세우고 그 말을 실행치 아니하여 내 언약을 범한 너희를 곧 쪼갠
송아지 사이로 지난 유다 방백들과 예루살렘 방백들과 환관들과 이 땅의 모든 백성
을 내가 너희 원수의 손과 너희 생명을 찾는 자의 손에 붙이리니 너희 시체가 공중
의 새들과 짐승의 식물이 될 것이라.

105) J Maxwell Miller and John H. Hayes, 박문재 역, 『고대 이스라엘 역사』
(*A History of Ancient Israel and Judah*) (서울: 크리스챤다이제스트, 1996),
516-521.

106) 출 21:2-3 네가 히브리 종을 사면 그가 육 년 동안 섬길 것이요 제칠 년에
는 값없이 나가 자유할 것이며 그가 단신으로 왔으면 단신으로 나갈 것이요 장가들
었으면 그 아내도 그와 함께 나가려니와 …

을 때 그들을 해방시켜 안식을 주신 것을 기억하면서 감사해야 했다. 신명기 5:15에서 하나님은 이스라엘 백성이 안식일을 지켜야 할 이유를 설명할 때 "너는 기억하라 네가 애굽 땅에서 종이 되었더니 너의 하나님 여호와가 강한 손과 편 팔로 너를 거기서 인도하여 내었나니 그러므로 너의 하나님 여호와가 너를 명하여 안식일을 지키라 하느니라" 하였다. 이스라엘이 안식일을 지키는 이유는 그들의 해방을 기념하는 의미가 있다. 이스라엘 백성은 새로운 시대와 언약이 시작되는 애굽으로부터 해방을 기념하여 안식일을 지킬 의무가 있었다. 그래서 언약의 갱신에는 노예해방과 안식일 규정을 순종하는 것이 필수적 조건이 되었다. 그 이유는 안식일이 하나님과 이스라엘 백성들과 언약의 징표이기 때문이다. 언약을 갱신할 때는 언약의 표가 되는 안식일법을 지켜야 했다. 그래서 시드기야는 자기가 언약을 갱신할 때 모세 언약의 형식을 따라 제칠 년에는 모든 히브리 노예들을 해방시켰다. 시드기야가 언약을 갱신할 때 안식년에 모든 히브리인 종들을 해방시켜 자유인이 되게 하였다는 것은 안식일이 언약의 핵심이 된다는 사실을 이스라엘 역사가 흘러도 백성들은 잊지 않고 있었음을 증명한다.

그리고 시드기야는 34:18-19에서 예루살렘 방백과 환관들 그리고 그 땅의 제사장들과 백성들이 송아지를 둘로 쪼개고 그 사이로 지나가게 하였다. 예레미야는 그 땅의 제사장들, 환관들, 방백들과 백성들이 송아지를 쪼갠 후 그 사이로 지나가면서 생명을 담보하는 목숨을 걸고 언약하였다고 설명한다. 이 내용은 아브라함이 행하였던 언약 의식과는 형식에는 차이가 있지만 아브라함이 생명을 담보로 언약을 맺은 것과 동일한 의미로 사용하였음이 분명하다.[107] 시드기야 왕이 언약을 맺은 의식적 절차는 모세보다는 아브라함 언약의 형식을 많이 따랐다. 모세는 백성들에게 피를 뿌렸으나 시드기야는 아브라함의 형식을 따라 쪼갠 짐승 사이로 지나가게 하였다.

이스라엘 역사에는 하나님과 맺은 언약을 지키지 못하고 파기하였을 때

---

107) O Palmer Robertson, 『계약신학과 그리스도』, 135-138.

따르는 심판의 흔적이 많았다. 그 이유는 이스라엘 백성들은 모두 모세가 언약을 맺을 때 피를 뿌리면서 생명을 담보하여 하나님의 율법을 지키겠다고 서약하였기 때문이다. 한 번 한 언약은 그 효력이 자손 대대로 영원하다. 그래서 아비야는 왕상 14:11[108]에서 이스라엘 백성에게 우상을 섬기고 하나님과 맺은 언약을 파기하도록 한 여로보암의 집에 대해 아브라함과 모세의 언약으로 저주를 선포하였다. 왕상 21:24[109]은 하나님의 언약을 거역하고 온 이스라엘 자손들이 배교의 길로 가도록 한 아합의 집에도 언약적 저주를 내리고 있다. 그들이 전쟁에서 패하여 죽을 때 그들의 시체를 짐승들이 먹고 개가 피를 핥았고 공중의 새들의 밥이 되기도 하였다. 하나님과 맺은 언약이 역사에서 그대로 현실로 이루어졌다. 우리는 이러한 사건을 통해 아브라함과 맺은 그 언약이 이스라엘 역사에서 계속 강조되면서 시행되고 있음을 알 수 있다. 안식일이 하나님과 이스라엘 백성이 맺은 언약의 증표가 되기 때문에 아브라함의 후손들이 안식일을 지킬 때와 지키지 않을 때는 언약적 축복과 저주가 그대로 이스라엘 역사에 나타났다. 이스라엘 백성이 안식일법을 순종하면서 지킬 때는 그들이 참된 안식을 누렸지만, 불순종할 때는 그들에게 심판적 저주가 임하여 수많은 고통을 경험하였다.

아브라함이 피와 생명을 담보로 하고 맺은 언약은 구약에서 끝나는 것이 아니고 신약에서도 계속되었다. 신약은 아브라함의 언약을 통해 죽음의 저주로부터 구원을 선포하여 영원한 하나님의 안식을 제공하는 새 언약을 가르치고 있다. 히브리서 기자는 9:11-22에서 그리스도가 새 언약의 중보자로서 우리를 죄에서 구원한다고 가르친다. 특히 히 9:15[110]은 그리스도

---

108) 왕상 14:11 여로보암에게 속한 자가 성에서 죽은즉 개가 먹고 들에서 죽은즉 새가 먹으리니 이는 여호와가 말씀하였음이니라.

109) 왕상 21:24 아합에게 속한 자로서 성읍에서 죽은 자는 개들이 먹고 들에서 죽은 자는 공중의 새가 먹으리라.

110) 히 9:15 이를 인하여 그는 새 언약의 중보니 이는 첫 언약 때에 범죄한 죄를 속하려고 죽으사 부르심을 입은 자로 하여금 영원한 기업의 약속을 얻게 하려 하심이니라.

께서 첫 언약 때 범죄한 자를 속하여 십자가에서 자기의 피를 흘리시므로 부르심을 입은 자들을 영원한 기업의 약속을 얻게 하신다고 하였다. 첫 언약 때 범한 죄가 무엇인가? 그것은 첫 언약에 근거하여 범한 죄를 가리킨다. 첫 언약이란 우리가 위에서 언급한 모세의 언약 즉 모세의 율법을 두고 한 말이다. 히브리서 기자는 첫 언약을 아브라함으로 보지 않고 모세의 율법으로 보고 있다. 바울도 롬 7:13에서 율법을 인하여 죄가 드러난다 하였다. 즉 모세의 율법에 근거하여 범죄한 자를 속량하기 위해 그리스도가 피를 흘렸다.[111]

그리스도가 새 언약의 중보자로서 사역을 감당하였다. 언약을 파기한 결과 죽어야 할 사람들을 대신하여 그리스도가 피를 흘리셨음을 가르친다. 그리스도가 언약을 파기한 사람의 위치에서 그 사람들을 위하여 대신 죽임을 당했다. 사람들이 언약을 범하여 생긴 형벌이 예수 그리스도에게 떨어졌다. 창 3:15에서 여자의 후손이 발꿈치에 상처를 받으리라는 말씀에서 메시아의 십자가 죽음이 암시되고 있다. 창세기 15장에서 하나님께서 아브라함과 공식적 언약을 수립하실 때 쪼개진 동물 사이로 인간은 지나지 않고 하나님께서 홀로 지나셨다. 하나님과 아브라함이 언약을 맺을 때 언약을 파기한 자에 대한 징벌과 심판이 인간이 아닌 하나님에게 내려질 것을 예고한 부분이다. 하나님께서는 인간이 언약을 파기하였지만 이에 대한 징벌을 자신에게 내리셨다. 하나님이신 그리스도가 인간이 언약을 파기한 것에 대한 심판을 받으셨다. 그리스도가 죽으시므로 하나님의 부르심을 받은 사람들의 모든 죄가 깨끗이 사하여졌다. 히 9:22은 피 흘림이 없은 즉 사함이 없다고 하였다. 히 9:11-22은 구약의 정결 의식들을 소개하면서 염소와 황소의 피와 암송아지의 재가 부정한 자를 깨끗하게 하거든 하물며 흠 없는 그리스도의 피가 사람들의 양심을 깨끗하게 못하겠는가?라고 반문한다. 그리스도는 아브라함과 모세가 맺은 언약에 의해 범죄의 결과로 죽을 수밖에 없는 사람들의 죄를 깨끗하게 하기 위해 자신의 피를 흘리셨다.

첫 언약인 율법에 근거하여 심판 받을 사람들을 위하여 그리스도가 새

---

111) 권성수, 『히브리서』, 271-272.

언약을 세웠다. 그래서 히 9:15은 그리스도에 대해 새 언약의 중보자라 하였다. 그리스도는 자신의 죽음을 가리켜 "죄 사함을 얻게 하려고 많은 사람을 위하여 흘리는 바 나의 피 곧 언약의 피"(마 26:28)라 하였다. 예수님이 "피를 흘린다"는 것은 구약에서 희생 제물의 언어를 반영하여 언약의 저주가 죄를 범한 사람 대신 제단위의 제물(祭物)위에 임하는 것을 나타낸다. 제단의 제물이 죄인을 대신하여 저주를 받았기 때문에 죄인은 그 죄에 대하여 저주가 면하여지고 용서를 받는다. 제단의 제물이 피를 흘리므로 중보 역할을 하였기 때문이다. 예수께서 인간의 죄를 사하기 위하여 십자가에서 죽으시므로 중보의 제물이 되셨다.

히브리서 기자는 9:15에서 "그리스도께서 피흘려 죽으시므로 하나님의 부르심을 입은 자가 영원한 기업을 얻게 한다"고 하였다. 히 9:16-17[112]의 말씀은 언약의 중보자인 유언자가 죽으므로 유언의 효력이 강해지는 것처럼 새 언약의 중보자인 그리스도가 죽었으므로 그 효력이 견고하게 되었다고 가르친다.[113] 언약과 유언에는 많은 차이가 있으나 당사자가 죽은 후 상속자가 상속을 받는다는 데는 공통적으로 동일하다.[114] 그리고 9:15에서 언약의 중보자인 그리스도가 피를 흘린 이유는 부르심을 받은 자들, 즉 성도들이 영원한 기업을 상속받게 하기 위함이었다. 영원한 기업은 무엇인가? 하나님의 언약이 영원한 기업이다.[115] 기업은 상속자가 받게 된다. 상속자는 하나님의 부르심을 받아 그리스도의 대속의 죽음을 믿어 하나님의

---

112) 히 9:16-17 유언은 유언자가 죽어야 되나니 유언은 그 사람이 죽은 후에야 견고한즉 유언한 자가 살아있을 때에는 언제든지 효력이 없느니라.

113) 헬라어에서 언약은 디아데케(diadeke)이다. 이 디아데케는 그 뜻이 언약이지만 유언(遺言)으로도 번역이 가능하다. 그래서 Robertson은 『계약신학과 그리스도』,142-146에서 히 9:16-17을 유언이 아닌 언약으로 번역하는 것이 본문의 뜻을 더 잘 반영하는 것이라고 주장한다. Robertson도 유언으로 번역하는 것도 가능하다는 것을 인정한다. 그의 주장에 따르면 고대사회에서는 유언과 같이 언약도 언약을 맺은 당사자들이 죽은 후에 그 영향력이 강해진다고 가르친다. 그러나 한글 개역 성경은 유언으로 번역하였다.

114) 권성수, 『히브리서』, 274.

115) F. F. Bruce, *The New International Commentary on the New Testament: The Epistle to the Hebrews* (Grand Rapids: Eerdmans, 1975), 209.

양자가 된 자들이다. 하나님의 부르심을 받아 그리스도의 죽음을 믿어 하나님의 자녀가 된 후사들이 영원한 기업을 받게 된다. 영원한 기업은 영생 받은 자들이 영원히 거하게 될 처소와 상급이다. 하나님의 유효한 부르심을 받은 자들은 영생을 유업으로 받아 하나님의 영원한 천국을 소유할 것이다.[116] 그리스도가 새 언약의 중보자가 되어 피를 흘린 이유는 성도들에게 천국을 상속하기 위함이다. 그리스도께서 피 흘려 죽으시므로 그를 믿는 자들이 하나님 나라를 영원한 기업으로 상속받게 된다. 천국은 성도들에게 영원한 기업의 안식처가 된다. 그리스도께서 십자가의 보혈을 흘려 중보자로서 희생제물이 되신 것은 성도들에게 영원한 안식의 처소를 제공하시기 위함이다. 성도들은 육 일 동안 창조사역을 마친 후 하나님께서 경험하신 그 완전한 안식을 천국에서 누릴 것이다. 다른 말로 하면 새 언약의 중보자이신 그리스도는 하나님의 부르심을 입은 자들이 모세의 율법의 저주에서 해방되어 하늘의 영원한 안식을 누리게 하기 위하여 피를 흘렸다.

언약에 담긴 축복과 저주의 이중성은 그리스도 안에서 완성된다. 그리스도께서 첫 언약의 모든 저주를 담당하면서 축복된 새 언약을 수립한다. 하나님은 아브라함의 언약을 통해 확실하고도 분명한 안식을 보장하셨다. 창 15:17[117]에서 하나님께서 아브라함과 언약을 맺을 때 아브라함은 쪼갠 고기 사이로 지나지 않고 그 대신 하나님만 지나가셨다. 아담과의 언약에서 여자의 후손이 상처받을 것을 약속하신 하나님은 아브라함에게 지나도록 하지 않고 하나님 자신이 쪼갠 고기 사이로 지나시므로 자신이 그 저주를 담당하실 것을 보여 주고 있다. 창세기 12장에서 아브라함에게 축복하신 언약은 창세기 15장에서 언약적 맹세가 되었다.

하나님은 이 언약의 모든 내용을 성취하시기 위하여 자신에게 짐을 지우셨다. 하나님의 언약은 반드시 역사 현실 속에서 실현되며 그 모든 책임은 하나님 자신이 담당하신다는 사실을 보여 주고 있다. 언약을 성취하는

---

116) 권성수, 『히브리서』, 274.
117) 창 15:17 해가 져서 어두울 때에 연기 나는 풀무가 보이며 타는 횃불이 쪼갠 고기 사이로 지나더라.

책임을 인간에게 두지 않고 하나님 자신이 직접 맡으시기 때문에 하나님의 모든 언약은 완전하게 이루어진다. 하나님께서 언약에 대한 책임을 담당하신 것은 인간의 노력과 힘으로는 불가능하다는 것을 나타내고 있다. 인간은 자신의 안식을 위해 아무리 노력한다 할지라도 스스로 그것을 성취할 수 없다. 하나님은 그 모든 언약을 그리스도 안에서 성취하신다. 그리스도가 하나님과 인간이 맺은 언약을 완성하도록 하는 중보자 역할을 하신다. 아브라함의 언약은 오직 그리스도를 통해서만 인간에게 영원한 안식이 주어진다는 사실을 보여 주고 있다. 그리스도께서 십자가에서 죽으신 보혈의 공로를 떠나서는 결코 영원한 안식을 누릴 수 없다. 하나님께서는 그리스도의 중보를 통해 인간을 향하던 저주가 멈추고 영원한 안식을 기업으로 주신다.

2) 언약의 표로서 할례

하나님께서 아브라함에게 할례의 언약을 주신 이유와 목적이 무엇인가? 할례가 구약 성도들에게 무슨 유익을 제공하는가? 할례와 세례는 어떤 연관성이 있으며 세례가 신약 성도들에게 왜 필요한가? 그리고 할례와 세례는 안식일 신학과 어떤 관계가 있는지 등을 살펴보자. 아브라함은 하나님으로부터 처음 할례의 명령을 받아서 율법을 지킨 유대인의 조상이 되었다. 그러나 그는 할례와 아무런 상관이 없는 이방인의 믿음의 조상도 되었다. 그 이유는 그가 하나님을 믿음으로 의롭게 되었기 때문이다. 사도 바울은 롬 4:9-12[118]에서 아브라함이 의롭게 된 것은 할례를 받았기 때문이 아니라 할례를 받기 전 하나님을 믿는 믿음 때문이라고 가르친다. 아브라

---

118) 롬 4:9-12 그런즉 이 행복이 할례자에게뇨 혹 무할례자에게도뇨 대저 우리가 말하기를 아브라함에게는 그 믿음을 의로 여기셨다 하노라 그런즉 이를 어떻게 여기셨느뇨 할례시냐 무할례시냐 할례시가 아니라 무할례시니라 저가 할례의 표를 받은 것은 무할례시에 믿음으로 된 의를 인친 것이니 이는 무할례자로서 믿는 모든 자의 조상이 되어 저희로 의로 여기심을 얻게 하려 하심이라 또한 할례자의 조상이 되었나니 곧 할례받을 자에게 뿐 아니라 우리 조상 아브라함의 무할례시에 가졌던 믿음의 자취를 좇는 자들에게도니라.

함이 의롭다함을 받은 것은 율법을 지키거나 무슨 선행을 함으로써가 아니라 씨를 주시겠다는 하나님의 말씀을 믿었기 때문이다(롬 4:2-3). 하나님은 아브라함에게 창세기 15장에서 "네 몸에서 날 자가 네 후사가 되리라 하시고 그를 이끌고 밖으로 나가 하늘의 뭇 별과 같이 많으리라" 하셨다. 이때 "그가 하나님의 말씀을 믿으니 여호와께서 이를 그의 의로 여기셨다"(4-6절). 이 믿음을 하나님은 아브라함의 의로 여기시고 그 의를 인치기 위하여 할례를 받게 하셨다. 그리고 하나님께서 아브라함에게 할례를 행하라는 명령은 17장에서 나타난다.

아브라함은 자신이 나이 많아 기력이 쇠한 것과 그의 부인 사라의 태가 마른 것을 알았음에도 불구하고 자신의 몸에서 "하늘의 별과 같이 많은 자손이 되리라"는 말씀을 믿었다. 아브라함은 하나님의 전능하신 능력과 지혜를 믿었으며, 하나님은 이것을 그의 의로 인정하셨다. 인간적인 지혜나 조건이 아니라 하나님의 말씀을 믿는 그의 믿음을 하나님이 귀하게 보셨다. 그래서 아브라함의 모본을 따라 하나님이 말씀하신 구원의 길을 믿는 모든 사람들에게 믿음으로 의롭다함을 얻는다는 것을 미리 보이셨다. 하나님께서 아브라함의 믿음을 인하여 그를 의롭다 하시고 그를 믿음의 조상으로 삼으심은 모든 민족들을 믿음의 길로 인도하시려는 하나님의 뜻이라고 바울은 가르친다.

바울은 믿음의 조상 아브라함을 단지 믿음의 측면에서만 보지 않고 구속사적으로 해석한다. 바울은 하나님께서 인간적으로 불가능한 아브라함에게 아들을 주시겠다고 약속하신 것은 단순하게 아들을 한 명이라도 주어 대가 끊이지 않게 하신 것으로 보지 않았다. 아브라함은 인간적으로 도저히 수태가 불가능한 늙은 부부에게 아들을 주시겠다고 약속한 것은 혈통을 이어가는 것을 훨씬 능가하여 인류를 구원하는 하나님의 구속사적 섭리로 보았다. 바울은 이 진리를 갈 3:16-18[119]에서 밝힌다. 아브라함은

---

119) 갈 3:16-18 이 약속들은 아브라함과 그 자손들에게 말씀하신 것인데 여럿을 가리켜 그 자손들이라 하지 아니하시고 오직 하나를 가리켜 네 자손이라 하셨으니 곧 그리스도라 … 만일 그 유업이 율법에서 난 것이면 약속에서 난 것이 아니리라 그러나 하나님이 약속으로 말미암아 아브라함에게 은혜로 주신 것이라.

하나님께서 자손을 주시겠다고 하실 때 많은 자손이 아니라 한 자손을 지칭하시고, 이를 네 자손이라 하신 것은 이삭이 아니라 이삭의 씨를 통하여 세상을 구원할 메시아의 탄생으로 보았다.

아브라함은 하나님의 구원의 섭리를 보고 기뻐하여 웃었다. 아브라함은 이삭의 출생을 통하여 그리스도의 탄생을 보았다. 그러므로 아브라함이 받은 약속은 그리스도를 통하여 구원을 주시겠다는 약속이다. 이삭의 씨앗인 그리스도를 통하여 세상을 구원하시는 하나님의 구속사를 아브라함은 믿었다. 그는 그의 아들 이삭의 후손을 통하여 오게 될 메시아가 모든 하나님의 자녀들에게 하나님의 안식의 축복을 주실 것을 미리 내다보고 믿었다. 하나님께서 그리스도를 통한 구속과 안식의 도래를 믿는 아브라함의 믿음을 보시고 의로 여기셨다. 그러므로 이때 아브라함이 믿은 이 믿음은 430년 후 모세의 율법시대와 새 언약인 신약교회에서도 변하지 않는다.

아브라함이 그리스도를 믿었기 때문에 의롭다 칭함을 받았고 그 결과 그는 믿음의 조상이 되었다. 그는 그리스도를 믿어 의롭게 되었기 때문에 하나님께서 메시아를 통해 주시는 안식의 축복도 함께 받았다. 그 이유는 하나님은 오직 그리스도를 통해서 그의 자녀들에게 참된 안식을 제공하시기 때문이다. 그리고 그리스도를 믿는 자는 하나님의 안식에 들어간다. 아브라함은 그리스도를 믿어 의롭다 하심을 받아 영원한 안식에 들어간 자들의 조상이 되었다고 할 수 있다.

하나님께서는 아브라함이 하나님의 말씀을 믿는 믿음을 인치기 위하여 할례의 언약을 맺으셨다. 아브라함이 창 15장에서 하나님으로부터 의롭다고 인정받은 후 17장에서 그 믿음을 잊어버리지 않게 하기 위하여 그의 몸에 할례로 표시를 하게 하셨다. 창세기 17장은 아브라함의 언약에서 핵심이 되는 중요한 장이다. 하나님께서 아브라함에게 나타나 자손 대대로 할례 행할 것을 명하시면서 언약을 맺으셨다. 이 할례는 아브라함에게 축복을 약속하는 언약을 배경으로 시행된다. 창 17:1-8에서 하나님은 그에게 과거에 축복하셨던 언약(창 12:1-3; 15장)을 재확인하면서 언약을 세우셨다. 17:2-5은 아브라함의 자손이 심히 번성하게 되리라는 축복이다.

그래서 그의 이름을 아브람이라 하지 않고 아브라함으로 바꾸면서 그를 열국의 아비가 되게 하겠다고 하셨다. 열국의 아비가 된다는 뜻은 혈통적 관계에서 많은 민족의 조상이 될 뿐 아니라 수많은 믿음의 영적 조상이 된다는 의미이다. 17:6은 아브라함의 후손이 심히 번성하여 나라들이 일어나며 열왕이 나타나리라고 가르친다. 이는 그의 후손을 통하여 많은 국가가 일어남과 동시에 여러 위대한 왕들이 나타날 것과 궁극적으로는 왕중의 왕이신 메시아가 탄생할 것임을 예고한다.

17:8은 하나님이 "아브라함과 그의 후손에게 가나안 일경을 주어 영원한 기업이 되게 하겠다"는 약속을 하셨다. 이러한 것들이 언약의 내용이다. 가나안 땅은 하나님의 자녀들이 누릴 영원한 안식의 처소가 되는 새 하늘과 새 땅의 모형이며 그림자이다. 그리고 하나님께서 아브라함에게 원하신 조건은 17:1에서 "너는 내 앞에서 행하여 완전하라"였다. 17:7-8[120]에서 하나님은 아브라함과 그의 대대 후손들과 영원한 언약을 세워 "하나님은 그와 그의 후손의 하나님이 된다"는 것이다. 아브라함의 언약 가운데 후손에 대한 약속과 땅에 관한 약속들이 중요하다. 그러나 그 중심 사상은 하나님이 그들의 하나님이 되어 항상 그들과 함께 하신다는 임마누엘 사상이다. 이 임마누엘의 언약은 후대 모세와 다윗 시대에도 계속하여 반복된다. 이 내용들은 후대 역사와 구속 역사에 나타날 엄청나게 중요한 것들이다.

이 축복을 약속한 다음 하나님은 17:9-14[121]에서 아브라함에게 할례를

---

120) 창 17:7-8 내가 내 언약을 나와 너와 네 대대 후손의 사이에 세워서 영원한 언약을 삼고 너와 네 후손의 하나님이 되리라 내가 너와 네 후손에게 너의 우거하는 이 땅 곧 가나안 일경으로 주어 영원한 기업이 되게 하고 나는 그들의 하나님이 되게 하리라.

121) 창 17:9-14 하나님이 또 아브라함에게 이르시되 그런즉 너는 내 언약을 지키고 네 후손도 대대로 지키라 너희 중 남자는 다 할례를 받으라 이것이 나와 너희와 너희 후손 사이에 지킬 내 언약이니라 너희는 양피를 베어라 이것이 나와 너희 사이의 언약의 표징이니라 대대로 남자는 집에서 난 자나 혹 너희 자손이 아니요 이방 사람에게서 돈으로 산 자를 무론하고 난 지 팔일 만에 할례를 받을 것이라 너희 집에서 난 자든지 돈으로 산 자든지 할례를 받아야 하리니 이에 내 언약이 너희

명하셨다. 9-11절에서 "너는 내 언약을 지키고 네 후손도 대대로 지키라"
는 명령과 함께 "너희 중 모든 남자는 할례를 받으라 이것이 나와 너희 후
손 사이에 지킬 내 언약이라" 하시면서 "그 할례가 나와 너희 사이의 언약
의 표징이라" 하였다. 할례는 하나님과 그의 백성이 언약을 맺었다는 외부
적으로 나타내는 표시이다. 아브라함은 엄청난 하나님의 축복을 약속 받았
으나 그것이 이루어지는 과정에서 조급해 하기도 하고(15:3) 또 두려워하
기도 하였다. 뿐만 아니라 자기 아내로 인하여 자신에게 위험이 닥칠 것을
무서워하여 누이라 거짓말까지 하였다(12:10-20). 아브라함이 하나님과
정식으로 언약을 맺은 후에도 하갈을 첩으로 취하여 이스마엘을 낳기도
하였다.

이러한 일들이 발생한 이유는 아브라함이 축복의 약속과 언약을 받았음
에도 불구하고 시간이 지나면서 하나님의 언약에 대한 신뢰와 확실성이
약해졌기 때문으로 여겨진다. 그래서 하나님과의 언약을 잊지 않게 하기
위하여 증표를 주셨다. 이는 하나님께서 노아에게 다시는 인류를 물로 심
판하지 않겠다는 표로 무지개를 주신 것과 같다. 집이나 물건을 매매할 때
그것을 증명하기 위하여 문서로 만들어 보관한다. 결혼 할 때는 남편과 아
내의 변하지 않는 사랑을 기념으로 반지를 교환한다. 외국을 여행 할 때
여권이 그 사람은 어느 나라의 국민인지를 증명한다. 그러나 그러한 물건
이나 서류들은 도난과 잃어버릴 위험이 있다. 실제로 이런 중요한 것들을
훔치려는 사람들이 많고 또한 소유주의 부주의로 인해 분실하여 고생하는
수가 허다하다.

창 17:13에서 하나님은 아브라함에게 "이에 내 언약이 너희 살에 있어
영원한 언약이 되려니와"라고 하시면서 할례를 시행하는 이유를 설명하셨
다. 신체의 일부에 수술한 흔적은 일생 없어지지 않으므로 언약의 표시를
몸에 하였기 때문에 분실하거나 잊어버릴 염려가 없다. 그래서 하나님께서
그의 백성들이 언약 맺은 것을 잊지 않게 하기 위하여 몸에 그 증표를 만

살에 있어 영원한 언약이 되려니와 할례를 받지 아니한 남자 곧 그 양피를 베지 아
니한 자는 내 백성 중에서 끊어지리니 그가 내 언약을 배반하였음이니라.

들게 하셨다.[122] 할례는 언약의 증표를 몸에 새겨 주셨기 때문에 노아의 무지개와는 비교가 되지 않을 만큼 할례가 이스라엘 백성들의 확실성과 인식을 제공하는 면에는 현저한 차이가 있다.[123]

그리고 아브라함이 맺은 이 할례의 언약에는 영적인 축복이 그 중심이며 더 중요하다. 스데반이 행 7:8에서 창 17장의 할례를 인용하여 "할례의 언약을 아브라함에게 주셨다"고 하였다. 스데반이 사도행전 6-7장에서 행한 설교 가운데서 단순한 외형적 축복이나 이스라엘의 민족적 우수성을 나타내기 위해 할례의 언약을 말하였다고 보기는 힘들다. 스데반이 설교한 할례의 언약에는 무한히 깊고도 넓은 하나님의 영적 축복이 포함되었고, 그는 그 영적 축복을 강조하면서 가르쳤다.[124]

스데반이 설교한 행 6-7장의 전체 주제에 비추어 할례의 언약을 해석한다면 그것은 단순한 이스라엘의 민족적 특권이나 그들이 지상에서 누리는 부와 명예를 강조하는 말씀은 아니다. 그러한 것들은 영적 축복이 그 당시에 나타나는 외부적 열매들에 지나지 않는다. 하나님은 아브라함과 언약을 맺을 때 이 영적 축복을 약속하셨다. 내면적 영적 축복이 외부적으로 나타나는 열매가 무한히 많고 또한 크다. 영적 축복이 외부로 나타나는 열매 가운데는 아브라함의 후손이 다른 모든 민족과 구별됨과 동시에 큰 민족을 이루며 이 땅에서 상상 못할 큰 축복을 받을 것이라는 내용이 나타난다. 그래서 하나님이 아브라함과 맺은 언약을 외부로 나타나는 축복으로만 생각하는 것은 큰 잘못이다.

하나님께서 아브라함에게 창 17:7-8에서 "나는 너와 네 후손의 하나님이 되고 너와 네 후손은 나의 백성이 되리라"는 언약을 세웠다. 할례는 임마누엘의 하나님이 되심을 아브라함과 그들의 후손의 몸에 증표로 표시한 것이다. 대통령이나 재벌이 어느 사람을 아낌없이 후원하고 자기 아들처럼 돌봐 준다면 부족할 것이 없을 것이다. 왜냐하면 그러한 사람은 평범한 일

---

122) John Calvin, *Commentaries on Genesis*, vol.1, 451.

123) W. J. Dumbrell, *Covenant and Creation*, 74.

124) John Murray, *Christian Baptism*(New Jersey: Presbyterian and Reformed Publishing Co., 1980), 46-47.

반 시민들과는 비교할 수 없을 만큼 크고 상상할 수 없는 도움을 받을 수 있기 때문이다. 만일 하나님이 나의 하나님이라면 내가 받을 유익은 세상 사람이 주는 것에 비교하면 감히 상상할 수 없다. 아브라함이 그러한 하나님의 축복을 받았다. 이는 여호와 하나님이 아브라함과 그의 후손들과 교통하시고 연합하신다는 말이다.[125]

하나님과 교통하고 연합하여 항상 함께 한다면 그보다 더 큰 행복과 안식이 없을 것이다. 안식은 여러 종류의 말과 행동으로 설명할 수 있으나 "하나님은 나의 하나님이 되시고 나는 그분의 백성(자녀)이 된다"는 표현이다. 하나님의 아들과 딸이 되면 안식이 그보다 더 확실한 보장이 될 수 없다. 반대로 하나님이 함께 하지 않는 것은 축복이 될 수 없으며 거기에는 참된 평안과 안식이 있을 수 없다. 아브라함의 후손들에게 하나님께서 임마누엘로 함께 하실 때는 항상 참된 평안과 안식을 누렸음을 구약 역사가 보여 주고 있다. 이 축복을 나타내고 또한 보장하는 인을 치는 의식이 할례다. 즉 할례는 아브라함에게 영원한 안식을 보장하는 표시이다.

할례는 이스라엘 백성들이 하나님과 언약을 맺었다는 사실을 나타내는 상징적 표이다. 그리고 이 언약의 표는 하나님께서 아브라함의 가족을 그의 백성으로 택하였다는 것을 나타내는 증표이다(창 17:7-8). 이 할례는 아브라함의 자손과 이방인을 구분하는 표시가 되기도 한다. 이 언약의 표는 하나님의 은혜를 나타내는 방편이다. 아브라함에게 하나님의 은혜가 임하였다는 외부적 표현이며 예표이다.[126] 할례는 하나님의 은혜의 약속을 인치는 일이다.[127] 바울은 롬 4:11[128]에서 아브라함은 믿음으로 된 의의 표로서 할례를 받았다고 가르친다. 그래서 언약의 증표가 되는 "할례를 행하지 않는 사람은 하나님의 언약을 배반하였기 때문에 백성 중에서 끊어지

---

125) John Murray, *Christian Baptism*, 47.

126) Calvin, *Commentaries on Genesis*, 451.

127) Calvin, 『기독교강요』, 제4권 14장 5절

128) 롬 4:11 저가(아브라함) 할례의 표를 받은 것은 무할례시에 믿음으로 된 의를 인친 것이니 이는 무할례자로서 믿는 모든 자의 조상이 되어 저희로 의로 여기심을 얻게 하려 하심이라.

리라"(17:14)고 하나님께서 말씀하셨다.

하나님께서 아브라함에게 할례는 모든 남자의 양피(陽皮)를 베어 제거하라고 명하셨다(17:11). 양피를 베는 것은 위생적 작업이기도 하다. 칼빈은 모든 남자의 양피를 베는 것은 모든 인류, 특별히 남자들이 죄로부터 오염되었다는 사실을 나타내는 것이라 하였다.[129]

아담의 타락으로 인하여 그의 모든 후손들이 심각한 죄를 범하고 있는 것은 사실이다. 깨끗하게 하는 위생적 작업을 하는 것은 부정하고 불결하다는 뜻이 전제되어 있다. 할례는 자기의 잘못을 돌이키겠다는 회개의 표시가 되기도 한다.[130] 할례는 언약을 처음 맺는 아브라함을 비롯한 그의 모든 후손이 시행해야 함을 가르치므로 그 민족 전체가 깨끗한 회개가 필요한 백성임을 가르친다. 불결한 인간이 거룩한 하나님과 언약을 맺을 때 정결하게 하는 작업은 필수적이기 때문이다. 선민임을 나타내는 할례를 행하는 것은 그들 자신이 영원히 언약을 지켜 하나님의 거룩한 모습을 닮겠다는 약속이 내포되어 있다.

그러나 아브라함의 후손들은 신체적 할례는 받았지만 할례의 진정한 영적인 의미를 깨닫지 못하고 할례 그 자체가 무슨 특권을 부여하는 것으로 오해하였다. 그 결과 할례의 의미가 타락하게 되면서 육체 할례의 무효성을 강조하는 등의 할례에 대한 진정한 의미를 주장하는 가르침이 제기되었다. 신 10:16; 30:6; 렘 4:4[131] 등의 말씀은 유대인들이 종교적 의식만 행하면서 마음과 생활에 변화가 없는 가증하고 가식적인 생활을 폭로하면서 마음과 의식의 변화를 촉구하는 내용이다. 하나님은 아브라함의 후손들

---

129) Calvin, *Commentaries on Genesis*, 452.

130) Ibid.

131) 신 10:16 너희는 마음에 할례를 행하고 다시는 목을 곧게 하지 말라.

신 30:6 네 하나님 여호와께서 네 마음과 네 자손의 마음에 할례를 베푸사 너로 마음을 다하며 성품을 다하여 네 하나님 여호와를 사랑하게 하사 너로 생명을 얻게 하실 것이며.

렘 4:4 유다인과 예루살렘 거민들아 너희는 스스로 할례를 행하여 너희 마음 가죽을 베고 나 여호와께 속하라 그렇지 아니하면 너희 행악을 인하여 나의 분노가 불같이 발하여 사르리니 그것을 끌 자가 없으리라.

에게 육체적 혈통만으로는 진정한 의미에서 하나님의 자녀가 될 수 없으
므로 더럽고 추한 마음의 본성을 제거할 것을 원하신다. 마음과 생활을 하
나님이 가장 중요하게 생각하시기 때문이다. 그러나 아브라함의 자손들의
마음과 생활에서 할례 의식을 행하는 근본적 뜻을 위반하면서도 할례 의
식만을 자랑하는 것은 수치가 아닐 수 없다.

그래서 사도 바울은 롬 2:25-29에서 할례의 진정한 의미와 기능을 가
르친다. 참된 의미의 할례는 육신의 할례가 아니라 마음의 할례이며, 육신
의 할례는 믿음으로 의롭게 된 것을 확인하는 표시에 불과하다고 하여 이
방인과 유대인의 장벽을 무너뜨린다. 종교의식을 행한다고 하여 의롭게 되
거나 거룩해지지 않는다. 물론 여러 종류의 종교행사와 의식이 성경의 진
리를 이해하고 신앙을 깨우치는데 도움은 되겠지만 그러한 의식 자체가
종교의 본질은 아니다. 사람의 마음이 새롭게 변하고 거듭 태어나야 참신
앙인이 된다. 마음이 변하지 않으면 할례뿐 아니라 어떠한 종교행사를 한
다 하여도 하나님과는 관계가 없게 된다.

할례나 그 외의 종교의식만 행한다 하여 하나님의 안식에 들어갈 수 없
다. 하나님은 종교의식 같은 외형적인 것을 보시지 않고 그 사람의 마음을
보시기 때문이다. 마음으로 회개하고 반성하면서 자신의 잘못을 돌이키고
하나님을 의지하면 그런 사람은 하나님의 안식을 맛볼 것이다. 우리가 신
앙 생활하는 최고의 목적은 하나님의 영원한 안식에 들어가는 것인데 그
길은 그리스도를 통해 마음에 할례를 행하여 변화를 받은 사람들이다.

그리고 할례를 행하는 곳은 남자의 생식기관이다. 특별히 그곳에 언약의
증표를 행하는 것은 종족 번식과 관련이 있다.[132] 이미 우리가 앞에서 살펴
본 바와 같이 하나님께서는 아담과 노아에게 "생육하고 번성하여 땅에 충
만하라"는 축복을 주셨다. 또한 아브라함에게도 가나안 땅 일경을 그의 후
손에게 주겠다고 약속하셨다. 후손이 번성하여 땅을 정복하라는 축복은 이
하나의 언약을 통해 보장이 된다. 하나님께서 언약을 종족 번식과 관련을

---

132) O. Palmer Robertson, 『계약신학과 그리스도』, 155-156.

맺게 하는 것은 그 언약이 가족 단위로 결속되고 있음을 나타낸다. 하나님은 최초의 인간 아담에게 가정을 허락하셨으며 그 가정을 통하여 종족이 번식되도록 하셨다. 뿐만 아니라 하나님의 구속 은혜도 가정을 중심으로 전달되고 있음을 가르친다. 그래서 하나님께서 노아와 아브라함을 가족 단위로 선택하시고 언약을 맺음과 동시에 구원의 은혜를 그들 가족들에게 주셨다.

또한 하나님의 은혜의 방편이 되는 아브라함의 할례에는 이방인이 배제되지 않고 함께 포함된다. 창 17:12-13은 아브라함의 자손은 아니지만 돈으로 산 모든 종들도 자손 대대로 할례 의식을 행하라고 명하셨다. 돈에 팔려 이스라엘 백성의 가정에서 노예가 되었든지 아니면 자신이 원하여 그들과 함께 생활하는 모든 이방인들에게 유대인이 되는 길을 열어 놓았다. 할례만 받으면 아브라함의 자녀가 된다. 하나님께서는 창 12:3에서 하나님은 땅의 모든 족속이 아브라함의 씨를 통해 복 받을 것을 약속하시면서 하나님의 구원의 은혜가 유대 민족에게만 제한되지 않고 우주적임을 나타내셨다. 그리고 할례 언약에서는 구체적으로 이방인들도 아브라함의 공동체에 포함된다는 사실을 두드러지게 명시하고 있다.

출 12:43-49은 이방인이 유월절 음식을 이스라엘 백성과 함께 먹기 위해서는 할례를 받아야 한다고 가르친다. 출 12:44과 출 12:48은[133] 이방인도 하나님의 언약의 축복을 받는 이스라엘 백성으로 변화되는 방법을 가르치고 있다. 이방인이던 애굽 사람들도 할례를 받고 유월절 어린양을 먹으면 안전한 보호를 받게 되고 하나님이 보낸 죽음의 천사가 넘어 갔다고 전한다. 비록 이방인이라 할지라도 그가 할례를 받고 유월절에 참여하면 이스라엘 백성과 동등한 언약 공동체의 일원이 된다. 하나님이 주시는 안식의 축복을 받는 길은 아브라함의 자녀인 유대인에게만 주어진 것이

---

133) 출 12:44 각 사람이 돈으로 산 종은 할례를 받은 후에 먹을 것이며.
출 12:48 너희와 함께 거하는 타국인이 여호와의 유월절을 지키고자 하거든 그 모든 남자는 할례를 받은 후에야 가까이 하여 지킬지니 곧 그는 본토인과 같이 될 것이나 할례 받지 못한 자는 먹지 못할 것이니라.

아니라 이방인에게도 열려 있었다. 하나님은 유대 민족에게만 복 주시는 하나님이 아니라 모든 인류에게 동일한 복을 주시는 분이시다. 이방인에게 할례를 허용하신 하나님은 그 할례를 통해 주시는 안식의 은혜를 할례 받은 모든 이방인에게도 주셨다.

그리고 신약시대에도 할례가 구원의 조건이 아님을 가르친다. 행 10:44-48에서 사도 베드로는 고넬료의 집에서 하나님의 말씀을 전파할 때 할례 받지 않은 이방인에게도 성령이 임하는 것을 보고 그들에게 주의 이름으로 세례를 주었다. 성결의 영인 성령이 할례를 받지 않은 이방인에게 임하는 것을 목격하고 할례 받은 유대인들이 놀랐다(행 10:45). 이방인들이 성령을 받았다는 것은 그들이 말씀을 통하여 그리스도를 구주로 믿었다는 증거다. 행 11:17[134]에서 베드로는 예루살렘에서 할례 받은 유대인들이 무할례자 이방인에게 세례 행한 것에 대해 변명하였다. 베드로가 변명하는 설명에서 볼 수 있듯이 이방인들이 할례를 받지 않았다 할지라도 그리스도를 믿으면 성령을 받을 수 있었다. 성령이 임한 것은 하나님께서 그를 하나님의 백성으로 인정하셨다는 증거가 된다. 그리고 성령은 사람이 원한다거나 거절한다 하여 임한다든지 임하지 않는 것이 아니다. 성령의 사역은 인간의 의지와 노력과는 상관없이 전적으로 하나님의 뜻에 의해 행해진다.[135] 성령을 받았다는 사실은 그 사람이 하나님의 백성으로 인정되었다는 것이기 때문에 물세례를 훨씬 능가하는 신적인 권위로 확인되었다. 하나님께서 인정하신 것을 사람이 거부할 권한이 없다. 그래서 베드로는 "내가 누구관대 능히 하나님을 막겠느냐?"고 반문하였다. 그 결과 베드로는 성령을 받은 사람들에게 물세례를 베풀 수밖에 없었다. 물세례는 그리스도를 믿음으로 성령 세례를 받은 사람에게 베풀어지는 외적인 성례이다. 이 사건에서 하나님은 할례가 믿음과 성령을 받는 조건이 될 수 없

---

134) 행 11:17 그런즉 하나님이 우리가 주 예수 그리스도를 믿을 때에 주신 것과 같은 선물을 저희에게도 주셨으니 내가 누구관대 하나님을 능히 막겠느냐 하더라.

135) E. F. Bruce, *The New International Commentary on the New Testament: The Book of Acts* (Grand Rapids: Eerdmans, 1984), 229-231.

다는 사실을 분명히 하고 있다.

또한 행 15:1-21은 할례 문제를 발단으로 처음 예루살렘 총회가 소집되었다.[136] 행 10-11장은 예루살렘 교회가 몇몇 이방인에게 복음을 전하여 그들이 교회의 공동체 일원이 된 것에 대해 긍정적 반응을 보이고 있음을 나타낸다. 그러나 바울과 바나바의 복음 전도를 통해 교회에서 할례도 받지 않은 이방인 수가 증가함에 때라 유대인 기독교인들은 당혹감을 감추지 못하였다. 그 이유는 그러한 이방인의 수가 유대인들보다 더 많아지면 그들이 중요하게 생각하는 교회의 정통성과 도덕성이 흐려질 것으로 염려하였다.[137] 특히 바리새파에 속한 강경파 유대인들은 이방인들이 할례를 받지 않은 것에 대한 반발을 심하게 하였다.

이방인 기독교인도 할례를 받아야 한다고 주장하는 바리새파의 견해를 행 15:1, 5[138]에서 설명하고 있다. 따라서 이 문제를 원만하게 해결하지 못하면 초대 교회의 신학과 교회 조직 자체가 심각한 위협을 받을 수도 있었다. 초대 교회 지도자들은 교회의 정체성과 관련된 이 문제를 반드시 해결해야 할 필요를 절감하였다. 그것은 할례 받은 유대인 기독교인과 할례 받지 않은 이방인 기독교인 모두에게 중요한 문제였다.

이러한 상황에서 예루살렘 총회에서 강경파 유대인들은 이방인들도 유대인과 같이 할례를 받은 후 세례를 주어 교회의 일원으로 받자는 주장을 하였다. 저들은 아브라함과 모세를 통해 전하여진 율법을 지키고 또한 그리스도를 믿는 것이 가장 완전한 신앙생활 하는 것으로 보았다. 즉 완전한 구원은 믿음과 율법을 지키는 행위가 함께 이루어질 때 가능하다는 해석을 하였다. 이러한 혼합주의 사상을 바울은 로마서와 갈라디아서를 통하여

---

136) 서철원, 『복음과 율법과의 관계』 (서울: 도서출판 엠마오), 87-92를 참조하면 이 부분에 대하여 더 깊은 연구를 할 수 있음.

137) F. F. Bruce, *Commentary on the Book of Acts*, 298-320.

138) 행 15:1 어떤 사람이 유대로부터 내려와서 형제들을 가르치되 너희가 모세의 법대로 할례를 받지 아니하면 능히 구원을 얻지 못하리라.
행 15:5 바리새파 중에 믿는 어떤 사람들이 일어나 말하되 이방인에게 할례 주고 모세의 율법을 지키라 명하는 것이 마땅하다 하니라.

철저하게 배격하였다. 바울의 신학은 오직 믿음으로 구원이다.

예루살렘 총회는 율법을 강조하는 강경파 유대인과 믿음으로 구원을 가르치는 사도들의 대립으로 나타났다. 사도들은 믿음만 대변하였고 바리새파 그리스도인들은 복음과 율법을 함께 요구하였다. 예루살렘 총회에서 청중들에게 감동을 주어 영향력을 나타낸 사건은 당시 예루살렘 교회의 영적 지도자였던 베드로의 체험적 설명이다(행 15:7-11). 베드로는 초대 교회 시작 때부터 중요한 위치에 있었다. 마 16:18에서 "너는 베드로라 내가 이 반석 위에 내 교회를 세우리니 음부의 권세가 이기지 못하리라"는 주님의 말씀에 응하여 교회의 설립자가 되었다. 그 후 그는 요한과 함께 초대 교회의 기둥으로(갈 2:9) 초대 교회를 지도하고 기초를 닦는 데 큰 역할을 하였다. 그러한 그가 예루살렘 공회의에서 초대 교회의 신앙과 신학의 토대를 바로 잡아주는 지도자로서 역할을 하는 것은 자연스러운 일이다. 베드로는 구원을 받기 위해 그리스도의 십자가를 믿은 후 다시 율법을 지킬 필요가 없음을 역설하였다.

행 15:7-11에 나타난 베드로의 주장을 보면 유대주의 기독교인들에 의하면 이방인이 참믿음을 소유하고 성령을 받으려면 유대인들이 행하는 것처럼 먼저 할례를 받고 율법을 지켜서 깨끗하게 되어야 한다고 강조하였다. 이들의 주장에 대한 베드로의 반론은 하나님께서 유대인과 이방인을 구별하지 않으셨고 또 차별하지도 않으신 증거가 우리에게 주셨던 동일한 성령을 이방인들에게도 주셨음이다(행 15:8). 이는 이방인들의 죄를 씻어 마음을 깨끗이 하신 것은 저들이 율법을 지켰기 때문이 아니라 그리스도를 믿는 믿음이라고 하였다. 베드로는 그리스도의 보혈의 피가 저들의 죄를 깨끗이 씻었다고 강조하여 하나님의 구원의 원리를 바로 가르쳤다.

베드로에 의하면 구원을 받는 수단으로 율법을 지켜야 한다는 주장은 오랫동안 율법만 지켜온 자기들의 조상이나 그들 자신들도 준수할 수 없는 것인데 그것을 이방인 기독교인에게 요구하는 행위는 하나님을 시험하는 일이라는 것이다. 하나님께서 그것을 폐하셨는데 다시 도입하는 것은 하나님의 섭리에 역행하는 일이며 동시에 하나님이 세우신 구원의 길을 파괴하는 것이라고 주장하였다. 그리스도께서 모든 율법을 완성하시므로 구원의 방편으로서 그림자 역할을 하였던 구약 율법의 효력은 끝이 났으므로 유대인이나 이방인 모두 구원은 오직 그리스도를 믿는 길뿐이다. 그리스도의 십자가 외에 다른 구원의 길을 도입하는 것은 하나님께 대항하는 일이다. 베드로는 그리스도의 십자가를 믿는 길만이 유대인이나 이방인 모두에게 유일한 구원의 길임을 밝혔다. 또한 예루살렘 공의회는 인간의 능력과 공로로는 하나님의 안식을 누릴 수 없음을 입증하였다. 인간은 오직 그리스도를 믿는 믿음만으로 안식을 얻을 수 있다.

또한 바울과 바나바도 그들이 복음을 전하는 동안 성령이 어떻게 역사하였는지를 보고한 것이 회원들의 이해를 도왔다. 베드로의 보고만으로는 예루살렘 공회의 회원들이 유대주의적 사고를 버리지 못하였다. 바울과 바나바는 이방인들에게 할례와 모세의 율법을 강요하거나 그들이 지키지 않았어도 하나님께서 그들 가운데 큰 이적과 기사를 행하셨다고 보고하였다. 주님께서 할례 받고 율법을 지키던 언약의 백성들에게 행하신 큰 이적과 기사를 할례 받지 않은 이방인에게도 동일하게 행하셨다. 이러한 보고는 유대인의 바리새파 기독교인들에게는 상상하기 어려운 내용이다. 유대인들의 이러한 당혹감은 당시 유대인과 이방인을 나누는 벽이 얼마나 높았던지 유대인들이 이 사건을 이해하는 것은 무리였다. 아브라함의 언약 밖에 있는 사람에게 하나님께서 그러한 기적을 행하신 것을 그들은 용인할 수 없었다. 사람의 몸에 언약의 표징으로 하는 할례는 더 이상 신약교회 성도들에게는 적용되지 않았다. 오히려 몸의 할례를 고집하면 반 복음적인 것이었다. 바울은 할례를 받으면 그리스도가 너희에게 아무 유익이 없다고 하였다(갈 5:2).

베드로와 바울과 바나바의 증언은 동일한 내용이다. 예루살렘 총회는 그들의 보고를 무시할 수 없게 되었다. 나아가 총회에 함께 참석한 이방인 교회의 대표자들도 그들의 말이 사실이라는 것을 확증하게 되었다. 그 결과 바리새파 기독교인들의 마음이 열리기 시작하였다. 구원을 얻는 수단은 할례나 율법을 지킴으로가 아니라 오직 그리스도를 믿는 믿음이라는 것을 결정하였다. 할례가 중단되었다는 사실은 신약교회는 구약의 성도들처럼 제사나 종교의식과 같은 그림자의 형태로 돌아가지 않는다는 뜻이다. 구약 유대인들이 중요하게 생각하였던 제사와 같은 의식은 앞으로 오실 그리스도를 나타내는 그림자에 불과하였다. 신약교회는 실체가 되신 그리스도가 오셨기 때문에 다시 그림자를 따를 필요가 없었다. 만약 신약의 성도가 그림자의 형식을 되풀이 한다면 하나님의 실체를 거부하는 결과를 초래하게 된다. 그리스도가 오셔서 구약 성도가 기대하고 소망하던 모든 것들을 성취하셨기 때문에 또 다시 옛 언약의 그림자를 잡는다면 이는 그리스도의 사역을 거부하는 것이다. 이러한 이유로 인하여 신약교회는 성도들에게 할례를 필수 조건으로 요구하지 않게 되었다.

그리고 신약 시대에는 구약의 모든 언약이 그리스도를 통해 완성됨으로 인하여 하나님의 은혜의 징표가 되는 할례가 세례로 변형되었다. 그 사실은 사도행전에 나타난 초대 교회의 역사에서 입증되고 있다. 칼빈은 그의 『기독교 강요』에서 할례와 세례는 그 의미와 목적은 동일하나 외형적 의식에만 차이가 있으므로 세례가 할례를 대신한다고 가르친다.[139] 그리스도께서 창 17장에서 하나님은 아브라함이 받은 모든 종류의 축복을 약속하신 것을 설명하면서 그 가운데는 영생의 약속도 포함되었다고 해석하시고 이 말씀을 근거로 성도들의 영생과 부활을 증명하시면서 "하나님은 죽은 자의 하나님이 아니요 산 자의 하나님이라"고 하셨다(마 22:32).[140] 그리고 영생과 부활의 첫 단계는 중생하는 사죄 은총이다. 세례는 사죄의 은총을 나타내는 외적 증거요 표가 된다.

세례는 무엇을 가르치며 그 목적은 무엇인가? 세례에 대해 소요리문답 제94번[141]에서 정의하고 있다. 세례는 물로 더러운 것을 씻는 예식이다. 우

---

139) Calvin, 『기독교 강요』, 제4권 16장 3-4절.

140) Calvin, 『기독교 강요』, 제4권 16장 3절.

141) 소요리문답 제94문) 세례가 무엇입니까?

세례란 물로 씻는 성례로서, 성부와 성자와 성신의 이름으로 우리가 그리스도에게 접붙여짐과 은혜 언약의 유익에 참여함과 주의 것이 되기로 약속을 표하며 인침입니다.

리는 일상생활에서 몸이나 옷이 더러워지면 물로 씻는다. 그러나 사람이 일상생활 가운데서 하나님의 말씀을 거역하고 배반한 죄는 물로 씻을 수 없다. 우리를 위해 십자가에서 죽으신 그리스도의 하신 일을 믿을 때 그 피로 우리의 죄가 씻겨진다. 물을 상징으로 사용하여 그리스도의 피가 죄를 깨끗이 한다는 뜻을 나타내는 예식이 세례다. 세례는 우리의 모든 죄가 그리스도의 보혈을 통해 깨끗하게 씻음을 나타내는 표이고 보증이다. 그리고 세례는 성부와 성자와 성령의 이름으로 행한다(마 28:19). 사람의 이름이 아닌 성부, 성자, 성령의 권위로 하나님의 은혜 언약에 붙여졌음을 표하고 인치는 예식이 세례이다. 이는 그리스도에게 접붙여져서 은혜 언약에 동참하여 세례 받는 사람이 주님의 소유가 되었다는 뜻이다.[142]

요리문답에 의하면 세례에는 세 가지의 특별한 의미가 있다. 첫째, 그리스도와 연합을 뜻하는 접붙여짐의 원리가 있다. 세례는 삼위일체 하나님과 연합됨을 표시한다. 갈 3:26[143]은 그리스도와 합하여 세례 받은 자는 하나님의 아들이 된다고 가르친다. 이것은 우리가 어디에 소속이 되었으며 누구인가를 가르치는 주민등록증과 같다. 주민등록증은 내가 누구며 어디에서 생활하며 나이가 몇 살인지 등의 기본적 정보를 모두 나타내고 있다. 세례는 이 사람이 하나님의 아들이라는 외적 선포며 인을 치는 것이다. 그래서 세례 받은 사람을 "그리스도로 옷 입었느니라"고 한다. 그리스도로 옷 입었다는 것은 그리스도와 연합하였다는 뜻이다. 사람이 옷을 입으면 그 옷은 언제나 옷 입은 그 사람의 몸을 덮고 있으며 따라서 그 사람과 함께 동행한다. 옷을 입으면 옷과 사람은 한 몸이 된다. 옷 입은 사람은 옷과 사람을 분리할 수 없다. 세례에서 가장 중요한 점은 그리스도와 연합하여 한 몸이 되었다는 것이다.[144] 세례가 그리스도와의 연합을 나타내는 증표

---

142) 최낙재,『소요리문답 강해』II, 611-633을 참고할 것.

143) 갈 3:26 너희가 다 믿음으로 말미암아 그리스도 예수 안에서 하나님의 아들이 되었으니 누구든지 그리스도와 합하여 세례를 받은 자는 그리스도로 옷 입느니라.

144) John Murray는 소요리문답을 설명하는 과정에서 세례에는 그리스도와 연합이 제일 중요하다는 것을 강조한다. *Christian Baptism*, 3.

가 된다. 그리스도와의 연합은 아브라함과 맺은 임마누엘 언약의 완성이다. 그리스도를 믿으므로 세례를 받은 자는 그리스도와 연합하였기 때문에 완벽한 안식이 성취된 것이다.

둘째, "은혜의 유익에 참여한다"고 가르친다. 세례는 하나님의 은혜 언약을 받는 표시이다. 하나님은 아브라함과 할례를 통해 언약을 맺었다. 그 언약이 은혜 언약이다. 말 그대로 많은 유익과 은혜를 주는 언약이다. 은혜 언약은 하나님 나라에 들어갈 수 없는 죄인의 모든 죄를 사하여 하나님 나라에 들어가게 하는 언약이다. 롬 6:3[145)에서 세례 받는 사람은 그리스도의 죽으심과 합하여 세례 받았다고 한다. 그리스도의 이름으로 세례를 받아 그와 연합한 자는 그리스도가 죽으실 때 그와 함께 십자가에서 죽었다. 즉 우리의 옛 사람이 죽어야 함을 뜻한다. 그리스도와 함께 죽어 장사된 자는 그리스도를 죽은 자 가운데서 살리심과 같이 우리에게 또한 새 생명을 주시는 은혜 언약 속으로 들어감을 나타낸다. 골 2:12은 세례로 그리스도와 함께 장사(葬事)한 바 되고 또 죽은 자들 가운데서 그를 일으키신 하나님의 역사를 믿는 믿음으로 우리가 일으킴을 받았다고 가르친다. 마지막으로, "주의 것이 되기로 약속함을 표하며 인친다"는 의미가 있다. 세례 받은 자는 이제부터 소속이 주님께 속하였음을 약속하는 것이다. 다시 말해서 주님의 말씀에 순종하겠다는 서약이며 하나님의 소유라는 뜻이다. 사람이 완전한 하나님의 소유가 된다면 안식을 누리게 될 것이다.

구약에서 할례가 가르치는 사죄의 은총을 신약에서는 세례가 나타내었다. 하나님은 아브라함에게 바르고 정결한 마음으로 생활하라는 명령(창 17:1)과 함께 할례의 언약을 맺었다. 아브라함에게 요구하신 그것은 육을 죽이는 것 또는 중생에 해당한다.[146) 즉 할례는 회개와 중생을 통해 하나님

---

145) 롬 6:3 무릇 그리스도와 합하여 세례를 받은 우리는 그의 죽으심과 합하여 세례를 받은 줄을 알지 못하느뇨. 그러므로 우리가 그의 죽으심과 합하여 세례를 받으므로 그와 함께 장사되었나니 이는 아버지의 영광으로 말미암아 그리스도를 죽은 자 가운데서 살리심과 같이 우리로 또한 새 생명 가운데서 행하게 하려 함이니라.

146) Calvin, 『기독교강요』, 제4권 16장 3절

의 백성이 되었다는 외형적 표시이다. 이스라엘 백성이 외형적 의식에만 집착할 때 모세는 그들에게 마음에 할례를 행하라고 권고하였다(신 10:16). 모세는 아브라함의 할례를 마음의 할례로 해석하여 회개와 중생의 의미를 강조하였다. 신 30:6[147]에서 "여호와께서 네 마음과 네 자손의 마음에 할례를 베푸사"라는 말로 모세는 마음의 할례는 사람의 손으로 하는 것이 아니라 하나님께서 하신다고 가르친다. 성도의 회개와 중생은 인간의 능력으로는 불가능하고 하나님의 은혜로만 가능하기 때문이다.

골 2:11-12[148]에서 "너희가 손으로 한 할례를 받지 않고 그리스도의 할례를 받았다"고 바울은 가르친다. 단지 몸에만 행한 할례가 아닌 마음의 할례를 받았다는 뜻이다. 마음을 변화시키고 새롭게 하는 것은 인간의 능력으로는 불가능하고 오직 하나님께서 그리스도를 통해 주시는 은혜로만 가능하기 때문이다. 그리스도께서 죽으시므로 영적 할례를 통해 마음의 모든 죄가 깨끗하게 씻어졌다.[149] 이 할례를 바울은 그리스도의 할례라 하였다. 이것은 그리스도의 사역이 할례의 효력을 유효하게 하며 그리스도를 통해서 할례가 이루어짐을 나타낸다.[150] 그러므로 세례와 함께 할례의 기초도 그리스도이시며 따라서 신약의 세례와 근본 의미에는 차이가 없다. 우리는 아브라함에게 주신 언약인 할례 또한 영원한 안식을 주기 위한 방편임을 깨닫는다. 그러나 할례의 언약에서도 그리스도를 떠나서는 아무런 유익이 있을 수 없다. 하나님께서 할례를 통해 그의 백성에게 주시기 원하

147) 신 30:6 네 하나님 여호와께서 네 마음과 네 자손의 마음에 할례를 베푸사 너로 마음을 다하며 성품을 다하여 네 하나님 여호와를 사랑하게 하사 너로 생명을 얻게 하실 것이며.

148) 골 2:11-12 또 그 안에서 너희가 손으로 하지 아니한 할례를 받았으니 곧 육적 몸을 벗는 것이요 그리스도의 할례니라 너희가 세례로 그리스도와 함께 장사한 바 되고 또 죽은 자들 가운데서 그를 일으키신 하나님의 역사를 믿음으로 말미암아 그 안에서 함께 일으키심을 받았느니라.

149) F. F. Bruce, *The New International Commentary on the New Testament: The Epistle to the Colossians* (Grand Rapids: Eerdmans, 1984), 103.

150) F. F. Bruce, *Commentary to Colossians*, 104.

는 안식의 축복은 오직 그리스도의 죽으심과 부활을 믿는 믿음으로 그분과 연합할 때만 가능하다.

지금까지 할례와 세례를 연구하고 설명한 것에 의하면 할례와 세례에 내면적 차이는 없다. 모두 하나님의 자비와 사랑의 은혜와 사죄의 영생이 약속되어 있다. 회개와 중생의 뜻도 함께 내포한다. 할례와 세례의 의식이 행하여질 때 외부적 형식이 다르긴 하지만 가장 중요한 성례의 힘과 성격을 평가하는 표준이 되는 내적 신비에는 차이가 없다.[151] 할례는 아브라함의 자손들이 하나님의 백성으로 선택되었다는 것을 선포하는 표였으며, 그래서 그들이 하나님을 섬기고 순종하겠다는 서약이다. 이와 마찬가지로 세례도 성도들이 하나님의 자녀로 성별되었으므로 충성과 헌신을 서약하는 의식이다. 그래서 그리스도를 통해 구약의 언약이 성취되고 완성되었으므로 세례는 할례를 대신하며 할례가 행하던 일을 세례가 계속한다는 사실을 의심할 필요가 없다. 구약의 할례는 신약의 그리스도를 통한 사죄의 은총을 나타내고 있다.

할례는 하나님께서 아브라함과 그의 자손의 하나님이 되시고, 그들은 하나님의 백성이 되었다는 사실을 외적으로 표현하는 수단이었다. 그리고 세례는 그리스도의 죽으심과 부활을 믿는 믿음으로 중생하여 하나님의 자녀가 되어 그리스도와 연합되었다는 것을 나타내는 외적인 표다. 하나님의 가족과 자녀가 되는 것과 그리스도와의 연합은 같은 뜻이다. 하나님이 아브라함의 자녀들의 하나님이 된다는 것은 하나님께서 이 땅에서만 그들을 축복한다는 뜻이 아니고 그들을 가나안 땅과 함께 영원한 영생을 주어 하늘 나라를 상속받게 한다는 뜻이다.[152] 바울은 롬 6:4에서 그리스도의 죽으심으로 장사되었으면 우리를 그리스도와 함께 부활시켜 새 생명 가운데 행하게 한다고 하였다. 할례의 목적은 하나님의 가족이 되어 하늘 나라를 상속 받는 것이고, 세례는 그리스도와 연합하여 새 생명 가운데 행하는 것이다. 종합하여 설명하면 할례와 세례는 하늘 나라에서 성삼위 하나님과

---

151) Calvin, 『기독교 강요』, 제4권 16장 4절.
152) Calvin, *Commentaries on Genesis* vol. I, 450.

함께 생활하여 안식을 얻게 하는 하나님의 은혜의 외적인 표이다.

그러나 할례와 세례 의식 그 자체가 하나님의 은혜를 자동적으로 임하게 하는 것은 아니다. 세례가 은혜의 방편이므로 말씀과 함께 시행하여 성령이 역사하신다면 그리스도의 대속의 은혜와 하나님의 사랑을 깨닫는 은혜를 받을 수는 있으나 단순한 세례 의식 자체만으로 은혜가 임하는 것은 아니다.[153] 세례는 인간의 감각으로 느낄 수 없는 하나님의 영적인 은혜가 임하였다는 것을 인간이 경험할 수 있는 물질적인 요소로 표시하는 의식이다. 마음으로 성령의 세례 받은 것을 공식적으로 선포하고 나타내는 의식이 물세례다. 마음으로 그리스도를 믿고 회개와 중생을 하지 않은 사람이 세례를 받는다 하여 영적인 축복을 받는다는 보장은 없다.

이것은 마치 마음으로 사랑하지 않는 사람이 결혼식만 한다고 행복한 가정생활과 그에 따른 축복을 받을 수 없음과 같다. 화려한 결혼 예식보다 더 중요한 것은 눈으로 볼 수는 없지만 서로 사랑하는 진실한 마음이 우선이다. 구약의 유대인들이 자신들의 마음은 하나님의 율법을 역행하는 생활을 하면서 몸의 할례만 행하고 그것을 자랑하면서 자만심에 빠질 때 모세와 선지자들은 몸의 할례보다 마음의 할례를 하라고 강조하였다.

성경의 가르침은 항상 본질을 중요하게 생각한다. 눈으로 보이는 것과 외부로 나타나는 형식보다는 눈으로 볼 수 없는 내면을 강조하였다. 종교의 본질을 상실한 종교의식은 의미가 없다. 제사, 할례, 절기 등의 종교의식만 행하면서 속마음은 삐뚤어져 종교의 본질에서 떠난 생활을 하는 종교 지도자들을 향하여 예수님은 회칠한 무덤이라고 책망하셨다. 그러므로 세례 그 자체가 사람에게 구원이나 천국을 주는 것은 아니다. 하나님은 마음의 할례나 성령의 세례를 받은 자에게는 영원한 천국의 안식을 약속하셨다. 세례는 단지 눈으로 볼 수 없는 마음의 할례와 성령세례 받은 것을

---

153) John Murray, *Christian Baptism*, 83-90. 머레이 교수는 구약 유대교와 같이 세례의 영적인 의미를 상실하고 형식과 의식만 행하는 것을 경계한다. 세례의식 원래의 의미가 중요하며 그와 동시에 외적 형식도 반드시 필요함을 잊지 않아야 한다.

가시적으로 나타내는 상징적 표이다.

안식은 서로 멀리 헤어져서 그리워하던 사랑하는 연인들이 함께 만나서 생활하는 것과도 견줄 수 있다. 그리스도를 신랑으로 모시고 함께 한다면 모든 슬픔이나 고통과 부족함이 없는 만족한 안식이 있는 생활을 할 것이다. 세례가 하나님 나라의 영원한 안식을 보증하는(guarantee) 상징적 증표 역할을 한다.

할례와 세례 자체가 그 의식을 받은 사람은 무조건 하나님의 영원한 안식으로 인도한다는 것은 아니다. 그것은 이 의식은 영적으로 하나님의 축복을 상징적으로 보장하는 표이기 때문이다. 이 의식은 하나님께서 우리의 믿음이 약해지지 않고 하나님의 은혜를 체험하면서 감사함으로 생활하도록 하기 위해 경험을 통해 확신하도록 주신 증표이다. 이는 마치 어느 사람이 많은 돈을 은행에 예금한 후 통장을 갖고 있는 것과 같다. 현재 그 사람의 손에는 현금을 소유하고 있지 않지만 그가 갖고 있는 통장은 현금이 있다는 것을 보증한다. 통장에 기록된 돈의 액수는 그 사람이 돈을 얼마나 소유하고 있는가를 나타내는 표다. 하나님의 은혜로 회개와 중생을 통한 세례는 하나님 나라의 영원한 안식을 보장한다. 그러므로 세례는 성도가 그리스도와 연합하여 하나님 나라에서 안식한다는 증표이다.

5. 모세의 언약

족장 아브라함과 이삭과 야곱에게 주신 언약은 모세 언약과 연결된다.[154] 하나님은 아브라함에게 많은 축복과 함께 언약을 주셨다. 족장들에게 주신 축복과 언약은 그 시대에만 국한된 것이 아니다. 오히려 하나님께서 현재와 미래에 행하실 일의 보증과 예표와 모형으로서 아브라함과 이삭과 야곱과 같은 족장들을 택하여 그들이 소유하였던 신앙이 미래의 후

---

154) Walter C. Kaiser, *Toward an Old Testament Theology*(Grand Rapids: Zondervan Publishing Co., 1978), 82-87을 참고하면 이 부분에 관해 더 깊이 연구할 수 있다.

손에게 전달되고 있음을 가르친다. 따라서 족장들에게 주신 하나님의 축복과 언약은 그들의 신앙을 이어받은 모든 믿음의 후손들에게도 동일하게 적용된다. 따라서 아브라함의 모든 후손들도 아브라함의 언약과 축복 속에 포함된다.

우리가 이미 위에서 설명한 바와 같이 하나님의 언약은 영원하고 변함이 없으며 모든 시대에 동일하게 적용된다. 그래서 족장들의 언약은 모세의 언약과 부분적으로 중복되거나 깊이 연결되면서 더 깊고 넓게 발전하고 있다. 아담과 노아와 족장들에게 주어졌던 희미하고 가냘픈 언약이 모세 시대에는 더욱 밝고 분명하고 깊이 있게 나타난다. 예를 들어 하나님이 아브라함을 갈대아 우르에서 부르시는 것과 모세를 부르시는 형식에서 너무나 비슷하다. 창 15:7에 아브라함에게 "나는 너를 갈대아 우르에서 이끌어 낸 여호와로라"는 말씀과, 출 20:2에서 모세에게 "나는 너를 애굽 땅 종 되었던 집에서 인도하여 낸 너의 하나님 여호와로라"는 말씀은 형식에서 동일한 패턴이다. 뿐만 아니라 아브라함과 모세가 하나님의 언약을 받을 때 하나님께서 나타내는 신의 현현(顯現)의 징후와 그들을 둘러쌌던 공포와 두려움의 장면도 동일하다.

아브라함이 언약을 받을 때 "해가 져서 어둘 때에 연기 나는 풀무가 보이며 타는 횃불이 쪼갠 고기 사이로 지나더라"(창 15:17). 그리고 모세가 시내 산에서 언약을 받는 장면은 출 19:18에서 "시내 산에 연기가 자욱하니 여호와께서 불 가운데서 거기 강림하심이라 그 연기가 옹기점 같이 떠오르니"라고 설명한다. 아브라함이 언약을 받을 때의 연기, 풀무, 타는 횃불과 모세가 언약을 받을 때 연기, 가마, 불 역시 상당히 비슷한 소재이다.

또한 "나의 조상의 하나님"이라는 말로 모세는 족장들이 사용한 구절을 그대로 사용한다. 출 3:6[155]에서 하나님께서 모세를 부르실 때 족장들의 하나님임을 분명히 하셨다. 출 2:24-25과 3:15-17[156]에서 하나님께서 애

---

155) 출 3:6 나는 네 조상의 하나님이니 아브라함의 하나님 이삭의 하나님 야곱의 하나님이니라 모세가 하나님 뵈옵기를 두려워하여 얼굴을 가리우매 …

156) 출 2:24-25 하나님이 그 고통 소리를 들으시고 아브라함과 이삭과 야곱에

굽의 노예로 있던 이스라엘을 구원하신 것도 아브라함과 이삭과 야곱과 맺은 언약에 뿌리를 두고 있음을 밝히고 있다. 아브라함에게 언약으로 주신 가나안 땅에 모세가 아브라함의 자녀들을 인도하여 그들의 소유가 되게 하였다. 출 6:8[157]과 여러 곳에서 이스라엘 백성이 거할 그 땅은 하나님께서 그들의 조상들에게 약속한 바로 그 땅이다.

하나님께서 아담과 노아와 아브라함에게 축복하신 생육하고 번성하라는 언약은 후대에는 그대로 역사적 현실로 나타난다. 출 1:7[158]의 말씀은 아브라함의 후손에게 이 언약이 어떻게 성취되었는가에 대해 간략하면서도 요약적인 결론을 내리고 있다. 야곱의 자손이 "생육이 중다(衆多)하고", "번식하고", "창성하고", "심히 강대하고", "온 땅에 가득하게 되었다"는 말씀은 하나님의 언약이 성취된 것을 증명한다. 이 말씀은 창 1:28; 12:2과 35:11 등에서 "생육하고 번성하라"는 언약된 축복의 말씀을 염두에 두고 하신 말씀이다. 비록 이스라엘 백성이 애굽에서 노예로 고생하고 있었지만 그들의 조상들에게 하신 축복의 언약이 이미 이루어졌음을 입증하고 있다. 하나님의 언약은 영원하고 자손 대대로 그 효력이 유효하다는 것을 나타내는 말씀이 된다. 또한 앞 시대에 주어졌던 언약은 시간이 지나면서 더 분명하고 확실하게 나타나면서 그것이 성취되어 가고 있음을 보여 준다.

모세가 하나님으로부터 받은 십계명도 믿음으로 구원받는다는 원리가

게 세운 언약을 기억하사 이스라엘 자손을 권념하셨더라.

출 3:15-17 하나님이 또 모세에게 이르시되 너는 이스라엘 자손에게 이같이 이르기를 나를 너에게 보내신 이는 너희 조상의 하나님 곧 아브라함의 하나님, 이삭의 하나님, 야곱의 하나님 여호와라 하라 이는 나의 영원한 이름이요 대로 기억할 나의 표호니라. 너는 가서 이스라엘 장로들을 모으고 그들에게 이르기를 여호와 너희 조상의 하나님 곧 아브라함과 이삭과 야곱의 하나님이 내게 나타나 이르시되 내가 실로 너희를 권고하여 너희가 애굽 땅에서 당한 일을 보았노라. 내가 말하였거니와 내가 너희를 애굽의 고난 중에서 인도하여 젖과 꿀이 흐르는 … 땅으로 올라가게 하리라.

157) 출 6:8 내가 아브라함과 이삭과 야곱에게 주기로 맹세한 땅으로 너희를 인도하고 그 땅을 너희에게 주어 기업을 삼게 하리라 나는 여호와로라.

158) 출 1:7 이스라엘 자손은 생육이 중다하고 번식하고 창성하고 심히 강대하여 온 땅에 가득하게 되었더라.

강하게 나타난다.[159] 십계명 서문의 머리말인 출 20:2과 신 5:6에서 "나는 너를 애굽 땅, 종 되었던 집에서 인도하여 낸 너의 하나님 여호와로라" 하였다. 이 십계명의 서문은 십계명을 선포하시는 하나님과 그 계명을 듣고 지켜야 할 이스라엘 백성과의 관계를 규정하고 있다. 그것은 이 말씀을 듣는 이스라엘 백성이 그 계명에 대하여 분명한 태도를 취하게 하기 위함이다. 이 계명을 만들어 주신 하나님은 이스라엘 백성이 애굽 땅, 종 되었던 집에서 인도하여 낸 여호와이심을 밝히면서 출애굽 사실을 말씀하셨다.

출 6:2-7[160]에는 하나님이 이스라엘을 애굽에서 구출하시는 이유를 아브라함과 이삭과 야곱과 맺은 언약 때문이라고 밝히고 있다. 3-4절에서 하나님은 족장들에게 그들의 후손을 위해 가나안 땅을 주기로 약속하셨던 것을 기억하고 이스라엘 백성을 애굽 땅에서 구하셨다. 7절에서 "너희로 내 백성을 삼고 나는 너희 하나님이 되리라"는 말씀은 창 17:7에서 "내가 내 언약을 나와 너와 네 대대 후손의 사이에 세워서 영원한 언약을 삼고 너와 네 후손의 하나님이 되리라"하신 언약의 말씀의 성취이다. 임마누엘의 하나님이 되시겠다고 약속하신 여호와께서 애굽 땅에서 노예 생활하는 아브라함의 후손들에게 그 약속을 지키시겠다는 선언을 십계명 서문에서 밝혔다.

---

159) 최낙재, 『소요리문답 강해』 II, 63-123. 최낙재 목사는 이스라엘 백성이 애굽에서 탈출하기 전에 애굽 사람과 이스라엘 백성들에게 일어났던 여러 가지 일들을 자세히 설명하고 있다. 그러면서 유월절 어린양의 피로 이스라엘의 구속이 성취된 것은 그리스도의 십자가 죽음의 모형이라는 것과 유월절을 통해 이방인들도 구원받고 이스라엘 백성과 함께 동행한 것은 구원의 보편적 성격을 잘 나타내고 있다고 설명한다.

160) 출 6:2-7 하나님이 모세에게 말씀하여 가라사대 나는 여호와로라 내가 아브라함과 이삭과 야곱에게 … 가나안 땅 곧 그들의 우거하는 땅을 주기로 그들과 언약하였더니 이제 애굽 사람들이 종을 삼은 이스라엘 자손의 신음을 듣고 나의 언약을 기억하노라 그러므로 이스라엘 자손에게 말하기를 나는 여호와로라 내가 애굽 사람의 무거운 짐 밑에서 너희를 빼어내며 그 고역에서 너희를 건지며 편 팔과 큰 재앙으로 너희를 구속하여 너희로 내 백성을 삼고 나는 너희 하나님이 되니 나는 애굽 사람의 무거운 짐 밑에서 너희를 빼어낸 너희 하나님 여호와인줄 너희가 알지라.

임마누엘의 하나님께서 애굽에서 압박당하는 이스라엘 자손에게 구속주로 함께 하셨다. 하나님께서 창 17:7-8에서 아브라함에게 "그의 자손 대대로 언약을 세워 영원한 언약을 삼고 하나님께서 영원히 그들의 하나님이 되리라"고 약속하셨다. 즉 아브라함의 자손들과 영원히 함께 하여 임마누엘의 하나님이 되시겠다고 언약을 맺으신 하나님은 출애굽의 지도자인 모세를 통해 그 언약을 반복적으로 확인하였다. 하나님께서 모세를 애굽으로 보내기 위해 불러내는 출 3:7에서 이스라엘을 가리켜 "내 백성"이라 지칭하면서 그들이 애굽에서 고통당하는 것과, 그들이 간역자로 인하여 부르짖음과, 그 우고를 아시고 건져내려 하셨다. 하나님으로부터 보내심을 받은 모세는 바로 앞에 나타나서 "내 백성을 보내라"(출 5:1, 7; 14:8; 20:9; 10:3)고 하나님의 절대적 명령을 반복하였다. 출 6:7에서 하나님께서는 아브라함에게 하신 언약을 반복하여 "너희로 내 백성을 삼고 나는 너희 하나님이 되리니 나는 애굽 사람의 무거운 짐 밑에서 너희를 빼어낸 너희 하나님 여호와인줄 너희가 알지라"고 하셨다. 하나님은 아브라함의 자녀들을 가리켜 아브라함에게는 "영원히 그들의 하나님이 되리라"고 하신 말씀이 모세에게는 "내 백성"으로 표현하신다. 하나님의 백성이기 때문에 하나님은 그들과 함께 하신다. 하나님의 능력으로 바로의 고통에서 해방되어 홍해를 무사히 건너게 된 이스라엘은 출 15:13에서 "주께서 구속하신 백성을 은혜로 인도하셨다"와, 15:16에는 "주의 백성이 홍해를 통과하여"와 같이 하나님의 구원이 나타났음을 감사하였다. 출애굽은 아브라함에게 언약하신 임마누엘 하나님의 구속 역사이다. 하나님께서 아브라함에게 약속하신 안식의 언약이 모세를 통해 재확인되었다.

모세와 아브라함 언약은 내용면이나 골격에서 동일하다. 출 19:5-6에서 "너희가 내 언약을 지키면 너희는 결국 중에서 내 소유가 되겠고 너희가 내게 대하여 제사장 나라가 되리라"와 아브라함에게 "아브라함의 자손과 언약을 세워 영원히 그들의 하나님이 되리라"고 한 말씀은 같은 뜻이며, 아브라함에게 하신 약속이 모세를 통해서 많이 이루어졌다. 모세에게는 이스라엘 자손이 하나의 민족적 단위로 그 수가 창대하지만 하나님께서 함께 하시는 제사장 나라가 되도록 하신다는 언약이다. 신 7:6-8은 "너는 여호와 네 하나님의 성민이라 네 하나님 여호와께서 지상 만민 중에서 너를 자기 기업의 백성으로 택하셨는데 그 이유는 여호와께서 너를 사랑하심과 너희 열조에게 하신 맹세를 지키려 하여 자기 권능의 손으로 너희를 인도하여 내셨다"고 하였다. 하나님께서 이스라엘을 택하시고 구원하심은 그 백성의 능력에 의해서가 아니라 그들을 향한 하나님의 사랑과 족장들에게 하신 언약에 근거한 것이라고 밝힌다. 하나님은 족장들에게 언약한 그 땅을 모세에게 다시 약속하신다. "내가 아브라함과 이삭과 야곱에게 주기로 맹세한 땅으로 너희를 인도하고 그 땅을 너희에게 주어 기업을 삼게 하리라"(출 6:8). 이 말씀은 족장들에게 약속한 가나안 땅은 그들의 후손들이 거할 처소가 될 것임을 밝힌다. 이 모든 것을 통하여 하나님은 아브라함과 맺은 언약을 후대에도 그대로 적용시키셨다.

십계명 서문에서 하나님께서 이스라엘 백성을 애굽에서 인도하여 내었다는 사실을 분명히 밝히고 있다. 이스라엘 백성은 자신들이 애굽에서 하나님도 섬기지 못하고, 자식도 마음대로 낳지 못하는 지옥과 같은 생활을 하고 있던 가운데 하나님이 구원해 주신 것을 체험하였기 때문에 십계명 서문의 말씀을 듣고 있던 모든 사람들은 충분한 공감을 하였을 것이다. 하나님은 이스라엘을 구속하기 위하여 많은 값을 지불하셨는데 그 내용은 출 12:3-11[161]에서 유월절 어린양의 교훈으로 가르치셨다. 이 말씀은 이스라엘 백성이 애굽에서 구속받은 이유를 설명하고 있다. 그들이 애굽에서 구원받을 때 떠나오기 전날 밤에 양을 잡아서 그 양의 피는 방으로 들어가는 문의 양쪽 설주와 그 인방에 바르고, 밖으로 나가지 않고, 그 양고기

---

161) 출 12:3-11 너희는 이스라엘 회중에게 고하여 이르라 이 달 열흘에 너희 매인이 어린양을 취할지니 각 가족대로 그 식구를 위하여 어린양을 취하되 ⋯ 너희 어린양은 흠 없고 일년 된 수컷으로 하되 양이나 염소 중에서 취하고 이달 십사 일까지 간직하였다가 해질 때에 이스라엘 회중이 그 양을 잡고 그 피로 양을 먹을 집 문 좌우 설주와 인방에 바르고 그 밤에 그 고기를 불에 구워 무교병과 쓴 나물과 아울러 먹되 ⋯ 너희는 그것을 이렇게 먹을지니 허리에 띠를 띠고 발에 신을 신고 손에 지팡이를 잡고 급히 먹으라 이것이 여호와의 유월절이니라.

를 삶아서 먹었다. 그 밤에 문설주와 인방에 피가 없는 집이나 집 밖에 있었던 모든 사람과 생축의 장자들이 죽임을 당하였다.

애굽의 모든 백성이 죽은 것의 상징으로 대표만 죽었다. 구약에서 장자는 유업을 상속받는 가장으로 그 가정의 대표인데, 애굽의 모든 생축의 장자가 죽임을 당하였다는 것은 그 나라의 모든 생축이 하나님의 심판을 받아 죽었다는 뜻이다. 그러나 피를 바른 이스라엘 백성은 하나도 다치지 않고 모두 구원받았다. 애굽의 모든 백성이 심판을 받았으나 이스라엘 백성은 한 명도 죽지 않고 구원받은 사건이 출애굽이다.

애굽 사람들은 모두 죽었는데 이스라엘 백성은 왜 구원을 받았는가? 양이나 수염소의 피가 문설주에 있었기 때문이다. 하나님의 사자가 모든 집을 돌아다니면서 피가 없는 집의 장자들을 죽였다. 그러나 문설주와 인방에 피가 있는 이스라엘 백성의 집은 그 피를 보고 넘어갔다. 하나님의 사자가 사람을 죽이지 않고 그 집을 넘어갔다(passover) 하여 유월절(逾越節)이다. 한문으로 넘을 유(逾) 자, 넘을 월(越) 자이다. 비록 이스라엘 사람이라 할지라도 모세의 말을 믿지 않고 양을 잡아 그 피를 문설주와 인방에 바르지 않았다면 그 사람도 애굽 사람들처럼 죽었을 것이다. 이스라엘 백성을 그 죽음에서 구원한 것은 양의 피다. 레 17:11[162)]에 의하면 생명이 피에 있으므로 피는 죄를 속하는 것이라고 말한다. 이 양의 피를 통하여 이스라엘은 애굽 백성에게 내리는 죽음의 심판을 면할 수 있었다. 죽음에서 구원은 안식이다. 하나님의 심판으로 죽을 수밖에 없는 이스라엘을 양의 피가 그들에게 구원과 안식을 주셨다. 즉, 양의 피가 이스라엘에게 안식을 주는 수단과 방편이었다.

양의 피에 이스라엘 사람을 죽이지 않을 힘이 있는가? 양의 피를 바르게 한 것은 무슨 이유인가? 이 피는 믿는 자들에게 뿌려질 예수 그리스도의 보혈을 예표한다. 양의 피 그 자체에 무슨 힘이 있는 것이 아니라 하나

---

162) 레 17:11 육체의 생명은 피에 있음이라 내가 이 피를 너희에게 주어 단에 뿌려 너희의 생명을 위하여 속하게 하였나니 생명이 피에 있으므로 피가 죄를 속하느니라.

님이 보내실 그 아들 예수 그리스도께서 죄인을 위해 십자가에서 피를 흘리신 그 희생의 피가 구속하는 능력이 있다. 예수님의 십자가 희생의 피는 먼 훗날 일어나겠지만 구약 성도들에게는 양을 잡아 제사를 드리므로 그리스도의 죽음을 미리 예표와 모형으로 보여 주면서 그리스도가 흘리신 대속의 피를 믿게 하였다. 구약에는 죄인이 구원받기 위해서는 흠 없는 깨끗한 양이 죽어야 했다. 제사 때 죽는 그 양의 피를 보고 하나님은 죄를 보지 않으셨던 것처럼 유월절 어린양의 피를 보고 하나님의 사자가 넘어 갔다. 그리고 제사 때마다 죄인을 대신하여 제물로 죽는 양은 그리스도의 죽음을 예표하는 것과 같이 유월절 어린양의 피도 예수님의 보혈을 예표 하였다.

바울은 고전 5:7에서 그리스도를 유월절 어린양이라 하였다. 이스라엘 백성이 애굽 땅에서 유월절 어린양의 피로 인하여 구원받은 것처럼 신약 성도의 구원도 유월절 어린양의 피로, 돌아가신 그리스도의 피로 말미암아 성취되었다. 그러므로 모세 때의 이스라엘 백성들도 예수님의 피로 말미암 아 구속받고 해방되었다. 아담의 허물을 덮기 위해 양을 잡아 그들의 옷을 만들어 주신 하나님의 은혜와 아브라함이 오실 메시아와 그의 희생적 죽 음을 믿음으로 할례받은 것과 모세가 겪었던 그리스도의 죽음을 예표하는 유월절은 모두 동일한 하나의 믿음이다. 그러므로 구약의 이스라엘 백성들 이 구원받아 안식을 누리게 될 그 근본 원인도 신약의 성도들과 동일하게 십자가에서 죽으신 그리스도를 믿는 믿음이다.

이스라엘 백성이 애굽에서 지옥과 같은 고통스러운 노예 생활을 할 때 는 안식과는 거리가 멀었다. 조상 대대로 믿어 오던 하나님도 섬기지 못하 는 영적으로 단절된 생활이었고, 육신적으로는 굶주리고 애굽 사람들의 박 해에 시달렸다. 신약성경은 이스라엘의 애굽에서의 생활을 사탄의 지배하 에서 생활하던 때와 같다고 비교하여 가르친다. 이스라엘 백성에게는 애굽 바로왕의 힘이 얼마나 강하고 세었던지 그들의 힘으로 해방과 자유를 쟁 취한다는 것은 상상도 못하였다. 실제로 당시 애굽의 국력은 막강하였고 이스라엘은 숫자적으로나 그들이 당면한 사회의 구조적 여건을 보아 스스로 애굽을 탈출한다는 것이 불가능해 보였다. 하나님의 초월적 능력이 아니었더라면 그들의 역사는 영원히 그렇게 계속되었을 것이다.

그러나 하나님께서 유월절 어린양의 피를 통해 지옥 같은 노예생활에서 해방시켜 구원하셨다. 이스라엘 자손들이 애굽에서 해방되어 자유를 얻은 그 사건 자체가 곧 안식이다. 애굽 사람들로부터 당하는 모든 종류의 아픔과 고통이 끝나고 애굽 사람을 더 이상 보지 않고 생활하는 것이 안식이라 할 수 있다. 뿐만 아니라 반드시 죽어야 할 상황 가운데서 죽지 않고 살아나는 것도 안식이다.

하나님의 사자가 집집마다 들어가서 애굽의 모든 사람을 죽이는데 유월절 어린양의 피를 문설주에 바른 이스라엘 백성은 한 명도 죽지 않았다. 그들은 죽을 수밖에 없는 상황 가운데서 죽지 않고 하나님께서 그들의 조상에게 약속한 가나안 땅을 바라볼 수 있었으니 그것이 안식을 얻은 것이다. 그리스도를 모형적으로 예표하는 유월절 어린양이 죽음으로 그들이 안식을 얻었다. 출애굽 때 이스라엘 백성을 위해 피 흘려 죽은 유월절 어린양은 예수 그리스도의 십자가 죽음을 미리 보여 주신 모형이며 그림자이다. 애굽에서 바로의 통치하에서 노예로 지옥과 같은 생활을 하던 이스라엘 자손들이 안식의 자유를 얻은 것은 장차 오실 그리스도의 십자가 죽음을 믿는 믿음의 결과이다. 이스라엘 백성이 출애굽 하여 안식을 얻은 것도 노아가 홍수에서 구원받은 것과 아브라함이 할례를 통해 안식을 얻은 것과 같이 그리스도의 보혈의 공로로 성취되었다. 즉 구약성도들은 오직 그리스도를 통해서만 안식을 얻을 수 있었다.

하나님은 출 12:24-28[163])에서 이 절기를 이스라엘 백성들이 자손 대대로 영원히 지키라고 명령하셨다. 모세는 이 명령을 받고 이스라엘 백성에

---

163) 출 12:24-28 너희는 이 일을 규례로 삼아 너희와 너희 자손이 영원히 지킬 것이니 … 이 후에 너희 자녀가 묻기를 이 예식이 무슨 뜻이냐 하거든 너희는 이르기를 이는 여호와의 유월절 제사라 여호와께서 애굽 사람을 치실 때에 애굽에 있는 이스라엘 자손의 집을 넘으사 우리의 집을 구원하셨느니라 하라 하매 백성이 머리 숙여 경배하니라 이스라엘 자손이 물러가서 그대로 행하되 여호와께서 모세와 아론에게 명하신 대로 행하니라.

게 일러 주었다. 하나님께서 모세에게 명하신 대로 이스라엘의 모든 백성들은 자손 대대로 이 유월절 절기를 지키면서 그들의 구속과 해방을 기념하면서 하나님의 은혜에 감사하였다. 모든 이스라엘 자손들이 대대로 이 유월절 절기를 지켜 기념하라 하신 이유는 그들의 후손들도 오실 그리스도의 피를 믿는 믿음으로 영원한 하나님의 안식을 누리게 하기 위함이다. 유월절 어린양의 피를 통해 출애굽의 해방과 자유를 찾은 것을 기념하면서 이 사건이 예시하고 나타내려고 하는 그리스도의 십자가를 잊지 말라는 하나님의 뜻이다.

출 12:43-49[164]에서 출애굽 사건을 설명할 때 언약의 백성인 아브라함의 자손들만 구원받은 것이 아니고 이방인들도 포함되었음을 가르친다. 48절에서 "너희와 함께 거하는 타국인이 유월절을 지키고자 하거든 그 모든 남자는 할례를 받은 후에야 가까이 하여 지킬지니 곧 그는 본토인과 같이 될 것이나 할례 받지 못한 자는 먹지 못할 것이니라" 하였다. 이 법은 아브라함의 후손이 아닌 사람들이 유월절을 지키려고 한다면 이방인이나 본토인에게나 이스라엘 백성에게나 동일하여 누구나 다 참여할 수 있게 했다. 단지 그들이 유대인과 동일한 방법으로 아브라함의 언약대로 할례를 받아야 했지만 이방인도 아브라함의 후손이 될 수 있는 길을 열어놓았다는데 의미가 있다. 출 12:38에는 "중다한 잡족과 양과 소와 심히 많은 생축이 그들과 함께 하였다" 한다. 이스라엘 백성이 애굽을 떠날 때 아브라함의 피를 받지 아니한 여러 민족이 함께 출발하였다.

왜 중다한 잡족들이 이스라엘 백성과 함께 애굽을 출발하였을까? 이스라엘 백성이 믿는 하나님 능력의 위대함을 보고 하나님을 믿고 나왔을 가

---

164) 출 12:43-49 여호와께서 모세와 아론에게 이르시되 유월절 규례가 이러하니라 이방 사람은 먹지 못할 것이나 각 사람이 돈으로 산 종은 할례를 받은 후에 먹을 것이며 거류인과 타국 품꾼은 먹지 못하리라 한 집에서 먹되 그 고기를 조금도 집밖으로 내지 말고 뼈도 꺾지 말며 이스라엘 회중이 다 이것을 지킬지니라 너희와 함께 거하는 타국인이 여호와의 유월절을 지키고자 하거든 그 모든 남자는 할례를 받은 후에야 가까이하여 지킬지니 곧 그는 본토인과 같이 될 것이나 할례 받지 못한 자는 먹지 못할 것이니라 본토인에게나 너희 중에 우거한 이방인에게나 이법이 동일하니라.

능성이 있다. 처음에는 이스라엘 백성들이 하나님을 섬기도록 잠깐의 자유를 원하는 모세의 요구를 반대하는 바로에게 하나님의 능력으로 열 가지 재앙을 내렸다. 주변의 많은 사람들이 애굽과 바로에게 내려지는 하나님의 재앙과 장자가 죽는 것을 보고 이스라엘 백성과 함께 출발하는 것이 유익하겠다고 생각하여 나왔을 가능성도 있다. 마지막 장자가 죽는 재앙까지 본 후 그들도 죽지 않고 자신들의 생명을 보존하는 길은 이스라엘 백성과 함께 하는 길뿐이라는 생각을 하였을 가능성이 많다. 이스라엘 백성과 함께 떠난 중다한 잡족들은 모세가 말한 대로 문설주와 인방에 어린양의 피를 발랐기 때문에, 그 밤에 죽지 않고 애굽을 출발할 수 있었다.

그 잡족들은 모세를 통해 일어나는 하나님의 능력을 보고 모세의 명령에 순종하였을 것이다. 그들은 유월절 어린양의 피가 무엇을 의미하는지 몰랐을 것이다. 그들은 복음의 뜻을 이해하고 순종할 마음과 시간적 여유가 없었다. 그러나 그들은 생존을 위한 유일한 길은 이스라엘 백성이 하는 대로 순종해야 한다고 생각하였을 것이다. 그래서 그들도 모세의 명령대로 어린양을 잡아 문설주와 인방에 피를 발랐을 가능성이 높다. 그 결과 그들은 하나님의 사자가 애굽 백성들을 심판하는 그날 밤에 죽지 않고 살아서 이스라엘 백성과 함께 출발 할 수 있었다. 하나님께서 창 17:12-13에서 아브라함에게 아브라함의 자손이 아니면서 돈으로 산 모든 남자는 자손 대대로 할례를 행하라고 명령하신 것과 할례를 받은 이방인과 잡족들에게 유월절 음식을 허용하고, 또한 함께 출애굽을 한 것은 복음의 보편성을 일관성 있게 나타내는 증거라 할 수 있다. 하나님의 안식은 인종과 국가의 장벽을 뛰어넘는 보편성이 있다. 할례 언약과 출애굽 사건에서 이방인들도 아브라함의 공동체에 포함되어 안식을 누릴 수 있다는 사실을 두드러지게 명시하고 있다.

모세 시대에 생활하였던 아브라함의 피를 받은 이스라엘 백성들도 유월절 어린양의 교훈을 오늘날 신약성도들이 이해하는 것처럼 정확하게 깨닫지는 못하였을 것이다. 구약시대의 유대인들도 하나님의 아들인 메시아가 우리의 죄를 속죄한다는 사실을 정확하게 이해하지는 못하였다. 그러나 그들이 그 의미를 몰랐다 할지라도 어린양을 잡아서 문설주에 바르는 그 일을 통하여 하나님이 자기들의 생명을 구하여 주셨다는 사실은 알았다. 즉 하나님의 사랑이 양의 피를 통해 자기들에게 나타났다는 사실은 깨달았다. 그래서 이스라엘 백성과 함께 중다한 잡족들이 하나님의 명령이 무엇인지 그 의미는 몰랐지만 그 말씀에 순종하여 어린양의 피를 발랐더니 그 피가 자기들의 생명을 살렸다는 것은 쉽게 인식할 수 있었다. 그 후부터는 그들은 하나님의 말씀에 무조건 순종해야겠다는 결심도 하였을 것이다. 만일 우리가 그날 밤 하나님의 명령을 순종하지 아니하였더라면 어떻게 되었을까? 하나님께서 우리를 살려 주시고 애굽 사람들은 모두 죽이셨는데 앞으로 우리가 하나님의 말씀을 어긴다면 어떻게 될까? 앞으로는 하나님의 말씀에 무조건 순종해야겠다는 등등의 생각을 하였을 것이다.

하나님께서는 왜 이스라엘 백성과 중다한 잡족들에게 어린양을 잡아 그 피를 문설주에 바르라고 명령하셨을까? 그 어린양의 피에 무슨 신비로운 힘이 있는가? 그들은 어린양의 피에 대해 깊은 생각과 함께 의문을 갖고 있었을 것이다. 이 문제는 이스라엘 역사를 통해 계속되는 연구의 대상이 되었고, 이 원리를 깨달은 사람들은 하나님의 크신 사랑과 많은 은혜를 받고 감사하였을 것이다. 구약 역사의 마지막에 세례 요한은 예수님을 가리켜 "세상 죄를 지고 가는 하나님의 어린양을 보라"고 하여 아브라함의 피를 받은 유대인이건 어느 나라 사람이든지 하나님의 백성이 되려면 예수 그리스도의 십자가 대속의 죽음을 믿는 믿음으로만 가능하다는 정확한 해답을 제시하였다.

하나님은 이스라엘의 조상들과 맺은 언약을 모세를 통해 더욱 새롭게 하셨다. 율법은 구속 언약이 성취되는 하나의 방편이었다. 언약이 처음에는 아담에 의해 수립되고 노아에게서 더 깊고 포괄적으로 적용되었고, 또 아브라함 때에는 그것이 더 명확하게 확인되었다. 그러한 언약이 모세에 의해서 새롭게 갱신되어 법적인 뜻을 가진 하나님의 언약으로 계속적인 유효함을 나타내 보이고 있다. 모세의 언약은 하나님의 뜻의 최종적인 모양으로 두 돌비에 요약하여 기록하고 있다. 옛 조상들은 말씀으로 계시를 많이 받았으나 모세는 돌비에 기록된 구체적이고 명확한 형태로 받았다.

일반적으로 하나님의 계명이라 하면 구약을 뜻한다. 그리고 계명의 범위를 약간 좁힌다면 모세 오경을 뜻할 것이다. 또한 모세 오경의 내용을 최종적으로 요약한 내용은 십계명임이 분명하다. 그리고 모세가 시내 산에서 받은 그 십계명은 하나님의 언약이다. 출 34:28에서 "모세가 언약의 말씀 곧 십계(十戒)를 그 판들에 기록하였더라"와 신 4:13에서 "여호와께서 그 언약을 너희에게 선포하시고 너희로 지키라 명하셨으니 곧 십계명이며 두 돌판에 친히 쓰신 것이라"는 말씀은 십계명이 바로 하나님의 언약임을 확실하게 밝히고 있다. 모세가 받은 십계명은 곧 모세의 언약을 요약한 내용이다.

그러나 하나님께서 이스라엘과 맺은 언약의 핵심은 "하나님께서 이스라엘을 자기 백성으로 삼으신 것"이다. 다시 말해 하나님께서 은혜를 베푸심으로 이스라엘 백성과 함께 하시는 것이 언약이며, 이것이 언약의 알맹이다. 거룩하고 공의로우신 하나님께서 죄 많은 이스라엘과 함께 하는데는 일정한 규범이 필요했다. 하나님은 속성상 너무 거룩하시기 때문에 죄인이 가까이 할 수 없다. 그래서 하나님은 이스라엘에게 하나님과 함께 생활하기 위하여 지켜야 할 생활원리를 주셨는데 그것이 언약법이며, 이 언약법의 기본적 형태가 십계명이다.

하나님의 언약인 십계명은 하나님을 향한 인간의 의무와 이웃을 향한 의무로 구성되어 있다. 안식일에 관한 계명은 십계명 가운데 포함되어 있다. 십계명에서 가운데 부분에 안식일 계명이 위치하고 있다. 따라서 안식일에 관한 명령도 다른 계명들과 함께 모세의 율법에 포함되며 모든 이스라엘 백성들이 지켜야 할 계명이었다. 우리가 제1장에서 이미 살펴본 바와 같이 안식일 규정은 천지창조 때 하나님께서 창조 규정으로 제정하셨고 아담이 하나님의 안식에 동참하였을 것으로 믿어진다. 그러나 안식일을 지켰던 아담의 후손들과 족장들도 세월이 흐르면서 하나님으로부터 멀어지게 되었고, 다른 언약들과 함께 안식일 명령을 지키는 일도 원래의 가르침과 뜻에서 이탈되거나 그 계명을 잊어버리기도 하였다. 그 증거는 출 16

장의 만나를 수거하는 사건에서 잘 나타나고 있다. 그래서 하나님은 모세를 통해 언약법인 십계명을 이스라엘 백성에게 전달하실 때 언약법 가운데서 안식일법이 중심을 차지하도록 한가운데 배치하셨다. 또한 내용에서도 다른 아홉 개의 계명들보다 훨씬 길고 양이 많다는 것으로 보아 제4계명이 그만큼 중요하다는 사실을 간접적으로 나타내고 있다고 볼 수 있다. 부모를 공경하는 일, 결혼제도, 인간의 생명의 존엄성을 위해 살인을 금지하는 명령 등도 하나님께서 이미 과거에 주셨지만 이러한 내용을 더 구체적인 법적 체계를 갖춘 명령으로 모세를 통해서 주셨다. 안식일에 대한 규정도 과거에 하나님이 언약의 백성들에게 주셨지만 다른 언약의 법들과 같이 모세를 통해 법적인 형태의 명령으로 이스라엘 백성들에게 주셨다.

모세때 율법의 출현으로 그 전 시대의 언약이 약화되거나 폐지되지 않는다. 하나님의 은혜로 모든 인간이 구원 받는다는 하나님의 언약은 모세 시대에도 그대로 강조된다. 하나님의 은혜로만 구원이 가능하다는 사실을 역사적으로 강하게 보여 주는 사건이 바로 출애굽이다. 출애굽 역사는 바로의 통치하에 있는 택한 백성을 구원하기 위해 하나님의 능하신 팔로 친히 이적과 기사를 행하여 바로와 애굽의 모든 장자와 군인들을 파멸시켰다. 출애굽은 이스라엘 백성에게 고통스러운 노예생활을 마감하고 조상에게 약속한 땅 가나안에서 참된 안식을 누리게 하기 위해 행하신 하나님의 은혜의 역사다.

이스라엘이 출애굽을 통해 구원받은 역사는 신구약의 모든 성경이 우리를 죄에서 구원하신 능력은 오직 하나님의 은혜임을 가르치는 모형이며 모델이 되는 사건으로 제시하고 있다. 하나님의 은혜로 구원받은 백성에게 주신 계명이 바로 모세 언약이다. 하나님의 은혜로 구원받았기 때문에 이스라엘 백성이 시내 산에 모여서 하나님의 언약인 십계명을 받을 수 있었다. 구원받은 언약의 백성들이 가나안 땅에서 참된 안식을 누리는데는 십계명을 비롯한 각종 모세의 법규들을 지키고 순종할 필요가 있었다. 그러므로 모세의 언약은, 은혜로 구원이라는 이미 주어진 언약을 폐지하거나 약화시키는 것이 아니라 하나님의 구속의 언약이 더 밝고 명확하게 나타나는 새로운 단계의 시작이다.[165] 그래서 모세의 율법은 과거에 주어진 언약을 중단시키지 않는다.

하나님의 크신 능력과 권능으로 노예에서 해방되어 애굽을 탈출한 이스라엘 백성들은 시내 산에서 받은 십계명을 지키겠다고 약속하였다. 신 5:7-21[166]까지는 하나님께서 모세를 통해 그들에게 주신 십계명의 내용이다. 신 5:22-26에 보면 모세가 하나님으로부터 십계명을 받을 때 이스라엘 백성들은 하나님께서 특별히 임재하신 것을 보고 두려워하면서 무서워 떨었다. 하나님께서 십계명을 주실 때 산 위의 불 가운데, 흑암 가운데서 큰 음성으로 말씀하셨다. 그러자 이스라엘 백성들은 산의 불이 그들을 삼켜서 죽일까 크게 두려워하였다. 이렇게 특별한 방법으로 주신 십계명을 이스라엘 백성들은 다 지켜 순종하겠다고 약속하였다. 신 5:27에서 이스라엘 백성들이 모세에게 "하나님 여호와의 하시는 말씀을 우리에게 전하소서 우리가 듣고 행하겠나이다" 하였다.

무슨 이유로 그들이 하나님의 계명을 지키겠다고 약속하였을까? 이미 언급한 것처럼 열 가지 재앙과 유월절 어린양을 통한 저들의 구원, 그리고 홍해를 건너는 기적과, 그 외의 그들에게 나타난 많은 하나님의 능력을 보고 하나님의 말씀에 순종하는 것이 자신들에게 유익하겠다는 결심을 하게 하였을 것이다. 또한 모세가 십계명을 받을 때 시내 산에 나타난 하나님의 장엄한 영광과 위엄을 보았기 때문이다. 더욱이 하나님께서 아브라함에게 약속하신 대로 이스라엘 백성이 애굽에서 430년간 종살이 한 후 구원받을 것이라는 그 언약이 모세를 통해 이루어졌음을 그들은 보았고, 하나님의 말씀에 불순종하는 결과가 얼마나 비참한 것인지도 경험하였을 뿐 아니라 아브라함에게 하신 약속이 모세 때 실현되어 자신들이 구원받는 것을 보고 하나님의 신실성과 사랑을 느꼈을 것이다.

만일 이스라엘 자손들이 하나님께서 아브라함에게 하신 약속과 애굽에서 열 가지 재앙, 유월절 어린양의 구속, 시내 산에서 장엄한 하나님의 강

---

165) O. Palmer Robertson, 『계약신학과 그리스도』, 178.
166) 십계명이 출 20:1-17에도 기록되어 있다.

림, 그리고 홍해의 기적 등을 보지 않고 십계명을 지키겠느냐고 질문하였다면 어떤 반응이 나왔을까? 아마 여호와의 말씀하시는 것을 우리가 지켜 순종하겠습니다라는 대답은 나오지 않았을 것이다. 지금까지 그들이 보고 경험한 모든 것들이 하나님의 말씀에 순종해야겠다는 결심을 하게 하였다. 그래서 이스라엘 백성들은 모세에게 십계명의 모든 말씀을 지키겠다고 약속하였다. 소요리문답 제44번[167]에서 그들이 그 계명을 지켜야 하리라고 약속하였음을 밝힌다. 이스라엘 백성은 여호와 하나님이 자기들을 구속하셨다는 이 출애굽의 사건이 유대 민족의 민족 의식과 생활의 뿌리와 출발점이 된다. 그 결과 그들은 하나님의 말씀에 항상 순종해야 한다는 의식이 마음에 뿌리 내렸을 것이다.

그리고 모세의 언약은 모세 시대로 그 영향력이 끝나지 않는다. 아담의 언약이 노아에게 계승되고 노아의 언약이 모세에게 계승되면서 새로운 시대를 열어가는 것처럼 모세의 율법은 다음 시대인 왕권 수립을 향해 나아가고 있었다. 따라서 모세의 언약 속에는 그 전시대에 주어진 모든 언약이 함축적으로 포함되어 있음은 당연하다. 여호와의 사자는 이스라엘 자손에게 출애굽의 사건을 통해 그들의 죄를 책망하였고, 그 말씀을 들은 사람은 자신들의 잘못을 즉시 깨달아 회개한 것처럼 사 2:1-5[168]에는 사사시대에 이스라엘 자손들이 하나님과 맺은 언약을 파기하여 여호와의 사자로부터 꾸중 듣는 내용이 나온다. 가나안 땅을 정복한 후 사사시대에 이스라엘의 후손들이 자기 조상들을 구원하신 하나님을 잊고 우상을 섬길 때 여

---

167) 소요리문답 제44번 문) 십계명의 머리말이 우리에게 교훈하는 것은 무엇입니까?

답) 십계명의 머리말이 우리에게 교훈하는 것은 하나님이 주가 되시고 우리의 하나님이시며 구속자이시므로 우리가 마땅히 그의 모든 계명을 지켜야 하리라 함입니다.

168) 사 2:1-5 여호와의 사자가 가로되 내가 너희로 애굽에서 나오게 하고 인도하여 너희 열조에게 맹세한 땅으로 인도하여 내가 너희에게 세운 언약을 영원히 어기지 아니하리니 너희는 이 땅 거민과 언약을 세우지 말며 그들의 단을 헐라하였거늘 너희가 내 목소리를 청종치 아니하였도다 그리함은 어찜이뇨 그러므로 내가 또 말하기를 내가 그들을 너희 앞에서 쫓아내지 아니하리니 그들이 너희 옆구리에 가

호와의 사자가 나타나서 출애굽의 구원을 상기시키고 그들의 배신을 책망하셨고, 그들은 하나님에 대해 배은망덕한 죄 지은 것을 깨닫고 울면서 회개하였다.

또한 모세의 율법은 이스라엘의 모든 왕과 백성들이 반드시 지켜야 할 지침이 되었다. 이후에 계속되는 이스라엘의 역사는 항상 모세에게 주신 하나님의 언약을 지키는가 아닌가 국가와 개인의 성공과 실패를 가늠하는 표준이 되었다. 모세가 죽은 후 두 돌비를 담은 언약궤인 법궤는 항상 소중하게 보관하고 관리하였다. 그 이유는 이 법궤가 이스라엘 백성 가운데 하나님께서 임재하고 계심을 상징하기 때문이다. 이 법궤에 대한 역사는 역사서(여호수아, 사사기, 사무엘서, 열왕기, 역대서)가 제공해 준다. 이스라엘 백성은 불레셋과의 전쟁에서 법궤를 빼앗기고 모든 백성이 허탈해하기도 하고 그것을 다시 찾아 성전에 보관하기도 하였다. 이러한 사례로 그들이 십계명을 자신의 생명보다 귀하게 여겼음을 역사서가 보여 준다. 그러나 요시아 시대 후에는 이 법궤에 대한 언급이 거의 나타나지 않는다.

선지서에서 유일하게 법궤에 대해 언급한 곳이 예레미야 3:16[169]이다. 이 말씀의 내용은 법궤가 이스라엘의 생활에서 사라질 것이나, 그렇다고 해서 언약이 무효가 되지는 않을 것이라는 사실이다. 단지 그들이 그 언약법을 마음과 생각에서 잊어 버렸을뿐이다. 따라서 하나님은 여전히 그들이 언약을 어기면 이스라엘 백성에게 그 책임을 물으시겠다는 뜻이 있었다.[170] 이러한 사실은 언약책에 대한 역사에서도 볼 수 있다. 이스라엘 백성은 언제부터인가 언약책을 분실하여 성전에는 더 이상 언약책이 보관되어 있지 않았다. 그러다가 요시야 왕의 관리들이 성전 수리 작업을 감독하다가 그것을 발견하였다. 그동안 언약책을 분실할 정도로 이스라엘 백성들

시가 될 것이며 그들의 신들이 너희에게 올무가 되리라 여호와의 사자가 이스라엘 모든 자손에게 이 말씀을 이르매 백성이 소리 높여 운지라.

169) 렘 3:16 나 여호와가 말하노라 너희가 이 땅에서 번성하여 많아질 때에는 사람이 여호와의 언약궤를 다시는 말하지 아니할 것이요 생각지 아니할 것이요 기억하지 아니할 것이요 찾지 아니할 것이요 만들지 아니할 것이라.

170) John M. Zinkand, *Covenants: God's Claims*, 39-40.

은 언약을 지키는데 열심을 내지 않았다. 그러나 그렇다고 하여 그동안 언약이 무효화 된 것은 아니었다. 그것은 요시야 임금이 그 언약을 다시 갱신하였다는 사실에서 알 수 있다. 그리고 언약 갱신 의식은 이스라엘 백성에게 언약 규정들을 다시 알리고 나서 거행되었다.

이처럼 언약책과 언약궤는 모두 이스라엘 백성이 모세의 언약을 이해하는 데 필요하고도 중요한 것이었다. 그러나 그것들이 분실되고 파손되었다 해서 그 언약이 깨진 것은 아니다. 이는 모세 언약의 근본적 요구 사항은 사랑과 순종이었으며 이 언약법을 깨뜨린 당사자인 이스라엘 백성이 하나님의 법 순종하기를 거절하여 여호와를 사랑하지 않았기 때문이다. 시내산에서 하나님은 이스라엘 백성을 자신의 소유로 삼으심을 선포하셨고 그 내용의 핵심이 곧 모세 언약이다. 한편 십계명과 레위기의 규정들은 모세 언약을 법률적 형식으로 표현하였다. 그래서 모세 언약은 법을 그 기초로 삼고 있다.

이스라엘 백성들은 그들이 하나님께서 주신 언약의 축복 가운데 계속 거할 수 있느냐는 문제는 오직 그들이 모세의 율법을 지키면서 순종하느냐의 여부에 달렸다. 그들이 모세를 통해 주신 언약의 율법을 지켜야 한다는 사실은 열왕기와 역사서를 통해 반복적으로 나타난다. 구약의 역사서는 이스라엘이 하나의 국가로서 존재할 수 있느냐의 근거로 그들이 하나님과 맺은 언약이 제시하는 의무를 얼마나 성실하게 순종하느냐에 달려 있다는 사실을 밝히고 있다. 이스라엘의 왕으로서 하나님의 뜻을 순종하여 언약을 지킨 사람이 다윗이다. 다윗은 죽을 때가 되어 그의 아들 솔로몬에게 왕상 2:2-4[171]에서 모세의 계명을 반드시 지킬 것을 유언으로 명하고 있다. 따라서 모세의 율법은 이스라엘의 모든 왕조를 통해 계속 지켜진다. 다윗도 한때 실수로 우리아를 죽이고 그의 아내를 취하는 죄를 범하였다. 그러나

---

171) 왕상 2:2-4 네 하나님 여호와의 명을 지켜 그 길로 행하여 그 법률과 계명과 율례와 증거를 모세의 율법에 기록된 대로 지키라 그리하면 무릇 무엇을 하든지 어디로 가든지 형통할지라 여호와께서 내 일에 대하여 말씀하시기를 만일 네 자손이 그 길을 삼가 마음을 다 하고 성품을 다하여 진실히 내 앞에서 행하면 이스라엘 왕위에 오를 사람이 네게서 끊어지지 아니하리라.

다윗의 모든 일은 하나님 보시기에 정직하게 행하고 여호와의 명령을 어기지 아니하였다(왕상 15:5). 다윗은 후대의 모든 왕에게 모본이 되는 역할을 하였다. 구약의 역사서는 어느 왕이든지 하나님의 언약을 지키면 "다윗과 같이 정직히 행하여"로 표현하면서 칭찬을 한다. 아비얌을 이어 유다 왕이 된 아사는 "그 조상 다윗과 같이 여호와 보시기에 정직히 행하여"(왕상 15:11)로 기록하여 훌륭한 왕으로 업적을 남겼다.

반대로 하나님의 언약을 순종하지 않은 왕은 다윗의 길을 떠났다고 기록한다. 유다 왕 아비얌은 "그 부친이 이미 행한 모든 죄를 행하고 그 마음이 그 조상 다윗의 마음과 같지 아니하여 그 하나님 여호와 앞에 온전치 못하였다"(왕상 15:3)고 평가한다. 다윗과 같지 아니하고 나쁜 죄를 범한 왕을 가리켜 여로보암을 표본으로 제시한다. 왕상 13장에 의하면 북 이스라엘 왕국에서 가장 중대하고 하나님의 뜻을 어긴 사건은 여로보암이 우상을 만들어 백성들이 섬기게 한 사건이다. 거기다 여로보암은 보통 사람에게 누구든지 자원하면 이방신을 섬기는 산당의 제사장이 되도록 하였다(왕상 13:33-34).

열왕기 기자들은 마치 후렴처럼 각 왕들에 대해 심판을 반복하여 선언하고 있다. 하나님께서 주신 모세의 언약을 거역한 모든 왕들에게 "그가 여로보암의 길로 행하였더라"고 기록하여 악한 왕으로 평가한다. 심판이 닥쳐와 앗수르가 이스라엘을 포로로 잡았을 때 성경은 그렇게 된 이유를 분명히 밝히고 있다. "이스라엘 자손이 여로보암의 행한 모든 죄를 따라 행하여 떠나지 아니하므로 여호와께서 그 종 모든 선지자로 하신 말씀대로 심지어 이스라엘을 그 앞에서 제하신지라"(왕하 17:22-23). 이스라엘이 죄를 지어 언약을 어겼을 때 내리기로 한 저주들이 그들 위에 성취되었다. 이스라엘의 모든 역사는 그들이 항상 하나님께서 모세를 통해 주신 언약의 법을 지키고 순종하여야만 하였다.

하나님의 언약인 모세의 율법, 즉 십계명은 이스라엘의 역사가 존속되는 한 모든 백성이 반드시 지켜야 했고, 그 중 가장 중심에 위치하고 있는 안식일법을 지켜야 하는 것은 당연한 사실이었다. 출 31:14-15에서 하나님은 모세에게 이스라엘의 모든 백성이 안식일을 지키라는 명령을 하셨다. 그리고 "무릇 그날을 더럽히는 자는 죽일지며 무릇 그날에 일하는 자는 그 백성 중에서 그 생명이 끊어지리라"고 하신 후 다시 "무릇 안식일에 일하는 자를 반드시 죽일지니라"라고 명령하셨다. 하나님께서는 십계명 가운데 다른 어떤 계명보다도 안식일에 관하여는 더욱 철저한 순종을 요구하셨다. 안식일 계명을 지키지 않는 사람은 누구나 사형을 집행하도록 규정하고 있다.

왜냐하면 안식일은 하나님과 이스라엘의 특별한 관계를 상징하기 때문에 이스라엘 백성을 거룩하게 구별하는 여호와이심을 온 천하에 알도록 하기 위함이다(출 31:13). 더욱이 하나님은 안식일을 하나님과 이스라엘 사이에 맺은 언약의 표징으로 삼으셨기 때문이다(출 31:17). 하나님은 안식일을 이스라엘과 맺은 언약의 증표로 삼으셨다. 이는 마치 결혼하는 신랑 신부가 서로 사랑한다는 사랑의 증표로 반지를 끼워주는 것과 같다. 남편이나 아내가 상대방을 사랑하고 있는지 그것을 눈으로 보이지는 않지만 사랑의 증표로 교환한 반지를 끼고 있는 한 아직 사랑하고 있다는 표시가 된다. 반지는 사랑의 표징이다. 그러나 반지를 끼지 않고 상대방에게 돌려준다면 더 이상 사랑하지 않는다는 뜻이다.

이와 같이 안식일을 지키면, 이스라엘 백성이 하나님의 언약을 기억하고 하나님의 말씀에 순종한다는 증표가 되지만 안식일을 지키지 않는다면 하나님의 언약을 버리고 더 이상 관계를 맺지 않겠다는 뜻이다. 그래서 하나님은 안식일을 지키지 않는 자는 언약의 백성 중에서 그 생명이 끊어진다고 하셨고, 그들이 언약을 버림으로 약속은 파기되었고, 하나님과 관계가 끊어지고 상실되었으므로 사형을 집행하도록 하셨다. 그리고 하나님은 "이스라엘 자손이 안식일을 지켜서 그것으로 대대로 영원한 언약을 삼는다"고 하셨다(출 31:16). 이러한 안식일 규정을 이스라엘 백성들은 자손 대대로 영원히 지키도록 명령받았다. 그래서 이스라엘 백성들은 모세 때부터 다윗 왕국을 지나는 동안 계속하여 이 안식일 규정을 다른 어떤 계명들보다 중요하게 생각하고 이 계명을 지켰다. 사실 안식일 계명을 무시하고 지키지 않는다면 다른 계명과 함께 하나님께 드리는 예배와 하나님의 뜻을 자연히 잊어버리게 된다.

아브라함과 모세에게 주신 언약은 구약 시대에는 그 유효성이 중단되지 않고 계속되었다. 그러면 신약의 성도는 모세 율법을 지켜야 하는가? 만약 신약 시대에도 그것을 지키고 순종해야 한다면 모세의 율법이 어떻게 적용되는가? 우리는 1세기의 성도들이 모세 율법을 이해한 것들을 살펴보면서 그 해답을 얻을 수 있으리라 생각한다. 바울이 전도하고 개척하여 세운 갈라디아인들에게, 예수를 믿어도 할례를 받으면서 모세의 율법을 지키지 아니하면 구원받을 수 없다는 교리가 전파되어 큰 혼란이 발생하였다. 사도 바울은 자기가 전하여 준 오직 그리스도를 믿음으로만 구원이 가능하다는 교리 외에 어떠한 가르침도 철저하게 배격한다. 그리스도를 믿음과 함께 율법을 지켜야 한다는 교리를 받아들인 갈라디아 교인들에게 갈 2:16[172]은 완전한 구원은 오직 그리스도를 믿음으로만 이루어지는 것이지 율법은 아무런 관련이 없음을 밝힌다.

누구든지 율법을 지켜 의롭게 되어 구원받을 사람은 전혀 있을 수 없음을 가르친다. 의롭게 되는 것이 율법으로 말미암으면 그리스도께서 헛되이 죽으셨다(갈 2:21)고 율법의 무용론을 강조한다. 나아가 오직 그리스도를 믿는 믿음으로만 의롭게 된다는 이외의 다른 교리를 엄격하게 경고한다. 바울은 자신이 그들에게 전하여 준 복음 외에 혹 하늘로부터 온 천사라 할지라도 다른 복음을 전하면 저주를 받을 것이라(갈 1:8)고 선포한다. 하늘에서 내려온 천사는 하나님의 사자이기 때문에 다른 복음을 전할 수 없다. 그는 존재론적으로 오직 하나님의 뜻에 합의하고 바르고 진실된 복음만 전할 것이라는 사실은 모든 성도들이 이미 알고 있다. 비록 천사라 할지라도 "오직 그리스도를 믿는 믿음으로만 구원받는다"는 교리 외에 다른

---

172) 갈 2:16 사람이 의롭게 되는 것이 율법의 행위에서 난 것이 아니요 오직 예수 그리스도를 믿음으로 말미암는 줄 아는 고로 우리도 그리스도 예수를 믿나니 이는 우리가 율법의 행위에서 아니고 그리스도를 믿음으로서 의롭다 함을 얻으려 함이라 율법의 행위로서는 의롭다 함을 얻을 육체가 없느니라.

복음을 전하면 저주를 받을 것이다. 이른바 다른 복음을 전하거나 그것을 따를 수 없다는 뜻이다.

유대인들은 오랫동안 전통적으로 믿어오던 대로 구원, 곧 의롭다함을 얻는 것은 모세의 율법을 지켜 행함으로 가능하다고 확신하였다. 그러한 관습이 그리스도를 믿고 난 후에도 여전히 남아 있어 율법을 지켜야만 완전한 구원이 가능하다고 믿었다. 구약의 모든 선지자들은 모세 율법을 지킬 것을 강조하였고, 또한 이스라엘 국가가 망한 이유도 그들이 모세 율법을 어기고 버렸기 때문이라고 가르쳤다. 특히 포로 귀환 후 에스라 서기관은 모세 율법을 백성들에게 가르치면서 그 율법대로 생활할 것을 강조하였다. 그 이유는 유대인들은 율법을 지킴으로 구원을 이루고, 나아가 메시아의 시대가 오게 한다고 믿었다. 그들은 그리스도를 믿고 난 후에도 율법을 지킬 수 있고 또 지켜야 할 뿐 아니라 구원의 방편으로 그것을 지켜야 한다고 굳게 믿었다. 그래서 유대주의자들은 이방 기독교인들에게 율법 준수가 구원에 필수적인 것으로 가르치면서 그것을 강요하여 큰 혼란을 유발시켰다.

그러나 바울은 유대인들의 주장과 반대의 견해를 취한다. 인간은 율법을 지킬 수도 없을 뿐 아니라 율법은 구원을 제시하지도 않는다고 말한다. 구원을 주는 의로움은 오직 예수 그리스도를 믿음으로만 가능하다는 것이 로마서와 갈라디아서의 일관된 주장이며 바울 신학의 주제가 된다. 예수 그리스도께서 율법에 순종하고 그 모든 요구를 만족시켰으므로 하나님의 의를 세웠다. 성도들은 그리스도를 믿음으로 예수께서 이루신 의를 전가 받아 각자 자기 것으로 여기기 때문에 율법을 지킬 필요가 없게 되었다. 그러므로 신약교회의 성도들은 구원의 수단과 방편으로서 옛날 유대인들처럼 더 이상 율법을 지킬 필요가 없다.

안식일 계명도 모세의 계명에 포함되기 때문에 신약의 성도들은 은혜의 방편이나 수단으로는 지킬 필요기 없다. 그리스도께서 십자가에서 죽으면서 구약의 모든 율법들을 완성하실 때 안식일 계명도 완성하셨다. 구약의 계명 가운데 어떠한 계명이라도 인간은 단 하나의 계명도 완전하게 순종하여 지킬 수 없는 존재들이다. 그러나 그리스도께서 율법의 모든 요구를 충족시키기 위하여 십자가 위에서 돌아가셨다가 다시 부활하시므로 그리스도를 믿는 모든 성도들은 율법의 정죄에서 자유함을 얻었다. 따라서 신약의 성도들은 십계명이 요구하는 대로 안식일 계명을 순종하지 못한다 하더라도 모세를 통해 내려진 저주와 형벌의 기능이 중단된 것은 모든 믿는 자를 대신하여 그리스도께서 십자가 위에서 그 모든 저주를 담당하셨기 때문이다.

따라서 오늘 우리는 구약의 이스라엘 백성들처럼 구원받기 위한 방편이나 수단으로 안식일을 지킬 필요는 없다. 안식일을 지킨다 하여 우리가 구원을 받거나 영원한 생명이 보장되는 것은 아니다. 또한 구약 모세의 율법에서 안식일을 지키지 않는 사람에 대하여 사형을 집행하는 것처럼, 신약의 성도들이 안식일을 지키지 않았다 하여 영원한 저주를 받아 지옥의 형벌을 받는 것도 아니다. 그리스도께서 십자가에 달려 돌아가시므로 성도들에게 내리도록 되어 있었던 율법의 저주 기능이 제거되었다. 그러므로 신약의 성도들은 안식일을 지키는 문제와 구원을 받는 일은 아무런 관련이 없다. 우리의 구원은 오직 그리스도를 믿는 믿음으로만 이루어진다. 신약 성도가 안식에 들어가는 방법도 유일하며 그것은 그리스도를 믿는 믿음뿐이다.

모세가 하나님으로부터 율법을 받은 것이 율법주의는 아니다. 이스라엘의 공동체가 평화로운 질서 가운데 하나님께 예배드리면서 공동의 선을 추구하기 위해 만든 법 체계이다. 율법주의는 법을 사람보다 중요하게 여기는 왜곡된 법률 체계다. 율법주의에 빠지면 율법이 그것의 원래 목적에서 벗어날 뿐 아니라 율법 적용에서도 기계적이며 무자비할 정도로 가혹한 양상을 띤다. 하나님께서 모세에게 언약법을 주신 것은 율법주의가 아니다. 하나님께서 이스라엘 백성에게 언약의 법을 주신 것은 이스라엘은 거룩한 나라 곧 제사장 왕국이 되어야 하기 때문이다. 그래서 하나님은 "내가 거룩하니 너희도 거룩하라"(레 11:44-45)고 말씀하셨다. 이제 이스라엘은 하나님과 연합된 관계가 형성되었기 때문에 그들도 거룩해야 한다고 명령하신 것이다. 따라서 이스라엘 백성이 시내 산에서 하나님의 법을 받은 것은 제사장들의 제사 행위나 백성들의 종교 의식에서 뿐 아니라, 내일의 실재 생활과 일상생활에서 그들이 거룩한 생활을 하도록 하기 위함이었다. 하나님은 한 주간 7일 동안 하루 24시간 전부를 거룩하게 생활할 것을 요구하신다. 그래서 이 율법의 내용은 자연히 예배에만 한정된 것이 아니라 음식, 의복, 농사, 성 관계, 재정, 노예문제, 경제분야 등 모든 문제를 포괄적으로 포함하고 있다. 그러므로 모세 언약은 이스라엘 백성들이 하나님의 뜻에 맞는 포괄적 세계관과 윤리관 그리고 인생관에 따라 모든 생활을 하도록 하는 원리이다.

그러면 그리스도께서 성도들을 위하여 율법에 순종하여 그 요구를 만족시키므로 신약의 성도들은 율법과는 일체의 관계가 필요 없는가? 신약교회는 구약의 율법을 어기는 생활을 하여도 아무런 문제가 없는가? 이 문제는 오늘날 많은 성도들이 신앙생활에서 적지 않은 혼란을 일으키는 문제이다. 이 문제에 대하여 성경은 어떻게 가르치는가? 바울이 롬 3:20-21[173]에서 "율법 외에 하나님의 한 의가 나타났다"고 말하므로 율법이 그 효력을 상실하고 믿음으로 의롭게 된다고 가르친다. 율법은 사람을 변화시키거나 의롭게 하지 못한다. 사람이 아무리 지극 정성으로 율법을 지킨다 하더라도 율법의 요구를 충족시키기란 결코 불가능하다. 그러므로 율법을 지키므로 의롭게 된다는 것은 있을 수 없는 일이다. 따라서 율법을 통한 구원은 완전히 차단 되었다고 성경은 강하게 강조하여 가르친다. 이러한 상황에서 인간이 율법을 지켜 구원받으려 한다면 완전히 절망적이다. 그래서 롬 3:21에서 가르치는 것처럼 하나님께서 율법 외에 의롭게 되는 다른 길을 제시하셨다. 하나님은 "율법 외에 하나님의 한 의가 나타날 것"에 대해 율법과 선지자들에게 오래 전부터 증거하셨다. 이 의는 아브라함이 의롭게 된 의와 동일한 의로움이다. 그것이 바로 그리스도를 믿는 믿음으로 의롭게 되는 길이다.

---

173) 롬 3:20-21 그러므로 율법의 행위로 그의 앞에 의롭다 하심을 얻을 육체가 없나니 … 이제는 율법 외에 하나님의 한 의가 나타났으니 율법과 선지자들에게 증거를 받은 것이라.

그러나 롬 3:31에는 "그런즉 우리가 믿음으로 말미암아 율법을 폐하느뇨 그럴 수 없느니라 도리어 율법을 굳게 세우느니라"고 하여 율법의 유효성을 강조한다. 로마서 3장에는 서로 상반되는 듯한 내용이 함께 있어 어려움을 겪는다. 이 문제를 해결하기 위하여 한편으로 율법의 연속적 유효성을 또 다른 한편으로 율법과 이신득의(Justification by faith alone) 사이에 있는 이분법적 해석으로 해답을 찾아야 한다. 성도는 그리스도를 믿는 믿음으로 그리스도께서 행하신 의가 전가되므로 의롭게 되기 때문에 율법의 저주 기능이 상실된다. 성도를 변화시키고 의롭게 하는 것은 오직 그리스도를 믿는 믿음뿐이다. 그리스도는 율법의 모든 요구를 완전히 충족시키셨다.

성도들은 율법의 어느 한 부분이라도 온전한 순종을 할 수 없으나 그리스도께서 행하신 그 사역이 그를 믿는 성도들에게 전가되었기 때문에 율법은 성도들이 율법을 충족시킨 것으로 간주한다. 그리스도의 의가 그를 믿는 성도들의 소유가 된 것이다. 따라서 율법이 의로우신 그리스도에게 정죄할 수 없는 것처럼 성도들에게도 정죄하지 못한다. 그리스도의 대속적 희생이 성도들의 모든 죄를 완전히 덮으므로 하나님은 그들의 죄를 전혀 기억하지 않는다.

그러나 성도가 그리스도를 믿어 구원받은 후 율법을 범하고 어겨도 되는가? 바울은 롬 3:31에서 그럴 수 없느니라고 답한다. 믿음은 도리어 율법을 굳게 세운다고 하였다. 이 말씀은 율법의 요구에 따라 죄인들을 죽음으로 벌하는 심판이 이미 실행되었다는 것을 나타내 보인다. 따라서 죄를 범한 자는 반드시 죽음이라는 원리를 가르친다. 나아가 이 말씀은 우리가 의롭게 되는 것은 율법의 온전한 성취인 그리스도가 이루어 놓으신 참된 의에 기초한다는 사실을 보여 준다. 그러면서 구원이 율법과 무관하고 오직 은혜로 구원이 성취되었다 하여 하나님의 율법이 전혀 가치가 없다고 생각하는 가르침은 틀렸다는 것을 보여 주는 말씀이다. 바울은 롬 6:1-2에서 "은혜를 더하게 하려고 죄에 거하겠느뇨? 결코 그럴 수 없느니라 죄에 대하여 죽은 우리가 어찌 그 가운데 더 살리요"라 하여 그러한 이론이

틀렸음을 나타낸다. 구원에 율법을 지키는 것이 필수적 조건이 아니라면 율법을 지킬 이유가 어디 있는가? 율법이 구원과 무관하다면 마음대로 죄를 지어도 괜찮은가? 이러한 질문에 바울은 율법이 구원과는 무관하다 할지라도 율법에 순종할 필요가 있음을 강조한다. 안식일을 거룩하게 지키고 순종하는 일이 비록 우리의 구원을 이루는 일과는 관계가 없음에도 불구하고 그 계명을 지켜야 한다. 그 이유는 안식일을 정상적으로 지키지 않는다면 성도들이 이미 받은 구원의 은혜를 망각하게 되고 하나님의 뜻을 역행하는 생활을 하게 되기 때문이다.

초대 교회 시대에 나타난 이단 가운데 영지주의(Gnostic)는 헬라 철학과 고대 바벨론의 신비주의와 성경의 부분적 가르침을 혼합하여 그들의 사상을 수립하였다. 이들은 물질과 인간의 육체와 같은 가시적 물체를 나쁜 것으로 가르쳤다. 선하고 좋은 것은 오직 인간의 정신과 영적인 것이라 하였다. 이들은 물질과 이 천지 만물은 나쁘기 때문에 천지를 창조하신 하나님을 저급하고 악한 신으로 믿었다. 그들의 가르침에 의하면 구약의 하나님은 악한 신이기 때문에 물질세계인 천지만물을 만들었다. 그 악한 신이 행한 모든 일은 나쁘다. 그리고 물질계를 만든 그 저급한 신은 구약의 하나님이고 유대주의의 하나님이다. 저급한 유대주의의 하나님이 만들어 낸 구약의 모든 율법은 지킬 필요가 없다고 강조하였다. 이들은 구약의 하나님이 창조한 물질 세계와 구약의 가르침은 유대주의 사상이라 하여 철저하게 배격하였다.[174]

그들은 예수님은 신약의 하나님으로 참하나님이며 구약의 신보다 더 높은 고급 신으로 믿었다. 신약의 하나님인 예수는 구약의 저급하고 악한 하나님을 쳐부수기 위해 오셨다. 이들은 철저한 이원론에 입각하여 저급한 신과 고급 신을 구분하였다. 참구원을 받기 위해서는 오직 신약의 공관복음과 바울 서신만 믿어야 한다고 주장하였다. 이들은 구약의 모든 말씀을 반대하기 때문에 율법을 지키지 않는 것은 당연하다. 영지주의자들 가운데

---

174) Bengt Hagglund, 박희석 역, 『신학사』(*History of Theology*, 서울: 성광문화사, 1997), 42-78.

카포크리테스(Carpocretes) 파들은 자기들의 참된 자아는 육체가 아닌 영혼이라 하였다. 육체는 영혼이 잠시 머무는 감옥과 같은 곳으로 해석하였다. 영혼은 귀한 존재로서 자신의 인격을 대표하지만 육체는 자기 자신과 아무런 관련이 없다고 믿었다. 그래서 영혼이 죄를 범하면 그것은 그 사람이 죄를 범하는 것이지만 육체가 범죄하는 것은 자신의 죄가 아니라 하였다. 그 이유는 육체는 자기 자신이 아니라고 생각하기 때문이다. 따라서 육체는 어떠한 생활을 하든지 자신과는 관계가 없다고 보았다. 이러한 이론을 확립한 후에 온갖 종류의 범죄를 용감하게 저질렀다.

이 무리들은 한 장소에서 집단 생활을 하면서 남편과 아내를 서로 공동 소유하였다. 그들은 이러한 생활을 하였지만 전혀 양심과 신앙의 가책을 느끼지 않았다. 왜냐하면 그들은 우선 구약을 인정하지 않기 때문에 십계명 가운데 제칠 계명을 지킬 필요가 없었다. 또한 아무리 육체를 범죄의 소굴에 던진다 하더라도 육체는 자기 자신이 아니기 때문에 자기에게 죄가 된다고 생각하지 않았다. 그러면서 온갖 종류의 악하고 나쁜 범죄를 자유롭게 저지르며 그러한 범죄를 하나님의 이름으로 행하였다. 그럼에도 불구하고 이들은 자신들 나름대로는 하나님의 뜻에 따라 올바른 신앙생활을 하려고 노력하였으나 성경해석과 신학이 정상에서 이탈되었기 때문에 바른 신앙생활이 불가능한 것으로 간주하였다.

이러한 종류의 집단들은 종교개혁 시대에도 많았다. 16-17세기에 종교개혁의 물결이 파도를 칠 때 엄격하고도 철저하게 지켜져 오던 신성불가침의 수많은 체제들이 무너지면서 수백만의 사람들을 전통적 규범과 인습에서 해방시키는 효과를 발휘하였다. 수많은 사람들이 엉터리 같은 선지자들의 예언 속에서 마음의 평안을 얻고자 하는 사람들의 심리를 이용하여 우후죽순처럼 발생한 사교집단들은 무지몽매한 계층들을 유혹하였다. 이들이 속한 조직과 집단들의 수가 너무 많아 완전히 파악이 되지 않지만 이들을 대체로 세 종류로 분류하고 있다.[175] 첫째, 신령파들(spiritualists)

---

175) Lewis W. Spitz, 서영일 역, 『종교개혁사』(*The Reformation*), (서울: 기독교문서선교회, 1983), 167-195. 더 깊이 연구하기를 원하면 이 책을 참고하기 바람.

로서 후브마이어(Balthasar Hubmaier)나 덴크(Hans Denck) 같은 사람들이다. 하나님의 계시를 직접 받았다면서 이상한 행동을 하기도 하는데, 그들 가운데 어떤 사람은 이사야 선지자를 흉내내면서 "화로다! 나는 입술이 부정한 사람이로다"라고 고백을 하면서 벌겋게 달아오른 석탄을 입에 넣어 큰 화상을 입기도 하였다. 둘째, 지성파들로서 슈벵크펠트(Caspar Schwenkfeld)와 메노 시몬스(Menno Simons)등이다. 이들은 신령파들과는 다르게 조용하면서도 신학 서적들을 많이 저술하였다. 이들 가운데 어떤 사람들은 루터나 칼빈처럼 건전한 신학을 소유한 사람들도 있었다. 세 번째는 과격파(radical sect)들로서 조리스(David Joris)와 호프만(Melchior Hofmann)과 뮌스터 왕국(Kingdom of Munster) 등이다.

이들 가운데 광란의 극치를 보인 사람은 뮌스터 왕국이다. 이 왕국의 실질적 지도자는 레이덴의 존(John of Leiden)이었다. 그는 25세의 미남으로 거리를 뛰어다니는 사람들에게 회개를 외침으로서 종교적 히스테리 물결을 일으켜서 수많은 사람을 땅 위에 구르게 하는 광태를 연출하기도 하였다. 이들은 하나님의 계시를 받았다면서 민가를 약탈, 방화, 살인을 저지르면서 시청과 시장을 장악하였다. 레이덴의 존은 5월 초 나체로 거리를 질주하기도 하고 3일간 입신 상태에 들어가기도 하였다. 그는 권력을 장악한 후 친위대를 조직하고 계급을 정비하여 공포체제를 구축하였다. 자기가 받은 계시를 따라 일부다처제를 실시하여 자신은 미모의 15명의 여성을 거느리는 할렘을 만들기도 하였다. 그는 자신을 구약에 예언된 마지막 시대의 메시아, 기름 부은 자로 선포하였다. 자신의 명령에 불복종하는 사람은 즉각 처형하면서 수개월간 이 왕국이 하나님의 이름으로 온갖 악행이 자행되도록 하였다.

이들은 하나님의 기록된 성경 말씀의 권위를 인정하지 않았다. 산상수훈과 신약의 일부분은 하나님의 말씀으로 인정하였지만 성경의 권위를 무시하고 자신들이 직접 계시를 받아서 생활하였다. 그 가운데 특히 구약성경은 유대주의 사상이라 하여 배척하였다. 또한 기존 교회 조직 자체를 거부하여 자기들 마음에 맞는 사람들끼리 모여 공동으로 신앙생활을 하면서 깊은 사랑을 나누었다. 교회의 조직을 싫어하였기 때문에 목사나 장로와 같은 직분자를 두지 않고, 누구든지 성령의 감동을 받은 사람이 하나님으로부터 받은 계시를 청중들에게 전달하는 것을 설교로 대신하였다. 이들은 하나님의 기록된 말씀을 무시하고 성령의 감동으로만 생활하였으므로 성경 말씀과 반대되는 생활을 하나님의 뜻으로 알고 행한 것이 많았다. 기록된 성경 말씀을 무시한 결과 자연히 하나님께서 모세를 통해 주신 계명들은 철저하게 반대하는 배척의 대상이 되었다. 지금은 신약의 성령시대이므로 구약의 계명은 끝났다고 믿어 마음대로 방종한 생활을 하였다. 그 결과 사회 질서를 혼란하게 하였고 자연히 국가의 공권력에 의해 처형되는 비참한 종말을 맞이하였다.

그러나 이들은 누구보다 하나님을 뜨겁게 사랑하고 주님의 뜻을 따르기로 헌신한 자들이었다. 이들의 신앙적 열정은 누구도 의심할 수 없다. 문제는 그들의 다수는 성경과 신학에 무지하였으며 잘못된 성경해석의 결과 하나님의 뜻을 역행하는데 온갖 정열을 다 쏟았다. 초대 교회의 영지주의자들과 종교개혁 시대의 재세례파 가운데 상당수는 하나님께서 주신 율법을 무시한 무율법주의자들이었다. 하나님의 율법을 무시하고 생활한 결과 그들이 뿌리고 거둬들인 열매는 너무 가혹하리만큼 쓰고 아픈 것들이었음을 교회사는 밝히 보여 주고 있다. 그래서 율법이 구원의 조건이나 방편은 아니지만, 그렇다고 율법을 무시한다면 개인은 신앙을 상실하고 사회는 혼란에 빠질 것이다. 믿음으로 구원받은 성도는 하나님의 영광을 위하여 율법을 지킬 필요가 있다.

율법을 거부하고 지키지 않는다면 이는 마치 국가와 사회가 모든 법을 폐지하고 국민들이 자신들 마음대로 생활하는 것과 같다. 타락한 인간은 그 본성이 부패하였기 때문에 강력한 법의 통제를 받지 않는다면 온갖 종류의 흉악한 범죄들이 다양하게 동시다발적으로 폭발할 것이다. 이러한 현상은 몇 년 전 2시간 정도의 정전으로 큰 혼란을 겪었던 미국의 뉴욕 시를 보아도 알 수 있다. 정전 사태로 모든 컴퓨터와 통신 시설이 마비 되었다. 이때를 틈타 온갖 종류의 폭력배와 깡패들이 도둑질과 절도 행각을 벌였으나 경찰에 연락도 불가능하고, 비록 경찰이 연락을 받았다 할지라도 조직적으로 대처하지 못하였다. 그래서 정전이 발생한 그 시간 동안의 뉴욕은 지옥을 연상하게 하였다고 한다. 구원받은 성도라 할지라도 하나님의 계시된 율법의 안내를 받지 않는다면 성도다운 생활을 할 수 없게 된다. 오히려 인간의 마음속에 자리잡고 있는 각종 죄악들이 부끄러움을 모르고 튀어나오게 될 것이다.

초대 교회 영지주의자들과 종교개혁시대의 재세례파들은 그들의 신앙이 뜨거웠지만 율법의 굴레를 벗어날 때 추악한 사탄의 모습으로 추락하게 되었다. 그러므로 하나님의 율법을 무시하는 무율법주의는 성경의 가르침이나 현실과도 맞지 않다. 안식일을 지키므로 우리의 구원이 얻어지는 것은 아니라 할지라도 성도들이 안식일 계명을 어기고 지키지 않는다면 초대 교회에 나타난 이단 영지주의와 종교개혁 시대에 사회와 교회를 혼란하게 하였던 재세례파들처럼 오늘 우리도 신앙과 영적 생활에 혼란이 발생할 것이다. 이미 기록된 하나님의 말씀과 언약 백성에게 생활 규범으로 주신 십계명을 불순종하면 인간은 언제 사탄과 같은 존재로 전락하게 될지 모른다. 그래서 신약의 성도는 십계명이 비록 구원과는 관계가 없다 할지라도 거룩하고 경건한 생활을 통하여 하나님께 영광을 돌리기 위하여 그것을 지켜야 한다. 구원받은 성도들은 안식일법을 지키므로 하나님께서 말씀과 성령을 통해 우리에게 약속하신 영원한 안식의 소망을 갖고 이 땅 위에서 참된 안식을 누릴 수 있다.

그러므로 바울은 율법이 직접적인 구원의 길을 제시하지 못한다 할지라도 하나님의 언약을 받은 백성들에게 어떻게 생활해야 할지를 가르치는 규범과 법칙의 역할을 한다는 것을 강조한다.[176] 이 주제에 대해 로마서 6:1-7:6은 너무 분명하고 확실하게 잘 가르쳐 주고 있다. 바울은 롬 6:1에서 "은혜를 더하게 하려고 죄에 거하겠느뇨?"라고 질문에 반대하는 답

---

176) John Murray, 『존 머레이 조직신학 II』, 291-331. 머레이 교수는 그리스도인의 구원의 순서와 적용에 대해 설명하면서 성화와 관련하여 신약 특히 바울 서신에 나타난 성화의 교리를 깊이 있게 분석한다. 이 부분에서 그는 성도가 거룩한 생활을 해야 할 이유와 방법에 대해 설명한다.

변을 유도하고 있다. 이 질문은 바로 앞부분 롬 5:20-21[177])에서 취급한 은혜의 주제를 이어받아 서두에 제기한 질문이다. 그리고 이 질문은 그리스도와 관계가 없는 불신자를 대상으로 한 것이 아니고 성도들에게 한 질문이다. 그 이유는 성도들 가운데 어떤 사람은 하나님의 은혜와 영광이 죄가 많은 곳에 더 크고 풍성하게 되었다면 "하나님의 은혜가 더 크게 나타나고 하나님께 영광이 되게 하기 위하여 계속 죄를 짓자"는 가정을 할 수 있기 때문이다.

  이러한 추론이 얼마나 악하고 나쁜 것인지를 다른 질문을 통해 나타낸다. "죄에 대하여 죽은 우리가 어찌 그 가운데 더 살리요?"(롬 6:2) 바울은 여기서 그리스도를 믿는 모든 "성도는 죄에 대하여 죽었다"고 가르친다. 그 죽음은 무엇을 가르치는가? 어떤 사람이 죽으면 그는 평소에 생활하고 관계하던 모든 것으로부터 단절된다. 죽어서 저 세상 사람이 된 사람은 아무리 사랑하던 가족이나 친구라 할지라도 더 이상 관계 유지가 불가능하게 된다. 죽은 사람은 사랑하는 가족과 대화를 할 수 없고, 생존한 가족들도 역시 죽은 사람과 대화나 어떠한 관계도 더 이상 있을 수 없다. 과거의 모든 관계는 죽음을 맞이하는 순간 끝맺게 된다. 바울은 죽음이 인간에게 주는 체험적 사실을 들어 설명한다. 죄를 범하면서 죄 가운데 생활하던 사람은 죄의 영역 안에서 활동하며 일생을 지내게 된다. 그것이 그 사람의 생활이며 삶이고 활동의 장이다. 그러나 죄에 대하여 죽은 사람은 더 이상 죄의 영역에서 활동하거나 생활할 수 없다. 이는 마치 죽은 사람이 생존 시 평소에 그가 생활하던 모든 환경과 단절되는 것처럼 죄에 대해 죽은 사람은 죄와의 모든 관계는 더 이상 불가능하게 된다. 죄에 대해 죽으면 그 사람이 과거에 깊은 관계를 유지하던 죄와 맺은 모든 관련성은 끊어지고 완전히 다른 새로운 영역으로 옮겨진다. 사도 바울은 사람의 일상적인 죽음이 주는 경험과 마찬가지로 그리스도를 믿는 사람은 도덕적이

---

177) 롬 5:20-21 죄가 더한 곳에 은혜가 더욱 넘쳤나니 이는 죄가 사망에서 왕 노릇 한 것같이 은혜도 또한 의로 말미암아 왕노릇하여 우리 주 예수 그리스도로 말미암아 영생에 이르게 하려 함이라.

고 종교적 영역에서도 결정적인 변화가 나타나고 있음을 밝힌다. 죄에 대해 죽은 사람은 더 이상 죄 가운데서 생활할 수 없으므로 죄와 상관없는 새로운 영역에서 생활하게 된다는 사실을 강조한다.

바울은 이 단락에서 이 변화가 가져다주는 결정적 결과에 대해 계속 밝히고 있다. 죄에 대하여 죽음은 옛사람이 십자가에 못 박히므로 죄의 몸이 멸하여 우리가 다시는 죄에게 종노릇할 수 없다는 것을 의미한다(롬 6:6). 우리는 죄에서 벗어나 의롭다 하심을 얻었다(7절). 우리는 하나님께 대하여 산 자이다(10, 11절). 죄는 더 이상 우리의 죽을 몸에 왕노릇하지 못하며 우리를 주관하지 못한다(12, 14절). 우리는 우리 자신을 하나님께 드리며 우리 지체를 의의 병기로 하나님께 드려 의의 종이 되고 거룩함에 이른다(13, 19절). 우리는 하나님의 말씀의 모범을 마음으로 순종한다(17절). 그 열매는 거룩함에 이르는 것이요 그 마지막은 영생이다(22절). 이러한 말씀은 성도의 결정적 변화를 증거한다. 도덕적이고 영적인 모든 생활에서 과거와 비교하여 확실하고도 절대적인 차별이 있음을 제시한다. 중생하기 전에는 항상 죄 가운데서 생활하였으나 새 생명으로 거듭난 후에는 의롭고 거룩한 생활을 하므로 전적으로 변화된 존재가 된다. 그리스도와 함께 죄에 대하여 죽은 성도는 죄를 범하는 생활과는 완전히 단절되었기 때문에 더 이상 죄와 어떠한 관계가 있을 수 없다. 오히려 하나님의 뜻에 따라 의롭고 거룩한 생활을 해야 한다는 것을 가르친다.

바울의 가르침에서 변화의 핵심은 죄에 대한 죽음과 새 생명의 풍성함이다. 은혜를 더하게 하려고 죄에 거한다는 잘못된 이론을 반박하는 바울이 펼치는 논리 전개의 출발점은 은혜에 참여한 사람은 죄에 대하여 죽었다는 것이다. 바울은 롬 6:3-5[178)]에서 그리스도의 장사(葬事)와 부활에서

---

178) 롬 6:3-5 무릇 그리스도 예수와 합하여 세례를 받은 우리는 그의 죽으심과 합하여 세례 받은 줄을 알지 못하느뇨 그러므로 우리가 그의 죽으심과 합하여 세례를 받음으로 그와 함께 장사되었나니 이는 아버지의 영광으로 말미암아 그리스도를 죽으신 자 가운데서 살리심과 같이 우리로 또한 새 생명 가운데서 행하게 하려 함이라 만일 우리가 그의 죽으심을 본받아 연합한 자가 되었으면 또한 그의 부활을 본받아 연합한 자가 되리라.

성도들과 그리스도를 동일시한다. 성도가 그리스도의 이름으로 세례 받은 것은 그리스도의 죽으심으로 세례 받은 것이고, 성도가 예수를 믿는 것은 곧 그리스도와 연합을 뜻한다. 영적이고 내적으로 그리스도와 하나가 되는 연합을 나타내는 외적인 선언이 그리스도의 이름으로 세례 받는 의식이다. 그리스도의 죽음에 동참하여 그의 죽으심으로 세례를 받았기 때문에 그리스도의 이름으로 세례 받은 자는 그리스도와 함께 죄에 대하여 죽었다. 그 이유는 그리스도께서 죄인을 위해서 죄에 대하여 죽으셨기 때문이다. 세례를 받은 자는 그리스도의 죽으심과 함께 장사되는 연합이 이루어졌다. 장사된 그리스도는 완전한 죽음, 곧 죄에 대하여 완전히 죽으셨음을 뜻하므로 그리스도의 장사에 연합됨은 죄에 대하여 완전히 죽었음을 뜻한다. 성도가 죄에 대하여 완전히 죽었기 때문에 다시는 죄를 범하는 죄의 종이 될 수 없다. 또한 율법 아래 있지 않다 할지라도 죄 아래 얽매여서 생활하지 않는다.

그리고 성도는 죄에 대하여 죽었기 때문에 죄를 범하지 않게 되었다. 바울은 성도가 그리스도와 연합한 것이 죽음과 장사에서 끝나는 것이 아니라 부활에까지 연속된다는 것을 강조한다. 이것은 그리스도만이 죽었다가 장사되었고 부활하신 것이 아니라 그의 이름으로 세례를 받은 모든 사람도 마찬가지로 죽었다가 장사되었으며 그리스도의 부활 생명을 따라 새 생명으로 부활하였다는 뜻이다. 그리스도가 부활하여 새 생명을 주는 영이 되신 것처럼 그리스도에게 연합한 자들은 그의 부활에 연합해 있으므로 새 생명으로 일으켜졌고 그 생명으로 생활하도록 부활되었다. 이렇게 그리스도와 연합된 자들은 그가 베푸시는 생명의 부활 가운데 있기 때문에 죄에 매일 수 없다. 그리스도와 연합된 성도들은 그리스도의 거룩한 생명에 묶여 있기 때문에 죄에 매이지 않고 죄를 멀리하는 거룩한 성화의 생활을 한다. 바울에 의하면 그리스도인이 죄를 범하지 않고 거룩한 성화의 생활을 하는 원인은 그리스도의 죽으심과 부활에 있다. 그리고 그리스도의 부활의 능력으로 부활하여 새 생명을 소유한 성도는 죄를 범할 수 없다. 죄를 범하지 않는 것은 하나님의 계명을 범하지 않기 때문이다.

성경은 성도가 그리스도의 죽음과 부활에 연합되어 새 생명을 받았다는 사실을 더욱 분명하게 지체(肢體)의 원리로 가르친다. "이와 같이 우리 많은 사람이 그리스도 안에서 한 몸이 되어 서로 지체가 되었느니라"(롬 12:5), "너희는 그리스도의 몸이요 지체의 각 부분이라"(고전 12:27), "우리는 그 몸의 지체임이라"(엡 5:30). 지체가 무엇인가? 손, 발, 귀 등 몸의 일부가 지체이다. 바울은 그리스도는 머리요 성도들은 그 몸의 지체라 하였다. 그리스도와 성도의 관계를 지체로 비유하신 것은 그리스도와 성도가 유기적 통일성을 갖는다는 뜻이다.[179]

사람은 여러 종류의 다양한 지체를 갖고 있으나 그 지체는 몸과 분리될 수 없다. 만일 지체가 몸으로부터 떨어진다면 더 이상 지체로서 기능을 행사할 수 없게 된다. 몸이 죽는다면 그 몸의 일부인 지체도 반드시 죽는다. 몸은 죽었는데 지체가 살아서 움직인다면 그 사람은 아직 죽은 사람이 아니다. 의사는 몸의 모든 지체가 죽어서 활동이 중단되어야 그 사람이 완전히 죽었다고 진단한다. 그리스도는 몸이나 머리가 되고 성도가 그 몸의 지체라면 그리스도께서 죽어서 장사되었을 때 그 몸의 지체가 되는 성도들도 함께 죽어 장사되었다. 그 이유는 몸이 죽으면 지체도 함께 죽고 또한 몸이 땅속에 장사되면 그 몸의 일부가 되는 지체도 함께 장사되기 때문이다. 그리고 죽어서 장사되었던 몸이 다시 살아나서 부활을 한다면 그 몸의 일부분인 지체들도 함께 부활하게 된다. 지체란 존재론적으로 몸으로부터 분리될 수 없기 때문이다.

그러므로 그리스도께서 죽어 장사될 때 그의 이름으로 세례를 받은 성도들도 함께 죽어 장사되었으며 그리스도께서 죽음에서 부활하실 때 그와 함께 장사되었던 성도들도 그리스도와 함께 부활하였다. 그리스도와 함께 부활한 성도들은 그리스도께서 제공하는 영원한 생명을 얻었으므로 성도들은 그리스도의 부활을 떠나서는 새 생명을 결코 소유할 수 없다. 죄에 대하여 죽었다가 다시 살아나므로 인하여 새 생명을 얻었기 때문에 성도

---

179) John Murray, *The New International Commentary on the New Testament: The Epistle to the Romans*, Vol. II, 116-120

들은 다시 범죄하는 생활을 할 수 없다. 죄를 짓지 않기 위해서는 십계명을 순종하고 지켜야 한다. 십계명을 순종하지 않고 어기는 생활을 한다면 그 사람은 반드시 죄를 짓게 되고, 이는 죽음에서 부활한 사람이 다시 죽는 것과 같다. 안식일법이 십계명의 한가운데 포함되어 있기 때문에 이 법을 지키지 않는다면 그 사람의 새 생명은 영적으로 치명적 상처를 입게 될 것이다. 따라서 새 생명으로 부활한 성도는 하나님의 계명인 안식일을 지키므로 인해 더 풍성한 생명과 자유를 누리게 될 것이다. 그러나 성도가 안식일을 지키지 않는다면 그 사람이 얻은 새 생명은 그 즉시 생명력을 상실하게 될 것이다.

죄에 대하여 죽은 후 새 생명으로 부활한 성도들은 하나님의 모범을 따라 거룩한 생활을 해야 한다. 레위기 11:44-45[180]에서 하나님은 이스라엘 백성들에게 하나님을 따라 거룩하라고 명령하셨다. 이 말씀은 레 19:2에 "너희는 거룩하라 나 여호와 너희 하나님이 거룩함이니라"는 말씀에 요약되어 있다. 예수님께서도 마 5:48에 "하늘에 계신 너희 아버지의 온전하심같이 너희도 온전하라" 하여 하나님의 모범을 따를 것을 명하셨다. 그러면 어떻게 행하는 것이 하나님을 닮는 것인가? 머레이 교수는 하나님의 계시된 뜻, 즉 하나님의 법을 따라 생활하는 것이 하나님의 모범을 따르는 것이라 하였다.[181] 하나님의 법은 성령에 의해 기록되었기 때문에 하나님의 권위에 의해 보증되었으며 따라서 그것은 하나님의 성격을 나타낸다. 하나님의 법은 거룩하고 의로우며 선하신 하나님의 속성을 반영하고 있다. 그래서 하나님의 법에 일치하지 못하는 것은 하나님의 형상에 일치하지 못하는 것이고, 하나님의 법에 따라 생활하는 것은 하나님의 모범을 따라 생활하는 것이 된다.

성도가 하나님의 거룩한 형상을 따라 생활하는 한 방법이 십계명에 포

---

180) 레 11:44-45 나는 여호와 너희 하나님이라 내가 거룩하니 너희도 몸을 구별하여 거룩하게 하고 … 나는 너희 하나님이 되려고 너희를 애굽 땅에서 인도하여 낸 여호와라 내가 거룩하니 너희도 거룩할지어다.

181) John Murray, 『존 머레이 조직신학Ⅱ』, 321.

함된 안식일법에 순종하는 일이다. 성도가 거룩하고 성결한 생활을 하는 수단이 안식일을 거룩하게 지키는 것이다. 안식일만 지킨다고 하여 거룩하게 되는 것은 아니지만 안식일법을 불순종하는 성도는 결코 경건하고 거룩한 생활을 할 수 없다. 안식일 준수와 성도의 거룩은 결코 분리할 수 없는 관계다. 성도가 성경에 기록된 대로 최소한 안식일만 거룩하게 지켜도 경건한 생활은 잃지 않을 것이다. 안식일에 참된 마음으로 하나님께 예배드리고 그날을 바로 지킨다면 성결하고 경건한 생활을 하게 된다. 그러나 안식일을 지키지 않는다면 그 사람은 경건과 거룩과는 거리가 먼 생활을 하게 될 것이다. 그러한 사람은 하나님과 멀어지고 자연히 계명을 어기게 되며, 죄 가운데서 생활하게 될 것이다. 즉 안식일을 지키지 않고서는 결코 바른 신앙생활을 할 수 없게 된다는 것이다.

성도는 하나님의 어떠한 법에 순종해야 하는가? 여러 종류의 법이 있지만 그 가운데 도덕법에 순종할 것을 요구하신다. 소요리문답 제40번[182]에서 도덕법을 지켜 순종할 것을 요구하셨다고 가르친다. 그리고 이 도덕법은 하나님께서 인간에게 처음 주신 것이라 하였다. 이미 제2장에서 논한 바와 같이 도덕법을 인간에게 처음 주신 이유는 아담의 마음에 양심의 법으로 심어 주셨기 때문에 기독교인이냐 아니냐를 막론하고 사람이면 누구나 모두 소유하고 있다. 롬 2:14-15에서 "율법의 일이 사람의 마음에 새겨져서 사람은 자기가 자기에게 율법이 된다" 하였다. 율법의 일이 마음에 새겨져 있다는 것은 사람이 본성으로 율법을 안다는 뜻이다. 사람이 처음 창조되었을 때 타고난 본성에 의하여 하나님의 뜻을 알았다는 것이다. 그래서 사람이 그 마음에 새겨진 율법을 순종하였다면 율법을 통하여 구원을 받을 수 있었다. 그러나 인간은 누구도 그 마음에 기록된 양심의 법인 도덕법을 지키지 못하였다. 그러면 하나님께서 인간에게 처음 주신 도덕법인 양심의 법은 무엇인가? 그것은 소요리문답 제41번[183]에서 십계명이라

---

182) 소요리문답 제40번 문) 하나님께서 자기에게 복종할 법규로서 사람에게 처음 나타내 보이신 것은 무엇인가? 답) 하나님께서 자기에게 복종할 법규로서 사람에게 처음 나타내 보이신 것은 도덕상의 법규이다.

183) 소요리문답 제41번 문) 이 도덕의 법칙이 어디에 총괄되어 나타났습니까?

답하고 있다.

하나님은 인간이 지키고 순종해야 할 도덕적 원칙인 십계명을 처음에는 창조 때 인간의 본성에 심어 주셨다. 그러나 아담의 타락 후에는 인간의 본성이 흐려져서 양심이 마비되었기 때문에 마음에 기록된 하나님의 뜻을 이해할 수 없었다. 그래서 하나님은 모세를 통하여 돌판에 기록하여 주셨다. 모세를 통하여 주신 율법과 창조 때 아담의 마음에 심어 주신 양심의 도덕법은 내용이 동일하다. 그러나 시내 산에서 모세를 통해 주실 때는 아주 큰 위엄으로 사람들이 두려워하는 가운데서 하나님이 친히 사람들로 하여금 그 목소리를 듣도록 하셨다.

죄가 없는 아담이 하나님의 법을 받을 때는 아무런 두려움이 없었지만 범죄한 후 하나님의 뜻을 들을 때는 많은 두려움이 있어 이스라엘 사람들처럼 무서워 떨었다. 죄 지은 상황 가운데서 하나님께서 십계명을 말씀하실 때 사람들은 두려워하였다. 시내 산에서 십계명을 주실 때는 하나님의 큰 위엄 가운데서 사람들로 하여금 두려움을 느끼도록 산에서 연기가 오르고 불이 붙고 큰 나팔 소리도 나게 하였다. 그런 가운데 십계명을 주셨다. 하나님은 무디져 마비가 된 양심을 일깨워 하나님의 뜻을 깨닫도록 하시기 위하여 그렇게 하셨다. 안식일법도 창조 시에 모든 사람의 양심에 뿌려진 인간의 본성이며, 또한 타락 후에는 계명으로 주신 법이다. 인간의 본성과 십계명의 돌판에 기록된 도덕법의 언약이 모든 시대와 사람에게 영원한 규범이 된다면 그 가운데 위치한 안식일법은 당연히 신약교회에서도 지켜져야 한다.

신약교회의 성도들도 십계명은 반드시 의무적으로 순종하고 지켜야 한다는 것을 신약성경이 가르치고 있다. 예수께서 마 22:37-40[184]에서 십계명에 관해 말씀하시면서 하나님과 이웃을 사랑하라 하셨다. 하나님과 이웃

답) 이 도덕의 법칙은 십계명에 총괄되어 나타났습니다.

184) 마 22:35-40 예수께서 가라사대 네 마음을 다하고 목숨을 다하고 뜻을 다하여 주 너의 하나님을 사랑하라 하셨으니 이것이 첫째 되는 계명이요 둘째는 그와 같으니 네 이웃을 네 몸과 같이 사랑하라 하셨으니 이 두 계명이 온 율법과 선지자의 강령이니라.

을 사랑하는 것이 온 율법과 선지자의 강령이라 하셨다. 강령(綱領)이란 다른 것을 온전하게 하거나 만들기 위해 우선적으로 필요한 것을 뜻한다. 즉 가장 중요하고 핵심적인 부분이다. 다른 말로 하면 골자를 이루는 개요이다. 그러므로 하나님을 사랑하는 계명과 이웃을 사랑하는 계명에 온 율법과 선지자가 의존하고 있다는 의미다. 이 두 계명이 모세를 통해서 주신 모든 율법의 강령이며 핵심이 된다. 율법이란 하나님께서 모세를 통해 주신 모든 계명들이다. 선지자들은 모세 후에 하나님의 뜻에 따라 생활하도록 백성들을 말씀으로 가르치고 훈계하고 격려하였다. 선지자들은 항상 모세가 하나님으로부터 받은 율법의 원칙에 따라 백성을 가르치고 책망하고 소망을 주었다. 그래서 율법과 선지자라 하면 하나님으로부터 온 구약의 중요한 말씀을 모두 포함한다. 즉 구약시대에 하나님께서 모세와 선지자들을 통해 주신 모든 말씀을 총칭해서 율법과 선지자라 한다.

하나님을 사랑하고 이웃을 사랑하라는 이 두 계명이 온 율법과 선지자의 뿌리와 바탕이 된다. 소요리문답 제42번[185]에서는 이 두 계명은 십계명의 강령이라고 정의하였다. 이 두 계명과 십계명을 비교한다면 십계명의 제일 계명에서 제사 계명 즉 "안식일을 기억하여 거룩하게 지키라"는 말씀까지는 "마음을 다하고 목숨을 다하고 힘을 다하고 뜻을 다하여 주 우리 하나님을 사랑하라"는 말씀으로 요약된다. 그리고 "네 부모를 공경하라"고 가르친 제오 계명부터 제십 계명까지는 "네 이웃을 네 자신같이 사랑하라"는 계명으로 요약할 수 있다. 예수님은 모세가 신 6:5에서 "네 마음을 다하고 목숨을 다하고 뜻을 다하여 주 너의 하나님을 사랑하라"는 말씀과 레 19:18에서 "네 이웃을 네 몸과 같이 사랑하라"는 말씀을 인용하여 그것이 온 율법과 선지자의 강령이라 하셨다. 이 율법과 선지자의 교훈은 전 이스라엘 역사를 통해 반복적으로 강조되고 지켜져 왔다. 다른 계명에 비해 그 중요성이 현저히 강조되었다. 예수님께서도 이 두 계명이

---

185) 소요리문답 제42번. 문) 십계명의 강령이 무엇입니까?
답) 십계명의 강령은 우리의 마음을 다하고 목숨을 다하고 힘을 다하고 뜻을 다하여 주 우리 하나님을 사랑하고 또 이웃을 우리 자신같이 사랑하라는 것입니다.

신약시대에도 지켜져야 한다고 강조하셨다. 신앙고백서는 오늘날 성도들도 구약시대와 동일하게 십계명을 지키고 순종해야 함을 밝히고 있다.

이스라엘 백성은 독특한 민족이라는 국민의식을 마음에 간직하고 있다. 그 이유는 출애굽에서 하나님의 은혜와 유월절 어린양의 피로 구속을 받았다는 의식이 있기 때문이다. 하나님께서 모세와 선지자들을 통해 출애굽 사건을 계속하여 반복적으로 그 백성들에게 강조하고 교육하셨다. 이러한 특별 사랑을 받은 민족이기 때문에 하나님의 말씀에 순종하면 더 큰 축복인 영원한 안식을 얻게 된다고 가르쳤다. 이스라엘 백성이 순종해야 할 말씀이 십계명이다. 십계명의 중요한 핵심은 "나 외에 다른 신을 네게 두지 말라", "도둑질하지 말라, 거짓말로 남을 해쳐서 증거하지 말라, 거짓 증거하지 말라" 등이다. 즉 악을 행하지 말라는 말씀이다.

예수님은 악행을 하지 말라는 말씀을 가르치면서 더욱 적극적으로 "사랑하라"고 명령하셨다. 주님은 "네 마음을 다하고 뜻을 다하고 힘을 다하고 네 목숨을 다 하여 네 하나님을 사랑하라 또 네 이웃을 네 몸과 같이 사랑하라" 하셨다. "하나님을 사랑하기 때문에 하나님 외에 다른 신을 네게 두지 말라", "하나님의 이름을 헛되이 사용하지 말라", "안식일을 거룩하게 지켜라." 이것은 남편이 아내를 사랑하면 아내 외에 다른 여자를 생각하거나 사랑하지 않게 되고 또한 사랑하는 사람의 이름을 아무렇게나 사용하여 욕되지 않게 한다. 이는 성도가 하나님을 사랑한다면 하나님 외에 다른 신을 섬기거나 하나님의 영광을 욕되게 하지 않는 것과 같다. 특별히 안식일을 지킨다는 것은 하나님의 인도하심을 따라가는 것을 의미한다. 안식일을 지킨다는 것은 하나님에 대한 의심을 버리고 하나님의 인도하심을 즐겁고 기쁜 마음으로 따라 생활하는 것이다. 이는 자녀가 부모를 사랑하고 신뢰할 때 부모가 시키는 대로 순종하고 따라가는 것과 같다. 안식일은 하나님의 인도하심에 만족하고 감사하여 즐거워하는 감사의 표시이다.

그래서 십계명은 한 시대에 제한된 계명이 아니고 영구적으로 모든 시대와 종족을 초월하여 지켜야 할 계명이다. 사도 바울은 롬 13:8-10[186)]에

서 네 이웃을 네 자신과 같이 사랑하라는 말씀은 율법의 완성임을 밝히고
그 계명을 지키라고 권고한다. 이웃을 사랑하라는 그 계명 안에 인간을 향
한 하나님의 사랑이 포함되어 있다. 이웃을 네 몸과 같이 사랑하는 것은
성도의 의무라고 가르친다. 예수님은 "하나님을 네 마음과 뜻과 힘을 다하
고 목숨을 다해 사랑하고", 또한 "네 이웃을 네 몸과 같이 사랑하는 것"이
온 율법과 선지자의 강령이라 하셨다. 그러나 바울은 "사랑은 율법의 완성
이라"면서 사랑을 실천하라고 강조한다. 그래서 사랑은 율법과 충돌되거나
반대되지 않는다. 하나님을 사랑하면 하나님과 이웃을 사랑하게 된다.

하나님의 계명은 하나님과 함께 이웃을 동시에 사랑하라고 가르친다. 그
러나 한국교회는 대체로 하나님과 이웃을 함께 사랑하지 못하는 경향이
있다. 대체로 보수 신학과 신앙을 지키고 따르는 교회는 기도와 말씀 연구,
주일 성수와 헌금 등 일반적으로 하나님과 관련된 부분에서는 열심이고
적극적이라 할 수 있으나 이웃을 사랑하고 돌보는 일에는 무관심한 면이
없지 않다. 이웃의 불쌍한 사람을 돌보는 일이나 국가와 사회가 큰 오류를
범하여서 다수의 국민들이 피해를 당해도 보수교회는 무관심한 듯한 인상
을 줄 때가 있다. 지체장애자, 고아, 무의탁 노인, 실직 가장 등 교회의 관
심이 필요한 부분은 많으나 대부분의 보수교회와 그 교회에 소속한 교인
들은 이러한 일에 인색한 편이었다.

보수주의 교회에 비해 자유주의 교회의 신학은 성경이 가르치는 원리에
서 벗어났기 때문에 삼위일체 하나님에 대해 잘못된 신앙을 소유하는 경
향이 있다. 그래서 성경에서 가장 중요하게 강조되는 기본적 교리도 바르
게 믿지 못하는 교인들이 있다. 이들은 대체로 하나님과의 관계가 바르지
못하고 기도, 말씀 연구, 주일 성수, 영적인 일들에 대해 등한시하지만 이
웃 사랑에는 열성이 대단하다. 또한 그들은 정부와 사회 문제에 적극적이

---

186) 롬 13:8-10 피차 사랑의 빚 외에는 아무에게든지 아무 빚도 지지 말라 남
을 사랑하는 자는 율법을 다 이루었느니라 간음하지 말라, 살인하지 말라, 도둑질하
지 말라, 탐내지 말라 한 것과 그 외에 다른 계명이 있을지라도 네 이웃을 네 자신
과 같이 사랑하라 하신 그 말씀 가운데 다 들었느니라 사랑은 이웃에게 악을 행치
아니하나니 그러므로 사랑은 율법의 완성이니라.

어서 무슨 문제가 발생하고 있는지, 그것이 사회와 국민에게 어떤 영향을 줄 것인지, 그리고 그러한 피해를 막기 위해 정부와 국민은 무슨 일을 해야 할지 등에 대해 깊은 연구도 하고 그것을 해결하기 위해 많은 노력을 한다. 이러한 사회문제를 해결하기 위해 생긴 신학이 해방신학과 민중신학으로 70-80년대에 한국 사회와 민주화 운동에 많은 영향을 끼쳤다. 보수와 자유주의 교회 모두 각각 다른 한쪽으로 치우친 경향이 있다. 예수님의 가르침대로 하나님과 이웃을 함께 사랑하는 지혜와 노력이 필요하다. 우리가 주님을 사랑하면 주님의 요구인 사랑의 계명에 순종할 수 있다.

사람은 누구나 자기가 사랑하는 사람의 요구를 충족시켜 주고자 하는 본성을 갖고 있기 때문에 어떤 여자가 어떤 남자를 사랑한다면 그 여자는 자신이 소유한 모든 것을 희생해서라도 자기가 사랑하는 사람이 원하는 것을 해 주기를 원한다. 사랑하는 사람의 말을 듣지 않고 눈빛만 보아도 무엇을 원하는지를 알고 자기를 희생하면서 그 소원을 만족시켜 주려고 노력한다. 오늘 우리가 우리의 신랑되는 그리스도를 신부로서 참으로 사랑한다면 그리스도께서 우리에게 요구하는 십계명을 무시하거나 거절하지 않고 오히려 순종하려고 노력할 것이다. 예수님께서는 마 5:17[187] 말씀에서 자신은 율법을 완성하러 오셨다고 하셨다. 예수님은 마 5:17-48에서 살인에 대한 교훈, 간음에 대한 교훈, 이혼에 대한 교훈, 원수를 사랑하라는 교훈 등을 가르치시면서 이러한 율법이 신약시대에도 유효함을 밝히셨다.

주님은 옛 이스라엘 선생과 백성들이 잘못 가르치고 해석한 것들을, 율법의 원래 의미로 바르게 해석하여 모든 사람들에게 지키도록 하셨다. 그리고 예수께서 친히 율법을 다 지키셨고 또한 "내가 율법을 완성하러 왔노라"고 하셨다. 주님은 요 14:15에서 "너희가 나를 사랑하면 나의 계명을 지키리라"고 하셨고, 요 14:21에서는 "나의 계명을 가지고 지키는 자

---

187) 마 5:17 내가 율법이나 선지자나 폐하러 온 줄로 생각지 말라 폐하러 온 것이 아니요 완전케 하려 함이로라 진실로 너희에게 이르노니 천지가 없어지기 전에 율법의 일점 일획이라도 반드시 없어지지 아니하고 다 이루리라

라야 나를 사랑하는 자니 나를 사랑하는 자는 내 아버지께 사랑을 받을 것이라" 하였다. 사도 요한은 요일 5:3에서 "하나님을 사랑하는 것은 이것 이니 우리가 그의 계명들을 지키는 것이라" 하였다.

바울은 하나님의 은혜로 새 생명과 참자유를 얻었기 때문에 그 자유를 하나님의 계명을 어기고 범죄 행위에 사용할 수 없다고 강조한다. 그리스 도의 보혈로 씻음을 입은 성도는 새로운 생명 가운데서 생활하기 때문에 죄를 짓는 생활을 해서 안된다는 뜻이다. 그러나 새 생명으로 구원받은 성 도는 하나님의 율법을 순종하고 지켜야 하지만 우리의 육신이 약하여 그 법을 온전하게 지킬 수 없는 것도 우리의 현실이다.

바울도 롬 8:3에서 "육신으로는 연약하여 율법을 지킬 수 없다"고 하였 다. 어느 누구도 율법을 지켜서 그 의로운 요구를 충족시킬 수 없다. 아무 리 노력해도 율법을 온전히 지키고 순종할 수 없다는 것이 바울이 유대교 에서 체험한 경험이고 또한 그가 기록한 서신들이다. 그렇다고 하여 율법 의 요구가 감해지거나 없어지는 것은 아니다. 하나님의 공의로운 율법의 요구는 항상 변함없이 옛날과 동일하다. 하나님께서 어제나 오늘이나 영원 토록 동일하시기 때문이다. 그러나 바울은 그리스도를 통해서 받은 은혜가 모든 율법의 요구를 충족시키면서 참된 자유를 얻었기 때문에 그 감격은 말로 다 표현할 수 없었다. 그래서 그는 "그리스도 예수 안에 있는 자에게 는 결코 정죄함이 없다"고 선언하였다.

그 이유는 롬 8:2에서 "이는 그리스도 예수 안에 있는 생명의 성령의 법이 죄와 사망의 법에서 너를 해방하였음이라"고 밝힌다. 성령께서 죄의 세력을 모두 물리치고 그리스도 안에 있는 자를 자유롭게 하신다는 뜻이 다. 육신은 연약하여 도저히 율법의 요구를 만족시킬 수 없지만 하나님께 서 성령의 능력으로 자기의 백성들이 육신을 좇지 아니하고 영으로 살게 하셨나(롬 8:4). 그리스도를 믿는 성도들이 성령을 따라 생활하면서 하나 님의 능력으로 율법을 지키게 하셨다. 우리는 육신이 연약하여 율법을 지 킬 수 없지만 하나님의 성령이 우리 가운데 역사하여 율법의 요구가 이루 어지게 하신다. 그리스도를 구주로 믿는 자에게 하나님께서 성령을 보내어 성도를 인도하신다.

진리가 무엇이며 또 하나님의 계명을 어떻게 순종해야 하는지 모르는 사람도 성령이 붙들어 인도하시며, 성령께서 연약한 사람을 붙들기 때문에 율법을 파괴하지 않게 하신다. 율법의 요구가 성도에게서 이루어지게 하시려고 하나님께서 그렇게 하셨다. 성령이 붙들어 인도하시는 결과에 의하여 하나님의 백성들이 하나님의 뜻에 순종하고 그의 계명을 지키게 된다.

그러므로 바울은 그리스도인들은 육을 따라 생활하지 않고 성령의 인도하심을 받아 살아가기 때문에 그분의 능력으로 율법을 지키게 된다는 것이다. 인간의 힘으로는 율법의 작은 한 부분만이라도 온전하게 지킬 수 없는 존재들이다. 그러나 성령의 능력을 힘입으면 부족하고 연약한 사람이지만 하나님의 뜻을 행할 수 있다. 이 말씀에 의하면 세상에 누구도 하나님의 율법을 지킬 수 없으나 오직 그리스도를 구주로 고백하고 믿는 성도들만 그 율법의 요구를 충족시킬 수 있다. 그러나 비록 우리가 그리스도를 구주로 믿고 성령의 도움과 인도하심을 받고 있지만 아직 완전히 성화되지 않았기 때문에 가끔 넘어져서 실수할 때도 있는 것은 사실이다.

하나님의 뜻을 오해한 유대주의자들은 하나님께서 주시는 은혜와 성령의 능력으로 하나님의 계명을 지키고 순종할 수 있다는 사실을 인정하지 않았고, 자신의 능력과 노력으로 하나님의 뜻을 순종하고 지키려 하였다. 그 결과 예수님 당시 바리새인들은 주님으로부터 형식주의에 빠진 그들의 종교생활에 대해 회칠한 무덤이라는 책망까지 들었다. 하나님의 은혜가 아닌 자신들의 행위를 강조하기 때문에 사람에게 보이려는 경향이 많아 자연히 신앙과 믿음의 본질에서 떠난 외식주의가 되었고, 하나님의 계명은 전혀 지킬 수 없었다.

안식일 계명도 인간의 힘과 노력으로는 온전하게 순종하고 지킬 수 없다. 초대 교회와 오늘날 율법주의자들은 하나님의 구속의 은혜는 생각하지도 않고 자신들이 스스로 안식일 계명을 지키려고 노력하기 때문에 하나님의 은혜에 대한 감사와 감격은 없고 철저한 의무감에 짓눌려 고통스러운 몸과 마음으로 안식일을 지킬 뿐이다. 형식과 외식주의에 빠진 안식일 준수는 그 계명이 가르치는 근본정신인 하나님께서 제공하시는 안식의 기쁨은 상실되고 고통과 수고로운 짐으로만 남는다. 그러나 하나님께서 우리를 구원하여 주신 은혜를 감사하면서 주님이 우리를 위해 예비하신 영원한 안식을 사모하는 마음으로 안식일법을 순종한다면 영적 힘이 솟아나 성령의 힘으로 안식일을 기쁨과 감사한 마음으로 지킬 수 있고 하나님의 안식에 동참하게 될 것이다.

6. 다윗 언약과 안식일

아브라함에게 임마누엘 하나님으로 이스라엘 자손들과 영원히 함께 하시겠다고 언약한 그 내용들은 모세와 그 후대에까지 계속된다. 이스라엘의 사사 기드온이 미디안과의 전투에서 승리한 후 이스라엘의 장정들이 "당신과 당신의 후손들이 우리를 다스리소서"라고 하였을 때 기드온은 "나와 나의 후손이 다스리지 않겠고 여호와께서 너희를 다스리리라"고 하였다(삿 8:23). 하나님께서는 사사들을 통하여 이스라엘을 직접 통치하셨다. 그러나 마지막 사사인 사무엘이 늙자 이스라엘 백성들의 신앙과 도덕적 생활이 타락하고 지혜롭지 못하여 자기들을 다스릴 왕을 요구하게 되었다. 삼상 8:6-9에 의하면 그 백성이 왕을 요구하는 이유는 그들이 하나님의 임재와 권능과 통치를 불신하였기 때문이다.[188] 그래서 하나님께서 사무엘을 통해 그 백성을 책망하고 사울을 왕으로 세워 이스라엘을 다스리게 하였다. 그러나 사울은 하나님의 뜻에 불순종하므로 그의 왕권은 다윗에게로 넘어갔다.

하나님께서 "다윗을 만나니 내 마음에 합한 사람이라(행 13:22)" 하여 "그에게 유다 왕으로 기름을 붓고"(삼하 2:4) "여호와의 신을 그 위에 강

---

188) Walter C. Kaiser, *Toward an Old Testament Theology*, 196-199; 신 17:14-20에 의하면 하나님은 이스라엘에게 왕을 세우는 것을 이미 계획하셨다. 그러나 이스라엘 백성이 사무엘에게 왕을 요구하였을 때 반대 입장을 보인 것은 그들이 하나님을 불신하고 자기들도 "모든 다른 나라들과 같이 되기를 원하였기 때문이다"(삼상 8:5, 20). 즉 그들의 동기와 시기가 불순하였기 때문이다.

하게 내리게 하였다"(삼상 16:13). 성경은 다윗 시대에 하나님께서 이스라엘과 항상 함께 하셨던 것을 특징적으로 강조하고 있다. 삼하 7:6과 대상 17:5에서 하나님은 이스라엘을 애굽에서 인도한 날부터 계속 회막에서 그들과 함께 행하였다고 밝힌다. 이스라엘이 장막에 거하는 동안 하나님의 영광도 그 장막에 거하면서 항상 그들과 동행하셨다.

삼하 7:3은 "여호와께서 왕과 함께 계신다"고 하였고 삼하 7:9에서는 다윗에게 "네가 어디를 가든지 내가 너와 함께 있어 네 모든 대적을 네 앞에서 멸하였은즉 세상에서 네 이름을 존귀케 만들어 주리라"고 하였다. 그러므로 하나님은 아브라함과 맺은 언약대로 임마누엘의 하나님으로서 항상 아브라함의 후손들과 함께 하셨다. 이스라엘과 함께 하시는 하나님께서 사방의 모든 적들을 파멸시켜 그들이 평안하였다. 다윗이 왕으로 있는 동안 하나님은 이스라엘 백성에게 어떠한 적들도 침입하지 못하게 하였다. 하나님이 함께 하시므로 외적의 침입이 없을 뿐 아니라 국내의 정치와 종교 및 경제적인 면에서도 만족할 만하였다. 이 시기에 이스라엘 백성은 평안한 안식을 얻었다. 하나님이 함께 하시면 그것이 곧 안식임을 입증하고 있다.

언약궤보다 여호와의 임재를 강하게 느끼는 장소는 없다. 광야여행 기간 동안 여호와의 언약궤는 백성들보다 삼 일 길을 앞서 행진하였다. 민 10:35-36[189]은 언약궤가 있는 곳은 어디나 여호와 하나님의 임재와 동일시하였다. 이 궤는 그룹 사이에 좌정하신 만군의 여호와의 이름과 동일시되었기 때문에 하나님의 명예와 영광을 언약궤로 상징하였다. 이스라엘 백성이 언약궤와 함께 전투에 나가지 않을 때 그들은 철저하게 패하였다(민 14:44). 그러나 이스라엘이 요단을 건너고 여리고 성을 함락할 때에는 언약궤와 함께 하였으므로 승리하였다. 그러나 이스라엘 백성들이 죄를 범하면 언약궤의 역할은 중단되었고, 엘리 제사장 가족과 백성들이 죄를 범하

---

189) 민 10:35-36 언약궤가 떠날 때에는 모세가 가로되 여호와여 일어나사 주의 대적을 흩으시고 주를 미워하는 자로 주의 앞에서 도망하게 하소서 하였고 궤가 쉴 때에는 여호와여 이스라엘 천만인에게 돌아오소서 하였더라.

였을 때도 언약궤는 블레셋 사람들에게 빼앗겨 하나님의 영광이 이스라엘에게서 떠났다(삼상 4-5장). 언약궤가 이스라엘 백성과 함께 있었다 할지라도 그들이 죄를 범할 때는 하나님이 그들을 떠나셨기 때문에 국가는 전쟁에서 패하고 제사장의 가정은 망하였다. 하나님과 함께 하는 임마누엘의 축복을 받는 조건은 모세 언약의 계명을 지킬 때만 가능하였다.

언약궤와 관련된 사건은 사무엘하 6장에서 절정을 이룬다. 이스라엘 백성이 블레셋을 물리친 후 다윗은 빼앗겼던 법궤를 옮겨오는 계획을 세웠다. 언약궤가 있는 곳은 하나님의 임재를 뜻하므로 이 궤를 옮겨오는 일이 다윗에게는 중요하였다. 다윗은 언약궤를 옮겨오는 일이 전쟁에서 블레셋에게 패하였던 치욕을 회복함과 동시에 다윗의 왕권이 신뢰를 받게 된다고 생각하였다. 이는 이스라엘의 진정한 성소가 회복될 것을 암시하기 때문이다. 다윗은 블레셋과 여부스 족을 진멸하는 동안 하나님의 임재와 동행을 철저하게 체험하였다. 그래서 블레셋에게 빼앗겼던 하나님의 궤를 옮겨 성소를 회복시키려 하였다. 이에 다윗은 전체 국민들 가운데서 삼만 명을 선발하고(1절) 언약궤 옮기는 작업을 거국적으로 진행하였다.

그러나 오랫동안 이스라엘을 침식해 왔던 영적인 무지가 일순간에 폭발하였다. 본래 하나님의 궤를 운반하려면 레위인 가운데서 선택된 제사장들이 어깨에 메고 운반해야 하였다(신 31:9). 그런데 블레셋 사람들이 운반하던 방법을 그대로 답습하여 수레에 언약궤를 싣고 운반하였으므로 그것은 하나님이 정하신 규례에 어긋나는 방법이었다. 하나님의 궤를 운반하는 방법과 태도에서 중대한 실수를 하였다. 언약궤가 아비나답의 집에 있었기 때문에 그의 아들 웃사와 아효가 수레를 운반하였으나 운반 도중 웃사의 실수로 하나님께서 진노하여 웃사가 죽으니 다윗이 하나님을 크게 두려워하여 그 궤를 오벧에돔의 집으로 옮겼다.

이 사건을 통하여 다윗과 이스라엘 백성은 하나님을 섬길 때 정성을 다하여 하나님께서 정하신 법도대로 행하여야 한다는 사실을 깨달았다. 법궤가 오벧에돔의 집에 석달 동안 있은 후 그 궤를 다윗성으로 운반할 때 다윗은 춤을 추면서 기뻐하였다. 그는 오직 하나님만이 이스라엘의 진정한 왕이요 통치자임을 인정하고 찬양하였다. 자신은 오직 하나님의 대리자일 뿐임을 깨달았다. 법궤를 모셔오므로 다윗은 하나님께서 자기와 함께 하심을 확신하였다. 법궤가 다윗성에 도착 한 후 하나님은 다윗을 괴롭히던 모든 원수들을 파하고 다윗에게 평안과 안식을 허락하셨다(삼하 7:1).

다윗에게 하신 하나님의 언약과 축복은 아브라함의 언약과 연결되었다.[190] 하나님의 궤가 다윗성에 도착한 후 그는 하나님의 임재와 경배를 위하여 성전 건축을 계획하였는데 이는 하나님께서 자기의 왕국과 영원히 함께 하여 영원한 하나님의 안식을 누리기 위함이었다. 사무엘하 7장에는 다윗이 하나님의 성전을 건축하려는 제안을 할 때 하나님께서 그의 소원을 보류하고 오히려 다윗에게 축복의 언약을 주셨다. 다윗에게 주신 이 약속은 역설적이다. 하나님은 나단 선지자를 보내어 삼하 7:16[191]에서 다윗의 요구를 거절한 반면 오히려 하나님께서 다윗을 위하여 흔들리지 않는 영원한 집(왕조)을 짓겠다고 하시기 때문이다. 시편 89:3-4[192]은 삼하 7장의 내용을 들어 다윗과 언약 맺은 것을 나타낸다. 이 언약은 다윗의 왕조가 영원히 통치할 것임을 나타낸다. 아브라함과 모세에게 제시되었던 언약이 다윗을 통해 계승되고 있다.

하와에게 사탄의 머리에 상처를 입힐 후손의 탄생을 언약하신 하나님께서 아브라함에게는 그의 씨로 천하만민이 복을 받으리라고 약속하셨다. 다윗의 자손을 통해 아담에게 언약하신 뱀의 머리가 깨어지고 아브라함에게 약속한 천하만민이 복을 받는 일이 실현될 것이다. 그 언약이 다윗에게로 이어져서 삼하 7:14-15[193]에서 다윗의 후손은 하나님의 후손이 될 것이라

---

190) Walter C. Kaiser, *Toward an Old Testament Theology*, 203-210.

191) 삼하 7:16 네 집과 네 나라가 내 앞에서 영원할 것이요 네 위가 영원토록 끊이지 아니할 것이니라.

192) 시 89:3-4 주께서 이르시되 내가 나의 택한 자와 언약을 맺으며 내 종 다윗에게 맹세하기를 내가 네 자손을 영원히 견고히 하며 네 위를 대대에 세우리라 하였다 하셨나이다.

193) 삼하 7:14-15 나는 그 아비가 되고 그는 내 아들이 되리니 그가 만일 죄를 범하면 내가 사람 막대기와 인생 채찍으로 징계하려니와 내가 네 앞에서 폐한 사울에게서 내 은총을 빼앗은 것같이 그에게는 빼앗지 아니하리라.

고 하였다. 그의 아들은 바로 하나님의 아들이라 일컬어지게 될 하나님이시기 때문이다. 그래서 그가 잘못을 행하면 사람 막대기와 인생 채찍으로 징계는 할지라도 사울 왕에게서 하나님의 은총을 빼앗는 것처럼 다윗에게서는 빼앗지 아니하리라고 하셨다.

사랑하는 아들의 잘못은 훈계와 징계로 바로잡지만 다른 사람이 큰 잘못을 행하면 관계가 단절된다. 하나님은 사울이 잘못을 행할 때는 그 왕권을 빼앗았으나 다윗 왕국의 후대 왕들이 그의 계명을 어기면서 역행할 때 인생 막대기로 징계하셨다. 사울의 집과는 대조적으로 다윗의 집은 영원히 보존한다고 약속하셨다. 또한 북쪽 이스라엘에 대하여는 강력한 징계를 행하였으나 다윗과 예루살렘에는 항상 관대하게 은혜를 베푸셨다. 다윗 자손을 하나님의 친아들로 생각하셨기 때문이다.

바울은 롬 1:3-4[194)에서 다윗의 아들과 하나님의 아들의 일치는 예수 그리스도에게서 이루어짐을 설명한다. 예수께서 이 두 아들의 최종 성취로 나타난다. 다윗의 아들이 하나님의 아들이라는 삼하 7장의 말씀은 하나님의 메시아를 가리킨다.[195) 삼하 23:5[196)에서 다윗은 하나님께서 자기 집을 통하여 자기의 모든 구원과 소원을 이룰 것을 바라보았다. "만사에 구비하고 견고케 하셨으니"라는 말씀은 "잘 준비된다"는 뜻이다. 시 132:17[197)에도 동일한 표현이 나온다. 시편에서 예비 될 등은 다윗의 아들을 가리킨다. 삼하 23:5에서 다윗은 어떻게 하나님이 자기의 모든 구원과 소원을 이루실 것으로 확신하는가? 그것은 하나님의 언약인 다윗의 아들에 의해 성취될 것이다. 예레미야는 렘 22:3-5[198)에서 언약에 의해 유다 왕위에 앉은

---

194) 롬 1:3-4 육신으로는 다윗의 혈통에서 나셨고 죽음 가운데서 부활하여 능력으로 하나님의 아들로 인정되셨으니 …

195) O Palmer Robertson, 『계약신학과 그리스도』, 235-236.

196) 삼하 23:5 내 집이 하나님 앞에 이 같지 아니하냐 하나님이 나로 더불어 영원한 언약을 세우사 만사에 구비하고 견고케 하셨으니 나의 모든 구원과 나의 모든 소원을 어찌 (그분이) 이루지 아니하시랴?

197) 시 132:17 내가 거기서 다윗에게 뿔이 나게 할 것이라 내가 내 기름 부은 자를 위하여 등을 예비할 것이라.

198) 렘 22:3-5 여호와께서 이같이 말씀하시되 너희가 공평과 정의를 행하여 탈

다윗의 아들은 사회 정의를 구현하고(5절), 하나님의 말씀에 순종하는 자에게 복을(4절), 불순종에는 저주를 맹세하셨다는 것을 언급한다(5절). 모든 언약에서 나타나는 축복과 저주의 이중적 규정이 분명히 나타난다.

이러한 능력을 행하는 아들에 대해 이사야는 9:6[199]에서 "그 어깨에는 정사를 메었고, 그 이름은 기묘자라, 모사라, 전능하신 하나님이라, 영존하시는 아버지라, 평강의 왕"이라 부를 것이고 그는 다윗 왕위에 앉게 될 한 아기로 탄생할 것으로 예언하였다. 그 어깨에 정사를 메었다는 것은 훌륭한 지도자임을 나타내는 권위의 상징으로 목과 어깨에 황금 장식한 것을 묘사한다. 그 아들의 이름은 네 가지다. 기묘자(奇妙者)와 모사(謀士)는 그의 현명한 계획과 탁월한 기술로 모든 일을 완전한 승리로 이끄는 자임을 뜻한다. 장차 나타나실 다윗의 아들은 제왕적 계획으로 모든 세상을 통치할 것이다. 전능하신 하나님이란 누구도 대적할 수 없는 하나님 되심을 나타낸다. 영존하시는 아버지는 메시아로서 자애로운 통치와 그의 영원하신 신적 속성을 뜻한다. 평강(平康)의 왕은 메시아의 영원 무궁한 평화적 통치를 의미한다.

사 11:6-9은 메시아 통치 시대에는 어린 아이가 사나운 짐승과 놀아도 해가 없는 평화와 안식이 넘친다고 가르친다. 이사야 선지자는 다윗의 아들이 이 땅에 평화의 왕으로 와서 그 평화를 세상에 줄 것을 예언하였다. 그리스도께서 주시는 평화가 곧 하나님의 안식이다. 하나님께서 아브라함에게 하신 안식의 축복은 다윗의 후손을 통해 성취될 것임을 가르친다. 구속 역사를 통해 완성되는 하나님의 안식은 하나님의 아들인 다윗의 아들에 의해서 성취된다. 하나님의 구속 역사가 성취되면 구원받은 자들은 하

취 당한 자를 압박하는 손에서 건지시고 이방인과 고아와 과부를 압제하거나 학대하지 말며 이곳에서 무죄한 피를 흘리지 말라 너희가 참으로 이 말을 준행하면 다윗의 위에 앉을 왕들과 신하들과 백성이 병거와 말을 타고 이 집 문으로 들어오게 되리라마는 너희가 이 말을 듣지 아니하면 내가 나로 맹세하노니 이 집이 황무하리라 나 여호와의 말이니라.

199) 사 9:6 이는 한 아기가 우리에게 났고 한 아들을 우리에게 주신 바 되었는데 그 어깨에는 정사를 메었고, 그 이름은 기묘자라, 모사라, 전능하신 하나님이라, 영존하시는 아버지라, 평강의 왕이라 할 것임이라.

나님의 안식을 얻게 될 것이다.

하나님께서는 자기의 백성을 구원하기 위하여 다윗 왕국을 세웠다. 다윗의 혈통을 통해 건설된 왕국은 영원한 메시아 나라의 모형이었다. 성경은 하나님의 구속 언약을 여러 종류의 다양한 표현으로 나타내셨다. 아브라함 언약에서는 하나님 자신이 쪼갠 고기 사이로 친히 지나가시므로 언약 성취에 대한 모든 책임을 하나님이 직접 지신다는 것을 나타내셨다. 그리고 모세 언약에서는 유월절 어린양의 피를 통해 이스라엘을 구원하시므로 메시아가 피 흘려 죽을 것을 예고하셨다. 또한 하나님께서 친히 강한 손과 편 팔로써 마치 독수리가 그 새끼를 보호하고 기르듯 그들을 가나안 땅으로 인도하셨다. 하나님은 신명기 32장에서 모세가 인도하는 백성을 위해 국가를 세울 것을 나타내셨다. 그것이 다윗을 통해 이루어졌다. 그러나 언약의 백성들이 축복을 받을 때 아무런 조건이 없는 것은 아니었다. 아브라함의 언약에서는 어떠한 남자라도 할례를 받지 않으면 그 백성에게서 끊어졌고, 광야에서 모세에게 불순종한 자는 그들에게 약속된 안식의 땅에 들어갈 수 없었다. 그리고 다윗 왕조에서도 그들이 모세의 계명을 어길 때 인생 막대기로 다스려졌다. 하나님의 언약에는 안식의 축복과 함께 저주도 포함되었다. 이스라엘 백성은 자신들의 역사에서 하나님의 심판적 채찍을 맞은 경험이 많았다.

하나님께서 다윗의 후손이 영원히 이스라엘의 왕이 되리라 하셨으나 그 왕위가 도중에 끝이 났다. 그 이유는 다윗의 왕권은 그리스도가 다스리는 왕국의 영원성을 나타내는 그림자 역할을 하였을 뿐이다. 하나님께서는 다윗 왕국을 통하여 자신의 주권을 강하게 나타내셨으나 다윗 왕국은 하나님 왕권의 예표론적인 증표로 기여하였다. 유다를 통치한 다윗 왕조는 온 우주와 세계를 통치하시는 메시아적 구원자의 실재를 그림자 형태로 나타내는 모형이었다. 이스라엘 역사에서 가장 훌륭하고 뛰어난 다윗 왕도 실수와 범죄로 채찍을 맞았다. 그러나 이에 비해 하나님의 영원한 왕국은 한 점의 흠과 티도 없기 때문에 완전한 평화와 안식이 있다.

성도들에게 완전한 하나님의 안식이 주어지는 근거는 다윗의 후손인 그리스도를 통해서이다. 이미 언급한 바와 같이 하나님의 언약에는 순종과 복종이라는 조건이 전제되어 있으며 그 조건을 충족시키지 못할 때는 언제나 저주가 따른다. 즉 언약에 약속된 축복을 받는 길은 그 언약을 순종해야 한다는 조건을 충족시켜야 한다. 또한 언약에는 중립이 존재하지 않는다. 언약을 지키고 순종하여 축복을 받는 길과 불순종하여 심판 받는 두 가지 길 뿐이다. 그러나 다윗 자신을 비롯하여 그 누구도 모세에게 주신 계명을 충족시키면서 순종할 수 없었다. 인간의 행위에 의해 심판한다면 모든 인류는 하나님의 저주를 면할 길이 없으며, 다윗의 언약은 다윗의 자손인 예수 그리스도가 그 언약이 요구하는 조건들을 어떻게 순종하여 그 요구를 만족시키느냐에 모든 것이 달렸다.

다윗의 후손이며 만 왕의 왕이신 그리스도는 모세의 모든 율법을 순종하여 충족시켰다. 그리스도는 자신이 율법을 완전하게 순종하는 것만으로 끝나지 않고 다윗의 후손들이 율법을 범하여 받을 모든 징계를 그가 대신 담당하여 형벌을 받았다. 그 결과 다른 사람들은 율법이 요구하는 조건들을 충족시키지 못하였다 할지라도 심판의 형벌을 면하게 되었다. 그 대신 그리스도께서 율법을 완전히 순종하여 얻은 그 의를 그를 믿는 모든 사람에게 전가시켜 마치 그를 믿는 모든 사람들이 각각 스스로 율법을 지킨 것과 같은 효력을 나타내게 하였다. 언약은 그 언약이 요구하는 조건을 충족시킨 사람에게는 축복을 약속하고 있다. 그래서 하나님은 그리스도가 행하신 의로운 순종을 보시고 언약에 따라 모든 믿는 자에게 영원한 안식을 허락하셨다. 그러므로 하나님의 영원한 안식은 그리스도를 믿는 믿음을 떠나서는 누구도 맛볼 수 없다. 즉 그리스도께서 행하신 사역이 우리를 안식으로 인도하신다. 그리스도를 믿는 믿음만이 모든 성도에게 안식을 제공하는 근거가 된다.

베드로는 행 2:30-36에서, 다윗이 그의 자손 가운데 한 사람이 왕위에 앉아 온 세상을 다스릴 것과 그는 썩음을 보지 않고 부활하여 하나님의 오른 편에 계시면서 성도들에게 성령을 보내실 것을 예언하셨다고 하였다. 베드로는 하나님께서 그리스도를 '무덤에서 일으켰고' 오른 손으로 '그를 높였으며' 또한 '그를 메시아와 주가 되게 하셨다'고 하였다. 34-35절에서 "다윗은 하늘에 올라가지 못하였으나 친히 말하여 가로되 주께서 내 주에게 말씀하시기를 너는 내 우편에 앉았으라"고 하였다. 앞의 '주'는 하나님이고 뒤의 '주'는 다윗에게 약속된 메시아이다. 다윗은 성령의 영감을 받아 자신의 혈통에서 출생할 후손이 그리스도인심을 알았기 때문에 그를 가리켜 '주'라 불렀다고 베드로는 말한다(마 22:41-45). 다윗이 예언한 대로 그리스도는 부활하였고(31-32절), 하나님의 우편으로 올리우심을 받았고(33-35), 그곳에서 성령을 보내신다(33절). 이는 그리스도를 약속된 메시아이며, 기름부음 받은 왕으로, 다윗의 계승자로 세운 것은 그리스도가 높임을 받은 통일된 사건이다.[200] 다윗의 자손으로서 기름부음 받아 메시아와 왕이 되어 하나님 우편에 계시면서 성령을 보내신 그리스도가 이사야의 예언처럼 평화의 왕으로서 이 땅에 평화와 안식을 주셨다. 하나님께서는 아담을 비롯하여 족장들과 모세와 다윗과 선지자들을 통하여 이 안식에 관한 말씀과 교훈을 반복하였으나 그리스도를 통해 그 안식의 실체를 주셨다. 그러한 안식을 줄 수 있는 분은 오직 하나님 자신뿐이기 때문이다.

이 영원한 하나님의 안식처는 하나님께서 엿새 동안 천지를 창조하신 후 일곱째 날 안식하실 때 이미 모든 인간에게 예고하고 보여 주신 것이다. 하나님께서 취하신 안식은 하나님께서 창조하신 세상은 끝이 있다는 것과 영원한 안식처를 미리 보여 주신 것이다. 하나님은 창 1:31에서 "하나님이 그 지으신 모든 것을 보시니 보시기에 심히 좋았더라"는 말씀 후 하나님은 일곱째 날 안식하셨다. 그래서 하나님의 안식은 하나님이 창조하신 이 세상도 아름답고 훌륭한 세상이기는 하지만 이 세상은 역사의 시간이 흐름에 따라 발전한 후 끝이 있으며 그 후에는 새로운 세상, 즉 영원한 하나님의 안식처가 있다는 것을 보여 주었다. 창조사역을 끝내신 후 취하신 하나님의 안식은 이 세상이 아무리 아름답고 훌륭할지라도 이 세상이 전부가 아니고 이보다 더 좋은 영원한 하나님의 안식처가 있다는 것을 보

---

200) O. Palmer Robertson, 『계약신학과 그리스도』, 250-256.

여 주신 것이다. 이 세상의 역사는 하나님이 작정하시고 섭리하신 질서에
따라 발전하고 진행된 다음 결국은 마지막이 있을 것이며 그 후에는 영원
한 새로운 세상이 있다. 인류 역사와 문화는 하나님의 영원하신 작정과 뜻
을 성취하기 위하여 역사의 종착점이 되는 이 세상의 끝 날과 영원한 안
식의 시작을 향하여 달려가고 있다. 즉 하나님의 영원한 안식에 들어가는
것이 인간 역사의 최종 종착점이다.

다윗은 하나님이 작정하신 영원한 안식처를 바라고 그것을 소망하였다.
그는 이스라엘 백성이 가나안 땅을 정복한 후 사사 시대가 지난 다음 왕
이 되었음에도 불구하고 구약의 성도들의 참된 안식처는 가나안이 아니라
그들의 소망하는 영원한 안식처가 미래에 남아 있다는 것을 믿었다. 다윗
은 시 95:7-11[201]에서 이스라엘 백성들에게 하나님의 음성에 귀를 기울여
영원한 하나님의 안식에 들어가라고 권고한다. 이스라엘 백성이 애굽에서
나와 르비딤에서 물이 없으므로 모세를 시험한 일이 있는데 다윗은 이 사
실을 들어 자기 백성에게 교훈하였다. 너희는 맛사에서와 같이 하지 말고
하나님이 말씀하실 때에 순종하라고 하였다.

다윗은 그들에게 "그들이 마음이 강퍅하여 하나님께서 진노하셔서 저희
는 내 안식에 들어오지 못하리라 하시지 아니하였느냐?"라는 말로 과거
역사를 상기시켜 백성들에게 순종할 것을 요구하였다. 다윗은 "오늘날 너
희가 그의 음성을 듣거든 너희 마음을 강퍅케 말라"고 백성들을 권고하였
다. 이 권고는 그 시대 사람들 뿐 아니라 후대의 모든 성도들에게 그것을
거울로 삼아 타일렀다. "오늘날"은 다윗 시대도 포함이 되지만 그리스도의
복음이 전파된 신약 시대를 가리킨다. 그래서 다윗은 자신의 후손을 통해
메시아가 탄생할 것과 그 메시아를 믿으므로 영원한 안식에 들어 갈 수

---

201) 시 95:7-11 너희가 오늘날 그 음성듣기를 원하노라 이르시기를 너희는 므
리바에서와 같이 또 광야 맛사의 날과 같이 너희 마음을 강퍅하게 말지어다 그때에
너희 열조가 나를 시험하며 나를 탐지하고 나의 행사를 보았도다 내가 사십 년을
그 세대로 인하여 근심하여 이르기를 저희는 마음이 미혹된 백성이라 내 도를 알지
못한다 하였도다 그러므로 내가 노하여 맹세하기를 저희는 내 안식에 들어오지 못
하리라 하였도다.

있다고 예언하였다. 다윗은 미래에 영원한 하나님의 안식이 있다는 사실을 깨달았으며 하나님의 백성들은 그리스도를 믿음으로 그곳에 들어갈 수 있다는 것을 알았다.

하나님께서 가나안을 이스라엘 백성에게 기업으로 약속하시고, 거기서 평안한 안식을 누리라고 하셨지만 그 백성이 광야에서 범죄하므로 여호수아와 갈렙 외에는 아무도 들어가지 못하였다. 같은 날 함께 애굽을 출발한 수많은 가족들의 다수가 하나님의 말씀에 불순종하므로 가나안의 안식을 맛보지 못하고 광야에서 죽었다. 가나안은 하나님께서 이스라엘을 위해 준비하신 안식처였다. 신 12:9-10[202]에서 모세는 가나안 땅이 이스라엘 백성에게 안식처가 된다는 것을 밝힌다. 가나안은 하나님께서 그들에게 기업으로 주신 안식처라고 하였다. 여호수아는 수 1:12-15[203]에서 가나안을 점령한 후 그 땅을 각 지파에게 분배하면서 그 땅은 여호와께서 그들에게 안식처로 주신 땅이라 하였다. 이스라엘 백성은 하나님께서 그들에게 주시는 가나안 땅이 안식처였고 그들이 가나안 땅을 차지하였으므로 그들은 하나님이 주시는 안식을 누리게 되었다. 장년들은 광야에서 모두 죽었으나 유아들은 장성하여 여호수아의 인도로 가나안에 들어가서 그들의 조상이 소망하던 안식을 맛보았다.

가나안 땅은 이스라엘 백성들에게는 안식처였다. 그 이유는 지금까지 애굽에서 처참하고 비참한 노예생활을 하였으며, 자유와 해방을 얻은 후 사십 년 동안은 광야에서 추위와 더위 피곤에 시달리며 매일 여행하는 천막 생활이었다. 그러나 가나안에 정착한 후 그들은 자기들을 괴롭히는 사람도 없고 떠돌아다니는 피곤한 여행을 하지 않아도 되는 따뜻하고 아늑한 가

---

202) 신 12:9-10 너희가 너희 하나님 여호와의 주시는 안식과 기업에 아직은 이르지 못하였거니와 너희가 요단을 건너 너희 하나님 여호와께서 너희에게 기업으로 주시는 땅에 거하게 될 때 또는 여호와께서 너희로 너희 사방의 모든 대적을 이기게 하시고 너희에게 안식을 주사 너희로 평안히 거하게 하실 때 …

203) 수 1:12-15 여호수아가 또 르우벤 지파와 갓 지파와 므낫세 지파에게 일러 가로되 여호와의 종 모세가 너희에게 명하여 이르기를 너희 하나님 여호와께서 너희에게 안식을 주시며 이 땅을 너희에게 주시리라 하셨나니 너희는 그 말을 기억하라 … 여호와께서 너희로 안식하게 하신 것같이 너희 형제도 안식하게 되며 …

정생활이 가능하였다. 그래서 가나안 땅만 생각하면 애굽에서 나온 광야의 이스라엘 백성에게는 그곳이 하나님의 안식처였다. 그곳에만 들어가면 지금까지 괴롭히던 모든 염려와 근심이 사라지고 평안히 생활할 수 있기 때문이다. 이렇게 생각하면, 가나안은 그들에게 안식처이기는 하였으나 그곳이 완전한 만족과 행복을 주지는 못하였다. 가나안 땅에도 질병과 괴로움, 가난과 도적이 있었고, 이웃 강대국들의 침략이 끊이지 않기 때문에 완전한 안식처는 되지 못하였다.

그러나 가나안 땅은 단지 과거의 생활에 비교하여 더 완전하고 이상적인 영원한 하나님의 안식을 바라볼 수 있는 거울로서 상징적 역할만 하였을 뿐이다. 하나님은 그들에게 영원한 안식을 가르쳐 주기 위하여 가나안 땅을 표상으로 사용하셨다. 이 땅의 가나안은 그리스도를 통해 얻게 될 영원한 안식처의 예표가 되었다. 히브리서 기자는 4:5-12[204]에서 다윗의 시편 95편을 인용하여 장차 성도가 들어갈 안식처가 아직 남았다는 사실을 밝히고 있다. 여호수아가 이스라엘을 가나안에 인도하였어도 참된 안식은 제공하지 못하였다. 과거에 애굽과 광야 생활을 하면서 고생하던 것에 비교한다면 그들이 가나안 땅에 들어오므로 안식을 누린 것이 분명하나, 하나님의 백성들이 들어가야 할 참된 안식은 아니었으며, 그곳은 이 땅에서 하나님의 백성이 잠깐 쉴 자리로 주신 곳이고 또한 영원한 안식의 상징일 뿐이었다.

히브리서 11장에는 수많은 믿음의 용사들을 소개한다. 그리고 13절[205]에

---

204) 히 4:5-10 또 다시 거기 저희가 내 안식에 들어오지 못하리라 하였으니 그러면 거기 들어갈 자들이 남아 있거니와 복음 전함을 먼저 받은 자들은 순종치 아니함을 인하여 들어가지 못하였으므로 오랜 후에 다윗의 글에 다시 어느 날을 정하여 오늘이라고 미리 이같이 일렀으되 오늘날 너희가 그의 음성을 듣거든 너희 마음을 강퍅케 말라 하였나니 만일 여호수아가 저희에게 안식을 주었더면 그 후에 다른 날을 말씀하지 아니하셨으리라 그런즉 안식할 때가 하나님의 백성에게 남아있도다 이미 그 안식에 들어간 자는 하나님이 자기 일을 쉬심과 같이 자기 일을 쉬느니라.
205) 히 11:13 이 사람들은 다 믿음을 따라 죽었으며 약속을 받지 못하였으되 그것들을 멀리서 보고 환영하며 또 땅에서는 외국인과 나그네라 증거하였으니 이같이 말하는 자들은 본향 찾는 것을 나타냄이라.

서 그들은 이 땅에서 외국인과 나그네로 생활하면서 본향을 찾아가는 생활 태도를 가졌다고 가르친다. 그 본향이 어디일까? 히 11:15-16에서 "저희가 나온 바 본향을 생각하였더면 돌아갈 기회가 있었으려니와 저희가 이제는 더 나은 본향을 사모하니 곧 하늘에 있는 것이라" 하여 하늘이 그들의 본향이라 하였다. 이 땅의 어느 곳도 영원한 본향은 아니었다. 여호수아의 안내를 받으면서 가나안에 정착한 이스라엘 백성들은 그곳을 그들의 영원한 안식처로 생각하지 않았다. 가나안은 여호수아와 다윗 시대에만 그런 것이 아니고 아브라함 때부터 그런 역할을 하였다. 아브라함은 하나님의 지시를 받아 갈대아 우르를 떠나 가나안에 정착하였다. 그는 그곳에서 나그네로서 장막생활을 하면서도 수많은 하나님의 사랑과 축복을 누렸지만 가나안을 그의 최종 목적지로 생각하지 않았다. 가나안은 아브라함이 이 땅에서 생활하는 동안의 안식처였으나, 최종 안식처로는 생각하지 않았다.

히 13:14-15에서 "우리가 여기에는 영구한 도성이 없고 오직 장차 올 것을 찾나니 이러므로 우리가 예수로 말미암아 항상 찬미의 제사를 드리자"고 하였다. 그래서 아브라함은 오히려 하나님이 경영하시고 지으실 터가 있는 성(城), 터가 흔들리지 않는 영원한 성, 하나님의 도성에서 누릴 안식을 바라고 생활하였다. 아브라함에게 가나안은 어디까지나 이 땅에서 잠깐 지내는 휴식처였을 뿐 영원한 안식처는 결코 아니었다. 장차 가서 누려야 할 영원한 안식처는 하나님의 품이었다.

히브리서 기자는 여호수아가 이스라엘 백성에게 안식처인 가나안으로 인도하였지만 그곳은 영원한 하나님의 안식처는 아니라고 한다. 만일 여호수아가 저희에게 안식을 주었더라면 그 후에 다른 날을 말씀하지 아니하셨으리라(히 4:8). 다윗의 '그 후에'(8절)라는 말은 가나안 땅에 들어온 후 다른 날을 가리키는 말이다. 만일 여호수아가 가나안을 정복한 이스라엘 백성에게 참된 안식을 주었다면 '그 후에' 다윗이 다른 날을 말하지 아니하였을 것이다. 여호수아를 통해 가나안의 안식을 얻은 그 후에도 다윗이 여전히 다른 안식을 말하는 이유는 그들이 기다리는 참된 다른 안식이 아직 남아 있기 때문이다. 그래서 하나님의 백성에게는 안식할 때가 아직 남아 있으니 영원한 하나님의 안식처가 된다. 아브라함과 여호수아와 다윗을 비롯한 구약과 신약의 모든 훌륭한 성도들이 이 땅에서 생활하는 동안 하나님의 영광 가운데 빛나는, 장차 있을 가장 완전한 안식처를 사모하였다. 그 안식처가 모든 성도들이 바라는 안식처로서 하나님이 모든 성도들을 위해 예비하신 가장 이상적인 안식처이기 때문이다.

히브리서 기자는 12:22-24[206]에서 그리스도를 믿는 자는 이미 그 안식처에 들어가서 안식하고 있다고 밝힌다. 그 성도들이 이른 곳은 "예루살렘과 천만 천사와 하늘의 장자들의 총회와 교회와 온전케 된 의인의 영들과 새 언약의 중보이신 예수의 뿌린 피"고 하였다. 그리스도 안에서 신앙생활을 하였던 성도들은 이미 시온 산과 하늘의 예루살렘에서 안식을 취하고 있다(22절). 그리스도를 믿었던 자들이 이른 곳은 중동지역에 위치한 문자적인 시온이 아닌 살아계신 하나님의 성을 말한다. 하늘의 예루살렘에는 교회를 형성한 지상의 참 믿는 성도들로 형성된 장자들의 총회가 있다. 땅위의 성도들에게 장자들이라는 칭호를 붙인 이유는 히 1:2[207]에서 말씀하신 것처럼 그들이 그리스도와 연합하여 그리스도와 동일한 상속자가 되었기 때문이다. 그리스도와 연합하여 하나님 나라를 유업으로 받을 자를 가리켜 온전케 된 의인이라 하였다. 그리스도께서 흘리신 피가 그들을 온전케 된 의인으로 변화시킨 것이다.[208] 히 9:14[209]의 말씀처럼 그리스도의

---

206) 히 12:22-24 그러나 너희가 이른 곳은 시온 산과 살아계신 하나님의 도성인 하늘의 예루살렘과 천만 천사와 하늘에 기록한 장자들의 총회와 교회와 만민의 심판자이신 하나님과 및 온전케 된 의인의 영들과 새 언약의 중보이신 예수와 및 아벨의 피보다 더 낫게 말하는 뿌린 피니라.

207) 히 1:2 이 모든 날 마지막에 아들로 우리에게 말씀하셨으니 이 아들을 만유의 후사로 세우시고 또 저로 말미암아 모든 세계를 세우셨느니라.

208) D. Guthrie, Hebrews, *Tyndale Commentary*(Grand Rapids: Eerdmans, 1983)

209) 히 9:14 그리스도의 피가 어찌 너희 양심으로 죽은 행실에서 깨끗하게 하고 살아계신 하나님을 섬기지 못하겠느뇨?

피는 하나님과 화평을 이루고 죄인들의 죄를 깨끗이 씻는 사죄의 피이기 때문에 그리스도의 피로 온전케 된 땅 위의 모든 성도들은 하늘의 새 예루살렘에서 그리스도와 함께 유업을 받아 하나님의 영원한 평화와 안식을 소유하게 된다. 새 예루살렘이 바로 하나님께서 성도들을 위해 예비하신 영원한 안식처이다.

7. 새 언약과 안식일

선지자 예레미야에 의해 새 언약이 이스라엘 백성에게 선포되었다. 새 언약이 나타나게 된 원인은 당시 이스라엘의 종교, 정치, 사회문제와 직접 연관되어 있었다. 이스라엘의 후기 시대에 속한 선지자들은 자기 백성들이 하나님과 맺은 언약을 배신하고 파기하였다고 강조하면서 심판의 불가피성을 외쳤다. 당시 이스라엘 백성들이 외적인 형식은 하나님의 언약을 지킨다고 하였으나 그들의 본심은 아니었음을 예레미야는 세 가지로 표현하였다.[210]

첫째, 렘 7:4-20은 이스라엘 백성들이 성전에 출입은 하지만 그들의 행위는 악행을 계속하므로 심판이 불가피하다고 선포한다. 즉 회개는 없이 성전을 출입하는 그 자체만으로 구원이 보장되는 것이 아님을 보여 주었다. 둘째, 렘 7:21-34은 하나님 말씀에 순종하지는 않으면서 종교적인 제사 의식을 반복한다 하여 그 의식이 하나님께 받아들여지지 않는다고 책망한다. 셋째, 렘 8:8-12에서 그들이 전혀 지키지 않으면서 하나님의 율법을 소유만 하고 있으니 언약을 어긴 것이라 하였다. 그들은 종교의 외형적인 형식은 지켰으나 마음은 하나님으로부터 멀어져 있었다.

그들이 몸에는 할례를 받았으나 마음은 하나님으로부터 멀어졌고 손과 발은 하나님의 계명을 어기는 죄를 범하는 데 열심이었나. 그들은 할례 없는 백성처럼 생활하였다. 하나님께서 아브라함에게 할례를 받지 않는 사람

---

210) Walter C. Kaiser, *Toward An Old Testament Theology*, 311-312.

은 그 백성에서 끊어지리라고 하신 말씀이 그 시대에 이루어지게 하셨다. 그들은 무할례자로서 그 땅에서 추방당하여 포로로 잡혀가게 되었고, 그 결과 다윗 왕국은 종말을 고하게 되었으며 예루살렘 성전과 도시는 폐허로 변하였다. 하나님께서 아브라함과 모세와 다윗을 통해 약속하신 바대로 그들이 하나님의 언약을 파괴한 것에 대해 하나님께서 내린 언약적 저주가 그들에게 임하였다. 그래서 예레미야는 유다 백성이 바벨론 사람들의 칼에 죽임 당하는 것을 보았고, 주권마저도 그들에게서 빼앗기는 경험을 하였다. 그가 활동하던 시대는 참으로 암울한 때였으며 미래에 대한 두려움과 불확실성이 그 백성의 마음을 사로잡고 있었다. 이스라엘 백성들 앞에 펼쳐진 역사적 현실은 자신들의 능력으로 도저히 감당할 수 없는 처참한 아픔과 고통뿐이었다.

이러한 상황에서 예레미야는 백성들에게 저들이 당하는 괴로움을 훨씬 뛰어넘는 희망의 메시지를 선포하였으니 그것이 새 언약이다. 예레미야가 이스라엘 백성에게 언약을 파괴한 것에 대해 하나님의 심판을 선포하던 중 렘 3:16-17[211])에서 모든 이스라엘 백성들이 깜짝 놀라면서 믿기 어려울 정도의 새로운 말씀을 전하였다. 지금까지 이스라엘 백성의 생활과 예배에서 가장 중심에 있던 언약궤가 아무런 의미가 없고 어느 사람도 그것을 마음에 생각하거나 기억하지 아니할 것이라고 하였다. 그 이유는 언약궤는 하나님의 임재를 나타내는 상징이었는데 이제는 하나님 자신이 모든 사람의 마음에 함께 하시기 때문에 더 이상 상징물은 필요가 없게 되었다.[212]) 예레미야는 모세를 통해 주신 모든 의식적인 율법의 폐기를 선언하였다. 그것들은 단지 실재의 원형을 모방하여 만든 것이므로 원형이 나타나면 모방한 상징물은 자연히 사용 가치가 없어지기 마련이다. 지금까지

---

211) 렘 3:16-17 나 여호와가 말하노라 너희가 이 땅에서 번성하여 많아질 때에는 사람사람이 여호와의 언약궤를 다시는 말하지 아니할 것이요 기억하지 아니할 것이요 찾지 아니할 것이요 만들지 아니할 것이며 그때에 예루살렘이 여호와의 보좌라 일컬음이 되며 열방이 거리로 모이리니 곧 여호와의 이름으로 인하여 예루살렘에 모이고 다시는 그들의 악한 마음의 강퍅한 대로 행치 아니할 것이라.

212) Walter C. Kaiser, *Toward An Old Testament Theology*, 313.

그 백성들의 역사와 생활에서 중심 역할을 하던 그림자와 상징물들은 자취를 감추게 되므로 새로운 시대가 시작되는 것은 당연하다. 그래서 예레미야는 새로운 시대를 인도할 하나님의 뜻인 새 언약을 백성들에게 선포하였다.

예레미야는 하나님께서 이스라엘 백성과 옛 언약을 맺으셨는데 앞으로 때가 되면 새로운 언약을 세울 것임을 밝힌다. 그 새 언약은 과거에 세운 언약보다 훨씬 고차원적이고 훌륭한 것으로, 조상들에게 언약하셨던 모든 약속이 이 언약 안에서 성취되었다. 언약의 핵심이 임마누엘로서 하나님과 그 백성이 함께 하심이다. 새 언약은 "하나님의 법을 그 백성의 마음에 기록하므로 하나님은 그들의 하나님이 되고 그들은 하나님의 백성이 되어" 임마누엘이 완성된다. 그러면 이 새 언약은 누가 세우는가? 새 언약은 그리스도께서 세우신 언약이다. 주님께서 제자들과 최후의 만찬을 드실 때 눅 22:20에서 "이 잔은 내 피로 세우는 새 언약이니 곧 너희를 위하여 붓는 것이니라" 하셨다. 예레미야는 먼 훗날 다윗의 후손 가운데서 메시아가 탄생하여 새 언약을 세울 것을 믿음의 눈으로 바라보았다. 그리스도께서 세우신 새 언약은 유월절 어린양의 죽음을 회상하면서 자신이 십자가에 죽으시므로 그의 백성을 구원하신다는 언약이다. 그리스도의 십자가 보혈을 믿는 자는 새 언약의 백성으로서 영광스러운 하나님의 안식을 체험하게 하셨다.

예레미야는 렘 30:3에서 "그들의 조상들에게 주었던 땅으로 그들을 돌아오게 할 것이라"하여 하나님은 이스라엘 백성이 추방당하였던 바벨론으로부터 약속의 땅으로 다시 돌아오게 될 것을 가르친다. 그는 렘 31:27-28[213]을 통해 이스라엘 백성의 상당수가 고국을 떠나 잡혀갈 것이나 그들이 돌아와서 다시 인구가 강성해지는 환상을 보고 있음을 말한다. 이스라

---

213) 렘 31:27-28 여호와께서 가라사대 보라 내가 사람의 씨와 짐승의 씨를 이스라엘 집과 유다 집에 뿌릴 날이 이르리니 내가 경성하여 그들을 뽑으며 훼파하며 전복하며 멸하며 곤란케 하던 것같이 경성하여 그들을 세우며 심으리라 여호와의 말이니라.

엘 백성들이 아브라함과 그들의 조상에게 주신 언약을 어긴 결과 언약적
저주의 멸망을 경험하였다. 그래서 아브라함에게 약속한 언약의 땅에서 추
방당하였고, 하나님께서 그들의 조상들에게 주신 가나안에서 쫓겨나 이방
땅의 포로가 되었다. 하나님과의 관계가 단절되었기 때문에 더 이상 그들
은 하나님의 백성이 아니었다. 그러나 하나님은 흩어졌던 이스라엘을 다시
약속의 땅으로 모으셨다. 긴 포로 생활 동안 경제적 빈곤이 찾아왔으나 다
시 육축이 번성해지는 때가 있을 것을 외쳤다. 여호와께서 그들에게 고통
과 환난을 주셨지만 궁극적으로는 그들이 행복하도록 모든 것을 회복시킨
다고 가르쳤다.

예레미야가 가르치는 언약의 핵심 내용은 렘 31:31-34[214]에 나타난다.
하나님은 이제 이스라엘 백성과 새 언약을 세워 영원한 언약인 평화의 언
약으로 이스라엘 백성을 회복시키신다. 31절에서 "보라 날이 이르리니 내
가 이스라엘 집과 유다 집에 새 언약을 세우리니"라고 하셨다. 단절되었던
관계가 완전히 새로운 관계로 시작될 것을 가르친다. 그 이유는 이스라엘
과 유다가 하나님과 맺은 언약을 파기시켰다. "내가 그들의 남편이 되었
어도 그들이 내 언약을 파하였음이라"(31절). 파기된 언약의 관계가 유지
되기 위해서는 새로운 언약이 필요하다. 새 언약은 과거에 모세를 통해 주
셨던 율법과는 많은 면에서 다르다.

예레미야가 선포하는 새 언약은 많은 면에서 아브라함의 언약과 일치한
다. 그리고 족장에게 하셨던 언약의 성취를 보게 된다. 33절에서 "나는 그
들의 하나님이 되고 그들은 내 백성이 될 것이라"는 창 17:7-8 말씀과 같

---

214) 렘 31:31-34 나 여호와가 말하노라 보라 날이 이르리니 내가 이스라엘 집
과 유다 집에 새 언약을 세우리라 나 여호와가 말하노라 이 언약은 내가 그들의 열
조의 손을 잡고 애굽 땅에서 인도하여 내던 날에 세운 것과 같지 아니할 것은 내가
그들의 남편이 되었어도 그들이 내 언약을 파하였음이라 나 여호와가 말하노라 그
러나 그날 후에 내가 이스라엘 집에 세울 언약은 이러하니 곧 내가 나의 법을 그들
의 속에 두며 그 마음에 기록하여 나는 그들의 하나님이 되고 그들은 내 백성이 될
것이라 그들이 다시는 각기 이웃과 형제를 가리켜 이르기를 너는 여호와를 알라 하
지 아니하리니 이는 작은 자로부터 큰 자까지 다 나를 앎이니라 내가 그들의 죄악
을 사하고 다시는 그들의 죄악을 기억하지 아니하리라 여호와의 말이니라.

은 내용이다. 렘 32:36-41에서 "내가 기쁨으로 그들에게 복을 주되 정녕히 나의 마음과 정신을 다하여 그들을 이 땅에 심으리라" 하여 아브라함에게 약속하셨던 땅에 관한 약속을 다시 밝힌다. 아브라함의 후손들이 영원히 가나안 땅에 거하게 되리라고 언약하셨던 하나님께서 예레미야를 통해 포로가 되어 이방 땅에 흩어졌던 이스라엘 백성을 다시 모으리라 하시므로 아브라함의 약속을 재확인하고 있다.

렘 33:15[215)]에는 메시아 탄생을 예고한다.[216)] 예레미야는 다윗의 뿌리에서 한 가지가 자랄 것을 가르치는데 그 "가지" 는 다윗의 혈통에서 메시아가 나타날 것을 뜻한다. 이 새 언약과 다윗에서 나올 가지인 메시아의 역할은 깊은 관련이 있을 것이다. 즉 새 언약은 "하나님이 그들과 임마누엘로 함께 할 것과, 메시아 약속, 땅의 회복"을 가르치기 때문에 아브라함의 언약과 많은 부분에서 일치한다. 예레미야의 언약에도 미래에 완성될 것이 많이 있으나 아브라함이 이 새 언약을 바라보았다면 예레미야 시대에는 아브라함의 언약 가운데 이미 많은 것이 성취 된 것을 보았을 것이다. 예레미야는 아브라함에게 하신 언약이 많은 부분에서 이스라엘 역사 가운데서 이미 성취된 것을 보았다.

하나님께서는 새 언약을 이스라엘 백성의 마음에 기록하겠다고 하셨다. 33절에서 "내가 나의 법을 그들의 속에 두며 그 마음에 기록하여 나는 그들의 하나님이 되고 그들은 내 백성이 될 것이라" 하였다. 새 언약을 사람의 마음에 기록하여 그들의 속에 둔다 하여 돌판에 새겨진 모세 율법과는 큰 대조를 이룬다. 하나님의 새 언약은 마음에 기록하기 때문에 그 전 시대의 언약들에 비교하면 독특하다. 하나님의 율법을 사람의 내면적 마음에 기록하시므로 하나님과 그의 백성이 내적이고, 인격적으로 교제하게 된다. 옛 언약 하에서는 선지자와 제사장들을 통해 돌판에 기록된 하나님의 율법을 배워서 깨달았다. 과거에는 하나님과 성도들 사이에 중간 사역자가

---

215) 렘 33:15 그날 그때에 내가 다윗에게 한 의로운 가지가 나게 하리니 그가 이 땅에 공평과 정의를 실행할 것이라.

216) Thomas McComiskey, 『계약신학과 약속』, 90.

필요하였으나 이제는 더 이상 필요하지 않게 되었다. 새 언약에서는 하나님께서 직접 모든 성도들의 마음에 역사하신다. 그래서 새 언약 아래서는 백성들이 하나님을 떠나지 않도록 여호와께서 그들 마음에 하나님을 향한 경외심을 둔다(32:40)고 하였다.

에스겔은 하나님께서 그들을 깨끗하게 하신다(37:14)고 하였다. 요엘은 2:28-29[217]에서 하나님의 신을 만인에게 부어 주어 하나님께서 주시는 이상과 꿈을 꾼다고 하였다. 그 결과 "작은 자로부터 큰 자까지 다 나를 앎이라"(31:34)고 하였다. 그리고 그때는 "하나님의 백성이 더 이상 그 마음의 패역한 대로 행하지 아니할 것이라"(렘 3:17)고 예레미야가 선언하였다. 옛 언약에서는 하나님의 백성이 스스로 율법을 지키고 하나님을 경외하였으나 새 언약 하에서는 하나님께서 모든 일을 행하시고 완성하신다. 하나님이 율법을 백성들 마음에 기록하실 뿐 아니라 성령을 모든 사람에게 부어 주시므로 저들이 즐거운 마음으로 순종하게 하신다.

하나님께서 자기 백성들과 새 언약을 맺으시고 큰 은혜를 베푸시면 하나님의 백성들은 하나님께서 주시는 성령을 힘입어 율법을 순종할 수 있게 된다는 뜻이다. 하나님의 은혜로 구원을 얻는 새 언약 시대에는 율법이 그 백성의 마음에 새겨져서 하나님의 뜻을 알고 행하게 된다. 돌판에 기록한 것은 눈으로 읽어야 깨닫게 되는데, 깨달은 후에도 본인의 마음이 순종하기 싫다면 행할 수가 없다. 그러나 마음에 새긴 것은 스스로 깨달아 자발적으로 순종하게 된다. 그런데 우리가 제2장에서 본 바와 같이 하나님께서 인간을 처음 창조하셨을 때는 율법을 마음에 새겼다. 그래서 마음의 본성으로 하나님의 뜻을 알 수 있도록 지음을 받았다.

하나님께서 인류의 시조 아담을 자신의 형상으로 거룩하고 지혜로운 존재로 창조하셨고, 인간은 스스로 자신의 마음에 심어진 양심의 본성을 따라 하나님의 뜻을 이해할 수 있었다. 아담은 하나님의 뜻을 충분히 이해할

---

217) 욜 2:28-29 그 후에 내가 내 신을 만민에게 부어 주리니 너희 자녀들이 장래 일을 말할 것이며 너희 늙은이는 꿈을 꾸며 젊은이는 이상을 볼 것이며 그때에 또 내가 내 신으로 남종과 여종에게 부어 줄 것이라.

수 있었기 때문에 그 계명들을 순종할 능력도 함께 있었다. 하나님께서 "동산 각종 나무의 실과는 네가 임의로 먹되 선악을 알게 하는 나무의 실과는 먹지 말라 먹는 날에는 네가 정녕 죽으리라"는 언약의 명령을 아담에게 하셨을 때 그는 그 내용을 이해하였고 또한 순종할 수 있는 능력도 있었다. 만약 그가 그 명령을 순종하였더라면 영원한 생명에 들어가고 결코 멸망의 심판은 받지 않았을 것이다. 아담이 처음 지음 받았을 때 하나님이 주신 본성으로 모든 율법을 이해하였고, 그 율법에 순종할 수 있는 의지와 함께 그것을 지킬 능력도 있었다. 하나님은 아담에게 율법을 주실 때 말씀으로 선포한 것도, 글씨로 기록해 주신 것도 아니다. 하나님은 인간의 본성으로 율법을 깨달아 자기 생활에 적용할 수 있도록 하셨다.

그러나 이미 앞에서 언급한 것처럼 아담의 타락의 결과 양심과 본성이 마비가 되었다. 신경마비증세가 있는 사람은 감각이 없어 무엇을 만져도 느끼지 못한다. 타락한 인간은 마음과 양심의 감각이 마비되어 그의 본성에 심어진 하나님의 뜻을 느끼고 이해하고 순종할 수 있는 능력이 완전히 상실되었다. 아담의 타락으로 인간은 이제 하나님의 뜻을 깨닫는데 소경이 되었고, 순종하는 능력은 완전 소멸되었다. 그래서 하나님은 새로운 방법으로 모세를 통해 하나님의 기록된 법을 인간에게 다시 주셨다. 주님은 요 1:17에서 "율법은 모세로 말미암아 주신 것이요 은혜와 진리는 예수 그리스도로 말미암아 온 것이라" 하셨다. 하나님이 모세를 통해 주실 때는 에덴 동산에서 아담에게 주신 것과는 다르게 사람이 눈으로 읽고 귀를 통해 들을 수 있는 형식으로 주셨다. 에덴 동산에서는 사람의 마음 속 본성에 그 법을 나타내셨으나 시내 산에서는 돌판에 기록해 주셨다. 시내 산의 율법은 사람의 마음이 아닌 돌에 기록하셨다. 그래서 바울은 갈 3:19에서 모세 율법을 범법하여 더한 것이라 하였다. 그는 "율법이 무엇이냐? 범법함을 인하여 더한 것이라"고 설명하였다. 하나님께서는 모든 율법을 사람의 본성에 심어 주셔서 율법을 주실 필요가 없었는데 인간의 죄 때문에 다시 이 율법을 돌에 새겨 모세에게 주신 것이다. 죄로 인해 양심이 무뎌지고 본성으로 하나님의 뜻을 아는 지식이 부패해졌다. 이러한 상황 변화

로 인하여 하나님은 사람들이 다시 하나님의 뜻을 깨닫고 순종하게 하기
위해 모세를 통해 율법을 기록해 주시고 선포하셨다.

하나님께서 이스라엘 백성에게 자신의 율법을 돌판에 분명하고 똑똑하
게 기록해 주셨다. 양심과 마음에 기록한 율법은 희미하게 변질되었으나
돌판에 기록한 율법은 변하지 않는다. 그것은 누구에게나 하나님의 법을
확실하게 전달해 줄 수 있었다. 그러나 타락한 인간의 마음이 하나님으로
부터 멀어졌기 때문에 인간 스스로 하나님의 계명을 지킬 수 없었다. 모세
를 통해 돌판에 새겨 주신 하나님의 계명이 분명하게 읽혀지고 선포되기
는 하였지만 그것을 지켜 순종하는 것까지는 할 수 없었다. 즉 분명하게
나타난 하나님의 계명이 사람에게 적용되지 못하였다. 그래서 하나님은 그
리스도를 통해 그 법을 사람들의 마음에 새겨서 하나님의 뜻을 알고 하나
님의 백성이 되도록 하셨다. 하나님께서 자신의 뜻을 그리스도를 구주로
믿는 사람의 마음에 기록하신다. 그리스도를 통해 성도들의 마음에 기록한
율법은 다시 흐려지거나 부패하여 지워지지 않는다. 그리스도를 통해 베푸
시는 은혜로 말미암아 하나님의 백성들이 자발적으로 계명을 지키므로 도
덕적 수준이 향상될 것이다. 그 이유는 율법을 각 사람의 마음에 새겼기
때문이다. 그래서 하나님과 그의 백성은 과거와는 다른 새로운 관계가 형
성되었다.

하나님께서 새 언약 하에서는 "내가 그들의 죄악을 사하고 다시는 그
죄를 기억하지 아니하리라"고 31:34에서 말씀하셨다. 하나님께서 그들의
죄를 기억하지 않으시기 때문에 징계와 심판의 위험이 사라졌다. 브루스는
인간의 죄가 하나님께 기억된다면 하나님의 거룩과 공의적 속성이 그들을
심판하실 것이나 기억하지 않는다면 하나님의 거룩하심에도 불구하고 그
죄를 사하시기로 하신 것이라[218]고 하였다. 그러므로 하나님의 은혜는 죄
인을 의롭다 하실 때 풍성하게 나타난다. 하나님이 이스라엘 모든 백성의
죄를 사하시므로 우리는 제사장 같은 중보자가 필요 없이 직접 하나님을

---

218) F. F. Bruce, *The Epistle to the Hebrews*, 175.

알게 된다.

옛 언약인 출애굽 때는 하나님께서 그들의 죄를 완전히 사하지는 않았다. 그때는 하나님의 사자가 어린양의 피를 보고 그냥 넘어갔을 뿐이다. 구약의 계속적인 어린양의 희생 제사로 백성들의 죄가 완전히 없어진 것이 아니다. 그 죄가 완전히 없어졌다면 왜 매년 제사를 반복하였겠는가? 짐승들의 피는 사람의 죄를 제거하는 능력은 없다. 구약의 제사는 대속적 죽음을 예표하는 그림자 역할을 하였으나 예레미야는 모든 죄가 실제로 사하여져서 없어진다고 선언하였다. 그 죄가 다시 기억되지 않기 때문에 그때까지 계속 되어오던 희생제사가 반복될 필요가 없음을 예고하였다. 제사는 항상 죄를 사하기 위한 수단으로 하나님께 드렸다. 그러나 죄가 없어졌다면 제사를 다시 반복할 필요는 자연히 없어진다. 예레미야는 구약에서 유대인들이 가장 중요하게 취급해오던 제사제도의 종말을 선언하였다. 죄가 다시 기억되지 않으므로 사죄의 은총이 영원하다는 의미도 있다. 이는 곧 옛 언약은 끝이 났다는 뜻이다. 그리고 새 언약은 동시에 새로운 시대가 왔음을 나타낸다.

예레미야는 새 언약은 옛 언약과 다르다는 점을 밝혔다. 그러나 옛 언약이 나쁘다거나 잘못이 있다고 표현하지 않았다. 그는 31:31-32에서 "내가 그들과 새 언약을 세우리라 … 이 언약은 내가 그들의 열조의 손을 잡고 애굽 땅에서 인도하여 내던 것과 같지 아니할 것은 내가 그들의 남편이 되었어도 그들이 내 언약을 파하였음이니라"고 말한다. 예레미야는 옛 언약에 대해 부정적 견해를 나타내지 않았다.[219] 옛 언약의 의미를 무력화시킨 주체는 이스라엘 백성들이었기 때문이다.

이스라엘 백성이 파기한 언약은 모세의 율법을 뜻한다. 모세 율법은 이스라엘 백성에게 주신 하나님의 계시다. 그러므로 모세 율법을 폐기시킬 수 없다. 하나님이 주신 율법은 이스라엘 백성들이 하나님과 자기들의 이웃을 향한 의무이며 사랑의 표현이다. 사도 바울도 구약 율법의 기능과 백

---

219) Thomas McComiskey, 『계약신학과 약속』, 91.

성들이 지키는 방법에서 변화가 있음을 지적했을 뿐 율법 자체가 폐기되었다고 하지 않았다. 그래서 예레미야는 새 언약 아래서도 옛 언약이 무효화되었다고 주장하지 않는다. 오히려 그는 "하나님의 율법을 백성들의 마음에 두며 그 마음에 기록한다"고 하였다. 옛 언약 때보다 새 언약은 오히려 더 친밀하고 더 가깝게 느끼게 하였다. 신 6:6은 "오늘날 네게 명하는 이 말씀을 너는 마음에 새기라" 하였고 또 신 30:6에는 "마음에 할례를 행하라" 하여 옛 언약에서도 마음을 중요하게 생각하였다. 그러나 옛 언약을 무력화시킨 근본 원인은 이스라엘 백성이 율법을 마음에 두는데 실패하였기 때문이다. 옛 언약은 율법을 그들 앞에 두고 지키라 하셨다. 그러나 새 언약은 하나님의 율법을 마음에 두고 그것을 순종하도록 하셨다.

옛 언약 하에서 이스라엘 백성들은 율법의 외형적 순종에 역점을 두었다. 따라서 자연히 안식일법도 진심으로 하나님을 사랑하고 경외하는 마음으로 지키기보다는 오히려 규칙과 법에 매여서 지켰을 것이다. 모세로부터 그 계명을 처음 받았을 때는 두려움과 감사한 마음으로 그 말씀을 순종하겠다고 약속하였으나 하나님의 율법을 마음에 새기지 않았기 때문에 원래 하나님께서 주신 목적과 동기를 잊게 되었다. 율법을 지키지 않으면 하나님의 무서운 징계와 채찍이 있기 때문에 처음부터 의도적으로 안식일을 범하지는 않았지만, 시간이 지나면서 구원의 감격과 기쁨은 약화되고 돌비에 새겨진 하나님의 차가운 계명만 남게 되었다.

오직 안식일을 지키고 순종해야 한다는 의무감으로 안식일을 준수하고 그 규정을 지킨다면 무거운 짐과 굴레가 되는 것은 당연하다. 그 결과 옛 언약 하에서 이스라엘 백성들은 안식일 언약을 지키는데 실패하였다. 하나님의 영원한 안식의 표상인 안식일 언약을 어긴 결과 이스라엘 백성들에게는 참된 평화와 안식이 없어졌다. 바벨론의 포로가 된 그들이 이방 땅에서 안식일을 지켰겠는가? 애굽의 노예 생활과 같았을 것이다. 이 고통은 하나님의 안식일을 잊어버린 결과로 따르는 징벌이었다. 안식일을 법과 형식에 매여 지킨다면 우리는 그것을 통해 하나님의 은혜를 체험할 수 없고, 무거운 굴레가 될 뿐이다.

그러나 새 언약 하에서도 옛 언약이 완전히 없어진 것은 아니다. 새 언약 시대에도 안식을 거룩하게 지키고 하나님을 예배하는 의무는 여전히 유효하다. 하나님께 예배드리고 영광 돌리는 일은 옛 언약 때보다 더 강화되었다. 하나님께서는 각 사람에게 성령을 부어 주시고 또한 하나님이 자기의 언약의 법을 모든 성도들의 마음에 기록하셨기 때문에 하나님께서 자기 백성들에게 안식일 계명을 지키고 순종할 수 있는 마음도 주셨다. 그리스도께서 십자가에서 보혈을 흘리시므로 자기 백성에게 영원한 천국의 소망을 주셨다. 주님은 그의 택한 백성을 위하여 안식처를 예비하러 가셨으며 세상 끝 날에 그들을 그곳으로 인도하실 것이다. 이 땅위에서 안식일은 영원한 안식을 사모하면서 미리 맛보는 즐거움이다. 그날을 소망하는 가운데 주님의 안식일을 지켜야 할 것이다.

제4장

모세 언약과 안식일

모든 신학자들이 모세 시대에 안식일 제도가 존재하고 있었다는 데 의견을 달리 하지 않는다. 우리가 제1장에서 본 바와 같이 안식일은 하나님이 엿새 동안 천지 창조를 완성하신 다음 일곱째 날에 안식하심으로 안식일이 제정되었다. 그래서 안식일은 결혼이나 노동명령처럼 창조언약에 속하나 이미 살펴본 바와 같이 안식일법과 제도가 창조 규범이라는 사실을 많은 학자들이 부정하고 있다. 안식일이 모세 시대 전에는 존재하지 않았으며, 따라서 모세 때까지는 누구도 안식일을 지키지도 않았다고 주장한다. 안식일이 창조 규범임을 거부하는 다수의 학자들은 하나님이 모세를 통해 안식일을 처음 만들었다고 강조한다. 그 결과 안식일에 관한 제도와 법은 창조 규범이 아니기 때문에 모든 인류에게 영향력을 발휘할 수 없으며, 안식일은 단지 선택받은 유대인과 이스라엘 민족만을 위해서 만들어졌다고 주장한다.[1] 그래서 혹자는 안식일법을 신약교회와 성도들도 지키거

---

1) 안식일이 모세에 의해 제정되었다고 주장하는 사람들은 다음 학자들을 포함한 다수가 있다. 그러나 이들 모두가 5경의 모세 저작권을 부인하는 것은 아니다. N. E. Andearson, "Recent Studies of the Old Testament Sabbath: Some Observation," *Zeitschrift für alttestamentliche Wissenschaft* 86 (1974): 455. Charles R. Briggs, "Exposition and Adaptation of the Sabbath Commandment in the OT," *Australian Biblical Review*, 23(October 1975): 13-23. Werner H. Schmidt, *The Faith of the Old Testament*, 89. Griffith, "The eschatological significance of the Sabbath," 67-8. Gnana Robinson, *The Origin and*

나 순종할 필요가 없다고 주장을 한다. 그러한 주장을 가르치는 사람은 누구며 그런 견해가 어떤 근거에 바탕을 두고 있는지 알 필요가 있다.

본 장에서는 출애굽기 20장과 신명기 5장, 그리고 모세 오경에 나타나는 여러 자료들을 검토하면서 안식일법의 의미와 그 뜻은 무엇인지, 그리고 그 말씀을 어떻게 순종하고 지켜야 하는지에 대하여 살필 것이다. 모세 이후 모든 유대인들과 신약의 교회는 모세가 받은 율법의 영향을 크게 받았다. 그 후의 모든 선지자와 왕과 제사장들, 그리고 백성들의 생활과 업적은 항상 모세의 율법에 비추어 평가되었다. 누구든지 모세의 법에서 이탈된 사역을 하였다든지, 그 법이 명시한 내용을 순종하지 않았다면, 그는 하나님의 뜻을 어긴 사람으로 평가되었다. 하나님의 법을 어긴 사람은 그 직종과 직위 고하를 막론하고 하나님의 심판을 면할 수 없었다. 이러한 상황 하에서 신앙생활을 한 그들을 이해하려면 모세 율법의 뜻을 바로 아는 것이 우선적이다. 그러므로 안식일을 어떻게 지켜야 하는지 그 뜻을 정확하게 이해하여, 우리 생활에 바르게 적용할 수 있도록, 모세를 통해 주어진 안식일법의 내용이 무엇인지 살펴보자.

1. 안식일은 누구에게 주셨는가?

하나님께서 안식일은 천지를 창조하실 때 창조 규범으로 만드셨지만 인간들이 그날을 어떻게 지켜야 할지에 대한 자세한 법칙은 모세를 통하여 제시하셨다. 하나님은 시내 산에서 모세를 통해 십계명을 이스라엘 백성에게 주셨다. 이미 우리가 제2장에서 연구한 바와 같이 이 십계명은 창조 때 인간의 본성에 심어진 하나님의 뜻이며 도덕법이라 하였다. 하나님은 인간이 최소한 의무적으로 지켜야 할 것들을 십계명에 요약하였다. 십계명은 인간 본성에 심어진 도덕법이기 때문에 모든 사람은 이 계명들을 반드시

Development of the Old Testament Sabbath, 22. Robinson, "The Prohibition of Strange Fire in Ancient Israel: A New Look at the Case of Gathering Wood and Kindling Fire on the Sabbath," *Life of Constantine* 28 (1978): 301-17.

순종하고 지켜야 할 의무가 있다. 이 십계명은 다른 모든 법의 핵심이 되는 가장 중요한 부분이다.

1) 출애굽기에 나타난 안식일 계명

그 십계명 가운데 중요한 부분을 차지하고 있는 계명이 바로 안식일을 지키는 일에 관한 규정이다. 안식일에 관한 계명은 십계명의 다른 아홉 개의 계명들보다 후대 이스라엘 백성의 생활에 더욱 엄격하게 적용되었다. 출애굽기 20장과 신명기 5장에 나타난 십계명은 우선 다른 아홉 개의 계명들보다 양이 많다. 다른 계명들은 한 절 혹은 두 절로 구성되어 있지만 안식일 계명만은 네 개의 절로 되어 있어 다른 계명에 비하여 길다. 따라서 글자 수에서도 많은 차이가 난다. 출애굽기 제사 계명은 55개의 단어이며, 신명기는 64개의 히브리어 단어로 구성이 되어 있다. 다른 아홉 개의 계명들에 비교하면 안식일 계명은 단어의 수가 훨씬 많다. 출애굽기 16장에 의하면 안식일 계명에 관한 교훈은 모세가 십계명을 받기 전 신 광야에서 나타나며, 출애굽기 31:12-17에서 다시 안식일법에 대한 교훈이 강조되고 있다. 같은 십계명이지만 다른 아홉 개의 계명보다 안식일 계명은 더 많이 강조되었다.

제사 계명이 다른 계명보다 이렇게 강조된 이유가 무엇일까? 그것은 안식일이 창조 규범임과 동시에 우리의 구원을 완성하신 구속의 완성을 나타내기 때문이다. 이 두 개의 복합적 이유가 안식일을 거룩하게 지켜야 할 뿐 아니라 영원히 하나님을 믿고 감사해야 할 근거가 된다.[2] 성경에 기록된 나머지 모든 내용은 안식일 계명에 나타난 하나님의 사역이 역사 현장에서 이루어지는 과정을 설명하고 있다. 즉 하나님께서 천지창조를 하신 것과 우리를 구원하신 사역이 성경의 중심을 이루고 있다. 그 이유는 창조와 구원이 우리 인간에게 가장 중요하기 때문이다. 창조와 인간의 구속은 영원히 기억하면서 찬양과 감사를 표해야 하는 사건이다. 하나님은 그의

---

2) Peter C. Craigie, *New International Commentary on the New Testament, The Book of Deuteronomy*, 157.

백성들에게 자신이 이 두 사역을 완성한 것을 기억하면서 안식일을 거룩하게 지키라고 명령하신다.

그러나 안식일 계명을 포함한 십계명이 오직 이스라엘 민족에게만 주어진 것이냐 혹은 이방민족과 신약의 모든 교회에게도 주어진 것이냐에 대한 논쟁은 뜨겁다. 자유주의 교회에서는 십계명이 신약교회에 구속력이 없다고 가르친다. 그 이유는 그것은 하나님께서 오직 유대 민족에게만 주셨지 전 인류를 위해 주신 것이 아니기 때문이다.[3] 그들은 출애굽기 20장과 신명기 5장은 애굽에서 하나님의 능력으로 구원받은 유대민족에게만 주셨다고 강조한다. 그래서 십계명 가운데 일부분만 신약의 성도들이 지키고 순종할 필요가 있으나 제사 계명은 아니라고 주장한다.[4] 십계명을 포함한 모든 모세의 율법은 오직 이스라엘 백성에게만 주셨기 때문에 그리스도가 오시므로 폐지가 되었다고 가르친다.

그들의 주장은 신약교회와 이방인들이 도둑질이나 살인을 해도 된다는 뜻이 아니라, 단지 도둑질과 살인 등을 금지한 법이 십계명과 일치되는 것을 반대한다. 그러한 법은 이미 모세 전부터 있었기 때문에 모세 전시대부터 존재한 그 법은 모든 인류가 지켜야 한다고 믿었다. 또한 이들은 하나님께서 인간의 본성에 심어 주신 양심에 기록된 도덕법을 모세를 통하여 주셨다는 사실을 부인한다.[5] 하나님이 십계명을 오직 유대인들에게만 주셨다면 신약의 성도들에게는 그것이 유효하지 않게 된다. 그러나 전 인류에게 주신 것이라면 신약교회를 포함한 모든 성도에게 구속력이 있다. 우리가 이미 제2장에서 연구한 바와 같이 십계명은 모든 인류의 마음에 심

---

3) Charles Lee Feinberg, "The Sabbath and the Lord's Day," *Bibliotheca Sacra* (April-June 1938): 181.

4) Richard J. Griffith, "The Escaatological Significance of the Sabbath", 72.

5) Roy L. Aldrich, "Causes for Confusion of the Law and Grace," *Bibliotheca Sacra* 116 (July-September 1959): 221-29; id., "Has the Mosaic Law Been Abolished?" *BS* 116 (October-December 1959): 322-35; id., "The Mosaic Ten Commandments Compared to Their Restatements in the New Testament," *BS* 118 (July-September 1961): 251-58.

어 준 하나님의 뜻이다. 그러므로 안식일 계명도 이스라엘 백성에게만 주신 것이 아니라 십계명과 함께 모든 사람의 본성에 심어 주신 하나님의 법이기 때문에 신약교회 성도들도 지키고 순종해야 한다는 것은 당연한 사실이다.

안식일 계명이 십계명 가운데서 다른 계명보다 더 많은 비중을 차지하면서 중요하게 취급되었다. 그 이유는 이미 제1장에서 밝힌 것과 같이 그것은 다른 계명과는 다르게 하나님께서 천지창조 사역을 마친 후 하나님이 친히 모범을 보이면서까지 만드신 창조 규범이기 때문이다. 그래서 출애굽기 20장에 나타난 안식일 계명은 하나님께서 육 일간의 창조사역을 끝내고 일곱째 날 안식하신 것을 기억하면서 그날을 거룩하게 지킬 것을 명하고 있다. 제사 계명이 안식일을 거룩하게 지켜야 할 이유를 "이는 엿새 동안에 나 여호와가 하늘과 땅과 바다와 그 가운데 모든 것을 만들고 제 칠일에 쉬었음이라 그러므로 나 여호와가 안식일을 복되게 하여 그날을 복되게 하였느니라"(21:11; 31:17)고 밝히고 있다. 다른 계명들은 사람에게 그 계명에 대한 교육을 시키기 위한 하나님의 모범적 행동이 없었다. 제사 계명만이 스스로의 권위로 안식일 지킬 것을 명령하지 않고 하나님께서 창조사역을 완성하신 후 제칠 일에 안식하신 하나님의 모범으로 호소한다. 제사 계명이 다른 아홉 개의 계명들처럼 스스로의 권위로 명령하지 않고, 하나님의 모범에 직접 호소하여 명령한 것은 아담과 그 후손들은 반드시 안식일 계명을 지켜야 한다는 뜻이 담겨 있다.

그러나 안식일이 창조 규범이 된다는 사실을 거부하는 사람들이 있다. 그리피스는 많은 자료를 제시하면서 안식일은 모세 때 처음 만들어 졌으며 그 전시대에는 존재하지 않았다고 강조한다.[6] 제사 계명에서 안식일을 "기억하라"는 단어가 있는 것은 과거에 안식일이 있었다는 증거이기는 하지만 그러나 창조 때는 아니라고 한다. 그들의 가르침에 의하면 출애굽기 16장에서 이스라엘 백성이 신 광야에 왔을 때 만나를 수거하면서 하나님

6) Griffith, "The Eschatological Significance of the Sabbath," 73-78.

이 이스라엘 백성에게 처음 안식일에 관한 법을 주셨다.[7] 그들은 제사 계명에서 "기억하라"고 하신 명령은 출 16장의 만나 사건에서 안식일 명령을 처음 주셨기 때문에 만나 사건에서 주신 안식일 명령을 기억하라는 뜻으로 해석한다. 그러나 제사 계명과 출 31:17[8]은 이스라엘 백성들이 안식일을 지켜야 할 이유를 하나님께서 엿새 동안 천지를 창조하고 제 칠일에 안식하셨기 때문이라고 가르치고 있다.

그리고 그들은 창세기에 나타난 하나님의 안식에 인간의 안식에 관한 언급이나 교훈이 없기 때문에 안식일의 기원을 창조사건에까지 연결할 수 없다는 견해를 취한다.[9] 십계명과 다른 성경에서 안식일을 하나님의 안식과 관련을 지어 가르치는 것을 은유적 표현으로 해석한다.[10] 하나님은 피곤하지도 않고 지치지도 않는데 안식하고 쉬었다는 것은 하나님이 실재로 안식하신 것이 아니고 하나님이 안식하신 것처럼 은유적으로 표현하였을 뿐이라고 가르친다. 그러나 십계명과 출 31:17 등의 말씀과 그 후에 나오는 모든 말씀을 종합하면 하나님의 안식은 은유적 표현이 아니다. 하나님이 실재로 안식은 하지 않았는데도 불구하고 은유적 표현으로 안식하신 것처럼 한 것을 근거로 하여 십계명에서 다시 안식일을 기억하라고 명령한다는 것은 납득하기 어렵다. 하나님께서는 제칠 일에 안식하셨다는 문자 그대로 안식을 취하셨기 때문에 제사 계명은 하나님의 안식에 근거하여 모든 인류에게 안식할 것을 명하고 있다.

하나님이 엿새 동안 창조사역을 하신 후 안식하신 것은 피곤하기 때문이 아니다. 하나님은 천지를 창조하셨지만 피곤치 않은 영적인 존재이시다. 창조하신 세계가 너무 아름답고 만족하여 그날을 복주어 거룩하게 하셨다. 또한 인생들이 고생과 수고 가운데서 생활하는데 쉬면서 생활하게 하려는 하나님의 뜻이다. 하나님은 타락한 아담에게 "네 얼굴에 땀이 흘러

---

7) Martin Noth, *Exodus: Commentary*, Old Testament Library, 164.

8) 출 31:17 이는 나와 이스라엘 자손 사이에 영원한 표징이며 나 여호와가 천지를 창조하고 제칠 일에 쉬어 평안하였음이니라 하라.

9) Andeasen, *Rest and Redemption*, 78.

10) Griffith, "The Eschatological Significance of the Sabbath," 76-77.

야 먹을 것을 얻을 것이라" 하셨다. 그래서 모든 인간은 무슨 일을 하든지 머리가 아프도록 생각하고 허리가 휘어지도록 노동하면서 땀을 흘리는 가운데 생활한다. 안식일 제도는 그러한 인간에게 휴식을 제공한다. 그리고 하나님이 일곱째 날 안식하면서 안식일 제도를 만드신 이유는 하나님이 창조한 세계가 그의 섭리와 뜻에 따라 자기의 달려갈 길을 다 달려가고, 창조계 내에 있는 모든 잠재력을 발휘하여 하나님께 영광을 돌릴 때, 더 높고 새로운 차원의 안식이 있음을 나타내고자 함이었다.[11]

하나님은 창 1:27-28에서 인간을 하나님의 형상으로 창조하시고 인생이 번성하여 땅에 충만하라, 땅을 정복하고 다스리라고 하였다. 자연계를 잘 파악하여 하나님의 뜻에 따라 관리하고 선용하라는 뜻이다. 그렇게 하여 의미있는 역사와 문화를 창조하라는 명령이다. 그래서 인간이 하나님의 명령에 따라 땅을 개발하고 다스리면서 역사와 문화를 창조하는 가운데 일곱째 되는 날에는 쉬면서 하나님께서 주실 영원한 안식을 바라는 소망으로 생활하라는 뜻이다. 즉 이 세상 끝 날에 하나님과 함께 하는 영원한 안식이 있다는 것을 미리 보여 주신 것이다.

2) 신명기에 나타난 안식일 계명

두 번째로 율법은 안식과 구원을 서로 연결시키고 있다. 신명기 5장에 있는 십계명을 재천명하는 것은 안식일을 지켜야 할 이유를 다른 각도에서 설명하기 위함이다. 안식일은 하나님께서 인간의 구원을 기념하는 뜻도 있다. 신명기 5장에 나타난 하나님의 백성이 안식일을 지켜야 할 이유는 하나님의 창조사역의 완성이 아닌 우리의 구원이 완성되었기 때문이라 말한다. 신명기는 "너는 기억하라 네가 애굽 땅에서 종이 되었더니 너의 하나님 여호와가 강한 손과 편 팔로 너를 거기서 인도하여 내었나니 그러므로 너의 하나님 여호와가 너를 명하여 안식일을 지키라 하느니라"고 이유를 설명한다(5:15). 이스라엘 백성이 안식일을 지켜야 할 이유는 하나님

---

11) 최낙재, 『웨스트민스터 소요리문답 강해』, II, 208-209.

께서 그들을 애굽의 노예에서 해방시킨 다음 자유를 주셨기 때문에 애굽에서의 구원을 기념하여 안식일을 지키라고 명하고 있다. 항상 우상만 섬기던 애굽 사람들의 노예로 생활하였으므로 애굽에서 이스라엘 백성은 하나님을 섬기고 예배할 수 없었다. 하나님께 죄가 되는 우상만 섬겼기 때문에 하나님의 축복은 없고 불행한 생활만 계속되었다. 그러한 상태에서 해방은 종교적, 신앙적, 영적인 안식이다. 이런 엄청난 방법으로 노예에서 해방되어 자유를 얻었으므로 그들에게는 그 해방된 날이 중요하며 의미가 크다. 그래서 하나님은 종교와 신앙의 자유를 얻은 그날을 기억하면서 안식일을 지키라고 명령하셨다. 즉 신명기에서 안식일 준수의 이유는 창조뿐 아니라 구원과도 관련되고 있다. 하나님께서 이스라엘을 구원하신 것을 완성하는 기념으로 안식일을 주셨기 때문에 이스라엘 백성은 안식일을 지켜야 할 의무가 있다.

신명기는 안식일을 지키는 근거로서 창조 때 하나님의 안식을 말하지 않는다. 그렇다고 하여 신명기에서 밝힌 구속의 완성이 출애굽기가 제시한 창조 완성의 기념인 하나님의 안식을 약화시키거나 무효화시키지 않는다.[12] 신 5:12은 "여호와 너의 하나님이 네게 명한 대로 안식일을 지켜 거룩하게 하라"고 말씀하시며 시내 산에서 행하여졌던 언약을 반복하신다. 신명기는 안식일 계명이 모세 시대에 처음 나타난 것이 아님을 밝히면서 "여호와 너의 하나님이 네게 명한 대로"라 하여 과거에 이미 하나님께서 그 계명을 지키라고 명령한 것을 나타내고 있다. 따라서 신명기는 안식일을 지켜야 할 또 다른 이유를 한 가지 더 밝히고 있는데, 이는 창조사역 후 하나님께서 안식하신 것과 또한 하나님께서 우리를 구원하신 것 모두가 안식일을 지켜야 할 이유가 된다.

이스라엘 백성이 애굽에서 구원받은 것은 구속이다. 모세는 출애굽 사건을 가리켜 출 15:13에서 "주께서 그 구속하신 백성을 은혜로 인도하셨다"고 하였다. 우리가 제3장에서 연구한 것처럼 출애굽 사건은 구약의 구속이다. 출애굽에 나타난 유월절 어린양을 통한 구원은 택함 받은 백성을 위해

---

12) John Murray, 『존 머레이 선집』 1; 『조직신학1』, 220-226.

그리스도께서 장차 십자가에서 죽으실 것을 가르치는 모형이며 예표이다. 이스라엘 백성은 유월절 어린양의 피로 인해 하나님의 심판을 면하였으나 애굽은 하나님의 심판으로 멸망당하였다. 신명기는 애굽에서 이스라엘을 구속한 사건을 기억하면서 안식일을 거룩하게 지키라고 명령한다. 창조사역은 아주 중요하고 큰 사건이다. 그러나 이스라엘 백성들에게는 출애굽의 구속도 엄청나게 큰 의미를 가진다. 또한 그 출애굽의 구원이 신약의 그리스도를 통한 구원을 예시하기 때문에 신약의 성도들에게도 출애굽 사건은 의미심장한 내용이다.

이스라엘에게 안식일이 구속적 의미와 그 근거를 제공하므로 신약교회에서 안식일이 중요하듯, 인류를 구원하는 그리스도의 십자가 사건도 하나님의 천지창조 못지않게 중요하다. 이스라엘 민족이 애굽에서 해방된 것이 신약교회에서는 영적으로 죽은 상태에 있던 사람이 사탄의 노예에서 해방되어 새 생명으로 태어난 것과 같은 의미를 가진다. 사람이 죄의 종으로 있는 한 영적인 안식이 있을 수 없다. 유월절 어린양의 피로 이스라엘을 구원하신 것은 장차 그리스도께서 자기 백성들이 죄의 종으로 사망의 고통을 당하는 상태에서 우리를 구원하시겠다는 예표적 증표이다. 따라서 신명기에서 가르치는 안식일은 하나님의 택한 백성이 죄에서 해방된 그 자유를 기념하여 안식일을 지키라고 명령한다.

신명기에서 "애굽에서 종이었던 너희를 여호와가 인도하여 내었나니 그러므로 너의 하나님 여호와가 명하여 안식일을 지키라"고 하였다. 너희들은 유월절 어린양의 피와 하나님의 능력을 통한 구원을 항상 기억하면서 하나님이 주신 해방과 자유에 대해 감사한 생활을 하라는 뜻이다. 그러나 이스라엘 백성의 실상은 그렇지 못하였다. 히 3:15-19[13]에 의하면 이스라

---

13) 히 3:15-19 성경에 일렀으되 오늘날 너희가 그의 음성을 듣거든 노하심을 격동할 때와 같이 너희 마음을 강퍅케 하지 말라 하셨으니 듣고 격노하던 자가 누구뇨? 모세를 좇아 애굽에서 나온 모든 이가 아니냐? 또 하나님이 사십 년 동안에 누구에게 노하셨느뇨? 범죄하여 그 시체가 광야에 엎드러진 자에게가 아니냐? 또 하나님이 누구에게 맹세하사 그의 안식에 들어오지 못하리라 하셨느뇨? 곧 순종치 아니한 자에게가 아니냐? 이로 보건대 저희가 믿지 아니하므로 능히 들어가지 못한지라.

엘 백성은 모세의 인도함을 받아 광야 여행을 하는 동안 수많은 원망과 불평을 하였다. 하나님의 은혜로 해방과 자유를 얻은 그들이 홍해를 육지처럼 건너고 시내 산에서 하나님의 율법을 받을 때 "우리가 하나님의 말씀대로 다 행하겠습니다" 하면서 순종할 것을 맹세하였다. 그러나 광야를 지나면서 배고프다고 불평, 목마르다고 원망하다가 나중에는 "하나님이 우리 가운데 계시느냐?"고까지 하였다. "하나님이 우리 가운데 계시느냐?"는 말은 무슨 뜻인가? 하나님이 이렇게 많은 우리를 다 구원 하실 수 있는 분인가? 하나님의 능력에 대해 의심을 하였다. 또한 애굽에서는 우리를 구원하였지만 끝까지 우리를 구원하실 것인가? 이들은 하나님의 사랑에 대해서도 의심하였다.

결국 하나님께서 노하시어 그들을 광야에서 죽게 하여 가나안의 안식에 들어가지 못하게 하셨다. 하나님의 말씀과 그의 행하신 능력을 믿고 순종하는 자세가 필요하다. 하나님의 은혜로 구원받은 백성이 불평과 원망을 일삼다가 광야에서 시체로 변하여 가나안의 안식처에 들어가지 못한 사람들을 거울 삼아 순종하는 생활을 할 것을 히브리서 기자가 권고하기 때문이다. 히브리서 기자는 광야에서 불평과 원망하는 사람들이 가나안의 안식처에 들어가지 못한 것처럼 지금도 마음이 강퍅하여 하나님의 말씀에 순종치 않는 자는 하나님의 안식에 들어갈 수 없을 것이라고 경고한다.

여호와 하나님께서 애굽의 종되었던 이스라엘 백성을 구원하신 것을 기억하면서 안식일을 거룩하게 지키라고 하신 것은 하나님이 예비하신 영원한 안식을 소망 가운데 찾고 기다리라는 뜻이다. 유월절 어린양의 피로 구속함을 받은 이스라엘 백성은 신약에서 가르치는 그리스도의 보혈로 구원받은 성도들을 예표한다. 유월절 어린양의 피로 구원받은 백성이 가나안에 정착하였으나 그 땅이 그들에게 최후의 안식처는 아니었다. 히 4:8-9에는 "만일 여호수아가 저희에게 안식을 주었더면 그 후에 다른 날을 말씀하지 아니하셨으리라 그런즉 안식할 때가 하나님의 백성에게 남아 있도다"고 하였다. 여호수아가 이스라엘 백성을 인도하여 가나안 땅에 정착하였으나 그 땅이 영원한 하나님의 안식처는 아니었다는 것이다. 그래서 그 땅에 정착하여 생활하는 백성들도 앞으로 들어갈 다른 안식이 있음을 가르친다. 애굽에서 노예 생활하던 것과 광야에서 더위와 추위, 비바람과 피곤에 지친 생활을 비교하면 가나안의 정착은 안식이었지만 영원한 안식처는 아직 미래에 남아 있었다.

유월절 어린양이 그리스도를 예표하듯 가나안의 안식은 영원한 안식의 그림자 역할을 하였다. 가나안의 안식을 맛보면서 영원한 안식의 소망을 바라보라는 뜻이었다. 아브라함을 비롯한 이스라엘의 모든 조상들도 여호수아가 인도하여 들어간 가나안에서 나그네로서 생활하면서 영원한 하나님의 도성인 천성의 가나안을 바라면서 순례자의 생활을 하였다. 애굽에서 해방된 것을 기억하여 안식일을 지키라는 말씀은 영원한 안식을 바라고 소망하라는 뜻이고 또한 그 안식에 들어가는 길은 참하나님의 유월절 어린양이신 그리스도를 믿는 믿음 외에는 다른 길이 없음을 가르친다. 어린양의 피가 이스라엘 백성에게 해방의 기쁨을 준 것처럼 하나님의 어린양인 그리스도의 피를 믿는 믿음이 우리를 영원한 하나님의 안식으로 인도할 것이다.

안식일 계명은 창조사역에 나타난 하나님의 안식뿐 아니라 애굽에서 비참하게 노예생활 하던 것으로부터 구원받은 것을 기억하면서 그날을 거룩하게 지킬 것을 요구한다. 그래서 출 20:8-11에서 창조주 되시는 하나님의 안식에 호소하고, 신 5:12-15은 애굽에서 자기 백성을 구원하신 구속주 하나님께 호소하고 있다. 하나님은 창조사역을 통하여 인류에게 이 땅에서 생활하는데 필요한 모든 것을 제공해 주셨다. 우리의 먹고 마시는 모든 것은 하나님께서 그때 만든 것이다. 우리의 행복과 안식을 위해 하나님께서 준비하셨다. 그러한 하나님의 창조사역을 기억하고 감사하면서 안식일을 지켜야 한다. 그러나 하나님의 일반은총적 은혜만으로 범죄한 인간에게 행복과 안식은 불가능하였다.

인간은 사탄의 노예로서 사망의 종이 되었기 때문에 그리스도의 십자가가 우리를 사탄의 쇠사슬에서 해방시켰다. 십자가를 통한 우리의 구원을 상징하는 사건이 구약의 출애굽이다. 그리스도를 믿음으로 영원한 지옥의 형벌에서 하늘나라로 옮기게 된 사건은 천지창조와 비교할 만한 일이다. 인류역사에 나타난 가장 의미있는 사건은 아마 하나님의 창조사역과 십자가를 통한 인류의 구원일 것이다. 이러한 이유 때문에 십계명에는 하나님께서 우리에게 은혜를 베풀어 주신 가장 획기적이고 감동적인 두 사건을 기억하면서 안식일을 거룩하게 지키라는 명령으로 나타나 있다.

그러나 신명기 5장에서 가르치는 애굽의 노예에서 해방이 안식일을 지켜야 할 근거가 되기는 하지만 어디까지나 그것은 유대 민족에게만 관련이 있을 뿐 이방인과 신약교회와는 무관하다는 이론이 있다. 애굽에서 해방된 사람들은 유대 민족이기 때문에 다른 사람은 그 사건과 아무런 관련이 없다는 주장을 한다.[14] 그들은 신 5:14-15에서 "애굽에서 종이었던 너희를 여호와가 인도하여 내었나니 그러므로 너의 하나님 여호와가 명하여 안식일을 지키라"고 하신 말씀은 오직 이스라엘 자손들에게만 주신 말씀이지 신약교회도 지키라는 말씀이 포함되거나 그러한 암시가 없다고 항변한다.[15] 즉, 하나님은 이스라엘 백성이 애굽에서 해방된 그날을 기념하여 지킬 것을 명령하셨지만 그 계명은 어디까지나 유대 민족에게 주신 말씀이지 이방인과 신약 성도에게 적용되는 말씀은 아니라는 주장을 한다.

그들은 유대인이 애굽에서 해방된 것을 기념하는 이 사건은 그리스도를 통한 신약의 구원과는 어떠한 관련도 없다고 강조한다.[16] 이들은 유월절 어린양의 피를 포함한 출애굽 사건과 관련한 어떤 내용도 신약의 그리스도를 모형이나 예표적으로 해석하는 것을 거부한다. 그러나 신명기 5장의 말씀은 유대 민족의 구원을 기념하여 주신 말씀이기도 하지만 하나님의 모든 백성 개개인의 구원에도 적용된다. 사도 바울은 고전 5:7에서 "우리의 유월절 양 곧 그리스도께서 희생이 되셨느니라"고 주님의 십자가 죽음을 유월절 양의 죽음으로 표현하고 있다. 또한 고전 10:1-4은 "형제들아

---

14) Wolff, "The Day of Rest in the Old Testament," 67.

15) B. S. Childs, *Memory and Tradition in Israel* (London: SCM Press, 1962), 51.

16) Theodore Friedman, "Sabbath: Anticipation of Redemption," *Judaism* 16 (Fall 1967): 443-52.

… 우리 조상들이 다 구름 아래 있고 바다 가운데로 지나며 모세에게 속하여 다 구름과 바다에서 세례를 받으며 다 같은 신령한 식물을 먹으며 다 같은 신령한 음료를 마셨으니 이는 저를 따르는 신령한 반석으로부터 마셨으니 그 반석은 그리스도라"고 하였다. 바울은 이 말씀에서 구약과 신약 성도의 신앙의 대상은 오직 그리스도뿐임을 나타낸다. 출애굽 사건은 신약에서 그리스도를 통한 구원을 예표한다. 그래서 이스라엘 백성이 애굽에서 해방된 사건은 신약 성도들에게도 구약과 동일하게 중요한 의미를 지닌다. 그러므로 이스라엘 백성이 애굽에서 해방된 사건을 기념하여 안식일을 지키라고 하신 하나님의 명령은 유대인과 함께 신약 성도들에게도 유효하다.

그리고 출애굽기와 신명기에서 가르치는 안식일에 관한 교훈을 종합하면 창조주 하나님이 곧 이스라엘을 구원하신 구속주라는 사실이다. 우리가 제3장에서 살펴본 바와 같이 창 1:2에 창조 때 흑암과 깊음 위에 운행하시던 하나님의 신은 신 32:11에서 하나님이 이스라엘을 인도하시는 모습을 독수리가 그 새끼를 인도하는 모습에 비교하는 단어와 동일하게 사용되었다. 창 1:2에서 수면에 운행하시는 하나님의 신을 신 32:11에서 독수리가 새끼를 돌보는 것과 같은 것으로 표현한 것은 큰 의미가 있다. 창 1:2에 나타난 하나님의 임재와 신 32:11에 이스라엘의 보호자로 나타난 하나님의 임재를 동일시하고 있다. 창 1:2에 하나님의 신이 운행하시던 땅의 상태를 나타내는데 "토후"를 사용하였고, 신 32:10[17)에서 하나님이 이스라엘을 보호하시기 위해 나타나신 광야도 "토후"로 표현하였다. "토후"라는 단어는 이 두 곳 외에는 사용되지 않는다.[18) 모세는 신 32:10에서 창조사건과 출애굽에서 하나님이 이스라엘을 인도하신 것을 비교하여 이 두 사건을 같은 의미로 이해하고 있다. 이 두 사건이 근본적으로 동일한 내용임을 보여 주는 예의 하나로 우리는 출애굽 당시에 나타났던 불기둥

---

17) 신 32:10 여호와께서 그를 황무지에서 짐승의 부르짖는 광야에서 만나시고 호위하시며 보호하시며 자기 눈동자같이 지키셨도다.

18) Meredith Kline, 『구약에 나타난 성령의 형상』, 23-24.

과 구름기둥을 들 수 있다. 창 1:2에 나타났던 하나님의 신이 어두움 가운데 빛을 내며 밤과 낮이 구분되게 하였던 것처럼 출애굽 시에는 하나님의 영광이 밤에는 불기둥과 낮에는 구름 기둥으로 나타났다. 사실 창조 때 나타나셨던 그 동일한 하나님의 신이 물들을 나누며 깊음 가운데서 마른땅으로 드러나게 하며 거룩한 낙원에서 안식으로 인도하셨다. 천지를 창조하신 창조주 하나님이 곧 이스라엘을 구원하신 구속주 하나님이라는 뜻이다. 하나님은 창조주가 바로 구속주 하나님이시기 때문에 창조사건과 출애굽 사건을 기념하여 안식일을 지키라고 명령하셨다.

3) 바벨론에서 해방과 안식일

창조주 하나님께서 이스라엘을 구원하시는 구속주가 되심을 이사야도 분명하게 가르친다.[19] 이사야는 출애굽의 사건을 모델로 사용하여 바벨론 포로에서 이스라엘 백성을 귀환시키는 제2의 출애굽, 즉 새 창조를 설명한다.[20] 이스라엘 백성들은 하나님의 언약을 버리고 종교적으로는 이방신을 섬기면서 죄를 범하였다. 자연히 안식일을 거룩하게 지키면서 예배를 드리는 일은 등한시하고, 윤리적으로 귀족들과 부자들은 가난한 자와 고아와 과부를 압제하면서 형제를 멸시하였다. 그 결과 하나님은 언약적 징계로 이스라엘이 바벨론의 침략을 받아 성이 불타고, 재산을 탈취 당하며, 많은 사람들이 포로로 잡혀가게 하셨다. 이 포로로 잡혀가기 전후에 이사야 선지자가 활약하였고, 그는 포로로 잡혀간 백성에게 회개를 촉구하면서 민족적 희망을 선포하였다.

특히 이사야는 바벨론 포로 말기에 이루어질 이스라엘 민족의 해방과 구원을 예언하는 메시지를 전했고, 그도 다른 선지자들처럼 출애굽의 패러

---

19) 임창일, "이사야의 회복 사상에 나타난 창조 모티프" (Ph. D. 논문, 총신대학교 대학원, 1997), 임창일은 논문의 주제가 의미하듯 창조주 하나님께서 이스라엘을 애굽에서 해방시켰을 뿐 아니라 바벨론에서도 그들을 구원하는 구속자가 된다는 사실을 이사야를 통해 밝히고 있다.

20) Gerhard Von Rad, *Old Testament Theology II* (New York: Harper and Raw, 1965), 241이하.

다임을 기억하면서 바벨론에서 해방을 전망했다. 이사야 40-55장에는 이러한 주제가 수없이 많다.[21] 여기에는 옛 출애굽의 사건을 회고하는 이미지(image)와 모티프(motif)를 많이 포함한다. 특히 족장들에 대한 언약, 애굽으로부터 해방에 대한 갈망, 광야 여행의 여정, 가나안 입성에 이르는 사건들을 포함한다.

이사야가 외치는 회복 사상에는 창조사건을 주제로 하여 새 이스라엘의 창조를 언급한다. 이사야는 첫 번째 출애굽을 회상하는 주제에서 하나님의 창조를 언급한다.[22] 특히 사 40:26에서 "너희는 눈을 높이 들어 바라보라 누가 이것들을 창조하였느냐?" 사 45:12, "바로 내가 땅을 만들고 그 위에 사람들을 창조하였느니라" 등이다. 이사야가 강조하는 말씀은 이스라엘을 바벨론 포로에서 해방시켜 자유를 주실 분은 창조주 하나님뿐이라는 사실이다. 이사야는 하나님의 창조사역을 강조하고 여호와 하나님이 창조주이시기 때문에 하나님만이 이스라엘에게 구원을 주시는 구속주라고 선포한다. 천지 만물을 창조하신 여호와 하나님만이 역사의 주인이시다. 때문에 하나님만이 역사에서 버림받은 이스라엘을 구원하여 해방과 안식을 줄 수 있다고 이사야는 역설하고 있다.

이사야는 역사의 주인이신 여호와께서 주권적으로 구속했던 출애굽 사건, 즉 이전 일을 기억하라고 포로생활을 하는 이스라엘 백성들에게 선포하였다. 사 46:9에서는 "너희는 옛적 일을 기억하라 나는 하나님이라 나 외에 다른 이가 없느니라 나는 하나님이라 나 같은 이가 없느니라"고 하였다. 이사야가 언급한 "이전 일"은 창조주 하나님이 이스라엘의 구원을 위하여 주권적으로 큰 이적과 기사를 행하신 과거의 역사적 사건을 의미한다.[23] 하나님께서 이스라엘의 역사에서 주권적으로 행하신 일은 출애굽을 뜻한다. 이사야는 과거에 이스라엘을 구속한 첫 번째 출애굽 사건을 미

---

21) 사 40:3-5; 41:17-20; 42:14-16; 43:1-3, 14-21; 48:20-21; 49:8-12; 51:9-10; 52:11-12; 55:12-13 등이다.

22) 사 43:17-21; 43:1-7; 43:14-21; 44:24-28; 51:9-16 등이다.

23) B. S. Childs, *Memory and Tradition in Israel*, 58, 임창일, "이사야의 회복 사상에 나타난 창조 모티프" 64에 재인용.

래 역사의 바벨론 포로에서 해방시켜 안식으로 인도할 "새 일", 즉 새 창조의 확실한 증거로 사용하고 있다.

이사야는 또한 종말론적 관점에서 영원한 하나님의 나라를 예시한다. 사 43:18-19에서 "이전 일은 기억하지 말며 옛적 일은 생각하지 말라. 보라 내가 새 일을 행하리니 이제 나타낼 것이라 정녕히 내가 광야에 길과 사막에 강을 내리라"고 하였다. 이번에는 선지자가 "이전 일" 즉 출애굽 사건과 가나안 정복을 유일한 하나님의 구원 사건으로 기억하지 말라고 강조한다.[24] 이스라엘을 창조하시고 선택하신 하나님은 이전 일보다 더 위대하고 영광스러운 구원의 사건으로 "새 일" 즉 새 창조를 성취할 것을 보여주신다. 과거 출애굽보다 더 위대한 일은 바벨론으로부터의 해방이다. 이사야는 과거 출애굽과 바벨론에서의 해방을 연결시킨다. 여호수아의 인도를 받아 들어간 첫 번째 가나안 정복과, 두 번째 바벨론 포로에서 예루살렘으로 귀환한 사건이 연결된다. 그리고 이스라엘 역사에서 일어난 두 번의 해방은 그리스도를 통한 구원을 예표하는 사건이다. 또한 두 번의 가나안 땅으로 정착하는 사건을 영원한 하나님 나라의 안식을 나타내는 모형으로 가르친다. 이사야는 첫 번 가나안 정착과 함께, 두 번째 바벨론에서 해방과 더불어 하나님의 도성 예루살렘이 회복하는 것은 영원한 안식처인 하나님 나라를 예표하는 것으로 받아들인다.

이스라엘 역사에서 나타난 애굽의 노예와 바벨론의 포로생활에서 얻은 두 번의 해방과 자유는 자신들의 힘으로는 불가능하였으나 하나님의 능력으로 가능하였다. 애굽 땅에서 노예생활이 비참했듯 바벨론의 포로생활도 이스라엘 백성에게는 처참하였다. 조국의 땅은 외적에게 빼앗기고, 사랑하는 사람들은 죽임을 당하거나 이별하였으며 그들의 모든 재산은 탈취당하였다. 뿐만 아니라 포로생활 역시 과거에 그들의 조상들이 애굽에서 노예생활하던 것처럼 수많은 착취와 인권유린이 반복되는 지옥생활이었다. 이

---

24) Christopher R. North, ed. H. H. Rowley, "The 'Former things' and 'New things' in Deutero-Isaiah." *Studies in Old Testament Prophecy* (Edinburgh: T. & T. Clark, 1950), 111-126.

러한 포로 생활에서 구원이 바로 안식이다. 그들 또한 자기의 조상들이 스스로의 능력으로 애굽 땅에서 해방될 수 없었던 것처럼 자신들의 힘으로는 자유를 얻을 수 없었다. 그래서 하나님은 그들을 조상에게 약속하신 언약의 땅으로 다시 인도하였다.

하나님께서 아브라함에게 약속한 가나안 땅에 두 번이나 반복하여 정착하게 된 그 땅이 그들의 영원한 안식처는 아니었다. 이스라엘 백성이 바벨론 포로에서 예루살렘 성으로 돌아온 후에도 과거에 그들을 괴롭히고 아프게 하였던 것들이 사라진 것은 아니다. 이 땅 위의 가나안은 여전히 불완전하고 불안한 곳이다. 그들의 안식처는 하나님께서 친히 그들을 위해 예비하신 새 하늘과 새 땅이며 그들의 육신이 생활한 가나안 땅은 그 영원한 안식처의 그림자에 불과하다. 사 66:22-23[25]은 이스라엘 백성이 영원히 새 하늘과 새 땅에서 하나님을 경배하면서 안식을 누리게 된다고 하였다. 하나님은 이스라엘 백성들이 가나안 땅의 불완전하고 미완성적인 안식을 체험하면서 부족함이 없는 영원한 안식을 사모하며 생활하도록 하셨다. 이 땅위의 불안한 가나안 생활을 통해 영원한 하나님 나라의 안식을 바라보도록 하셨다.

이스라엘 백성들에게 처참하게 생활하던 노예와 포로에서 해방과 자유를 주신 분은 천지를 창조하신 하나님이시다. 창조주 하나님이시기에 그들을 재창조하여 구원할 능력이 있었다. 이스라엘 민족에게는 창조 사역도 중요하지만 재창조 역시 의미가 크다. 안식일을 지켜야 할 이 두 가지 이유는 하나님과 그의 백성 사이의 역사적 관계에서 주어지는 커다란 두 개의 핵심적 사건이다. 이 두 사건은 동등한 의미를 갖는다. 창조가 하나님 백성을 처음 창조한 것이라면 구원은 하나님의 백성을 재창조하는 것이다. 어느 경우든지 안식일은 중추적 역할을 한다. 신약의 성도들 역시 하나님의 천지창조 사역을 의미 있고 중요한 사건으로 취급한다. 그러나 그리스

---

25) 사 66:22-23 나 여호와가 말하노라 나의 지을 새 하늘과 새 땅이 내 앞에 항상 있을 것같이 너희 자손과 너희 이름이 항상 있으리라 여호와가 말하노라 매 월삭과 매 안식일에 모든 혈육이 이르러 내 앞에 경배하리라.

도를 통하여 우리를 죄 가운데서 구원하여 주신 재창조사역 역시 큰 비중을 두고 있다. 우리는 어떤 의미에서 우리를 구속한 하나님의 재창조 사역을 창조사역보다 더 의미 있게 여긴다. 우리의 창조주이시며 구속주되시는 여호와 하나님께서 우리에게 하나님 자신이 안식하신 그날을 거룩하게 지킬 것을 명령하셨다. 하나님은 우리 인간을 하나님 자신이 안식하신 그 영화롭고 축복된 영원한 안식으로 초대하셨다.

2. 언약의 증표가 되는 안식일

안식일 계명은 하나님의 창조사역과 이스라엘의 구속을 기념하는 것보다 더 중요한 내용을 담고 있다. 그것은 안식일 계명이 하나님과 이스라엘 백성의 관계를 나타내는 언약의 표(sign)라는 사실에서 기인한다. 성경 역사에서 처음부터 계속 나타나는 것은 하나님께서 사람들과 언약을 맺을 때 하나님께서 언약의 증표 혹은 그것을 기념할 상징물 같은 것들을 인간에게 주셨다. 창 9:12-16에 나오는 무지개는 하나님께서 다시는 물로 전 인류를 멸망시키지 않겠다는 약속을 하면서 노아와 맺은 언약의 표시였고, 창 17:9-14은 하나님께서 아브라함과 함께 하시겠다는 언약의 표로 할례를 주셨다.[26] 이와 같이 성찬예식은 그리스도께서 신약 성도들을 위하여 새 언약의 표로 세우셨다.

주님은 고전 11:25에서 "이 잔은 내 피로 세운 새 언약이니 이것을 행하여 마실 때마다 나를 기념하라"고 하셨다. 성찬은 출 12:14에서 이스라엘 백성들이 유월절을 기념하듯 죄인을 위해 몸을 찢고 보혈을 흘리신 그리스도의 죽음을 기념하는 거룩한 예식이다. 그리고 이 예식은 그리스도의

---

26) Rawlinson은 아브라함의 할례는 하나님의 언약의 표가 될 수 없다는 주장을 한다. 그 이유는 할례는 유대 민족이 아닌 이방 민족들도 행하기 때문이라는 주장이다. 그러나 이방인들도 할례를 행하는 것은 사실이지만 그들과 아브라함의 할례에는 차이가 있다 아브라함의 할례는 출생 8일째 되는 날 할례를 행하지만 이방인들은 대체로 성인이 되어서 행한다. 이 주제에 대해 더 깊은 연구를 원한다면 Rawlinson, *Exodus*, 271이하를 참고하기 바람.

흘린 피로써 죄를 용서받고 그의 택한 백성을 구원하시려는 은혜의 언약
이다. 모든 언약의 증표(sign)에는 그 언약에 포함된 하나님의 약속을 성
취시킨다는 의미가 담겨 있다. 노아의 무지개는 피조물 보존의 약속이 포
함된 언약의 표다. 할례는 하나님께서 아브라함의 후손들과 함께 하여 그
들의 숫자가 하늘의 별처럼 많아져 큰 민족을 이룰 것과 가나안 땅을 차
지할 것이라는 약속이 포함된 언약의 표다. 또한 주의 만찬은 그를 믿는
모든 자를 구원하시겠다는 새 언약의 표시이다.

  이러한 언약의 증표와 같이 하나님께서 또 다른 하나의 언약의 표
(sign)를 이스라엘 백성에게 주셨다. 하나님은 모세를 통하여 안식일을 언
약의 표로 자기 백성에게 주셨다. 안식일이 이스라엘에게 언약의 표가 된
다는 것을 구약에서 네 번이나 반복하여 강조하였다. 출 31:13-14[27]은 안
식일이 이스라엘에게 특별한 언약의 표가 된다는 사실을 분명하게 밝혀
강조한다. 안식일이 하나님과 이스라엘 백성 사이에 대대로 표징이 될 것
이다. 그래서 하나님께서는 안식을 통해 이스라엘 백성을 거룩하게 하는
여호와인줄 알게 할 것이라고 하였다. 그리고 언약의 표가 되는 안식일을
범하는 자는 그 백성 중에서 끊어지리라고 경고하였다. 아브라함의 언약에
서도 할례를 받지 않는 자는 하나님을 배반한 것으로 여겨 백성 중에서
끊어졌다(창 17:14). 할례를 행하는 것은 그 자신이 하나님의 소유라는
뜻이다. 그래서 만일 할례를 받지 않는다면 그는 하나님과 관계가 없다는
뜻이 되므로 하나님의 백성에서 제외되었다. 안식일을 지키지 않는 행위도
할례를 받지 않는 것과 같이 하나님 백성 됨을 거절하는 행위와 같기 때
문에 백성 중에서 끊어지게 되었다.

  다른 세 개의 본문도 동일하게 안식일이 하나님과 이스라엘 백성 사이
에 언약의 징표가 된다는 것을 강조한다. 출 31:17[28]은 하나님께서 엿새

---

27) 출 31:13-14 너는 이스라엘 자손에게 고하여 이르기를 너희는 나의 안식일
을 지키라 이는 나와 너희 사이에 너희 대대의 표징이니 나는 너희를 거룩하게 하
는 여호와인줄 너희로 알게 함이라 너희는 안식일을 지킬지니 이는 너희에게 성일
이 됨이라 무릇 그날을 더럽히는 자는 죽일지며 무릇 그날에 일하는 자는 그 백성
중에서 그 생명이 끊쳐지리라.

동안 천지를 창조하고 일곱째 날 평안하게 쉬었기 때문에 이 안식일이 하나님과 그 백성 사이에 언약의 징표가 된다고 하였다. 그 이유는 하나님께서 일곱째 날 쉬어 안식하신 것은 그의 모든 백성들도 하나님이 누리셨던 안식에 동참하게 하시기 위함이었다.

하나님께서 그날을 복주어 거룩하게 하셨기 때문에 하나님의 백성들은 그 안식에 참여하여 축복을 받게 하셨다. 에스겔 20:12, 20[29]에서 안식일이 언약의 표징이 된다고 가르친다. 에스겔은 하나님께서 이스라엘에게 안식일을 표징으로 주신 이유를 그들이 안식일을 통해 하나님을 알게 하려 함이라 한다. 즉 안식일을 지키게 하신 것은 그들이 여호와 하나님의 창조와 구원을 항상 기억하고 그분을 예배하기 위함이다. 이스라엘이 안식일을 그렇게 지키므로 그들 자신이 거룩하여지고 하나님의 축복을 받게 된다. 왜냐하면 안식일은 하나님의 안식에 참여할 수 있는 거룩한 백성이 되었다는 징표이기 때문이다. 마지막 본문인 출 31:16[30]에서 하나님은 이스라엘 백성에게 안식일을 자손 대대로 지킬 것을 명령한다. 그 이유는 하나님과 이스라엘의 특별한 언약적 관계를 안식일이 상징하기 때문이다.

우리는 네 개의 구약 말씀을 통해 하나님께서 안식일을 모세 언약의 표가 되게 하셨다는 사실을 확인하였다. 안식일이 하나님과 이스라엘 백성 사이에 맺은 언약의 징표가 된다는 것은 무엇을 뜻하는가? 언약의 징표는 눈으로 식별하여 볼 수 있는 것을 정하여 그것을 볼 때마다 언약을 잊지 않고 기억하게 하는 외부적 수단이다. 이스라엘 백성에게는 안식일이 모세를 통해 시내 산에서 자신들이 하나님과 언약을 맺었다는 것을 잊지 않고

---

28) 출 31:17 이는(안식일) 나와 이스라엘 백성 사이에 영원한 표징이며 나 여호와가 엿새 동안에 천지를 창조하고 제칠 일에 쉬어 평안하였음이니라.

29) 셀 20:12 나는 그들을 거룩하게 하는 여호와인줄 알게 하여 내기 내 안식일을 주어 그들과 나 사이에 표징을 삼았느니라.: 20절 또 나의 안식일을 거룩하게 할지어다 이것이 나와 너희 사이에 표징이 되어 너희로 내가 여호와 너희 하나님인줄 알게 하리라.

30) 출 31:16 이같이 이스라엘 자손이 안식일을 지켜서 그것으로 대대로 영원한 언약을 삼을 것이라.

기억하게 하는 표시가 되었다. 안식일이 언약의 징표가 되는 가장 중요한 의미는 "분리하는 표시"(sign of separation)이다. 하나님은 안식일을 지키므로 이스라엘 백성이 세상의 모든 민족과는 구분되어 오직 여호와 하나님께 거룩한 백성이 되게 하셨다. 하나님은 창 4:15에서 아벨을 죽인 후 공포심에 사로잡혀 있는 가인에게 "가인을 죽이는 자는 벌을 칠 배나 받으리라 하시고 가인에게 표를 주사 누구에게든지 죽음을 면케 하시니라" 하셨다. 하나님은 공포감에 사로잡힌 가인을 위하여 그가 죽임을 당하지 않을 것임을 확신하게 하는 표를 주셨다. 그 표(mark)가 무엇을 뜻하는지 가인 자신이 이해한 다음 죽음의 공포심에서 해방되었을 것이다. 또한 가인 주변의 모든 사람들도 그 표의 뜻을 인식한 후 그를 죽음으로부터 보호하였다. 안식일도 이스라엘 백성이 하나님과 특별한 관계가 있다는 것을 외부적으로 나타내는 표시 역할을 한다.

우리는 위에서 인용한 모든 말씀들이 안식일은 하나님과 이스라엘 백성 사이에 성화의 개념을 포함하는 특별한 징표가 된다는 사실을 선언하는 것에 주의를 기울일 필요가 있다. 이스라엘 백성이 자동적으로 거룩해지는 것이 아니라 안식일이 그 백성을 거룩하게 하는데 중요한 요인이 된다는 의미이다.[31] 겔 20:12은 "나는 그들을 거룩하게 하는 여호와인줄 알게 하려 하여 내가 내 안식일을 주어 그들과 나 사이에 표징을 삼았느니라." 즉 안식일을 지키는 이스라엘을 하나님께서 거룩하게 하겠다는 뜻이다. 그리고 이스라엘 백성들이 안식일을 지키는 것은 자신들이 하나님과 맺은 언약을 순종하겠다는 약속을 나타내는 표시이다. 창세기 17장에서 아브라함이 할례를 언약의 표로 받았을 때 할례는 하나님의 언약에 순종하겠다는 충성을 서약하는 맹세의 표시다. 할례에서 신체의 일부를 자르는 것은 자기가 하나님의 언약을 지키지 않는다면 몸에서 신체의 일부가 잘리듯 하나님의 백성에서 끊어져도 좋다는 서약의 표시도 된다. 이와 같이 안식일이 이스라엘 백성에게 언약의 표시가 되는 것은 그들이 모세를 통해 시내

---

31) Sakae Kubo, *God Meets Man*, 52; id., "The Experience of Liberation," *Spectrum* 9 (1977): 11.

산에서 언약을 받았을 때 "하나님의 언약을 지키며 순종하겠다"고 약속한 그 서약을 지키겠다는 맹세의 표시이기도 하다. 그러므로 이스라엘 백성들이 안식일법에 내포되어 있는 그 언약을 순종하여 지킨다면 그들은 거룩한 백성이 될 것이다. 무엇보다 안식일을 지키는 것은 그들이 하나님의 소유가 되었다는 표시 역할도 한다.

하나님께서 안식일을 지키는 그들을 어떻게 거룩하게 하시는가? 그들이 안식일을 지킬 때 무슨 방법으로 하나님은 이스라엘 백성을 거룩하게 만드는가? 이스라엘 백성은 어떠한 수단으로 다른 민족과는 구별되어 거룩한 백성이 되는가? 파인버그를 비롯한 일부 학자들은 이에 대한 답은 모세의 언약을 지켜 순종하므로 그들이 거룩해진다고 말한다. 즉 모세가 받은 제사제도를 통해서 그들이 거룩하게 된다는 것이다.[32] 이스라엘 백성은 오직 짐승을 잡아 제사 드리므로 자신들의 죄가 용서받았다. 그들은 이스라엘 백성이 안식일에 짐승을 제사장에게 끌고 가서 죄를 고백하면 제사장이 그 짐승을 잡아 제사를 드릴 때 그들의 죄가 사하여졌다고 한다.

안식일에 속죄제를 드리는 것과 제사의 원리를 설명한 내용은 모두가 사실이다. 그러나 안식일에 오직 짐승을 잡아 제사 드려야만 그들의 죄를 용서받아 거룩하여진다는 주장은 제사에만 중점을 둔 것이다. 이들의 주장에 의하면 안식일에 제사만 드리면 모든 죄가 용서받지만 제사가 없으면 거룩해질 수 없다는 것이다. 안식일에 제사만 드리면서 다른 율법은 지키지 않아도 이스라엘 백성은 거룩해진다는 주장을 간접적으로 하는 듯하다. 안식일법과 규례가 제사제도에 종속되어서 제사를 잘 드리면 안식일을 성공적으로 지킨 것이 되고 그렇지 않으면 실패한 안식일이 되는 것은 아니다. 안식일은 제사와 함께 모세의 모든 언약이 함께 관련되어 있다.

하셀은 안식일이 이스라엘 백성에게 언약의 표가 된다는 것을 다음과

---

32) John S. Feinberg, "Salvation in Old Testament," *Tradition and Testament: An Essays in Honor of Charles Lee Feinberg*, 39-77. 이 논문은 구약의 모세 언약에서 만들어진 제사제도를 깊이 있게 연구하였다. 그러나 모세 언약 모두가 그리스도가 오시므로 그 효력이 상실되었다고 강조한다.

같이 설명한다.[33] 그는 안식일이 언약의 징표가 되는 이유를 네 가지로 제시하였다. 첫째, 안식일법은 지켜야 하는 순종(observation)의 표징이다. 모든 언약은 지키고 행해야 할 의무가 있기 때문에 안식일도 순종의 의무가 있다. 둘째, 다른 민족과 구별되는 표징이다. 안식일법을 지키는 것은 다른 민족과 구별하여 성별되었다는 표시이다. 셋째, 표징은 기억(remembrance)이다. 하나님께서 천지창조 사역을 마친 후 일곱째 날 안식하신 것과 이스라엘 백성을 애굽에서 구원한 것을 기억하는 것이다. 넷째, 이해하여 아는 것(knowledge)이라 하였다. 안식일이 아는 것의 표시란 여호와 하나님이 그들의 하나님이라는 것과 그들의 하나님께서 이스라엘을 성화시켜 거룩한 백성으로 만들어서 그 백성을 구별하여 하나님과 특별한 언약의 관계를 맺게 한 표징이라 하였다.

모세 언약에서 안식일이 그 표징이 된다는 것을 여러 곳에서 의미 있게 가르치고 있다. 출 31:13과 겔 20:20에서 안식일이 "나와 너희 사이에 대대의 표징이 된다"는 것과 출 31:17에서 "나와 이스라엘 자손 사이에 영원한 표징이 된다"는 말씀은 시내 산의 모세 언약과 함께 큰 의미를 나타낸다. "나와 너희 사이의 표징"이라는 표현은 창 9:13에서 "무지개가 나와 이 세상과의 언약의 증거"라는 약속과 창 17:11의 "할례가 나와 너희 사이의 언약의 표징이니라"는 말씀을 깊게 연상시킨다. 노아에게서 무지개는 하나님이 다시는 물로 세상을 멸망시키지 않고 오히려 그들이 생육하고 번성하도록 하나님께서 그들과 함께 하시겠다는 언약을 상징으로 표시하는 증거물이다. 노아와 그 자손들에게 무지개는 하나님이 그들을 멸망시키지 않고 번성하게 하시겠다는 언약의 담보물과 같다. 아브라함에게 할례는 하나님이 그와 및 그의 자손들과 함께 하시므로 그 자손을 통하여 천하만민이 복을 받으며 아울러 영원한 하나님의 안식처를 상속받게 하겠다는 언약의 보증이다. 마치 물건을 사고 팔 때 그것을 매매하였다는 것을 증거하고 보증하는 서류와 비슷한 의미를 갖는다. 매매계약서만 있으면 물건을

---

33) Gerhard F. Hasel, "The Sabbath in the Pentateuch," *The Sabbath in and History*, 34-35.

매매한 것에 대한 법적 효력은 항상 나타나게 되어 있다. 가령 어떤 사람이 구입한 물건을 자기 집에 보관하지 않고 있다 하더라도 매매계약서만 있으면 그 물건은 구입한 사람의 소유가 된다. 그리고 물건을 매매하기로 계약을 끝낸 당사자들 가운데 누구라도 그 계약을 파기하면 언약을 파기하는 자가 당하는 것처럼 그만한 벌칙이 있다. 이와 같이 안식일은 모세 언약을 상징하는 표징이다. 이 안식일법규를 지키지 않고 불순종하면 모세의 언약을 위반한 것으로 취급하기 때문에 그러한 사람은 백성 중에서 끊어지리라고 하였다.

그리피스를 비롯한 일부 학자들은 안식일이 모세 언약의 표징이 된다는 사실은 인정하지만 안식일이 영구적으로 존속해야 한다는 것은 부인한다. 그 이유는 안식일이 모세 전 시대에는 존재하지 않았고 모세 때 처음 만들어졌기 때문에 모든 언약은 오직 유대인들에게만 제한적으로 효력을 발생한다고 믿는다. 그리스도께서 오셔서 모든 율법을 완성하시므로 그림자 역할을 하였던 모세를 통해 주신 안식일은 자연히 폐기되어 없어졌다고 주장한다. 그 이유는 안식일법은 도덕법이 아니고 레위기에 나오는 제사와 같은 의식법(ceremonial law)에 속하기 때문이라고 가르친다.[34]

이 부분은 다음에 더 세밀하게 취급하겠지만 안식일법에 의식법의 요소도 부분적으로 포함된 것은 사실이지만, 안식일을 지켜야 한다는 그 원리는 도덕법이기 때문에 모든 인류에게 아직도 유효하다.[35] 따라서 신약교회도 구약 모세 시대처럼 짐승을 잡아 제사를 드리는 것과 같은 방법으로 안식일을 지키지는 않지만 안식일을 지켜야 한다는 입장에는 조금도 변함이 없다. 즉 안식일이 언약의 표징이 된다고 모세를 통해 하신 말씀은 오늘 우리에게도 적용된다. 그것은 언약의 표징이 되는 할례가 신약교회에서 세례로 변형되어 계속 시행되는 것처럼 구약 시대 안식일에는 짐승을 잡

---

34) Griffith, "The Eschatological Significance of the Sabbath," 82.

35) Chuck Scriven , "Beyond Arithmetic: A Look at the Meaning of the Sabbath," *Insight*, 7 (September 1971), 17-18; John L. Shuler, "The Sabbath-a Sign of Righteousness By Faith," *Advent Review and Sabbath Herald*, 5 (August 1971), 6.

아 제사로 하나님께 드리던 제사를 신약시대 주일에는 신령과 진정으로 예배드리는 것으로 형태가 변하였을 뿐이다. 즉 새 언약 시대로 변경되므로 인해 언약의 증표가 되는 의식을 시행하는 외적 형태만 바뀌었지 언약 자체가 폐지되지는 않았다. 따라서 구약성도에게 도덕법으로 지켜지던 안식일은 신약시대에도 여전히 도덕법으로 그 효력을 계속 유지하고 있다. 그리스도께서 십자가에 피를 흘리고 죽으시면서 구약의 모든 의식법을 폐지하셨지만 안식일법의 도덕적 요소는 여전히 유효하다.

언약의 표징으로서 안식일에 관해 논해야 할 또 다른 문제가 있다. 안식일이 모세 언약의 표징이라면 모세 언약과 안식일은 언제나 함께 나란히 영향력을 발휘한다는 사실이다. 모세 언약의 유효성과 기능이 끝이 난다면 모세 언약의 표징으로써 안식일은 어떻게 되는가? 일부 학자들은 모세 언약은 그리스도가 오시므로 이제 효력이 상실되었으므로 자연히 안식일도 신약의 성도에게는 더 이상 가치가 없다고 가르친다.[36] 그러나 성경은 그렇게 가르치지 않는다. 하나님께서는 출 31:16에서 "안식일을 지켜서 그것으로 대대로 영원한 언약을 삼는다"고 말씀하셨다. 이처럼 하나님께서 안식일을 영원한 언약으로 삼으셨기 때문에 도중에 폐지되거나 없어지지 않는다. 영어 성경에서도 이 부분에서 안식일은 영원하다(perpetual — NASB, lasting covenant — NIV)고 번역하고 있기 때문에 안식일은 영원한 언약(everlasting covenant)으로 가르친다. 안식일은 언약의 표징으로서 영원하다.[37] 안식일은 이스라엘 백성과 신약교회의 성도들에게 창조와 구원을 기억하게 하는 표징으로서 영원히 존재할 것이다.

신약 시대는 모세의 언약이 폐기되었는데 어떻게 안식일이 유효한가라는 반문을 한다. 그러면서 출 31:16에서 "안식일을 대대의 영원한 언약을 삼는다"는 말씀에서 영원하다라는 단어를 문자적으로 해석하지 않으려는 시도를 한다. 영원한 표징은 영어로 "a sign of forever"인데 이것은 무한

36) Harold H. P. Dressler, "The Sabbath in the Old Testament," *From Sabbath to Lord's Day*, 30, 34.

37) Childs, *Exodus*, 416.

한 영원(eternity)을 의미하지 않고 시간의 끝이 있는 긴 시간을 뜻한다고 해석한다.[38] 그러면서 끝이 있는 긴 시간을 의미하는, 즉 시간의 제한을 뜻하는 영원을 안식일에 사용하는 것은 무방하다고 한다. 그 이유는 안식일이 실제로 이스라엘의 역사에서 너무 오랫동안 지켜져 왔기 때문이라고 주장한다.[39] 코헨(Gary C. Cohen)에 의하면 유대인들은 다윗 왕국이 영원하다는 견해를 갖고 있기 때문에 안식일을 모세 언약의 영원한 표징으로 표현하였다고 말한다. 그러면서 안식일은 모세 언약이 존속하는 시점까지는 유효하지만 모세 언약이 끝난 신약에는 더 이상 필요하지 않다고 강하게 주장한다. 그러나 모세 언약의 제사와 같은 의식적 요소들은 그리스도가 오시므로 사라졌지만 도덕법에 속하는 부분은 여전히 그 기능이 존속되고 있다. 하나님의 창조사역 후 안식하신 것과 우리의 구원을 예표적으로 나타내는 출애굽의 구원을 기념하면서 지키는 안식일은 의식법이 아닌 도덕법이므로 영원하다.

안식일법이 신약교회에 적용되지 않는다고 가르치는 사람들은 하나님께서 안식일을 오직 이스라엘 백성에게만 주셨기 때문에 이방인과는 관계가 없다는 견해를 펴고 있다. 그들의 가르침에 따르면 모세의 언약법은 이스라엘 민족만 소유하였지 이스라엘 외의 어느 민족도 그 법을 소유하지 않았으므로 안식일법을 받지도 않은 이방인이 그것을 지킨다는 것은 있을 수 없다는 뜻이다. 로울리(Harold H. Rowley)는 안식일의 징표는 하나님께서 언약을 맺은 이스라엘 민족과 특별한 관계를 나타내는 것이므로 언약과 관계가 없는 이방인과는 적용되지 않는다고 한다.[40] 그는 안식일을 지키는 의식은 고대 시대부터 오직 이스라엘 민족에게만 나타나는 현상이었지 가나안을 비롯한 이방 문화권에는 일체 없었기 때문에 현재도 이방

---

38) Allen A. McRae, *Theological Wordbook of the Old Testament*, 2 vols., 2:672-73; John Davenant, *Exposition of the Epistle of St. Paul to the Colossians*, 2 vols., 1:484.

39) Gary C. Cohen, "The Doctrine of the Sabbath in the Old and New Testament," *Grace Journal* 6 (Spring 1965): 9, 14.

40) Harold H. Rowley, *Worship in Ancient Israel*, 91, 105.

인은 그것을 지킬 필요가 없다는 주장을 한다. 그러면서 성경 기록에서도 안식일법을 이방 민족에게 적용하는 사례는 없었음을 강조한다. 그리피스는 신 4:13과 시 147:20[41]을 인용하면서 성경이 하나님의 율법을 오직 이스라엘에게만 주셨다고 한다.[42] 하나님께서는 이스라엘 백성들에게만 안식일을 지키지 않은 것에 대해 책망을 하였지, 이방인에는 그러한 것이 없기 때문에 이방인과 안식일이 무관하다고 주장한다.

그러나 도덕법인 십계명은 제한적이거나 한시적이지 않다. 그 범위는 무제한적이며 시기는 영원하다. 이미 우리가 제3장에서 연구한 바와 같이 이스라엘 백성이 출애굽할 때 중다한 잡족들도 할례를 받은 후 유월절 음식을 먹고 이스라엘 백성들과 함께 출애굽한 것은 하나님은 이방인에게도 구원의 언약을 적용시켰기 때문이다. 그리고 제사 계명에서 "네 문안에 유하는 객이라도 일하지 말라"고 하신 부분은 유대인 가정에 이방인이 손님으로 와서 안식일을 지키게 된다면, 그들도 다른 일을 하지 않게 하고 유대인과 함께 안식일을 지키게 하라는 뜻이다. 따라서 안식일이 철저하게 모든 이방인에게 제외되었던 것은 아니다. 안식일법은 도덕법이므로 이방인에게도 적용이 되었다.

이스라엘 백성에게 언약의 징표로 주어진 안식일은 출애굽기 31장에서 강력하고 무서운 규정으로 안식일법을 어기는 자에게 사형이 선포되었다. 출 31:14-15[43]은 누구든지 안식일을 더럽히는 자는 죽여서 백성 중에서 그 생명이 끊어지게 하였고, 누구든지 안식일에 일하는 자도 반드시 죽이라 하였다. 어느 개인이든지 안식일을 지키지 않는 자는 사형을 집행하여

---

41) 신 4:13 여호와께서 그 언약을 너희에게 반포하시고 너희로 지키라 명하셨으니 곧 십계명이며 두 돌판에 친히 쓰신 것이라.

시 147:20 아무 나라에게도 이같이 행치 아니하셨으니 저희는 그 규례를 알지 못하였다 할렐루야.

42) Griffith, "The Eschatological Significance of the Sabbath," 85.

43) 출 31:14-15 너희는 안식일을 지킬지니 이는 너희에게 성일이 됨이라 무릇 그날을 더럽히는 자는 죽일지며 무릇 그날에 일하는 자는 그 백성 중에서 생명이 끊쳐지리라 엿새 동안은 일할 것이나 제칠 일은 큰 안식일이니 여호와께 거룩한 것이라 무릇 안식일에 일하는 자를 반드시 죽일지니라.

그 사람이 이스라엘의 공동체에 소속되는 것을 허락하지 않았다. 이렇게 하나님께서는 어떤 죄보다 안식일을 범하는 죄를 가장 무겁게 취급하셨다. 안식일을 지키지 않은 사람에게는 재판의 절차도 없었으며 그에게 내려진 벌칙도 다른 형벌의 선택은 없고 오직 죽음이라는 극형뿐이었다. 그 이유는 안식을 범하는 개인의 죄에 대한 형벌이 이스라엘 공동체에게 내리는 것을 막기 위함이다. 느 13:17-18[44])은 이스라엘 선조들이 안식일을 범한 죄를 물어 하나님께서 예루살렘 성을 바벨론에게 멸망시킨 것으로 나타내고 있다. 느헤미야의 이러한 기록으로 보아 모세 시대에도 그 사회의 구성원들이 안식일을 범하면 공동체 위에 하나님의 심판이 내렸을 것으로 여겨진다. 비록 죄를 범하면 즉각적으로 벌을 내리는 구약시대이기는 하지만 안식일과 관련된 범죄만큼 철저하고도 무서운 형벌을 내리는 경우는 없다. 그래서 이스라엘 공동체에게 내리는 하나님의 심판을 피하기 위하여 안식일을 범하는 죄인은 그 즉시 사형을 시행하여 그러한 죄가 다른 사람에게 번져나가는 것을 막았다.

제사 계명은 안식일에 어떠한 노동도 일절 금지하고 있다. 출 20:10에서 "제칠 일은 너의 하나님 여호와의 안식일인즉 너나 네 아들이나 네 딸이나 네 남종이나 네 여종이나 네 육축이나 네 문안에 유하는 객이라도 아무 일도 하지 말라"고 엄격하게 규정하고 있다. 심지어 이방인 나그네나 짐승들이 일하는 것도 허락하지 않는다. 그 이유는 이방인과 짐승들의 유익을 위함이라기보다는 그들이 노동을 하면 하나님의 자녀들이 시험을 받을 위험이 있기 때문이다. 그래서 이스라엘 백성들이 생활하는 공동체 내에서는 누구도 안식일에 어떠한 일도 못하도록 금지하셨다. 그런데 성경은 이 계명을 어겨서 노동하던 사람을 발견하여 처벌한 사례를 기록하였다. 안식일에 나무하던 사람을 발견하여 사형집행을 행한 기록이 민수기 15:32-37에 기록되어 있다. 이면 사람이 맬감을 위혜 안식일에 니무를 하

---

44) 느 13:17-18 내가 유다 모든 귀인을 꾸짖어 이르기를 너희가 어찌 이 악을 행하여 안식일을 범하느냐 너희 열조가 이같이 행하지 아니하였느냐 그러므로 우리 하나님이 이 모든 재앙으로 우리와 이 성읍에 내리신 것이 아니냐 이제 너희가 오히려 안식일을 범하여 진노가 이스라엘에게 임함이 더욱 심하게 하는도다.

였는데 하나님께서는 모세를 통해 그 사람을 반드시 죽이라는 명령을 하셨다. 그래서 온 회중이 진 밖으로 끌고 나가서 그를 돌로 쳐죽였다. 땔감을 위해 나무를 하는 것은 단순한 노동이었지만 하나님은 그러한 일을 한 사람들은 죽이라고 하셨다. 하나님과 맺은 언약의 증표를 무시하였기 때문에 하나님과의 관계가 단절된 것으로 해석하였다.

이 사건은 고의로 죄를 범한 자를 어떻게 취급할 것인지에 대한 규정을 설명한 민 15:27-31 말씀 다음에 즉시 일어난 사건이다. 하나님은 이스라엘의 공동체에 속한 사람은 누구나 아무리 작은 일이라 할지라도 고의로 범죄행위를 하였으면 그 사람은 처벌을 받아야 했다. 그러나 고의로 죄를 범한 자가 스스로 자신의 죄를 자백하고 피해자에게 손해를 보상한 다음 속건제물을 드리면 용서를 받을 수 있다. 그러나 스스로 반성하지 않는 사람은 백성 중에서 끊쳐질 것이다. 그 이유는 그 사람이 여호와의 말씀을 순종하지 않고 멸시하였기 때문이라 생각된다.[45] 고의로 범죄한 사람에 대한 말씀이 있은 후 말씀을 어긴 첫 번째 사건은 안식일에 나무하다 다른 사람에게 발각된 사람이다. 안식일에 나무하는 일은 그것이 비록 간단한 일이라 할지라도 그 사람은 안식일에 고의로 나무를 하여 하나님께 범죄했기 때문이다. 그 사람은 안식일에 어떤 종류의 노동도 금지되었다는 사실을 이미 알고 있으면서도 고의로 나무를 하였다. 안식일은 하나님과 맺은 언약의 징표이므로 이렇게 작은 죄도 허용하지 않았다. 대부분의 경우 다른 범죄행위를 한 자에게는 하나님께 제사를 드리므로 용서를 받았으나 안식일법을 어긴 사람에게는 즉각적인 사형이 집행되었다.

하나님께서는 이스라엘 백성이 안식일에 행한 아무리 작은 노동이라 할지라도 그것을 허용하지 않으신다. 여호와께서 모세를 통해 출 35:2-3[46]에서 안식일의 노동금지에 관해 다시 엄격하고 무서운 규정을 말씀하셨다.

---

45) Philip F. Congdon, "An Exegetical and Theological Study of Numbers 15:22-31," Th. M. thesis, *(Dallas Seminary*, 1983), 14-15, 29-30.

46) 출 35:2-3 엿새 동안은 일하고 제칠 일은 너희에게 성일이니 여호와께 특별한 안식일이니라 무릇 이 날에 일하는 자를 죽일지니 안식일에는 너희의 모든 처소에서 불도 피우지 말지니라.

안식일에 사소한 가사 노동이라도 허용되지 않았으며 그것을 어기는 자는 죽음을 면하지 못하였다. 그 예로 처소에서 불도 피우지 못하게 하였다. 출 16:23[47]에 보면 안식일에 필요한 만나는 하루 전날 밤에 요리해 두어야 했다. 비록 가정에서 요리를 위한 일이라 할지라도 안식일에 불 피우는 자체가 일로 간주되기 때문이다. 안식일에 가정에서 불 피우는 자에게도 사형이 집행되었다.[48] 이러한 규정은 출애굽기 20장과 31장에서 나타난 십계명에서 설명하는 안식일에 관한 말씀을 어떻게 순종해야 할 것인지를 보충 설명한 내용이다.

제사 계명은 특별히 자녀를 둔 부모나 아랫사람을 거느린 상관에게 강한 요구를 한다. "제칠 일은 너의 하나님 여호와의 안식일인즉 너나 네 아들이나 네 딸이나 네 남종이나 네 여종이나 네 문안에 거하는 객이라도 일하지 말라"고 하였다. 우리 사회의 구조상 부모나 직장의 상사가 자기들의 아랫사람들에게 예배에 참석할 수 있는 시간과 여건을 마련해 주어야 할 필요가 있다. 그들이 아랫사람들의 영적인 일과 신앙에 대한 배려가 없다면 그들의 수하에 있는 사람들은 안식일을 지키기가 어려울 것이다. 그래서 대요리문답 118번은 왜 가장과 상부에 있는 사람들에게 안식일을 지키라고 특별히 명령하였는가? 라는 질문을 하였다. 답변은 "특별히 가장과 상부에 있는 사람들에게 안식일을 지키라고 명령이 주어진 것은 그들 자신에게 안식일을 지킬 의무가 있을 뿐 아니라 그들의 통솔 아래 있는 사람들도 반드시 안식일을 지키게 할 의무가 있기 때문이며, 그들의 일로 아랫사람들이 안식일을 지킬 수 없도록 방해하는 일이 흔히 있기 때문이라" 하였다.

---

47) 출 16:23 내일은 휴식이니 여호와께 거룩한 안식일이라 너희가 구울 것은 굽고 삶을 것은 삶고 그 나머지는 다 너희를 위하여 아침까지 간수하라.

48) J. Weingreen, "The Case of the Woodgatherer death (Numbers XV 32-36)," *Theology Digest* 16 (1966): 361-64. 이 논문은 안식일에 고의성이 있는 사소한 일로 안식일법을 어겨서 사형 당하는 제도에 대해 깊은 연구를 하였다. 특히 출 35:3에 나오는 가정에서 불피운 일로 사형을 집행한다는 규정도 취급한다.

또한 안식일에 일상생활과 관련된 일은 아무것도 하지 않고 온전한 안식일을 지키려면 평소 육 일간 열심히 일해야 한다. 평소에 열심히 일하지 않고 게으른 생활을 하는 사람은 안식일에 일상적인 일이나 사업과 관계되는 일을 하게 된다. 대요리문답 120번에는 이에 대한 답변을 하고 있다.[49] 육 일 동안 열심히 일하는 것 자체가 안식일을 잘 지키는 하나의 과정이다. 사람이 직장생활, 사업, 학업 무슨 일을 하든지 일정한 노력과 시간은 투자 되어야 한다. 그 일을 평소에 계획을 만들어서 잘 생활하지 못하면 주일이라도 해야 하기 때문이다. 그래서 안식일 계명은 육 일간 열심히 일할 것을 명령한다.

그러나 안식일은 아무 일도 하지 않으면서 꼼짝도 않고 가만히 있어야 하는 것은 아니다. 안식일에 허용되는 일들도 있다. 하나님께 예배 드리는 일과 하나님의 말씀의 교훈을 받기 위해 여행하는 일은 허용되었다. 왕하 4:23[50]은 그러한 목적으로 안식일에 여행하는 것은 허용된 관례로 인식되었다는 것을 보여 주고 있다. 아들이 죽자 어머니는 자기의 죽은 아들을 살리기 위해 평일에 엘리사에게 올라갔다. 그러나 그녀의 남편은 선지자에게는 안식일에만 가는데 어떻게 평일인데도 엘리사에게 가려 하느냐고 하였다. 그 남편의 말은 비록 안식일이라 할지라도 선지자를 찾아가는 여행이 엘리사 시대에는 허용되었음을 보여 주는 증거가 된다.

---

49) 대요리문답 120문) 제사 계명을 더욱더 잘 지키게 하려고 어떠한 이유가 부가되어 있는가?
  답) 제사 계명을 더욱더 잘 지키게 하려고 부가된 이유는, 하나님께서 칠 일 중 육 일을 허락하셔서 우리 자신의 일을 돌보게 하시고, 자기 자신을 위해서는 하루만 남겨두신 이 계명의 공평성에 있으니 "엿새 동안 힘써 네 모든 일을 할 것이나"라고 하신 말씀에 나타나 있다. 또 "제칠 일은 너의 하나님 여호와의 안식일인즉"이라고 하셔서 그날의 특별성에 대해 하나님께서 주의를 촉구한데 있으며, 이는 "엿새 동안 나 여호와가 하늘과 땅과 바다와 그 가운데 모든 것을 만들고 제칠 일에 쉬신" 하나님의 본을 받음에 있다. 하나님께서 이날을 자기를 섬기는 거룩한 날로 거룩하게 하실 뿐 하니라 우리가 이날을 거룩히 지킬 때 우리에게 복을 주시기로 정하심으로 하나님께서 이날을 복되게 하신 데 있다.
  50) 왕하 4:23 그 남편이 가로되 하루도 아니요 안식일도 아니어늘 그대가 오늘날 어찌하여 저에게 나아가고자 하느뇨 여인이 가로되 평안이니이다.

또한 안식일에 할 수 있는 다른 일로 전쟁이 일어났을 때 군인들은 자기에게 주어진 의무를 계속하는 것이었다. 수 6:12-15에는 여호수아가 언약궤를 앞세우고 백성들과 함께 여리고 성을 엿새 동안 매일 한바퀴씩 돌고 제칠 일 새벽에는 그 성을 일곱 번 돌았다. 여호수아와 이스라엘 백성들은 칠일 동안 매일 성을 돌았기 때문에 안식일에도 빠지지 않고 여리고 성을 돌았다. 왕하 20:29에도 군대는 안식일에도 전쟁을 계속 수행해야 함을 보여 준다. 하나님의 선지자의 예언에 의해 출전한 이스라엘의 아합 왕이 아람의 벤하닷과 전쟁을 할 때 칠 일 동안 계속 서로 대치하여 접전 중이었다. 그렇게 칠일 동안 대치하던 중 마지막 날에 큰 전쟁을 하여 이스라엘 군인이 아람 군대 보병 십만을 죽였다. 이스라엘 군인들이 칠 일 동안 적군인 아람 군대와 대치하고 있었다면 안식일에도 그들은 아람 군인과 전쟁을 위해 서로 접하고 있었을 것이다.

전쟁중인 이스라엘 군인들은 일반 시민들이 안식일을 지키는 것처럼 그 날을 지킬 수 없었다. 오히려 이스라엘 군인들은 안식일에 전투에만 열중하였음에도 불구하고 하나님은 그들이 적군 십만을 죽게 하는 큰 승리를 주셨다. 왕하 3:9도 군인들은 안식일에도 자기들에게 주어진 전쟁을 위해 일을 허용하였음을 보여 주고 있다. 유다 왕 여호사밧과 이스라엘 왕 여호람과 에돔 왕이 연합군을 만들어 모압 왕과 그 군대를 치기 위해 칠 일 동안 모압 광야 길을 행군하였다. 칠일 째 되는 날 물이 없어 연합군이 죽을 위험에 빠졌다. 그때 엘리사 선지자에게 물으니 샘물이 있는 곳과 모압과의 전쟁에서 승리할 것을 가르쳐 주었다. 연합군이, 엘리사가 하나님의 지시를 받아 가리키는 산골짜기를 파니 샘물이 흡족하게 넘쳐 많은 사람이 마시고 힘을 내었다. 그리고 그 전장에서 큰 승리를 얻었다.

이와 같이 군인이 전투 중일 때는 안식일이라 할지라도 전투를 위한 노동을 하는 것은 예외로 허용되있다. 전무는 개인이나 혹은 한 국가의 의지만으로 휴전할 수 없는 성질이다. 그리고 안식일에 모든 군인들이 아무 일도 하지 않는다는 정보가 적군에게 알려진다면 그 시간에 적군이 침공해 와서 모두 죽이고 파괴할 것이다. 전쟁은 사람의 힘으로 어떻게 할 수 없는 긴급한 상황이다. 인간이 예상하지 못하였던 긴급한 일이 발생할 때는 비록 안식일이라도 긴급한 일을 할 수 있다는 사실을 보여 주고 있다.

왕 11:4-12에는 전쟁뿐 아니라 국내에서도 긴급한 일이 발생하면 안식일에 일을 할 수 있음을 가르친다. 유다 왕 아하시야가 죽자 그의 모친 아달랴가 모든 왕의 씨를 진멸하고 자신이 나라를 다스렸다. 이때 여호세바가 요아스의 목숨을 구하여 육 년이나 숨어 지내도록 하였다.

아달랴 칠 년에 제사장 여호야다가 백부장과 그 군대를 불러 성전에 들어가서 언약을 세우고 왕자를 보인 후 안식일에 행할 일을 알려 주었다. 백부장의 지시대로 안식일에 입헌한 제사장을 삼분의 일씩 나누어 중요한 지점을 감시하게 한 후 합법적 절차를 따라 요아스에게 면류관을 씌우고 율법책을 주고 기름을 부어 왕을 삼았다. 이렇게 하여 왕위에 오른 요아스는 유다의 왕들 가운데서 하나님의 뜻을 따라 바르게 정치한 훌륭한 왕으로 기록되었다. 안식일에 백부장의 지시로 제사장들이 성전에서 특별 경계를 하고 있는 동안 다른 사람들은 요아스에게 기름을 부어 왕위에 세웠다. 요아스는 평일에 정상적 방법으로 왕위 즉위식을 할 수가 없어 안식일에 비상 수단으로 즉위식을 거행했다. 안식일에 비상 수단으로 왕위에 올랐지만 요아스는 이스라엘 역사에 훌륭한 업적을 남겼다. 제사 계명은 안식일에 누구든지 아무 일도 하지 못하게 하였지만 이렇게 긴급한 일들은 안식일에도 허용이 되었다.

안식일에 노동을 허용하는 또 다른 종류의 직업은 성전에서 봉사하는 제사장과 레위 족속이다. 왕하 11:4-12에서 안식일에 요아스가 왕으로 즉위할 때 성전에 있던 제사장들은 정상적 근무를 하는 중에도 요아스가 왕이 되는데 협력하였다. 제사장들은 안식일에는 다른 평일보다 더욱 분주할 것이다. 대상 23:24-31에 아론의 자손들이 수종들어야 할 의무 사항들을 기록하고 있다. 31절에서는 "안식일과 초하루와 절기에 모든 번제를 여호와께 드리되 그 명하신 규례의 정한 수효대로 항상 여호와 앞에 드렸다"고 하였다. 그들은 안식일에도 성전 관리와 제사를 위해 제물 만드는 일과 또한 찬양대 봉사를 하였다. 이처럼 제사장들은 안식일에 하나님께 예배드리고 제사하는 의식이 다른 날보다 더 많았다. 또한 일반 평민들은 제사를 집행할 수 없었다. 제사는 오직 제사장만이 집행하는 것이 구약의 법이다. 그러므로 제사장은 안식일에 해야 할 일이 제일 많았던 것이다.

주일은 신약교회의 성도들도 모든 일을 멈추고 오직 하나님께 예배드리고 찬양하며 감사하면서 그날을 보내야 한다. 주일을 온전하게 지키려면 일상적인 모든 일을 멈추어야 하는 것이 의무이다. 그렇지만 주일에 교회에서 봉사하는 목사, 장로, 교역자와, 교사, 성가대원 등은 그날이 다른 날보다 더 바쁘고 힘이 드는 날이다. 그들의 봉사가 없으면 교회의 예배진행이 불가능하다. 이와 같이 구약시대에도 제사장들과 레위 족속들이 안식일에 봉사하는 것은 그들에게 주어진 의무였다. 신약시대에도 마찬가지로 특정한 직종에 있는 사람들은 안식일이라도 그들의 직무상 일을 해야 할 수밖에 없는 경우도 있다. 그들은 하나님의 영광과 다른 사람들이 안식일을 바르게 지킬 수 있게 하기 위하여 봉사를 하여야만 했다. 그와 함께 평소에 예측할 수 없는 중요하고 긴급한 일이 발생할 경우 안식일이라도 일하는 것을 허용하고 있다.

안식일에 특별한 직종에 종사하는 사람들과 긴급한 일이 있는 사람들에게 일하는 것을 허용한다 할지라도 제사 계명의 근본적이고도 중요한 원리는 그날은 누구든지 아무 일도 하지 못하도록 규정하고 있다. 안식일은 모세 언약의 표징이기 때문에 안식일을 거룩하게 지키지 못하면 모세 언약으로 주신 다른 계명들도 아무런 의미가 없어진다. 우리가 이미 위에서 연구한 바와 같이 안식일에 해야 할 의무 가운데 하나는 하나님께서 천지만물을 창조하시고 우리에게 베풀어 주신 각종 일반은총의 은혜와 우리를 구원하여 주신 특별은총의 은혜를 기억하고 감사하는 것이다. 하나님께 감사하는 마음이 있어야만 그분의 계명을 지킬 수 있다. 하나님께서 베풀어 주신 은혜를 생각하고 감사하려면 세속적인 노동은 잠시 중단해야 한다. 우리의 일상적 노동과 생활 가운데 여러 가지로 얽혀 있는 마음가짐으로는 하나님이 베풀어 주신 은혜를 기억할 수 없다.

육 일간의 생활은 정신적으로 각종 나쁜 생각과 물질에 대한 욕심과 쾌락적 욕망으로 사로잡혀 있으면서 육체적으로는 노동으로 과로하여 항상 피곤에 지친 생활을 하는 경우가 허다하다. 이러한 상황 가운데서 하나님을 생각할 여유가 없는 것은 당연하다. 그리고 이러한 생활이 계속 반복된다면 신앙은 상실되고 하나님도 잊게 될 것이다. 신앙이 계속 성장하면서 하나님의 축복을 받으려면 항상 하나님의 말씀과 은혜를 묵상해야 한다. 우리가 매일 하나님의 은혜를 생각하고 찬양해야 하지만 평소에는 그렇게 할 수 없으니까 최소한 일주일에 안식일 하루만이라도 육 일 동안에 하던 노동과 생각을 끊고 하나님의 은혜를 묵상하면서 그의 계명을 생각하라는 뜻이다. 안식일 하루만이라도 지킨다면 은혜 가운데 머물러 있을 수 있으나 그 하루도 지키지 못한다면 그는 하나님의 은혜와 함께 하나님마저도 잊고 말 것이다. 하나님께서는 인간의 마음이 이렇게 약하고, 쉽게 변하며, 잊어버리기를 잘하는 것을 아시고 최소한 안식일 하루만이라도 아무 일도 하지 않고 하나님에 관한 것만 생각하고 생활하기를 원하셨다.

이스라엘 백성들에겐 매주 최소한 안식일 하루만큼은 하나님께서 그들과 언약을 맺으셨다는 것과 그 언약의 조건이 되는 계명들을 기억하는 일이 그들의 의무다. 하나님은 자기 백성이 안식일에 관한 법을 어기는 것을 가장 심각한 죄로 취급하셨다. 그 결과 하나님은 이스라엘 백성이 안식일을 범하는 것은 모세의 모든 계명을 어긴 것과 동일하게 취급하셨다. 그 이유는 안식일이 모세 언약의 표징이기 때문이다. 그래서 안식일을 더럽히는 사람을 하나님의 주권에 도전하는 것으로 여겼다.[51] 바르트는 안식일을 거룩하게 지키지 않는 것은 창조사역을 완성한 후 일곱째 날 안식하신 하나님의 안식을 거절하는 것과 같다고 하였다. 피조물이 창조주의 행하신

---

51) Paul K. Jewett, *The Lord's Day*, 19; James Brown, "Karl Barth's Doctrine of the Sabbath," *Scottish Journal of Theology* 19 (December 1966): 409; id., "The Doctrine of the Sabbath in Karl Barth's Church Dogmatics," *Scottish Journal of Theology* 20 (March 1967): 1. 바르트는 이 부분에서 안식일은 하나님의 본성을 나타내는 계시로 해석하였다. 그는 안식일은, 인간에게 주신 하나님의 계명 가운데 포함될 뿐 아니라 동시에 안식일은 하나님의 속성을 나타내는 것으로 보았다.

일을 거부하는 일이란 있을 수 없다.

3. 바벨론 포로생활과 안식일

이스라엘 백성들에게서 안식일은 하나님과 맺은 언약의 징표이기 때문에 다른 어떤 법보다 더 중요하다. 이스라엘 백성들이 모세를 통해 주신 하나님의 언약을 지키지 않고 불순종 할 때 하나님은 그에 따른 징계와 채찍을 사용하여 그들을 바로 잡았다. 안식일을 지키지 않는 백성들을 바른 길로 인도하시기 위하여 하나님은 여러 명의 선지자들을 파송하여 자신의 뜻을 전달하셨다. 바벨론 포로 전에 이스라엘 민족이 안식일 계명을 불순종하고 그날을 더럽혔을 때 하나님은 선지자들을 보내어 엄한 경고를 하셨다.

1) 아모스서에 나타난 안식일 (8:4-6)

하나님께서는 이스라엘 백성들이 모세를 통해 주신 제사 계명에 명시된 안식일에 노동하는 행위와 그날에 다른 악한 일을 하는 것에 대해 많은 징계를 내리셨다. 이스라엘 백성이 바벨론에 포로로 잡혀가기 전에는 안식일에 가게문을 닫고 매매 행위를 하지 않았다. 아모스는 8:4-5에서 이스라엘 백성들이 궁핍하고 가난한 자들을 학대하고 착취하는 사회적 죄악을 책망하였다. 아모스에 의하면 비록 그들이 그러한 죄를 범하면서도 "월삭이 언제 지나서 우리로 곡식을 팔게 하며 안식일이 언제 지나서 우리로 밀을 내게 할꼬"라고 말한 것으로 보아 안식일을 지켰음을 알 수 있다. 이 당시 이스라엘에는 무서운 사회적 범죄 행위가 난무하였다. 암 2:6-7에 의하면 부자와 사회 지도층 인사들이 은으로 의인을 팔고 신 한 켤레로 궁핍한 자를 팔며 가난한 자의 머리에 있는 티끌을 탐내었다고 한다. 이렇게 돈벌이에 눈이 멀어 동족들을 괴롭히던 그들도 이스라엘의 절기인 월삭과 안식일에는 장사를 하지 않았다. 돈만 알고 신앙과 윤리의식이 없는 그러한 사람에게 안식일에 노동을 금지하는 계명은 큰 고통을 주었을 것이다. 그러한 생각을 하면서 온갖 악행을 하는 사람들이 어떻게 안식일에는 장사를 하지 않았을까? 아마 그때까지는 하나님의 계명에 명시된 것처럼 안식일에 공적으로는 장사를 하지 않았음이 분명하다. 그 사람은 장사를 하고 싶었지만 사회의 구조적 제도에 의해 장사가 금지되어 있었을 것이다. 마음으로는 장사하여 이익을 남기고 싶었지만 현실적으로 불가능하였다. 마음으로는 안식일에도 정상적으로 상업을 하여 이익을 남기려는 생각이 가득한 사람들이 그날이 빨리 지나가기를 기다리면서 일을 하지 않는다고 안식일을 지킨 것으로 볼 수 있을까?

암 8:6에 의하면 안식일이라도 가게문을 열고 장사를 할 수만 있다면 그들은 "에바를 작게 하여 세겔을 크게 하며 거짓 저울로 속이며 은으로 가난한 자를 사며 신 한 켤레로 궁핍한 자를 사며 찌꺼기 밀을 팔 수 있었다." 이와 같이 변태적 부당 상업 행위로 이익을 챙겼을 것이다. 심지어 헐값으로 사람을 사고 파는 노예 전문 상인들이 생겨 인신매매업까지 성행하였다. 그래서 그들은 안식일에 모든 가게가 문을 닫고 매매를 하지 않자, 그러한 악행을 계속하지 못한 것에 대해 괴로워하며 답답해 하였다. 게다가 그들은 "안식일이 언제 지나서 우리로 밀을 내게 할꼬"라고 하면서 욕심 많은 상인들이 안식일에 장사하여 돈을 벌지 못해 다음날을 초조하게 기다리고 있음을 표현하고 있다. 포로로 잡혀가기 전에도 그들은 안식일을 제대로 지키지 못하였다. 그 결과 하나님의 심판을 받아 바벨론의 포로가 되었다. 그럼에도 불구하고 형식적이기는 하지만 안식일에는 가게문을 닫고 상업행위를 하지 않았던 때도 있었다. 그러나 시간이 지나면서 안식일에도 가게문을 열고 공공연하게 장사를 하여 하나님께 범죄 행위를 하였다.

하나님은 애굽에서 노예로 고통 당하는 이스라엘 백성을 해방시켜 자유를 주신 것을 기념하여 안식일을 지키라고 하셨다. 이스라엘 민족은 애굽에서 사백 년 이상 엄청난 고통과 고난을 당하였다. 개인적으로 노예생활을 하였을 뿐 아니라 국가적으로 자주적인 주권도 없었다. 즉 그들은 개인과 국가가 해결할 수 없는 큰 압박을 당하였다. 그러한 상황에서 해방과 자유를 주신 하나님께서 이스라엘 백성들에게 자신들의 수하에 있는 사람에게 안식일의 휴식을 제공하라고 하신 명령을 그들은 거부할 수가 없었다. 이스라엘 민족은 하나님으로부터 너무나 크고 많은 빚을 탕감 받았기 때문에 자기 개인에게 작은 빚을 진 동료들에게 하나님이 베풀어 주신 사랑을 갚을 의무가 있다. 신약시대의 기독교인들도 모든 인간이 하나님의 형상으로 지음 받았다는 것과 동시에 사탄의 노예로서 사망의 굴레에서 헤매던 우리를 구하여 해방을 주신 것을 기억할 필요가 있다. 이 두 개의 잊지 못할 사건을 생각한다면 우리 주변의 모든 사람에게 사랑을 베풀어야 할 것이다. 그래서 안식일에는 어느 사회나 조직을 막론하고 윗사람은 자기의 수하에 있는 모든 사람들에게 휴식을 주어야 한다. "네 남종이나 여종이나 문안에 유하는 객이라도 일하지 말라"고 명하신 것은 아랫사람에 대한 인간적 배려를 잊지 말라는 뜻이다.[52] 그들도 동일한 하나님의 형상으로 지음을 받았기 때문에 하나님께 예배드릴 의무가 있다. 그와 동시에 그들의 육체도 일주일에 하루는 휴식을 취해야 하기 때문이다. 유대인들은 수하에 있는 하인들에 대한 배려도 하지 않았다.

2) 예레미야서에 나타난 안식일 (17:21-27)

예레미야 선지자는 17:21-27에서 유다 백성들이 안식일을 지키지 못한 결과 예루살렘 성이 멸망하여 불타고 훼파될 것을 예언하였다. 선지자는 유다의 왕들과 백성들에게 하나님의 안식일을 준수할 것을 권고하였다. 예레미야는 17:21-22에서 백성들에게 "너희는 스스로 안식일에 짐을 지고 예루살렘 성으로 들어오지 말며 안식일에 너희 집에서 짐을 내지 말며 아무 일이든지 하지 말아서 내가 너희 열조에게 명함과 같이 안식일을 거룩히 할지어다"라고 말하면서 안식일 지킬 것을 권하였다. 또한 선지자가 백성들에게 안식일에 짐을 지고 집에서 운반하여 성문으로 들어가는 것과

---

52) John Calvin, *Sermons on the Ten Commandments*, 208-212. Samule Bacchiocchi, "A Memorial of Redemption," Spectrum 9 (1977):16-17.

가사일 하는 것을 금하라고 촉구하였다. 선지자가 백성들에게 이러한 권고를 한 것은 당시 유다 거민들이 제사 계명에 명시된 말씀을 어기고 짐 운반과 가사 노동을 습관적으로 한 것으로 보인다. 이미 백성들이 하나님의 언약을 지키지 않는 것이 일반적 관행이 되었다.

당시 유다 백성들이 안식일에 어떤 노동을 하면서 안식일을 범하였는가? 선지자는 "안식일에 짐을 지고 예루살렘 문으로 들어오지 말라"고 하였다. 예루살렘 문은 단순한 지리적 위치를 나타내는 것이 아니다. 당시의 성문은 일반적으로 모든 백성들의 생활 중심지였다. 상거래와 문화의 중심지 역할을 하는 곳이다. 그리고 예루살렘 성에는 문이 하나만 있는 것이 아니라 여러 개의 문이 있었다. 또한 이방인들은 안식일법의 규제와 전혀 상관없이 성문을 자유롭게 왕래하였을 것이다. 일상생활을 위하여 성문을 출입하는 사람은 많을 수밖에 없다. 그러나 문제는 계명에 따라 안식일을 지키지 않고 성문을 출입하는 것이었다.

안식일을 지키지 않고 성문 출입을 하는 사람들은 누구였는가? 렘 17:20에서 답하기를, "이 문으로 들어오는 유다 왕들과 유다 모든 백성과 예루살렘 모든 거민 너희는 여호와의 말씀을 들을지어다." 이 말씀에 의하면 왕을 비롯한 예루살렘과 유대 백성들이 안식일을 어기고 예루살렘 성문 출입을 많이 하였다. 안식일에 성문 출입을 하는 사람을 책망하는 예레미야의 첫 대상은 왕이었다. 왕이 안식일에 성문에서 예루살렘 백성들에게 왕으로서의 통치권을 행사하였을 것으로 여겨진다. 아마 왕은 왕으로서 중요한 사람들을 만나기도 하고, 정치 혹은 행정적으로 필요한 일들을 안식일에 행하였을 것이다. 모든 백성들이 우러러보는 지도자인 왕이 안식일 계명을 어기고 일상적인 일을 하니까 일반 서민들은 자연히 왕이 생활하는 패턴을 모방하여 따라 하였을 것이다. 지도자는 다른 사람보다 더욱 신중하고 모범적 생활을 해야 하는데 그렇지 못하였기 때문에 선지자로부터 책망을 받게 되었다. 오늘날의 교회에서도 그 교회의 지도자급에 속한 사람들이 안식일을 철저히 지키고 말씀에 순종하는 생활을 한다면 모든 교인들은 지도자를 따라서 안식일을 지키게 될 것이다. 또한 20절에 의하면 예루살렘의 모든 일반 백성들은 각자 일상생활에 필요한 활동을 자유롭게 하였다. 일상생활을 위해 짐 운반을 많이 하였다. 어떠한 짐이었을까? 예루 살렘은 큰 도시이고 인구가 많았기 때문에 농촌으로부터 생활 필수품인 농산물을 들여왔다고 한다.[53]

안식일에 단순하게 물건을 운반하고 옮겼을 뿐 아니라 농산물과 생활 필수품을 예루살렘 성문에서 매매하였다. 유다와 예루살렘 모든 백성들은 안식일에도 예루살렘 성문에서 평일처럼 각자 생활을 위해 물건들을 사고 파는 매매 행위를 하였다. 아모스 선지자 때에는 비록 그들이 사회적으로 각종 악한 죄악을 행하였지만 안식일에는 가게문을 닫고 매매 행위는 하 지 않았다. 그래서 악한 상인들은 많은 사람들이 억지로라도 안식일을 지 키기 때문에 자신들의 경제적 활동에 많은 손해가 있다고 생각하여 안식 일이 빨리 지나가기를 초조하게 기다렸다. 즉 안식일에는 장사를 하지 못 하였다. 그러나 예레미야 선지자 시대에는 공공연하게 가게문을 열고 물건 을 사고 파는 장사가 행하여졌다. 시간이 흐를수록 하나님의 자녀들은 안 식일에 대한 인식이 더 나쁜 방향으로 향하고, 하나님의 말씀에서 점점 더 멀어져서 그들의 신앙이 시간이 지날수록 점점 더 흐릿해지고 있음을 나 타낸다.

그들이 매매하는 물건들은 농산물이 대부분이었다. 농산물과 같은 무거 운 짐들을 운반하는 일은 중노동이다. 이러한 무거운 짐을 운반하고 물건 을 매매할 때는 자연히 집안에 있는 자녀나 혹은 남녀 종들도 동원되었을 것이다 자연히 집안의 모든 식구들이 그 일에 매달리게 되기 마련이다. 또 한 무거운 짐을 운반 할 때는 집에서 기르는 짐승들이 사용되었을 것이다. 짐승들을 기르는 목적 가운데 하나는 사람이 하기 힘들고 어려운 일을 시 키므로 주인의 고통을 가볍게 하면서 노동의 효율성을 높이는 데 있다. 농 촌 사람이 짐승들에게 짐을 지워 무거운 짐들을 운반하여 예루살렘 성에 서 그것을 팔면 그 물건을 구입한 사람은 다시 자기 짐승을 이용하여 자

---

53) Rofe, "Studies in the Composition of the Book of Jeremiah," *Tarbiz* 44 (1974-75), 14.

기 집으로 운반하였을 것이다. 그래서 제사 계명은 안식일에 "너나 네 아들이나 딸이나 네 남종이나 여종이나 네 육축이나 아무도 일하지 말라"고 명하고 있다. 안식일에 이렇게 정신적 육체적 중노동을 하는 사람은 자연히 하나님의 하신 일을 기억하면서 안식일을 지킬 수가 없게 된다. 예레미야 선지자는 예루살렘과 유다 주민들은 왕으로부터 평민이나 남녀 종과 짐승에 이르기까지 하나님께서 언약의 징표로 정하신 안식일을 지키지 않고 있다고 책망하였다. 안식일에 왕은 왕으로서 통치권을 행사하였고 일반 백성들은 자기들의 일상생활처럼 모든 일을 거리낌없이 다 행하면서 하나님께 범죄하였다.

안식일의 중요한 기능 가운데 하나는 이미 위에서 살펴본 것 처럼 인간의 모든 육체가 노동으로부터 휴식하는 것이다. "안식일"이라는 단어는 일상생활에서 노동을 중단하고, 노동으로부터 쉬는 "휴식하는 날"이라는 뜻이다. 그래서 안식일은 노동에서 "휴식하다"라는 뜻을 포함하고 있다.[54] 그러나 일부 학자는 구약의 안식은 "끝나다", "중단하다", "정착하다"라는 뜻을 가지고 있어 휴식의 의미는 없다고 주장한다.[55] 창 2:3과 출애굽기에 나타난 제사 계명에서 안식의 원래 의미는 분명하게 노동으로부터 휴식을 나타내고 있다. 출 31:14-15은 안식일에 일하는 자를 죽이라고 명령하시면서 어떠한 노동도 금하고 있다. 또한 출 34:21은 밭 갈 때에나 거둘 때에도 쉬라고 하였다. 농촌은 농번기가 되는 봄에 파종할 때와 가을 추수할 때는 항상 바쁘다. 파종이나 추수를 할 시기에 비가 온다든지 기후가 좋지 못할 때 하루를 일하지 않는다면 경우에 따라 농민들의 한 해 농사가 실패로 돌아갈 수도 있다. 이런 때는 시간을 다투면서 빨리 일을 끝내야 한다. 가을 추수기에 농부가 안식일에 노동하지 않는다는 것은 모든 경제적

---

54) Gerhard Von Rad, "There Remains Still a Rest for the People of God: An Investigation of Biblical Conception," *The Problem of the Hexateuch and Other Essays*, 94-102.

55) Gana Robinson, "The Idea of Rest in the Old Testament and Search for the Basic Character of the Sabbath," *ZAW*, 92(1980): 32-42.

손해를 감수해야만 가능하다. 그러나 그렇게 바쁜 시기에도 안식일에는 노동을 금하고 있다. 이렇게 긴박한 시기에도 하나님은 모든 종류의 노동으로부터 손을 떼고 그 가정의 모든 식구들이 휴식을 취하라고 명령하신다. 노동을 하면서 하나님께 예배드리면 하나님이 베풀어주신 은혜를 생각하는 일에 장애와 혼란이 발생하기 때문이다.

제사 계명은 "네 아들이나 딸이나 네 남종이나 여종이나 네 육축이나 네 문안에 유하는 객이라도 아무 일도 하지 말라"고 하였다. 안식일 계명은 하나님 앞에 모든 인간은 평등하다는 것을 강하게 나타내고 있다.[56] 이 계명은 억압당하거나 압제하에 있는 사람에게 자유와 해방을 선포한다. 안식일 계명은 하나님께 예배드리는 순간은 인간의 불평등을 인정하지 않는다. 그 이유는 모든 인간은 동등하고 평등하게 하나님의 형상으로 지음 받았기 때문이다. 남자와 여자, 주인과 종, 가난한 사람과 부자, 다스리는 사람과 섬기는 자, 모두 하나님의 형상으로 창조된 존귀한 존재이다. 사회의 어떤 조직이나 구조적 체제 하에 있다 할지라도 모든 사람은 동등하게 하나님의 형상이기 때문에 같은 조건에서 하나님을 섬기고 예배드릴 자격과 의무가 있다. 그런데 유대인들은 안식일에 자신은 물론 자기의 수하에 있는 사람들과 짐승에게 휴식을 주지 않고 노동을 시켰다. 그러니까 안식일에 노동하는 사람들은 자연히 하나님의 은혜를 기억하면서 감사하는 예배를 드릴 수 없게 된다.

이는 안식일을 한 개인만 아니라 가정과 사회 전체가 지켜야 할 사회적 요소가 있음을 가르친다. 안식일은 가정의 모든 식구들과 방문객과 짐승들까지도 노동이 금지되었다. 이방인이 이스라엘 백성 집에 안식일에 방문하여 노동을 한다든지, 짐승에게 일을 시키게 되면 자연히 그 집주인도 그 노동에 관심을 빼앗기기 때문이다. 그래서 안식일을 지키는데 방해가 될 모든 요소는 제거하라는 뜻으로 해석된다. 요리문답 제118번[57]에서 가장

---

56) John Calvin, *Sermons on the Ten Commandments*, 208-209. Saul J. Berman, "The Extended Notion of the Sabbath," *Judaism* 22 (Summer 1973): 347. Niels E. Andreasen, "Jubilee of Freedom and Equality," *Spectrum* 9 (1977): 43-47.

과 다른 사람을 수하에 거느리고 있는 사람은 반드시 안식일을 지키게 할 의무가 있다고 밝히고 있다. 그 이유는 수하에 있는 사람들도 하나님께 예배드려야 할 의무가 있을 뿐 아니라 하나님께서 주신 예배의 의무와 특권은 누구도 빼앗을 권한이 없기 때문이다. 그러나 옛날부터 지금까지 위에 있는 사람들은 아랫사람에게 예배를 드리지 못하도록 방해하는 사례가 많았다. 그래서 요리문답서는 이러한 부분에까지 세밀한 답변을 하고 있다.

그래서 선지자는 24-26절에서 만일 그들이 하나님의 말씀을 순종하여 안식일에 짐을 지고 성문으로 들어오지 아니하며, 안식일을 거룩히 하여 아무 일도 하지 아니한다면, 왕들과 방백들과 유다 모든 백성이 이 성문으로 들어오며, 이 성은 영구히 존속하여 사방에서 사람들이 몰려와서 하나님께 제사를 드리게 될 것이라고 하였다. 즉 그 백성들이 하나님의 계명을 순종하여 안식일을 지킨다면 예루살렘 성은 영원히 존속할 것이다. 그리고 유다 백성들은 자유롭게 하나님께 영광 돌리면서 그들의 생업에 종사할 것이다. 다시 말하면 그들이 안식일을 지킨다면 예루살렘 성과 그 성의 사람들은 하나님의 축복을 받으면서 평안한 생활을 하게 된다는 뜻이다. 그들이 평안한 생활을 하고 싶다면 오직 하나님의 안식일을 지킨다는 조건을 충족시킬 때만 가능하다.

그러나 27절에서 "만일 그들이 안식일을 거룩케 아니하며 짐을 지고 예루살렘 문으로 들어오면 내가 성문에 불을 놓아 예루살렘 궁전을 삼키게 하리니 그 불이 꺼지지 아니하리라" 하여 그들이 안식일을 지키지 않을 경우에 비참한 하나님의 심판이 있을 것을 예언하였다. 그러나 그들은 하나님의 안식일 계명을 지키지 않고, 그날에 매매하며, 짐을 지고 성문 출입을 한 결과 하나님의 징계를 받아 그 성은 불타서 무너지고, 그 성의 백성들은 포로로 잡혀가게 되었다. 선지자가 안식일을 지키지 않는 백성들에게 발한 경고성 예언이 그대로 성취되었다. 그들이 하나님을 배반하고 버린

---

57) 요리문답 제118번. 특별히 가장과 기타 이웃들에게 안식일을 지키라는 명령이 주어진 것은 그들 자신에게 안식일을 지킬 의무가 있을 뿐 아니라 그들의 통솔 아래 있는 사람들도 반드시 안식일을 지키게 할 의무가 있기 때문이며, 그들의 일로 아랫사람들이 안식일을 지킬 수 없도록 방해하는 일이 흔히 있기 때문이다.

것에 대한 하나님의 징벌이다.

유다 백성은 바벨론으로 잡혀가서 70년 동안 포로생활을 하였다. 대하 36:21[58]은 그들이 포로생활 하는 동안 그 땅은 안식을 누렸다고 하였다. 유대인이 본토에서 추방되어 바벨론에서 칠십 년 동안 포로생활을 한 이유는 하나님께서 정하신 안식일을 지키지 않은 것에 대한 하나님의 심판이다. 이스라엘 백성들이 시내 산에서 모세를 통해 하나님의 언약, 즉 율법을 받았을 때 그들은 한 목소리로 "여호와의 명하신 모든 말씀을 우리가 준행하리이다"(출 24:3) 맹세하였다. 모세는 하나님으로부터 받은 모든 언약의 말씀들을 그들에게 자세히 설명하였다. 모세가 전한 하나님의 말씀을 듣고 난 후 그들이 보인 반응은 "여호와께서 우리에게 명령하신 모든 말씀을 우리가 순종하겠습니다"였다. 그리고 출 24:8에서 모세는 "피를 취하여 백성에게 뿌려 가로되 이는 여호와께서 이 모든 말씀에 대하여 너희와 세우신 언약의 피니라" 하였다. 모세가 피를 뿌린 것은 지금 모세가 받은 하나님의 말씀을 순종하지 않는다면 이렇게 피를 흘리면서 죽어도 좋습니다라는 뜻이다. 즉 생명을 담보로 세운 언약이다. 피를 뿌림으로써 "우리는 목숨 걸고 하나님의 모든 계명을 순종하겠으니 만약 불순종한다면 그때는 우리를 죽여도 좋습니다"라는 공식적 의식을 체결하였다. 이리하여 조상들이 세운 언약은 자손 대대로 영원히 유효하게 효력을 발하게 된다. 자기의 조상들이 하나님과 생명을 담보로 하여 세운 피의 언약인 안식일을 지키지 않으므로 그들은 처참하게 파괴되었다. 하나님께서는 그들이 하나님의 법을 어겼을 때 생명을 담보로 하여 피를 뿌리면서 맺은 이 언약에 따라 그들에게 저주를 내리셨다.

하나님께서는 안식일법을 어긴 그들에게 가장 가혹하고 혹독한 징벌을 내리셨다. 그 이유는 유대인들이 생활하던 그 가나안 땅은 하나님께서 그들에게 안식처로 주신 약속의 땅이다. 하나님이 그들의 조상 아브라함으로부터 시작하여 계속 반복된 약속을 후손들에게 거듭한 다음 여호수아를

---

58) 대하 36:21 이에 토지가 황무하여 안식년을 누림같이 안식하여 칠십 년을 지내었으니 여호와께서 예레미야의 입으로 하신 말씀이 응하였더라.

통해 얻게 된 땅이다. 이 땅은 다윗의 후손인 메시아가 와서 나라를 세울 곳이다. 그러한 땅에서 추방당한다는 것은 하나님으로부터 버림받았다는 증거다. 하나님의 버림을 받았기 때문에 포로로 잡혀가서 가혹하고 비참한 생활을 하였다. 하나님으로부터 버림받은 이 기간 동안은 그들의 조상이 애굽에서 노예생활 하던 것과 다를 바 없는 고통의 날들을 보내었다. 하나님의 안식일을 지키지 않은 결과 내려진 이 심판의 기간 동안은 안식이 전혀 없었다. 안식일을 멸시한 그들에게 하나님은 육체적, 신앙적 안식과 평안을 완전히 빼앗아가는 징계를 내리셨다. 그리고 이스라엘 백성들이 칠십 년 동안 바벨론에서 포로생활한 것도 큰 의미가 있다. 칠십이라는 숫자는 안식일의 일곱째 날을 연상하게 한다. 안식일을 지키지 않은 것에 대한 교훈을 주기 위하여 포로 기간을 칠십 년으로 정하셨다.

3) 느헤미야서에 나타난 이스라엘의 안식일(13:15-22)

느헤미야는 예레미야 선지자와 함께 이스라엘 역사에서 안식일법을 지키지 않은 결과에 따라 하나님이 그 백성에게 내리신 징계와, 안식일을 어떻게 지켜야 할지에 대해 잘 가르치고 있다. 아모스와 예레미야는 모두 이스라엘 백성들이 바벨론에 멸망당하여 포로로 잡혀가기 전에 사역한 선지자들이었다. 그래서 안식일을 지키지 않으면 하나님의 큰 심판이 임할 것을 선포하면서 안식일 준수를 촉구하였다. 그러나 느헤미야는 유다와 예루살렘 성이 함락된 후 포로로 잡혀가서 바벨론으로 끌려가 바사(페르시아) 왕 아닥사스다 1세의 수산궁에서 술 따르는 일을 맡은 관원으로 높은 지위에 있었다. 그는 예루살렘에 있는 유대인들의 참상을 전해 듣고 왕의 허락을 받아 총독 자격으로 예루살렘으로 가게 되었다. 그는 무너진 예루살렘 성벽 건축을 위해 백성들과 동고동락하면서 자기 백성들을 지도하였다. 그리고 유대 민족의 정통성 회복과 하나님의 율법 준수를 위해 최선의 노력을 다 하였다. 느헤미야는 자기 민족의 멸망과 포로생활에서 당하는 고난은 백성들이 모두 하나님의 율법을 버리고 불순종한 범죄의 결과로 보았다. 그래서 그는 율법의 회복과 하나님의 말씀에 순종하는 생활을 할 것을 강조하였다. 특히 그는 자기 민족에게 모세가 하나님으로부터 받은 언약을 가르치면서 그 언약을 따라 회개하고 충실하게 지킬 것을 강하게 요구하였다. 그 가운데 그는 이스라엘 백성이 안식일을 지키지 않은 것에 대해 많은 교훈을 하고 모세 언약의 가르침을 따라 안식일을 지킬 것을 촉구하였다. 하나님의 계명을 어긴 대가로 70년 동안 고통스러운 포로생활을 한 유대 민족은 느헤미야의 가르침을 의미 심장하게 받아들일 수밖에 없었다.

느헤미야는 13:15-22에서 당시 예루살렘 백성들이 하나님의 말씀에 따라 안식일을 지키지 못하고 있음을 지적하고 동시에 그날을 어떻게 바르게 지켜야 할지를 잘 가르치고 있다. 그리고 느헤미야가 안식일에 대해 지적하고 가르치는 내용은 예레미야 17:19-27의 내용과 깊은 관련이 있다. 느헤미야의 교훈은 예레미야의 가르침에 근거하고 있다. 예레미야는 예루살렘 백성들이 안식일에 짐을 운반하는 것에 대해서만 책망하지만 느헤미야는 구체적으로 그들이 매매한다는 사실과 물건의 품목들을 열거하고 있다. 또한 예레미야는 안식일을 지키지 않으면 앞으로 예루살렘 성과 백성이 멸망할 것을 예언하고 있지만 느헤미야는 과거에 자기의 선조가 안식일을 지키지 않은 결과 하나님이 모든 재앙을 그 성에 내렸다고 밝힌다. 그러므로 느헤미야의 교훈과 가르침은 그들이 역사적으로 경험한 뼈아픈 내용을 토대로 하고 있어 백성들에게 더 많은 감동을 주었을 것이다.

느헤미야는 13:15[59]에서 백성들이 안식일에 술틀을 밟고 곡식 단과 포도주와 포도와 무화과와 그 외에 여러 가지 짐들을 나귀에 싣고 예루살렘 성에 들어와서 매매하였다고 밝힌다. 안식일에 나귀에게 짐을 실어 운반하는 것은 "아무 일도 하지 말라"는 말씀과 "육축에게도 일을 시키지 말라"는 하나님의 계명을 어기는 행위다. 하나님께서는 만나 사건을 통하여 이스라엘 백성이 안식일에 음식을 먹는 것은 허용하셨다. 그러나 안식일에

---

59) 느 13:15 그때에 내가 본즉 유다에서 어떤 사람이 안식일에 술틀을 밟고 곡식 단을 나귀에 실어 운반하며 포도주와 포도와 무화과와 여러 가지 짐을 가지고 안식일에 예루살렘에 들어와서 식물을 팔기로 그날에 내가 경계하였고 …

각자의 식구들이 먹기 위해 음식을 준비하는 것은 허용이 되어도 그것을 매매하는 것은 금지한다.[60] 이러한 일들이 일어나고 있는 것을 느헤미야가 어떻게 알았을까? 어느 사람이 그에게 보고한 것을 이야기하는 것은 아니다. 자신이 보았고 또한 그 사람에게 안식일에 그 일을 하지 못하도록 경계하였기 때문이다. 느헤미야 자신이 그 사람이 물건을 운반하고 또 그것을 매매하는 것을 보았다면 그 자신이 안식일에 일정한 거리를 돌아보면서 여행을 하였다는 결론이다. 즉 그때까지는 안식일에 여행을 금지하는 규정이 없었던 것으로 여겨진다.[61]

13:16[62]에는 안식일에 이방인들이 물고기와 각종 여러 물건들을 들여와서 예루살렘 백성들에게 팔았다고 한다. 이방인 두로 사람은 사업을 위해 장사하는 기간 동안 일정한 시간에 예루살렘 성에서 생활하였던 것으로 여겨진다.[63] 느헤미야는 예레미야보다 안식일에 물건을 매매하는 경제활동을 더 활발하게 한 것을 집중적으로 부각시키고 있다. 물건을 매매하려면 자연히 그 물건을 운반하는 일을 함께 해야 한다. 물건을 파는 사람은 물건을 시장으로 운반해야 하고 그것을 구입한 사람은 그 물건을 시장에서 자기 집으로 그것을 갖고 가야 한다. 물건을 매매하는 데는 그것을 매매하는 행동과 함께 운반하는 중노동이 필수적이다. 그래서 느헤미야는 예루살렘 백성들이 안식일에 여러 종류의 물건을 매매하는 일에 대해 많은 책망을 하고 있다.

느헤미야는 13:17-18[64]에서 예루살렘 주민들이 안식일에 그러한 장사

60) Charles Fensham, *The Books of Ezra and Nehemiah*, New International Commentary on the Old Testament(Grand Rapids: Eerdmans, 1982), 264.

61) H. G. M. Williamson, *Ezra, Nehemiah*, Word Biblical Commentary, vol.16 (Waco, Texas: Word Books, 1985), 395.

62) 느 13:16 또 두로 사람이 예루살렘에 거하며 물고기와 각양 물건을 가져다가 안식일에 유다 자손에게 예루살렘에서도 팔기로 …

63) Keil, C. F. Keil, "The Books of Ezra, Nehemiah, and Esther," in C. F. Keil and F. Delitzsch, *Commentary on the Old Testament in Ten Volumes*, vol. 3, *I & II Kings, I & II Chronicles, Ezra, Nehemiah, Esther* (Grand Rapids: Eerdmans, 1980), 291.

를 하는 것을 안식일을 범하는 것으로 책망하였다. '안식일을 범한다' (desecrating the Sabbath day)는 말은 거룩한 안식일을 더럽힌다는 뜻 이다. 안식일에 하나님께서 베풀어 주신 은혜를 생각하면서 감사하지 않고 경제적 이익만 생각하여 다른 사람을 속이기도 하고, 속기도 하는 장사에 매달리는 것은 거룩한 하나님의 안식일을 더럽히는 행위이다.

느헤미야는 예루살렘 성 백성들이 안식일을 더럽히는 행위에 대해 유다 의 귀인들(the nobles of Judah)을 꾸짖었다. 예루살렘 성의 모든 백성들 이 안식일을 거룩하게 지키지 않고 더럽히는 죄를 범하는 일차적 책임은 그 성의 지도급 인사들에게 있다는 뜻이다. 예레미야는 그 성의 모든 백성 을 꾸짖었으나 느헤미야는 그와는 다르게 예루살렘 성의 지도자들을 책망 하였다. 느헤미야가 귀족들을 책망하는 이유는 그들이 예루살렘의 모든 시 민들이 안식일을 잘 지킬 수 있도록 법적 제도적 환경을 마련하지 못했다 는 뜻도 있다. 그러나 예루살렘의 지도층 인사들은 일반 시민들이 안식일 을 지키도록 지도하는 일에는 관심이 없을 뿐 아니라 그들은 오히려 일반 시민들보다 앞장서서 안식일을 더 많이 어기고 있었다.

우리 사회에서 어른과 아이가 함께 잘못을 행하였다면 아이보다 어른에 게 책임이 있는 것으로 여겨 어른에게만 책임 추궁을 하고 아이에게는 간 단한 훈계만 한다. 또한 어느 조직이든지 높은 사람과 함께 하급 직원이 잘못을 범하였으면 상급자가 느끼는 책임과 의무는 더 무겁고 크다. 어느 사회든지 그 사회를 구성하고 있는 지도급에 있는 사람들만이라도 준법 정신을 잘 살려서 생활한다면 나머지 사람들은 지도층 사람들이 하는 것 을 보고 따라서 행하게 된다. 반대로 지도층 인사들이 범법 행위를 반복한 다면 그런 사람이 속해 있는 조직과 사회의 일반 평민들은 결코 법을 지 키지 않게 된다. 그래서 귀족들과 함께 모든 예루살렘 주민이 안식일을 범

---

64) 느 13:17-18 내가 유다 모든 귀인을 꾸짖어 이르기를 너희가 어찌 이 악을 행하여 안식일을 범하느냐 너희 열조가 이같이 행하지 아니하였느냐 그러므로 우리 하나님이 이 모든 재앙으로 우리와 이 성읍에 내리신 것이 아니냐 이제 너희가 오 히려 안식일을 범하여 진노가 이스라엘에게 임함이 더욱 심하게 하는도다.

하였지만 느헤미야는 그 성의 귀족들에게만 책망하였다. 그렇다고 하여 안식일을 범한 일반 시민들은 죄가 없다는 뜻은 아니다. 단지 모든 사람이 안식일을 지키려면 지도층 사람들이 먼저 솔선수범하여 모범을 보여야 한다는 뜻이다.[65]

느헤미야는 13:19-21[66]에서 자신이 솔선하여 예루살렘의 모든 백성들이 안식일을 더럽히지 않고 거룩하게 지킬 수 있는 제도를 마련해서 시행하였다. 느헤미야가 취한 조치는 어떤 것들인가? 첫째, 안식일에는 예루살렘의 모든 성문들을 닫아서 장사꾼들이 짐을 운반하여 성으로 들어오는 것을 금지시켰다. 그는 "안식일 전 날 어두워 질 때 성문을 닫고 안식일이 지난 다음에 그 문을 열었다"고 한다. 안식일 전 날인 금요일 해가 질 때 성문을 닫고 안식일이 지난 다음 일요일에 그 문을 다시 열었다.[67] 안식일이 시작되기 직전 시간에 성문을 닫고 안식일이 끝나는 즉시 그 성문을 열었다.

느헤미야는 문을 닫는 것만으로 모든 일을 끝내지 않았다. 문을 닫은 후에도 사람들이 짐을 운반할 수 있었던 것 같다. 문을 닫았는데도 어떻게 사람들이 짐을 운반할 수 있었는지 그 방법은 정확히 알지 못한다. 그때까지 파괴되었던 성문 공사가 완공되지 않았는지 아니면 문을 닫으면 누구도 통행할 수는 없었겠지만, 지키는 사람이 없으므로 누구나 마음대로 열고 출입이 가능하였는지도 모를 일이다. 그러나 느헤미야가 자신의 수하에

---

65) E. A. Speiser, "'Coming' and 'Going' at the 'City Gate,'" *Bulletin of the American Schools of Oriental Research* 144 (1956): 20-23. id., *Genesis: Introduction, Translation, and Notes*, AB, vol. 1,(Garden City, N.Y.: Doubleday, 1964), 170-71.

66) 느 13:19-21 안식일 전 예루살렘 성문이 어두워 갈 때에 내가 명하여 성문을 닫고 안식일이 지나기 전에는 열지 말라 하고 내 종자 두어 사람을 두어 사람을 성문마다 세워서 안식일에 아무 짐도 들어오지 못하게 하매 장사들과 각양 물건 파는 자들이 한두 번 예루살렘 성 밖에서 자므로 내가 경계하여 이르기를 어찌하여 성 밑에서 자느냐 다시 이같이 하면 내가 잡으리라 하였더니 그 후부터는 안식일에 저희가 다시 오지 아니하였느니라.

67) J. H. Tigay, "'On the Day Before the Sabbath' and 'On the Day after the Sabbath'" (Nehemiah xiii 19) *Tradition* 28 (1978): 362-65.

있는 사람들을 시켜 사람들이 들어오지 못하도록 지키게 한 것으로 보아 성문은 튼튼하였으나 보초가 허술한 틈을 타 누구든지 원하기만 한다면 자유롭게 출입이 가능하였을 것으로 여겨진다. 하여튼 느헤미야가 안식일 동안에는 성문을 닫고 사람들이 지키므로 어떤 사람도 안식일에는 짐을 들고 들어오는 사람이 없도록 하였다. 따라서 안식일에는 장사꾼이 장사를 할 수도 없게 되었다.

느헤미야가 취한 두 번째 조치는 안식일에 물건을 예루살렘 성안으로 운반하여 장사하려는 장사꾼들의 시도까지 막았다. 느헤미야는 명령만 내려서 단순히 성문을 닫는 것만으로 만족하지 않았다. 성문을 닫고 난 후 어떠한 반응이 나타나는지 살펴보았다. 안식일이 시작될 무렵 즉 금요일 밤에 예루살렘 성밖을 자신이 직접 나가서 조사하였다. 물건을 팔기 원하는 장사꾼들이 성안으로 들어오지 못하고 예루살렘 성밖에서 자고 있는 것을 발견하였다. 아마 성안으로 들어갈 수 있는 기회가 오면 언제라도 들어가 장사를 하려고 성밖에서 잤을 것이다. 이것을 본 느헤미야는 밤에 성밖에서 잠을 자면 잡아서 법적 조치를 취하겠다는 경고를 하였다. 그 일이 있은 후부터는 "안식일에 저희가 다시 오지 아니하였다"고 한다.

셋째, 느 13:22[68]에 의하면 그는 예루살렘 성문에 레위 족속의 사람을 세워 보초를 서게 하여 안식일에는 물건을 성 안으로 운반하는 일이 발생하지 않도록 영구적인 제도를 만들었다. 성문을 지키기 위해 보초를 서는 일은 레위인의 의무가 아니라 군대가 해야 할 의무이다. 그러나 느헤미야는 안식일을 거룩하게 지키기 위해 레위인이 자신들을 정결케 한 후 성문을 지키도록 하였다. 이는 마치 레위인들이 성전을 지키기 위해 보초를 서는 것을, 제사를 집례할 때 임하는 것과 같은 자세로 성문을 지키게 하였다. 느헤미야는 예루살렘 성전의 거룩한 요소를 예루살렘 모든 성에 동일하게 적용시켰다.[69] 예루살렘은 하나님의 거룩한 성이기 때문에 안식일에

---

68) 느 13:22 내가 또 레위 사람들을 명하여 몸을 정결케 하고 와서 성문을 지켜서 안식일로 거룩하게 하라 하였느니라 나의 하나님이여 나를 위하여 이 일도 기억하옵시고 주의 큰 은혜대로 나를 아끼옵소서.

장사꾼들의 상업행위를 금지시켰다. 예루살렘은 이스라엘의 행정과 문화의 중심지이기도 하지만 특별히 하나님께서 거룩하게 구별한 도시이다.[70] 무엇보다 하나님의 거룩한 성전이 있는 곳으로 레위 자손을 성문에서 보초를 서게 하는 것만 보아도 알 수 있다.

예레미야와 느헤미야는 안식일에 예루살렘 성에서 물건을 매매하는 행위에 대해 엄격하게 경고하고 금지시켰다. 안식일에 물건을 사고 팔게 되면 자연히 정신적·육체적 중노동이 따르게 마련이다. 물건을 파는 사람과 사는 사람 모두 자신들의 이익을 위하여 양심을 속이는 일들도 발생할 가능성이 있다. 또한 물건을 매매하는 당사자뿐 아니라 그 집안의 다른 식구들 즉 자녀나 남녀 종들이 함께 그 노동에 협력해야 할 가능성이 높다. 나아가 느헤미야가 지적한 것처럼 짐승들도 무거운 물건을 운반하는 일에 동원되었다. 이러한 일들은 안식일에 누구도 일하지 말라는 하나님의 명령을 정면으로 위반하는 행위이다. 또한 안식일에 이러한 일들을 하면서 시간을 보낸다면 언제 하나님께 제사드리면서 하나님의 은혜에 감사하겠는가? 안식일에 하나님께 바른 예배를 드리려면 그날은 반드시 모든 노동에서 자유로워야만 가능하다. 우선 노동을 하면 육체가 피곤하여 바른 예배가 될 수 없다. 또한 장사와 같은 세속 일을 하면 그 일에 마음이 빼앗겨 하나님의 일에 관심을 집중시킬 수도 없다. 그래서 성경은 안식일에는 누구든지 아무 일도 하지 못하도록 금지하고 있다.

예레미야와 느헤미야는 이스라엘 백성이 안식일을 거룩하게 지키지 않은 결과 예루살렘 성이 폐허가 되었다는 사실을 강조하였다. 이는 모세 언약을 어겼을 때 하나님께서 심판하시겠다는 말씀대로 저주적 심판이 예루살렘 성과 그 백성에게 그대로 내린 것이다. 특히 안식일은 하나님과 그의 백성이 맺은 언약의 징표가 되기 때문에 더욱 중요하다. 개인이 안식일을

69) Joshep Blenkinsopp, *Ezra-Nehemiah: A Commentary*. The Old Testament Library(Philadelphia: The Westminster Press, 1988), 361.

70) Tamara C. Eskenazi, *In An Age of Prose: A Literary Approach to Ezra-Nehemiah*(Atlanta: Scholars Press, 1986), 125.

지키지 않았을 때는 개인에게 하나님의 심판이 내렸다. 그 예로 안식일에 나무를 한 사람을 진 밖으로 끌고 나가 돌로 쳐죽였다. 그리고 국가나 단체가 안식일을 범하였을 때는 그 국가가 하나님의 언약을 버렸다고 간주하여 국가를 징벌하였다. 안식일을 지키지 않은 이유로 예루살렘 성을 황폐하게 무너뜨리고, 그 백성들이 바벨론 포로로 잡혀가서 70년간 고통을 당하게 한 것도 그 성 전체가 하나님의 언약을 배반한 것으로 여겼기 때문이다.

그러나 칠십 년의 포로 기간은 완전한 절망의 기간만은 아니고 희망도 있었다. 안식일을 준수하지 못한 것에 대하여 하나님께서 심판하신 기간이기도 하지만 동시에 새로운 소망을 준비하는 기간이기도 하다. 예루살렘 백성들이 안식일을 지키지 않으므로 유다 나라와 예루살렘 성이 외국의 침입으로 무너지고 그 땅에서 생활하던 사람들이 외국에 포로로 잡혀 갔지만 그 땅은 그 기간 동안 안식을 누리게 되었다. 모세는 레 26:33-35[71]에서 성은 황폐하고 백성들은 인접한 국가로 흩어지는 비운을 겪게 되지만 그 기간 동안 안식을 얻지 못하던 그 땅이 안식을 누리게 될 것을 가르치고 있다. 모세는 인간의 타락으로 인하여 자연까지 심각한 악영향을 받게 되었음을 가르친다. 창 3:18과 롬 8:22[72]에는 자연도 인간이 지은 죄의 고통에 동참하고 있다. 따라서 롬 8:18-21에 의하면 이들 자연도 안식과 회복의 날을 간절히 기다리고 있다. 하나님은 장차 하나님의 아들이 나타나서 안식을 선포할 때는 죄의 영향으로부터 완전한 회복이 있을 것이라는 것을 미리 예증하는 매 7년마다 안식년과 매 50년마다 희년 제도를

---

71) 레 26:33-35 내가 너희를 열방 중에 흩을 것이요 내가 칼을 빼어 너희를 따르게 하리니 너희의 땅이 황무(荒蕪)하며 너희의 성읍이 황폐하리라 너희가 대적의 땅에 거할 동안에 너희 본토가 황무할 것이므로 땅이 안식을 누릴 것이라 그때에 땅이 쉬어 안식을 누리니 너희가 그 땅에 거한 동안 너희 안식 시에 쉼을 얻지 못하던 땅이 그 황무할 동안에는 쉬리라.

72) 창 3:18 땅이 네게 가시덤불과 엉겅퀴를 낼 것이라.

롬 8:22 피조물이 다 이제까지 함께 탄식하며 함께 고통하는 것을 우리가 아나니.

두어 그 증표를 삼으셨다. 그러나 범죄한 인간이 이 제도마저 어기고 침범하므로 땅을 심히 피곤하게 하였다.[73] 그러나 하나님께서는 마침내 공의의 심판을 통해 악한 인간을 그 땅에서 몰아내시고 그 땅이 안식의 기쁨을 누리도록 허락하셨다. 유다 백성들이 안식일을 어기는 죄를 범할 때 하나님은 공의의 심판을 내려 그 땅에서 백성들을 쫓아내시지만 그 땅은 안식을 누리게 하셨다.

또한 렘 33:1-14에 의하면 하나님께서 그들을 영원히 포로로 내버려두지 않고 자기들의 본국으로 귀환 시켜 줄 것을 약속하셨기 때문이다. 특별히 렘 33:6-8[74]은 죄의 용서와 함께 포로에서 돌아오게 한다는 약속을 하고 있다. 마치 황폐한 땅이 칠십 년간 안식을 누리면서 새로운 경작을 준비하는 것처럼 유다 백성들도 이 기간을 통하여 자신을 성결케 하고 새로운 시대의 도래를 준비하게 하셨다. 이러한 내용은 안식일의 원리가 역사를 구성하고 있다는 사실을 보여 주고 있다. 예레미야는 렘 31:27-28[75]에서 이스라엘과 유다의 미래는 밝고 희망적이라고 가르친다. 이 말씀은 저주와 심판을 선포하는 내용과는 아주 다르다. 백성의 다수가 고국을 떠나 바벨론으로 끌려갈 것이나 앞으로 인구가 다시 많아지고 창성해진다는 것이다. 장기간의 포로생활로 경제적인 파탄을 초래하였지만 장차 육축이 풍성하게 번창할 것이라고 예언하였다. 하나님께서 그들에게 재난을 주셨지만 궁극적으로 그들에 대한 태도를 바꾸셔서 그들이 행복하도록 하실 것이다.

---

73) Christopher J. H. Wright, *God's People in God's Land: Family, Land, and Property in the Old Testament* (Grand Rapids: Eerdmans, 1990), 146.

74) 렘 33:6-8 그러나 보라 내가 이 성을 치료하며 고쳐 낫게 하고 평강과 성실함에 풍성함을 그들에게 나타낼 것이며 내가 유다의 포로와 이스라엘의 포로를 돌아오게 하여 그들을 처음과 같이 세울 것이며 내가 그들을 내게 범한 그 모든 죄악에서 정하게 하며 그들의 내게 범하며 행한 모든 죄악을 사할 것이라.

75) 렘 31:27-28 여호와께서 가라사대 보라 내가 사람의 씨와 짐승의 씨를 이스라엘 집과 유다 집에 뿌릴 날이 이르리니 내가 경성하여 그들을 뽑으며 훼파하며 전복하며 멸하며 곤란케 하던 것같이 경성하여 그들을 세우며 심으리라 여호와의 말이니라.

　　모세의 언약의 법은 구약시대에 이스라엘 백성들의 생활 지침서가 되었다. 모세 율법은 하나님과 이웃 형제와의 관계를 어떻게 유지하면서 생활해야 할지를 밝히고 있다. 이 법을 이탈하거나 어긴 사람이 있다면 곧 징계와 심판의 대상이 되었다. 십계명에서 안식일을 어떻게 지켜야 할 것인지, 안식일을 지키는 방법에 대해서 한층 깊게 설명해 놓았다. 안식일은 하나님과 이스라엘 백성의 관계를 보증하는 언약의 증표가 되므로 이스라엘 백성은 모세에게 주신 다른 언약과 함께 생명을 담보로 이 계명을 지키겠다고 맹세하였다. 이스라엘의 역사가 흐르는 동안 안식일 계명을 순종하지 못할 때는 가혹한 징계가 내려지기도 하였다.

　　시간이 흐르면서 안식일법을 순종하지 않았다는 이유로 예루살렘 성이 불타서 파괴되고 백성들은 포로로 잡혀가는 국가적 비운이 겹쳐지자 선지자들의 질책과 저주의 예언이 메아리쳤다. 그 순간 백성들은 선지자들의 음성에 귀를 기울이게 되었다. 안식일을 더 잘 지키게 하기 위해 세밀하고 엄격한 규정들이 첨가되는 것은 자연스러운 현상이었다. 이러한 상황이 계속되자 가난한 하류층 백성들은 율법학자들이 규정한 법들을 모두 순종하기 어려운 형편이었다. 일상생활에서 하나님은 육안으로는 보이지 않지만 유대종교와 사회 구성원들은 항상 얼굴을 맞댈 수밖에 없는 것이 현실이다. 이러한 역학적 관계에서 많은 사람들은 율법의 근본정신은 망각하고 의식과 종교의 구조와 절차 같은 일에 관심이 더 많게 되었다. 안식일과 모세의 율법을 지키는 일이 점차 형식과 외식에 빠지게 되었다. 이러한 형식주의에 빠지는 현상은 종교지도자들인 바리새인과 서기관들에게 더 심하게 나타나 유대 민족 전체가 율법의 본래 정신에서 이탈하여 종교의 껍질만 붙들고 자랑하는 사회가 되었다. 따라서 안식일을 지키는 일에서도 기계적이며 가식적이 되었다. 예수님이 사역을 하실 때도 이러한 형식주의에 사로잡힌 유대 종교 지도자들과 심각한 대립 현상이 나타났다.

4. 안식년과 희년

매 주일마다 반복되는 안식일은 하나님께서 인간에게 주시는 안식을 경험하면서 참된 하나님의 영원한 안식을 바라보게 하는 수단이다. 그러나 이스라엘 백성은 이 땅에서 생활하는 동안 수많은 어려움과 사회적 불평등 때문에 많은 고통을 당하였다. 그러한 사회적 불평등으로부터 그들을 해방시켜 안식을 주시기 위하여 하나님은 안식년과 희년 제도를 만드셨다(레 25:8). 이 두 절기는 안식일과 밀접한 관련이 있다. 그 이유는 안식년과 희년 모두가 7이라는 주기에 의존할 뿐 아니라 레 25:2, 4에서 "그 땅으로 여호와 앞에 안식하게 하라. 제칠 년에는 땅으로 쉬어 안식하게 할지니 여호와께 대한 안식이라"고 하였다. 그리고 이 두 절기는 히브리 사회에서 사회적 제도하에 압박과 고통을 당하는 사람에게 자유와 해방을 제공한다. 모든 경작지는 휴경지로 묵히게 되고, 묵히는 땅에서 나오는 모든 소산물은 가난한 사람들과 동물들의 먹이가 된다. 이 절기에는 노예들도 그들이 원하기만 한다면 노예신분에서 해방될 수 있으며, 동료 시민에게 진 모든 부채들은 완전히 말소되었다. 희년에는 부동산 소유권도 원 소유주에게 돌아갔다. 만약 경제적인 부담 때문에 자신의 동족을 노예에서 해방시키지 못하여 다른 사람에게 팔리게 된다면 하나님께서 친히 그 사람의 구속자가 되어 안식년의 법에 따라 그 사람에게 속박에서 자유를 주셨다(레 25:54-55).

이와 같은 연례적인 안식년 절기는 백성과 토지에 대한 전국적인 회복을 약속하므로 장차 메시아를 통해 성취될 회복의 상징이었다.[76] 안식일의 휴식이 장차 메시아 시대와 함께 나타날 안식과 평화를 요약하여 나타내고 있는 것처럼 안식년과 희년에 약속된 회복도 장차 메시아를 통해 실현될 회복과 해방을 예시하고 있다. 안식년에는 메시아를 통한 종말론적 사상이 뚜렷하게 나타나고 있다. 부채의 탕감과 노예 해방, 그리고 부동산의 환수가 나타내는 주제는 대망의 메시아적 해방을 설명해 주는 훌륭한 실례이다. 안식년들이 전문적 용어로는 "면제, 여호와의 면제년(年), 정기 면

---

76) Robert B. Sloan, *The Favorable Year of the Lord: A Study of Jubilary Theology in the Gospel of Luke* (1977), 27.

제년"(신15:1, 2, 9; 31:10)으로 언급된 것은 중요한 의미를 나타낸다. 면제라는 용어가 70인 역에서는 안식년과 희년을 위한 히브리어 명칭들인 사바트, 세밋타, 요벨 등을 번역하기 위하여 일반적으로 사용한 단어이다.[77] 이것은 사회적 불의로부터 안식년 해방이 장차 죄의 사슬로부터 우리를 자유롭게 해 주실 메시아의 사명을 예시해 주고 있다.

안식년과 희년은 메시아의 구원에 대한 기대를 나타내기 위하여 사용되었다. 다니엘 9장에는 안식년과 희년 기간이 이중으로 사용되었다. 다니엘서 9장은 포로기간의 끝을 예레미야의 70년 예언(렘 29:10)의 빛에 비추어 이해하려고 애쓰는 다니엘의 모습에 대한 설명으로부터 시작된다. 대하 36:21에 이 예언의 기간이 이스라엘 민족의 불순종으로 말미암아(레 26:34) 이스라엘의 토지가 황무한 가운데 누리게 될 연장된 안식년 즉 안식년 주기의 10배로 해석되어 있다. 다니엘은 이 같은 예언의 빛에 근거하여 본국으로 돌아갈 날이 언제인지를 알기 위하여 기도하였다(단 9:3-19). 그의 기도에 답하여 가브리엘 천사가 나타나서 70년 후가 아니라 "칠십 이레 또는 주일"(단 9:24) 후에 메시아적인 회복이 성취된다는 사실을 알려 주었다. 이스라엘 민족의 포로기간의 끝을 예언한 예레미야의 70년 기간이 10차례의 안식년 주기, 즉 10을 7곱한 것으로 이루어지듯 이스라엘의 영적 속박 기간을 예언한 다니엘의 490년 (70×7) 기간도 10차례의 희년 주기로 구성되어 있다(10×49). 이처럼 희년을 단위로 하여 이루어진 기간들이 직접적으로 메시아의 도래를 기다리고 있다는 것은 "기름부음 받은 왕"(단 9:25)과 그의 사명에 대한 묘사이다. 안식일과 안식이라는 주제가 정치적, 메시아적 기대를 요약하기 위하여 사용되었듯이 안식년 해방의 광경은 민족적, 메시아적 회복의 시간을 선포하기 위하여 사용되고 있다.[78]

이사야 선지자는 사 61:1-3에서 희년의 주제가 되는 여호와의 기름부

---

77) Robert B. Sloan, 25.

78) Jacques Doukhan, "The Seventy Weeks of Daniel: An Exegetical Study," *Andrews University Seminary Studies*, 17 (1977), 22.

음 받은 종의 사명에 적용된 말씀을 기록하였다. 이 종의 사명은 여호와의 은혜의 해를 전파하는 것이었다(사 61:2). 이것은 분명히 희년의 선포를 뜻한다. 이 사실은 놓임(release)이라는 단어를 사용하므로 더욱 명확해졌다. 놓임 혹은 해방이라는 용어는 희년을 가리켜 말할 때 사용되는 전문 용어이다. 기쁜 희년의 표현을 빌어 여호와의 기름부음 받은 자가 선포하는 아름다운 소식은 포로로부터 해방과 사면의 약속을 의미한다. 이 말씀은 그리스도께서 자신의 사명을 설명할 때 서두에서 인용하신 말씀이다(눅 4:18-19). 이처럼 구약의 안식은 개인의 안식과 구원에만 제한된 것이 아니다. 개인과 함께 사회와 국가적 불의로부터의 안식과 해방만 가르친 것이 아니라 장차 도래할 평화와 번영의 정치적, 사회적 메시아적 회복에 대한 대망도 포함한다.

5. 안식일에 허용되는 일

제사 계명은 안식일에는 누구든지 아무 일도 못하도록 규정하고 있다. 그래서 그날은 육체적 노동이나 세속적 일은 금지되어 있다. 그러나 주님은 구약의 율법과 안식일의 원래 뜻을 밝히시고 또한 그 원리대로 생활하면서 안식일에 예외적인 일들을 허용하셨다. 안식일에 예수께서 예외적으로 허용하신 일들은 인간으로서 생활하는데 본능적으로 해야 할 일들과 이웃을 사랑하는 것 그리고 예상치 못하게 발생하는 부득이하고도 긴급한 일 등이다. 이러한 것들은 주님이 생활 가운데서 친히 모범을 보이면서 이 원리들을 나타내셨다. 안식일에 허용되는 일들이 어떠한 것들인지 간략하게 살펴보기로 하겠다.

하나님의 자녀들이 안식일에 해야 할 일들 가운데 가장 중요한 의무는 우리를 창조하시고 구원하신 하나님을 예배하는 일이다. 레 23:1-3[79]에는

---

79) 레 23:1-3 여호와께서 모세에게 일러 가라사대 이스라엘 자손에게 고하여 이르라 너희가 공포하여 성회를 삼을 여호와의 절기는 이러하니라 엿새 동안은 일할 것이요 일곱째 날은 쉴 안식일이니 성회라 너희는 무슨 일이든지 하지 말라 이

이스라엘 백성들이 안식일에 함께 모여 지킬 것에 대해 가르친다. 이스라엘 백성들이 안식일에 아무 일도 못하게 한 이유는 하나님께 정성을 다하여 온전한 예배를 드리게 하기 위함이었다. 하나님께 예배를 드리는 날이기 때문에 안식일은 거룩한 날이다. 안식일의 기능 가운데 제일 중요한 일이 예배라는 사실은 자유주의 학자들도 공통적으로 인정하고 있다.[80]

제사 계명은 출 20:8-11에서 하나님은, "안식일을 기억하여 그날을 거룩하게 지키라 그 이유는 엿새 동안 하나님께서 하늘과 땅과 바다와 그 가운데 모든 것을 만들고 제칠 일에 쉬어 그날을 복되게 하여 거룩하게 하셨기 때문이라"고 가르친다. 하나님이 엿새 동안 인간을 위하여 하늘과 땅과 그 가운데 모든 것을 만드신 것을 기억하고 감사하는 일을 하기 위해 안식일에는 아무 일도 하지 말고 쉬라고 하셨다. 하나님께서 인간을 자기의 형상을 따라 창조하시고 그들이 생활하는데 필요한 모든 것을 미리 준비하신 은혜를 기억하고 감사하는 날이 안식일이다. 하나님께서 인간을 향한 세심한 배려와 준비가 없었다면 우리의 형편은 말로 표현할 수 없을 것이다. 하나님께서 우리가 이 땅 위에서 일상 생활하는 데 필요한 모든 자연은총을 주신 것을 기억하고 감사해야 한다. 우리는 하나님께서 창조하신 자연이 베풀어 주는 은혜를 받지 못한다면 단 하루도 생활이 불가능할 것이다. 하나님이 우리에게 베풀어 주신 자연의 은혜 이 한 가지 사실만으로도 인간으로부터 최고의 예배를 영원히 받으셔야 한다.

신 5:15에서 안식일을 지켜야 할 다른 이유를 설명하면서 "내가 애굽에서 종이 되었던 너를 인도하여 내었나니 그러므로 너의 하나님 여호와가 너를 명하여 안식일을 지키라 하였느니라"고 하였다. 이스라엘 백성이 안식일에 기억해야 할 또 다른 일은 하나님이 애굽 땅에서 종이었던 그들을 인도하여 내신 사건이다. 하나님께서 강한 손과 편 팔로 이스라엘 백성을 구출하여 내지 않았다면 그들은 영원히 비침한 노예 상대로 있었을 것이다. 안식일은 그들에게 자유와 해방을 주신 하나님의 은혜를 기억하고 감

는 너희 거하는 각처에서 지킬 여호와의 안식일이니라.

80) Willy Rordorf, *Sunday*, 54.

사하는 날이다. 이미 위에서 언급한 바와 같이 구약의 출애굽 사건은 신약에서 그리스도를 통한 우리의 구원이다. 그리스도께서 십자가에 달려 죽으시므로 사탄의 세력은 파괴되고 영원한 생명과 안식이 우리에게 주어졌다. 우리는 하나님께서 그리스도를 통해 우리에게 베푸시는 특별 은혜를 기억하고 감사해야 한다. 즉 하나님께서 우리에게 베풀어 주신 일반은총과 특별은총을 기억하고 감사하는 날이 안식일이다.

하나님께서 우리를 창조하시고 우리에게 필요한 모든 것을 공급해 주실 뿐 아니라 영원히 죽을 수밖에 없었던 우리를 구원해 주신 은혜는 한 순간도 잊지 않고 매일매일 일생 동안 기억하면서 감사하는 생활을 하는 것이 마땅하다. 우리는 일상 생활에서도 큰 은혜를 베풀어 준 사람에게는 항상 생각하고 감사하는 생활을 해야 한다. 은혜 받은 것을 잊어버린다면 그것은 배은망덕한 사람이다. 이스라엘 백성은 하나님으로부터 이처럼 큰 은혜를 받았기 때문에 어떠한 일이 있다 하지라도 그 사실을 잊지 않고 항상 기억하면서 생활을 해야 한다. 즉 일주일 가운데 안식일 하루만 하나님의 은혜를 기억하는 것은 너무 정성이 부족한 일이다. 일주일 칠 일 동안 한 순간도 잊지 않고 항상 감사하는 생각으로 생활해야 한다. 그렇게 하는 것이 받은 은혜에 대한 인간으로서 최소한의 의무이다. 인간이 비록 그렇게 한다 할지라도 받은 은혜를 다 감사할 수 없기 때문에 항상 부족함을 느낄 뿐이다.

그러나 하나님은 인간에게 그러한 요구를 하고도 남음이 있지만 최소한의 요구만 하셨다. 칠 일 가운데 안식일 하루만 하나님의 은혜를 기억하고 감사의 표시를 하라고 요구하셨다. 육 일 동안은 각기 자기 육신을 위해 노동을 하고 안식일 하루만 특별히 하나님께서 베푸신 은혜를 기억하도록 하셨다. 안식일에 하나님이 우리에게 행하신 여러 가지 은혜를 기억하라고 하신 것은 엿새 동안은 잊어버리고 안식일 단 하루만 그것을 기억하라는 뜻은 아니다. 인간이 일생 동안 항상 그 은혜를 생각하고 감사해야 하겠지만 안식일은 특별히 기억하라는 뜻이다. 다른 날도 그 은혜를 기억하면서 노동하고 일상생활을 해야 하지만 세속적 일을 하다 보면 그 은혜를 잊을 수도 있고, 때로는 하나님의 은혜를 거스르는 생활을 할 수도 있다. 그러나 안식일만은 다른 엿새 동안 하는 것과는 다른 방법으로 오직 하나님만 생각하고 영광 돌리면서 감사하기를 원하신다. 이 하나님의 요구에 모든 인간은 감사함으로 순종할 따름이다.

안식일에는 아무 일도 하지 말라는 것이 단지 육체 노동만을 중단하라는 것은 아니다. 육체적 노동을 중단하는 것과 함께 육 일 동안 생각하던 모든 생각까지도 중단하라는 뜻이다.[81] 즉 엿새 동안 하던 사업이나 일터로부터 자유와 육신적 모든 욕망으로부터 안식을 의미한다. 안식일에는 육 일 동안 세상에서 사업을 위하여 온갖 종류의 생각을 품고 있던 그것까지도 휴식을 취하라는 의미다. 안식일에 몸은 성전에 와 있지만 마음은 사업장이나 직장 혹은 가정에서 지금까지 하던 그 일에 가 있다면 안식일을 온전하게 지켰다고 할 수 없다. 몸이 노동으로부터 휴식을 함과 동시에 마음도 엿새 동안 하던 일에서부터 자유로워져야 참된 안식을 한다고 할 수 있다. 칼빈은 안식일의 의미를 설명하면서 영적인 안식을 강조한다. 영적인 안식이란 세상에서 생각하던 모든 생각을 중단하는 것을 뜻한다. 영적 안식은 마음이 육 일 동안 하던 사업에서의 자유와 함께 육체적 욕망과 쾌락을 떨쳐버리는 것을 말한다. 일반적으로 모든 사람들은 평소에 사업에 관한 생각도 하지만 쾌락을 쫓으면서 죄와 관련 있는 악한 생각을 많이 하게 된다. 현대인들은 세상적 쾌락을 즐기면서 세상의 오락과 취미에 빠져서 생활하고 있다. 어쩌면 그것을 위해 일하고 생활하는지 모른다. 안식일에는 쾌락을 중단할 뿐 아니라 그러한 생각까지도 중단하라는 의미다. 그 이유는 쾌락과 세상 취미에 빠진 생각으로 예배에 참석한다 해도 하나님의 은혜를 받지 못하기 때문이다.

영적 안식일은 악하고 죄악된 모든 행동도 중단하라는 뜻이다. 이러한 죄악된 생각과 육체적 쾌락과 각종 악한 행동을 안식일에만 중단하라는 뜻은 아니다. 일생 동안 그러한 생각과 행동을 하지 않아야 하지만 특히

---

81) John Calvin, *Sermon on the Ten Commandments*, 170-182.

안식일은 다른 날보다 더욱 특별히 정결한 생각을 해야 한다. 이사야는 1:10-17에서 이스라엘 백성이 평소에 많은 죄를 범하면서 월삭과 안식일을 위하여 대회로 모이는 것을 가증스럽게 여긴다고 하셨다. 하나님은 "너희의 무수한 제물이 내게 무엇이 유익하뇨 나는 수양의 번제와 수송아지나 어린양이나 수염소의 피를 기뻐하지 아니하노라" 하셨다. 그러면서 "너희가 손을 펼 때에 내가 눈을 가리우고 너희가 많이 기도할지라도 내가 듣지 아니하리니 이는 너희의 손에 피가 가득함이니라" 하셨다. 하나님은 이스라엘 백성이 모든 악행을 버리고 선을 행하면서 월삭과 안식일을 지키고 제사를 드리라고 촉구하신다. 안식일에는 그러한 모든 생각을 씻어내어야만 하나님이 인간에게 베풀어 주신 은혜들을 기억하고 감사할 수 있다. 각종 악한 생각을 품고 있는 한 하나님의 성령이 우리 가운데서 역사하실 수 없기 때문이다.

그러나 완전한 영적인 안식은 이 땅에서 생활하는 동안에는 불가능하다. 인간이 아무리 노력한다 하더라도 육체의 쾌락과 악한 생각을 완전히 끊어버릴 수 없다. 비록 성도들은 하나님의 은혜로 그리스도의 보혈을 통하여 죄 씻음을 받았지만 그럼에도 불구하고 이 땅에서 생활하는 동안에는 매일매일 마음과 몸으로 이런저런 종류의 죄를 범하면서 생활을 하게 된다. 그래서 인간이 완전한 영적인 안식을 누리려면 이 땅을 떠나든지 주님이 재림하셔서 인간의 역사가 끝이 나므로 우리가 이 땅을 떠날 때만 가능하다. 그리고 성도들의 궁극적 소망은 그리스도 안에서 참된 영적인 안식을 누리는 것이다.

인간이 어떠한 방법으로 영적인 안식을 얻을 수 있을까? 어떻게 하나님께서 베풀어 주신 은혜를 기억하면서 감사할 수 있을까? 여러 가지 방법이 있을 수 있다. 기도를 통하여 하나님의 은혜를 감사할 수도 있다. 찬양을 통하여 하나님의 위대하신 지혜와 능력을 높이면서 영광 돌릴 수 있다. 성경말씀을 읽고 묵상하므로 하나님께서 하신 일들을 기억하고 감사할 수도 있다. 그러나 예배가 제일 좋은 방법이다. 예배에는 성경 읽기, 기도, 찬양, 하나님의 능력과 지혜와 하나님이 인간을 위해 하신 모든 일들을 설교를 통해 알 수 있다. 그러므로 예배가 하나님이 인간을 위해 하신 일을 기억하게 하는 제일 훌륭한 방법이다. 그래서 하나님께서는 안식일에 모든 이스라엘 백성에게 예배드리도록 명령하셨다. 그래서 안식일을 지키는 일에서 하나님께 예배드리는 일이 제일 중요하다. 안식일에 아무 일도 하지 못하게 하신 근본적인 이유는 예배를 정성을 다하여 바르게 드리기 위함이다. 정성을 다하여 바른 예배를 드리면 하나님께서 우리에게 행하신 것들을 깨닫고 기억나게 하신다. 하나님이 인간에게 행하신 사역을 기억하면서 풍성한 은혜를 주신다.

안식일에 하나님께서 우리에게 베풀어 주신 일반은총과 특별은총을 생각하면서 감사하는데는 예배가 제일 좋은 방법이다. 예배에도 공적인 예배와 사적인 예배 등 그 방법은 다양하다. 안식일에 드리는 예배도 사정과 형편에 따라 모든 종류의 예배가 가능하다. 그러나 안식일에는 하나님께서 이스라엘 백성과 신약교회 성도들에게 온 회중이 한 자리에 모여서 예배드리는 것을 원하시기 때문에 공적인 예배가 제일 중요하다. 다음에 우리가 살펴보겠지만 구약과 신약에서는 안식일에 모든 성도가 한 자리에 모여 공적인 예배를 드린 사례가 많다. 그러므로 안식일에는 공적 예배를 중요하게 생각하고 그 예배에 참석하는 것을 잊지 말아야 한다. 모든 사람이 같은 시간에 한 장소에 모이려면 장소와 시간을 결정하는 것이 필수적이다. 구약에는 성전과 회당에서 예배를 드렸다. 그러므로 신약교회는 주일에 교회가 편리한 시간을 정하여 예배당에서 예배를 드리면 될 것이다.

출애굽기 18-24장에 나타난 바와 같이 시내 산에서 이스라엘 백성이 하나님의 말씀을 듣고 율법을 받은 것이 공적 예배의 출발점이다. 하나님께서 이스라엘 백성을 애굽에서 불러내어 홍해를 육지처럼 걸어서 건너게 하셨고 시내 산으로 인도하여 하나님과 언약을 맺게 하셨다. 이스라엘 백성들이 한 장소에 함께 모여서 예배드리는 일은 구약시대부터 있었다.[82]

---

82) 예배에 관해 도움이 될 만한 책들은 다음과 같다. Robert E. Webber, *Worship Old & New*(Grand Rapids: Zondervan Publishing Co., Ministry Resources Library, 1982), J. G. Davis, *New Perspectives on Worship Today*

이스라엘 백성이 시내 산 아래에서 공적인 모임을 갖고 하나님과 언약을 맺는 장면은 중요하다. 특별히 출 24:1-8[83]은 이스라엘 백성들이 하나님께 공적인 예배를 드리는 장면을 잘 설명하고 있다. 하나님과 이스라엘이 만난 이 장면은 하나님의 백성들이 예배를 통해 하나님을 만나는 중요한 모든 요소를 다 포함하고 있다. 언약을 맺을 때 나타난 요소들은 후대 이스라엘 역사와 신약교회의 예배 원리가 된다.[84] 그 원리들은 다음과 같다.

첫째, 이스라엘 백성들의 모임은 하나님에 의해 소집되었다. 그들이 애굽에서 노예로 생활할 때 하나님께서 강하신 손과 편 팔로 불러내어 시내 산까지 인도하셨다. 하나님의 부르심을 받은 백성들이 애굽에서 나와 시내 산 아래 모였기 때문에 하나님의 성회(assembly of God)가 되었다. 예배에는 하나님의 부르심을 받은 그의 백성이 한자리에 모이는 모임이 우선적으로 중요하다. 그래서 하나님의 부르심을 받은 이스라엘의 모든 백성은

(London: SCM, 1978), ed. id., *Westminster Dictionary of Worship* (Philadelphia: Westminster, 1972), Robert G. Rayburn, *O Come, Let Us Worship*(Grand Rapids: Baker, 1980), Oscar Cullmann, *Early Christian Worship* Trns., Todd and J. B. Torrance(London: SCM, 1953), Donald Williams, "The Israelite Cult and Christian Worship," In *The Use of the Old Testament in the New and Other Essays*, ed., James M. Efird(Durham: Duke University Press, 1972).

83) 출 24:1-8 또 모세에게 이르시되 너는 아론과 나답과 아비후와 이스라엘 장로 칠십 인과 함께 여호와에게로 올라와 멀리서 경배하고 너 모세만 여호와에게 가까이 나아오고 그들은 가까이 나아오지 말며 백성은 너와 함께 올라오지 말지니라 모세가 와서 여호와의 모든 말씀과 그 모든 율례를 백성에 고하매 그들이 한 소리로 응답하여 가로되 여호와의 명하신 모든 말씀을 우리가 준행하리이다 모세가 여호와의 모든 말씀을 기록하고 이른 아침에 일어나 산 아래 단을 쌓고 이스라엘 십이 지파대로 열두 기둥을 세우고 이스라엘 자손들의 청년들을 보내어 번제와 소로 화목제를 여호와께 드리게 하고 모세가 피를 취하여 반은 여러 양푼에 담고 반은 단에 뿌리고 언약서를 가져 백성에게 낭독하여 들리매 그들이 가로되 여호와의 모든 말씀을 우리가 준행하리이다 모세가 그 피를 취하여 백성에게 뿌려 가로되 이는 여호와께서 이 모든 말씀에 대하여 너희와 세우신 언약의 피니라.

84) Robert E. Webber, *Worship Old & New*, 24. Webber는 신구약 성경에 나타난 중요한 예배의 원리를 제시하고 있다. 특별히 시내 산에서 이스라엘 백성이 언약 받을 때의 장면을 후대의 예배 모델로 제시한다.

하나님께 예배드리기 위해 시내 산 아래 한 장소에 모였다. 하나님께 예배드리는 첫 조건이 모든 사람이 동시에 한 장소에 모이는 일이다. 현대인들은 모이는 일을 등한히 하는 경우가 있다. 공공 집회에 모이기를 게을리 하는 이유는 많을 것이다. 개인적으로 하는 사업상 업무가 바빠서, 혹은 여가를 즐기면서 휴식을 취하기 위하여, 나름대로 사람마다 각기 다른 우선순위 때문에 주일에 교회의 공집회에 참석을 게을리 하는 경향이 있다. 그러나 주일은 어떠한 경우를 막론하고 한 장소에서 같은 시간에 모든 성도들이 함께 모이는 일이 중요하다.

둘째, 백성들이 예배를 위해 책임을 분담하는 조직을 만들었다. 이스라엘 백성을 대표하는 지도자는 모세이지만, 예배를 돕기 위해 아론, 나답, 아비후, 칠십 인의 장로들, 이스라엘 자손의 청년들, 그리고 이스라엘 백성들로 된 조직을 만들었다. 하나님의 언약을 받을 때 이스라엘 백성들은 단순히 지도자들과 백성들 두 그룹으로 나누어지지 않았다. 모든 회중들은 각각 업무와 역할 분담이 있었고 모든 사람들은 자기가 맡은 분야에서 자기의 일을 수행하였다. 역할 분담을 이행할 때 이스라엘 백성의 온 회중이 오케스트라에서 하모니를 이룬 것처럼 자기의 일들을 하였다. 오늘도 예배를 드릴 때 모든 회중의 참여가 근본적으로 중요하고 필수 요소가 된다. 아름다운 예배는 전 교인이 협력과 조화 가운데서 예배를 위해 각각 자신의 일을 수행해야 한다. 하나님께 드리는 예배를 교회의 지도자 몇 사람만의 일로 생각하여 일반 성도는 아무 일도 하지 않고 순전히 수동적으로 참석하는 것은 좋은 방법이 아니다. 모든 성도가 각자의 위치에서 최선의 노력을 하여 함께 하나님을 찬양하면서 예배드리는 것이 중요하다.

셋째, 하나님과 이스라엘 백성의 만남에서 하나님의 말씀이 선포됨으로써 그 모임의 성격이 특징지어졌다. 3절에서는 "모세가 여호와의 모든 말씀과 그 모든 율례를 백성에게 고하였다" 한다. 모세가 하나님의 말씀을 백성에게 선포하고 그들은 그 말씀을 듣고 하나님의 뜻을 이해하였다. 모세는 하나님의 계시를 받은 위대한 지도자이기 때문에 자신의 말만 하여도 이스라엘 백성들이 두려운 마음으로 순종하면서 은혜를 받을 것인데 모세는 그렇게 하지 않고 하나님으로부터 받은 말씀을 백성들에게 전하였다. 백성들이 한 자리에 모이고 또한 아무리 조직이 잘 되어있다 할지라도 하나님의 말씀이 없으면 그것은 예배라 할 수 없다. 예배에서 청중들이 하나님의 말씀만 정확하게 전달받는다면 영적으로 새로운 힘을 공급받을 것이다. 예배에는 반드시 하나님의 말씀이 선포되어야 하고 청중들은 그 말씀을 들어야 한다. 하나님의 말씀 선포와 청중들의 경청은 예배에서 가장 중요한 핵심 부분이다. 하나님의 백성은 선포되는 말씀을 통해서 하나님의 뜻을 깨닫고 이해하여 그 말씀대로 생활해야 하기 때문이다.

넷째, 시내 산 아래 모여 하나님의 말씀을 들었던 모든 백성들은 언약의 조건을 이해하고 그것을 받아들였다. 3절에서 "그들이 한 소리로 응답하여 가로되 여호와의 명하신 모든 말씀을 우리가 준행 하리이다" 하였다. 이스라엘 백성들은 모세가 하나님의 말씀을 선포할 때 그것을 듣고 이해할 뿐 아니라 그 말씀대로 순종하는 생활을 하겠다고 응답하였다. 유대교와 기독교의 예배에서 중요한 요소 가운데 하나는 하나님의 말씀을 들은 것에 대한 결단과 헌신의 표시이다. 예배에서 다른 순서가 훌륭하다 할지라도 말씀에 대한 헌신적 결단이 없으면 공허한 예배가 된다. 하나님의 말씀을 들었던 모든 이스라엘 회중은 그 말씀을 준행하면서 생활하겠다는 맹세를 하였다. 현대 교회는 선포되고 읽혀지고 가르쳐지는 말씀은 무수히 많으나 성도들의 결단과 헌신이 빈약하다. 은혜 받은 말씀에 대한 헌신적 결단과 순종이 없기 때문에 영적 성장이 약하다.

다섯째, 시내 산에서 하나님과 이스라엘 백성의 만남은 언약을 맺는 공식적 의식을 행하므로 절정의 순간을 만들었다. 구약에서 하나님은 항상 피의 희생제사를 통해 자기 백성과의 관계를 나타내셨다. 우리가 이미 제3장 아브라함의 언약에서 보았듯이 하나님께서 쪼갠 짐승 사이로 지나가시므로 하나님과 아브라함은 피의 언약을 맺었다. 언약을 어기는 사람은 쪼갠 짐승처럼 죽임을 당한다는 뜻이다. 모세가 이스라엘 백성들과 함께 하나님과 언약을 맺을 때는 쪼갠 짐승 사이로 사람이 지나가지 않고 그 대신 피를 뿌렸다. 6절과 8절에 "모세가 피를 취하여 여러 양푼에 담고 반은 단에 뿌리고 … 모세가 그 피를 취하여 백성에게 뿌려 가로되 이는 여호와께서 이 모든 말씀에 대하여 너희와 세우신 언약의 피니라" 하였다. 아브라함의 언약처럼 쪼갠 짐승 사이로 사람이 지나가기에는 이스라엘 백성의 숫자가 너무 많았다. 그래서 모세가 피를 취하여 반은 단에 뿌리고 반은 백성에게 뿌렸다. 그러면서 설명하기를 그것은 언약의 피라 하였다. 이것은 아브라함의 언약과 동일한 의미를 갖는다. 그리고 그후로는 짐승을 잡아 희생제사를 드렸다. 이러한 희생제물의 피는 단번에 죽임을 당하신 예수 그리스도의 십자가 죽음을 나타내는 모형이다. 신약교회는 그리스도의 희생제사의 피를 성찬 예식에서 찾는다. 성찬 예식은 그리스도께서 죽으신 희생제사로 우리가 하나님과 언약적 관계에 있다는 표시이다. 구약은 예배 때마다 짐승의 희생제사가 있었지만 신약교회는 언제나 그리스도의 십자가와 부활을 기억한다. 시내 산 아래서 이스라엘 백성이 하나님과 언약을 맺는 것은 공적 예배의 훌륭한 모델이 된다.

구약예배에서 또 다른 모델은 성막(tabernacle)과 성전(temple)이다. 우리가 다음에 성막제도에 대하여 깊이 연구하겠지만 이 제도가 구약 성도들에게서 예배의 중심지가 된 것은 사실이다. 성막과 성전은 이스라엘 백성 가운데 하나님의 임재를 강조한다. 출 25:8-9[85]은 하나님께서 자신이 거하실 성소를 만들 것을 명령하셨다. 하나님께서 성소에만 갇혀서 계신다는 뜻은 아니다. 단지 성소가 하나님을 섬기는 장소로 사용될 것이라는 의미다. 이스라엘 백성들이 성소를 만들 때 하나님께서 성소의 모형을 그들에게 보여 주시는 대로 만들었다. 하나님께서 보여 주신 것은 하늘에 있는 것의 모형과 그림자이다. 또한 모형과 그림자인 성막 제도는 참실체이신 그리스도께서 오실 때 궁극적으로 완성되어 종결되었다. 이 성막에는 하나님께서 임재하시므로 시내 산에서 이스라엘 백성과 언약 맺을 때의 상황을 연상시킨다. 성막에 주목해야 할 또 다른 이유는 이스라엘 백성들이 성막에서 각종 제사를 드리고 하나님과 교제를 나누면서 예배를 드렸기 때

---

85) 출 25:8-9 내가 그들 중에 거할 성소를 그들을 시켜 나를 위하여 짓되 무릇 내가 네게 보이는 대로 장식의 식양과 그 기구의 식양을 따라 지을지니라.

문이다. 특히 성전의 모든 구조와 기구들은 하나님의 임재를 나타내는 상
징을 표시하였다. 성전에서 봉사하는 레위 족속들은 이스라엘 모든 민족을
대표하여 신성한 예배의식을 집행하였다. 그들은 하나님과 백성의 중간 매
체 역할을 하였다. 그들은 하나님으로부터 소명을 받아서 거룩한 사역에
봉사하기 위하여 자신들을 성별하였다. 구약의 성전이 신약에서는 그리스
도에 의해 완성되었다. 성막에 임재하셨던 하나님께서 그리스도와 함께 하
셨고, 나아가 그리스도께서 바로 하나님이시기 때문이다.

구약 예배의 또 다른 모델은 회당이다. 회당은 예루살렘 성전이 파괴된
후 포로 기간 동안 흩어진 유대인들이 자신들의 공동체에서 하나님의 말
씀을 보존시키고 전하기 위한 수단으로 만들어졌다.[86] 그래서 회당은 유대
인 사회의 종교, 교육, 사회, 그리고 그들의 생활의 중심지가 되었다. 회당
예배는 성전의 것과는 전혀 다르다. 상징적이고 신비적 의식 없이, 하나님
의 말씀을 읽고 이해시키는데 초점을 두었다. 회당 예배는 성경 읽기, 기
도, 그리고 신앙을 선언하는 것으로 구성하였다. 그들의 신앙 선언에는 항
상 쉐마(신 6:4-9)를 강조하였다. 그리고 기도를 하였다. 마지막으로 토라
(율법)를 읽고 난 후 설교가 있었다. 일반적으로 토라는 매 절마다 한 절
씩 읽었다. 설교는 토라의 내용을 당시 생활에 적용시키는 것이었다. 회당
예배의 내용이 신약교회의 예배에 많은 영향을 끼쳤다. 회당에서 모여 말
씀 듣고 배우던 패턴을 예수님과 제자들이 반복하였다. 그것이 신약교회의
모델이 된 셈이다. 구약에는 성막과 성전 그리고 신약에서는 회당에서 하
나님의 백성들이 한자리에 모여서 하나님께 예배를 드렸다. 지정된 한 장
소에서 제사를 드리기도 하고 말씀을 읽고 설교를 듣기도 하였다.

하나님은 이스라엘 백성에게 안식일에는 이스라엘 백성이 한자리에 모
여서 공적인 예배를 드리도록 요구하신 것이 분명하다.[87] 사실 신약에서
'교회'라는 말은 많은 사람이 함께 모이는 '집회'를 뜻한다. 시내 산에서

---

86) H. Winstone, *Introduction to the Liturgy* (Collegeville: Liturgical, 1968),
22.

87) John Calvin, *Sermons on the Ten Commandments*, 202, Gordon J.

하나님이 이스라엘 백성들 앞에 큰 위엄과 영광으로 나타내실 때 구약 집회의 근원이 시작된다.[88] 하나님께서 애굽에서 노예생활 하는 그들을 인도하여 불러모았기 때문이다. 이러한 집회의 개념은 신약교회에서 그리스도의 몸으로서 교회 교리와 밀접한 관련이 있다. 사 1:13[89]은 이스라엘 백성이 공적인 예배를 위하여 대회로 모였다는 사실을 밝히고 있다. 이사야는 하나님께서 이스라엘 백성들이 월삭과 안식일에 공적인 예배를 드렸으나 항상 악행을 하면서 정성이 없는 공적인 예배를 드린 것에 대해 책망하였다. 왕하 11:5 이하에서 안식일에 성전 호위병들의 숫자를 많이 증가시킨 것으로 보아 안식일에 많은 숫자의 사람들이 운집하였음을 나타내 보이고 있다. 평소에 2명의 백부장이 왕궁 호위를 맡았고 성전은 한 명의 백부장이 담당하였다. 그러나 안식일에는 3명의 백부장이 성전의 호위를 맡은 것을 보아 안식일에는 평소보다 훨씬 많은 수의 사람이 운집한 것으로 여겨진다.[90] 구약시대에도 안식일에 많은 군중들이 성전에 모여서 하나님께 예배 드렸음이 분명하다.

시 92편은 안식일 찬송으로 특별히 안식일에 부르도록 만들어졌다.[91] 이 시편은 안식일의 예배 의식에서 사용되는 많은 요소들을 포함하고 있다. 1-3절에는 "십현금과 비파와 수금의 정숙한 소리로 여호와께 감사하며 주의 이름을 찬양한다." 찬양을 받으실 하나님은 지존하신 하나님이시다. 창 14:19은 지존자는 천지만물을 창조하신 하나님으로 가르친다. 창조주 하

Wenham, *The Book of Leviticus*. New International Commentary on the Old Testament, 301.

88) John Murray, 『존 머레이 조직신학I』, 164.

89) 사 1:13 헛된 제물은 다시 가져오지 말라 분향은 나의 가증히 여기는 바요 월삭과 안식일과 대회로 모이는 것도 그러하니 성회와 아울러 악을 행하는 것을 내가 견디지 못하겠노라.

90) Rowley, *Worship in Ancient Israel*, 90.

91) *NIV The Study Bible*(Grand Rapids: Zondervan Bible Publishing Co., 1985), 884. 이스라엘 백성이 바벨론 포로에서 돌아온 후 성전에서 부르는 노래들을 만들어 불렀다. 시편 92편은 안식일 아침에 제사드릴 때 부른 노래다. 나머지 육일 동안 성전에서 부른 노래들은 다음과 같다. 첫째 날 시 24편, 둘째 날 시 48편, 셋째 날 시 82편, 넷째 날 시 94편, 다섯째 날 시 81편, 여섯째 날 시 93편이다.

나님은 인자하시고 밤마다 성실함을 나타내신다고 고백하고 있다. 4절은 "여호와여 주의 행사로 나를 기쁘게 하셨으니 주의 손의 행사를 인하여 내가 높이 부르리이다"라 하여 하나님께서 그들에게 베풀어주신 많은 사역을 노래로 찬양하고 있다. 창조주 하나님께서 그들에게 행하신 은혜를 감사하는 찬양이다. 뿐만 아니라 악인을 심판하시고 의인을 높이시는 공의의 하나님이심을 찬양한다.[92] 시편에 나타난 안식일의 노래는 기쁨과 즐거움이 가득하다. 안식일에 하나님의 은혜에 감격하여 기쁘게 예배를 드렸다는 증거이다.

이스라엘 백성들은 안식일에 행하는 모든 의식을 기쁨과 즐거움으로 하였다. 호 2:11[93]은 희락과 절기와 월삭과 안식일을 폐하겠다고 하였으나 호세아가 가르치는 의미는 희락만 있는 월삭과 안식일을 폐하겠다는 뜻이다. 이스라엘 백성들이 절기와 월삭과 안식일을 희락이 넘치게 하였다고 가르친다. 호세아 선지자는 그들이 이러한 절기들이 의미하는 원래의 뜻은 망각하고 인간들만 즐기는 행사로 전락한 것에 대한 경종을 울렸다. 이스라엘 자손들은 안식일에 한자리에 모여서 하나님의 말씀을 듣고 묵상하면서 감사하기보다는 자신들의 육체적 쾌락을 채우기 위하여 노력하였다. 이사야 선지자도 58:13-14[94]에서 백성들이 안식일을 올바로 지키지 못한데 대하여 책망하였다. 선지자는 그들이 안식일을 잘못 지키기 때문에 개혁을 촉구하였다. 그러나 안식일을 기쁘고 즐겁게 지킨 것이 잘못이 아니라 안식일 원래의 의미를 상실하고 인간의 즐거움만 찾으면서 오락에 치우치기 때문에 문제가 되었다.

하나님께서는 이스라엘 백성들이 자신이 친히 아브라함과 모세와 맺은

---

92) Dressler, "The Sabbath in the Old Testament," 33.

93) 호 2:11 내가 그 모든 희락과 절기와 월삭과 안식일과 모든 명절을 폐하겠고…

94) 사 58:13-14 만일 안식일에 네 발을 금하여 내 성일에 오락을 행치 아니하고 안식일을 일컬어 즐거운 날이라 여호와의 성일을 존귀한 날이라 하여 이를 존귀히 여기고 네 길로 행치 아니하며 네 오락을 구치 아니하며 사사로운 말을 하지 아니하면 네가 여호와의 안에서 즐거움을 얻으리라.

언약을 순종하고 지켜서 하나님께서 주시는 축복과 안식을 받기를 원하신다. 그래서 자기 백성들에게 안식일을 지켜야 할 이유와 그 계명을 순종하는 방법에 대해서도 자세히 말씀하셨다. 안식일은 이스라엘과 하나님 사이의 특별한 관계를 증명하는 증표이다. 안식일 계명을 어떻게 지키느냐가 그들이 마음속으로 하나님을 어떻게 생각하는지를 나타내는 표시와도 같다. 안식일 계명을 잘 순종하면 하나님을 유일한 주권자로 인정하는 것이지만, 그렇지 않다면 하나님과 맺은 언약을 배신하는 행위가 된다. 이스라엘은 종교와 정치 지도자들이 안식일 계명을 무너뜨리는데 앞장섰기 때문에 모든 민족이 그 계명을 어겼다. 그 결과 자신들이 맺은 언약에 명시된 대로 하나님의 가혹한 채찍과 징계를 받아 칠십 년 동안 포로생활을 경험하였다.

포로에서 귀환한 후 그들은 하나님의 언약을 파괴한 결과 자신들이 당한 아픔을 다시 경험하지 않기 위하여 안식일을 철저하게 지키기 위해 노력하였다. 바리새인과 서기관들이 앞장서서 안식일법의 원리와 그 계명을 지키는 방법에 대해 세밀하고도 깊은 연구를 하였다. 그들은 자신들이 연구한 가르침을 따라 안식일을 지키도록 모든 백성을 지도하고 강요하였다. 세월이 지나면서 종교지도자들은 자신들의 마음은 계명의 근본원리에서 이탈하면서도 밖으로 자기들이 만든 규정을 지키는데는 엄격하고 철저하였다. 그 결과 마음은 하나님으로부터 멀어졌고 하나님에 대한 감사한 생각도 약해지게 되었다. 종교적 열정과 하나님을 사랑하는 마음은 없는데도 자신들이 만든 안식일 규정에 가혹하리 만큼 철저한 순종을 요구하였다. 모든 백성들이 형식주의와 외식주의에 빠져 법 정신에서 벗어난 가운데서 그 법의 껍질에 얽매여 땀과 피를 흘리면서 목숨을 걸고 있었다. 포로로 잡혀가기 전에는 대체로 하나님의 계명에 관심이 없어 안식일을 순종하지 않았으나, 포로에서 귀환한 후에는 하나님의 법을 왜곡하고 하나님의 뜻보다는 자기들 마음대로 규정을 만들어 그것을 따르다보니 진리에서 이탈하게 되었다.

제5장

성막과 안식

하나님께서 천지 만물을 창조하실 때 만드신 안식일 제도는 아담과 그 가족들이 함께 지켰다. 또한 족장을 비롯한 아담의 후손들도 영원한 안식을 바라는 소망 가운데 이 땅에서 순례자의 길을 걸어갔다. 그리고 이스라엘 자손들이 안식일을 지키므로 하나님과 함께 하는 축복을 받게 하기 위하여, 안식일에 관한 법을 모세에게 언약의 표징으로 주실 때는 아주 구체적이고 세밀하였다. 이스라엘 자손들은 그 규정에 따라 안식일을 지키므로 하나님과 교제가 이루어졌고 하나님의 축복을 받았다.

안식일은 이 땅에서 생활하는 동안 하나님의 모범을 따라서 육 일 동안 일하고 일곱째 되는 날 육체적 피로를 휴식하면서 하나님께 예배드리는 날이었다. 그러나 이 안식일을 지키는 것은 단순히 예배드리는 것으로 끝나는 것이 결코 아니다. 안식일은 우리가 장차 영원한 하나님 나라에서 하나님과 함께 안식할 것의 그림자이며 표징이다. 즉 성도가 안식일을 지키는 것은 앞으로 누리게 될 영원한 안식의 즐거움과 기쁨을 미리 맛보는 일이다. 우리 인간의 최대 행복과 축복은 하나님과 함께 하는 것이다. 하나님께서는 자신의 형상으로 창조한 인간이 하나님의 안식에 동참하므로 하나님이 누리는 기쁨을 취하도록 하셨다. 그래서 하나님은 자신이 인간과 함께 하신다는 상징적 사건과 물건들을 만드셨다.

구약 성경에 나타나는 성막과 성전은 하나님께서 이스라엘 백성 가운데 임재하여 그들과 함께 계신다는 상징적 모형이다. 하나님은 그들과 함께 하시므로 자기 백성에게 기쁨과 평안을 주셨다. 하나님은 인간을 창조하신 후 에덴 동산에서부터 아담과 함께 하셨고, 그 후로는 족장 그리고 이스라엘 백성과 계속 함께 하셨다. 아브라함과 맺은 언약의 핵심은 그들이 하나님과 함께 함이다. 인간이 하나님과 함께 함이 곧 축복이며 안식이다. 죄 많은 인간이 거룩하신 하나님과 함께 함이 직접적으로 이루어지는 것은 불가능하다. 하나님의 공의가 죄 많은 인간을 삼켜버릴 것이기 때문이다. 그래서 하나님은 특별한 방법으로 자기 백성들과 함께 하셨으며, 하나님 자신이 이스라엘의 회중에 임재하셨다. 하나님께서 어떠한 방식으로 인간들과 함께 하면서 그들에게 안식과 축복을 주었는지 살펴보자.

1. 인간과 함께 하신 하나님

하나님은 천지를 창조하실 때 모든 종류의 생물들이 생활하기에 적합하도록 하늘과 땅과 그 가운데 모든 것들을 창조하고 조성하셨다. 사 45:18[1]에서 이사야 선지자는 하나님이 하늘과 땅을 헛되이 창조하지 않고 사람이 생활하기에 알맞도록 창조하셨다고 하였다. 욥 38:4이하와 잠 8:22이하의 말씀들은 하나님께서 천지를 창조하신 과정을 설명하고 있다. 여호와께서 땅의 기초를 놓으셨고, 땅의 경계를 정하셨으며, 천지의 모퉁잇돌을 놓으시므로 창조에 관한 모든 설계를 하셨다. 이러한 말씀들은 시적인 표현으로서 창조 과정을 의인화(擬人化)한 표현이다. 성경의 다른 곳에서도 하나님의 천지창조 사역을 인간 사회에서 건축하는 과정에서 보이는 설계와 그것에 따라 공사하는 것으로 설명하기도 한다. 하나님은 천지만물을 인간과 함께 모든 피조물들이 생존하기에 적합하도록 창조하셨다. 그래서 하나님의 천지창조 과정을 건물이나 다른 건설공사 하는 것에 비교하여 가르친 말씀이 많다.

하나님이 천지만물의 창조를 설계하실 때 단순히 인간과 모든 피조물이

---

1) 사 45:18 여호와는 하늘을 창조하신 하나님이시며 땅도 조성하시고 견고케 하시되 헛되이 창조치 아니하시고 사람으로 거하게 하신 자이시니라.

생활하기에 적당하도록 하신 것만은 아니다. 하나님이 창조하신 천지는 하나님 자신이 거하시는 곳이기도 하여서, 하늘과 땅을 하나님의 집으로 세우셨고, 영원한 언약을 세우신 왕 중의 왕이신 주님께서 거하시는 궁궐(宮闕)이기도 하다.[2] 이사야는 사 66:1에서 하늘은 여호와의 보좌요 땅은 주님의 발등상이라 하였다. 이 말씀에 의하면 천지창조는 궁궐 건축과 동일하게 나타난다. 세상의 기초를 놓으신 것은 만왕의 왕이신 주님이 거하실 처소를 만든 것과 같다. 시편 기자는 104:1-3[3]에서 하나님은 하늘을 휘장으로 두르셨고, 물 위에 누각의 들보를 두르셨고, 구름으로 자기 수레를 삼으셨으며, 바람 날개로 다니셨다고 하였다. 하나님은 자신이 거하기 위한 처소로 천지를 창조하셨다고 성경은 가르친다. 이 말씀에 의하면 하나님은 자신이 창조하신 천지를 하나님의 거하실 처소로 삼으셨다. 에덴 동산은 천지의 주재이며 만왕의 왕이신 주님이 거하실 궁궐이 되기도 한다. 그래서 하나님은 자신이 창조하신 피조물과 함께 하시는 분이시고, 초월적인 존재이면서 동시에 피조물 가운데 내재하여 우리와 함께 하신다.

창 1:2에 의하면 하나님이 천지를 창조하실 때 "하나님의 신이 수면에 운행하였다." 수면에 운행하신 이 하나님의 신이 천지를 창조하셨다. 하나님의 신이 수면에 운행한다는 것은 고대 사회에 하나님의 무한한 능력을 나타내는 뜻이다.[4] 이후에 나타나는 창조 기사와 에덴 동산에서 아담이 있는 곳에 하나님이 나타나셨던 일이 여러 번 있었다. 하나님이 인간 창조를 설명하는 창 1:26에서 "우리가 우리의 형상을 따라 우리의 모양대로 우리가 사람을 만들고"라는 말씀에는 인간을 창조할 때 삼위 일체 하나님의 협의와 의논이 있었음을 나타내고 있다. 그 협의에 따라 하나님의 형상으

---

2) Meredith Kline, *Kingdom Prologue*, 43.

3) 시 104:1-3 내 영혼아 여호와를 송축하라 여호와 나의 하나님이여 주는 심히 광대하시며 존귀와 권위를 입으셨나이다. 주께서 옷을 입음같이 빛을 입으시며 하늘을 휘장같이 치시며 물에 자기 누각의 들보를 얹으시며 구름으로 자기 수레를 삼으시고 바람 날개로 다니시며.

4) Kenneth Barker, General ed., *The NIV Study Bible* (Grand Rapids: Zondervan, 1985), 6, Gen. 1:2 footnote.

로 인간을 만드셨다.

그리고 2:7은 하나님께서 흙으로 인간의 모양을 만든 후 하나님이 그 코에 생기를 불어넣어 완전한 인간이 되게 하셨다. 하나님의 생기가 무엇인가? 시 104:30[5]은 생기를 성령으로 가르친다. 하나님께서 흙으로 빚은 인간의 코에 하나님의 성령을 불어넣으시니 생기, 즉 생명을 불어넣으시므로 사람이 되었다. 눅 1:35[6]은 그리스도께서 탄생하실 때도 천사가 마리아에게 성령이 네게 임하므로 하나님의 아들이 탄생하시리라 하였다. 또한 요 20:20은 믿는 자들을 새 사람으로 새롭게 창조하심을 보여 주기 위하여 제자들에게 그 자신의 숨을 내쉬며 "성령을 받으라" 하셨다. 마리아에게 임하신 성령과 아담의 코에 불어넣은 하나님의 생기와 주께서 제자들에게 숨을 내쉬면서 주신 성령은 동일한 하나님의 성령이다. 그리고 그 성령은 또한 창 1:2에서 어둠과 깊음의 위를 운행하시며 생명이 있어야 할 곳에 주권적으로 생명의 바람을 불게 하신 하나님의 성령이시다.[7] 즉 하나님의 성령은 천지창조와 특히 인간 창조 때 역사하셨으며 또한 그리스도의 탄생과 제자들이 성령을 받을 때도 그 동일한 성령이 역사하시므로 함께 하셨다. 인간 구속 역사에 반복적으로 나타나서 역사하신 성령 하나님께서 천지를 창조하시는 현장에 직접 나타나셨다. 하나님은 인간을 창조하는 과정에서부터 피조물들과 함께 하셨다.

하나님은 에덴 동산에만 거하시지 않고 자신의 형상대로 지음 받은 인간과 함께 하셨다. 창 3:8은 아담이 타락한 후 하나님께서 에덴 동산을 거니셨다고 한다. 하나님이 동산을 거니시는 것은 인간과 친숙하여서 그들과 함께 하셨다는 표시이다. 타락하기 전에 아담이 하나님을 아무런 거리낌이나 두려움이 없이 가까이할 수 있었던 것은 하나님께서 에덴 동산에 계셨을 뿐 아니라 아담의 마음 가운데 거하셨기 때문이다. 에덴 동산에서 아담

---

5) 시 104:30 주의 영을 보내어 저희를 창조하사 지면을 새롭게 하시나이다.
6) 눅 1:35 천사가 대답하여 가로되 성령이 네게 임하시고 지극히 높으신 이의 능력이 너를 덮으시리니 이러므로 나실 바 거룩한 자는 하나님의 아들이라.
7) Meredith Kline, *Image of the Spirit*, 36-37.

의 생활은 하나님과 함께 하였기 때문에 최고의 안식과 행복을 누릴 수
있었다. 에덴은 하나님의 영광이 가득한 동산이기 때문에 특별히 거룩한
장소였다.

그래서 성경은 또한 하나님이 창조하신 천지를 여호와께서 거하시는 성
전으로 가르친다. 시 11:4과 미 1:2-3[8])에서 하늘을 여호와께서 거하시는
성전으로 표현하였다. 하나님은 에덴 동산을 성전으로 삼고 그곳에 거하셨
다. 하나님은 인간을 위해 에덴 동산을 우주적 성전의 축소판으로 만드셨
고 아담으로 하여금 제사장 역할을 감당하게 하셨다. 그래서 이사야는 에
덴 동산을 "여호와의 동산"(51:3)이라 하였다. 이러한 이유 때문에 에스겔
은 에덴을 가리켜 각종 보석 곧 홍보석과 황보석과 금강석과 황옥과 홍마
노와 창옥과 청보석과 남보석과 황금으로 단장한 "하나님의 동산"(28:13)
이라 하였다. 에스겔은 에덴 동산의 아담을 완전한 인성을 지닌 두로 왕으
로 비교하여 설명한다. 그는 에덴 동산에 "덮는 그룹"(Guardian Cherub)
즉 동산을 지키는 그룹이 있음을 묘사한다(겔 28:14, 16). 에스겔 26-28
장은 두로 왕의 죄악을 설명하는 가운데 그가 큰 축복을 받은 후 스스로
교만하여 "내가 하나님의 자리에 앉았다"(겔 28:2)고 말하므로 그가 지은
죄악이 에덴 동산에서 아담의 죄와 비슷한 모습을 보이고 있다. 에스겔은
이러한 정황을 설명하므로 하나님께서 에덴 동산을 하나님의 성전으로 보
시고 인간 가운데 함께 하셨음을 나타내 보이고 있다. 에스겔이 목격한 주
님의 영광의 현현이 에덴 동산에 임재하고 계신다는 사실이 이후 그가 본
종말에 관한 환상 가운데 한결 두드러지게 나타나고 있다. 에스겔이 본 종
말론적 환상 속에 나타나 보이는 낙원은 이제 다시 회복되었을 뿐 아니라
완성된 모습을 보여 주고 있다.

하나님이 거하시는 장소였기 때문에 에덴 동산은 최고의 영광스러운 상

---

8) 시 11:4 여호와께서 그 성전에 계시니 여호와의 보좌는 하늘에 있음이여 …
미 1:2-3 백성들아 너희는 다 들을지어다 땅과 거기 있는 모든 것들아 자세히
들을지어다 주 여호와께서 너희에게 대하여 증거하시되 곧 주께서 성전에서 그리하
실 것이라 여호와께서 그 처소에서 나오시고 강림하사 땅의 높은 곳을 밟으실 것
이라.

태였다. 그러므로 에덴 동산은 하나님이 거하시는 거룩한 성전이었다. 구약성경에서 성전은 하나님께서 자기 백성과 함께 하신다는 실재성을 나타내는 상징이었다.[9] 하나님은 자신의 능력을 구속 역사에서 나타내시면서 동시에 영광스러운 하나님 자신의 얼굴을 보이기도 하셨다. 에덴 동산은 하나님의 성전이었고 아담은 제사장으로서 하나님께 예배드렸다. 아담이 에덴 동산에서 하나님께 예배를 드렸기 때문에 안식일을 지켰다. 타락하기 전 아담의 생활은 무엇을 하든지 항상 하나님께 예배드리는 마음으로 하나님께 감사하면서 그분께 영광 돌리는 생활을 하였을 것이다. 또 하나님께서 안식하신 그 시간에 따라 특정한 시간을 정하여 하나님께 예배드렸을 것이다.

하나님은 아담과의 관계를 고대 근동사회에 있었던 주종관계 혹은 왕과 속국의 영주처럼 정하셨다. 하나님은 에덴 동산을 비롯한 모든 피조물의 관리를 아담에게 위임시켜 에덴 동산은 일종의 신정국(神政國) 체제였다. 아담은 섭정왕이었으며 창조주 하나님은 최고의 통치자로서 에덴 동산에 거하셨다.[10] 아담은 에덴 동산의 언약 관계에서 하나님을 최고의 통치자로 모신 속국의 왕으로 존재하였다. 하나님은 최고의 주권자이시고 아담은 하나님으로부터 모든 피조물을 관리하고 다스릴 권한을 위임받은 봉신(封臣)이다. 그래서 아담은 하나님께 드려야 할 의무가 있었다. 다른 나라의 식민지 하에서 세움을 받은 봉신은 자기를 세운 최고 통치자에 대한 의무가 있게 마련이다. 하나님께서 창조하신 에덴 동산은 하나님으로부터 관리권을 위임받은 아담이 처음 다스렸다. 그리고 아담은 하나님의 통치와 보호 아래서 젖과 꿀이 흐르고 모든 것이 풍족하고 만족한 에덴 동산에서 생활하였다. 하나님의 동산인 에덴은 모든 좋은 것과 풍족한 것의 표상이며 상징이다. 하나님은 에덴 동산을 만드셨을 뿐 아니라 그 동산의 모든 것을 다스리는 최고의 통치자로 계셨다.

---

9) Edmund P. Clowney, "The Final Temple" *Prophecy in the Making*, Carl F. H. Henry, ed. (Carol Stream: Creation House, 1971), 72.

10) Meredith Kline, *Kingdom Prologue*, 8.

에덴 동산은 거룩하고 영광스러운 하나님이 통치하는 곳이기 때문에 신정왕국임과 동시에 하나님의 성전이었다. 하나님께서 창조하신 에덴 동산은 하나님의 신성한 언약 공동체 외에 어떠한 단체도 없었다. 그래서 에덴 동산은 하나님의 성전이며 동시에 하나님의 작은 왕국이 하나로 일치되어 있었다. 하나님께서는 모든 세상을 다스릴 뿐 아니라 동시에 모든 피조물로부터 예배를 받으시는 분이시다. 그래서 모든 피조물은 그 발 아래 엎드려 하나님의 통치를 받아야 하며 또한 하나님을 주님으로 고백하고, 찬양하며, 무슨 일을 하든지 하나님의 뜻대로 순종하고 생활해야 하였다. 아담은 에덴 동산에서 생활하는 동안 어디서든지 항상 하나님을 찬양하고 예배하였다. 하나님은 아담과 항상 함께 하시므로 에덴 동산에서 아담은 하나님 앞에서 생활하며 최고의 안식과 행복한 생활을 누릴 수 있었다. 에덴 동산은 그 자체가 하나님의 동산이며 성전이었다.

그러나 아담은 하나님의 언약을 어기고 배반한 결과 타락하고 말았다. 아담이 탁락한 후 하나님께서 인간과 함께 하시는 방법에 큰 변화가 있었다. 에덴 동산에서는 하나님과 아담이 함께 하면서 직접적으로 이야기하였으나, 타락 후에 죄를 미워하시는 하나님께서는 인간을 자신으로부터 격리시켰다. 타락한 아담은 하나님으로부터 에덴 동상에서 추방당하였다. 창 3:23-24은 추방당한 아담은 토지를 갈면서 농사를 짓고 생활하였다. 창 2:15은 죄를 짓기 전에도 아담은 기쁨과 즐거움으로 노동을 하였음을 말하고 있으나, 에덴 동산에서 쫓겨난 후의 노동은 피와 땀이 흐르는 하나님의 저주가 섞인 고통의 노역이었다. 하나님은 아담을 에덴에서 쫓아내신 후 인간이 그 동산에 들어오지 못하도록 에덴 동편 동산에 그룹들과 화염검을 두어 지키게 하셨다. 하나님의 보호와 통치 가운데서 생활하던 아담이 하나님으로부터 추방당하는 것은 최대의 비극이었다.

에덴의 문에서 동쪽으로 추방된 살인자 가인도 하나님 앞에서 추방되었다(창 4:16). 아담이 쫓겨날 때는 그룹이 에덴 동편을 지켰고 가인은 에덴 동편으로 하나님 앞에서 추방되었다. 특히 에덴의 동편에 하나님을 상징하는 그룹이 있었고 그곳에 하나님이 계셨다. 우리는 그룹의 형상들이 성막에 거하시는 하나님과 관련해서 나타나는 것을 보게 될 것이다.

홍수로 심판하신 후 하나님은 족장들에게 나타나셨다. 하나님께서 아브라함에게 나타나셔서 언약을 세워 "내가 내 언약을 나와 너와 네 대대 후손의 사이에 세워서 영원한 언약을 삼고 너와 네 자손의 하나님이 되리라"(창 15:7)고 하셨다. 그리고 8절에는 "나는 그들의 하나님이 되리라" 하셨다. 하나님은 아브라함과 그 후손들에게 "나는 그들의 하나님 되리라"는 말씀을 거듭거듭 반복하여 강조하셨다(렘 24:7; 31:33; 겔 34:30-31; 호 2:23; 슥 8:8). 하나님께서 이스라엘의 하나님이 되신다는 말은 "하나님께서 그들과 함께 하시겠다"는 뜻이며 이것이 하나님과 이스라엘 백성이 맺은 언약의 핵심이다.[11] 하나님께서 아브라함의 후손들과 함께 하시겠다는 이 언약이 그들에게는 최고의 축복이다.

또한 아버지를 속여 형의 축복을 가로챈 후 형을 피하여 도망가는 야곱의 꿈에 나타난 하나님의 계시는 하나님이 거기 계신다는 실재성을 강조한다(창 28:10-12). 즉 창 28:12-13에서 야곱은 꿈에 "사닥다리가 땅 위에 섰는데 그 꼭대기가 하늘에 닿았고 또 본즉 하나님의 사자가 그 위에서 오르락내리락 하였고 하나님께서 나는 여호와니 너의 조부 아브라함의 하나님이요 이삭의 하나님이라 너 누운 땅을 내가 너와 네 자손에게 주리라" 하시는 말씀을 들었다. 28:13은 하나님께서 야곱의 꿈에 돌계단으로 내려오셔서 도망가는 야곱에게 하나님의 언약을 갱신하셨음을 밝힌다. 하나님은 실재로 야곱의 옆에 서 계셨지 사닥다리에 계신 것이 아니다.[12] 하나님이 두려워 떨고 있었던 야곱은 하나님께서 자신과 함께 계셨다는 사실을 아침에 알게 되었다. 창 28:16에서 야곱은 "여호와께서 과연 여기 계시거늘 내가 알지 못하였다"고 하였다. 그래서 야곱은 그곳을 하늘의 문일 뿐 아니라 "하나님의 집" 곧 "벧엘"이라 불렀다. 학자들은 하나님께서 야곱에게 나타나신 이 장소가 바로 에덴 동산이었던 것으로 생각한다.[13]

11) Kenneth Barker, General ed., *NIV Study Bible*, 30, Gen. 17:7 footnote.
12) Edmund Clowney, *Living in Christ's Church*, 27.
13) M. Fishbane, *The Text and Texture*(New York: Schocken Books, 1979),

하나님은 두려워 떨고 있는 야곱에게 여기가 바로 "하나님의 집"이 될 것이며, 이곳에 하나님께서 내려오셔서 언약의 자손인 아브라함의 후손들과 함께 계실 것을 말씀하셨다. 창 28:15에서 하나님은 야곱에게 "내가 너와 함께 있어 네가 어디로 가든지 너를 지키며 너를 이끌어 이 땅으로 돌아오게 할지라 내가 네게 허락한 것을 다 이루기까지 너를 떠나지 아니하리라"고 하셨다. 하나님께서 아브라함에게 "네 후손의 하나님이 되리라"고 하셨던 언약이 도망가는 야곱과 항상 함께 있어 그를 지키고 보호하여, 약속의 땅으로 돌아오게 하겠다는 언약으로 재확인되었다. 아담이 하나님으로부터 추방되는 것은 최대의 비극으로서, 추방되는 순간 그가 누렸던 모든 축복과 안식은 중단되었다. 그러나 아브라함의 후손에게 함께 하시겠다는 하나님의 언약을 받으므로 아담이 에덴 동산에서 받았던 안식의 축복을 다른 방법과 형태로 받게 되었다. 그리고 그들과 함께 하시겠다는 하나님의 언약은 이스라엘 역사 가운데 여러 형태로 나타났다. 하나님께서 아브라함의 후손들과 함께 하신다는 상징과 표는 성막과 성전에서 가장 두드러지게 나타난다.

2. 성막과 안식일

하나님께서 애굽에서 노예생활하는 이스라엘 백성을 구원하기 위해 모세를 하나님의 산 호렙에서 불렀다(출 3:1). 그 호렙 산은 가나안 땅의 모형으로 하나님은 그곳에서 모세에게 이스라엘 백성의 구원을 선포하셨다. 모세는 "여호와의 사자가 떨기나무 불꽃 가운데서 그에게 나타나셨고 떨기나무에 불이 붙었으나 사라지지 않는 것"을 보았다(3:2). 하나님께서는 이스라엘의 구원을 선포한 이 거룩한 산에서 이스라엘 백성에게 언약의 계명을 주셨다. 그리고 모세는 그 산에서 이 땅 위에 하나님께서 이스라엘 백성과 함께 거하시기 위하여 지을 성막 설계도를 받았다(출 15:9:

113.

26:30; 27:8).

초대 교회의 집사인 스데반은 하나님은 어느 특정 지역에만 계시는 분이 아니라고 설교하였다. 예루살렘 성전이 건축되기 오래 전에 하나님은 아브라함을 불러 이스라엘 백성들을 언약의 백성으로서 하나님의 교회가 되게 하고 모세를 불러내어 광야 교회의 지도자가 되게 하셨다. 그리고 하나님은 모세에게 하나님이 거하실 하늘의 모형을 닮은 성막을 만들 것을 명하셨다. 이스라엘 백성이 가나안 땅에 정착하여 예루살렘 성전을 건축한 후에도 하나님은 하늘의 하늘이라도 용납하지 못하는데 어떻게 사람의 손으로 지으신 성전에 계시겠느냐고 고백하고 헌당식을 하였다(왕상 8:27). 스데반은 이사야서를 인용하여 하나님께 드리는 예배는 성전 중심이 아닌 하나님 중심임을 강조하였다. 하나님께서는 시온에만 속박되어 계시는 분이 아니다(행 7:1-53). 광야교회에서 회막이 거룩한 이유는 그것이 이스라엘의 회중이기 때문도 아니고, 하늘에 계신 주님을 위한 지상의 총회 장소 때문도 아니며, 하나님께서 그곳에서 그의 택하신 백성을 만나셨기 때문이다(출 29:42-43).[14] 즉 하나님이 계신 곳이기 때문에 그곳은 거룩한 곳이지 그 땅 자체가 거룩한 것은 아니다. 거룩한 하나님이 계시는 장소는 어느 곳이나 거룩하다. 따라서 거룩한 지성소라는 말은 이러한 뜻에서 이해되어야 한다. 스데반은 이러한 사실을 염두에 두고 지역적 배타성에 사로잡힌 나머지 유다 지역과 예루살렘의 성전 외에는 하나님과 교통할 수 없다는 유대인들의 그릇된 생각을 환기시키려고 노력하였다.

우리는 에덴 동산이 우주적 궁정과 성전의 모형으로 창조됨을 살펴보았다. 하늘과 땅은 창조주이시며 왕이신 하나님의 거룩한 궁전이요, 영광의 구름에 해당하는 하늘의 하늘은 주권자이신 하나님이 계신 곳으로 세워졌다. 이사야 선지자는 종말론적 하나님 나라에 관한 환상을 보는 가운데서 하나님께서 처음 창조하신 에덴 동산을 보았다. 사 4:5-6[15]은 창세기 1장

---

14) Edmund P. Clowney, "The Final Temple," 73.

15) 사 4:4-5 여호와께서 그 거하시는 온 시온 산과 모든 집회 위에 낮이면 구름과 연기 밤이면 화염의 빛을 만드시고 그 모든 영광 위에 천막을 덮으실 것이며 또

의 창조를 염두에 두고 이사야가 기록하였다. 여기서 사용되고 있는 동사 "바라"는 창 1:1에 사용된 그 단어이며 따라서 이 구절은 창세기에 기록 된 원 창조를 염두에 두고 기록된 것이 확실하다. 창 1:2에 대한 해석과 관련하여 의미심장한 부분은 동사 "바라"의 목적어가 하나님 영광의 현현 인 구름이라는 점이다. 사 4:4에서 하나님의 영은 시온을 영화롭게 하시 기에 앞서 심판을 행하면서 소멸하는 영으로 묘사하고 있는데, 이 하나님 의 영은 곧 사 4:5에 시온을 덮으시는 구름과 연기라는 하나님의 현현과 본질적으로 동일한 분이시기 때문이다.[16] 이사야에 의하면 에덴 동산은 하 나님 영광의 현현인 구름 지붕이 있었다.

이러한 사실로 미루어 에덴 동산은 성막의 특징과 소우주의 특징인 하 나님의 집과 같은 모습이었다. 출 40:34-35에서 성막에 나타난 하나님의 영광을 설명할 때 구름이 회막에 덮이고 여호와의 영광이 성막에 충만하 였다고 하였다. 창세기 1장에 나타난 하나님의 성령과 출애굽기에서 성막 을 설명할 때 나타난 하나님의 영광과 이사야가 종말론적으로 바라본 하 나님의 나라는 동일한 모습이었다. 에덴 동산은 하나님께서 아담과 하와를 직접 만나셨던 하나님의 특별한 처소였다. 따라서 이스라엘 백성의 종교적 센터가 된 성막이나 성전도 하나님과 그의 백성이 친교하고 교통하는 장 소이다. 성막과 성전의 상징도 의심의 여지가 없이 아담이 에덴 동산에서 누렸으나 지금은 상실된 하나님과의 친교를 회상시키고 있다. 즉 성막과 성전은 택한 백성이 하나님과 친교하는 장소의 상징이다.

하나님과 친교하는 장소는 성막과 성전이다. 그러나 하나님과 만나서 친 교를 갖는 시간은 안식일이다. 물론 하나님은 시간과 장소의 제한이 없이 어느 곳이나 항상 계시지만 범죄한 인간이 하나님과 만나고 교통하는 시 간은 안식일이 중심이고 장소는 성막이다. 우리가 누구와 만나서 교제하고 사귀면서 친교를 하려면 반드시 일정한 장소와 시간이 필요한 것과 같이

천막이 있어서 낮에는 더위를 피하는 그늘을 지으며 또 풍우를 피하여 숨는 곳이
되리라.
16) Meredith Kline, *Image of the Spirit*, 65.

이스라엘 백성도 하나님과 잃어버렸던 친교를 회복하고 교제를 나누기 위해서는 장소와 시간이 필요하였다. 그들이 하나님을 만나는 장소는 성막과 성전이고 만나는 시간은 안식일로, 이스라엘 백성들은 안식일에 성전에서 하나님을 만나고 주님께 예배드렸다. 따라서 성막과 안식일은 밀접한 관계가 있고 이 둘은 서로 분리할 수 없다.

그래서 출애굽기 25-40장은 성막 건축에 관한 규정과 함께 안식일법을 동시에 밝히고 있다. 하나님께서는 출 31:12-18과 출 35:1-3에서 모세를 통해 안식일과 성막에 관련된 말씀을 하셨다. 이 두 구절들은 하나의 큰 주제를 이룩하고 있는 성막 제작을 설명하는 가운데 주어진 말씀들이다. 그 본문을 분류하면 다음과 같다. 1) 성막 제작에 관한 교훈(출 25:31-11), 2) 안식일법(31:12-18), 3) 백성들의 불순종과 모세의 간구와 하나님의 말씀을 듣는 청중(32-34장), 4) 안식일법(35:1-3), 5) 성막 만드는 과정(35:4-40장). 여기에 나타난 출애굽기의 구조를 보면 안식일과 성막은 샌드위치처럼 서로 겹쳐져 있기 때문에 구조상 밀접한 관계가 있다. 안식일과 성막은 분리할 수 없도록 되어있다. 이스라엘 백성이 성막에서 하나님을 만나고 제사 드리는 일은 주로 안식일에 행하였기 때문이다. 성막에 관한 규례를 잘 순종하면 안식일법도 함께 순종하게 되었으나, 안식일법을 위반하면 성막 규정도 자연히 불순종하게 되었다.

레 19:30과 26:2에서 하나님은 "내 안식일을 지키고 내 성소를 공경하라 나는 여호와니라." 레 19:3은 "너희 각 사람은 부모를 경외하고 나의 안식일을 지키라 나는 너희 하나님 여호와니라" 하셨다. 안식일과 부모 공경을 하나의 단일 명령으로 하셨고, 부모공경이나 안식일 명령을 지키지 않는 자는 모두 사형으로 다스렸다. 그것과 같이 안식일과 성막도 동일하게 단일 명령으로 취급하였다. 로빈슨(Robinson)은 겔 20:12-24 말씀에 근거하여 출애굽기에 나타난 안식일과 성막의 관계를 다음과 같이 해석한다.[17] 선지자 에스겔은 안식일과 성막을 모두 합하여 하나의 단일 명령으로서 동일한 중요성을 강조한다. 겔 22:8, "너는 나의 성물들을 업신여겼으며 나의 안식일을 더럽혔느니라." 겔 23:38, "그들이 내 성소를 더럽히며 내 안식일을 범하였도다." 에스겔은 성소와 안식일을 묶어서 하나로 취급하였다. 성소와 안식일을 범하는 자들을 모두 사형으로 그 죄를 벌하였다. 이 두 규례는 모두 후손들이 계속 지켜야 할 뿐 아니라 또한 영원한 하나님의 언약이다. 그래서 안식일과 성막은 아주 밀접하게 묶여있으며 따라서 서로 분리할 수 없다.

안식일과 성막의 관계는 너무 밀접하여 이스라엘 백성이 금송아지를 만든 사건에서도 이 둘을 함께 나타내고 있다. 출 32-34장에는 여러 곳에서 안식일 순종에 관한 것과 성막 만드는 일에 대한 명령이 연결되어 나타난다. 성막은 하나님께서 임재하는 방편이 됨과 동시에 상징이다. 그리고 구름이 나타난 것에 대한 기록도 많다(24:18: 33:9-10: 40:34-35). 구름은 눈으로 볼 수 있는 하나님의 영광을 상징한다. 모세는 하나님의 언약을 받고, 금송아지를 만든 백성들의 죄를 용서받기 위하여, 그리고 성막 건축을 위하여, 하나님을 산과 회막과 성막에서도 만났다. 이 기간 동안 하나님은 모세에게 계명들을 주셨고, 특히 출 33:7-23에는 모세가 하나님과 얼굴을 대면하여 이야기하는 것처럼 하나님께서 친히 나타나셨다.

그리고 하나님과 모세가 만나는 회막에는 구름기둥이 서 있었고, 회막에서 하나님은 사람이 그 친구와 이야기하는 것처럼 모세와 이야기하셨다. 출 33:12-13에서 모세가 하나님께 자기 백성의 죄를 용서하여 줄 것과 자신에게 하나님의 은총을 베푸셔서 자기의 갈 길을 인도하여 달라고 기도하였다. 그러자 출 33:14-15에서 여호와께서 "내가 친히 가리라"(My Presence will go with you), "내가 친히 너와 함께 가리라" 하셨고 이에 대해 모세는 "주께서 친히 가지 아니하시려거든(If your Presence does not go with us) 우리를 이곳에서 올려보내지 마옵소서"라고 하였다. 하나님께서 "친히 간다"(Presence)는 단어는 파님(Panim)으로서, 이 단어가

---

17) Gana Robinson, "The Origin and Development of the Old Testament Sabbath: A Comprehensive Exegetical Approach." (Ph. D. Diss. University of Hamburg, 1975), 230-243, Richard Robinson, "The Law of Prohibited Labor on the Sabbath in Relation to the Book of Exodus," 74-80.

나타내는 뜻은 성막을 암시하고 있다.[18] 모세는 하나님께서 성막으로 우리와 함께 가도록 기도하였다. 하나님은 모세의 요청을 허락하시고 성막 가운데 함께 하시므로 이스라엘 백성과 친히 가시려 하였다. 이 말은 하나님께서 성막에 임재하여 이스라엘 백성들과 함께 하신다는 뜻이다. 하나님은 성막에 임재하셨고 이스라엘 백성은 그들이 가는 곳마다 항상 성막을 모시고 다녔으므로 하나님은 이스라엘과 친히 함께 가셨다.

출 35장은 안식일과 성막의 관계를 다시 반복하여 강조한다. 출 35:1은 "모세가 이스라엘의 온 회중을 모으고 그들에게 이르되 여호와께서 너희에게 명하사 행하게 하신 말씀이 이러하니라"고 한 후 2-3절에서는 안식일을 지킬 것을 강조하였다. 출 35:4은 "모세가 이스라엘 자손의 회중에게 고하여 가로되 여호와의 명하신 일이 이러하니라"고 한 후 5절부터 성막 건축에 관한 말씀을 하였다. 따라서 출 35장은 레 19:30과 출 26:2의 말씀처럼 안식일 준수와 성막이 한 개의 단일 명령으로 구성되어 있다. 출 25-40장은 성막 건축에 관한 말씀 가운데 안식일 계명은 샌드위치처럼 가운데 끼어 있어 안식일 계명과 성막은 함께 공존한다.

출 31:12-18은 안식일을 거룩하게 지키라는 명령이다. 그리고 이 안식일 계명은 이미 출 20:8-11에서 하신 것을 반복하였다. 이미 위에서 언급한 것처럼 출 25-40장은 성막 건축에 관한 말씀의 한가운데 안식일 계명이 반복하여 나타나고 있다. 따라서 출 31:12-18의 안식일 교훈은 성막 제작과 밀접한 관련이 있는 말씀이다. 여기서 안식일 계명을 반복하여 강조하신 이유는 하나님의 임재를 상징하는 성막도 반드시 건축해야 하지만 안식일을 철저하게 지키라는 뜻이다. 그래서 안식일에는 성막 건축하는 공사가 중단되었다. 그 이유는 "나 여호와가 엿새 동안에 천지를 창조하고 제칠 일에 쉬어 평안하였기 때문이라" 하였다(31:17). 하나님이 천지를 창조하실 때 일곱째 날 안식하신 모범을 따라 하나님께서 임재하실 성막을 건축할 때도 안식일은 노동에서 쉬어 하나님의 안식에 동참해야 하였

---

18) Richard Robinson, "The Law of Prohibited Labor on the Sabbath in Relation to the Book of Exodus," 81.

다. 이것은 하나님의 임재를 나타내는 성막 제작도 중요하지만 안식일도 동시에 중요하다는 사실을 가르친다. 우선 순위에서 성막 제작보다는 안식일을 지키는 것이 더 중요하다는 사실을 나타낸다고 할 수 있다.

바인펠드(Moshe Weinfeld)도 안식일과 성막이 밀접하게 연결되었음을 설명한다. 그는 하나님께서 성막에 거하시는 것을 창조 후 일곱째 날 안식하신 것으로 생각하였다.[19] 그리고 그는 창세기의 창조 기록과 출애굽기의 성막 건축 기록을 비교하여 일치점을 밝히고 있다. 창 1:31, "하나님이 그 지으신 모든 것을 보시니 보시기에 심히 좋았더라"는 말씀은 출 39:43의 "모세가 그 필한 모든 것을 본즉 여호와께서 명하신 대로 되었더라"는 말씀과 쌍을 이룬다. 창 2:1, "천지와 만물이 다 이루니라"는 말씀은 출 39:32의 "그들이 성막 곧 회막의 모든 역사를 준공하였다"는 말씀과 비슷한 의미를 나타낸다. 창 2:2, "하나님이 그 지으시던 일이 다 하셨다"는 출 40:33에서 "모세가 이같이 역사를 필하였더라"는 비슷한 의미를 전한다. 창 2:3, "하나님이 복 주사"와 출 39:43의 "모세가 그들에게 축복하였더라"도 같은 패턴이다. 창 2:3, "하나님이 그날을 거룩하게 하셨다"는 출 40:9, "그 모든 기구를 거룩하게 하라 그것이 거룩하리라"는 말씀도 비슷하다.

한글 성경에는 창세기의 기록과 출애굽기의 기록이 밀접한 내용인지 분명하게 나타나지 않지만 히브리어 성경은 창세기와 출애굽기에서 사용한 중요한 단어가 동일하기 때문에 그 뜻이 더욱 분명하게 나타난다. 이러한 기록들은 천지창조와 성막 건축에는 많은 부분에서 일치점이 있음을 분명히 밝힌다. 천지창조 후에 하나님께서 일곱째 날 안식하면서 자신이 창조하신 인간과 함께 하신 것과 성막이 완공된 후 하나님께서 그곳에 임재하시는 데는 일치점이 있다. 바인펠드의 연구와 분석에 의하면 하나님께서

---

19) Moshe Weinfeld, "Sabbath, Temple, and Enthronement of the Lord: The Problem of the Sitz im Leben of Genesis 1:1-2:3," in *Melanges bibliques et orirntaux en l'honneur de M. Henri Cazelles*, ed. A. Caquot and M. Delcor, (Kevelaer: Butzon and Bercker, 1981) 501-12. Quoted by Richard Robinson, "The Law of Prohibited Labor on the Sabbath," 102.

천지창조 하시는 패턴과 이스라엘 자손이 성막을 만드는 패턴은 많은 부분에서 유사하고 일치점을 이룬다. 그리고 하나님께서 만드신 천지는 이스라엘 백성이 만든 성소의 원형이며 확대한 것과 같다. 하나님께서 창조 후 자신이 만드신 피조물에 함께 하신 것과 같이 성막에 함께 하셨다. 그리고 하나님께서 자신이 창조하신 천지만물 가운데 함께 하심과 같이 성막 가운데 항상 임재해 계셨다.

그러면 성막은 어떠한 의미를 갖고 있는가? 하나님은 출 25:8에서 "내가 그들 중에 거할 성소를 그들을 시켜 나를 위하여 짓되 무릇 내가 네게 보이는 대로 지을지니라" 하셨다. 이 말씀에 의하면 성막은 하나님께서 이스라엘 백성과 함께 거하는 곳이다. 하나님은 장막 가운데서 자기 백성과 함께 계셨다. 불기둥이 성막 위에 비추는 것은 하나님의 임재를 강력하고도 초자연적으로 표출하는 상징이다. 하나님께서는 이스라엘 백성들과 함께 "임마누엘"로 계시려 하셨다(마 1:23). 모세가 하나님의 계명을 받을 때 하나님의 임재를 상징하는 영광의 구름이 빽빽하게 시내 산을 덮었다. 출 19:16은 모세가 하나님의 언약을 받는 동안 "우레와 번개와 빽빽한 구름이 산 위에 있었고 나팔 소리가 심히 컸다"고 하였다. 하나님의 임재를 상징하는 징표이다. 그러나 성막을 완공한 후에는 하나님의 임재를 상징하는 영광의 구름이 성막 위에 임하였다. 출 40:34-35, "구름이 회막에 덮이고 여호와의 영광이 성막에 충만하매 모세가 회막에 들어 갈 수 없었으니 이는 구름이 회막 위에 덮이고 여호와의 영광이 성막에 충만하니"라고 하였다. 출애굽기의 말씀에 의하면 성막은 하나님께서 이스라엘 백성 가운데서 그들과 함께 하시는 장소이다.

성막에 하나님께서 임재하시므로 모든 사람은 죄가 있기 때문에 누구도 함부로 성막을 가까이 할 수 없었다. 죄인이 하나님을 가까이 하면 당장 죽는 것처럼, 지성소에 들어길 수 없었다. 대제사깅도 일년에 단 한 치례 특별한 종교 의식에서 속죄소(贖罪所)에 뿌린 피를 통해 자신의 죄와 율법의 정죄로부터 보호받을 때만 지성소에 들어가는 것이 가능하였다(레 16장). 하나님의 거룩하심을 침범하는 자는 누구든지 죽으리라고 하셨다

(출 19:12-13). 심지어 제사장들도 하나님을 영화롭게 하지 못할 경우에는 죽을 수 있었다(민 10:1-2). 대제사장들은 지성소에서 직무를 수행할 때 속죄소를 보지 않도록 특별한 주의가 요구되었다. 그는 지성소에 들어갈 때 향을 피워 분향하였는데 그 이유는 연기가 지성소에 가득하면 대제사장이 거룩하신 하나님의 임재하심을 보지 못하도록 하기 위함이었다(레 16:13). 그러므로 성막은 하나님이 거하시는 장소임에 틀림이 없다. 이스라엘 백성들이 하나님께서 임재하시는 성막에 함부로 가까이할 수는 없지만 성막은 이스라엘 백성에게는 무한한 특권이 있다는 사실을 일깨워 주었다. 하나님께서 세계 모든 민족 가운데 그들을 택하사 자신의 백성으로 삼으셨고 몸소 자기를 낮추어 특수한 방식으로 그들과 함께 생활하셨기 때문이다. 죄를 범하기 전에는 하나님을 마음대로 쉽게 만날 수 있었지만 죄를 범한 후에는 하나님을 만나는 절차가 까다롭고 어려웠다. 그럼에도 불구하고 하나님이 그들과 함께 하시는 것이 가장 큰 축복이며 안식이다. 하나님을 떠나서는 참된 평안과 안식이 있을 수 없다. 성막은 에덴 동산의 모형이며 모델이다. 에덴 동산에서 아담과 직접 대면하여 함께 하셨던 하나님은 타락 후 성막을 통해 이스라엘 백성과 함께 하시는 모델이 되었다.

이스라엘 백성이 광야에서 방황을 끝낸 후 약속의 땅에 정착하였다. 그들 모두가 지금까지 장막에서 생활하는 대신 이제는 자기들의 집을 건축하였다. 따라서 적절한 시기에 솔로몬 왕은 하나님을 위하여 영구한 집을 건축하라는 지시를 받아서 하나님의 성전을 건축하였다. 솔로몬이 건축한 성전은 이동식 성전인 성막을 대신하게 되었고, 성전의 기본적인 모든 구조는 성막과 동일하였다. 그러면 솔로몬의 성전은 무엇을 나타내고 있을까? 구약의 성전은 그리스도의 사역을 나타내는 모형이요 그림자이다. 솔로몬은 다윗의 아들로서 그 혈통은 메시아에게로 연결된다. 그가 하나님을 위한 처소를 건축하였는데 이는 그리스도께서 자신의 교회를 세워 나가실 것의 예표였다(마 16:18). 그리스도는 교회의 모퉁잇돌이 되고(엡 2:20) 터가 되며(고전 3:11), 지상의 시온 산일 뿐만 아니라 천상에도 교회를 세우신다. 그래서 히 12:22은 "너희가 이른 곳은 시온 산과 살아 계신 하나님의 도성인 하늘의 예루살렘이니라" 하였다. 히브리서 기자는 하나님께서 성도를 위하여 땅위의 교회와 함께 하늘 나라의 교회도 세우신다고 하였다.

솔로몬은 하나님이 참으로 거하실 처소는 하늘에 있음을 알았다. 왕상 8:29에서 하나님은 솔론몬이 건축한 성전을 향하여 "내 이름이 거기 있으리라" 하셨다. 그래서 솔로몬이 성전을 봉헌할 때 지상의 성전에는 하나님께서 자신의 이름을 두신 장소라고 불렀다. 하늘은 하나님께서 계시는 참된 거처이며, 그곳에서 사람들의 기도를 들으신다(왕상 8:43). 솔론몬이 성전을 봉헌할 때 하나님께 한 기도에 의하면 그는 성막과 성전이 하늘에 있는 것들의 그림자라는 히브리서에서 가르치는 진리를 이미 이해하고 있었다. 물론 솔로몬은 "하늘과 하늘들의 하늘이라도 주를 용납지 못한다"(왕상 8:27)고 하였다. 우리 눈에 보이는 하늘은 하나님의 위엄과 접근이 불가능함을 나타내고 있다. 가시적인 하늘보다 더 접근 불가능한 곳이 하나님의 특별한 보좌가 있는 방이다(사 6:1-13; 단 7:9-10; 계 4:1-5:14).

하나님이 시내 산에 강림하셨을 때 구름은 하나님의 거룩하신 성품과 접근이 불가능함을 상징으로 나타낸다. 산 위에서 모세는 성막의 모든 설계도를 하나님으로부터 받았다. 모세가 이것을 상징적으로 하늘에 올라가서 받은 것으로 보아 그것은 하늘 나라의 모형임에 틀림없다.[20] 그래서 히브리서는 하나님이 모세에게 "삼가 모든 것을 산에서 네게 보이던 본을 좇아 지으라"(히 8:5)고 지시하셨던 것을 강조하고 있다. 그래서 성막과 솔로몬이 건축한 성전은 하나님의 특별한 처소이다. 성막과 성전이 건축된 후 영광의 구름이 그 위에 임하였는데, 이는 하나님께서 자신의 처소에 들어오셨다는 의미였다(출 40:34-38; 왕상 8:10).

다윗은 시 132:7-8에서 "우리가 그의 성막에 들어가서 그 발등상 앞에 경배하리라 여호와여 일어나사 주의 권능의 궤(櫃)와 함께 평안한 곳으로 들어가소서"라고 하였다. 하나님의 언약궤가 성막에 들어가는 것을 평안한

---

20) Vern S. Poythress, *The Shadow of Christ in the Law of Moses* (Brebtwood: Wolgemuth & Hyatt, Publishers, Inc., 1991), 12-14.

곳에 들어간다고 하였다. 시편 기자가 이르는 평안한 곳(resting place)은 안식할 장소를 가리킨다. 또한 시 132:13-14의 말씀은 "여호와께서 시온을 택하시고 자기 거처로 삼고자 하여 이르시기를 이는 나의 영원히 쉴 곳이라 내가 여기 거할 것은 이를 원하였음이라"고 가르친다. 이 말씀에 따르면 예루살렘 성전에서 여호와 하나님께서 안식하시겠다는 뜻이다. 하나님은 시온을 자신의 영원히 쉴 곳 (resting place for ever and ever)이라 하였다. 따라서 성막과 성전은 하나님께서 안식하는 안식처이다. 이는 하나님의 언약궤가 지금까지 광야 시대를 지나 이 도시와 저 도시를 이동하면서 돌아 다녔다. 그러나 이제 언약궤가 예루살렘 성전에 정착한 것은 다윗 왕국의 시대가 새로 열린 것을 의미하고, 나아가 하나님이 이스라엘 백성에게 아브라함을 통해 주신 안식의 언약을 성취하시겠다는 뜻이다. 하나님은 그 안식의 언약이 다윗의 왕국이 영원한 것과 함께 영원할 것이라 하셨다. 또한 하나님의 궤가 예루살렘 성전에 들어온 것은 여호와께서 다윗 왕국을 다스리고 통치하신다는 뜻이다(시 99:1-2). 하나님께서 다윗 왕국을 친히 다스리고 통치하시기 때문에 이스라엘 백성에게 참된 안식이 임하게 된다.

그리고 하나님께서 이스라엘의 방패가 되어 모든 원수를 물리치기 때문에 이스라엘 백성에게 실재로 평안한 안식이 임하였다.[21] 하나님의 언약궤가 성전의 지성소에 들어가는 것이 안식이라 하였다. 창 2:2에서 하나님이 일곱째 날 안식하신 "안식"(rest-menuhah)이라는 단어가 시 132:8에 하나님께서 성전에 거하시는 것을 가리켜 "평안한 곳으로 들어가소서" 할 때 사용된 "안식"(sabat)과 같은 어근으로 된 단어이다.[22] 하나님께서 육 일간 천지를 창조하신 후 제칠 일에 하신 안식과 그 후 광야의 성막과 솔로몬이 건축한 성전에서 안식하신 안식은 동일한 안식이다. 하나님의 안식은 하나님께서 자기 백성들과 성막과 예루살렘 성전에 함께 거하실 때

---

21) Wilem A VanGemeren, *The Expositor's Bible Commentary: Psalm*, General Ed., Frank E. Gaebelein(Grand Rapids: Zondervan, 1991), 806-807.

22) Meredith Kline, *Kingdom Prologue*, 55.

도 계속 되었다. 그러므로 다윗의 시편에 의하면 성막과 예루살렘 성전은 하나님의 안식처이다. 천지창조 후 일곱째 날 하나님께서 안식하실 때 인간을 위하여 하신 것처럼, 하나님께서 성막과 성전에서 안식하신 것은 자기 백성을 그의 안식으로 초대하기 위함이다. 하나님께서 성막과 성전에 거하시면서 자기 백성들과 함께 하신 것은 하나님 자신을 위해서가 아니라 이스라엘 백성을 인도하고 보호하여 그들에게 참된 평안과 안식을 주시기 위함이었다.

이 안식은 이스라엘 백성의 역사 가운데 항상 강조되었다. 한 주일의 일곱 번째 날은 안식일이고 일곱 번째 달은 속죄의 달이다(레 16:29). 속죄일과 속죄의 달에는 대제사장이 성막에서 수송아지를 하나님께 번제물로 드렸다. 레 16:31에서는 이 속죄일을 가리켜 "이는 너희에게 큰 안식일"이라 하였다. 이날 성막에서 드리는 번제는 그리스도의 죽음을 예표하며 모든 택한 백성들은 그 피를 통하여 자기들이 지은 죄로부터 속죄와 참된 안식을 얻기 때문에 큰 안식일이다. 일곱 번째 해는 채무와 노예 상태로부터 면제되는 안식년이다(레 25장). 안식년에는 이스라엘 백성이 생활하는 땅도 쉬어 안식을 하게 하여 자기들의 밭에 파종하거나 포도원을 다스리지 않았다. 안식년에 그들의 땅에서 스스로 자라난 열매들은 주인이 추수하지 않고 가난한 서민들의 식량이 되게 하였다. 그래서 이스라엘의 모든 백성이 하나님의 축복과 안식을 얻게 하였다.

그리고 칠 년 주기의 일곱 번째가 되는 해는 희년이다(레 25장). 희년이 오면 나팔을 불어서 새로운 시작을 온 천하에 알리고 이스라엘의 모든 종들에게 자유를 주어 세습적 노예를 방지하였다. 또한 토지도 원래의 주인에게 돌려주어 빈부의 격차를 줄이기 위해 노력하였다. 경제적 어려움으로 먹을 것이 없다든지 노예가 된다면 안식은 불가능하다. 하나님이 아브라함의 모든 자손들에게 안식을 주기 위하여 안식제도를 만들어 지키게 하신 것은 이스라엘 민족이 애굽에서 노예생활 할 때 하나님께서 그들을 인도하여 가나안 땅에 정착하도록 하였을 뿐 아니라 자신들의 땅도 하나님이 주셨음을 항상 잊지 않고 깨닫게 하기 위함이었다. 하나님께서 그들에게 가나안의 안식을 주셨다. 하나님께서 이스라엘의 모든 백성에게 참된 안식과 평안을 주시기 위해 만드신 것이 안식 제도이다. 안식일을 만들고 안식하신 하나님께서 이스라엘 백성들이 영원한 하나님의 안식을 소망하면서 참된 안식을 갖게 하기 위하여 안식 제도가 그들 생활의 중심이 되게 하셨다. 그리고 이 안식은 하나님과 함께 있을 때 가능하였다. 따라서 안식일의 모든 제사와 의식은 성막과 성전을 중심으로 행해졌다.

하나님께서 이스라엘 모든 백성이 평등한 안식을 누리게 하기 위하여 안식일, 속죄 달, 안식년, 희년 제도를 주셨다. 그 이유는 하나님의 백성들은 공동체로서 하나님의 처소가 되기 때문이다. 성막이 하나님의 처소이지만 이스라엘 백성의 공동체도 하나님의 처소이다. 신약은 교회를 하나님의 성전이라 부른다. 바울은 고전 3:16에서 "너희가 하나님의 성전인 것과 하나님의 성령이 너희 안에 거하시는 것을 알지 못하느냐"고 하였다. 베드로도 벧전 2:5에서 성도를 가리켜 "신령한 집으로 세워진다"고 하였다. 신약교회는 성도들을 하나님의 성전으로 부른다. 하나님의 성전인 신앙의 공동체는 모두 동일한 안식의 축복을 누리게 하기 위하여 안식제도를 통해 노예와 가난이 영구적으로 세습되는 것을 막았다.

성막은 에덴 동산을 상징하므로 이스라엘 민족들이 아담의 죄로 인하여 그들의 하나님으로부터 버림받고 소외되었다는 사실을 상기시켜 주고 있다. 범죄한 아담은 에덴 동산에서 쫓겨난 후 그 동산으로 들어가는 길이 차단되어 다시는 하나님을 만날 수 없게 되었다. 그러나 그들은 제사장들이 그들을 대표하여 지성소에 들어가 하나님으로부터 사죄의 은총을 받는 것처럼 우리도 그리스도를 통해 에덴 동산에 들어가 하나님을 만날 수 있었다. 그러므로 성막은 타락과 동시에 한 대표자를 통해 죄를 극복하게 되리라는 원리를 암시한다. 이스라엘 백성은 대속죄일에 그들을 대표하는 대제사장을 통해 하나님께 속죄 제사를 드리므로 그들의 모든 죄를 용서하였다. 이스라엘 백성들에게 행하여진 대속죄일에 대제사장이 행하는 제사는 예수 그리스도의 대속의 죽음을 예표한다. 궁극적으로 우리의 마지막 대제사장이신 예수 그리스도를 통해 자기 백성의 모든 죄를 단번에 사하시리라는 약속을 가르쳐 준다. 그리고 성막과 성전은 에덴 동산을 형상화하고 반영한 것이다. 따라서 성막과 성전은 예수 그리스도와 그의 사역을 나타내는 모형이며 표상이다. 쫓겨난 에덴 동산에 우리의 영원한 대표자이신 그리스도를 통해 다시 들어가게 되었다. 에덴 동산의 안식이 영원한 안식의 원형이며 표상이다. 에덴 동산의 안식을 회복하는 유일한 길은 오직 예수 그리스도뿐이다.

하나님의 형상으로 지음 받은 아담과 하와는 에덴 동산에서 하나님과 함께 생활하면서 하나님이 누리시는 안식과 평안을 누렸다. 에덴 동산에서 범죄하고 추방된 후 그들에게 주어졌던 축복과 안식은 상실되었다. 인간에게 최고의 불행은 하나님으로부터 소외되어 하나님의 안식에서 멀어지는 것이었다. 그러나 하나님은 성막을 통하여 이스라엘 백성과 함께 하시므로 영원한 안식과 축복의 소망을 주셨다. 하나님과 멀어졌던 이스라엘 백성들은 성막을 통하여 하나님과의 교제가 가능해졌다. 인간이 성막에서 하나님을 만나게 되므로 에덴 동산에서 범죄 후 상실되었던 안식을 다시 얻을 수 있었다. 완전한 안식은 대제사장 되시는 그리스도께서 지성소에 들어가 우리의 모든 죄를 완전히 도말하고 하나님과 막혔던 담을 제거하므로 가능하게 되었다.

3. 성막의 원형이신 그리스도

성막은 이스라엘 백성들에게 많은 것을 상징적으로 예시해 주었다. 즉, 에덴 동산, 하나님의 거하는 처소, 천국 등을 상징하였다. 성막은 무엇보다 하나님 자신을 상징하였다. 구약은 삼위일체 하나님의 본질을 신약교회가 이해하고 있는 것만큼 충분하게 나타내고 있지 않았을 것이다. 이스라엘 백성들은 완진하게 분석하거나 파악할 수 없는 상징들을 통하여 하나님의 성품과 뜻을 이해하였다. 그럼에도 불구하고 그들의 구원이 하나님의 성품과 지혜에 의존한다는 사실을 충분히 이해하였다. 신약교회는 구약의 성도들보다는 훨씬 풍성하고 충분한 계시의 빛 가운데서 이스라엘의 하나님은 우리의 삼위일체 하나님, 곧 성령의 능력을 힘입어 성부께 순종하셨던 그리스도의 사역을 통해 계시된 유일신 하나님이라는 사실을 알고 있다. 성막은 장차 하나님께서 인간과 함께 거하실 최종적 처소임을 나타낸다. 바울은 골 2:9에서 "그리스도 안에는 신성의 모든 충만이 육체로 거한다"고 하여 그리스도는 우리에게 완전한 성부와 성령을 나타낸다고 가르친다. 신성의 모든 충만이 육체에 거한다는 말씀은 그리스도의 인성에 삼위일체 하나님이 함께 하심을 가르치는 말씀이다. 그리고 성막은 성부와 성자와 성령의 신성을 나타내었다. 성막은 이스라엘 백성뿐 아니라 신약 성도들에게도 하나님 자신의 거룩하심, 아름다우심, 위엄, 구원 등을 계시해 주신다.

그리고 하나님께서 자기 백성과 함께 하신다는 주제는 예수 그리스도의 초림으로 완성되었다. 성막은 그리스도께서 인간의 몸으로 탄생하셔서 우리 가운데 거하게 되리라는 것의 그림자요 징표였다.[23] 사도 요한은 요 1:14에서 "말씀이 육신이 되어 우리 가운데 (성막으로) 거하시매 우리가 그 영광을 보니 아버지의 독생자의 영광이요 은혜와 진리가 충만하더라" 하였다. 요한이 사용한 "거하신다"는 단어의 뜻은 이스라엘 백성이 광야 생활에서 하나님의 임재를 상징하였던 성막과 일치한다. 하나님 언약의 핵심은 "하나님께서 자기 백성 가운데 거하심"이다. 하나님의 임재가 예수님이 오시기까지는 일시적이고 불완전한 성막과 성전으로 나타났다. 인간의 손으로 만든 성막은 하나님이 그들 가운데 거하신다는 상징과 모형이지만 육체로 탄생하신 예수 그리스도는 하나님 자신이시다. 하나님께서 회막과 성전에 거하신다는 것은 다른 곳에는 계시지 않는다는 뜻이다. 하나님의 임재하시는 장소가 제한적이었다. 그러나 이제는 하나님께서 예수 그리스도의 육체 안에서 우리 가운데 거하시므로 그 임재는 완전하고 영원한 것이 되었다.[24] 그래서 그리스도의 몸은 하나님의 영광이 충만한 하나님의 성전이다.

---

23) Vern S. Poythress, *The Shadow of Christ in the Law of Moses*, 10-11.

24) Kenneth Barker, General Ed., *The NIV Study Bible*,, 1993, 요 1:14 footnote.

성막 안에 있는 모든 물건들은 하나님의 속성과 그리스도를 상징하는 것들이다. 그래서 그 상징물을 더럽히는 것은 하나님께 죄가 되었으므로 죄인은 죽어야 했다. 성막의 성물들은 하나님을 상징하기 때문에 그 물건들을 속되게 사용하는 행위는 하나님께 죄가 된다. 그래서 하나님을 모독하는 자는 하나님의 극렬한 진노를 불러일으켰다. 그리스도께서는 우리의 각종 더러운 모든 죄를 짊어지시고 하나님 앞에 서셨기 때문에 하나님의 무서운 진노가 예수님에게 떨어져 십자가 위에서 죽으셨다. 그리스도께서는 아무 흠도 없으셨지만 그 자신이 우리의 모든 죄악을 다 담당하시고 "우리를 대신하여 죄인이 되시매"(고후 5:21) 하나님께서 그를 죽이셨다. 우리가 하늘의 성막과 지성소에 들어가서 영원한 하나님의 안식을 누리게 하기 위하여 그리스도께서 죽으셨다. 골 1:22에서 바울은 "그의 육체의 죽음으로 말미암아" 우리를 "화목하게" 하신 것을 말하고 있다. 그리스도께서 죽으시므로 우리가 하나님의 보좌 앞으로 나가는 길을 막았던 휘장은 완전히 제거되었다. 그리스도께서 죽으시므로 우리가 하나님의 지성소에 담대하게 들어갈 수 있다. 히 10:9-10은 "우리가 예수의 피를 힘입어 성소에 들어갈 담력을 얻었나니, 그 길은 우리를 위하여 휘장 가운데로 열어 놓으신 새롭고 산 길이요 휘장은 곧 저의 육체니라"고 하였다. 그리스도께서 십자가에서 죽으시므로 우리는 하늘의 지성소에 마음대로 나갈 수 있는 자유를 얻었고, 그곳에 들어가므로 영원한 안식과 축복을 누리게 되었다.

그러나 그리스도 자신은 하나님이 사람들과 함께 거하시는 궁극적 처소이다. 마 1:23에서 그리스도를 임마누엘이라 불렀는데 그 뜻은 "하나님이 우리와 함께 하심이라"이다. 그리스도가 탄생하시므로 하나님이 가장 완전한 방법으로 인간과 함께 하시게 되었다. 요 2:19-22에서 예수께서는 "너희가 이 성전을 헐라 내가 사흘 동안에 일으키리라" 하셨다. 유대인들은 예수께 메시아로서 표적을 보여달라고 반복적으로 요구하였다. 그때마다 주님은 그들의 요구를 거절하시고 유일한 표적으로서 부활을 말씀하셨다(마 12:38).

주님이 예루살렘 성전에 들어가서 장사하면서 하나님의 전을 더럽힌 모든 사람을 밖으로 내쫓으시고 청소하셨다. 그러자 유대인들이 예수께 "네가 이런 일을 행하니 무슨 표적을 우리에게 보여 주겠느뇨"(요 2:18) 하였다. 그때 주님이 이 성전을 헐면 사흘만에 일으키겠다고 하셨다. 이때 19절에서 예수님이 말씀하신 "성전"은 사람이 건축한 건물이 아닌 하나님이 임재하는 성전을 뜻한다. 그래서 구약의 성전은 장차 오실 예수 그리스도의 모형임에 틀림없다. 마 12:6에서 주님은 자신을 "성전보다 더 큰 이"라고 하셨다. 이 말씀은 하나님은 사람의 손으로 건축한 성전보다 예수님 안에서 더 분명하고 완전하게 임재하셨다는 뜻이다. 예수님은 하나님과 동일본질이시기 때문에 하나님을 나타내는 계시의 완성이시다. 그래서 성전이라는 말씀에 대해 요한은 "그러나 예수는 성전된 자기 육체를 가리켜 하신 말씀이라"(요 2:21)고 해석하였다. 하나님이신 그리스도께서 우리 가운데 거하시기 때문에 가장 완벽하게 함께 하신 임마누엘이다.

요 1:14에서 "말씀이 육신이 되어 우리 가운데 거한다"고 기록하였다. 요한이 "거한다"는 단어를 사용한 것은 구약의 성막을 암시한다.[25] 구약시대에는 성막 가운데 거하시던 하나님께서, 이제는 그리스도로 육신을 입으시고 우리 가운데 거하신다는 뜻이다. 요 14:11에는 "내가 아버지 안에 있고 아버지가 내 안에 계심을 믿으라" 하였다. 이러한 말씀들은 요한복음에서 성부와 성자의 상호 내주(內住)를 뜻하는 표현들로서 우리에게 궁극적 형태의 내주 곧 삼위일체 위격들 간의 원초적 내주를 보여 준다. 피조물이 아닌 하나님의 내주는 원초적 내주이고 삼위일체 하나님의 원초적 내주가 하나님께서 자신의 형상으로 지음 받은 인간과 함께 거하시는 모든 내주의 원형이다. 그리고 하나님이 인간과 함께 거하시는 방편은 언제나 그리스도를 통해서이다. 성경은 또한 교회가 그리스도의 몸이라고 가르친다. 바울은 엡 1:22-23에서 "그를 만물 위에 교회의 머리로 주셨느니라 교회는 그의 몸이라" 하였다. 교회는 그리스도의 몸이며, 교회의 머리는 그

---

25) Vern S. Poythress, *The Shadow of Christ in the Law of the Moses*, 12.

리스도이시다.[26] 신약 시대에는 교회를 중심으로 하나님의 뜻이 나타나며 하나님께서 교회와 함께 하신다.

따라서 그리스도를 구주로 믿는 모든 사람은 하나님께서 그와 함께 하시며 그 마음에 하나님의 성령이 거하신다. 바울은 롬 8:9에서 "누구든지 그리스도의 영이 없으면 그리스도의 사람이 아니다"라고 하였다. 누구든지 그리스도를 떠나서는 성령을 소유할 수 없다. 그 이유는 성령이 곧 그리스도의 영이기 때문이다.

성령을 모시고 있는 사람은 그리스도를 모신 사람이다. 따라서 성령 충만은 바로 그리스도로 충만하게 되는 것을 의미한다. 그래서 바울과 베드로는 성도를 가리켜 하나님의 거룩한 성전이라 하였다. 바울은 고전 6:15, 19-20에서 "내가 그리스도의 지체를 가지고 창기의 지체를 만들겠느냐 … 너희 몸은 너희가 하나님께로부터 받은 바 성령의 전인 줄 알지 못하느냐 너희는 너희의 것이 아니라 값으로 산 것이 되었으니 그런즉 너희 몸으로 하나님께 영광을 돌리라" 하였다. 그리스도의 몸인 교회 역시 하나님께서 임재하시는 성전이다. 바울은 고전 3:16-17에서 고린도 교인들에게 "너희가 하나님의 성전인 것과 하나님의 성령이 너희 안에 거하시는 것을 알지 못하느냐 … 하나님의 성전은 거룩하니 너희도 거룩하라" 하였다. 바울의 가르침에 의하면 모든 개개인 성도는 하나님의 성전이며, 하나님의 성전에는 성령이 거하신다. 그러므로 하나님은 성령의 내주하심을 통하여 우리 모든 성도들과 함께 하신다. 하나님께서 성령으로 성도들과 함께 하시기 때문에 하나님이 주시는 영적인 축복을 체험하게 된다. 그리스도의 영이 모든 성도들로 하여금 이 땅에서 안식의 축복을 느끼게 하고 장차 영원한 하나님 나라에서 누릴 안식을 미리 맛보게 하신다.

하나님께서는 아브라함과 이삭과 야곱에게 하신 약속을 지키기 위해 이스라엘을 애굽에서 구출하셨다. 그리고 그 약속의 완전한 성취를 위하여 그리스도를 보내셔서 십자가에서 죽게 하셨다. 하나님은 이스라엘 백성만

---

26) 더 깊이 연구하기 원하는 사람은 Edmund P. Clowney, *Living in Christ's Church*, 52-120을 참고하기 바란다.

구원하신 것이 아니라 이방인도 함께 구원하셨다. 엡 2:11 이하에서 바울은 이방인에 대하여 "그리스도 밖에 있었고 이스라엘 나라 밖의 사람이라 약속의 언약에 대하여 외인이라" 하였다.

그리스도 밖에 있었다는 것은 하나님의 언약에서 제외되어 있었다는 뜻이다. 원래 이방인은 언약과 관계가 없는 민족들이었으므로 약속의 언약에 대하여 외인이라 하였으나, 그리스도의 피를 통하여 멀리 있었던 이방인들이 하나님에게 가까워졌다. 바울은 엡 2:18에서 "저로 말미암아 우리 둘이 성령 안에서 아버지께 나아감을 얻게 하려 하심이라" 하였다. 바울이 말하는 "둘"은 누구를 가리키는가? 유대인과 이방인을 뜻한다. 그리스도의 성령 안에서 유대인과 이방인이 하나가 되어 하나님께 나갈 수 있게 되었다. 그래서 이방인도 이제는 그리스도 안에서 더 이상 외인도 손님도 아니고 이스라엘 백성과 동일한 하나님의 백성의 위치를 확보하였다. 이방인과 이스라엘 백성은 모두 동일한 시민이요 하나님의 권속이다. 믿는 유대인과 이방인을 함께 성령 안에서 하나님이 거하실 거룩한 성전으로 지으셨다. 따라서 유대인이나 이방인 모두 그리스도의 영이 그의 안에 거한다면 하나님의 안식을 체험하게 될 것이다.

요 14:7에서 예수께서 제자들에게 "너희가 나를 알았더면 내 아버지도 알았으리라 이제부터는 너희가 그를 알았고 또 보았느니라" 하시면서 하나님과 자신의 밀접한 관계를 말씀하셨다. 주님이 바로 하나님 자신이기 때문에 하나님에 관한 모든 것이 그리스도를 통해 완전히 나타났다. 그러자 빌립이 "주여 아버지를 우리에게 보여 주옵소서 그리하면 족하겠나이다"(14:8)고 하였다. 이때 예수께서 "빌립아 내가 이렇게 오래 너희와 함께 있으되 네가 나를 알지 못하느냐 나를 본 자는 아버지를 보았거늘 어찌하여 아버지를 보이라 하느냐"(요14:9) 하셨다. 예수님이 하나님 자체이기 때문에 예수님에게 하나님을 보여달라는 요구가 잘못되었다는 뜻이다. 구약시대에는 하나님께서 여러 모양과 여러 형태로 상징적으로 나타나셨다. 하나님께서 성막에 임재하셨지만 상징적인 요소가 많기 때문에 그리스도를 통해 나타내는 것에 비교한다면 부족할 뿐이다. 성막은 그리스도의 모형이며 그림자일 뿐이었지만, 그리스도는 성막의 상징과 모형의 실체로서 성막이 나타내려한 것을 완전하게 나타내셨다. 그리스도를 통해 성막의 모든 것이 완전히 성취되었다.

4. 성령의 사역과 안식

그리스도는 우리에게 하나님에 관한 모든 것을 충만하게 나타내셨다. 성령도 하나님을 나타낼 뿐 아니라 성도들에게 안식이 임하도록 사역하신다. 요 14:17-20 말씀은 그리스도께서 보혜사 성령에 대해 하신 말씀이다. 주님은 제자들에게 "다른 보혜사를 너희에게 주사 영원토록 너희와 함께 있게 하시리니 저는 진리의 영이라 너희는 저를 아나니 저는 너희와 함께 거하심이요 또 너희 속에 계시겠음이니라"(14:16-17)고 하셨다. 육신으로 계시던 예수께서 아버지께로 떠나신 후 성령을 그의 백성들에게 보내실 것이며, 그 성령은 영원히 성도들과 함께 거하겠다고 하셨다. 성령 하나님이 그의 백성과 함께 하시므로 하나님은 아브라함에게 임마누엘로 함께 하시겠다고 하셨던 그 언약을 신약 성도들인 우리에게까지 지키신다. 주님은 너희를 고아와 같이 버려 두지 않고 함께 하신다고 하셨다(14:18). 하나님은 성령을 성도들 마음에 두시므로 그들과 함께 하겠다는 언약을 지키고 계신다.

그리고 보혜사 성령이 하시는 사역은 성도들을 진리로 인도하는 것이다. 주님이 요 16:13에서 "진리의 성령이 오시면 그가 너희를 모든 진리 가운데로 인도하시리라"고 제자들에게 말씀하셨다. 성령은 성도를 진리로 인도한다고 하였는데 진리가 무엇인가? 주님은 요 14:6에서 "내가 곧 길이요 진리요 생명이니 나로 말미암지 않고는 아버지께로 올 자가 없느니라" 하셨다. 예수 그리스도께서 진리 그 자체이시다. 그러므로 성령이 진리 가운데로 인도한다는 말씀은 "성도를 예수 그리스도께 인도한다"는 뜻이다. 요 14:6은 주님 자신이 하나님께 나가는 유일한 길이라고 밝히고 있다. 뿐만 아니라 예수님은 하나님에 관한 모든 것을 나타내 보이셨다. 그러므로 성령의 하시는 사역은 성도들에게 그리스도와 하나님이 어떤 분이며 성도들을 위해 무엇을 하셨는지 보이고 깨닫게 하신다. 성령은 그리스도의 사역을 깨닫게 할 뿐 아니라 그 사역을 믿게 하신다. 그래서 주님은 요 14:20에 보혜사가 오시는 그날에 "내가 아버지 안에, 너희가 내 안에, 내가 너희 안에 있는 것을 너희가 알리라"고 제자들에게 가르치셨다.

말세에 성령이 하시는 사역은 믿는 성도들이 그리스도와 하나님에 대해 친밀하게 함과 동시에 삼위 하나님과 하나님께서 하신 사역들을 깊이 알게 하고 믿게 하신다. 구약의 유대인에게는 하나님에 대해 상징과 모형과 그림자와 같은 내용으로 가르쳤으나, 신약 성도들에게는 그리스도께서 직접 가르칠 뿐 아니라, 성령이 모든 성도들의 마음에 조명하여 그리스도께서 밝히 가르친 말씀을 분명하게 이해하도록 하신다. 성령은 모든 성도들 속에 거하고 있을 뿐 아니라 그들의 생활 영역 속에서 일하고 계신다.

바울은 또한 성도는 그리스도의 부활과 연합되었기 때문에 부활하신 그리스도가 취하신 그 안식을 갖는다고 가르친다. 고전 15:20, 23[27]은 그리스도의 부활은 장차 모든 성도들의 부활에 대한 첫 열매라고 한다. 구약에서 가르치는 첫 열매는 단지 시간적으로 가장 먼저 추수하는 열매라는 뜻이 아니다. 오히려 그것은 나머지 모든 부분과 유기적 연합의 관계에서 해석된다. 추수하는 곡식이나 제사드릴 제물의 첫 열매는 나머지 모든 곡식과 제물을 대표한다는 뜻의 첫 열매이다. 첫 열매로 하나님께 제사 드림은 나머지 모든 부분도 하나님께 드린다는 의미이다. 15:20에서 바울은 예수님의 부활은 필연적 결과인 잠자는 자들의 부활을 내포하고 있다. 22절에서 밝힌 대로 그리스도는 둘째 아담으로서 부활하셨기 때문에 잠자는 자들의 첫 열매이시다. 첫 번 아담이 인류의 대표이기 때문에 그 안에 모든 인류가 유기적으로 함께 있었던 것처럼 둘째 아담의 부활 가운데 그를 믿

---

27) 고전 15:20 그러나 이제 그리스도께서 죽은 자 가운데서 다시 살아 잠자는 자들의 첫 열매가 되셨도다.
고전 15:23 그러나 각각 자기 차례대로 되리니 먼저는 첫 열매인 그리스도요 다음에는 그리스도 강림하실 때에 그에게 붙은 자요.

는 모든 성도들의 부활도 유기적으로 함께 묶여 있다. 즉 "모든 잠자는 자들이 장차 부활하는 것"은 그들이 "그리스도 안에" 있어서 둘째 아담과 연합될 때뿐이다. 그러므로 그리스도가 부활의 첫 열매가 되심은 모든 성도의 부활을 대표하는 시작이다.[28] 그리스도가 모든 성도들을 대표하는 부활의 첫 열매가 되셨기 때문에 그를 믿는 성도들도 그리스도가 부활할 때 이미 부활한 것과 동일하다. 그 이유는 성도들은 그리스도의 지체가 되는 유기적 연합을 이루고 있기 때문이다. 그리스도의 부활에 연합하여 부활한 성도들은 그리스도와 함께 하나님의 유업을 받을 것이다. 부활의 첫 열매이신 그리스도는 하늘 나라를 유업으로 물려받게 하기 위하여 잠자는 자들을 부활로 일으키셨다. 다른 말로 하면 하늘 나라의 영원한 기업을 받아 영원한 하나님의 나라를 유업으로 받게 하기 위하여 성도들을 부활시키셨다. 하나님이 계시는 하늘 나라를 유업으로 받는다면 하나님과 함께 거하는 완벽한 임마누엘이 된다. 즉 성령의 사역이 성도를 부활시켜 안식을 누리게 하신다.

롬 8:23에서 바울은 "피조물뿐 아니라 또한 우리 곧 성령의 처음 익은 열매를 받은 우리까지도 속으로 탄식하며 양자 될 것 곧 우리 몸의 구속을 기다리느니라" 하였다. 즉 구약 제사에서 첫 열매라는 뜻은 장차 하게 될 큰 추수마당을 암시한다. 이와 같이 그리스도가 우리 부활의 첫 열매가 되는 것은 우리가 부활하여 그리스도의 영광에 참여하게 된다는 뜻이다. 또한 성도가 성령을 받았다는 것도 미래에 다가올 더 좋은 것들의 첫 맛을 보는 것과 같다. 현재 우리가 성령의 첫 열매를 소유하고 있다는 것은 미래 하나님 나라에서 풍성한 추수를 하게 될 것이라는 사실을 확인시켜 준다. 그래서 그리스도의 부활과 성령은 장차 우리의 부활과 함께 하늘 나라에서 누리게 될 축복과 안식의 보증이 된다. 웨스트민스터 대요리문답 83번에서 "무형교회 회원들은 그들의 머리이신 그리스도의 지체이므로 현세에서 그리스도와 함께 영광의 첫 열매를 누리며 그 안에서 그가 소유하

---

28) Richard B. Gaffin, Jr., *The Centrality of the Resurrection: A Study in Paul's Soteriology* (Grand Rapids: Baker Book House, 1978), 30-41.

신 영광에 참여하게 되며 그 보증으로 하나님의 사랑과 양심의 화평과 성
령의 기쁨과 영광의 소망을 누리게 된다"고 하였다. 성령은 장차 성도들이
하나님 나라에서 누리게 될 영광과 안식에 참여하게 될 것을 보증한다.

사도 바울은 성령의 사역과 하나님의 나라를 연결시키고 있다.[29] 골
1:13에서 "하나님께서 우리를 흑암의 권세에서 건져 내사 그의 사랑의 아
들의 나라로 옮기셨다"고 하였다. 리더보스(Herman Ridderbos)는 이 말
씀을 성령의 사역과 관련지어 우리를 새로운 존재 양식으로 이끄신다고
하였다.[30] 그래서 성령을 받았다는 것은 미래에 임하게 될 천국과 그 특권
을 이미 소유하고 있다는 뜻이다. 해밀턴에 의하면 "그리스도의 사역에 근
거하여 구속된 미래의 능력이 성령이라는 인격을 통하여 현재 그 능력이
성도들 가운데 발휘되고 있다."[31] 그러므로 성령을 받았다는 것은 성도들
은 이미 장차 나타날 세대의 축복을 누리고 있다고 할 수 있으나 단지 아
직은 충분하게 누리지 못할 뿐이다. 성령을 받았다는 것은 미래에 성도들
이 들어갈 천국을 상속받았다는 뜻이다. 성령 받은 사람은 천국의 상속을
보장받았다면, 미래에 있을 영원한 안식처를 이미 상속받았다는 뜻이다.

성령이 성도들에게 주시는 축복 가운데 하나는 하나님의 아들이 되게
하는 특권이다. 갈 4:6에서 바울은 "너희가 아들인고로 하나님이 그 아들
의 영을 우리 마음 가운데 보내사 '아바! 아버지'라 부르게 하셨느니라"고
하였다. 성령이 성도들에게 '아바! 아버지'라 부르게 한다는 것은 하나님
이 그들의 아버지이며 그들은 하나님의 자녀가 된다는 사실을 확인시켜
준다는 뜻이다. 그래서 롬 8:15-16은 "너희는 양자의 영을 받았으므로 아
바 아버지라 부르짖느니라 성령이 친히 우리 영으로 더불어 우리가 하나
님의 자녀인 것을 증거하신다" 하였다. 바울에 의하면 성령의 하시는 일은
성도들이 하나님의 자녀라는 것을 증거하고 확증한다. "증거하다"에 사용

---

29) Anthony A. Hoekema, 『개혁주의종말론』, 80-96을 참고하기 바람.

30) Herman Ridderbos, *Paul: An Outline of His Theology*, Trans. John R.
De Witt (Grand Rapids: Eerdmans, 1975), 87.

31) N. Q. Hamilton, *The Holy Spirit and Eschatology in Paul* (Edinburgh:
Olive and Boyd, 1957), 26.

된 시마르티레이(symmartyrei)라는 단어는 과거에 발생한 사건을 한 번만 증거하고 끝나는 것이 아니라 일생 동안 계속 증거하는 현재진행형이다. 그러므로 성령은 우리가 하나님의 자녀가 된 것을 일생 동안 반복하여 증거한다.

롬 8:19에는 "피조물뿐 아니라 또한 우리 자신들 곧 성령의 처음 익은 열매를 받은 우리까지도 속으로 탄식하며 양자 될 것 곧 우리 몸의 구속을 기다리느니라"고 하였다. 19절에서 사용된 "구속"이라는 단어는 노예를 자유롭게 하기 위하여 보상금을 지불하고 사오는 것을 의미한다. 또한 "몸의 구속"은 우리 육체가 부활 때 모든 육체적 지상적 제한성으로부터 자유롭게 되는 것을 뜻한다. 그래서 양자 될 것은 앞으로의 일이며 동시에 성도가 고대하는 사건이다. 성령은 우리가 이미 양자가 되었다는 사실과 앞으로 부활 때 풍성하고 완전한 양자가 될 것이라는 사실을 증거하고 확인시켜 주고 있다. 그래서 성령은 성도가 하나님 나라에서 풍성하고 완전한 안식을 누리게 된다는 것을 일생 동안 확인시켜 주고 있다.

성도가 양자가 되었기 때문에 갈 4:7에는 "네가 이후로는 종이 아니요 아들이니 아들이면 하나님으로 말미암아 유업을 이을 자니라" 하여 하나님으로부터 상속받을 자라 한다. 성령을 통하여 그리스도를 믿는 성도들은 하나님의 자녀가 되었기 때문에 하나님으로부터 유업을 상속 받게 되었다. 성령은 성도들에게 우리가 참으로 그리스도 안에서 하나님의 아들이며, 그리스도와 함께 하나님의 후사인 것을 확인시켜 주는 일과, 동시에 양자 됨을 인하여 그 모든 기업이 그리스도께서 재림하시기 전에는 현실적으로 실현되지 않을 것도 가르쳐 주신다. 그러므로 우리가 장차 받을 유업이 확실하지만 유업을 받는 일은 미래에 실현될 것이다. 그러면 성도들이 유업으로 받을 상속의 내용은 무엇인가? 하나님 나라에서 누리게 될 모든 종류의 축복이다. 성도가 하나님 나라에서 하나님의 축복을 받는 것이 비로소 영원한 안식이다.

성령이 하는 또 다른 사역은 성도가 장차 누리게 될 하나님의 안식에 대한 보증이다. 엡 1:13-14[32]은 성령께서 인치심으로 우리가 미래에 얻게 될 유업에 대하여 보증한다고 하였다. "인친다"는 것은 고대 사회에서 소유주가 누구인지를 표시하기 위하여 동물이나 종들 몸에 쇠를 불에 뜨겁게 하여 몸에 찍는 표시를 뜻한다. 그와 같이 하나님께서도 그의 백성에게 성령으로 인치심으로 그들이 자신의 소유임을 나타내신다. "보증"이란 아라본(arrabon)으로서 원래 상업 용어인데, 물건을 구입하는 사람이 물건을 파는 사람에게 물건값을 모두 지불할 때까지 맡기는 지불보증금 또는 담보물을 의미한다. 담보물을 준다는 것은 그 물건을 반드시 매매한다는 약속이다.

성령은 하나님께서 우리에게 약속하신 모든 축복을 완전히 얻을 때까지 보증인으로 활동하신다. 그 이유는 하나님께서 장래 영원하고 영광된 삶을 보증해 주기 위해 성도들에게 성령을 담보로 주셨기 때문이다. 성령의 오심은 부활하신 주(主)로서 그리스도께서 통치하시는 것이 시작되었음을 보여 준다. 그래서 성령을 맛본 사람은 이미 하늘 나라를 맛본 사람이다(히 6:4-5). 하나님께서 우리에게 성령을 주심은 하늘 나라를 반드시 유업으로 주신다는 보증이며 증거이다. 하늘 나라를 유업으로 주신다는 보증을 받았다는 것은 하늘의 영원한 안식처를 유업으로 받았다는 보증이다. 성령을 받은 성도는 이미 하나님 나라의 안식처를 보장받았다.

사도 바울은 고후 5:1-7에서도 장차 하나님의 약속들이 성취될 것이라는 사실을 성령이 보증하시는 분으로 이미 성도들에게 주어졌다고 가르친다. 고후 5:5은 "이것을 우리에게 이루게 하시고 보증으로 성령을 우리에게 주신 이는 하나님이시니라" 하였다. 여기서 "이것"은 무엇을 뜻하는가? 고후 5:4에서 답하기를 "이 장막에 있는 우리가 짐진 것같이 탄식하는 것은 벗고자함이 아니요 덧입고자 함이니 죽을 것이 생명에게 삼킨 바 되게 하려 함이라" 하였다. 하나님이 성령을 보내시므로 육신의 죽을 몸을 가진 성도들이 생명에 삼킨 바 되어 신령한 몸으로 변화될 것을 보증하셨다. 생

---

32) 엡 1:13-14 너희도 진리의 말씀 곧 너희 구원의 복음을 듣고 그 안에서 또한 믿어 약속의 성령으로 인치심을 받았으니 이는 우리의 기업에 보증이 되사 그 얻으신 것을 구속하시고 그 영광을 찬미하게 하려 하심이라.

명에 삼킨바 되어 신령한 몸으로 변화된 성도는 장차 어느날에는 하나님의 유업을 받게 된다. 성도들이 받게 될 유업은 고후 5:1에서 설명하기를 "하나님께서 지으신 집 곧 손으로 지으신 것이 아니요 하늘에 있는 영원한 집이 우리에게 있다"고 하였다. 여기서 바울이 말하는 "하나님께서 지으신 집 즉 하늘에 있는 영원한 집"은 무엇을 뜻하는가? 바울은 이 말씀과 그 앞부분의 "이 땅에 있는 우리의 장막 집"과 비교하고 있다. 이 말씀에 대해 학자들의 견해를 종합하면, 첫째, "이 땅의 장막"은 앞으로 죽게 될 우리의 육체를 뜻하나 "하늘의 영원한 집"은 그리스도를 통한 부활한 성도들의 몸을 뜻한다. 둘째, 이 땅의 집은 이스라엘 백성이 광야에서 생활한 장막을 의미하지만 하늘의 영원한 집은 가나안 땅에 세워질 영원한 다윗성을 뜻한다. 그리고 가나안 땅은 궁극적으로 영원한 하나님 나라의 상징이기 때문에 "영원한 하늘 나라"는 장차 모든 성도들의 처소인 하나님 나라를 뜻한다.[33] 우리는 죽을 수밖에 없는 이 땅의 육체가 그리스도를 통하여 영화로운 몸으로 부활하여 하나님께서 지으신 영원한 천국에 들어가게 될 것이며 성령은 이러한 일들에 대해 우리에게 보증하신다.

하나님께서 인간을 처음 창조하실 때는 영화로운 몸으로 앞으로 우리가 들어갈 천국과 같은 영화로운 안식처에서 생활하도록 하셨다. 즉 하나님과 함께 참된 안식을 누리고 있었다. 그러나 아담의 타락으로 인하여 육체는 죽을 몸으로 부패하게 되었고, 인간들이 생활하는 하늘과 땅은 각종 오염과 범죄로 인하여 인간에게 고통을 주고 있다. 다른 말로 하면 하나님은 아담에게 주었던 안식을 빼앗아 가셨다. 그러나 그리스도의 사역을 통하여 우리의 몸은 영화롭게 변화되어 오염이나 부패와 고통과 괴로움과 죽음이 없는 영원한 천국을 상속받게 될 것이다. 즉 에덴 동산에서 아담에게 주어졌으나 범죄로 인하여 상실되었던 것이 다시 회복될 것이다. 이 말은 그리스도의 사역을 통하여 에덴 동산에서 아담에게 주셨던 안식을 회복한다는 뜻이다. 사도 바울은 성도들이 미래에 어느날 하나님께서 지으신 하늘의

---

33) Philip E. Hughes, *The Second Epistle to the Corinthian*, 164-165.

영원한 집을 기업으로 받을 것이며 이 기업을 통해 성도들이 그리스도 안에서 영원한 안식을 누리게 될 것이라는 사실을 성령께서 보증한다는 것을 명백하게 제시한다.

바울은 고후 1:22[34]과 엡 1:13에서 성도가 성령의 인치심을 받았다고 강조한다. 성령을 인으로 받았다는 것은 성도가 하나님께 속했다는 사실을 확인시켜 준다. 이 확인을 위하여 성령께서 우리가 하나님의 자녀라는 사실을 증거하기 위하여 증인으로 역사하신다. 그래서 성령의 인을 받았다는 것은 미래에 대한 안전을 보장함과 동시에 최종적으로 하나님으로부터 안식을 유업으로 받게 될 것임을 확인한다. 성령은 성도가 그리스도를 믿을 때도 역사하지만 미래의 약속을 받는 것에도 역사하신다. 그러므로 그리스도를 통하여 구원받은 성도는 하나님께서 천지창조 때 인간에게 주셨던 그 안식을 유업으로 받게 될 것을 성령이 보증함을 믿어 확증 가운데 생활하도록 하신다.

5. 천국을 상징하는 성막

성막이 에덴 동산을 상징하고 에덴 동산이 장차 구원받은 성도들이 생활할 영원한 천국을 예표한다면 성막은 천국을 상징적으로 나타낸다고 할 수 있다. 새 예루살렘은 하나의 도성으로서 원래 하나님의 공동체를 의미한다. 따라서 이 공동체를 이루고 있는 하나님의 백성들은 하나님의 처소라는 원리가 실현되었다. 새 예루살렘은 하늘 나라인데 그곳은 또한 하나님의 처소로서의 조건을 충족시키는 곳이기도 하다. 계 21:16은 "그 성은 네모가 반듯하여 장광이 같은지라"라는 말씀으로 이곳이 최후의 성막이라는 사실을 암시한다. 출 26장에 설명된 성막의 모형은 네모가 반듯하다. 계 21:22은 "성 안에 성전을 내가 보지 못하였으니 이는 주 하나님 곧 전능하신 이와 및 어린양이 그 성전이라." 천국을 성전으로 상징한다. 우리가

---

34) 고후 1:22 저가 또한 우리에게 인치시고 보증으로 성령을 우리 마음에 주셨느니라.

이미 언급한 것처럼 성막은 에덴 동산의 모형이기 때문에 천국은 자연히 성전의 완전한 실체이다. 사도 요한은 계 22:1-3에서 새 예루살렘 성은 하나님께서 사람들을 만나는 새로운 에덴 동산이라는 의미를 나타낸다. 성막이 천국의 모형이며 그림자이기 때문에 이스라엘 백성은 하나님께서 천지의 높으신 주재자이심을 믿었다. 그리고 이스라엘 백성이 광야에서 성막을 중심으로 생활한 것은 장차 임하게 될 새 예루살렘을 사모하고 소망하는 생활의 상징이다. 하나님은 만왕의 왕이시며 만주의 주이시며 지고하신 우주적 통치자이시다.

요한계시록 21-22장에 묘사된 새 예루살렘은 하나님이 인간과 함께 거하시는 최종적 완성 단계이다. 계 21:1-4[35]은 원래 하나님과 그의 백성들이 함께 생활하는 공동체의 모습을 잘 설명하고 있다. 하나님께서 사람들과 함께 거하시는 것은 은혜 언약인 아브라함의 언약 가운데 핵심이다(출 19:5-6; 렘 31:33; 겔 34:30; 고후 6:16). 창 17:7에서 하나님께서는 아브라함에게 언약을 세워 하나님께서 아브라함의 후손들과 항상 함께 하여 "하나님은 그들의 하나님이 되리라"고 하셨다. 모세는 레 26:11-12에서 하나님은 이스라엘 백성 가운데 장막을 세워서 그 가운데 계시면서 그의 백성과 함께 하시리라 하셨다. 예수께서는 제자들에게 마 28:20에서 "내가 세상 끝 날까지 너희와 항상 함께 있으리라" 하셨다. 사도 요한이 바라본 새 예루살렘은 하나님께서 아브라함과 맺은 언약이 그리스도를 통해 최종적으로 완성된 모습이었다.

계 21:1에는 천국을 새 하늘과 새 땅이라 칭하고 이전 것은 모두 과거

---

35) 계 21:1-4 또 내가 새 하늘과 새 땅을 보니 처음 하늘과 처음 땅이 없어졌고 바다도 다시 있지 않더라 또 내가 보매 거룩한 성 새 예루살렘이 하나님께로부터 하늘에서 내려오니 그 예비한 것이 신부가 남편을 위하여 단장한 것 같더라 내가 들으니 보좌에서 큰 음성이 나서 가로되 보라 하나님의 장막이 사람들과 함께 있으매 하나님이 저희와 함께 거하시리니 저희는 하나님의 백성이 되고 하나님은 친히 저희와 함께 계셔서 모든 눈물을 그 눈에서 씻기시매 다시 사망이 없고 애통하는 것이나 곡하는 것이나 아픈 것이 다시 있지 아니하리니 처음 것들이 다 지나갔음일러라.

로 지나갔음을 가르친다. 2절에는 거룩한 성 새 예루살렘이 나타나는데 영화롭게 된 하나님의 모든 교회를 상징하는 말씀이다. 바로 이 도성이 하늘에서부터 내려오고 있다고 묘사한다. 흠과 티가 없는 이 교회는 마치 "남편을 위해 단장한 신부" 같으며 장차 어린양과(19:7) 결혼하기 위해 기다리고 있다고 하였다. 3절에서 새 하늘과 새 땅에서 하나님이 저희들과 영원히 함께 하신다는 말씀은 은혜 언약 가운데서 약속하였던 모든 풍요한 것들을 그 백성에게 허락하신다는 뜻이다.

이렇듯 자기 백성들과 함께 하시던 하나님이 새 예루살렘에서 그의 백성과 함께 교제하는 교통은 하나님의 언약의 결론이며 목표가 완전히 성취된 것이다. 이 땅 위의 장막생활 가운데서도 성도들이 하나님과 함께 하였지만 그것은 많은 부분에서 불완전한 것이었다. 단지 영원한 하나님 나라의 안식을 조금 맛보았을 뿐이다. 그러나 완전하고 영원한 하나님 나라에서 취하는 안식은 부족한 것이 조금도 없다. 그래서 요한은 "하나님이 친히 저희와 함께 계셔서 모든 눈물을 씻기시매 사망이나, 애통이나, 곡이나, 아픈 것이 없다"고 표현하였다. 이 땅위에서 경험하게 되는 모든 종류의 고통이 그곳에서는 완전히 자취를 감추게 된다.

계 21:1-3은 "새 하늘과 새 땅을 보니 처음 하늘과 처음 땅은 없어졌다"고 하였다. 요한은 계 22:1-3에서 천국은 에덴 동산에 있었던 "생명수 강이 흐르고 생명나무가 있어 열두 가지 실과를 맺히되 달마다 그 실과를 맺는다" 하여 에덴 동산을 연상하게 한다. 부족함이 전혀 없는 느낌이다. 계 21:3-4은 "하나님의 장막이 사람들과 함께 있으매 하나님이 저희와 거하시리니 저희는 하나님의 백성이 되고 하나님은 친히 저희와 함께 계셔 인간의 모든 고통이 없다"고 하였다. 하나님의 장막이 사람들과 함께 하셨다는 말씀은 새 예루살렘 성이 성막의 완전한 실체임을 뜻한다. 또한 새 예루살렘은 하나님께서 아브라함과 맺었던 언약의 완성이며 에덴 동산의 완전한 회복이다.

천국의 이러한 상황에 대해 이사야가 이미 예언하였다. 사 66:22-34에서는 "나 여호와가 말하노라 나의 지을 새 하늘과 새 땅이 내 앞에 항상 있는 것 같이 너희 자손과 너희 이름이 항상 있으리라 여호와가 말하노라 매 월삭과 매 안식일에 모든 혈육이 이르러 내 앞에 경배하리라" 하였다. 이사야는 이 말씀의 바로 앞부분에서 하나님의 백성들이 미래에 받을 축복들에 대해 말하였다.

하나님께서 자기 백성에게 번영을 주실 것이며(12절), 위로를 주실 것이며(13절), 기뻐할 이유를 주실 것이며(14절), 모든 열국 중에서 모으실 것(20절)에 대해 말하였다. 그리고 22절에는 새 하늘과 새 땅이 영원히 있는 것처럼 하나님의 백성들도 자기 앞에 영원토록 있을 것이라 하였다. 23절부터 새 땅에 거할 모든 주민이 진실되고 규칙적으로 하나님께 예배드리게 된다는 사실을 설명한다. 선지자는 자기 시대에 사용된 용어들인 "매 월삭과 매 안식일"을 동원하여 예배에 관해 설명하고 있지만 매 월삭과 매 안식일을 문자적으로 해석할 필요는 없다. 천국은 그 자체가 하나님의 가장 완성된 안식이기 때문에 천국에서 월삭이나 안식일이 필요한 것은 아니다. 선지자의 의도는 장차 모든 나라에서 보여 줄 하나님의 백성들이 영원토록 지속될 예배를 하나님께 드리게 될 것이며, 이러한 예배는 새로운 존재들로 변화된 성도들에게는 만족스럽고 즐거운 일이 될 것이다.

웨스트민스터 대요리문답 제90번에서 성도의 하늘 나라 생활에 대해 다음과 같이 설명한다. "심판날에 의인은 구름 속으로 그리스도에게 끌어올려져 그 우편에 설 것이며 공적으로 인정받고 무죄선고를 받아 … 하늘에 영접될 것인데 거기서 그들은 영원 무궁토록 모든 죄와 비참에서 해방되어 도저히 상상할 수 없는 기쁨으로 충만할 것이다. 따라서 몸과 영혼이 완전히 거룩하고 행복하게 되어 무수한 성도들과 거룩한 천사들의 무리 가운데 특히 아버지 하나님 우리 주 예수 그리스도, 성령을 영원 무궁토록 직접 대하고 기쁨을 나눌 것이다." 그날에는 모든 성도들에게 최상의 기쁨과 행복이 있기 때문에 그것이 바로 하나님의 안식이다.

성도들이 천국에서 생활한다는 가장 확실한 표지는 성도들이 하나님을 분명하게 알게 되며, 하나님을 완벽하게 기뻐할 수 있게 되며, 하나님을 완벽하게 섬기게 되는 것이다. 이스라엘 백성들은 성막과 성전을 통하여 하나님을 만나고, 예배하고, 영광을 드렸다. 그래서 이 땅 위에 세워진 성막과 성전은 미래에 있을 천국의 그림자요 모형이다. 장차 천국에서는 이 땅에서 겪었던 인생의 모든 역경과 괴로움은 없고, 오히려 하나님을 완벽하게 알고, 섬기게 되었다. 이러한 일들은 타락 전 에덴 동산에서 아담이 누렸던 축복들이다. 이것이 바로 아담이 하나님의 안식에 동참하므로 얻었던 축복이다. 하나님은 성도들이 이 땅위에서 생활하는 동안 하늘 나라의 소망을 갖게 하기 위하여 성막과 성전을 통하여 미래에 하늘 나라에서 누리게 될 안식의 기쁨과 즐거움을 조금 맛보게 하였다. 역사가 시작될 때 하나님은 하늘과 땅을 창조하셨다. 역사가 끝날 때 성도들은 새 하늘과 새 땅을 바라보게 될 것이다. 죽임 당하신 어린양의 피로 새 하늘과 새 땅의 영원한 안식에 들어간 모든 성도들은 영원히 하나님을 찬양하며 섬기게 될 것이다.

제6장

메시아 신앙과 안식

하나님께서는 에덴 동산에서 아담에게 가장 완벽하고 부족함이 없는 안식을 주셨다. 하나님께서 자신이 누리고 계신 그 안식에 인간을 동참시켰기 때문에 아담에게 주신 하나님의 안식은 하나님께서 피조물인 인간에게 주신 최대의 선물이었다. 타락 전의 아담은 에덴 동산에서 하나님과 함께 생활하면서 하나님의 평안과 기쁨을 누렸으며 하나님을 예배하는 생활을 했고 그가 하는 모든 것은 하나님 중심의 삶이었다. 하나님께서 맡겨 주신 모든 사명을 하나님의 영광을 위하여 잘 감당하였다. 이것이 그에게는 최대의 행복이었으며 선하고 기쁨이 넘치는 생활이었다.

그러나 아담은 타락으로 인하여 하나님께서 주신 원래의 지위에서 최악의 상황으로 추락하고 말았다. 하나님의 언약을 배신한 결과 하나님이 계신 에덴 동산에서 추방되었으며 그때부터 온갖 종류의 저주가 인간에게 임하게 되었다. 하나님의 안식에 동참하여 만족한 생활을 누리던 인간이 이제는 사탄의 종이 되어 하나님을 배신하고 하나님의 더 큰 심판을 자초하는 생활을 반복하게 되었다. 그래서 성경은 아담이 타락한 후 인간이 하나님께서 요구하시는 대로 의로운 생활을 한다는 말씀은 어느 곳에서도 하지 않는다. 오히려 창 6:5-6은 하나님께서 사람의 생각이 항상 악할뿐임을 보시고 한탄하셨다고 한다. 이 말씀은 아담의 죄악이 일시적 현상이 아닌 인간의 마음에 뿌리를 둔 심각한 문제임을 가르친다.

칼빈은 이 말씀을 해석하면서 타락 후 인간이 소유하고 있는 보편적 죄악을 중요하게 취급하였다. 그는 이 말씀이 인간의 전적 타락을 가르친다고 하였다.[1] 타락한 인간은 영적으로 심히 부패하고 죄에 오염되어 있기 때문에 오직 악행만 행할 뿐이었다. 악한 죄를 범하지 않고는 한 순간도 생활이 불가능한 존재로 변하였다.

모든 인간이 본성적으로 타락하였기 때문에 왕상 8:46에서 솔로몬은 "범죄치 아니하는 사람이 없다"고 하여 인간의 전적 타락을 말한다. 요한은 요일 1:8에서 어떤 사람이 자기는 죄가 없다 하면 그는 스스로 속이는 사람이라 하였다. 모든 사람은 죄의 성향을 소유하고 있으므로 반복적으로 죄를 짓지 않을 수 없게 되었다. 자연상태의 인간은 모두 허물과 죄로 죽었다. 그래서 성경은 인간의 보편적 죄성을 전제로 모든 논리를 전개한다. 시 51:5은 모든 사람이 출생하면서부터 죄인으로 태어난다고 가르친다. 엡 2:1-3은 심지어 사람은 모두 허물과 죄로 죽었으며 사탄과 육체의 정욕만 좇아 본질상 진노의 자식이라 하였다. 성경 말씀은 사람은 누구나 스스로 죄 짓기에 빠르며 선행은 불가능하다고 가르친다.

대요리문답도 타락 후의 모든 인간은 선행은 불가능하고 오직 악행만 하게 된다고 가르친다.[2] 렘 17:9은 사람의 마음이 만물보다 거짓되고 부패하다고 가르친다. 이 부패는 완고한 마음과 추악한 애착심뿐 아니라 도덕적 부패와 범죄의 경향은 출생 때부터 인간의 천성이 되었다. 렘 17:13에서는 "주를 버리는 자는 다 수치를 당할 것이라 무릇 여호와를 떠나는 자는 흙에 기록이 되리니 이는 생수의 근원이신 여호와를 버림이니라"고 하였다. 여호와 하나님을 떠난 인생들은 그 이름이 흙에 기록되었기 때문에 영원한 형벌을 면할 길이 없다. 그렇게 된 이유는 그들이 생수의 근원

---

1) Calvin, *Calvin's Old Testament Commentaries: Genesis* vol. 1., 247-249.
2) 웨스트민스터 대요리문답 25번. 문) 사람이 타락한 그 처지의 죄악성은 무엇으로 구성되는가? 답) 사람이 타락한 처지의 죄악성은 아담의 첫 범죄의 죄책과 그가 창조함을 받았을 때의 의가 없음과 그의 성품의 부패로 구성되어 있다. 이로 인하여 그는 영적으로 선한 모든 것에 대해서 전혀 싫증을 내며 선행할 능력도 없으며 오히려 악한 것에만 전적으로 또는 계속적으로 기울어지게 되니 이를 보통 원죄라 일컬으며 이 원죄에서 모든 실재적인 범죄가 나오는 것이다.

이 되는 여호와를 버렸기 때문이다. 하나님을 배반한 자는 이 땅에서 고난을 당할 뿐 아니라 나아가 구원에서 제외되어 영원한 지옥의 심판을 받게 된다고 가르친다.

이 땅 위의 모든 인간이 하나님께 죄를 범하였기 때문에 하나님의 영원한 심판과 저주를 면할 길이 없다. 성경은 이 땅 위에 생존하였던 모든 사람이 하나님의 심판대에 나타나야 함을 가르친다. 마 25:32은 "그 앞에 모든 민족을 모으고 목자가 양과 염소를 분별하는 것같이 한다"고 기록하였다. 롬 2:5-6에서 "다만 네 고집과 회개치 아니한 마음을 따라 진노의 날 곧 하나님의 의로우신 판단이 나타나는 그날에 임할 진노를 네게 쌓는도다 하나님께서 각 사람에게 행한 그대로 보응하신다" 하였다. 성경 말씀의 가르침을 따른다면 모든 인간이 죄인이기 때문에 하나님의 무서운 심판을 면할 사람은 아무도 없다.

하나님께서 인간을 심판하실 때 무엇이 심판대에 설 것인가?[3] 즉 인간의 어떠한 부분을 심판하실 것인가? 각 사람이 이 땅 위에서 생활하면서 행하였던 모든 일들이 심판의 대상이 된다. 고후 5:10에서 바울은 "이는 우리가 다 반드시 그리스도의 심판대 앞에 드러나 각각 선악간에 그 몸으로 행한 것을 따라 받으려 함이라" 하였다. 이 말씀은 모든 사람이 생활하는 동안 행하였던 행동, 말들, 그리고 생각들이 심판의 대상에 포함되고 있음을 가리킨다. 사람들이 땅 위에서 생활하는 동안 손과 발이나 몸으로 행한 모든 것들이 심판의 대상이 된다. 벧전 1:17은 "외모로 보시지 않고 각 사람의 행위대로 판단하시는 자를 너희가 아버지라 부른다" 하였다. 행위뿐만 아니라 모든 사람은 자신이 입으로 한 말에 따라 심판을 받게 된다. 마 12:36에서 주님은 "내가 너희에게 이르노니 사람이 무슨 무익한 말을 하든지 심판 날에 이에 대하여 심문을 받으리라" 하셨다. 몸으로 행동한 행위와 함께 입으로 내뱉은 말뿐만 아니라 마음의 생각까지도 심판이 대

---

3) Anthony Hoekema, 『개혁주의 종말론』, 340-366 참조. 후크마 교수는 최후의 심판과 영원한 형벌을 논하는 장에서 성경에 나타난 가르침을 중심으로 하나님의 심판과 지옥의 형벌에 대해서 깊고도 명쾌하게 가르치고 있다.

상이 된다. 그리고 심판날에는 모든 것이 밝히 나타날 것이며 하나님 앞에서 인간이 감출 수 있는 것은 아무것도 없다.

하나님은 무엇을 기준으로 죄인들을 심판하실 것인가? 하나님께서 인간을 심판하시는 기준은 무엇보다 하나님의 말씀이다. 우리가 제2장에서 살펴본 것처럼 롬 1:18-21과 롬 2:14-16에서 바울이 가르친 대로 모든 사람의 마음과 양심에 기록된 하나님의 뜻을 따라 스스로 자신을 심판하게 될 것이다. 또한 기록된 성경 말씀의 기준에 따라 하나님은 인간을 심판하실 것이다. 나사로 교훈에서 주님은 성경이 심판의 기준이 됨을 가르치셨다. 음부에 떨어진 부자가 아브라함에게 청하여 나사로를 다시 살려 자기의 형제들에게 보내어 자신이 고통 당하고 있는 지옥에 오지 않도록 경고할 것을 부탁하였다. 그러자 눅 16:31에서 "만일 저희가 모세와 선지자들에게 듣지 아니하면 비록 죽은 자 가운데서 살아나는 자가 있을지라도 권함을 받지 아니하리라" 하였다. 그래서 신구약 모든 선지자와 사도들은 항상 하나님께서 주신 계시의 말씀을 따라 생활하도록 백성들을 격려하였다. 하나님께서 선지자와 사도들을 통하여 계시하신 말씀에 따라 모든 사람을 최후 심판하실 것이다.

웨스트민스터 대요리문답 89번[4]에서 최후 심판에 대해 설명하고 있다. 요리문답은 최후의 심판을 받은 자들은 마귀와 함께 지옥에 던져져 몸과 영혼이 다 같이 영원히 고통의 형벌을 받을 것이라고 가르친다. 하나님의 심판을 받아 지옥에 던져지면 인간으로서 땅 위에서 경험하거나 상상할 수 없는 온갖 종류의 고통과 아픔과 괴로움이 현실로 나타날 것이다. 하나님 나라에서 안식을 체험하는 것의 정반대 상황을 경험하게 될 것이다.

하나님의 심판대에서 유죄 판결을 받은 사람의 운명은 어떻게 되는가?

---

4) 대요리문답 89. 문) 심판 날에 악인은 어떻게 될 것인가? 답) 심판 날에 악인은 그리스도의 좌편에 두어지고 명백한 증거와 그들 자신의 양심의 분명한 확증이 있은 후 공정한 정죄 선고를 받을 것이요 하나님 은혜의 존전과 그리스도와 그의 성도들, 그의 모든 거룩한 천사들과의 영광스러운 사귐에서 쫓겨나 지옥에 던져져 마귀와 그의 천사들과 함께 몸과 영혼이 다같이 영원히 고통의 형벌을 받을 것이다.

성경은 영원한 지옥의 형벌을 받는다고 가르친다. 주님은 마 5:22[5]에서 분명히 내세에는 지옥이 있으며 하나님의 계명을 어긴 자는 지옥의 형벌을 면할 길이 없다고 가르친다. 마 18:8-9[6]에서는 지옥의 형벌은 영원하다고 하였다. 주님은 불구자나 절뚝발이로 영생에 들어가는 것이 두 손과 두 발을 가지고 "영원한 불"에 던지우는 것보다 나으리라고 말씀하셨다. 지옥불은 언젠가는 꺼진다든지 혹은 형기가 끝이 나면 풀려 나오는 것이 아니다. 영생의 축복이 영원한 것처럼 지옥의 형벌 또한 시간적으로는 영생과 동일하여 영원하다. 그래서 지옥의 고통은 끝이 없다. 요 3:16[7]에서 하나님의 독생자를 믿는 자는 영생을 얻고 믿지 않는 자는 "멸망한다"고 가르친다. 여기에서 사용된 '멸망하다' 즉 '아포리미'(apollymi)는 소멸되지 않으면서 영원한 파멸, 끝없는 고통과 괴로움의 상태, 하나님과 영원히 교제가 상실되는 파멸을 의미한다.[8]

　성도들에게 주어지는 하나님의 축복이 끝없는 영원이라면 버림받은 자들의 미래적 저주와 고통 또한 끝없는 영원이다. 그리고 구원을 받아 하나님의 영원한 나라에 들어가는 것은 아담이 타락 전 에덴 동산에서 누렸던 하나님의 안식에 동참하는 것이다. 그러나 하나님 나라에 들어갈 수 없는 사람들은 지옥에서 영원한 파멸의 고통을 당하게 된다. 즉 성도가 구원을 받으면 자연히 하나님의 안식에 들어가게 된다. 반대로 구원을 얻지 못한 사람은 하나님의 안식과 반대되는 환경에서 영원히 생활하게 된다. 성도에게 영원하면서 가장 완전한 안식은 구원받아 천국에 들어가는 길뿐이다. 천국이 우리의 최종적 영원한 안식처이다. 웨스트민스터 대요리문답 90

---

5) 마 5:22 형제에게 노하는 자마다 심판을 받게 되고 형제를 대하여 라가라 하는 자는 공회에 잡히게 되고 미련한 놈이라 하는 자는 지옥불에 들어가게 되리라.

6) 마 18:8-9 만일 네 손이나 네 발이 너를 범죄케 하거든 찍어 내버리라 불구자나 절뚝발이로 영생에 들어가는 것이 두 손과 두 발을 가지고 영원한 불에 던지우는 것보다 나으니라 만일 네 눈이 너를 범죄케 하거든 빼어 내버리라 한 눈으로 영생에 들어가는 것이 두 눈을 가지고 지옥 불에 던지우는 것보다 나으니라.

7) 요 3:16 하나님이 세상을 이처럼 사랑하사 독생자를 주셨으니 이는 저를 믿는 자마다 멸망치 않고 영생을 얻게 하려 하심이라.

8) Anthony Hoekema, 『개혁주의 종말론』, 360-361.

번[9]에서 심판날에 성도들은 어떻게 될 것인지에 대해 가르친다. 대요리문답에 의하면 우리가 장차 누리게 될 천국의 생활은 삼위일체 하나님과 항상 함께 거할 것이다. 하나님과 함께 하기 때문에 그곳에는 어떠한 종류든 고통이나 괴로움과 눈물이 없으며 오직 기쁨과 행복뿐이다. 이것이 영원한 안식이며 불신자가 당하는 영원한 지옥의 고통과는 반대되는 상황이다.

지옥의 형벌과 영생의 기간은 동일하지만 지옥의 형벌과 천국의 영생은 정반대의 극단적 상황이다. 지옥은 최악의 고통과 괴로움이 있는 장소이지만 천국의 영생은 최고의 기쁨과 행복만 있는 곳이다. 성경 말씀에 의하면 모든 사람이 죄를 범하였기 때문에 의인은 없나니 하나도 없다고 하였는데 누가 하나님의 심판을 면하고 천국의 축복을 받겠는가? 누가 이 땅 위의 육신 생활에서 생각이나 말과 행동으로 죄를 짓지 않은 사람이 있겠는가? 인간이 스스로 자신의 힘과 능력으로는 누구도 하나님의 심판을 무사히 통과할 수 없다. 하나님의 심판을 받지 않고 오히려 하나님의 축복을 받는 유일한 방법으로 성경이 제시하는 길은 예수 그리스도를 구주로 받아들이느냐 아니냐 이다. 인간의 영원한 방향을 결정하는 가장 중요하면서 유일한 요인은 그 사람이 그리스도와 어떠한 관계인가 하는 점이다. 요 3:18[10]에서 주님은 심판의 최종 판단 기준으로 그리스도를 구주로 믿었느냐 하는 사실을 가르친다. 그를 믿지 않는 자들은 이미 심판을 받았다는 말은 완료형으로서 그 의미는 불신자들이 장차 있을 실제적 심판을 받기

---

9) 대요리문답 90번. 문) 심판날에 의인들은 어떻게 될 것인가? 답) 심판날에 의인은 구름 속으로 그리스도에게 끌어 올려져 그 우편에 설 것이며 공적으로 인정받고 무죄 선고를 받아 버림받은 천사들과 사람들을 함께 심판하고 하늘에 영접 될 것인데 거기서 그들은 영원 무궁토록 모든 죄와 비참에서 해방되어 도저히 상상도 할 수 없는 기쁨으로 충만할 것이다. 따라서 몸과 영혼이 완전히 거룩하고 행복하게 되어 무수한 성도들과 거룩한 천사들의 무리 가운데 특히 아버지 하나님 우리 주 예수 그리스도 성자, 성령을 영원 무궁토록 직접 대하고 기쁨을 나눌 것이다. 이것이 부활과 심판날에 무형교회 회원이 영광 중에 그리스도와 함께 누릴 완전하고 충만한 교통이다.

10) 요 3:18 저를 믿는 자는 심판을 받지 아니하는 것이요 믿지 아니하는 자는 하나님의 독생자의 이름을 믿지 아니하므로 벌써 심판을 받은 것이라.

이전에 신분상 벌써 정죄되었음을 가르친다. 요 3:36에서 "아들을 믿는 자는 영생이 있고 아들을 순종치 아니하는 자는 영생을 보지 못하고 도리어 하나님의 진노가 그 위에 머물러 있느니라" 하였다. 사도 바울도 롬 8:1에서 "그러므로 이제 그리스도 예수 안에 있는 자들에게는 결코 정죄함이 없느니라" 하였다. 그리스도를 떠나서는 하나님의 영원한 안식을 누구도 체험할 수 없다.

인간이 하나님의 안식을 얻는 유일한 방법은 오직 그리스도를 통하는 길뿐이다. 메시아이신 그리스도께서는 하나님의 택하신 백성을 영원한 안식으로 인도하시기 위하여 이 땅에 오셔서 십자가에서 죽으셨다. 하나님께서 보시기에 가장 아름답게 창조된 인간이 타락 후에는 비참하고도 가련한 인간으로 전락하였다. 하나님은 그러한 인간을 그리스도를 통하여 다시 자신의 안식으로 인도하셨다. 하나님께서는 에덴 동산에서 쫓겨난 아담과 그 후손들에게 메시아이신 그리스도를 통해 영원한 안식의 축복을 주실 것을 구약 창세기부터 여러 방법으로 제시하셨다. 본 장에서는 하나님께서 메시아를 통해 타락하여 안식을 상실한 인간에게 어떻게 영원한 안식의 축복을 제시하고 있는지 살펴볼 것이다.

1. 구약에 나타난 메시아 신앙과 안식

구약은 처음부터 메시아를 통해 하나님의 안식에 들어가기를 기대하고 있었다. 그리고 이러한 신학과 신앙은 구약성경 전반에 흐르며 구약 전체의 주제가 된다. 장차 탄생할 메시아에 관한 기록은 창 3:15[11]에 제일 먼저 나타난다. 선악과를 먹고 타락하게 한 당사자들인 뱀과 여자가 원수가 되게 하며, 여자의 후손과 사탄의 후손들끼리 원수가 되고, 여자의 후손이 사단의 머리에 상처를 입히므로 사탄에게 패배를 안겨 줄 것을 예언하고

---

11) 창 3:15 내가 너로 여자와 원수가 되게 하고 너희 후손도 여자의 후손과 원수가 되게 하리니 여자의 후손은 네 머리를 상하게 할 것이요 너는 그의 발꿈치를 상하게 할 것이니라.

있다. 여자의 후손이 사탄으로부터 공격을 받아 발꿈치가 상하지만 여자의 후손은 사탄의 머리를 부수어 결정적 상처를 입힌다. 이는 앞으로 구속자가 나타나서 완성할 구속사역을 예언한 말씀이다. 하나님께서는 아담이 타락한 후 즉시 메시아의 사역으로 사탄의 세력과 그 나라가 파괴되고 사탄의 굴레에서 고통 당하는 성도들을 구원하여 영원한 안식으로 인도할 것을 말씀하셨다. 이 말씀은 십자가에 달려 죽으시므로 사탄에 대한 그리스도의 최후의 승리를 뜻하는 원시 복음이다.

창 3:21에서는 하나님께서 아담과 하와를 위하여 가죽옷을 지어 입히셨다고 하였다. 이 말씀은 거칠고 어려운 환경에서 추위와 더위를 피하는 길은 옷이 반드시 필요하기 때문에 인간을 사랑하시는 하나님의 사랑을 나타내는 말씀이다. 그러나 예표적으로는 하나님과 원수가 된 관계를 회복하기 위하여 반드시 피 흘림이 있어야 됨을 나타낸다. 짐승이 희생되어 죽으므로 가죽옷이 만들어지고 그 옷을 아담이 입을 수 있었다. 가죽옷이 만들어지려면 반드시 짐승이 죽어야만 가능하다. 이 사건은 인간 속죄를 위해 구약에서 동물들을 죽여 속죄 제물을 드리는 제사제도로 발전한다. 그리스도께서 죽지 않으면 인간의 속죄가 불가능함을 모형으로 가르친다. 출애굽을 한 이스라엘 백성들이 광야에서 성막을 완성할 때 하나님의 임재를 상징하는 구름이 그 위에 임하였다(출 35-40장). 그러나 이스라엘 백성 자신들은 죄가 많으므로 이 죄 문제를 해결하기 위하여 제사제도를 만들었다(레 1-5장) 하나님을 만나기를 원하는 이스라엘 백성들에게 "너희는 거룩하라 나 여호와 너희 하나님이 거룩함이니라"(레 19:2) 하셨다. 그들은 자신의 죄를 깨끗하게 하여 하나님께 나가기 위하여 레위기 규례를 잘 지켰다.

제사는 이스라엘 백성의 죄를 제거하는 수단으로 하나님께서 이스라엘 백성을 위해 주신 제도이다. 그들이 범죄 했을 때 특별한 제물을 하나님께 바쳐야 했다. 하나님께 제사를 드리는 사람은 자기가 바치는 짐승 위에 손을 얹고 자신이 지은 죄를 고백하였는데 이는 자신과 그 짐승을 동일시하고 또한 짐승이 그를 대신하여 죽는 것을 상징했다. 피를 제단 뿔에 발랐고 일 년에 한 차례씩 지성소의 속죄소 위에 뿌렸다(레 16장). 그렇게 하므로 그들이 범한 죄로부터 깨끗함을 받았다. 그러나 짐승의 제물이 사람을 대신해 죽으므로 그들의 모든 죄가 사하여진다는 것이 궁극적으로는 불충분하였다. 이스라엘 백성은 계속 죄를 범하였고 따라서 제사는 매년 반복하여 계속되었다(히 10:1-4). 무엇보다 하나님께 제사를 담당해서 드리는 제사장들이 죄를 가진 죄인들이었기 때문에 백성들의 죄를 완전히 제거할 수 없었다.

자신의 죄 문제도 해결할 능력이 없는 제사장이 어떻게 다른 사람의 죄까지 해결할 수 있겠는가? 그리고 그들은 일정한 기간 동안 제사장으로 봉사를 한 후 죽으면 다른 사람이 그 직분을 맡아 계속적으로 반복하였다. 제사를 계속 반복하였다는 것은 죄를 완전하게 사하지 못하였다는 증거가 된다. 더욱이 짐승이 하나님의 형상을 따라 창조된 인간을 대신할 수 없다는 것은 너무나 당연하다. 히 10:4은 "황소와 염소의 피가 능히 죄를 없이 하지 못한다"고 하였다. 뿐만 아니라 히 10:8에서 "하나님은 인간이 드리는 예물과 전체로 드리는 번제함과 속죄제는 원치도 않고 기뻐하지도 않는다"고 하였다. 인간이 짐승을 잡아 드리는 제사를 통해서는 자신들의 죄를 깨끗하게 씻을 수 없었다. 그러므로 구약의 레위 제사는 완전한 대제사장이신 예수 그리스도의 제사를 예표하는 모형과 그림자일 뿐이었다. 이 짐승 제물의 불완전성을 해결하실 분은 하나님뿐이다. 하나님께서 궁극적 제물을 제공하셔야 했다(창 22:8).

짐승을 통해 드리는 제사는 제물의 모형에 불과하므로(히 9:23) 인간의 죄를 궁극적으로 해결하지 못한다. 그것은 구약에서는 어떤 사람이 타인의 피를 흘리면 그 사람은 죽어야 했다. 그러나 한 가지 예외를 허용하고 있다. 살인자가 도피성에 피해 있으면 자기 목숨을 보존할 수 있다. 그러던 중 대제사장이 죽으면 그 살인자는 사면되어 고향으로 돌아가서 자신의 생업에 정상적으로 종사할 수 있다(민 35:25-28). 이 말씀에 의하면 대제사장의 피는 다른 사람의 죄를 깨끗하게 하는 특별한 의미가 있다. 이 원리를 따라 스가랴서 3장에는 더러운 옷을 입은 대제사장 여호수아에 대해 상징적으로 묘사한 후 즉시 슥 3:9에서 신비하게도 여호와의 종 "햇순"에 관해 말하면서 "이를 내(전능한 여호와)가 이 땅의 죄악을 하루에 제하리라"고 말씀하셨다. 그리고 마지막 대제사장은 선지자 이사야가 예언한 여호와의 종이 나타나서 많은 사람의 죄를 담당하기 위하여 단번에 자신을 제물로 드려 그들을 구원하셨다. 즉 구약에서 그리스도의 죽음을 통하여 하나님과 인간의 화해가 요구되는 그리스도의 십자가 죽음을 예시하고 있다.

1) 종으로서의 메시아

이사야 선지자는 장차 나타나게 될 구속자를 고난의 종으로 묘사하였다. 종의 개념은 사 41-53장에 많이 나타난다. 사 41:8에 "나의 종 너 이스라엘아 나의 택한 야곱아 나의 벗 아브라함의 자손아"라고 하셨다. 이 말씀은 이스라엘 민족을 하나님의 종으로 묘사하고 있지만 이스라엘 민족에게 국한된 말씀은 아니다. 오히려 이스라엘 민족을 위해 특별히 봉사할 사람을 가리켜 하나님의 종이라 부르고 있다.[12] 사 49:5에서 "다시 야곱을 자기에게로 돌아오게 하시며 이스라엘을 자기에게로 모이게 하시려고 나를 태에서 나옴으로부터 자기 종을 삼으신 여호와께서 말씀하시느니라" 하였다. 이 말씀은 이스라엘을 하나님께 돌아오게 하려고 이스라엘을 위해 봉사하는 사람으로 묘사되고 있다. 하나님의 종은 이스라엘이 바벨론 포로에서 돌아오게 한다는 의미도 있지만 그것보다는 오히려 하나님을 배신하고 멀어진 상태에 있는 모든 인간을 하나님께로 회개하고 돌아오게 한다는 의미이다. 그 종이 여자를 통하여 출생하여 자기에게 주어진 사명인 하나님으로부터 흩어지고 멀어진 야곱과 이스라엘을 회복시켜 다시 돌아오게 하신다.[13]

특별히 이사야 53장은 장차 이스라엘을 구원하실 메시아를 여호와의

---

12) Thomas E. McComiskey, 『계약신학과 약속』, 28.

13) Edward J. Young, *The Book of Isaiah*, vol. 3(Grand Rapids: Eerdmans, 1972), 273-274.

고난받는 종으로 묘사하고 있다. 사 53:5에서 "그가 찔림은 우리의 허물을 인함이요 그가 상함은 우리의 죄악을 인함이라 그가 징계를 받음으로 우리가 평화를 누리고 그가 채찍에 맞으므로 우리가 나음을 입었도다." 선지자는 우리의 죄와 허물 때문에 여호와의 종이 고난을 당한다고 강조한다. 사 53:6에서는 "우리는 다 양(羊) 같아서 그릇 행하여 각기 제 길로 갔으나 여호와께서 우리 무리의 죄악을 그에게 담당시키셨다"고 하였다. 무리의 죄를 그에게 담당시키셨다는 것은 구약 제사제도의 원리에서 모든 죄를 제물에게 넘겨서 제물이 사람의 모든 죄를 담당하여 대신 죽는 것을 의미한다. 여호와의 종이 죽는 죽음은 다른 사람의 죄를 담당하여 대신 죽는 죽음이다. 사 53:8에서도 여호와의 종이 "자기 백성의 허물을 인하여 형벌을 받는다"는 사실을 강조한다.

여호와의 종은 하나님 앞에 지은 자기 백성들의 죄와 허물로 인하여 찔리고, 상하고, 채찍에 맞는 징계를 받는다고 묘사한다. 그 종이 당하는 고난은 폭력에 의해 죽임 당하는 장면을 묘사한 말씀이다. 이러한 고난의 죽음은 자신의 죄가 아닌 자기 백성의 죄와 허물로 인한 것이기 때문에 그 죽음은 대속의 죽음이다.[14] 그 종이 그러한 징계를 받은 결과 자기 백성인 우리가 나음을 입었다고 가르친다. 나음을 입었다는 뜻은 허물과 죄로 인해 상처 난 부분이 치료되었다는 의미이다. 즉 그리스도가 당한 고난 때문에 잃어버린 안식을 회복하여 원래의 지위를 찾았다는 것이다. 그리스도의 사역이 죄로 인해 빼앗긴 안식을 회복할 것을 예고한다.

사 5:10[15]에서 선지자는 고난의 종이 속건제물(贖愆祭物)로 드려진다고 묘사한다. 그 종은 의미 없이 죽은 것이 아니라 제물(祭物)로서 하나님께 드려진 것이다. 레 5:14-6:7에 의하면 속건제는 주로 하나님의 권위나 이웃의 권리를 침해하였을 때 드리는 제사로서 배상의 성격이 강하다. 속죄

---

14) Edward J. Young, *The Book of Isaiah*, vol 3, 348.
15) 사 53:10 여호와께서 그로 상함을 받게 하시기를 원하사 질고를 당케 하셨은즉 그 영혼을 속건제물로 드리기에 이르면 그가 그 씨를 보게 되며 그날은 길 것이요 또 그의 손으로 여호와의 뜻을 성취하리라.

제는 용서를 받기 위하여 드리는 제사지만 속건제는 권위와 권리를 침해 당한 당사자에게 만족을 준다는 의미가 분명하다. 여호와의 종은 속죄물과 속건제물로서 고난을 당하면서 죽게 되었다. 여호와의 종인 메시아의 사역은 분명히 이 두 종류의 역할을 만족스럽게 감당하므로 구속사역을 성취하였다. 즉 그리스도께서 속건제물로 드려짐으로 하나님의 공의를 만족시키셨다. 또한 속죄제물이 되심으로 하나님께서 인간의 죄를 완전히 용서하시게 되었다.

사 53:11은 "그가 자기 영혼의 수고한 것을 보고 만족히 여길 것이라 나의 의로운 종이 자기 지식으로 많은 사람을 의롭게 하며 또 그들의 죄악을 친히 담당하리라" 하였다. "나의 종이 자신의 지식으로 많은 사람을 의롭게 하며"라는 말씀의 의미는 사 11:2에 의하면 "그리스도는 여호와의 신 곧 총명과 모략과 재능의 신이요 지식과 여호와를 경외하는 신이 그 위에 임하였기 때문에" 메시아로서의 자격에는 문제가 없다. 그 종이 친히 자기 백성의 죄악을 담당하여 자기 몸을 제물로 드렸다. 그 결과 그들의 죄가 사함을 받고 하나님 앞에서 의롭게 되었다. 하나님 앞에서 의롭게 되었기 때문에 아담의 타락으로 인하여 하나님과 원수가 되었던 관계가 변하여 하나님의 자녀의 신분이 되었다. 그 종은 자신이 행한 "수고한 것을 보고 만족히 여길 것이라"고 하였다. 이 말씀은 메시아로서 행하신 사역의 결과와 열매를 인하여 만족해 하신 것이다. 이러한 만족은 하나님께서 천지를 창조하신 후 "하나님이 그 지으신 모든 것을 보시니 보시기에 심히 좋았더라"(창 1:31)는 말씀으로 만족을 나타내신 것과 같다.[16] 천지창조를 완성하신 그 피조물을 보고 기뻐하신 하나님께서 십자가에서 죽으시므로 인류를 안식으로 인도하신 메시아의 사역 때문에 만족해 하셨다. 메시아는 하나님의 택한 백성의 죄를 완전히 도말하시고 그들을 의롭게 하여 하나님 앞에 나가게 하는 사역을 완수하셨고, 사역의 결과에 대해 만족하게 여기셨다.

---

16) Edward J. Young, *The Book of Isaiah* vol. 3, 356.

구약의 레위 제사는 인간의 죄를 영구적으로 깨끗하게 하지 못하였다. 단지 앞으로 있을 대제사장 되시는 예수 그리스도의 단번에 드리신 그 제사의 예표와 모형에 불과하다. 구약에서 계속 반복하여 가르친 대로 메시아이신 그리스도는 완전한 제물로서 자신을 드려 모든 죄인들의 죄를 사하셨다. 히브리서는 단번에 드린 그리스도의 제사는 완전하다는 것을 밝힌다.[17] 히 5:6과 6:20[18]에서 그리스도는 멜기세덱의 반차를 좇았기 때문에 완전한 대제사장임을 밝힌다. 히브리서 저자는 멜기세덱은 아론 자손의 제사보다 우수하고 탁월함을 강조한다. 그 이유는 히 7:2-10에 의하면 그가 하나님의 친구인 아브라함을 축복하고 십일조를 받았기 때문이다. 그리고 아브라함이 멜기세덱에게 십일조를 바칠 때 레위 자손들은 모두 아브라함의 허리에 있었기 때문에 그들도 멜기세덱에게 십일조를 바친 것이나 다름없다(히 7:9-10). 이 멜기세덱은 하나님의 제사장이었다. 그리스도는 아론의 반차를 따르지 않고 이렇게 높은 멜기세덱을 좇았을 뿐 아니라 그 자신이 하나님이시기 때문에 구약의 다른 제사들과는 비교할 수 없다.

그리고 히 5:6과 6:20에 의하면 멜기세덱의 반차를 좇은 대제사장 그리스도는 영원한 제사장이다. 구약성경에서 어느 인물을 소개할 때는 항상 그 사람이 몇 년을 생활하면서 무엇을 하다 죽었는지를 밝혔다. 그러나 창 14:17-20과 그 후의 모든 성경에서 멜기세덱의 생존 연대를 밝히지 않고 있다. 언제 출생하여 언제 죽었는지 언급이 없다. 갑자기 나타났다가 돌연히 사라졌다. 족보상으로 출생과 죽은 날이 없다. 그래서 멜기세덱에 대해서 히 7:3은 "아비도 없고 어미도 없고 족보도 없고 시작한 날도 없고 생명의 끝도 없어 하나님 아들과 방불하여 항상 제사장으로 있느니라"고 하였다. 멜기세덱은 시작도 끝도 없는 하나님과 동일한 하나님의 아들이다.

---

17) 서칠원, 『복음과 율법과의 관계』, 36-53, 더 깊이 연구하기 원하는 사람은 이 부분을 참고하기 바람.

18) 히 5:6 또한 이와 같이 다른데 말씀하시되 네가 영원히 멜기세덱의 반차를 좇는 대제사장이라 하셨으니.

히 6:20 그리로 앞서가신 예수께서 멜기세덱의 반차를 좇아 영원히 대제사장이 되시어 우리를 위하여 들어 가셨느니라.

그래서 멜기세덱은 지금도 존재하는 영원한 제사장이다. 창조주요 하나님이신 예수님은 이 영원한 멜기세덱의 반차를 좇았기 때문에 영원한 대제사장이시다(히 5:6; 6:20). 제사를 주관하면서 가장 중요한 역할을 하는 제사장인 레위 자손과는 본질적으로 다르다. 레위 제사장은 죄인이지만 멜기세덱은 본질상 하나님이시면서 제사장이다. 죄가 없는 제사장인 멜기세덱의 제사는 그 효력과 능력에서 레위 제사와는 질적으로 다르다. 그래서 그리스도의 제사는 효력에서 구약의 아론과 레위 자손의 제사와는 본질적으로 다르다.

그리스도는 영원한 대제사장으로서 자신을 제물로 드림으로 단번에 완전한 제사가 되었다. 구약의 제사는 항상 소와 양이나 염소를 제물로 드렸으나, 그리스도는 짐승의 피가 아닌 흠과 티가 없는 하나님이신 자신을 제물로 드렸다. 히 9:14[19]에 의하면 예수님의 흠 없는 피가 완전한 제물이 되는 이유는 성령을 통하여 하나님께 바쳐진 피이기 때문이다. 그리스도께서 드린 제사의 독특성은 제사장이 하나님 자신이라는 것과 제물 또한 짐승이 아닌 하나님이시라는 사실과 제사장과 제물이 동일 인물이라는 것이다. 구약의 제사는 제사장이 죄인이며, 제물이 양이나 염소와 같은 짐승이었다. 그러나 그리스도의 희생제사는 제사장이 하나님이시며 제물 또한 하나님이시다. 그래서 그리스도의 제사는 그 효력이 구약 제사와는 비교할 수 없을 만큼 독특하고 탁월하였다. 그러므로 그리스도께서 단번에 드린 제사는 완전하여 모든 죄를 깨끗이 하고도 남음이 있었기 때문에 두 번 다시 반복할 필요가 없었다.

메시아가 자신을 하나님께 제물로 드려 자기 백성의 죄를 사하리라는 메시아의 구속사역은 아담이 타락한 후 즉시 뱀을 심판하는 말씀 가운데 충분히 암시되었다. 그리고 구약과 이스라엘의 역사에서 반복적으로 강조되면서 시행하여 온 제사 원리는 메시아의 희생제사를 예표하고 모형으로

---

19) 히 9:14-15 하물며 영원하신 성령으로 말미암아 흠 없는 자기를 하나님께 드린 그리스도의 피가 어찌 너희 양심으로 죽은 행실에서 깨끗하게 하고 살아 계신 하나님을 섬기게 못하겠느뇨.

나타내어 보였다. 여호와의 종인 메시아가 십자가에서 죽으심으로 아담을 통해 인간에게 들어온 모든 종류의 죄악을 덮을 수 있었다. 하나님으로부터 원수가 된 관계에서 정상적 관계로 돌아가게 되었다. 그 결과 타락으로 인해 박탈당한 하나님의 안식이 인간에게 다시 임하게 되었다. 사 53:5에서 "그가 징계를 받음으로 우리가 평화를 누린다"고 하였는데, 메시아이신 그리스도께서 하나님에게 징계를 받으므로 우리가 누리는 평화는 무엇인가? 이 평화는 구원을 의미하는 하나님의 가장 큰 축복이며 선물이다.

메시아는 우리가 받아야 할 징계를 대신 받았고, 그 결과 하나님의 축복인 평화가 우리에게 주어졌다. 이 평화는 하나님과 원수였던 관계가 청산되어 긴밀하고 친밀한 관계로 변하면서 얻어지는 것이다.[20] 하나님께서 아담을 창조하실 때 주셨으나 타락으로 인해 빼앗긴 바로 그 평화다. 타락한 인간에게 가장 절실하게 필요한 것은 세상의 그 무엇이 아니라 바로 그 평화다. 이 평화는 바로 에덴 동산의 인간에게 주셨다가 타락으로 인해 상실되었던 것을 메시아의 사역을 통해 하나님께서 다시 주신 하나님의 안식이다. 이 하나님의 안식은 여호와 종의 구속적 사역인 십자가의 죽으심을 통해 우리에게 주어졌다. 그리고 이 메시아의 십자가 죽음은 아담이 타락한 후 즉시 계시되었으며 구약의 제사를 통해 반복적으로 강조되고 시행되면서 그 대속의 죽음을 예표하였다. 구약에서 계속 반복하여 예표한 그대로 그리스도께서 죽으시므로 우리의 모든 죄를 사하시고 참된 평화와 안식을 주셨다.

2) 왕으로서의 메시아

하나님께서 아브라함에게 갈대아 우르를 떠나라 하실 때 많은 축복을 주셨다. 창 12:1-3에서 하나님은 아브라함에게 "그가 큰 민족을 이루며, 그의 이름이 창대케 되며, 그가 복의 근원이 될 것이며, 그를 축복하는 자에게 복을 주고 저주하는 자에게 저주를 하며, 땅의 모든 족속이 그로 인

---

20) Edward J. Young, *The Book of Isaiah* vol. 3, 348-349.

해 복을 얻을 것이라"고 하셨다. 하나님은 아브라함을 통해 어떤 사람에게
는 복을 주시고 어떤 사람에게는 저주를 내리겠다고 하셨다. 창 12:7에서
는 하나님께서 아브라함이 가나안에 도착하였을 때 "내가 이 땅을 네 자
손에게 주리라"고 하셨다. 가나안 땅을 아브라함의 후손에게 주어 나라를
이루게 하시겠다는 약속이다.

　하나님은 창 3:15에서 여자의 후손이 구속자가 될 것으로 언급하셨으
며, 창 12:7에서는 "네 씨로 말미암아 천하만민이 복을 얻으리라"는 말씀
으로 여자의 후손이 아브라함의 후손임을 가리키신다. 그러나 가나안 땅에
정착한 아브라함과 사라의 몸은 계속하여 늙고 쇠하여 가는 데 하나님께
서 아들을 주시지 않았다. 사라와 리브가와 레아 세 여자가 아이를 갖지
못하므로 족장들에게 불임(不妊)은 인간적으로 큰 고민이 되었다. 노령에
처해 있는 아브라함에게 이러한 현실은 큰 위협이 아닐 수 없었다. 그러한
아브라함에게 하나님께서 자식 주실 것을 약속하셨다. 창 17장에서 하나
님은 아브라함과 언약을 맺으면서 하나님의 언약을 자손 대대로 지킬 것
을 요구하셨다. 17:5-6에서 하나님이 그의 이름을 아브람에서 아브라함으
로 바꾸면서 "이는 네가 열국의 아비가 되게 함이니 내가 너로 심히 번성
케 하리니 나라들이 네게서 좇아 일어나며 열왕이 네게서 좇아 나리라"고
하셨다. 또한 17:15-16에서는 아브라함의 아내 이름을 사래에서 사라로
바꾸면서 "내가 그에게 복을 주어 그로 열국의 어미가 되게 하리니 민족
의 열왕이 그에게서 나오리라"고 하셨다. 아브라함의 자손이 크게 번성할
것을 축복하셨다. 뿐만 아니라 그의 자손 가운데서 나라를 통치하고 다스
리는 왕들이 끊어지지 않고 많이 배출될 것을 예고하고 있다. 아브라함의
자손이 이렇게 번성하는 것은 창 1:28에서 하나님이 아담에게 "생육하고
번성하여 땅에 충만하라"는 원초적 축복과 연결되고 있다.[21]

　이 말씀은 후대에 그대로 성취되었다. 아브라함의 자녀가 숫자적으로 심

21) John H. Sailhamer, *The Expositor's Bible Commentary, Genesis*, General Ed., Frank E. Gaebelein(Grand Rapids: Zondervan Publishung Co., 1990), 138.

히 번성하였으며, 여러 나라가 건설되었고, 다윗과 솔로몬의 대를 지나면서 수많은 왕들이 배출되었다. 이 말씀의 원래 뜻은 유다 지파에 약속하신 하나님의 축복에 초점이 있다. 마 1:1에서 "아브라함과 다윗의 자손 예수 그리스도의 세계라" 하여 예수님의 족보가 시작된다. 하나님은 아브라함의 자손에서 많은 왕들이 배출되지만 그 가운데 유일하고도 특별한 한 왕이 탄생할 것을 예고하셨다.

구약 성경 여러 곳에서 메시아는 왕권을 함께 소유하고 있음을 나타내고 있다(삼상 24:6, 10). 아브라함은 자기와 아내 사라가 늙고 기력이 쇠하여 인간적으로는 이 말씀이 불가능함을 알았음에도 불구하고 "네 후손이 이와 같으리라"는 말씀을 믿었다. 하나님의 전능하신 능력을 아브라함이 믿었을 때 하나님은 그의 이 믿음을 보시고 의롭다고 여기셨다. 아브라함은 인간적 상황으로는 불가능하지만, 하나님이 이삭을 주시려고 약속할 때 이 이삭의 씨를 통하여 천하만민이 구원을 받아 하나님의 축복을 받게 될 줄 믿었다.[22] 하나님께서는 이 귀한 믿음을 보시고 아브라함을 의롭다고 하셨으며 나아가 그를 믿음의 조상이 되게 하셨다.

아브라함은 하나님께서 창 17:7-10, 19 등에서 "네 아내 사라가 정녕 네게 아들을 낳으리니 그 이름을 이삭이라 하라 내가 그와 내 언약을 세우리니 그의 후손에게 영원한 언약이 되리라"고 하였을 때 그는 메시아 탄생을 믿었다. 바울은 이 원리를 갈라디아서에서 밝힌다. 사도 바울은 이 말씀을 염두에 두고 아브라함이 자기의 후손에게서 메시아가 탄생할 것을 믿었다고 강조한다. 갈 3:16에서 바울이 "이 약속들은 아브라함과 그 자손에게 말씀하신 것인데 여럿을 가리켜 그 자손들이라 하지 아니하시고 오직 하나를 가리켜 네 자손이라 하셨으니 곧 그리스도라"고 하였다. 사도 바울은 "씨"라는 단어가 복수가 아닌 단수로 사용되었음을 강조하고 있다.[23] 하나님께서 아브라함에게 자손을 주시겠다고 약속하셨을 때, 많은 자

---

22) Ronald Youngblood, *The Expositor's Bible Commentary: 1, 2 Samuel*, General Editor, Frank E. Gaebelein(Grand Rapids: Zondervan Publishing Co.: 1992), 890-891.

손이 아니라 한 자손을 지칭하고, 이를 네 자손이라 하신 것은 이삭이 아니라 이삭의 씨를 통하여 세상을 구원하는 메시아를 주실 것이라는 하나님의 뜻을 보고 기뻐하여 웃었다.[24] 이 사실을 예수님도 가르쳤다. 요 8:56, "너희 조상 아브라함도 나의 때 볼 것을 즐거워하다가 보고 기뻐하였느니라." 창 3:15에서 암시된 메시아의 탄생은 아브라함의 씨를 통해 성취되며, 그 씨를 인하여 천하만민이 구원받아 하나님의 안식에 들어갈 것을 보이셨다.

아브라함에게 그의 씨를 통해 메시아가 탄생할 것을 약속하신 그 말씀이 야곱의 아들 유다의 후손에서 성취될 것을 예고하였다. 창 49:7-10[25]에서는 그 구속자가 유다의 후손이 될 것임을 밝힌다. 유다의 이름이 찬송이 될 것이기 때문에 후일 유다의 이름이 이스라엘로 변한다. 또한 "네 손이 네 원수의 목을 잡는다"는 말씀은 유다 지파에서 다윗과 같은 장수가 나타나서 이스라엘의 모든 대적을 물리친다는 의미도 있지만 오히려 유다의 후손 가운데 한 사람이 나타나서 사탄을 멸하리라는 뜻이다.

10절에서 "홀이 유다를 떠나지 않고 치리자의 지팡이가 그 발 사이에서 떠나지 않는다"고 하여 왕권이나 통치권이 유다의 후손에게 계속 계승된다고 가르친다. 이 말씀이 가르친 대로 이스라엘 역사에서 왕권과 치리권이 유다의 후손에서 떠나지 아니하였다. 그보다 더 중요한 의미는 장차 유다 지파를 통해 오실 메시아를 뜻한다. 여기서 유다 지파의 왕권은 그리스도가 영원히 만왕의 왕으로서 통치하실 것의 예표이며 모형이다. 야곱이 여인의 후손의 언약 후에 계속 이어져 내려온 메시아 언약을 계승하여 유

---

23) William Hendriksen, *New Testament Commentary: Galatians & Ephesians* (The Banner of Truth Trust: 1981), 134-136.

24) John H. Sailhamer, *Genesis*, 140.

25) 창 49:7-10 유다야 너는 네 형제의 찬송이 될지라 네 손이 네 원수의 목을 잡을 것이요 네 아비의 아들들이 네 앞에서 절하리로다 유다는 사자 새끼로다 내 아들아 너는 움킨 것을 찢고 올라갔도다 그의 엎드리고 웅크림이 수사자 같고 암사자 같으니 누가 그를 범할 수 있으랴 홀이 유다를 떠나지 아니하며 치리자의 지팡이가 그 발 사이에서 떠나지 아니하시기를 실로가 오시기까지 미치리니 그에게 모든 백성이 복종하리로다.

다에게 연결되고 있음을 이해할 수 있다. 유다의 후손에서 이스라엘의 왕이신 메시아가 탄생하여 그의 백성을 다스릴 것으로 가르친다.

그리고 장차 오실 구속자인 메시아의 왕권에 관해 성경은 그가 다윗의 위에 앉을 것임을 나타내었다. 족장들은 출애굽을 하는 동안 이스라엘 백성이 나라의 주권과 왕이 언약에 포함된 것을 알고 있었다. 출 19:6에서 "너희가 내게 대하여 제사장 나라가 되며 거룩한 백성이 되리라" 하였다. 민 24:7은 "이스라엘 왕이 아각보다 높으니 그 나라가 진흥하리로다"고 하여 족장들은 그들의 자손들이 나라를 세울 것을 내다 보았다. 민 24:19에서 족장들은 "주권자가 야곱에게서 나서 남은 자들을 그 성읍에서 멸절하리로다"라고 하여 자기 후손의 나라가 주권이 있을 것을 내다 보았다. 창 35:11은 "나는 전능한 하나님이니라 생육하며 번성하라 국민과 많은 국민이 네게서 나고 왕들이 네 허리에서 나오리라"고 하였다. 백성들에게 약속되었던 그 나라와 주권, 왕이 다윗을 통해 성취될 것을 가르친다.

삼하 7:11-16의 말씀은 하나님께서 다윗의 왕국을 영원히 굳게 세워 그 왕권이 견고할 것을 나타내고 있다. 특히 삼하 7:12-13[26)에서 나단 선지자는 하나님께서 다윗과 맺은 언약의 확실성을 강조하였다. 11절에서 "전에 사사를 명하여 이스라엘을 다스리던 때와 같이 하지 않게 하고 여호와가 너를 위하여 집(house)을 이루겠다"고 하였다. 이 집을 12절에서 "네 몸에서 날 자식"(offspring) 즉 "왕국"(dynasty), "나라"(kingdom), "왕위"(throne)로 설명하고 있다. 나단 선지자는 다윗의 자손이 왕위에 올라 왕국을 건설하여 나라를 세우게 될 것으로 예언하였다. 그리고 다윗을 계승한 그 왕국이 흔들리지 않고 영원히 견고하리라고 강조한다(13, 16절). 이러한 다윗의 나라와 하나님의 통치는 밀접하게 연결되어 있기 때문에 다윗 왕국은 후일 여호와의 나라로 불린다. 그래서 대상 28:5에서 솔로몬이 왕이 되는 깃을 가리켜 "여호와의 나라 위에 앉혀 이스라엘을 다

---

26) 삼하 7:12-13 네 수한이 차서 네 조상들과 함께 잘 때에 내가 네 몸에서 날 자식을 네 뒤에 세워 그 나라를 견고케 하리라 저는 내 이름을 위하여 집을 건축할 것이요 나는 그 나라 위를 영원히 견고케 하리라.

스린다"고 하였다. 대하 13:8은 "다윗의 자손이 다스리는 나라를 여호와의 나라"로 부르고 있다. 대하 9:8에서는 솔로몬이 왕이 된 것에 대해 "당신의 하나님 여호와를 위하여 왕이 되게 하셨도다"라고 하였다.

시 89편은 다윗에게 주신 언약을 주제로 하여 부른 노래이다. 시 89:29-38에 다윗의 혈통이 "하늘의 날과 같이 일어날 것과 그의 보좌는 달과 같이 계속될 것"을 예언하고 있다. 예레미야는 렘 33:17-22에서 "다윗의 보좌에 앉을 사람이 끊어지지 않으리라"고 진술하였다. 또한 에스겔은 37:25에서 "내 종 다윗이 영원히 그 왕이 되리라" 하였다. 이러한 말씀들은 다윗 왕국은 단순한 인간의 국가가 아닌 하나님의 나라임을 밝힌다. 그리고 다윗 혈통은 예수 그리스도가 다스리시는 하나님 나라의 영원성을 보여 주는 그림자이다. 하나님의 이런 언약은 다윗이 죽은 후에 이루어질 것을 12절에서 밝힌다.

아브라함과 같이 다윗도 아직 출생하지 않은 자손에 대한 약속을 받았다. 하나님께서는 다윗의 아들을 왕으로 세워 그 위가 견고하리라는 약속을 여러 곳에서 하셨다(삼상 24:21; 왕상 15:4). 창 15:4은 하나님께서 아브라함에게 "네 몸에서 날 자가 네 후사가 되리라"(창 17:7-10)고 하신 말씀을 삼하 7:12에서 반복하여, 다윗을 이어 왕위를 계승할 왕은 "다윗의 몸에서 날 자식"으로 밝히고 있다. 아브라함이 가졌던 메시아 대망 신앙은 아담에서 시작된 것이었고 다윗이 바라본 메시아 왕국은 결국 아브라함이 바라본 하나님 나라였다. 하나님은 아담이 타락한 후 메시아가 탄생할 것을 예언하셨는데, 그 예언이 아브라함에게 와서는 더 밝고 구체적으로 나타나서 열왕이 탄생하리라 하였고, 다윗 때에는 그 나라가 영원하여 흔들리지 않을 것이라 하였다.

구약에서 하나님이 자기 백성을 구원시키기 위해 구속자를 보내는 것을 하나님 자신이 인간들에게 친히 오시는 것으로 표현할 때가 많다. 사 7:14에는 "주께서 친히 징조로 너희에게 주실 것이라 보라 처녀가 잉태하여 아들을 낳을 것이요 그 이름을 임마누엘이라 하리라" 하였다. 사 7:13-16은 아람과 북이스라엘이 유다를 공격하려 할 때 하나님께서 아하스 왕에게 제안을 하였으나 그는 하나님을 불신하였다. 그러나 하나님은 자신의 강권적 계획을 따라 다윗의 온 집에 임마누엘 징조를 선포하셨다. 당시 역사적 상황에서 그 징조는 연합군의 공격으로부터 유다를 구원하실 것이라는 사실과 죄와 사망으로부터 택한 백성을 구원하실 것이라는 구속사적 의미가 함께 어우러져 이중적으로 예언되어 있다. 그래서 임마누엘의 징조는 메시아의 동정녀 탄생과 유다가 연합군으로부터 구원으로 나타나고 있다.[27] 임마누엘이라는 뜻은 "하나님이 우리와 함께 계시다"로서 장차 오실 구속주는 "전능하신 하나님"이라는 이름으로 불린다(사 9:6). 미래의 구속주이신 메시아는 전능하신 하나님이시며, 그 하나님이 우리와 함께 계실 것이다. 그리고 임마누엘은 아브라함 언약 중심이며, 이 임마누엘은 장차 탄생할 하나님의 아들을 통해 성취될 것이다.

구약의 백성들은 장차 메시아가 나타나시면 하나님이 친히 왕으로서 이스라엘과 모든 세상을 통치하실 것으로 믿었다. 다윗의 자손을 통해 아담에게 언약하신 뱀의 머리가 깨어지고 아브라함에게 약속한 천하만민이 복을 받는 일이 실현될 것이다. 그 언약이 다윗에게로 이어져서 삼하 7:14-15[28]에서 다윗의 후손은 하나님의 후손이 될 것이라고 하였다. 그의 아들은 바로 하나님의 아들이라 일컬어지게 될 하나님이시기 때문이다. 바울은 롬 1:3-4[29]에서 다윗의 아들과 하나님의 아들의 일치는 예수 그리스도에게서 이루어짐을 설명한다. 예수께서 이 두 아들의 최종 성취로 나타난다. 다윗의 아들이 하나님의 아들이라는 삼하 7장의 말씀은 하나님의 메시아를 가르친다.[30] 삼하 23:5[31]에서 "하나님이 나로 더불어 영원한 언약을 세

---

27) Calvin, *Calvin's Old Testament Commentaries: Isaiah* vol. 1(Grand Rapids: Eerdmans, 1953), 242-251.

28) 삼하 7:14-15 나는 그 아비가 되고 그는 내 아들이 되리니 그가 만일 죄를 범하면 내가 사람 막대기와 인생 채찍으로 징계하려니와 내가 네 앞에서 폐한 사울에게서 내 은총을 빼앗은 것같이 그에게는 빼앗지 아니하리라.

29) 롬 1:3-4 육신으로는 다윗의 혈통에서 나셨고 죽음 가운데서 부활하여 능력으로 하나님의 아들로 인정되셨으니 …

30) O Palmer Robertson, 『계약신학과 그리스도』, 235-236.

31) 삼하 23:5 내 집이 하나님 앞에 이같이 아니하냐 하나님이 나로 더불어 영원

우사 만사에 구비하고 견고케 하셨으니"라고 하여 다윗은 하나님께서 자기 집을 통하여 자기의 모든 구원과 소원을 이룰 것을 바라보았다. "만사에 구비하고 견고케 하셨으니"라는 말씀은 "잘 준비된다"는 뜻이다. 시 132:17[32])에도 "내가 다윗에게 뿔이 나게 할 것이라 내가 그를 위하여 등을 예비하리라"고 하는 표현이 나온다. 시편에서 가르치는 다윗의 뿔과 예비될 등은 다윗의 아들을 가리킨다. 예레미야는 렘 22:3-5[33])에서 언약에 의해 유다 왕위에 앉은 다윗의 아들은 사회 정의를 구현하고(5절), 하나님의 말씀에 순종하는 자에게 복을(4절), 불순종에는 저주를 맹세하셨다는 것을 언급한다(5절). 모든 언약에서 나타나는 축복과 저주의 이중적 규정이 분명히 나타난다.

이러한 능력을 행하는 아들에 대해 이사야는 사 9:6[34])에서 "그 어깨에는 정사를 메었고, 그 이름은 기묘자라, 모사라, 전능하신 하나님이라, 영존하시는 아버지라, 평강의 왕"이라 부를 것이고 그는 다윗 왕위에 앉게 될 한 아기로 탄생할 것으로 예언하였다. 그 어깨에 정사를 메었다는 것은 대지도자로서 훌륭함을 나타내는 권위의 상징으로 목과 어깨에 황금 장식한 것을 묘사한다. 그 아들의 이름은 네 가지다. 기묘자(奇妙者)와 모사(謀士)는 그의 현명한 계획과 탁월한 기술로 모든 일을 완전한 승리로 이끄는 자임을 뜻한다. 장차 나타나실 다윗의 아들은 제왕적 계획으로 모든 세상

한 언약을 세우사 만사에 구비하고 견고케 하시지 아니하셨느냐 어찌 (그분이) 나의 모든 구원과 나의 모든 소원을 이루지 아니하시랴?

32) 시 132:17 내가 거기서 다윗에게 뿔이 나게 할 것이라 내가 내 기름 부은 자를 위하여 등을 예비할 것이라.

33) 렘 22:3-5 여호와께서 이같이 말씀하시되 너희가 공평과 정의를 행하여 탈취 당한 자를 압박하는 손에서 건지시고 이방인과 고아와 과부를 압제하거나 학대하지 말며 이곳에서 무죄한 피를 흘리지 말라 너희가 참으로 이 말을 준행하면 다윗의 위에 앉을 왕들과 신하들과 백성이 병거와 말을 타고 이 집 문으로 들어오게 되리라마는 너희가 이 말을 듣지 아니하면 내가 나로 맹세하노니 이 집이 황무하리라 나 여호와의 말이니라.

34) 사 9:6 이는 한 아기가 우리에게 났고 한 아들을 우리에게 주신 바 되었는데 그 어깨에는 정사를 메었고, 그 이름은 기묘자라, 모사라, 전능하신 하나님이라, 영존하시는 아버지라, 평강의 왕이라 할 것임이라.

을 통치할 것이다. 전능하신 하나님이란 누구도 대적할 수 없는 하나님 되심을 나타낸다. 영존하시는 아버지는 메시아로서 자애로운 통치와 그의 영원하신 신적 속성을 뜻한다. 평강(平康)의 왕은 메시아의 영원 무궁한 평화적 통치를 의미한다. 사 11:6-9은 메시아 통치 시대에는 어린 아이가 사나운 짐승과 놀아도 해가 없는 평화와 안식이 넘친다고 가르친다. 이사야 선지자는 다윗의 아들이 이 땅에 평화의 왕으로 와서 그 평화를 세상에 줄 것을 예언하였다. 그리스도께서 주시는 평화가 곧 하나님의 안식이다. 구속역사를 통해 완성되는 하나님의 안식은 하나님의 아들인 다윗의 아들에 의해서 성취된다. 하나님의 구속 역사가 성취되면 구원받은 자들은 하나님의 안식을 얻게 될 것이다.

하나님께서는 자기의 백성을 구원하기 위하여 다윗 왕국을 세웠다. 다윗의 혈통을 통해 건설된 왕국은 영원한 메시아 나라의 모형이었다. 하나님은 신명기 32장에서 모세가 인도하는 백성을 위해 국가를 세울 것을 나타내셨다. 그 모든 것이 다윗을 통해 완성되고 이루어졌다. 하나님께서 다윗의 후손이 영원히 이스라엘의 왕이 되리라 하셨으나 다윗의 왕권은 그리스도가 다스리는 왕국의 영원성을 나타내는 그림자 역할을 하였을 뿐이므로 그 왕위가 도중에 끝이 났다. 하나님께서는 다윗 왕국을 통하여 자신의 주권을 강하게 나타내셨고 다윗 왕국은 하나님 왕권의 예표론적인 증표로 기여하였다. 유다를 통치한 다윗 왕조는 온 우주와 세계를 통치하시는 메시아적 구원자의 실재를 그림자 형태로 나타내는 모형이었다. 다윗 왕조를 통하여 하나님은 자신의 뜻을 나타내셨으며 이 기간 동안 그 땅에는 평화가 있었다. 다윗은 이스라엘 역사에서 가장 훌륭하고 뛰어난 왕이었음에도 불구하고 실수와 범죄로 채찍을 맞았다. 그러나 이에 비해 하나님의 영원한 왕국은 한 점의 흠과 티도 없기 때문에 완전한 평화와 안식이 있다.

구약에서 인류를 구원하기 위해 장차 오실 메시아를 인자(人子)의 명칭으로 부르기도 하였다. 메시아를 기다리는 믿음으로 인자라는 용어를 사용한 곳은 다니엘서이다. 단 7:13-14은 '내가 또 밤 이상 중에 보았는데 인자 같은 이가 하늘 구름을 타고 와서 옛적부터 항상 계신 자에게 나아와 그 앞에 인도되매 그에게 권세와 영광과 나라를 주고 모든 백성과 나라들과 각 방언하는 자로 그를 섬기게 하였으니 그 권세는 영원한 권세라 옮기지 아니할 것이요 그 나라는 폐하지 아니할 것이라"고 하였다. 이 구절은 인자의 왕위 즉위식을 묘사한 말씀이다.[35] 특이한 것은 앞으로 나타나게 될 그 사람의 이름은 밝혀지지 않았다. 단지 출현에 관해서만 설명되었다.

앞으로 나타날 사람을 가리켜 "인자 같은 이"라 표현한다. 다니엘서를 기록한 아람어에서 "인자"라는 용어는 한 사람을 의미한다. 영은 "사람의 아들과 같은 이"로 해석하였다.[36] 인간의 형상을 가진 사람과 같은 이라는 뜻이다. 사람의 범주에 속하는 인물이라는 것이다. 다니엘은 "내가 한 사람을 보았다"거나 혹은 "내가 인자를 보았다"고 하지 않고 "인자 같은 이"로 묘사하였다. 그 뜻은 이 인물이 사람을 닮았다는 뜻이다. 그리고 "인자 같은 이"라는 표현은 본문의 앞부분에서 설명하는 짐승과는 다르다는 것을 나타낸다. 또한 사람과도 다르다는 점을 분명히 한다. 천상의 사람이기 때문에 사람과 같다 할지라도 사람을 능가하는 인물이다. 이 인물이 바로 하나님의 나라를 구체화하고 그가 바로 하나님의 나라를 가져오실 메시아이신 예수 그리스도를 가리킨다.

그 메시아는 하나님이시기 때문에 구름을 타고 온다고 하였다. 구약에서 구름은 하나님의 보좌, 하나님의 임재의 표, 하나님의 능력이 나타나는 것 등을 뜻한다. 그리스도가 재림하실 때 구름을 타고 온신다고 하였다(마 24:30). 다니엘이 인자 같은 이가 구름을 타고 온다고 한 것은 그분이 바

---

35) 간하배, 『다니엘서의 메시야 예언』(서울: 개혁주의신행협회, 1995), 140-152. 간하배 박사는 미국 OPC선교사로서 한국에서 10년간 사역하면서 주로 총신대학에서 강의를 하였다. 신약, 변증학, 선교학을 강의하면서 한국 종교와 장로교회사 등에 깊은 연구를 하였다. 미국 Westminster 신학교 선교학 교수로 봉사하면서 그 분야에서 개혁신학 입장을 대변하는 세계적 학자로 알려졌다. 『다니엘의 메시야 예언』은 그가 한국에 선교사로 사역할 때 쓴 저술이다. 이 분야에 대해 더 깊은 연구를 하기 원하는 독자는 이 책을 참고하기 바란다.

36) Edward J Young, *Daniel's Vision of the Son of Man* (London: Tyndale Press, 1958), 18.

로 메시아라는 뜻이다. 또한 "그에게 권세와 영광과 나라를 주고 모든 백성과 나라들과 각 방언하는 자로 그를 섬기게 하셨다"고 하였다. 이 말은 하나님께만 돌려질 봉사와 충성에 관한 말로서 종교적 봉사나 예배를 뜻한다. 우주적 나라를 받으신 그분은 모든 민족과 각 방언하는 자들로부터 예배를 받기에 합당하다. 천하의 모든 민족과 방언이 인자 같은 이를 찬양하고 예배할 것이다. 그 나라에는 부족함이 없이 온전한 영광을 하나님께 드리는 곳이다. 그리고 "그 권세는 영원한 권세라서 옮기지도 아니할 것이요, 그 나라는 폐하지도 아니할 것이라"하였다. 메시아의 나라는 세상의 나라들과 비교하여 질적으로 다르다. 그 나라는 변화와 부패가 결코 없는 완전한 나라이다.

인자 같은 이에 대한 다니엘이 본 이상은 예수 그리스도의 인격과 사역에서 분명한 실현을 보았다. 그것은 예수님의 메시아 의식에서 가장 명백하게 나타난다. 예수님은 자신을 가리켜 인자(人子)라는 칭호를 많이 사용하셨다. 예수께서 자신을 가리킨 칭호와 다니엘에서 사용한 용어는 같은 뜻이다. 다니엘은 미래에 나타날 메시아와 그 왕국의 영원성을 바라보았다. 메시아의 왕국이 도래하면 성도들이 나라를 얻을 것이라고 가르친다. 단 7:18에서 다니엘은 "지극히 높으신 자의 성도들이 나라를 얻으리니 그 누림이 영원하고 영원하고 영원하리라" 하였다. 메시아의 왕국이 임하게 되면 그 나라의 백성들은 그 나라를 다스리는 통치자가 된다. 그리고 그 나라는 이 세상의 어떤 나라와도 비교할 수 없는 현격한 차별이 있다. 하나님께서 주시는 평안과 안식만 있는 곳이다. 또한 세상의 왕국들은 시간적으로 제한적이며 한시적이라서 짧다. 이에 비하여 메시아이신 인자가 세운 그 나라는 영원하고 영원하게 존속한다고 하였다. 그래서 이 메시아의 왕국이야말로 모든 성도들이 소망하고 바라는 하나님 나라이다.

이와 같은 내용은 부활하신 그리스도를 찬양하는 사도들의 글에서 더욱 분명하게 나타난다. 베드로는 행 2:30-36에서 다윗이 그의 자손 중에서 한 사람을 세워 그의 왕위에 앉게 한다는 하나님의 뜻을 깨달았기 때문에 메시아의 부활을 말하였다고 구체적으로 지적한다. 베드로는 그리스도께서 높임을 받은 사역으로서 예수님의 부활, 승천, 하나님 우편에 앉으심을 모두 열거하였다. 하나님께서 그리스도를 무덤에서 일으키셨고 그의 오른손으로 그를 높이셨으며, 그를 주와 메시아가 되게 하셨다. 그리스도를 약속된 메시아로, 기름부음 받은 왕으로, 다윗의 계승자로 세운 것은 그리스도가 높임 받는 방편들이었다. 다니엘서에 나타난 인자 같은 이가 바로 베드로가 찬양한 부활하신 그리스도이시다.

3) 심판주로서의 메시아

왕국이 남북으로 분열된 후 이스라엘과 유다는 하나님을 배반하고 점점 더 우상을 열심히 섬겼다. 그 결과 그들은 적국에 잡혀가고 모든 백성들이 뿔뿔이 흩어졌다. 이렇게 참담한 시기에 선지자들은 이스라엘의 회복과 구원에 관한 예언을 하였다. 그래서 이스라엘 백성이 바벨론에 포로로 잡혀가서 나라를 잃고 고생할 때 그들은 구속주가 나타나서 구원해 주기를 소망하였다. 즉 메시아가 오시면 이스라엘 나라는 회복될 것으로 믿었다. 예레미야는 23:3에서 "내가 내 양무리의 남은 자를 그 몰려갔던 모든 지방에서 모아내어 다시 그 우리로 돌아오게 하리니 그들의 생육이 번성하리라 내가 그들을 기르는 목자들을 그들 위에 세우리니 다시는 두려워하거나 놀라거나 축이 나지 아니하리라"고 하였다.

거짓 목자들이 우상을 섬기게 하여 하나님의 심판으로 양들이 뿔뿔이 흩어졌다. 그러나 하나님께서 흩어졌던 양떼를 다시 모으고 새로운 목자를 주시겠다고 하였다. 다시 돌아온 이스라엘 위에 세워질 새 목자가 누구인가? 어느 인간 개인을 두고 하신 말씀이 아니다. 대목자장 되시는 그리스도께서 친히 자기 양떼를 다스릴 것을 가르친 말씀이다. 또한 예레미야는 다시 모인 양떼에게는 "양무리의 생육이 번성하리라"고 하여 하나님이 아담을 창조할 때 주셨던 "생육하고 번성하라"는 축복을 주셨다. 포로에서 돌아온 백성들이 다시 나라를 세우고 그 나라가 왕성하고 흥하리라 것을 의미한다. 그러나 그보다는 그리스도의 왕국에서는 민족을 초월하여 모든 종족들이 그리스도를 섬길 것을 가르친다.

이사야는 11:11에서 "그날에 주께서 다시 손을 펴사 그 남은 백성을 앗수르와 애굽과 바드로스와 구스와 엘람과 시날과 하맛과 바다 섬들에서 돌아오게 하실 것이다" 하였다. 이사야는 출애굽 사건을 사용하여 이스라엘 백성들이 바벨론 포로에서 귀환할 것을 설명한다. 이 시기에 선지자들이 전한 메시지는 심판과 구원을 동시에 선포하였다. 출애굽 사건에서도 하나님께서 바로와 애굽에 대해서는 강력한 심판을 하셨지만 그 가운데서 이스라엘을 구원하셨다. 선지자들은 배교한 이스라엘에게 무서운 심판을 예고하지만 또한 동시에 하나님의 백성에게는 구원을 선포한다. 이사야 선지자는 자기의 전반적인 예언을 통하여 출애굽 사건을 회고하면서 이스라엘의 구원을 예언한다. 특히 족장들에 대한 언약, 애굽으로부터 자유의 추구, 광야의 여정, 가나안 입성에 이르는 사건을 포함하고 있다.[37]

이사야는 포로생활을 하는 이스라엘 백성들에게 역사의 주인이신 여호와께서 주권적으로 구속했던 출애굽 사건, 즉 이전 일을 기억하라고 선포하였다. 사 46:9은 "너희는 옛적 일을 기억하라 나는 하나님이라 나 외에 다른 이가 없느니라 나는 하나님이라 나 같은 이가 없느니라"고 하였다. 이사야가 언급한 "이전 일"은 창조주 하나님이 이스라엘의 구원을 위하여 주권적으로 큰 이적과 기사를 행하신 과거의 역사적 사건을 의미한다.[38] 하나님께서 이스라엘의 역사에서 주권적으로 행하신 일은 출애굽을 뜻한다. 이사야는 과거에 이스라엘을 구속한 첫 번째 출애굽 사건을 미래 역사의 바벨론 포로에서 해방을 시켜 안식으로 인도할 "새 일", 즉 새 창조의 확실한 증거로 사용하고 있다.

사 43:18-19에서 "이전 일은 기억하지 말며 옛적 일은 생각하지 말라. 보라 내가 새 일을 행하리니 이제 나타낼 것이라 정녕히 내가 광야에 길과 사막에 강을 내리라"고 하셨다. 이번에는 선지자가 "이전 일" 즉 출애

---

37) Bernhard W. Anderson, "Exodus Typology in Second Isaiah," ed. Bernhard W. Anderson and Walter, 181.

38) B. S. Childs, *Memory and Tradition in Israel*, 58, 임창일, "이사야의 회복 사상에 나타난 창조 모티프" 64에 재인용.

굽 사건과 가나안 정복을 유일한 하나님의 구원 사건으로 기억하지 말라
고 강조한다.[39] 그보다 더 크고 위대한 하나님의 구원 사역이 미래에 있기
때문이다. 이스라엘을 창조하시고 선택하신 하나님은 이전 일보다 더 위대
하고 영광스러운 구원의 사건으로 "새 일" 즉 새 창조를 성취할 것을 보여
주실 것이기 때문이다. 과거 출애굽보다 더 위대한 일은 바벨론으로부터의
해방이다. 이사야는 과거 출애굽과 바벨론에서의 해방을 연결시킨다. 여호
수아의 인도를 받아 들어간 첫 번째 가나안 정복과 두 번째 바벨론 포로
에서 예루살렘으로 귀환한 사건이 연결된다.

이사야는 출애굽 주제를 많이 진술하고 출애굽 이미지를 회상하여 종말
론적 소망으로 변경시키고 있다. 애굽에 대한 심판인 출애굽 사건에서 증
거한 여호와의 구원의 능력은 하나님의 언약에 대한 이스라엘의 믿음의
근거로서 여전히 유효하다. 이스라엘과 여호와의 역사적 관계에서 본다면
다가올 미래의 구원을 강조하는 이사야의 예언은 과거에 베푸신 여호와의
구원 역사에 전적으로 의존한다.[40] 이스라엘은 첫 번째 출애굽 사건에서
미래의 모든 구원을 보장받았고 이스라엘을 구원하려는 여호와의 의지에
대한 절대적 확신, 즉 환난 때 여호와께 호소할 수 있는 믿음의 근거를 제
공받았다.[41] 예레미야도 2:6-7에서 출애굽 주제를 사용하여 미래의 구원을
강조한다. 바벨론에서 포로 생활하는 이스라엘 백성은 과거 애굽 땅에서
고생할 때 그들을 구원하신 동일한 하나님을 믿고 있기 때문이다. 애굽에
서 노예로 억압당하는 조상들을 구속하여 해방과 안식을 주신 하나님은
바벨론에서 포로 생활하는 자신들에게도 조상들이 받아 누렸던 동일한 해
방과 안식을 주실 것으로 믿었다.

---

39) Christopher R. North, ed. H. H. Rowley, "The 'Former things' and
'New things' in Deutero-Isaiah." *Studies in Old Testament Prophecy*
(Edinburgh: T. & T. Clark, 1950), 111-126.

40) Sungsoo, Kim, "A Study of the Exodus Motiff in Isaiah," (Th. M.
Thesis, Calvin Theological Seminary, 1982), 3.

41) Gerhard Von Rad, *Old Testament Theology II*, trans, D. M. G. Stalker
(New York: Harper and Row, 1965), 395.

이사야가 바벨론에서 해방을 가르치는 말씀 가운데 또 다른 주제는 "남은 자" 사상이다. 이사야의 메시지 가운데 "여호와의 거룩"이 중심부에 자리잡고 있다.[42] 거룩한 하나님이 자신의 뜻을 거역하는 자에게 심판을, 믿고 순종하는 자에게 구원을 주시는 이중적 측면을 제시한다. 이사야는 6:13에서 "거룩한 씨가 그루터기이다"라고 하여 소망을 갖게 한다. 선지자는 거룩한 씨를 언급하여 남은 자의 주제를 표현한다(1:4-9; 7:1-17; 28:5-6; 37:30-32). 이스라엘 백성이 하나님께 죄를 범하여 이방 나라에 잡혀가서 심판을 받았지만 하나님의 심판을 면한 소수의 무리가 있었다. 이사야는 역사적 재난에서 생존한 이스라엘의 남은 자, 즉 역사적 남은 자를 여호와께서 정결케 하여 이 남은 자가 역사의 중심이 될 것을 강조한다. 그리고 남은 자와 메시아의 관계가 사 4:2과 사 49:5-6에 나타난다. 먼저 여호와의 싹(사 4:2)은 이스라엘의 피난한 자의 영화와 아름다움이 되는 것처럼 메시아는 종말론적 남은 자의 영광이 된다.[43] 메시아는 남은 자의 중심이고 남은 자에게 생명을 주는 근원이다. 메시아가 없다면 남은 자의 존재는 아무런 의미가 없다. 임마누엘이 상징하는 메시아는 남은 자의 믿음의 대상이다. 남은 자의 그루터기가 성장하여 하나님의 택한 백성의 무리가 되고, 그 남은 자를 통해 메시아가 탄생된다. 메시아가 임마누엘의 믿음을 소유한 자를 통치하고 다스릴 것이다.[44] 여호와의 종이 상징하는 메시아는 언약 백성의 대표자로서 종말론적 남은 자를 여호와께 돌아오도록 구원을 베풀 것이다(사 42:6).

이스라엘 역사에서 일어난 두 번의 해방은 여호와의 강하신 능력을 통한 구원 사건이었다. 이 두 사건은 서로 밀접한 연관을 갖고 있다. 두 번째 출애굽인 바벨론에서 해방은 전적으로 첫 번 출애굽의 모형을 따르고 있다. 두 번째 민족 해방은 남은 자의 중심과 믿음의 대상이 되는 메시아가

---

42) 임창일, "이사야의 회복사상에 나타난 창조 모티프," 54-55.
43) 임창일, "이사야의 회복사상에 나타난 창조 모티프," 56-57.
44) Gerhard Hasel, *The Remnant* (Berrien Springs: Andrew University Press, 1972), 276-281.

완성하였다. 따라서 첫 번 출애굽도 구속주가 되시는 메시아가 그들을 구출하신 것이다. 그리고 구약 역사에 나타난 두 번의 이스라엘 해방은 신약에서 그리스도를 통한 구원을 상징한다. 이스라엘이 애굽과 바벨론 등지의 노예생활에서 해방되어 가나안에 돌아온 후 정착하여 농사 짓고 자신들의 생활을 하는 것이 안식이다. 인간적으로 이보다 더 큰 기쁨과 감격이 넘치는 안식과 즐거움이 없다. 그러나 이 안식은 자신들의 노력과 힘의 결과로 성취된 것이 아니라, 그들을 사랑하여 택하신 여호와 하나님의 능력이 안식을 주셨다. 그 안식의 성취는 오직 메시아의 은혜를 통해서만 가능하였다. 그래서 이스라엘 백성이 노예생활에서 해방되어 두 번의 가나안 땅으로 정착하는 사건은 영원한 하나님 나라의 안식을 나타내는 모형으로 가르친다. 그들은 노예생활을 하는 동안 계속하여 하나님께서 아브라함에게 약속하신 언약의 땅, 자신들이 돌아갈 가나안 땅을 바라보면서 생활하였다. 두 번의 해방으로 가나안에 정착하지만 여전히 그 땅에는 많은 고통과 어려움이 있었다. 가나안 땅으로 돌아오는 자유는 영원한 하나님 나라에서 얻게 될 안식의 상징이며 그림자에 불과하다.

이스라엘의 남은 자를 모아서 하나님께로 돌아오게 하신 메시아는 자신의 왕국을 건설하여 통치하신다. 아브라함과 다윗의 혈통을 이은 이 메시아의 왕국은 다시 흩어지거나 쇠하지 않을 것이다. 선지자 스가랴는 9:9에서 "시온의 딸아 크게 기뻐할지어다 예루살렘의 딸아 즐거이 부를 지어다 보라 네 왕이 네게 임하나니 그는 공의로우며 구원을 베풀며 겸손하여 나귀를 타나니 작은 것 곧 나귀 새끼니라"고 하였다. "네 왕"이라는 말이 특별히 강조되었는데 이는 오직 그 왕만이 완전한 의미에서 네 왕이시니 어느 누구도 이 이름을 취할 자격이 없다는 뜻이다. 그 왕은 각 사람이 행한 대로 갚는 통치상의 공의를 나타낸다고 하였다. 또한 그는 자기에게 주어진 고유 권한을 행사하는 과정에서 자기 백성에게 구원을 선물로 주신다. 그렇게 위대한 왕임에도 불구하고 그는 겸손과 겸비와 가난을 상징하고 나타내는 나귀를 타고 오신다고 하였다. 이 예언은 마 21:5과 요 12:15에서 주님이 나귀를 타고 예루살렘 성에 입성하시므로 성취되었음을 가르친다. 복음서 기자들 가운데 마태는 이사야서를 인용하여 "시온의 딸에게 말하라", 요한은 "시온의 딸아 두려워 말라" 또 이사야는 이 메시아의 오심을 "한 아기가 우리에게 났고, 한 아들이 우리에게 주신 바 되었다"고 말한다. 그 왕으로 오신 메시아가 우리에게 구원을 베푸신다고 하였는데 그것은 구원을 공급하신다는 뜻이다.[45]

이스라엘이 회복되어 가나안으로 돌아오는 사건이 구약의 종말이며 동시에 소망하던 안식에 들어가는 것이다. 구약 선지자들은 이것을 "주의 날"이라 불렀다. 이 주의 날은 이스라엘에게는 구원이 임하지만 원수들에게는 파멸과 죽음이 선포되는 날이다. 이것은 과거 첫 번 출애굽 때도 있었고 두 번째 바벨론에서 해방될 때도 반복되었다. 이스라엘이 노예 생활을 끝내고 구원의 해방을 맞이하는 그날 애굽의 모든 장자는 죽임을 당하였다. 이스라엘의 남은 자들이 포로에서 돌아올 때 하나님의 뜻을 거역하는 자에게 심판이 내려졌다(사 10:20-23; 37:30-32). 주의 날은 버림받은 자에게는 심판이, 선택받은 자에게는 구원이 주어지는 날이다. 주의 날은 하나님의 백성에게는 영원한 안식이, 사탄을 따르는 자에게는 영원한 저주가 임하는 날이다.

구약에서 가르치는 주의 날은 두 개의 사건을 하나의 단어로 동시에 나타낸다. 첫 번째 사건은 구약 성도들이 바라볼 때 가까운 주의 날은 바벨론의 멸망과 동시에 이스라엘 백성은 포로생활에서 해방과 자유를 얻게 되어 구원받을 것을 가르친다. 포로에서 해방되는 가까운 주의 날은 멀지 않은 장래에 그들에게 곧 임하게 될 것이다. 그러나 두 번째 주의 날이라는 말은 장차 역사의 마지막에 발생할 최후의 심판을 뜻하기도 한다. 이 두 번째 주의 날은 그리스도께서 재림하시는 날로써 주의 뜻을 거역하는 모든 사람에게는 지옥의 심판이 그리스도를 믿고 선택받은 사람에게는 영원한 천국과 안식에 들어가게 되는 그날이다. 사 13:9-11[46]에는 분명히

---

45) E. W. Hengstenberg, 원광연 역, 『구약의 기독론』(*Christology of the Old Testament*) (서울: 크리스챤다이제스트, 1997), 431-433.

46) 사 13:9-11 보라 여호와의 날 곧 잔혹히 분냄과 맹렬히 노하는 날이 임하여

바벨론 멸망에 대해 예언하는 말씀이지만 동시에 최후의 종말론적 심판이 임하는 여호와의 날을 동시에 설명하고 있다. 구약성도들은 한 개의 예언에서 두 개의 사건을 바라보고 있었다. 이는 마치 가까운 산봉우리 너머 멀리 있는 산봉우리가 겹쳐져 있기 때문에 가까운 산과 멀리 있는 산을 동시에 바라보는 것과 같다.

구약의 이스라엘 성도는 자신들이 생활하는 당시에 바벨론이 멸망당하면서 자신들이 구원받을 것을 바라봄과 동시에, 역사의 최후에 일어날 하나님의 최후 심판을 함께 바라보았다. 그래서 자신들의 역사에서 일어나는 포로생활에서 해방을 통해 얻어지는 안식으로 영원한 하나님 나라의 안식을 바라보게 되었다. 이스라엘 백성에게 출애굽과 바벨론 해방은 영원한 하나님 나라의 안식을 보증하는 담보물이며 증거물이었다. 역사 과정에서 이스라엘 백성이 경험한 구원과 안식의 기쁨은 하나님 나라에서 맛보게 될 영원한 안식의 기쁨을 조금 맛보았을 뿐이다. 하나님께서는 이 땅위에서 생활하는 동안 장차 주어질 위대하고 감격스러운 그 안식의 소망을 갖고 생활하도록 하셨다.

그리고 이 주의 날은 심판만 주는 날이 아니다. 구원이 선포되는 날이기도 하다. 요엘 선지자는 2:32에서 "주의 날이 오기 전에 주의 이름을 부르는 자에게 구원이 있을 것이라"고 약속하였다. 이 주의 날이 임하면 하나님을 믿고 사랑하는 자는 새 하늘과 새 땅에 들어간다고 하였다. 사 66:22에 "보라 내가 새 하늘과 새 땅을 창조하나니 이전 것은 기억되거나 마음에 생각나지 아니할 것이라" 하였다. 하나님 나라에서는 과거에 아프고 슬픈 일이나 괴롭고 좋지 않았던 것들은 기억에서 사라지게 된다. 새 하늘과 새 땅에 들어가면 온 땅위에 여호와를 아는 지식이 물이 바다를 덮음 같이 충만하리라(11:9). 광야가 풍성한 열매를 맺고(사 32:15), 사막에서 꽃

땅을 황무케 하며 그 중에서 죄인을 멸하리니 하늘의 별들과 별떨기가 그 빛을 내지 아니하며 해가 돋아도 어두우며 달이 그 빛을 비취지 아니할 것이로다 내가 세상의 악과 악인의 죄를 벌하며 교만한 자의 오만을 끊으며 강포한 자의 거만을 낮출 것이라.

이 피며(35:1), 메마른 땅에서 샘이 솟으며(35:7), 동물계에 평화가 찾아들게 된다(11:6-8)고 하였다. 인간 역사가 종말을 고하고 하나님 나라가 시작되면 인간의 육체만 영화로운 몸으로 변화되는 것이 아니라 하나님이 창조하신 모든 피조물이 함께 아름답게 변할 것이다.

구약에서 선포된 주의 날은 하나님의 택함을 받은 자에게는 구원의 날이 되고 버림받은 자에게는 무서운 파멸과 죽음의 날이 된다. 그래서 구약 성도들은 이 주의 날이 빨리 도래하기를 소망하였다. 그날이 되면 유대 민족을 괴롭히던 모든 원수들은 하나님의 심판을 받아 멸망하고, 선민인 자신들은 구원을 받을 것으로 믿었기 때문이다. 이 주의 날은 하나님을 거역하는 사람들에게 저주와 심판을 가져다주는 아주 무서운 날이다. 궁극적으로 이스라엘 백성들은 주의 날을 오직 메시아만이 그들에게 가져다줄 것으로 믿었다. 그래서 구약은 메시아 대망 사상과 믿음이 중요한 주제가 되었다.

2. 신약에 나타난 메시아 신앙과 안식일

위에서 살펴본 바와 같이 구약은 항상 종말론적 신앙을 소유하였다. 예수께서 탄생하신 후 성전에 갔을 때 늙은 시므온은 "이스라엘의 위로를 기다렸다"(눅 2:25)고 하였다. 또한 여선지자 안나는 어린 아기 예수를 본 후 눅 2:38에서 "하나님께 감사하고 예루살렘의 구속됨을 바라는 모든 사람에게 이 아기에 대하여 말했다"면서 아기 예수를 칭송했다. 구약의 모든 성도들은 그리스도의 탄생을 기다렸다. 메시아가 탄생하면 이스라엘의 모든 어려운 문제를 해결하고 기다리고 소망하던 하나님 나라의 안식이 임할 줄 믿었다. 아담과 아브라함과 다윗에게 약속하신 그 아들은 그리스도를 통해 성취를 보았다. 메시아를 기다리는 소망이 구약성경의 주제가 되었고 그리스도 탄생이 역사의 분기점이 되었다. 구약은 항상 장차 오실 그리스도를 대망하였지만 신약은 이미 오신 그리스도를 믿는 믿음이 주제가 된다. 오스카 쿨만(Oscar Cullmann)은 신약 성도는 그리스도의 오심을 신앙의 중심에 두었으며 따라서 신약교회는 역사의 중심점이 된 이미 오신 그리스도와 역사의 최종점이 될 장차 다시 오실 그리스도의 재림 사이에 생활하고 있다고 하였다.[47]

1) 그리스도를 통해 성취된 안식일

구약의 성도들은 하나님께서 그들에게 주신 언약과 축복을 보았으나 더 크고 풍성한 하나님의 축복을 소망하고 바라보면서 생활하였다. 신약 성도들은 하나님의 언약과 축복에 관한 지식은 구약보다 훨씬 풍부한 지식을 소유하고 더 확실하게 믿게 되었다. 구약과 같이 신약 성도들도 미래 지향적 신앙을 갖고 있다. 사도들은 구약의 선지자들이 예언한 말씀들은 그리스도를 통해 성취하셨지만, 구원의 기쁨은 미래에 더욱 크고 풍족하게 나타날 것이라고 가르쳤다. 신약성도는 구약에서 예언하였던 하나님의 말씀이 이미 이루어진 것들을 바라보면서 하나님의 영원한 안식이 우리 가운데 펼쳐진 것을 인식하였고, 또 한편으로는 완전하고 최종적인 하나님의 안식은 장차 미래에 완성될 것으로 바라보고 있다.[48]

그래서 신약의 종말론에서 가장 특징적인 것은 이미(already)와 아직(not yet)이라는 긴장 가운데 성도들이 생활하고 있다는 점이다. 신약 시대에 생활하는 우리는 구약에서 예언한 말씀이 이미 그리스도의 사역을 통해 이루어진 것들을 보고 그 열매를 향유하고 있다. 그러나 동시에 아직 역사의 최종점에 이루어질 하나님의 예언들이 성취되기를 기다리는 가운데 생활한다. 구약의 언약 가운데 이미 이루어진 것들은 신약의 성도들이 그 열매를 향유하고 있는 부분이며, 성취되지 않은 말씀은 아직은 소유하지 못했지만 미래에 소유할 것을 기대하는 부분들이다. 우리는 이미 성취

---

47) Oscar Cullmann, *Christ and Time*, trans., Floyd V. Filson(Philadelphia: Westminster Press, 1950), 18-19.

48) Anthony Hoekema, 『개혁주의 종말론』, 20-24 "구약에 나타난 종말론 개관," 25-37 "신약 종말의 본질," 38-61 "역사의 의미," 62-79 "하나님의 왕국," 97-107 "이미와 아직 사이의 긴장"은 이 주제들에 대해 깊이 있는 성경 신학적 견해를 피력하고 있다. 깊은 연구를 원한다면 이 부분을 참고하기 바란다.

된 하나님의 언약의 축복을 맛봄과 동시에 아직 성취되지 않았으나 성취될 것을 바라는 기대 속에 생활하고 있다. 그래서 신약 성경은 구약 선지자들이 예언하신 말씀이 어떻게 이루어졌는지에 대한 기록을 많이 소유함과 동시에 그것을 이해하고 있음을 보게 된다. 그러나 구약의 예언들이 그리스도가 오시므로 모두 성취된 것은 아니다. 이미 이루어진 것들도 많지만 아직 성취되지 않아서 이루어질 것을 바라는 부분도 있다.

신약성경은 처음부터 구약에서 예언하신 대로 그리스도가 오셔서 구속사역을 완성하셨다고 가르친다. 마태는 그리스도의 탄생을 이사야가 예언한 말씀의 성취로 해석하였다. 마 1:20-23은 "다윗의 자손 요셉아 네 아내 마리아 데려오기를 무서워 말라 저에게 잉태된 자는 성령으로 된 것이라 아들을 낳으리니 이름을 예수라 하라 … 이는 주께서 선지자로 하신 말씀을 이루려 하심이니 가라사대 보라 처녀가 잉태하여 아들을 낳을 것이요 그 이름을 임마누엘이라 하라"고 하였다. 마태는 주님의 탄생은 전적으로 구약 예언의 성취로 보았다. 그뿐 아니라 주님이 이 땅에서 행하신 모든 사역은 구약 성경에서 예언하신 대로 행하여 그 말씀들을 성취되게 하셨다.

아담이 타락한 후 즉시 하나님은 여인의 후손이 뱀의 머리를 상하게 할 것이라고 하셨다. 그 여인의 후손은 아브라함을 통해 나타날 것을 예고하셨다. 아브라함의 씨가 유다와 다윗을 통해 영원히 흔들리지 않고 쇠하지 않는 나라를 건설할 것을 예언하셨다. 이러한 모든 구약의 예언이 그리스도가 오셔서 죽으시고 부활하여 사탄을 정복하시므로 그대로 이루어지고 성취되었다. 그리스도께서는 구약에서 예언하신 말씀을 성취하시므로 자신의 사역을 완수하셨을 뿐 아니라 그리스도를 믿는 성도들 또한 구약 성경에 약속된 하나님의 축복을 누리게 되었다. 구약성경의 대주제가 되는 영원한 하나님의 안식은 그리스도의 사역을 통해 성도들에게 그 열매가 전달되었다. 주님이 죽음에서 부활하신 것은 영원한 하나님 나라에 들어가신 첫 열매가 된다. 첫 열매가 추수되어 하나님의 안식에 들어갔기 때문에 나머지 열매들도 모두 하나님 나라의 안식을 누리게 될 것이다.

예수님이 오셔서 공생애를 시작할 때 세례 요한은 마 3:2에서 "회개하라 천국이 가까웠느니라"고 외쳤다. 예수께서 오시므로 구약 성도들이 기다리던 하나님의 나라가 바로 손닿을 만큼 가까운 곳에 도착하였다는 뜻이다. 세례 요한은 어디까지나 구약에 속한 인물이기 때문에 그리스도를 통해 주어지는 하늘 나라의 큰 기쁨을 풍족하게 누릴 수가 없었다. 그는 하나님 나라의 소식을 전하는 선구자로서 그 나라 밖에 서 있었다. 그래서 주님은 마 11:11에서 세례 요한에 관해 "여자가 낳은 자 중에서 세례 요한보다 큰이가 일어남이 없도다 그러나 천국에서는 극히 작은 자라도 저보다 크니라"고 하셨다. 그는 단지 하나님 나라의 기쁨을 구약의 누구보다 제일 가까운 곳에서 맛보았을 뿐이다. 세례 요한은 구약에 속한 인물이긴 하지만 그리스도를 대면하면서 그가 가르치는 교훈을 듣기도 하고, 행하신 사역을 눈으로 보았다. 그리스도가 오시므로 임하게 된 하나님 나라의 즐거움을 조금 맛보았다. 그러나 그는 여전히 구약의 인물이기 때문에 하나님 나라의 열매를 누렸다고 볼 수 없고, 신약의 성도가 누렸던 하나님 나라의 즐거움에 비하면 약할 뿐이다.

주님은 마 12:28에서 "내가 성령을 힘입어 귀신을 쫓아내는 것이면 하나님의 나라가 이미 너희에게 임하였느니라"고 하셨다. 주님이 성령으로 귀신을 쫓아내신 이 사건은 구약 성도가 그렇게 기다리고 소망하던 하나님의 나라가 이미 그들에게 임한 증거라는 사실이다. 구약의 종말론 사상은 하나님의 나라가 임하도록 기다리는 신앙이었다. 그 구약의 종말론 신앙이 그리스도가 오시므로 성취되었다는 사실을 신약성경은 강하게 선포한다. 구약 성도가 대망하던 하나님의 나라가 그리스도를 통해 이미 성취되었으나, 그 하나님 나라는 장차 미래에 최종적으로 완성될 것이다. 그리스도가 탄생하시므로 하나님 나라가 임하였으나 최종적인 하나님 나라는 아직 미래에 남아 있다. 그리스도를 통해 성취된 하나님의 나라에서 생활하는 신약의 성도들은 이미 하나님의 영원한 안식의 기쁨을 누리고 있으며 그 열매를 즐기고 있다. 그러나 성도들이 누리게 될 완전하고도 최종적인 영원한 하나님의 안식은 아직 미래적이다.

신약의 사도들은 그리스도가 탄생하신 사건을 두고 말세가 시작되었다고 가르친다. 행 2:17에서 베드로는 "하나님이 가라사대 말세에 내가 내영으로 모든 육체에 부어주리라"고 하여 오순절에 성령 충만 받는 사건을 두고 그들은 말세 가운데 생활하고 있다고 하였다. 베드로가 언급한 말세란 그리스도의 초림에서부터 시작하여 재림 때의 기간을 두고 하는 말이다. 구약 시대에는 선지자, 제사장, 왕과 같은 특정한 사역을 받은 사람에게만 한시적으로 하나님께서 성령을 주셨다. 즉 구약 시대는 조건적이고 부분적으로 하나님의 특별한 사역자들에게만 성령을 부어 주셨다. 그러나 그리스도가 오시므로 말세가 시작된 후부터는 그리스도를 믿는 성도들 누구에게나 성령을 부어 주셨다. 하나님의 자녀가 되는데 성별, 나이, 신분, 종족의 차별이 없다. 모든 사람이 성령을 받는 것이 말세가 시작된 증거이다. 요엘 선지자는 하나님의 성령이 모든 육체에 임하면 그것이 말세라 하였다. 그리스도께서 승천하신 후 모든 사람들이 성령 충만을 받았으니 그것이 말세가 임한 증거가 된다.

바울은 갈 4:4에서 "때가 차매 하나님이 그 아들을 보내사 여자에게서 율법 아래 나게 하셨다"고 하였다. 시간의 끝 부분인 때가 찼을 때 그리스도가 탄생하신 것은 역사의 위대한 중심점이 도착하였다는 의미로서 구약의 모든 예언이 성취되었다는 뜻이다.[49] 고전 10:11은 "저희에게 당한 일들(광야에서의 방황)이 거울이 되고 또한 말세를 만난 우리의 경계로 기록하였느니라"고 하여 사도들은 자신도 말세에 생활하고 있다고 하였다. 그러므로 그리스도가 오시므로 종말은 이미 시작되었으며 미래의 최종적 종말을 향해 움직이고 있다. 신약교회는 그리스도가 탄생하시므로 말세가 시작되었다고 믿었다. 구약성도들은 그들을 구원하실 메시아가 세상 끝에 오신다고 믿었다. 이제 그리스도가 오셨으니까 말세가 시작되었다. 말세는 시작되었지만 그리스도가 재림하시는 마지막 그날은 언제인지 누구도 모른다. 말세와 주님이 재림하시는 마지막 그날과는 차이가 있다. 말세가 되었다고 하여 그리스도가 재림하는 그날로 해석하면 곤란하다. 물론 그리스

---

49) Anthony Hoekema, 『개혁주의 종말론』, 29-30.

도가 오시는 역사의 최종적 끝 날은 말세의 마지막 날에 이루어질 것이다. 우리는 이미 시작된 말세에 생활하고 있지만 아직 주님이 언제 오실 것인지 모르기 때문에 그날을 대망하면서 생활해야 한다.

또한 신약의 성도들은 구약에서 예언되고 그들이 바라고 갈망하던 새 시대에서 생활하고 있다. 그리스도를 통해 시작된 이 새 시대는 장차 다가올 또 다른 새 시대를 잉태하고 있다.[50] 그래서 신약 성도들은 두 시대에 걸쳐서 생활하고 있다. 이 세상과 장차 다가올 세상을 뜻한다. 성경은 미래에 다가올 세상을 가리켜 "내세", "오는 세상", 혹은 "저 세상"이라 표현한다.[51] 마 12:32에서 주님은 "누구든지 말로 인자를 거역하면 사하심을 얻되 누구든지 말로 성령을 거역하면 이 세상과 오는 세상에도 사하심을 얻지 못하리라"고 하셨다. 미래의 세상을 내세라고 가르친다. 눅 20:34-35에는 "이 세상의 자녀들은 장가도 가고 시집도 가되 저 세상과 및 죽은 자 가운데서 부활함을 얻기에 합당히 여김을 입은 자들은 장가가고 시집가는 일이 없다"고 하였다. 누가는 내세를 저 세상이라 한다. 눅 18:29-30에서 주님은 "하나님의 왕국을 위하여 아내나 형제나 부모나 자녀를 버린 자는 금세에 있어 여러 배를 받고 또한 내세에 영생을 얻지 못할 자가 없느니라"고 하셨다. 이 말씀들은 모두 이 세상과 저 세상은 자연스럽게 연결되었음을 가르친다. 그리고 이 세상 다음에 연결되어 오는 다른 세상을 가리켜 내세, 오는 세상, 저 세상 등으로 표현한다.

안토니 후크마는 끝(end, completion)이라는 헬라어 단어 신테레이아(synteleia)를 의미있게 분석한다.[52] 이 단어가 복수명사와 함께 사용되면 현재의 시대를 뜻한다. 히 9:26에서 "세상 끝에 그리스도께서 죄를 없게 하시려고 나타나셨느니라"고 한 말씀이 그 예이다. 또한 신테레이아(synteleia)가 단수형과 함께 쓰이면 장차 있게 될 최종적 끝을 뜻한다. 주

---

50) Geerhardus Vos, *The Pauline Eschatology* (New Jersey: Princeton University Press, 1961), 36, Anthony Hoekema 31-32에 인용.

51) Anthony Heokema, 32-33.

52) Anthony Hoekema, 『개혁주의 종말론』, 33-34.

님은 마 28:20에서 "보라 내가 세상 끝날까지 너희와 항상 함께 있으리라"고 하였고, 마 13:39-40, 49에서 "추수는 세상 끝이요"라 하셨다. 마 24:3에서 제자들은 "세상 끝에 무슨 징조가 있으리이까"라고 예수님께 질문하였다. 구약 성도들의 관점에서 본다면 신약의 성도는 세상의 마지막인 말세에 생활하고 있다. 구약 성도가 역사의 흐름을 바라볼 때 메시아가 탄생하는 그때는 역사의 마지막이었다. 옛 언약이 끝나고 새 언약이 시작됨과 동시에 자신들의 환경과 처지가 완전하게 변하는 것으로 믿고 소망하였기 때문이다. 그래서 그들은 그들의 역사가 끝이 나고 새로운 메시아 시대가 도래하기를 대망하는 가운데 생활하였다. 메시아 시대를 기다리는 것이 구약의 종말론 사상과 신앙이다. 마치 신약의 성도가 그리스도의 재림을 고대하고 대망하는 것과 같다.

이 세상의 끝과 다음 세상은 구별되어 떨어져 있는 것이 아니다. 그것은 마치 한 해가 다 지나는 마지막 날 다음에 새해의 아침이 자연스럽게 연결되어 오는 것과 같다. 이는 마치 20세기를 마감하는 마지막 날 밤을 보내면서 21세기의 새 아침을 맞이하는 것과 동일하다. 20세기의 마지막 날과 21세기는 단절되어 있지 않고 자연스럽게 연결되어 있어 마치 평소의 새로운 날의 아침을 맞이하는 것과 같은 방법으로 21세기의 새 아침을 맞게 되었다. 우리가 이 세상의 모든 것을 끝내고 다가오는 내세를 맞이할 때도 이 땅에서 새 아침을 맞이하듯 자연스럽게 맞이할 수 있는 것은 이 세상과 저 세상은 자연스럽게 서로 연결되었기 때문이다. 따라서 그리스도를 믿는 성도들은 이 세상 장막생활이 끝나면 자연스럽게 영원한 하나님 나라에서 안식을 누리게 될 것이다. 그래서 신약의 종말은 마지막으로 일어날 미래의 최종적인 완성 상태(the final consummation)를 아직 바라보면서 생활한다.

그리고 현재 우리 성도들이 그리스도를 통해 누리고 있는 하나님의 안식은 장차 더 크고 풍성한 하나님의 완전한 안식의 축복을 받게 될 보증이며 담보물이 된다. 신약 성경은 그리스도의 초림은 그의 재림을 확실하게 보증하고 담보한다고 가르친다. 행 1:11에서 천사들은 갈릴리 사람들에게 "어찌하여 서서 하늘을 쳐다보느냐 너희 가운데 하늘로 올리우신 이 예수는 하늘로 가심을 본 그대로 오시리라"고 하면서 주님이 가셨기 때문에 반드시 오신다고 하였다. 구약의 선지자가 예언한 대로 그리스도께서 육신으로 탄생하셔서 자신의 사역을 끝내고 하늘로 올라가셨기 때문에, 또한 구약의 예언과 같이 재림하실 것은 분명한 사실이다. 구약 성경에서 예언한 그대로 그리스도가 탄생하였을 뿐 아니라 구약이 예언한 그대로 그리스도는 자신의 사역을 완성하고 하늘나라로 올라가셨다. 그래서 그리스도의 초림과 그의 사역은 그의 재림의 보증과 담보가 된다.

히 9:27-28은 "한 번 죽는 것은 사람에게 정하신 것이요 그 후에는 심판이 있으리니 이와 같이 그리스도도 많은 사람의 죄를 담당하시려고 단번에 드리신 바 되셨고 구원에 이르게 하기 위하여 죄와 상관없이 자기를 바라는 자들에게 두 번째 나타나시리라"고 하였다. 그리스도께서 과거에 나타나셨던 것처럼 미래에도 나타나실 것을 가르친다. 그리스도의 초림이 재림의 담보와 보증이 되는 것처럼 성도가 지금 취하고 있는 안식의 기쁨은 장차 영원한 안식의 담보가 된다. 구약의 선지자는 장차 나타날 메시아와 그의 사역에 관해 많은 예언을 하셨다. 그 가운데 많은 부분이 그리스도를 통해 성취되고 이루어졌다. 구약의 예언들이 그리스도를 통해 이미 완전하게 이루어진 것을 보아 아직 성취되지 않은 약속들도 이루어질 것이 확실하다. 이미 성취된 약속들은 앞으로 이루질 언약의 담보와 보증이 된다. 이는 마치 약혼자의 기쁨은 결혼한 신랑 신부의 기쁨과 행복의 담보와 보증이 되는 것과 동일하다. 결혼을 약속한 약혼자는 약혼자로서 느끼는 즐거움이 미래의 행복과 기쁨의 보증이 된다. 약혼 후에 기쁨이 있는 것으로 보아 장차 결혼 후에는 더 큰 즐거움과 행복이 있을 것으로 믿는다. 현재 성도들의 마음에 그리스도가 주신 안식과 평안한 마음은 미래에 받아 누리게 될 영원한 안식의 보증이며 담보가 된다.

그리스도의 오심이 역사의 가장 중요하고 의미있는 사건이다. 쿨만은 이 것을 제2차 대전 후의 상황으로 재미있게 표현하였다.[53] 그리스도께서 처

---

53) Oscar Cullmann, *Christ and Time*, 81-83.

음 이 땅에 오셔서 십자가에 죽으시고 부활하시므로 사탄을 이긴 결정적인 구원의 사건을 D-day라 불렀다. Decision-day 즉 결판의 날 혹은 결전의 날이라는 뜻이다. 그리스도께서 십자가에 돌아가시므로 사탄의 세력을 무찌른 것을 2차 대전 때 1944년에 연합군이 노르망디 해안에 성공적으로 상륙하여 전투한 날에 비유하였다. 연합군은 그날 이 전투에서 결정적 승리를 거두었다. 전쟁이 사실상 결판이 난 날이라 하여 D-day라 불렀다. 1944년 연합군이 노르망디 상륙 작전에 성공하였다 하여 전쟁이 완전히 끝이 난 것은 아니다. 독일군들은 결정적인 패배를 당한 후에도 여전히 패잔병들이 유럽 전역을 돌아다니면서 양민을 학살하고 재산을 탈취하는 일을 자행하였다. 그러나 그러한 패잔병들의 소탕과 그 잔재를 없이하는 것은 시간 문제였다. 시간이 흘러 전쟁이 완전히 끝이 나면 그들은 스스로 항복하거나 고향으로 돌아갈 것이다. 연합군이 독일의 수도인 베를린을 진격하여 함락시키고 전쟁이 끝났을 때 그 패잔병들의 사령관과 본부는 사라졌다. 비록 독일군이 완전히 패망하였음에도 불구하고 독일군의 말단 부대와 병사들에게까지 그들이 전쟁에서 완전히 패하였다는 소식이 전달되고 개개인의 병사가 자신들의 패전을 받아들이고 인식하는데는 상당한 시간이 필요하였다.

사탄은 완전히 결정적 패배를 맛보았으나 그 잔당들이 남아서 성도를 괴롭히면서 안식을 취하지 못하도록 활동을 하고 있다. 그러나 사탄의 그러한 활동은 제한적이며, 시한적이고 잠정적일 뿐이다. 연합군이 독일의 수도 베를린을 함락한 날을 가리켜 V-day 즉 승리의 날이라 한다. 전쟁이 종결되어 완전한 승리가 확정된 날이라는 뜻이다. 그리스도께서 최후 승리의 깃발을 들고 재림하시는 그날 그들은 모두 완전 소탕될 것이다. 주께서는 결정적 승리의 날인 D-day를 과거에 성취하셨지만, 주님이 재림하시는 V-day는 아직 미래석이나. 이처럼 선생이 결판난 날과 완전한 승리를 거두어 끝이 난 날 사이는 많은 시간이 걸린다. 이와 같이 그리스도의 초림을 통해 사탄의 세력이 결정적 패배를 당한 날과 사탄이 완전히 패하여 그들의 모든 잔당들과 세력이 하나님께서 준비한 무저갱으로 들어가는 결정적으로 전쟁이 끝나는 그날 사이에는 상당한 기간이 있다. 지금 신약교회의 성도들은 사탄이 결정적으로 패배한 날과 완전히 패하여 무저갱으로 들어갈 날의 중간 시점에서 생활하고 있다.

그리스도가 오셔서 십자가에서 죽으시고 부활하시므로 사탄은 머리가 깨어지고 척추가 부스러져 힘을 쓰지 못하게 되었다. 사탄은 그리스도의 십자가와 부활을 통해 결정적 상처를 입었다. 그리스도께서 사탄에게 결정적 패배를 안겨 주시므로 그를 믿는 성도들의 승리도 결정적이 되었다. 아담에게 주셨던 하나님의 안식이 사탄의 간계와 획책에 의해 탈취를 당하였다. 그러나 이제는 그리스도께서 그 사탄을 정복하시므로 성도들에게 다시 영원한 안식이 주어지게 되었다. 사탄은 결정적 패배를 당하고 그리스도께서 결정적 승리를 하셨기 때문에 성도들에게 영원한 안식이 주어지는 것도 결정적이다. 그럼에도 불구하고 최후의 승리는 아직 미래에 남아 있다. 최종적 승리가 완성되는 시점은 그리스도께서 재림하실 때이다.

그리스도의 죽으시고 부활하심을 통해 성취하신 결정적인 구원은 첫 열매에 해당된다.[54] 그러나 구원의 최종적 완성 즉 완성된 구원은 아직 우리를 기다리고 있다. 구원의 첫 열매의 추수가 시작되었기 때문에 나머지 모든 성도의 구원인 추수의 타작 마당 완료는 시간문제일 뿐이다. 예수님이 이 세상에 다시 오실 때 이 구원의 완성이 이루어질 것이다. 우리는 구원의 첫 열매의 맛을 보았기 때문에 이미 구원받았다. 우리는 구원받아서 안식을 누리고 있는 것은 사실이지만, 아직 완성되지 않은 안식을 누리고 있기 때문에, 완성을 바라는 자로서 주님의 재림을 기다리면서 완전하고 영원한 하나님의 안식을 소망하고 있다. 신약 성도는 그리스도께서 성취하신 구원을 통해 안식의 기쁨과 즐거움을 이미 누리고 있다. 그러나 지금 성도가 맛보고 경험하는 안식이 확실하고 분명하기는 하지만 완전히 성취된 안식은 아니다. 그 결과 현재 성도들이 맛보고 느끼는 안식의 기쁨은 아직 불완전하고 미완성적인 면이 있다. 우리는 구원의 첫 열매를 받고 구원의

---

54) 김세윤, 『구원이란 무엇인가?』(서울: 도서출판 참말, 1993), 76-78.

완성을 기다리는 자로서 예수님의 초림과 재림 사이에 살고 있다.

그리스도께서 오시므로 과거의 모든 예언이 성취되고 있을 뿐 아니라 미래의 모든 것도 결정된다.[55] 그리스도께서 우리를 이미 새 시대 즉 하나님의 나라인 영원한 안식으로 인도하셨다고 가르친다. 주님은 요 5:24에서 "내 말을 듣고 나 보내신 이를 믿는 자는 영생을 얻었고 심판에 이르지 아니하리니 사망에서 생명으로 옮겼느니라"고 하셨다. 주님의 이 말씀은 그리스도의 말씀을 믿는 자는 그 생명이 사망에서 생명으로 이미 옮겨졌다는 뜻이다. 사망에서 생명으로 옮겨진 것은 과거에 이루어졌는데 그 결과는 지금까지 계속되고 있다는 의미이다. 구원은 단회적으로 이루어지지만 그 결과는 지속적으로 영원히 계속된다는 것이다. 바울은 골 1:13에서 하나님이 "우리를 흑암의 권세에서 건져내사 그의 사랑의 아들의 나라로 옮기셨다"고 하면서 우리가 죄의 옛 세대의 권세로부터 해방되었다고 가르친다. 엡 2:5-6에서는 "그리스도와 함께 우리를 살리셨고 또 함께 일으키사 그리스도 예수 안에서 함께 하늘에 앉히셨다"고 하면서 성도들은 이미 새로운 세대에서 생활하고 있음을 가르친다. 성도들이 누리는 새 시대의 기쁨은 그리스도의 부활을 통해 얻어진 것이다. 그리스도의 사역이 사탄의 세력으로 상실되었던 하나님의 안식을 회복하게 되었다.

2) 하나님 나라와 안식

위에서 살펴본 바와 같이 아브라함과 다윗을 통해 언약된 하나님의 나라가 다니엘은 장차 인자가 나타나서 메시아의 왕국을 건설하므로 성취될 것으로 보았다. 그리고 그 나라는 영원하며 그 나라의 백성은 나라를 얻어 영원히 안식을 누리게 된다고 하였다. 하나님의 뜻과 주권이 지배하고 다스리는 하나님 나라의 백성이 된다면, 틀림없이 완전한 안식을 누리게 될 것이다. 신약 성경은 그리스도가 오시므로 구약에서 예언한 하나님의 나라가 임하였다고 선언한다. 세례 요한은 마 3:2에서 "회개하라 천국이 가까

---

55) Oscar Cullmann, *Christ and Time*, 72.

윘느니라"고 외쳤다. 요한은 하나님의 나라가 곧 올 것을 외쳤다. 그러나 주님은 자신의 공생애를 시작으로 이미 하나님의 나라가 임하였다고 선포하셨다. 막 1:15에서 "때가 찼고 하나님의 나라가 가까웠으니 복음을 믿으라" 하셨다. 주님은 "때가 찼다"고 하셨는데 그 의미는 선지자들이 선포한 때가 지금 이미 찼고 그 왕국은 현재 주님 자신의 인격 속에 존재하고 있다고 말씀하셨다.

마 12:28에서 주님은 "하나님의 나라가 이미 너희 가운데 임하였느니라"고 하셨다. 주님은 하나님의 나라가 자신의 사역을 통해 성취되고 있다고 하셨다. 세례 요한의 질문을 받고 마 11:4-5에서 "소경의 눈을 뜨게 하고, 압제 당하는 자들을 자유롭게 하고, 가난한 자들에게 복음이 전파된다"고 답하셨다. 예수께서 세례 요한에게 답하신 이 말씀은 메시아가 나타나서 행하실 사역에 관한 말씀이다. 구약에서 메시아는 새로운 하나님의 나라를 임하게 한다고 믿었다. 그러므로 그리스도의 초림은, 곧 하나님 나라가 오게 한 것이다. 주님은 자신의 사역을 통해 하나님 나라가 임하였음을 가르친다. 이러한 일들은 사탄의 노예로서 압제 당하며 고생하던 사람들이 그리스도의 사역으로 평화와 안식을 누림을 보여 준다.

하나님의 나라는 무엇인가? 하나님 나라란 무엇보다 하나님의 지배나 통치를 받는 것을 뜻한다.[56] 리더보스에 의하면 하나님 나라는 하나님께서 왕으로서 신적인 행위를 하는 것이라 하였다.[57] 그리고 하나님 나라에서 하나님이 직접 통치하시는 목적은 사탄의 활동으로 인해 그의 백성이 죄와 사망에 붙들려 사탄의 노예 생활하는 것으로부터 구원하여 새 하늘과 새 땅인 영원한 안식으로 인도하여 영원한 하나님 나라를 건설하기 위함이다. 하나님께서 성도들에게 죄와 죽음을 안겨 주는 사탄의 세력을 꺾으시고 자신의 나라를 건설하시므로 그 나라의 백성인 성도들에게는 참평안

---

56) George E. Ladd, *The Presence of the Future* (New York: Harper and Row, 1964), 127-138.

57) Herman Ridderbos, *The Coming of the Kingdom*, trans. H. de Jongste, ed. Raymond O. Zorn (Philadelphia: Presbyterian and Reformed Publishing Co., 1962), 24.-25, quoted by Anthony Hoekema, 67.

과 안식이 임하게 되었다. 그 영원한 새 하늘과 새 땅의 건설은 그리스도가 오시므로 하나님 나라로서 출발되었다. 그래서 그리스도가 오셔서 사역하시므로 구속사의 위대하고 장엄한 드라마가 시작되었으며 이는 또한 하나님 나라의 새로운 시대가 시작되었다는 것을 의미한다.

또한 하나님 나라는 성도 개인의 구원과 한 사람의 마음에만 임하는 것이 아니라는 뜻이다. 하나님이 창조하신 천지만물을 창조주 자신이 친히 통치하고 다스린다는 것을 뜻한다. 하나님은 우주와 역사의 키를 잡고 움직이시는 왕으로서 자신이 의도하고 정하신 목표와 방향을 향해 나가도록 역사 과정 가운데서 행동하신다.[58] 따라서 하나님 나라는 인간의 노력이나 그 어떤 영향도 받지 않은 순수한 하나님의 뜻과 사역의 결과다. 하나님의 나라가 하나님의 주권적 은혜와 능력에 의해 세워졌기 때문에 하나님의 나라에서 성도들이 받는 축복도 하나님의 주권적인 은혜로 주어지는 결과이다. 그러므로 하나님 나라에서 성도들이 누리게 될 영원한 하나님의 안식도 인간의 노력의 산물이 아니며 하나님께서 주권적 은혜로 주시는 선물이다.

하나님 나라에 관한 연구를 하는 데에 하나님 나라가 미래적 실체인지, 현재적 실체인지에 대한 논의가 많았다. 그러나 대부분의 개혁주의 신학자들은 하나님의 나라는 현재적이면서 또한 동시에 미래적이라고 해석한다. 주님은 마 12:28에서 "내가 하나님의 성령을 힘입어 귀신을 쫓아내는 것이면 하나님의 왕국이 이미 너희에게 임하였느니라"고 하여 예수께서 공생애를 시작하실 때 하나님의 나라가 이미 나타났다고 가르쳤다. "임하였다"는 단어인 에프타센(ephthasen)은 "도착하다," "임하다"로서 과거 시제이다.[59] 앞으로 임할 것을 가리키는 미래 시제가 아니다. 예수께서 귀신을 쫓아내신 것은 하나님의 나라가 이미 임하였으며, 임한 상태가 현재까지 계속되고 있다는 뜻이다. 주님이 귀신을 쫓아낸 이 사건은 하나님 나라가 임한 증거이다. 귀신을 쫓아내기 위해서는 강한 귀신을 결박하고 무너

---

58) George E. Ladd, *The Presence of the Future*, 331.
59) Anthony Hoekema, 『개혁주의 종말론』, 71.

뜨리지 않는다면 불가능하다. 주님은 사탄을 결박하시므로 하나님의 나라를 건설하셨다.

　또한 눅 17:20-21에서 "하나님의 왕국은 볼 수 있게 임하는 것이 아니요 또 여기 있다, 저기 있다고도 못하리니 하나님의 왕국은 너희 안에 있느니라"고 하셨다. 하나님의 나라는 세상 정치적 왕국처럼 모든 사람의 눈에 띄도록 나타나지 않는다는 것이다. 단지 예수를 구주로 믿는 그 마음이 하나님 나라에 들어가는 필수적인 조건이 된다는 것이다. 마음에 그리스도를 구주로 믿는 자는 그 마음에 하나님의 나라가 임하였다. 하나님의 나라가 현재 그들 가운데 임한 것이다. 즉 그리스도께서 행하신 사역과 그의 말씀을 믿는 자는 이미 하나님께서 주시는 안식과 평안을 그 마음에 소유하고 있다. 그리스도를 믿는 사람의 마음에 하나님 나라가 현재 임하였을 뿐 아니라 그 나라 백성들이 누리는 안식의 축복도 현재 누리고 있다. 이러한 말씀들은 하나님 나라의 현재성을 가르친 것이다.

　주님은 하나님 나라의 현재성과 함께 미래의 실체에 관해서도 동시에 가르치셨다. 마 13:24-43에서 가르친 가라지 비유에서, "추수 때에 가라지는 먼저 거두어 불사르게 단으로 묶고 곡식은 모아 내 곳간에 넣으리라"(13:30) 하셨다. 그리고 가라지를 거두어 불사르는 것같이 "이 세상 끝도" 천사들이 그 나라에서 모든 넘어지게 하는 것과 또 불법 행하는 자들을 풀무불에 던져 넣고, 의인들은 "아버지의 나라에서" 해 같이 빛나리라(13:40-43)고 하셨다. 이 말씀은 의인들이 장차 하나님 나라에서 해처럼 빛날 것을 가르치므로 하나님 나라의 미래성에 대해 하신 교훈이다. 또한 마 13:47-50의 그물 비유에서도 하나님 나라의 미래적 실체에 대해 가르치셨다. 어부가 그물에 가득한 물고기를 끌어내어 좋은 것은 그릇에 담고 못된 것은 내어버린다. 이와 같이 "세상 끝에도" 천사들이 와서 의인 중에서 악인을 갈라내어 풀무불에 던져 넣으리니 거기서 울며 이를 갊이 있으리라고 하셨다. 예수님은 하나님 나라의 현재적인 것과 함께 미래적인 것에 대해 동시에 가르치셨다. 현재적인 하나님 나라는 이미 성도의 개인과 인류 역사에서 이루어진 것이지만, 미래적인 하나님 나라는 앞으로 전개되고 이루어질 하나님 나라에 관한 말씀이다. 성경은 분명하게 하나님 나라의 양면성을 동시에 가르친다.

사도 바울도 하나님 나라의 현재성과 미래성을 동시가 가르치고 있다. 먼저 바울이 가르치는 하나님 나라의 현재성에 대한 말씀은 다음과 같다. 롬 14:17에서 "하나님의 왕국은 먹는 것과 마시는 것이 아니요 오직 성령 안에서 의와 평강과 희락이라"고 하였다. 하나님 나라의 시민이 가져야 할 진정한 관심사는 먹고 마시는 음식물에 있지 않고 하나님의 뜻에 순종하는 일이다.[60] 하나님의 뜻에 순종하는 그 일이 현재 생활에서 행해져야 한다. 따라서 바울은 이 말씀에서 하나님 나라의 현재성에 대해 가르친다고 할 수 있다. 또한 골 1:13-14에서 "그가 우리를 흑암의 권세에서 건져내사 그의 사랑의 아들의 왕국으로 옮기셨으니 그 아들 안에서 우리가 구속 곧 죄 사함을 얻었도다"라고 기록하였다.

하나님께서 골로새 교인들이 사탄의 굴레 아래서 생활하던 곳에서 해방시켜 그리스도의 나라 백성이 되게 하셨다. 그래서 그들이 그리스도를 믿으므로 죄 사함을 받아서 마음에 하나님 나라가 현존해 있다. 죄 사함 받아 하나님 나라의 백성이 된 것은 과거이지만 그 결과가 현재까지 미치고 있다. 골로새 교인들은 그 편지를 받을 당시에 하나님 나라가 그들 마음에 세워져 있었다. 죄사함을 받은 사람의 마음에 하나님의 나라가 임하였다면 그 사람은 하나님의 안식을 이미 소유하고 있는 것이다. 하나님 나라의 현재성을 가르치는 말씀이다.

바울은 하나님 나라의 미래성에 대해서도 분명하게 가르쳤다. 딤후 4:18에서 "주께서 나를 모든 악한 일에서 건져내시고 또 그의 천국에 들어가도록 구원하시리니"라고 쓰고 있다. 바울은 자기를 천국에 들어가도록 주님이 보호하여 인도하신다고 믿고 있었다. 주님이 자신을 하나님 나라로 안전하게 인도하시리라고 확신하였다. 천국에 들어가는 것은 미래이기 때문에 하나님 나라의 미래성에 대해 하신 말씀이다. 고전 6:9은 "불의한 자

---

60) John Murray, *The Epistle to the Romans* vol II, 193-194.

가 하나님의 왕국을 유업으로 받지 못할 줄을 알지 못하느냐"고 하였다. 유업으로 받는다는 뜻은 어떤 사람이 미래 어느 시점에 받게 될 축복에 관한 말씀이다. 바울은 이 말씀에서 어떤 사람은 하나님 나라에 들어가지 못할 것을 가르치면서 하나님 나라를 미래적 의미로 사용하고 있다. 하나님의 나라가 미래적이라면, 하나님 나라의 영원한 안식도 여전히 미래적이다.

지금까지 언급한 것을 종합하면 예수님과 바울은 하나님 나라의 현재와 미래성에 대해 함께 가르치고 있다. 하나님 나라는 인간 생활에 하나님의 주권을 세우시기 위해 동적으로 활동하는 하나님의 구속적 통치이다. 세상 끝 날 예수께서 재림하실 때 완전한 모습으로 나타나게 될 이 하나님의 나라는 이미 예수님의 인격과 사역을 통해 인간 역사에 임하였다. 이로 인해 그리스도는 사탄을 이기셨기 때문에 사탄의 억압으로부터 인간을 구원하여 하나님의 영원한 안식으로 인도하실 것이다. 그래서 하나님 나라는 두 개의 중요한 사건들과 관련되어 있는데 하나는 역사 안에서 그리스도의 십자가를 통해 성취된 하나님의 나라이고, 또 다른 하나는 그것이 역사의 마지막에 그리스도의 재림을 통해 완성될 것이다.[61]

리더보스는 하나님 나라의 현재와 미래를 분리하여 생각할 수 없다고 하였다.[62] 신약의 성도들은 그리스도의 사역을 통해 이미 이루어진 하나님 나라에서 생활하기 때문에 그 나라의 안식을 지금 현재 이미 맛보고 있다. 하나님께서 그의 사랑하는 자녀들에게 주시는 하나님의 안식에 동참하는 현재성이다. 성도가 그리스도를 통해 이미 안식을 누리고 있는 것은 사실이지만 지금의 안식은 충만하고 완전한 것이 아니므로 완전하고 부족함이 없는 안식은 장차 미래에 얻게 될 것으로, 안식의 미래적 요소를 가르친다.

신약의 성도들은 구약 선지자들에 의해 예언되었던 말세에 생활하고 있다. 그러나 최종적인 세상의 끝 날은 아직 도래하지 않았다. 신약교회의 성도들은 그리스도께서 십자가와 부활을 통해 성취하신 구원의 기쁨을 맛보

---

61) George E. Ladd, *The Presence of the Future*, 218.
62) Herman Ridderbos, *The Coming of the Kingdom*, 468.

았고 성령의 교통하심으로 인해 하나님 나라의 안식을 이미 경험하고 있다. 그러나 지금 누리고 있는 안식의 기쁨과 평안이 큰 위안이 되는 것은 사실이지만 장차 하늘 나라에서 경험하게 될 그것과는 큰 차이가 있다. 우리는 아직도 그리스도의 재림과 함께 우리 육체와 온 우주가 변화될 그날을 기다리고 있다. 신약의 성도들도 마지막 날들 가운데서 생활하는 것은 사실이지만 아직 마지막 최후의 그날을 경험하지는 않았다.

3) 긴장된 신앙생활과 안식

성도들은 그리스도의 사역으로 말미암아 새 사람이 되었다. 그러나 우리는 부패하고 타락하기 쉬운 육체의 장막 속에 거하고 있기 때문에 불완전한 인격체들이다. 사도 바울도 롬 7:19에서 "내가 원하는 바 선은 하지 아니하고 도리어 원치 아니하는 바 악은 행하는도다" 하였으며 롬 7:24에서는 "오호라 나는 곤고한 사람이로다 이 사망의 몸에서 누가 나를 건져내랴" 하고 탄식하였다. 바울은 거듭나서 하나님의 자녀가 되었으나 자신 속에 거하는 죄의 악한 본성이 있음을 가르친다. 분명히 구원받아 하나님의 자녀가 되었으나 이 땅에서 생명이 끝날 때까지 죄악에 대항하여 투쟁하면서 생활해야 하는 성도의 고뇌를 보여 주고 있다. 바울은 자신의 의지와 생활은 하나님의 뜻을 지키고 순종하고 싶으나 자신도 모르게 자기의 생활 가운데서 자신을 악으로 몰고 가는 끊임없는 자아 분열현상이 나타나고 있음을 안타까워하고 있다. 이러한 고뇌와 갈등은 그리스도를 믿는 모든 성도들이 땅 위에서 공통적으로 경험하는 일들이다.

우리가 그리스도의 보혈을 통하여 모든 죄가 사함을 받았고 의롭게 되어 하나님의 자녀가 되었으나 아직도 우리 자신 속에 또 다른 악한 자아와 더불어 투쟁하게 된다. 이미 구원받았지만 우리의 육신적 생명이 다 하든지 아니면 그리스도가 오실 때까지 이러한 갈등은 계속하여 반복될 것이다. 그 이유는 사탄의 패잔병들이 남아 있어 우리 가운데 역사하기 때문에 이 사탄의 패잔병과 싸움이 끝나고 완전한 하나님의 안식을 누리기를 우리 모두가 소망하고 있다. 우리 성도들이 이미 과거에 구원받아 현재 하나님의 안식을 체험하고 있는 것은 사실이지만 죄와의 투쟁과 갈등이 없는 완전한 안식은 여전히 미래적이다.

그리스도를 믿는 성도들은 그 마음에 이미 하나님 나라의 안식을 소유하고 있는 것은 사실이지만, 완전한 하나님은 미래에 나타날 것이다. 그때까지는 하나님의 안식을 소유하고 있는 성도들도 그 안식을 해치려는 사탄의 세력과 투쟁을 하고 있다. 확실하고 분명한 하나님의 나라가 임하였지만 그럼에도 불구하고 그리스도가 임하여 완전한 하나님의 나라가 최종적으로 성취될 때까지 성도가 누리는 안식을 파괴하려는 사탄의 세력과 투쟁은 계속될 것이다. 비록 사탄이 머리가 깨어지고 척추가 부서져서 그 세력이 약화되어 완전 괴멸이 결정적이고 시간 문제이긴 하지만, 아직 그 잔당들이 남아 하나님의 백성들이 그리스도로부터 받은 안식을 파괴하려는 활동이 그날까지 계속될 것이기 때문이다. 그것이 이 이미 구원받아 안식을 누리는 성도들이 이 땅에서 걸어가는 순례자의 길이다.

세계와 인류 역사는 하나님께서 인도하고 섭리하시는 방향을 따라 움직이고 있다. 하나님이 역사의 주인이시기 때문에 하나님은 그리스도를 중심으로 한 역사를 진행하신다. 그래서 구약은 오실 그리스도를 바라보고 생활하게 하였고, 신약은 이미 오신 그리스도를 믿고 다시 오실 그리스도를 소망하면서 생활하도록 하셨다. 이것은 그리스도의 탄생이 연도 계산의 출발점이 된 것만 보아도 알 수 있다. 우리는 그리스도 탄생 전 시대를 기원전이라 하고 그리스도가 탄생한 후 시대를 기원 후 시대라 한다. 이것은 그리스도의 사건이 시간과 역사의 중심점이 되고 있다는 증거이다.[63] 예수 그리스도가 역사의 중심이기 때문에 전 인류 역사는 그리스도에 의해 지배되고 있다. 역사는 하나님의 구속의 영역으로 그 가운데서 하나님은 그리스도를 통해서 인간의 죄를 사하시고 인간과 화목하셨다.

그리스도가 오시므로 사탄은 머리가 깨어지고 결정적인 패배를 맛보게 되었고, 하나님과 멀어졌던 인간은 하나님의 자녀의 신분을 회복하여 다시

---

63) Oscar Cullmann, *Christ and Time*, 18-19.

찾았다. 그리스도의 탄생과 부활을 기점으로 하여 새로운 시대가 열렸기 때문이다. 어느 나라가 속국으로 있어 그 나라가 섬기던 국가가 다른 나라와의 전쟁에서 패하게 된다면 속국으로 섬기던 나라로부터 해방과 자유를 얻는 것은 분명하다.

그 예로 대한민국은 일본의 속국으로 36년 간 가혹한 박해와 멸시 천대를 받았다. 그렇게 잔혹한 학대와 천대를 받았지만 우리 국민의 힘으로는 일본의 잔악한 통치권에서 벗어날 힘이 없었다. 우리 민족이 그러한 고통을 당하고 있는 가운데 제2차 세계 대전이 발발하여 미국은 일본을 무너뜨리고 승리하였다. 일본이 미국에 패하므로 그들이 신으로 섬겼던 일본의 천황은 미조리 호 배 위에서 미국의 맥아더 사령관에게 항복문서를 낭독하였다. 일본 천황의 항복 문서가 라디오를 통해 한반도 전역에 중계되는 순간 대한민국의 모든 국민은 자유만세를 외치면서 기다리고 고대하던 해방이 도래하였음을 외쳤다.

새로운 시대가 열리면 많은 사람들의 신분에 변화가 생기게 된다. 일본이 전쟁에서 패하고 연합군이 승리하는 새로운 시대가 열리자 대한민국 백성들은 식민지 국민의 신분에서 자유시민으로 바뀌게 되었다. 그리스도가 사탄을 정복하고 무찌르므로 새로운 시대가 열렸다. 그 결과 과거 사탄의 압제 하에서 고통당하면서 사탄의 종으로 있던 사람들의 신분에 변화가 발생하는 것은 자연스러운 일이다. 사탄의 노예 신분에서 하나님의 자녀의 신분으로 변하게 되었다.

새로운 시대가 열렸음에도 불구하고 모든 사람이 그 새 시대의 축복에 동참하는 것은 아니다. 이는 마치 선거에 당선된 대통령이 국회의사당 앞에서 팡파르를 울리면서 새로운 정권이 탄생했음을 축하하고 알리지만 모든 국민이 동참하는 것은 아닌 것과 같다. 1945년에 제2차 세계 대전을 일으켰던 일본과 독일은 패망하였다. 그런데 1986년도에 필리핀의 어느 섬에서 그때까지 아직 전쟁이 종결된 줄 모르는 일본군 졸병이 2차 대전 때 자기 상관이 지시한 그 명령대로 산에서 야생 음식으로 연명하면서 참호 속에서 보초를 서고 있었다. 실재로 2차 대전 종결 후 전쟁이 끝이 난

줄 모르고 자기 임무에 충실한 군인들은 유럽에서도 많았다. 그들은 이미 전쟁이 종결되어 새로운 시대가 도래하였다는 사실을 모르고 있었기 때문에 여전히 옛 시대의 관습대로 생활했던 것이다.

지금도 그리스도께서 사탄을 박멸하고 새로운 하나님 나라를 세우신 사건을 알지 못하는 사람들이 상당수 있다. 다시 말하면 실재로는 A. D.(주후시대)에 생활하면서도 B. C.(주전시대)에 생활하는 것처럼 사는 사람도 있다. 그러나 패잔병들이 전쟁이 끝나고 새로운 시대가 도래하였다는 사실을 모른다고 하여 새로운 시대의 사람들이 그들로부터 무슨 영향을 받는 것은 아니다. 단지 새시대가 도래한 줄도 모르고 옛 시대의 관습에 붙들려 있는 그들이 불쌍할 뿐이다. 자기들의 지휘관이 벌써 항복하였는데도 그러한 사실과 이미 새시대가 도래한 줄도 모르고 여전히 자유시민을 괴롭히고 약탈하는 등의 지엽적인 소요를 유발시키는 그들의 활동은 너무나 제한적이고 한시적일 뿐이다.

구약 선지자들은 하나의 종착점을 향해 움직이는 역사관을 제시하였다. 그러나 그것이 하나의 최종 종착점이기는 하지만 두 단계의 목표가 겹쳐져 있었다. 구약의 성도들은 메시아가 오시면 완전하고 최종적인 하나님 나라가 임할 것으로 기대하였다. 그러나 그리스도의 십자가와 부활은 그의 재림을 바라보게 하는 또 하나의 다른 사건과 연결되어 있다. 구약 성도들은 너무 멀리 떨어져서 역사를 바라보았기 때문에 그리스도의 초림과 재림을 하나의 사건으로 생각하고 바라보았다. 이는 마치 몇십 리 떨어진 먼 곳을 바라볼 때 앞에 있는 낮은 산과 그보다 멀리 떨어진 높은 산이 겹쳐있어 산은 분명히 두 개 임에도 불구하고 한 개의 산으로 보이는 것과 같다. 구약 성도들은 그리스도의 초림과 재림을 정확하게 구별하지 못하는 수도 있었다. 그리스도가 오시면 바로 세상의 종말도 함께 오는 것으로 믿었으나, 그리스도의 초림과 재림은 연결되어 있지만 이 두 사건은 구별되고 분리되어 있다.

그리고 그리스도의 초림과 부활을 바라본 사람은 자연히 그의 재림도 경험하게 되어 있다. 우리는 그리스도의 부활을 믿기 때문에 재림 때 나타날 영광의 맛을 앞당겨 보고 있다. 우리는 앞으로 다가올 세대의 능력들을 향유하고 있지만 동시에 죄와 고난과 죽음으로부터 완전히 자유롭게 된 것은 아니다. 비록 성령의 첫 열매를 맛보고 있는 것은 사실이나, 아직도 최종적 구속을 바라고 기다리면서 내면적으로 탄식과 신음을 하고 있다. 이런 의미에서 신약의 성도들은 구약의 성도들보다 하나님의 구속적 축복의 열매를 훨씬 풍성하고 깊게 향유하고 있다. 그리스도가 신약의 성도들에게 구약 시대보다 풍성한 안식의 축복을 주셨음에도 불구하고 그 안식이 아직 완성되지 않았기 때문에 갈등과 고민에 쌓여 있다.

그리스도가 결정적인 승리를 하시므로 성도들에게 안식을 주셨지만 아직도 사탄의 잔병들과 투쟁하면서 날마다 죄와 더불어 전투를 벌이고 있다. 이러한 긴장과 투쟁은 성도들 개인에게만 있는 것이 아니고 진행되는 역사 속에서 하나님과 사탄의 세력간에도 있다. 물론 이 투쟁의 결정은 이미 하나님의 승리로 확실하게 예고되어 있지만 그 싸움이 완전히 종결 된 것은 아니다. 그리스도께서 초림하신 후 하나님 나라의 성장과 발전과 병행하여 사탄의 나라도 성장하였다. 이러한 공존은 예수께서 재림하셔서 알곡과 가라지를 분리하는 추수 때까지 계속 될 것이다. 즉 사탄의 왕국은 그리스도께서 최후의 심판을 하실 때까지 존속할 것이다. 역사에서 선과 악은 계속 공존한다. 선이 악에 대해 절대적으로 우세한 능력으로 나타나지 않고, 악이 선에 대해 우세한 능력으로 나타나지도 않는다. 이 양면은 그리스도가 재림하실 때까지 계속될 것이다.[64]

우리가 생활하는 주변에는 역사의 어둡고 암울한 장면들이 나타날 때도 있다. 우리는 가끔 역사적 운동과 세력들을 흑백 논리로 생각할 때가 있다. 그래서 교회는 선하고 세상은 악하다고 생각하기도 한다. 그러나 역사의 현장은 우리가 생각하는 것보다 훨씬 더 복잡하고 많은 것들이 얽혀 있다. 교회에도 악한 것들이 있고 세상에도 선한 것들이 있을 수 있다. 카이퍼는 "세상은 종종 우리가 생각했던 것보다 더 좋은 경우도 있고, 반면에 교회

---

64) Hendrikus Berkhof, *Christ the Meaning of History* trans. L Buurman (Richmond: John Knox Press, 1966), 177-178.

도 우리가 바라고 기대하는 것보다 더 악한 경우도 있다"고 하였다.[65] 하나님의 나라와 함께 적그리스도의 세력도 팽창하고 있기 때문이다. 적그리스도의 세력이 나타나는 것은 하나님 나라의 어두운 한 측면일 뿐이다.[66] 그러나 적그리스도도 항상 하나님의 전능하신 주권 하에서 활동한다는 사실을 알아야 한다. 그러므로 이 땅에서 발생하는 사탄의 모든 활동들이 궁극적으로는 하나님의 선한 뜻을 성취하는데 도구로 사용될 뿐이다. 하나님은 모든 것이 협력하여 자신의 선한 뜻을 이루는데 사용하신다. 현재 선과 악이 공존하지만 궁극적으로는 하나님의 왕국이 사탄의 나라를 지배할 것이다. 그리스도께서 악한 사탄의 머리를 부수고 허리를 꺾으셨기 때문에 최후 승리의 소유자는 하나님이시라는 사실은 의심의 여지가 없다.

성도들도 그리스도께서 왕이 되어 이 세상을 다스리고 통치하고 계신다고 믿으면서도 현 세상에서 벌어지는 각종 사건과 현상들을 보고 가끔 낙담할 때가 있다. 비록 이런 세상의 역사 가운데 사탄의 역사가 있는 것은 사실이지만 기독교인의 마음은 역사에 관한 비관이 아니라 낙관적 입장을 지녀야 한다. 그 이유는 하나님께서 역사를 주관하시고 그리스도께서 하나님 나라의 왕이시기에 지금은 사탄의 그림자가 커 보인다 할지라도 그리스도께서 재림하시는 그날 그 모든 세력들은 무저갱으로 들어갈 것이기 때문이다. 그리스도께서 죽으시고 부활하시므로 우리에게 주신 그 하나님의 안식은 지금 약간의 긴장 가운데서 누린다 하더라도 주님께서 우리를 최종적이고 완전한 하나님의 안식으로 인도하실 것이다. 그러므로 현재 우리는 갈등과 긴장 가운데 하나님의 안식을 가슴에 담고 있지만 영원한 안식을 소망하면서 모든 것을 극복해야 할 것이다.

성도들이 누리게 될 안식은 전적으로 그리스도께서 사탄을 쳐부수고 죽으셨다가 부활하신 결과이다. 타락한 아담을 비롯하여 그의 모든 후손들이 하나님께서 준비하신 메시아를 통해 영원한 안식에 들어가기를 소망하고 바라보았다. 구약의 족장들과 모든 선지자들은 말세에 구세주 메시아가 탄

---

65) Anthony Hoekema, 『개혁주의 종말론』, 55-59.
66) Hendrikus Berkhof, *Christ the Meaning of History*, 170-171.

생활 것과 이 메시아가 그들을 하나님의 안식으로 인도할 것으로 믿었다. 그들이 바라보고 기대한 메시아는 여호와의 종으로서 하나님의 백성들이 지은 죄를 친히 담당하시고 단번에 자신을 속죄 제물로 드려 모든 죄를 완전히 도말하셨다. 그 결과 하나님과 원수였던 관계가 변하여 하나님의 자녀가 되었다. 또한 그 메시아는 아브라함과 다윗의 후손으로 이 세상에 오셔서 하나님 나라를 세우셨다.

메시아가 그 나라의 왕이 되셨고 그의 주권에 불순종하거나 만족하지 못하는 모든 세력과 개인은 그 나라의 법에 의해 처벌을 받았다. 그러나 그 왕의 명령에 순종하는 자들에게는 참된 평안과 영원한 안식을 주셨다. 우리는 성도에게 주어지는 안식의 모든 축복은 오직 그리스도를 통해서만 가능하다는 사실을 성경은 명확하게 가르치고 있음을 믿고 확신해야 한다. 창 12:3의 하나님께서 아브라함에게 "땅의 모든 족속이 너를 인하여 복을 얻을 것이니라"고 하신 말씀은 아브라함의 후손 가운데 메시아가 탄생하여 하나님의 모든 언약을 성취하므로 이루어졌다. 그리스도께서 믿음을 소유한 모든 사람들의 구주가 되시므로 모든 민족을 죄악에서 구원하여 참된 축복이 되는 영원한 안식을 주셨기 때문이다.

제7장

약속의 땅과 안식

성경은 하나님께서 성도들을 위하여 새 하늘과 새 땅을 준비하신다고 가르친다. 그 새 땅에서 그리스도를 믿었던 성도들은 영광스럽게 부활한 육체로 하나님을 찬양할 것이다. 그 새로운 땅에서 성도들은 영원히 아름다움과 풍요로움을 만끽하면서 하나님을 섬기고 예배할 것이다. 하나님께서 그 땅을 하나님의 거처로 삼으시고 성도들은 하나님과 함께 생활하기 때문에 새 땅은 우리에게 중요하다. 그 새로운 땅이 바로 하나님께서 아담에게 주셨던 그 땅이다. 아담은 하나님과 함께 생활하면서 천상의 영화로운 생활을 하였으나 범죄한 후 그곳에서 추방되었다. 아담이 추방되어 생활하는 세상은 가시와 엉겅퀴가 나와서 인간의 생활에 큰 고통을 주게 되었다. 우리가 이미 살펴본 바와 같이 하나님은 아담이 타락한 후 즉시 인간 구원을 위하여 구속주 메시아를 준비하셨다. 인간을 구원하시기로 예정하신 하나님은 성도들이 영원히 거하게 될 새 땅도 동시에 준비하셨다. 그리스도의 구속사역은 단순히 인간만 구원하시지 않고 모든 피조 세계에 죄로부터 완전한 해방을 가져다주는 우주적 구속이다. 즉 그리스도의 구속사역에는 아담에 의해 상실되고 잃어버린 낙원의 회복도 함께 포함된다. 그래서 구약성경은 타락한 인간의 구원과 함께 땅에 관한 예언을 많이 하고 있다.

하나님께서 인간을 창조하시고 창 1:28에서 그들에게 "복을 주시며 이르시되 생육하고 번성하여 땅에 충만하라 땅을 정복하라 바다의 고기와 공중의 새와 땅에 움직이는 모든 생물을 다스리라"고 하셨다. 이 말씀에 의하면 아담은 땅을 중심으로 생활하도록 지음 받았다. 땅 위에서 그들의 후손이 충만하게 되는 축복을 받았고, 땅을 정복하라는 명령을 받았으며, 땅위에 생존하는 모든 다른 피조물을 다스리고 관리하는 권한을 위임받았다. 아담 자신이 땅의 흙에서 지음 받았기 때문에, 인간은 존재론적으로 생존을 위하여 땅과 분리될 수 없는 피조물이다. 그 결과 아담의 활동영역은 에덴 동산이 되었으며 그곳에서 자신에게 주어진 창조 명령을 수행하였다.

아담이 하나님을 배신하였을 때 땅을 정복하고 땅 위의 모든 생물들을 다스리는 완전한 권한이 크게 약화되어, 아담이 자연을 다스리고 통치하는 과정에 문제가 발생하게 되었다. 죄의 결과로 아담의 자연을 다스리는 통치권에 큰 암초가 생겼다. 아담이 지배해야 할 그 땅도 저주 아래 놓이게 되었다. 창 3:17에서 "땅은 너로 인하여 저주를 받는다"고 하였다. 아담은 이제 자신이 부패하였기 때문에 스스로 땅을 바르게 다스릴 수 없게 되었다. 아담이 스스로 부패하여 그의 지혜와 능력에도 문제가 생겼지만, 그의 지배를 받아야 할 대상인 자연이 가시와 엉겅퀴를 내어 타락한 인간에게 앙갚음을 하고 있다. 한마디로 아담이 자연을 지배하고 다스리는 데 심각한 문제가 발생하였다.

그러나 그리스도의 죽음과 부활을 통해 속죄함을 받은 인간이 영원한 안식을 누리려면 반드시 안식을 누리기에 부족함이 없는 땅이 있어야 한다. 오늘날처럼 땅이 각종 공해를 유발하고 그 영향으로 질병이 발생한다든지 혹은 땅이 많은 재난과 재해를 일으킨다면 그 땅에서 생활해야 하는 인간은 결코 평안과 안식을 취할 수 없다. 즉 인간이 참된 안식을 얻으려면 인간이 안식을 누릴 수 있도록 환경이 구비된 땅이 반드시 필요하다. 인간이 생활하는 데는 항상 공간이 필요하고 그 공간을 성경에서는 땅으로 가르친다. 하나님께서 처음 땅을 창조하실 때는 인간이 생활하기에 좋도록 만드셨다. 그러나 인간의 타락과 함께 그 땅이 황폐하여 인간 생활에 악취와 고통을 제공하고 있다. 아담이 죄로 인해 에덴 동산에서 추방되어 그의 모든 후손들이 비참하게 고생을 하고 있다. 장차 얻을 최후의 영화로운 안식은 분명히 죄가 없는 땅, 죄로부터 회복된 땅에서 생활해야 한다는 것이다. 즉 인간의 죄 때문에 땅이 저주를 받았다면, 구원받은 인간은 저주가 제거된 땅에서만 안식이 가능하다고 할 수 있다. 그래서 하나님은 인간 구원과 함께 구원받은 인간이 최상의 안식을 누리게 하기 위하여 땅도 준비하셨다고 보는 것이 타당하다. 하나님께서 타락한 아담에게 구원계시를 처음 선포하실 때 이미 안식처에 관한 말씀도 내포하고 있다고 가정할 수 있다.

1. 족장들에게 약속한 언약의 땅

천지와 인간을 창조하신 하나님은 아담과 하와에게 에덴 동산을 그들의 유업으로 주셨다. 그 땅이 그들에게는 하나님으로부터 받은 분깃이었다. 그러나 범죄한 결과 그 분깃을 상실하게 되었다. 하나님은 에덴 동산에서 추방된 아담의 후손을 위하여 그들이 안식을 누리게 될 땅을 제공하셨다. 하나님은 아브라함에게 모든 민족을 구원할 구속주가 그의 씨에서 나올 것과 영원한 안식처의 모형이 될 가나안 땅을 아브라함에게 미리 예고하고 보여 주셨으며, 그들에게 주실 것을 언약하셨다. 하나님께서 족장들에게 가나안 땅을 그들의 기업으로 주셨고 그들의 모든 후손들이 그 땅에 들어가서 생활하기를 원하셨다. 그 땅은 족장들과 그들 후손들의 본향이며 안식처가 되었다.

우리가 제1장에서 살펴본 바와 같이 족장들이 가나안 땅을 그리워하고 그 땅에 들어가기를 간절히 바랐던 것은 오늘날 성도가 하나님의 나라를 바라보고 사모하는 것과 같다. 족장들은 약속의 땅을 그들이 돌아갈 본향이며 안식처로 믿고 바라보았다. 이스라엘 백성들이 점령하고 정착한 가나안은 영원한 안식처의 모형이며 그림자 역할을 하였다. 그 땅은 하나님의 안식을 사모하는 모든 성도들에게 예표와 모형적 역할을 하기 때문에 중요하므로, 우리는 족장들과 그의 후손들이 어떻게 가나안 땅을 바라보면서 영원한 하나님의 안식을 사모하였는지 살펴볼 것이다.

땅에 관한 말씀은 족장 시대에 이르기까지 뚜렷한 언급이 없었다. 땅에 관한 말씀이 처음 나타난 것은 아브라함이다. 하나님은 창 12:1에서, 갈대아 우르에서 생활하던 아브라함에게 "너는 너의 본토 친척 아비의 집을 떠나 내가 네게 지시할 땅으로 가라"고 하셨다. 그는 조상 대대로 생활하던 땅을 떠나 하나님이 지시하는 땅으로 가야 했다. 이 말씀에 순종하여 자기 조상들이 생활하던 땅을 떠나 아브라함의 여행은 약속의 땅을 향해 가는 나그네길의 첫 번째 순례길이 되었다.

아브라함이 자기 고향을 떠나 가나안 땅에 도착하여 세겜 땅 모레 상수리나무에 이르렀다(창 12:5-6). 그때 하나님께서 아브라함에게 나타나 말씀하시기를 "이 땅을 네 자손에게 주리라"고 하셨다(창 12:7). 이 말씀이 족장들에게 가나안 땅을 주시겠다는 첫 번째 말씀이다. 롯이 아브라함과 헤어진 후 하나님이 창 13:14-16[1]에서 "눈을 들어 너 있는 곳에서 동서 남북을 바라보라 보이는 땅을 너와 네 자손에게 주리니 영원히 이르리라"고 하여 가나안 땅을 아브라함에게 주시겠다는 약속이 재확인되었다. 아무리 후사를 이어갈 자식이 중요하다 하더라도 그들이 생활할 땅이 없다면 진정한 안식이 될 수가 없다. 하나님께서는 아브라함 자손들의 안식에 가장 필요한 조건이 되는 자식과 땅을 주겠다고 언약하셨다.

창세기 15장에는 하나님과 아브라함 사이에 언약을 공식적으로 조인하는 장면이 나온다. 이 조인은 죽음을 담보로 하는 언약으로서 앞으로 수없이 거듭되는 약속의 모체로 준비되었다. 이때 아브라함은 하나님으로부터 많은 축복을 받았음에도 불구하고 자기 부부가 고령임에도 자식이 없음을 생각할 때 상속자에 대한 근심을 떨칠 수 없었다. 창 15:2-6에서 아브라함에게 축복하여 그의 자손이 하늘의 뭇별처럼 많으리라고 할 때 그는 이 말씀을 믿어 믿음의 조상이 되었다. 이후 창 15:7에서 하나님은 "나는 이

---

1) 창 13:15-16 보이는 땅을 내가 너와 네 자손에게 주리니 영원히 이르리라 내가 네 자손으로 땅의 티끌 같게 하리니 사람이 땅의 티끌을 셀 수 있을진대 네 자손도 세리라.

땅을 네게 주어 업을 삼게 하려고 너를 갈대아 우르에서 이끌어 낸 여호와로라"고 하셨다. 아브라함은 자식과 함께 기업이 되는 땅에 관한 문제도 무시할 수 없었다. 그 이유는 기업이 없는 후사와 후사가 없는 기업은 아무런 의미가 없기 때문이다. 그러나 하나님은 아브라함에게 창 15장에서 자손과 땅에 대한 명확한 해답을 주셨다. 자손에 관한 언약은 3장과 6장의 내용을 참고하기 바란다. 하나님은 아브라함과 그의 자손들에게 그 땅을 기업으로 주시겠다고 언약을 맺었다.

땅에 관해 언약을 맺은 형식은 다음과 같다. 창 15:7에서 이 땅을 아브라함에게 주시겠다 하신 말씀의 형식이 출 20:2에서 "나는 너를 애굽 땅, 종 되었던 집에서 인도하여 낸 너의 하나님 여호와로라"는 말씀과 동일하다. 이미 우리가 3장에서 살펴본 바와 같이 출 20장에 기록된 십계명은 하나님의 언약이다. "나는 이 땅을 네게 주어 업을 삼게 하려고 너를 갈대아 우르에서 이끌어 낸 여호와로라"는 말씀과 "나는 애굽 땅, 종 되었던 집에서 인도하여 낸 여호와로라"는 말씀은 동일한 형식을 취한 전형적인 언약을 취할 때 사용하는 문구이다.[2] 그러므로 가나안 땅을 아브라함에게 주어 업을 삼겠다고 하신 말씀도 언약의 약속이다. 이 땅을 네게 업으로 주겠다는 하나님의 말씀에 아브라함은 창 15:8에서 "주 여호와여 내가 이 땅으로 업을 삼을 줄을 무엇으로 알리이까" 하고 그 증거를 요구하였다. 아브라함은 그 땅을 그의 자손에게 주시겠다는 하나님의 말씀에 대한 그의 반응과 대답을 볼 때 하나님의 약속에 의심하는 듯한 반응을 보였다. 그러자 창 15:9-21에서 하나님은 아브라함에게 짐승을 잡아 공식적 언약을 체결하셨다. 그 언약을 체결한 후 창 15:18에서 "그날에 여호와께서 아브라함으로 더불어 언약을 세워 가라사대 내가 이 땅을 애굽 강에서부터 그 큰 강 유브라데까지 네 자손에게 주겠다"고 하셨다.

하나님은 아브라함에게 자식을 주실 것과 그 자식들에게 가나안 땅을 기업으로 주실 것을 공식적으로 언약을 맺으면서 약속하셨다. 하나님께서

---

2) Victor P. Hamilton, *NIC, The Book of Genesis Chapters 1-17*, 429.

는 자신이 스스로 아브라함에게 가나안 땅을 주시겠다고 맹세하여 약속을 하셨다. 창 15:21에서 하나님만이 홀로 "연기 나는 풀무와 타는 횃불"로 쪼갠 희생제물 사이로 지나가셨다. 아브라함은 땅이나 자손과 관련하여 언약을 맺을 때 행한 일이 아무것도 없다. 아브라함이 하나님으로부터 그 땅을 선물로 받은 것은 전적으로 하나님의 은혜이지 아브라함의 공로나 헌신의 대가가 아니었기에 어떤 사람은 가나안 땅을 맹세의 땅(sworn land)이라 하기도 하고 또 약속의 땅(promised land)이라 부르기도 한다. 그 후 하나님은 창 17:8에서 "내가 너와 네 후손에게 너의 우거하는 이 땅 곧 가나안 일경으로 주어 영원한 기업이 되게 하고 나는 그들의 하나님이 되리라"고 하여 언약을 재확인하셨다.

아브라함의 언약에서 가장 중요한 두 개의 핵심은 후손과 땅이다. 하나님은 아브라함의 자녀가 하늘의 별처럼 번성하여 큰 무리를 형성할 것과 그들이 생활할 수 있는 땅을 주시겠다는 언약을 주셨다. 자녀가 아무리 많아도 그들이 거할 땅이 없다든지, 땅은 많은데 그 땅을 관리하고 다스릴 자녀가 없다면 완전한 축복이라 할 수 없다. 그래서 족장들의 언약에는 자녀의 축복과 함께 땅을 주시겠다는 언약이 묶여 있는 경우가 많다. 가나안 땅을 아브라함의 후손에게 기업으로 주겠다는 언약은 이삭과 야곱에 의해서 갱신되고 확인되었고 이스라엘 역사에서 반복적으로 재확인되었다.

하나님은 창 26:3-4에서[3] 아브라함에게 약속하신 자손과 땅에 관한 언약을 그 아들에게도 계승하여 주시겠다고 확인하셨다. 형으로부터 장자의 축복을 가로챈 야곱이 밧단아람으로 피난을 떠날 때 이삭이 그 아들에게 땅에 관한 축복을 하였다. 창 28:4에서 이삭이 야곱에게 "아브라함에게 허락하신 복을 네게 주시되 너와 함께 네 자손에게 주사 너로 하나님이 아브라함에게 주신 땅 곧 너의 우거하는 땅을 유업으로 받게 하시기를 원

---

3) 창 26:2-4 여호와께서 이삭에게 이르시되 내가 네게 지시하는 땅에 거하라 이 땅에 유하면 내가 너와 함께 있어 네게 복을 주고 내가 이 모든 땅을 네 자손에게 주리라 내가 네 아비 아브라함에게 맹세한 것을 이루어 네 자손을 하늘의 별과 같이 번성케 하며 이 모든 땅을 네 자손에게 주리니 네 자손을 인하여 천하 만민이 복을 얻으리라.

하노라"고 축복하였다. 이 말씀은 아브라함이 반복해서 받았던 언약의 축복과 동일한 내용이다. 아브라함에게 주셨던 땅과 자손에 관한 하나님의 축복이 이삭을 통해 야곱에게로 전수되고 있음을 본다.

이삭이 야곱에게 내린 축복 가운데도 두 개의 중요한 요소는 자손의 번영과 그 자손들이 생활할 땅에 관한 내용이다. 야곱은 벧엘의 꿈속에서 땅에 관한 축복을 하나님으로부터 재확인 받는다. 창 28:13에서 하나님은 "나는 여호와니 너의 조부 아브라함의 하나님이요 이삭의 하나님이라 너 누운 땅을 내가 너와 네 자손에게 주리라"고 하셨다. 이 말씀 또한 아브라함과 이삭에게 하신 언약과 동일한 내용이다. 하나님께서는 15절에서 "네가 어디로 가든지 너를 지키며 너를 이끌어 이 땅으로 돌아오게 하리라"고 하였다. 그리고 15절 말씀은 아브라함의 자손들이 애굽에서 종살이를 끝낸 후 하나님께서 가나안으로 다시 인도할 것이라는 뜻도 나타낸다.[4] 야곱은 이러한 하나님의 축복을 받고 감사하여 "하나님께서 자신을 지켜 평안히 고향에 돌아가게 한다면 여호와께서 자기의 하나님이 될 것이라" 하면서 돌기둥에 기름을 부어 제단을 쌓았다.

하나님은 밧단 아람을 떠나 벧엘로 되돌아온 야곱에게 다시 나타나셔서 그 이름을 이스라엘로 부를 것을 두 번째 명하셨다. 그리고 동시에 창 35:11-12[5]에서는 특별히 말씀으로 자손이 번성할 것과 함께 그 땅을 그와 후손에게 주실 것을 확인하셨다. 하나님은 야곱에게 그의 자손이 "생육하고 번성하여 국민과 많은 국민이 네게서 나오리라"고 하셨다. 이 말씀은 하나님께서 창 1:28에서 아담에게 하신 원초적 축복의 결실이 아브라함과 야곱을 통해 실현될 것을 예언한 말씀이다. 하나님은 아담의 자손이 생육하고 번성하는 축복이 야곱을 통해서 성취될 것을 예고하셨다. 야곱의 허리에서 왕들이 나오리라는 말씀은 다윗 왕조를 통해 성취되었다. 이렇게

---

4) John H. Sailhamer, *Genesis*, 196.

5) 창 35:11-12 나는 전능한 하나님이니라 생육하며 번성하라 국민과 많은 국민이 네게서 나고 왕들이 네 허리에서 나오리라 내가 아브라함과 이삭에게 준 땅을 네게 주고 내가 네 후손에게도 그 땅을 주리라.

생육하고 번성할 야곱의 자손들에게 하나님은 아브라함과 이삭에게 언약하신 가나안 땅 주실 것을 거듭 확인하셨다. 이러한 하나님의 거듭된 축복의 말씀에 야곱은 창 48:3-4[6])에서 의미 있는 말을 하였다. 야곱이 한 이말은 창 35:6-13에서 하나님이 벧엘에서 야곱에게 하신 축복을 그대로 떠올리고 있다. 야곱은 하나님이 자기에게 "복을 허락하여 많은 백성이 나게 하고 이 땅을 자기의 후손에게 주어 영원한 기업이 되게 하리라 하셨다"고 한다. 야곱이 하나님으로부터 받을 축복을 설명한 이 말씀은 아브라함과 야곱에게 하신 축복을 모두 반영하고 있다.

하나님께서 아브라함을 갈대아 우르에서 불러낼 때 "내가 너로 큰 민족을 이루고"(창 12:2)의 말씀과 유사하다. 또한 창 15:5과 창 17:6에서 아브라함의 후손이 하늘의 별처럼 번성하여 나라와 열왕이 나오리라 한 말씀과도 같다. 이삭에게는 창 26:4에서, 네 자손이 하늘의 별과 같이 번성하여 이 땅을 그들에게 주리라는 말씀과 동일하다. 그래서 후손에 대한 약속과 땅에 관한 약속은 서로 상호 보완적이다. 그들의 후손이 그렇게 번성하면 마땅히 생활할 공간이 필요하고 땅은 또한 정복하고 관리할 사람이 요구된다. 자손이 아무리 번창하여 많다 할지라도 그들이 생활할 땅이 없다면 안식은 불가능하다. 반대로 아무리 넓고 비옥한 땅을 소유하였다 하여도 그 땅을 관리할 자손이 없다면 이것 또한 외롭고 쓸쓸할 뿐 안식이 될 수는 없다. 그러므로 백성과 땅은 모두 하나님께 속하였으며 그래서 언약의 핵심이 된다.

하나님께서 아브라함에게 주신 가나안 땅을 그의 후손들에게 선물로 주셨다. 하나님께서 아브라함과 맺은 언약 사상의 중심은 "내가 너희로 내백성을 삼고 나는 너희의 하나님이 되리라"는 임마누엘 사상이다. 하나님은 이스라엘의 하나님이 되시고 이스라엘은 하나님의 사랑하는 백성이 되

---

6) 창 48:3-4 요셉에게 이르되 이전에 가나안 땅 루스에서 전능한 하나님이 내게 나타나 복을 허락하여 내게 이르시되 내가 너로 생육하게 하며 번성하게 하여 네게서 많은 백성이 나게 하고 내가 이 땅을 네 후손에게 주어 영원한 기업이 되게 하리라 하셨느니라.

었기 때문에 가나안 땅은 사랑하는 사람에게 주신 하나님의 선물이다. 하나님은 출 6:5에서 "내가 아브라함과 이삭과 야곱에게 주기로 맹세한 땅으로 너희를 인도하고 그 땅을 너희에게 주어 기업으로 삼게 하리라"고 하셨다. 하나님은 아브라함의 자손을 사랑하신 이유 때문에 그 땅을 선물로 주셨다. 하나님은 아무런 조건 없이 그 땅을 아브라함의 후손들에게 주셨다. 마텐스(Elmer A. Martens)는 신명기에 땅을 선물로 언급하여 설명하는 구절이 수없이 많다고 한다.[7] 월터 카이저(Walter C. Kaiser)는 신명기에서 여호와가 족장들에게 땅을 선물로 주셨다는 기록이 65회나 나타난다고 하였다.[8]

하나님께서 아브라함, 이삭, 야곱에게 하신 약속을 모세 시대에도 광야에서 동일하게 반복되었다(신 2:29). 모세는 이스라엘 백성들에게 신 4:37-38[9]에서 하나님이 그들을 사랑하여 택하신 것이 이 땅을 그들에게 주신 근거가 된다고 밝히고 있다. 모세는 신 8:17에서 이스라엘 백성에게 "내 능과 내 손의 힘으로 이 재물을 얻었다"고 교만한 마음을 품을까봐 두렵다고 하였다. 이스라엘 백성은 그 땅을 소유할 능력이나 자격이 없었다. 모세는 신 9:6에서 "네가 알 것은 네 하나님 여호와께서 네게 이 아름다운 땅을 기업으로 주신 것은 네 의로움을 인함이 아니니라 너는 목이 곧은 백성이니라"고 하여 그들이 가나안 땅을 기업으로 받은 것은 전적으로 하나님의 은혜임을 가르친다. 성도가 영원한 천국을 기업으로 받아 그곳에서 영원한 안식의 생활을 하게 되는 것도 하나님의 은혜이다. 성도들이 의롭다거나 천국을 상속받을 만한 자격이 있어서가 아니다. 하나님께서 우리

---

7) Elmer A. Martens, 『새로운 구약신학: 하나님의 계획』(*A Focus on Old Testament Theology: God's Design*), 김의원 역 (서울: 아가페문화사, 1992), 147.

8) Walter C. Kaiser, *The Uses of the Old Testament in the New* 『신약의 구약사용』, 성기문 역 (서울: 크리스챤다이제스트, 1997), 250.

9) 신 4:37-38 여호와께서 네 열조를 사랑하신고로 그 후손 너를 택하시고 큰 권능으로 친히 인도하여 애굽에서 나오게 하시며 너보다 강한 열국을 네 앞에서 쫓아내시고 너를 그들의 땅으로 인도하여 들여서 그것을 네게 기업으로 주려 하셨음이 오늘과 같으니라.

를 무조건적이고 일방적인 사랑으로 만세 전에 자기 백성으로 택하신 결과 하나님의 영원한 천국의 안식을 유업으로 받게 하셨다. 그러므로 하나님이 가나안 땅을 이스라엘 백성에게 주신 것은 그들을 사랑하신 결과 분깃으로 주신 것이었다.

가나안 땅은 이스라엘 백성들이 스스로의 능력으로 얻을 수 없는 것이었다. 애굽에서 노예로 생활하던 그들이 해방이 되어 자유를 얻은 것도 그들의 힘으로는 불가능한 것이었다. 하나님의 강하신 능력과 힘이 그들에게 자유와 해방을 선물로 주셨다. 가나안 땅을 얻는 것도 하나님의 은혜일 뿐이다. 그 땅의 처음 소유주는 이스라엘 백성이 아니고 하나님이시다. 천지를 창조하신 창조주 하나님은 출 19:5에서 "세계가 다 내게 속하였다"고 하였고 레 25:23에서는 "토지를 영영히 팔지 말 것은 토지는 다 내 것임이니라 너희는 나그네요 우거하는 자로서 나와 함께 있느니라"고 하셨다. 모든 토지의 원 소유주는 하나님이시기 때문에 이스라엘 백성들은 땅을 매매할 수 없었다. 출 15:17에서 가나안 땅은 "여호와의 분깃이라" 하였다. 그러므로 그 땅의 소유권은 하나님께 있었다. 천지를 창조하시고 원 소유주가 되시는 하나님께서 그 땅을 하나님이 사랑하시는 그들에게 주셨다. 성경은 이스라엘의 자손들이 거하며 한 민족을 이루어 다스리게 될 장소로서 그 땅을 족장들에게 하나님이 선물로 주셨다는 사실을 명확하게 나타내고 가르치고 있다.

모세는 신명기에서 가나안 땅을 하나님께서 그들에게 선물로 주셨다는 것을 강하게 설명한다. 모세의 첫번 설교인 신 1:6-4:40에는 가나안 땅의 경계를 정하고 있다. 신 1:7에서 모세가 언급한 경계는 하나님께서 아브라함에게 약속하신 땅(창 15:18-20)과 동일하다. 신 1:8은 이스라엘에게 할당된 땅은 그 조상에게 약속된 바로 그 땅임을 밝힌다. 이스라엘 백성은 하나님께서 그들의 조상에게 약속한 그 땅을 선물로 받았을 뿐이다. 이스라엘 백성이 가나안 땅을 기업으로 받았기 때문에 그 땅이 그들의 궁극적인 소유가 되었다.

이스라엘 백성들은 가나안 땅 전체를 하나님으로부터 기업으로 받았다.

그들은 가나안 땅에 들어갈 때 가나안 땅에서 통용하던 봉건제도를 변형시켜 답습하였다고 한다. 가나안 도시 국가의 왕들에게 예속된 그 지방의 소작농들처럼 이스라엘 백성은 만왕의 왕이신 하나님의 속국의 국민이었다. 그들은 하나님이 소유주인 땅에 거주하면서 소작농 비슷한 입장에서 생활하였다. 그래서 이스라엘의 농부들은 스스로를 하나님의 땅을 경작하는 소작농으로 여겼다. 가나안 땅의 원 소유주가 되시는 하나님께서 그 땅을 아브라함과 그 후손들에게 주셨다. 따라서 이스라엘 백성들은 그 사회 질서를 위해 만든 권력 구조보다 오히려 하나님과의 관계를 더 중요하게 생각하였다. 모든 이스라엘 백성들은 이러한 견해를 이해하고 믿었다. 또한 가나안 땅은 하나님이 소유이기 때문에 그 땅이 거룩하다는 개념이 나오게 되었다.[10]

하나님께서 사랑하시는 자기 백성에게 선물을 주셨기 때문에 그들이 받은 땅은 최고의 선물이었음에 틀림없다. 출 3:8에는 가나안 땅에 대해 "내가 내려와서 그들을 애굽인의 손에서 건져내고 그들을 그 땅에서 인도하여 아름답고 광대한 땅, 젖과 꿀이 흐르는 땅에 이르려 하노라"고 하였다. 가나안 땅을 풍성하고, 부유하며, 아름답고 젖과 꿀이 흐르는 비옥한 땅으로 묘사하였다. 그 땅은 하나님의 축복이 가득하고 영화로운 땅이었다. 신명기 26장은 그 땅의 기름지고 비옥함에 대해 설명하고 있다.

그 땅은 민 13:21 이하에서 설명한 가나안 땅을 정탐하고 돌아온 사람들의 보고와 같았다. 정탐꾼이 가나안 땅의 풍요로움을 말로서 극찬하는 보고를 하였을 뿐 아니라 실제로 과일을 갖고 왔는 데 포도송이를 두 사람이 막대기에 메고 돌아왔다. 그 땅은 많은 농작물을 생산해 내는 비옥한 땅으로 부족함이 없었다. 거기에는 하늘의 음식을 내었고(신 11:11), 골짜기와 언덕을 흐르는 시냇물과 냇물이 있었다(신 8:7). 성읍에는 감람나무 열매가 무성하였다(신 6:10). 그리고 이스라엘의 안전을 위협하는 주변의 모든 세력은 물리쳐졌고(신 7:14), 모든 질병도 제거되었다(신 7:15). 나

---

10) W. J. Dumbrell, 『언약과 창조』 (*Covenant and Creation: A Theology of Old Testament Covenants*), 최우성 역 (도서출판 크리스챤서적, 1990) 189.

아가 하나님은 항상 이스라엘 백성을 향하여 돌보고 계셨다(신 11:11-12). 모세의 이러한 설명은 에덴 동산을 다시 찾은 느낌이고, 실낙원을 회복한 낙원에 가까웠다. 가나안 땅은 이스라엘 백성들에게 안식처로서 조금도 부족함이 없는 풍요로운 축복의 땅이었다.

그래서 이스라엘 백성이 그 땅에 들어가 정착한다는 것은 안식의 축복을 받는 것과 같았다. 그들은 지금까지 애굽 땅에서 말로 표현할 수 없는 학대와 고난을 당하였다. 노예생활을 하면서 인간으로서 기본권까지 박탈당하고 수많은 인권유린과 함께 포학한 노역으로 고생만 하였다. 그러한 상황에서 해방과 자유를 맞이하였으나 사십 년이라는 결코 짧지 않는 세월 동안 일정한 주거지도 없이 광야에서 유리 방황하는 세월을 보냈다. 추위에 떨었고 더위에 땀을 흘렸으며 갈증에 목이 말라 고생하였다. 안심하고 쉴 수 있는 집도 없었고, 가나안으로의 여행길에는 수많은 적과 원수들이 기다리고 있었다. 적군의 공격으로부터 항상 노출된 위험한 행진이었다. 이스라엘 백성들이 가나안으로 행진하는 여행길은 다른 민족들이 생활하는 마을과 농토와 산과 길을 이용하여야만 했다.

이스라엘 백성의 수가 너무 많고 큰 민족이기 때문에 그들이 지나가는 길을 제공해야 하는 민족들은 불안을 느낀 나머지 반대하고 그들의 길을 가로막는 일이 발생하였다. 이스라엘 백성은 그 길을 지나가야 하였으므로 자연히 전쟁이 불가피하였다. 이러한 전쟁이나 다툼이 없이 단순한 여행만한다 할지라도 오랫동안의 장거리 여행은 피곤이 따르는데 전쟁까지 하였으니 그들의 여행길은 참으로 불안하고 피곤하였을 것이다. 평안한 여행길이 아닌 전쟁을 하면서 적군을 물리치고 모든 백성이 함께 하는 여행길이었기 때문에 그들이 당하는 어려움은 더욱 가중되었을 것이다. 따라서 심리적으로 안정이 없었으며 육신적으로 피곤이 겹쳐 있었을 것이다. 그들이 하나님으로부터 유입으로 빚은 가나안 땅에는 이미 가나안 원주민들이 정착하여 생활하고 있었기 때문에 그들과의 전쟁도 필연적이었다.

이러한 상황 가운데서 생활하던 그들이 가나안에 들어가 자신의 집을 짓고 농사를 지으면서 생활을 한다는 것은 얼마나 큰 안식인지 말로 표현할 수가 없을 것이다. 이스라엘 백성이 가나안 땅을 정복하여 생활하는 것은 구속사적인 큰 의미가 있는 영적인 안식의 그림자이기는 하지만 인간적인 면에서도 그들이 큰 안식을 누린 것은 사실이다. 모세는 신명기에서 이스라엘 백성이 가나안 땅에 정착하면 안식을 얻게 된다는 말을 여러 번 하였다. 신 3:20에서 "여호와께서 너희에게 주신 것같이 너희 형제에게도 안식을 주시리니 그들도 요단 저편에서 너희 하나님 여호와의 주시는 땅을 얻어 기업을 삼기에 이르거든"이라 하였다. 가나안에 들어가서 외부의 위협, 압박, 전쟁, 기근 등으로 인하여 발생하는 심리적 육체적 고통으로부터 해방을 뜻한다. 그래서 가나안 땅에서 정착하는 것은 이스라엘 백성에게는 안식이었다. 지금까지 그들을 괴롭히던 모든 어려움이 사라졌다. 오히려 따뜻하고 안락한 가정과 공동체의 생활이 정착되었다. 그래서 이스라엘 백성의 가나안 정착은 그들의 땅 위에서 누리는 안식이다.

신 12:9-10에는 "너희가 너희 하나님 여호와의 주시는 안식과 기업에 아직은 이르지 못하였거니와 너희가 요단을 건너 너희 하나님 여호와께서 기업으로 주시는 땅에 거하게 될 때 또는 여호와께서 너희로 사방의 모든 대적을 이기게 하시고 너희에게 안식을 주사 너희로 평안히 거하게 하실 것이다"고 하였다. 이스라엘 백성이 그 땅을 차지하므로 누리는 안식은 우선 적의 공격으로부터의 해방이다. 방황하는 생활은 끝이 났다. 안식은 평화와 안전을 의미한다. 이러한 안식은 그들이 광야에서 방황하면서 다른 민족들의 공격을 받을 때는 누릴 수 없었다. 이러한 안식은 오직 가나안에서만 가능하였다. 신 25:19에도 "여호와께서 네게 주어 기업으로 얻게 하시는 땅에서 네 하나님 여호와께서 너로 사면에 있는 모든 대적에서 벗어나게 하시고 네게 안식을 주실 때 너는 아말렉의 이름을 천하에서 도말할 지니라." 가나안의 안식에 대해 말씀하셨다.

신명기에서 모세는 이스라엘 백성이 가나안 땅에 들어갔을 때의 안식에 대해 많은 설명을 하였다. 그 땅에서 누리는 안식은 우선 안전하고 축복된 생활과 연결되어 있다(15:4; 23:20; 28:8). 이 안식은 하나님께서 인간을 창조하실 때 에덴 동산에서 누리던 축복이다. 하나님의 형상으로 지음 받은 인간은 하나님 앞에서 창조의 축복을 누리면서 즐거워하도록 창조되었다. 창 2:2-3과 신명기에 기록된 안식의 개념은 동일하다.[11]

이스라엘 백성이 가나안 땅에 정착한 후 땅과 관련하여 지켜야 할 두 가지 규정이 있었는데 안식년과 희년제도이다. 하나님은 레 25:2에서 "너희는 내가 너희에게 주는 땅에 들어간 후에 그 땅으로 여호와 앞에 안식하게 하라"고 하셨다. 6년간은 농사를 짓고 추수하고 포도밭을 가꾸어 수확을 얻을 수 있으나 7년째 되는 해는 농사를 짓지 않고 그 땅이 쉬어 안식하도록 해야 한다. 땅의 안식년에는 파종도 하지 말아야 하고, 포도밭은 다스리지도 않아야 하며, 스스로 자라서 익은 곡식도 추수하지 않아야 한다. 땅이 한해 동안 안식을 누리게 하기 위함이며, 땅이 안식을 누리는 동안 씨를 뿌리거나 농사를 하지 않았는데도 자연발생적으로 자라난 농산물은 그 지역의 가난한 사람이 추수하여 먹도록 배려하였다. 가난한 사람을 돌보는 제도가 안식년을 통해 실시되었다. 안식년을 동일한 해에 모든 땅이 맞이하는 것은 아니므로 땅의 주인마다 각각 다른 해에 안식년을 지키므로 가난한 사람이 굶주리지 않게 되어 있었다.

레위기 25장은 희년에 대해 설명하고 있다. 희년은 50년째의 해이다. 희년 제도는 매 7년 뿐 아니라 50년째에도 땅을 묵히도록 정하고 있다. 즉 일곱 번째 안식년 후에 땅이 안식을 취할 것을 규정하고 있다. 안식년과는 다르게 희년에는 땅이 원래 소유주에게 되돌아간다. 남의 땅을 구입하였으면 희년에는 원 주인에게 돌려 주어야 했다. 즉 누가 타인의 재산을 구입하였다면 49년 동안 사용한 후 그 다음 해에는 그 물건을 팔았던 주인에게 돌려 주어야 했다. 그렇게 함으로써 빈부의 격차를 줄이려 하였다. 사회의 모든 부와 재산이 소수의 일부 계층에 집중이 된다면 자연히 다수의 대중은 빈곤과 가난을 면하지 못할 것이다. 그러면 가난한 사람들은 부자에게 경제적 예속과 압박을 면할 길이 없을 것이다. 따라서 가난한 사람들은 가나안 땅에서 생활한다 할지라도 완전한 자유와 안식을 누리지 못하

---

11) W. J. Dumbrell, *Covenant and creation*, 193.

게 된다. 그러므로 희년제도는 모든 사람이 최소한의 경제적 평등을 누리 므로 안식과 평안을 갖게 하는 데 큰 역할을 하였다. 또한 희년은 토지의 주인이 하나님이시라는 사실을 증거하는 제도이다. 그래서 가나안 문화에 는 땅을 매매하는 기록이 많지만 고대 이스라엘 사회에는 땅을 매매하였 다는 고고학적 문헌이 발견되지 않았다. 뿐만 아니라 구약 성경에도 땅 매 매에 관한 규정이 없다. 땅은 유산의 경우를 제외하면 타인에게 양도될 수 없었다.[12] 그 이유는 모든 땅의 원 소유주는 하나님이시므로 소유권도 갖 지 못한 사람이 땅을 팔거나 혹은 원 소유주가 아닌 사람으로부터 땅을 매입한다는 것은 있을 수 없는 일이기 때문이다.

왕상 21장은, 이스라엘 왕궁 근처에 포도밭을 소유한 나봇이라는 이스 라엘 사람이 아합왕이 그 밭을 팔라는 제안을 거절한 결과 음모에 의해 죽임 당한 사건을 기록하고 있다. 나봇은 자기의 포도밭은 언약 하에서 하 나님으로부터 기업으로 물려받았다는 믿음이 있었다. 그래서 왕이라 할지 라도 함부로 다른 사람의 땅을 사지 못하였다. 아주 가난한 사람의 경우 희년에는 그 땅을 다시 돌려 받았다. 아합이 나봇에게 포도밭을 팔라고 한 사건은 모세의 율법을 어긴 행동이었다. 나봇이 왕의 요구를 거절한 이유 는 왕보다 하나님의 명령을 더 중요하게 생각하였기 때문이다. 그러므로 나봇의 행위는 신앙적이었다. 나봇은 토지의 유일한 주인은 하나님이시며, 하나님께서 그 땅을 자신에게 기업으로 주셨기 때문에, 어떠한 경우에도 다른 사람에게 양도할 수 없다는 믿음이 강하였으므로, 죽음을 두려워하지 않고 자기의 땅을 끝까지 지키려 하였다. 이스라엘 백성들은 하나님으로부 터 유업으로 받은 땅을 끝까지 지키고 소유하는 것이 이 땅에서 안식을 누리는 하나의 방편으로 믿었다.

하나님께서 그들에게 젖과 꿀이 흐르는 풍요하고 기름진 가나안 땅을 선물로 주시고 그 땅에 정착하게 하셨다. 그러나 그들은 그 땅에서 완전하 고 참된 평안과 안식을 체험하지는 못하였다. 아브라함은 하나님으로부터

---

12) Elmer A. Martens, *A Focus on Old Testament Theology*, 151.

가나안 땅을 영원한 기업으로 받았으나 그 자신은 그 땅의 작은 일부만 소유하였을 뿐이다. 창 23장에서 보면 그는 자기 아내를 장사 지낼, 헷 족속으로부터 구입한 막벨라 굴이 전부였다. 신약의 히브리서 기자는 아브라함이 가나안 땅의 유업을 어떻게 생각하였는지에 대해 설명하고 있다. 히 11:9-10에서 "믿음으로 저가 외방에 있는 것같이 약속하신 땅에 우거하여 동일한 약속을 유업으로 함께 받은 이삭과 야곱으로 더불어 장막에 거하였으니 이는 하나님의 경영하시고 지으실 터가 있는 성을 바랐음이니라"고 대답하였다.

아브라함은 하나님께서 그를 처음 부를 때부터 어느 길로 어디에 가야할지 전혀 알지 못하였지만 하나님의 약속을 믿고 자기의 고향, 본토, 친척, 조상의 집을 떠나 하나님이 지시하신 곳으로 향하였다. 그때까지 고향에서 안정되게 생활하던 모든 것을 뒤로 하고 험난한 가시밭길의 나그네길을 걷기 시작하였다. 히브리서 저자는 족장들의 그러한 생활을 외국인과 나그네라고 표현하였다. 아브라함은 하나님이 지시한 가나안에 들어온 후에도 계속 천막에서 생활하였다. 천막은 자기 땅이 아닌 잠정적으로 잠깐 체류하는 사람의 신분으로 생활하는 사람들에게 유용한 처소가 된다.[13] 그래서 유목민들은 지금도 양이나 소가 먹을 풀이 풍족한 곳을 찾아다니면서 천막 생활을 하고 있다. 아브라함과 족장들은 이 땅에서 나그네로서 천막생활을 하였다.

아브라함의 자손들이 가나안 땅에서 생활하고 있었지만 그 땅은 여전히 그들에게는 약속의 땅이었다. 이스라엘 백성에게 하나님이 그 땅을 주셨지만 그 땅의 원 주인은 그들이 아니라 하나님이셨다. 그 땅은 그들이 잠깐 동안 우거하는 땅이었을 뿐이다(창 17:8; 36:7; 47:1; 출 6:4). 스데반이 행 7:4-5에서 "하나님이 그를 거기서 너희가 지금 거하는 이 땅으로 옮기셨느니라 그러나 씨기서 유입을 주지 아니하시고 다민 이 땅을 그와 그의 씨에게 소유로 주신다고 약속하셨으며"라고 하여 이 원리를 밝히고 있다.

---

13) 류호준, 『우리와 같은 그분이 있기에: 히브리서』, 303.

아브라함은 가나안에서 그 땅의 일부인 매장지로 사용할 땅만 소유하였다. 이것은 단순히 가나안 땅 전체에 대한 "보증" 혹은 "담보물"이었다.[14] 이러한 원리가 여호수아와 갈렙과 가나안 땅을 정복한 세대에게도 그대로 적용되어 땅을 받았다. 아브라함은 그 땅의 작은 부분인 매장지만 받았으나 그것이 자손들이 받게 될 가나안 땅 전체와 앞으로 누리게 될 영원한 안식의 담보물이 되었다. 그와 같이 이스라엘 백성들이 가나안 땅에서 생활하는 것은 장차 그들이 하나님 나라에 들어가서 영원한 안식을 누릴 것의 담보물이며 보증 역할을 하였다.

그들이 천막생활을 한 이유에 대해 히브리서 저자는 이 세상에서 참된 안식을 얻을 수 없었기 때문이라 한다. 이 세상에는 참된 안식을 주는 영원한 집이 없기 때문이었다. 그들은 이 땅에서 천막생활 하는 나그네의 여행길 그 자체에 목적을 두지 않고 자기가 돌아갈 영원한 본향을 사모하면서 바라보았다(히 11:16)고 한다. 하나님께서 경영하시고 지으실 터가 있는 성을 바라보았다(히 11:10). 그 성은 하나님께서 그들을 위하여 예비하신 곳이다(히 11:16). 이 성은 영원한 하나님의 나라로서 새 예루살렘을 뜻한다. 이삭과 야곱과 요셉으로 이어지는 족장들은 나그네로서 장막생활을 하였지만 하나님을 믿는 믿음 위에서 자기들의 길을 걸어갔다. 매일 매일 이곳과 저곳으로 옮겨다니면서 떠돌이 생활을 하는 여행자들은 많은 재산을 소유할 필요를 느끼지 않는다. 이 땅 위에서는 나그네와 외국인이라 불리는 것을 자랑스럽게 생각하였다. 그들의 마음에는 항상 돌아갈 본향을 바라보고 그리워하며 생활하게 된다. 그들은 자기들을 위해서 하나님이 준비해 놓으신 영원하고 변하지 않는 그 성을 바라보았다.

히브리서 4장에서는 가나안 땅이 하나님의 백성을 위해 예비된 영원한 안식처의 모형이라는 사실을 가르친다. 가나안 땅은 단지 과거의 생활에 비교하여 더 완전하고 이상적인 영원한 하나님의 안식을 바라볼 수 있는 거울로서 상징적 역할만 하였을 뿐이다. 하나님은 그들에게 영원한 안식을

---

14) Walter C. Kaiser, *The Uses of the Old Testament in the New*, 200.

가르쳐 주기 위하여 가나안 땅을 표상으로 사용하셨다. 히브리서 기자는 4:5-10[15])에서 다윗의 시편 95편을 인용하여 장차 성도가 들어갈 안식처가 아직 남았다는 사실을 밝히고 있다. 여호수아가 이스라엘을 가나안에 인도하였어도 참된 안식은 제공하지 못하였다. 그곳은 이 땅에서 하나님의 백성이 잠깐 쉴 자리로 주신 곳이고 또한 영원한 안식의 상징으로 주셨다. 여호수아의 안내를 받으면서 가나안에 정착한 이스라엘 백성들은 그곳을 그들의 영원한 안식처로 생각하지 않았다. 가나안은 여호수아와 다윗 시대에만 그런 것이 아니고 아브라함 때부터 그런 역할을 하였다.

가나안은 아브라함이 이 땅에서 생활하는 동안 안식처였으나 최종 안식처로는 생각하지 않았다. 히 13:14-15에서 "우리가 여기에는 영구한 도성이 없고 오직 장차 올 것을 찾나니 이러므로 우리가 예수로 말미암아 항상 찬미의 제사를 드리자" 하였다. 그래서 아브라함은 오히려 하나님이 경영하시고 지으실 터가 있는 성(城), 터가 흔들리지 않는 영원한 성, 하나님의 도성에서 누릴 안식을 바라고 생활하였다. 아브라함에게 가나안은 어디까지나 이 땅에서 잠깐 지내는 휴식처였을 뿐 영원한 안식처는 결코 아니었다.

히브리서 기자는 여호수아가 이스라엘 백성에게 안식처인 가나안으로 인도하였지만 그곳은 영원한 하나님의 안식처는 아니라고 한다. 히 4:9에서 불신앙과 불신으로 인하여 가나안 땅에 들어갈 수 없었던 광야의 이스라엘 백성들은, 그들과 비슷한 불순종을 범함으로써 장차 올 새 생활 가운데서 우리를 기다리는 "안식할 땅"에 들어가지 못할 사람의 원형으로서 묘사하고 있다. 그러므로 가나안 땅 그 자체가 목적이 아니다. 가나안은 장

---

15) 히 4:5-10 또 다시 거기 저희가 내 안식에 들어오지 못하리라 하였으니 그러면 거기 들어갈 자들이 남이 있거니와 복음 전함을 먼저 받은 자들은 순종치 아니함을 인하여 들어가지 못하였으므로 오랜 후에 다윗의 글에 다시 어느 날을 정하여 오늘이라고 미리 이같이 일렀으되 오늘날 너희가 그의 음성을 듣거든 너희 마음을 강퍅케 말라 하였나니 만일 여호수아가 저희에게 안식을 주었더면 그 후에 다른 날을 말씀하지 아니하셨으리라 그런즉 안식할 때가 하나님의 백성에게 남아있도다 이미 그 안식에 들어간 자는 하나님이 자기 일을 쉬심과 같이 자기 일을 쉬느니라.

차 나타날 하나님 나라의 영원한 안식처를 가리키는 표지판과 같다. 히브리서 저자는 만일 여호수아가 저희에게 안식을 주었더라면 그 후에 다른 날을 말씀하지 아니하셨으리라(히 4:8)고 한다. 만일 여호수아가 가나안을 정복한 이스라엘 백성에게 참된 안식을 주었다면 '그 후에' 다윗이 다른 날을 말하지 아니하였을 것이다. 여호수아를 통해 가나안의 안식을 얻은 그 후에도 다윗이 여전히 다른 안식을 말하는 이유는 그들이 기다리는 참된 다른 안식이 아직 남아 있기 때문이었다. 그러므로 눈으로 보이는 가나안 땅은 하나님의 백성들이 소유하게 될 궁극적이고 영원한 유업의 안식처로 하나님에 의해 계획된 바도 없고 또한 그런 식으로 하나님의 백성에게 이해되지도 않았다. 족장들이 바라고 소망하던 안식처는 눈으로 보이는 가나안 땅에서 실현될 수 있는 것들이 아닐 뿐 아니라 이 땅 어디에서도 실현될 수 없는 것들이다.[16] 그래서 하나님의 백성에게는 안식할 때가 아직 남아 있으니 영원한 하나님의 안식처가 될 것이다. 그 안식처는 모든 성도들이 바라는 안식처로서 하나님이 모든 성도들을 위해 예비하신 가장 이상적인 안식처이기 때문이다.

2. 약속의 땅에서의 안식

하나님께서 족장들과 그들의 후손들에게 가나안 땅을 기업으로 주셨지만 그들의 모든 후손이 가나안에 들어가지 못한 것은 그들이 하나님의 말씀을 불신하여 광야에서 죽음을 맞이 했기 때문이다. 하나님은 약속의 땅으로 들어가려는 사람들에게 그들이 준수하고 지켜야 할 여러 가지 규례들을 선포하셨다.[17] 신 12:1에서 모세는 "네 열조의 하나님 여호와께서 네

---

16) Patrick Fairbairn, *Typology of Scripture II* (New York: Funk and Wagnalls, 1900), 3-4, quoted by Anthony Hoekema, 374.

17) Elmer A. Martens, *God's Design*, 154-157에는 이스라엘 백성들이 가나안 땅에 들어가서 생활하는데는 특별한 생활 양식이 필요하며, 그것은 하나님의 계명을 잘 지키는 것이라고 밝히고 있다.

게 주셔서 얻게 하신 땅에서 너희가 평생에 지켜 행할 규례와 법도는 이러하니라"고 하면서 많은 법을 선포하였다. 레 19:29에서는 매춘 행위를 엄격하게 금지한다. 민 35:29-34에는 피를 흘리는 것은 땅을 더럽히는 일이므로 살인자는 그 피 값을 반드시 찾으라고 하였다. 신 12:20 이하에서는 음식에 관한 규정도 정하였다. 신 17:14은 이스라엘 백성들이 가나안 땅에 들어가서 정착을 하면 왕을 요구할 가능성이 있으며, 그때를 대비하여 왕정 정치에 대한 방향을 제시하면서 정치문제를 취급한다. 신 19:7에는 살인자에 대한 피의 복수를 막기 위하여 도피성을 세우도록 하였다. 신 24:4은 재혼에 관한 규정을 밝히고 있다. 무엇보다 가나안 땅에 들어가서 이방 종교와 우상을 배격하고 하나님만 섬길 것을 강하게 요구하였다.

또한 우리가 이미 밝힌 것처럼 모세 오경을 통하여 하나님이 정하신 안식일법을 철저히 지킬 것도 요구하셨다. 현대인들은 다른 사람이 소유하고 있는 집에 전세나 월세로 입주할 때도 집주인이 원하는 요구에 주의를 기울여 생활해야 한다. 어느 사람이 자기의 고국을 떠나 다른 나라에 이민을 가서 생활하려면 자기가 이민 가려는 국가가 요구하는 모든 법을 반드시 지킬 때만이 그 국가의 법과 제도가 그 사람의 생명과 재산을 보호할 것이다. 그와 같이 하나님의 거룩한 땅을 선물로 받은 이스라엘은 그 땅의 주인이신 하나님의 뜻을 따라 생활하도록 요구받는 것이 당연한 일이었다. 그 이유는 이스라엘 백성들도 원래는 갈대아 우르 출신이었으며 하나님의 부르심을 받아 이 땅으로 이주해 온 이방인이었기 때문이다. 이주민은 지위 고하를 막론하고 항상 자기가 이주해 가는 국가의 법을 지키고 순종해야 하기 때문에 이스라엘 백성도 하나님께서 요구하시는 모든 법을 지키고 순종할 때만 그들의 생존권이 보호를 받게 된다. 즉 가나안 땅에 정착한 백성들은 과거보다 나은 안식을 누리는 것은 사실이지만, 참된 하나님의 안식일을 소유하려면 하나님의 계명을 순종하고 지켜야 한다는 조건이 전제되어 있다. 이스라엘 백성들이 이 조건을 충족시키지 못한다면 그들은 또 다시 쓰라린 고통을 경험하게 될 것이다.

특히 신 26장에 밝혀진 문맥에 의하면 이스라엘 백성은 지금까지 하나님께 받은 은총에 대해 감사한 마음으로 그 땅에서 생활해야 하였다. 그들은 하나님의 택하심을 받은 하나님의 소유요 거룩한 백성으로 구별된 민족이었다. 그러한 특권과 사랑을 받은 사람의 의무가 바로 하나님의 말씀에 순종하는 일이다. 모세는 신 26:16-19에서 이스라엘 백성들에게, 여호와의 거룩한 백성이 된 이스라엘은 여호와께서 명하신 율법을 지키므로 하나님을 자신들의 주로 인정하고 섬겨야 한다고 권고한다. 그렇게 하므로 하나님께서 이스라엘을 열국 중에서 보배로운 백성으로 삼아 주실 뿐 아니라 영광과 지혜로 관을 씌워주실 것이다. 하나님께서는 그러한 이스라엘 백성에게 율법을 순종하고 지킬 수 있는 힘을 주겠다고 하셨다(신 26:18). 그와 같이 이스라엘 백성들은 하나님이 선물로 주시는 땅에 들어가서 생활하려면 하나님이 원하시는 법을 지켜야 하는 것은 당연하였다.

하나님의 이러한 명령을 순종하여 지킬 수 없었던 사람들은 가나안 땅에 들어가지 못하고 모두 광야에서 죽었다. 민수기 13:32-33에는 이스라엘 백성들이 가나안 땅을 정탐하고 돌아온 여호수아와 갈렙을 제외한 다수의 사람들이 그 땅을 악평하는 소리를 청취하였음을 밝힌다. 민 14:1-3은 이 보고를 들은 백성들이 밤새도록 울부짖으면서 하나님을 향해 불평하고 애굽으로 돌아가는 것이 낫다고 하였다. 민 14:11-38에 의하면 그로 인해 하나님께서는 그들의 가나안 땅 입성을 40년간 유보시키면서 광야 길을 배회하도록 하였다. 그리고 여호수아와 갈렙을 제외한 애굽에서 나온 1세대들은 모두 광야에서 죽게 하셨다. 광야에서 죽은 이스라엘 백성들은 애굽 땅의 노예생활에서 해방되는 기쁨과 즐거움은 맛보았지만 하나님께서 그들을 위하여 예비하신 가나안의 안식은 체험하고 느끼지 못하였다. 시 95:11에서 하나님께서 말씀하셨다. "내가 노하여 맹세하기를 저들은 내 안식에 들어오지 못하리라" 하셨다. 이 사건을 통하여 하나님께서는 하나님의 뜻을 무시하고 항거하는 자에게는 이와 같은 죽음이 있다는 것과 가나안 땅에 들어 갈 수 있는 자는 여호수아와 갈렙과 같이 하나님의 말씀에 순종하는 사람이어야 함을 보여 주셨다.

하나님은 족장들에게 약속하신 그 땅에 악한 세대의 사람들은 그 누구도 들어오지 못하게 하셨다. 민 14:21-23은 하나님이 아브라함에게 언약하신 그 땅에 하나님을 시험하면서 불순종하는 사람은 결코 들어가지 못하리라는 사실을 맹세하셨음을 밝힌다.[18] 그러나 신 1:36에 의하면 여호수아와 갈렙은 "전적으로 여호와를 따랐기 때문에" 믿음으로 가나안의 안식에 들어갔다. 민 14:7-9은 그들은 하나님이 유업으로 약속하신 가나안 땅에 절대적인 가치를 두었으며, 여호와께서 우리를 기뻐하시면 우리를 그 땅으로 인도하여 들일 것이라고 하면서 하나님을 전적으로 신뢰하였다. 그들은 "오직 여호와를 거역하지 말자"고 하면서 하나님의 말씀에 반역하는 것을 두려워하였다.[19]

하나님께서는 여호수아와 갈렙이 하나님의 말씀을 믿고 순종하는 생활은 가나안 땅에서 생활하게 될 아브라함의 후손들에게 모범이 되었다고 인정하셨다. 비록 그들이 하나님으로부터 약속의 땅을 언약으로 받았지만 그 땅에 들어가기 전에 죄를 범하거나 가나안 땅에 정착하여 생활하는 동안 하나님의 명령을 어긴다면 하나님의 심판을 받게 되었다. 오늘날도 다른 나라로 이민 가는 사람들은 이민 가기 전에 자기 모국에서 죄를 범한 범법자들을 받아들이지 않는다. 신원조회를 통해 범죄행위가 나타난 사람에게는 이민 비자를 발급하지 않는다. 또한 이민 비자를 받아서 이민을 갔다 하더라도, 즉 이민에 성공하였다 해도 그 나라에서 생활하는 동안 그 국가가 요구하는 모든 법을 잘 지켜야만 그 땅에서 생활이 가능하다.

오늘 우리 사회에서도 외국에서 들어온 여행자나 노동자가 우리 국가의 법을 어길 때에는 외국인이라 할지라도 대한민국의 법에 따라 처벌하고 추방한다. 이와 같이 이스라엘은 하나님께서 그들에게 유업으로 주시는 땅에서 생활하려면 그 땅의 주인이 되시는 하나님의 말씀에 순종하는 것이 절대적으로 필요하였다. 신약의 성도들도 그리스도께서 주시는 은혜로 하나님의 나라를 유업으로 받았지만, 하나님의 뜻에 합당한 생활을 하지 않

---

18) Walter C. Kaiser, *The Uses of the Old Testament in New*, 259.
19) G. H. Lang, *The Epistle to the Hebrews* (London, 1951), 58, quoted in Kaiser's, *The Uses of the Old Testament in New*, 259.

는 자는 그 은혜를 계속 소유할 수 없게 된다. 비록 우리가 하나님의 은혜
로 구원받는 것은 불변의 진리이고 사실이지만 하나님이 주시는 영원한
안식을 보장받은 성도는 그 신분에 합당한 생활을 해야 한다. 하나님의 계
명을 계속하여 불순종하는 사람은 그가 참으로 구원받아 하나님의 안식을
소유한 성도라고 인정하기 어렵다.

여호수아는 이스라엘 백성을 인도하여 가나안 원주민들을 물리치고 그
땅을 차지하였다. 수 21:44-45[20]에는 하나님께서 이스라엘 민족이 가나안
땅에 정착하는 과정에 대해 그들의 조상에게 약속하신 말씀이 모두 이루
어졌다고 하였다. 하나님께서 약속하신 것을 성취하여 가는 시간적 계획에
비교한다면 그들이 가나안을 정복할 시점까지 이루어져야 할 내용이 모두
성취되었다는 뜻이다. 여호수아가 가나안 지경의 모든 원수를 완전히 물리
친 것은 아니다. 하나님은 출 23:29-30에서 "네가 번성하여 그 땅을 기업
으로 얻을 때까지 내가 그들을 네 앞에서 조금씩 쫓아내리라" 하셨다. 그
들이 하나님을 믿고 그 말씀에 순종하는 한 그들의 국경선은 계속 확장하
여 나갈 것이다. 하나님은 자기 백성이 약속의 땅에서 이방민족을 추방시
키므로 정치 사회적 안식과 함께 이방문화와 이방종교와의 관계를 단절시
켜 영적 안식도 얻도록 하셨다. 하나님께서 가나안 땅에 대해 아브라함에
게 약속하신 바대로 일차적으로 여호수아 때 하나도 남김 없이 다 응하였
다. 그러나 그 약속은 계속 더 많이 성취하게 될 것이다. 즉 이 약속이 여
호수아 때에 성취되었으나 궁극적으로는 시간이 지나면서 계속 성취되어
나갈 것이다.

이스라엘 백성은 여호수아의 인도 하에 그 땅을 정복하고 정착하였지만
그 땅에서 계속 안식을 누리면서 그들에게 주어진 특권을 유지할 것인지
여부는 다른 문제이다. 그들 앞에는 생명과 죽음, 선과 악이라는 갈림길이

---

20) 수 21:44-45 여호와께서 그들의 사방에 안식을 주셨으되 그 열조에게 맹세
하신 대로 하셨으므로 그 모든 대적이 그들을 당할 자가 하나도 없었으니 이는 여
호와께서 모든 대적을 그들의 손에 붙이셨음이라 여호와께서 이스라엘 족속에게 말
씀하신 선한 일이 하나도 남음이 없이 다 응하였더라.

있어 선택의 여지가 그들에게 있었다. 그것은 하나님이 그들에게 주신 계명을 어떻게 지키느냐의 여부에 달려 있었다. 여호수아나 다윗 시대에도 족장들의 언약이 그들에게 무조건적으로 구원을 보장하는 백지위임 역할을 한 것은 아니었다. 그렇다고 하여 율법을 지키는 행위로만 구원이 이루어지거나, 오직 은혜로만 구원의 원리가 변한 것은 아니다. 하나님의 안식을 누리기 위해서는 아브라함의 후손들이라 할지라도 그들 개인의 믿음이 필요하였다. 그들의 조상들처럼 믿음으로 약속의 말씀을 의존한다면 가나안과 영원한 안식이 그들의 것이 될 수 있었다. 그렇지 못하다면 족장들에게 약속한 하나님의 안식과 축복은 그들을 비켜가게 되고 그들의 소유가 될 수 없었다. 하나님께서 그들의 조상들에게 하신 언약의 말씀은 변하거나 철회되지 않고 영원한 효력을 소유하고 있었다.

가나안에 정착한 언약의 백성들은 하나님의 말씀을 잘 지키지 못하였다. 그 결과 그에 따르는 쓴 열매를 먹고 고통의 잔을 마시게 되었다. 이스라엘의 땅에 관한 역사는 밝은 부분과 어두운 부분으로 나누어졌다. 요단강은 두 역사의 결합점이 되었다. 한 종류는 땅이 없는 자로서 그 땅을 소유하기 위해 노력하는 면과 다른 한 면은 땅을 소유한 후 땅을 상실하는 과정에 나타난 역사였다.[21] 그 백성들이 하나님의 말씀에 불순종하였다. 하나님께서는 렘 2:7에서 "내가 너희를 인도하여 기름진 땅에 들여 그 과실과 그 아름다운 것을 먹게 하였거늘 너희가 이리로 들어와서는 내 땅을 더럽히고 내 기업을 가증히 만들었다"고 탄식하셨다(렘 3:2; 23:10). 겔 8:16-18에는 하나님께 제사를 집행하는 제사장들이 여호와의 전을 등지고 얼굴을 동쪽으로 향하고 동방 태양신에게 경배하였다고 책망한다. 성소 앞 현관에서 하나님이 가증히 여기시는 태양신에게 경배하므로 배교 행위가 극치를 이루고 있었다. 성전은 하나님이 임재하시는 거룩한 곳인데 제사장은 그곳에서 가장 패역한 짓을 자행하였다. 성소와 단에 대한 책임을 가지고 백성을 위해 하나님께 정결하고 정성스러운 제사를 드려야 할 제

---

21) W. D. Davis, *The Gospel and the Land* (Berkeley: University of California, 1974), 38.

사장이 타락하였다. 종교 지도자가 이렇게 타락하였다는 것은 그 백성들도 함께 그 길을 갔다는 뜻이다. 그래서 하나님은 그들과 맺은 언약에 따라 그들을 심판하겠다고 선언하셨다.

예레미야 선지자는 17:21-27에서 유다 백성들이 안식일을 지키지 못한 결과 예루살렘 성이 멸망하여 불타고 훼파 될 것을 예언하였다. 예레미야는 17:21-22에서 백성들에게 "너희는 스스로 안식일에 짐을 지고 예루살렘 성으로 들어오지 말며 안식일에 너희 집에서 짐을 내지 말며 아무 일이든지 하지 말아서 내가 너희 열조에게 명함과 같이 안식일을 거룩히 할지어다" 하면서 안식일 지킬 것을 권하였다. 당시의 성문은 일반적으로 모든 백성들의 생활 중심지였다. 상거래와 문화의 중심지 역할을 하는 곳이다. 왕을 비롯한 예루살렘과 유대 백성들이 안식일을 어기고 예루살렘 성문을 많이 출입하였다. 또한 예루살렘의 모든 일반 백성들은 각자 일상생활에 필요한 활동을 자유롭게 하였다. 일상생활을 위해 짐 운반을 많이 하고 그뿐만 아니라 농산물과 생활필수품을 예루살렘 성문에서 매매하였다. 유다와 예루살렘 모든 주민들은 안식일에 예루살렘 성문에서 물건들을 사고 파는 매매 행위를 평일처럼 하였다. 하나님은 출 31:14-15에서 안식일에 일하는 자를 죽이라고 명령하면서 어떠한 노동도 금하고 있다. 또한 출 34:21은 밭 갈 때에나 거둘 때에도 쉬라고 하였다. 렘 17:27은 "만일 그들이 안식일을 거룩케 아니하며 짐을 지고 예루살렘 문으로 들어오면 내가 성문에 불을 놓아 예루살렘 궁전을 삼키게 하리니 그 불이 꺼지지 아니하리라" 하여 그들이 안식일을 지키지 않을 경우에 비참한 하나님의 심판이 있을 것을 예언하였다. 하나님께서 그들에게 명하신 다른 계명들을 어겼을 뿐 아니라 특별히 유다 민족의 지도자들이 앞장서서 그 백성들과 함께 안식일 계명을 파괴하였다.

그 결과 유다 백성은 바벨론으로 잡혀가서 70년 동안 포로생활을 하였다. 하나님께서는 안식일법을 어긴 그들에게 가장 가혹하고 혹독한 징벌을 내리셨다. 이 심판의 기간 동안은 유다 백성들에게 안식이 전혀 없었다. 하나님께서는 안식일을 멸시한 그들에게 안식과 평안을 빼앗는 징계를 내리셨다. 이처럼 이스라엘 백성들이 칠십 년 동안 바벨론에서 포로생활 한 것은 하나님의 안식일을 지키지 않은 결과 내려진 심판이라는 점에서 큰 의미가 있다. 특히 칠십이라는 숫자는 안식일의 일곱째 날을 연상하게 한다. 느헤미야는 13:15[22]에서 당시 백성들이 안식일에 술틀을 밟고 곡식 단과 포도주와 포도와 무화과와 그 외에 여러 가지 짐들을 나귀에 싣고 예루살렘 성에 들어와서 매매하였다고 밝힌다. 하나님의 계명을 어기고 안식일을 지키지 않은 결과 그들은 그들이 유업으로 받은 언약의 땅에서 쫓겨나 포로 신세로 전락하였다. 그들이 이러한 징계를 받는 이유는 그 땅에서 하나님의 말씀을 신실하게 지키지 않은 것에 대한 심판이었다.

이스라엘 백성이 조상으로부터 유업으로 받은 그 땅을 상실하고 포로로 잡혀가는 것은 고통스러운 비극이었다. 그러나 하나님께서는 자기의 사랑하는 백성들에게 영원히 그러한 고통이 임하도록 내버려 두지 않으셨다. 그들이 당하는 순간적이고 제한적인 고통은 그들을 향한 하나님의 사랑의 또 다른 한 부분일 뿐이었다. 하나님은 어제나 오늘이나 영원토록 동일하시며 한 번 하신 약속은 반드시 지키는 분이시다. 하나님께서는 아브라함, 이삭, 야곱과 하신 언약을 잊지 않고 성취하셨다. 언약의 자손들이 바벨론 포로로 고생하는 동안 선지자들은 그들의 귀환과 회복에 대해 많은 예언을 하였다.[23] 그 가운데 특히 예레미야와 에스겔은 하나님의 자녀들이 포로에서 돌아와 자기들의 본토에 정착할 것에 대한 예언을 많이 하였다.

그 가운데 몇 가지를 살펴보면 다음과 같다. 렘 3:11-20은 하나님을 배반하고 포로로 잡혀간 유다 백성에게 회개하고 돌아오라고 촉구한 말씀이다. 12절에서 "배역한 이스라엘아 돌아오라 나의 노한 얼굴을 너희에게 향하지 아니하리라"고 하면서 그들이 회개하고 돌아온다면 하나님의 긍휼과 사랑의 축복이 있을 것을 가르치고 있다. 선지자는 인간이 잘못하였음

---

22) 느 13:15 그때에 내가 본즉 유다에서 어떤 사람이 안식일에 술틀을 밟고 곡식 단을 나귀에 실어 운반하며 포도주와 포도와 무화과와 여러 가지 짐을 가지고 안식일에 예루살렘에 들어와서 식물을 팔기로 그날에 내가 경계하였고 …

23) Hans-Ruedi Weber, "The Promise of the Land: Biblical Interpretation and Present Situation in the Middle East," *Study Encounter* 7 (1971): 7-10.

에도 불구하고 화해는 하나님께서 먼저 요청하신다는 사실을 강조한다. 14절에는 "내가 너희를 성읍에서 하나와 족속 중에서 둘을 택하여 시온성으로 데려오겠다"는 말씀으로 하나님께서 친히 흩어진 언약의 백성을 약속의 땅으로 데려갈 것을 가르친다. 가나안 땅을 아브라함에게 주시고, 그의 후손들을 애굽에서 인도하시고, 포로로 잡혀간 그들을 다시 귀환시킬 분은 바로 하나님이시다. 하나님이 사방에 흩어진 자기 백성들을 하나씩 불러 모아 다시 가나안으로 인도하셨다.

또한 15절에는 "내 마음에 합하는 목자를 너희에게 주리니 그들이 지식과 명철로 너희를 양육하리라"는 말씀으로 참목자가 되시는 메시아가 그들을 다스릴 것을 예고하고 있다. 지금까지는 이스라엘 백성에게 완전한 지도자가 없었다. 모세와 다윗이 오실 그리스도의 표상과 그림자로서 훌륭하게 그 백성들을 지도하고 인도하였으나 그들도 완전하지는 못하였다. 후대의 정치와 종교지도자들은 자기 백성들이 하나님을 배신하고 형제를 해치는 길로 인도하여 모든 이스라엘이 범죄의 길에 빠지게 하였다. 그 결과 모든 백성이 가혹한 하나님의 심판을 받았다. 이제 다시 지도자의 오류로 인하여 백성이 피해를 당하는 일이 없도록 하나님의 아들 그리스도께서 목자가 되어 자기의 양들을 푸른 초장과 맑은 시냇물가로 인도하실 것이다.

17절에는 "그때에 예루살렘이 여호와의 보좌라 일컬음이 되며 열방이 그리로 모이리니 곧 여호와의 이름으로 인하여 다시는 그들의 악한 마음의 강퍅한 대로 행치 아니할 것이라"고 하여 유대 민족뿐 아니라 개종한 이방인들도 힘을 합하여 새 예루살렘을 건축할 것을 나타내고 있다. 복음의 우주적 보편성이 나타난다. 나아가 하나님께서 그들에게 새 마음을 주어 다시는 나쁜 마음으로 범죄하는 일이 없도록 하겠다고 하셨다. 부패한 인간은 자신의 능력으로 하나님의 뜻을 따를 수 없으나 하나님께서 자기 백성에게 성령으로 새로운 마음을 주어 하나님의 뜻을 따르고 순종하도록 하시겠다고 하였다.

렘 16:10-18은 유다 백성이 하나님의 심판을 받게 된 이유와 그럼에도 불구하고 그들의 땅으로 돌아가게 될 것이라는 말씀을 선포하고 있다. 12-13절에서 "너희가 너희 열조보다 더욱 악을 행하고 나를 청종치 아니 하였으므로 내가 너희를 이 땅에서 쫓아내어 너희와 너희 열조가 알지 못 하던 땅에 이르게 할 것이라 너희가 거기서 주야로 다른 신을 섬기리니 이는 내가 너희에게 은혜를 베풀지 아니함이니라"고 하여 우상숭배 죄로 인해 난공불락의 요새인 예루살렘이 무너지고 그 백성들은 포로로 잡혀 갈 것이라고 한다. 그들은 자기의 조상들이 우상을 섬기면서 행한 악보다 더 심각한 죄를 범하였기 때문에 하나님의 심판을 받았다. 포로로 잡혀 간 땅에서 바벨론 사람들이 섬기는 이방 신 숭배를 강요당하여 그들과 함께 그 신을 섬길 것을 예고하였다. 이것은 완전한 영적 예속으로 마귀의 종노 릇을 하여 하나님 자녀로서의 신분을 상실할 것을 의미한다.

그러나 그들이 다시 약속의 땅으로 돌아올 것도 예언한다. 렘 16:14-15 에서 "애굽 땅에서 인도하여 내신 여호와의 사심으로 맹세하지 아니하고 이스라엘 자손을 북방 땅과 그 모든 쫓겨났던 나라에서 인도하여 내신 여 호와의 사심으로 맹세하리라 내가 그들을 그 열조에게 준 그들의 땅으로 인도하여 들이리라" 하였다. 야곱과 그의 자손들이 애굽으로 내려간 것은 그들의 자발적 행동이었다. 그리고 그들이 바벨론 포로가 된 것은 바벨론 군대에 의해 잡혀간 수치스러운 일이었다. 나아가 바벨론은 예루살렘 성전 을 파괴하면서까지 하나님을 섬기지 못하도록 하였고 그들에게 우상숭배 를 강요하였다. 이러한 의미에서 본다면 바벨론에서 해방된 것은 애굽에서 얻은 자유보다 영적으로 더 큰 의미를 갖는다. 그래서 예레미야는 애굽에 서 인도하여 내신 여호와의 이름으로 맹세하지 않고 바벨론에서 자유를 주신 여호와의 이름으로 맹세하였다. 그러면서 그는 유다 자손들이 바벨론 에서 해방되어 약속의 땅으로 인도될 것을 예언하였다. 애굽 땅에서 노예 로 있던 이스라엘을 인도하신 하나님께서는 바벨론 포로때도 인도하셨다.

렘 23:1-8은 하나님의 백성을 바른 곳으로 인도하지 못한 지도자들을 심판하실 것과 의로운 지도자를 세워 포로에서 귀환시킬 것을 예언하고 있다. 렘 23:1은 "나 여호와가 말하노라 내 목장의 양 무리를 멸하며 흩는 목자에게 화 있으리라" 하여 이스라엘이 바벨론에서 돌아올 때 거짓 목자에 대한 심판이 있을 것을 말씀하셨다. 그들은 불성실하고 이기심으로 서로 싸우면서 양떼를 흩었다. 양떼를 지키고 돌보아야 할 목자가 강도와 도둑처럼 양 무리를 약탈하고 위험한 곳으로 인도하였다. 이처럼 목자가 자기 의무를 수행하지 못하면 목장이 파괴되고 양떼들이 큰 피해를 당하게 된다. 이러한 목자는 때때로 이리떼들에게 상처를 받거나 목숨을 잃기도 한다.

3-4절에는 "내가 내 양 무리의 남은 자를 그 우리로 돌아오게 하리니 그들의 생육이 번성할 것이며 내가 그들을 기르는 목자들을 그들 위에 세우리니 그들이 다시는 두려워하거나 놀라거나 축이 나지 아니하리라" 하였다. 이 말씀에는 남은 자 교리가 있다.[24] 믿음을 지킨 소수의 남은 자들이 구원받을 것이다. 또한 거짓 목자에 의해 흩어진 양떼를 하나님이 다시 모아 그들을 다스릴 새로운 목자를 주시겠다는 약속이다. 다시 우리로 돌아온 소수의 남은 양떼에게 창조 때 주셨던 생육하고 번성하여 땅에 충만케 되는 복을 약속하셨다. 렘 23:5에서 "내가 다윗에게 한 의로운 가지를 일으킬 것이라 그가 왕이 되어 지혜롭게 행하며 세상에서 공평과 정의를 행할 것이라" 하여 그들 위에 세워질 새로운 지도자가 메시아임을 가르친다. 약속의 땅에 돌아온 백성들을 위하여 새로운 지도자로 세움 받은 왕은 이스라엘의 모든 왕들과는 완전한 비교와 대립을 이룬다. 그는 지혜롭게 행하고 공평과 정의를 행할 것이기 때문이다. 다윗의 자손인 그리스도께서 이 세상을 공의로 통치하시고 율법의 모든 요구를 성취하셨으므로 모든 사람이 그를 믿으므로 안식을 얻게 될 것을 가르친다. 이스라엘 백성의 바벨론 해방과 구원도 출애굽처럼 신약교회에서 그리스도를 통한 구원의 모형과 예표로 사용된다. 오직 그리스도를 통한 구원과 자유만이 참된 안식을 누릴 수 있기 때문이다.

렘 31:2-14 말씀도 이스라엘의 회복에 대한 예언이다. 렘 31:2은 "칼에

---

24) J. A. Thompson, *NIC, The Book of Jeremiah* (Grand Rapids: Eerdmans, 1980), 487.

서 벗어난 백성이 광야에서 은혜를 얻었나니 곧 내가 이스라엘로 안식을 얻게 하러 갈 때에라" 하여 하나님께서 출애굽의 구원을 상기시키면서 반드시 이스라엘을 구원하여 안식을 주시겠다고 약속하고 있다. 출애굽 당시에 사람들은 바로왕의 칼 위협에서 벗어나 언약과 안식의 땅을 찾아가는 것처럼 이사야가 예언한 대로 포로생활하는 이스라엘에게 이미 새로운 출애굽이 시작되었다는 것이다(사 40:3-4; 42:14-16; 43:18-21).[25] 이스라엘 백성은 하나님께서 자기들을 사랑하여 유업으로 주신 땅에 생활하는 동안 그 땅의 주인 되시는 하나님의 계명을 위반하고 거역한 결과 그 땅에서 추방되어 바벨론의 포로가 되었다. 하나님이 그들에게 주신 안식이 완전히 상실되어 비참하고 참담한 신세로 전락되었다. 그러한 백성에게 하나님의 인자와 사랑이 다시 그들에게 나타나서 이스라엘을 가나안 땅으로 인도하여 옛 지위와 신분을 회복시키시고 잃었던 안식을 다시 제공해 주시겠다고 하였다.

예레미야는 31:3-6에서 자신이 과거에 경험하였던 구원의 확신과 조상으로부터 들었던 교훈 그리고 모세 오경에 기록된 구원의 역사를 회상하고 하나님께서 애굽에서 노예생활 하던 이스라엘을 해방시켜 가나안으로 인도하신 것처럼 바벨론의 포로가 된 언약의 백성들을 다시 회복시켜 약속의 땅으로 인도하실 것을 확신하고 있다. 선지자는 자신의 그러한 신앙을 시 형식으로 서술하였다. 렘 31:7-14에서 이스라엘의 남은 자들의 구원에 대한 예언을 하고 있다. 모든 남은 자들이 구원받을 것이며(7절), 포로로 잡혀간 자들 가운데서 남은 자들이 구원받을 것이며(8, 9절), 포로로 잡혀갈 것을 두려워하여 주변의 여러 국가로 도망한 사람들 가운데서 남은 자들이 구원받을 것을 묘사하고 있다(10-12절). 13-14절에서는 구원받은 모든 남은 자들이 즐거워하면서 기뻐하는 모습을 그리고 있다. 예레미야는 하나님이 사랑하시고 택한 백성은 세상 어디에 있든지 반드시 찾아서 구원하여 그들에게 안식을 주신다고 하였다. 하나님께서 예레미야에게 구원의 소식을 만방에 전하라고 하신 이유는 하나님의 구원은 어느 특

---

25) J. A. Thompson, *NIC, The Book of Jeremiah*, 566.

정한 지역을 제외시키는 것도 아니며, 반대로 어느 특정한 지역의 사람만 구원하여 안식을 주시는 것도 아니라는 사실이다.[26] 하나님의 구원과 안식은 어느 민족이나 시대에 제한되어 있지 않다.

에스겔 11:14-21의 말씀도 이스라엘 백성이 포로에서 해방되어 가나안 땅에 정착하여 새로운 민족이 될 것으로 예언하고 있다. 하나님께서 범죄한 이스라엘을 영원히 멸망시키지 않고 일정한 시간이 지나면 다시 언약의 땅으로 구출하여 인도하시겠다는 말씀이다. 11:15-16에는 예루살렘에 남아 있는 주민들이 포로로 잡혀간 사람들보다 행복하다고 생각하였다. 그들은 하나님의 거룩한 땅에서 뽑힘을 당한 저주받은 사람으로 여겼다. 그리고 그들의 소유는 모두 그 땅에 남은 자들의 것으로 간주하였다. 그러나 하나님은 그들이 포로로 잡혀간 바벨론에는 성전이 없지만 하나님께서 친히 그들의 성전이 되셔서 포로 된 자들의 피난처가 될 것이라고 하셨다. 하나님께서 친히 그들의 성전이 되신다는 것은 지상 성전의 제한성과 참 성전은 오직 하나님뿐이라는 사실을 가르친다. 하나님은 인간이 만든 성막에 갇혀 계실 분이 아니며, 어느 특정 민족의 하나님으로 제한 받으실 분도 아니다.

겔 11:19-20과 겔 36:26-27에서 하나님은 가나안 땅에 돌아온 그들에게 "일치한 마음을 주고 그 속에 새 신을 주며 그 몸에서 굳은 마음을 제하고 부드러운 마음을 주어서 나의 율례를 쫓아서 그들은 내 백성이 되고 나는 그들의 하나님이 되리라" 하셨다. 하나님은 이스라엘 백성들에게 새로운 신과 부드러운 마음을 주고, 굳은 마음은 제하며 그들의 마음에 내 율법을 심겠다고 하셨다. 이스라엘 백성이 바벨론의 포로가 된 이유는 그들의 마음이 굳어 하나님의 영이 아닌 마귀의 영을 따랐으며 마음에는 하나님의 율법을 지워버렸기 때문이다. 즉 아브라함과 맺은 언약을 파기한 결과이다. 그러나 하나님께서 그들에게 새 신과 율법을 그들의 마음에 두시겠다 한 것은 파기된 언약을 새롭게 하겠다는 뜻이다. 특별히 그들의 마

---

26) 이외에도 에레미야서에 나타난 이스라엘의 회복에 대한 말씀은 28:1-4: 30:1-3, 10-20: 32:1-44: 50:17-20 등이다.

음에 율법을 두시겠다는 것은 큰 의미가 있다. 율법은 하나님 속성의 표현
이다. 인간은 그러한 율법을 마음에 기록하므로 인하여 하나님의 속성을
소유하게 된다. 또한 인간은 하나님의 속성을 소유하므로 하나님의 이름을
높이고 영화롭게 할 수 있다.[27]

하나님께서 사람의 마음에 하나님의 영과 하나님의 율법을 새겨 언약을
새롭게 갱신하는 일은 메시아이신 그리스도를 통해 성취하실 것이다. 하나
님은 이스라엘 백성들에게 이렇게 하므로 그들이 파기한 언약을 새롭게
하여 그들과 새로운 관계가 형성되도록 하셨다. 이 말씀에서 하나님은 그
들을 완전히 새롭게 만들어 족장들에게 약속한 언약인 "그들은 나의 백성
이 되고 나는 그들의 하나님이 되리라"는 약속을 성취하시겠다는 뜻이
다.[28] 하나님과 맺은 언약이 성취된다면 그 백성에게는 축복과 안식이 임
하게 된다.

창 17:8에서 하나님은 아브라함에게 "내가 너와 네 후손에게 너의 우거
하는 이 땅 곧 가나안 일경으로 주어 영원한 기업이 되게 하고 나는 그들
의 하나님이 되리라" 말씀하셨다. 하나님은 아브라함에게 가나안 땅을 그
의 후손들에게 주시고, 그들의 하나님이 되시겠다고 언약을 맺었다. 그리
고 창 17:1에 언약의 조건으로 "너는 내 앞에서 행하여 완전하라"고 말씀
하셨다. 우리가 이미 앞에서 공부한 것처럼 이 언약은 후대 역사에서 계속
하여 반복되었다. 그러나 가나안에 정착한 언약의 후손들은 자기 조상들이
하나님과 맺은 언약을 파기하였을 때 언약으로 주신 땅에서 추방당했다.
하나님은 그들에게 약속의 땅으로 다시 돌아가게 할 때는 파기되었던 언
약을 새롭게 갱신하셨다. 언약을 새롭게 갱신하여 새 사람이 된 그들은 아

---

27) E. W. Hengstenberg, "The New Covenant," ed. Walter C. Kaiser,
Classical Evangelical Essay. In Old Testament Interpretation (Grand Rapids:
Baker Book House Co., 1972), 245.

28) 이외에도 에스겔 선지자는 이스라엘의 해방과 함께 약속의 땅으로 돌아올
것에 대해 많은 곳에서 예언하고 있다. 더 깊이 연구하기 원한다면 20:39-44;
34:1-16; 35:1-36:15; 36:16-36; 37:1-14; 37:15-28; 39:21-29 등의 말씀을
참고.

브라함에게 약속한 그 땅을 소유할 수 있었다. 그리고 하나님께서 그들의 마음을 새롭게 하여 그들은 나의 백성이 되고 나는 그들의 하나님이 되리라는 언약을 완성하시겠다고 말씀하셨다.

위에서 살펴본 바와 같이 예레미야는 이스라엘 백성이 바벨론 포로에서 해방될 것과 가나안 땅으로 돌아온 후에 그들이 생육하고 번성할 것을 예언하고 있다. 에스겔은 일반적으로 세 가지 방향으로 자신의 메시지를 표현한다. 첫째, 내가 너희를 사람들 중에서 데리고 나올 것이다. 둘째, 내가 너희를 땅들로부터 모을 것이다. 셋째, 내가 너희를 이스라엘 땅으로 데리고 갈 것이다.[29] 선지자들은 하나님께서 이스라엘을 회복하신다는 약속이 낮과 밤이 변하지 않고 지켜지는 것과 같이 분명하게 이루어 질 것을 믿었다(렘 33:20-25). 이스라엘 백성이 약속의 땅 가나안을 떠나는 것은 고통과 시련이다. 이들은 애굽 땅과 바벨론에서 동일한 경험을 하였다. 가나안을 떠나서는 그들에게 안식과 평화가 존재하지 않았다. 가나안 땅을 회복하여 정착하는 것이 그들에게 유일한 안식의 시작이며 출발점이었다. 이스라엘 백성들의 안식은 오직 하나님께서 그들의 조상들에게 유업으로 주신 가나안 땅에서만 가능하였다. 그러나 가나안은 그들의 영원하고 궁극적인 안식처가 아니고 하나님의 영원한 안식처의 모형과 예표이다. 따라서 하나님의 백성의 영원한 안식처는 하나님이 자기 백성들을 위해 예비하신 영원한 하나님의 도성을 떠나서는 존재할 수가 없다.

이스라엘 백성은 자신들의 노력과 힘으로는 애굽과 바벨론의 힘에서 해방될 수도 없었고 가나안 땅으로 들어갈 수도 없었다. 그들을 향한 하나님의 사랑과 긍휼이 이스라엘 백성이 포로에서 귀환하게 된 근본적 동기가 된다. 렘 29:10-11에서 그들이 바벨론에서 포로생활을 하고 있을 때 "그들을 향한 하나님의 생각은 평안이며 너희 장래에 소망을 주려함이라"고 하였다. 특히 포로에서 해방되어 고국으로 돌아갈 것을 강조하는 렘 30-31장은 하나님의 긍휼하심이 강조되고 있다. 하나님이 이스라엘을 그

29) Elmer A. Martens, "Motivation for the Promise of Israel's Restoration," 164-72.

들의 본국으로 귀국시킨다고 할 때 아버지와 아들의 관계로 표현하였다. 하나님은 렘 31:3에서 "내가 무궁한 사랑으로 너를 사랑하는 고로 인자함으로 너를 인도하였다" 하여 이스라엘을 향한 하나님의 사랑과 인자하심이 강하게 나타난다. 렘 42:12에는 "내가 너희를 긍휼히 여기리니 너희를 너희 본향으로 돌려보내리라" 하였다. 하나님께서는 자신이 언약하신 약속을 지켜 그들을 인도하여 가나안 땅에 정착시켜 안식을 주셨다.

가나안 땅을 소유하는 것은 이스라엘 백성에게는 그들의 생존과 직결될 만큼 중요한 과제였다. 가나안 땅은 하나님과의 관계와 신앙적 윤리적 민족의 생존과 관련하여 그들에게 그렇게 중요한 요소임에는 틀림이 없지만 그 땅이 그들의 최후 목표가 될 수는 없었다. 이스라엘 백성의 바벨론 포로에서 가나안으로의 귀환은 족장들에게 언약한 약속이 이루어진 것이긴 하지만 그 언약이 모두 성취된 것은 아니었다. 그 이유는 족장을 비롯한 가나안 땅에서 생활한 구약과 신약의 성도들이 여전히 하나님이 예비하신 다른 안식을 사모하였기 때문이다. 히브리서 4장에서 앞으로 남아 있는 안식에 대해 깊이 있게 설명한 것은 인상적이다. 히 4:4-9[30] 말씀은 가나안 땅이 구약과 신약 성도들이 바라는 최종적 안식처가 아니라는 사실을 밝히고 있다.

모세가 신 28:1-14에서 말한 것처럼 출애굽 하여 하나님의 말씀에 순종한 모든 사람들은 가나안 땅에 들어갔다. 그들에게는 가나안에서의 생활이 바로 하나님 앞에서 생활하는 것이었다. 그러나 히 4:6에는 "거기 들어갈 자들이 남아 있거니와"라는 말씀으로 하나님의 안식이 미완성임을 나

---

30) 히 4:4-9 제칠 일에 관하여는 어디 이렇게 일렀으되 하나님은 제칠 일에 그의 모든 일을 쉬셨다 하였으며 또 다시 거기 저희가 내 안식에 들어오지 못하리라 하였으니 그러면 거기 들어갈 자들이 남아있기니와 복음 전함을 먼저 받은 자들은 순종치 아니함을 인하여 들어가지 못하였으므로 오랜 후에 다윗의 글에 다시 어느 날을 정하여 오늘이라고 미리 이같이 일렀으되 오늘날 너희가 그의 음성을 듣거든 너희 마음을 강퍅케 말라 하였나니 만일 여호수아가 저희에게 안식을 주었더면 그 후에 다른 날을 말씀하지 아니하셨으리라 그런즉 안식할 때가 하나님의 백성에게 남아있도다.

타내고 있다. 그리고 히 4:11에서 "그러므로 우리가 저 안식에 들어가기를 힘쓸지니"라고 하여 하나님의 안식이 아직 우리 앞에 남아 있음을 분명히 하고 있다. 또한 아직 우리 앞에 남아 있는 안식에 들어가기를 힘쓸 것을 명령하고 있다. 히 4:8에는 "만일 여호수아가 저희에게 안식을 주었더면 그 후에 다른 날을 말씀하지 아니하셨으리라"고 일차적으로 신명기와 여호수아서에 기록된 안식이 문자적으로는 이루어졌음을 밝힌다.

그럼에도 불구하고 다윗은 시 95:7-8에서 다른 안식을 이야기하고 있다. 여호수아의 인도로 이미 가나안 땅에 정착한 지 몇 세기가 지난 후 다윗은 광야에서 복음 전함을 먼저 받은 조상들이 순종하지 않은 결과 가나안 땅에 들어가지 못하고 광야에서 죽은 것을 상기시키면서 앞으로 다가오는 안식에 들어가도록 자기 시대 사람들에게 하나님의 말씀에 순종할 것을 촉구하였다. 시편 95장에 의하면 가나안 땅에 들어가서 정착하는 것이 하나님께서 의도하신 안식의 최종 목표가 아님이 분명하다.[31] 하나님은 다윗을 시켜 "오늘날 너희가 그의 음성을 듣거든 마음을 강퍅케 말라"고 하시면서 하나님의 말씀에 순종해야 하나님의 안식에 들어간다고 하신 것을 보면 하나님이 의도하신 안식은 여호수아를 통해 정복한 가나안의 안식이 아니었다. 여호수아가 하나님께서 의도하시고 말씀하신 그 안식을 이스라엘 민족에게 주었더라면 그것으로 안식에 관한 언급은 끝이 났을 것이다.

다윗과 히브리서 기자는 가나안의 안식이 아닌 영원한 하나님의 안식이 하나님의 백성에게 남았다고 가르친다. 다윗과 히브리서 저자는 아직 다른 안식이 남아 있다고 하였다. 이스라엘 민족이 가나안 땅에서 취한 안식보다 훨씬 뛰어나고 의미 있는 안식이 하나님께서 예비한 영원한 안식이다. 가나안의 안식은 영원한 안식의 표상일 뿐이었음을 다윗과 히브리서 저자는 알고 있었기에 영원한 안식에 들어갈 것을 노력하라고 하였다.

아브라함을 비롯한 족장들과 구약의 성도들에게 안식 기간은 언약의 땅

---

31) Simon J. Kistemaker, *New Testament Commentary: An Exposition of the Epistle to the Hebrews* (Grand Rapids: Baker Book House, 1984), 111.

가나안에서 생활하는 것이었다. 애굽의 노예 생활과 사십 년 동안 광야의 피곤하고 지친 여행이나 바벨론에서 포로생활 하던 것과 비교하면 가나안의 생활은 안식이었을 것이다. 하나님께서 그들에게 가나안 땅을 안식처로 주셨기 때문이다. 그러나 구약의 성도들은 가나안의 안식만으로 만족하지 않았다. 그들이 비록 과거 그들의 조상들이 타국에서 유리 방황하던 생활에 비하면 안식을 얻은 것은 분명하지만 가나안의 안식이 그들의 최종 목표가 아니었다. 그 이유는 아브라함과 그의 자손들이 큰 무리를 이루어 그 땅에 정착하였을 때 그 약속의 땅도 좁았고 많은 문제를 유발시켰기 때문이다. 여전히 육체의 질병, 가난, 재난, 적국의 침입, 죽음 등이 그들을 괴롭혔다. 그래서 그들은 하나님께서 그들을 위해 예비하신 가나안의 안식처와 비교할 수 없을 만큼 완벽하고 부족함이 없는 영원한 안식처를 사모하였다. 히 1:10에서 "이는 하나님의 경영하시고 지으실 터가 있는 성을 바랐음이라" 하여 족장을 비롯한 구약의 훌륭한 성도들은 이 땅 위의 일에 소망을 두지 않고 하늘 나라를 바라보았기 때문에 칭송을 받았다. 이 땅 위에서는 이상적이고 완전한 하나님이 예비하신 영원한 안식처와 같은 곳이 존재하지 않기 때문에 그들은 하나님이 지으시고 친히 경영하시는 영원하고 완전한 도성에 소망을 두고 바라보았다.

그러나 하나님의 영원하신 성을 바라면서 믿음을 지킨 성도들은 이미 하나님의 안식에 들어갔음을 가르친다. 히 4:10에서 "그의 안식에 들어간 자는 하나님이 자기 일을 쉬심과 같이 자기 일을 쉬느니라." 하나님을 믿었던 사람들이 나그네와 외국인으로서 이 땅의 여행을 마치고 고향에 돌아가 쉬는 모습을 그려 놓았다. 그들은 이 땅 위에서 행하던 "자기 일"을 쉰다고 표현한다. 여기서 자기 일이란 땅 위에서 행하는 여러 종류의 수고를 뜻하기도 하겠지만, 특별히 생활 가운데서 행하는 악행과 죄악을 가르친다. 성도들은 그러한 죄를 짓기 때문에 괴로움을 겪고 탄식하고 슬퍼하며 회개한다. 그러나 하나님의 안식에 들어가면 그러한 종류의 모든 행실과 고통을 벗어버리게 된다. 자기 일을 쉬고 하나님의 안식에 들어간 자들은 이 땅에서 인간으로 생활하는 동안 경험할 수밖에 없는 각종 범죄가 이미 끝이 났으며 동시에 땅 위에서 자기에게 주어진 모든 의무가 마감되었다. 그래서 그들은 하나님이 예비하신 하늘 나라에서 하나님과 함께 영원한 안식을 취하고 있다.

그럼에도 불구하고 이 세상에서는 많은 유혹과 고난이 있어 하나님께서 그리스도를 통해 우리에게 주신 안식의 실재를 완전히 향유하지 못하고 있다. 이 땅 위에서 영원한 하나님의 도성을 향해 순례자의 길을 가는 성도들이 완전하고 영원한 하나님의 안식을 체험하는 방법은 그리스도의 재림과 인간의 육체적 장막을 벗어나는 길뿐이다. 언제 인류역사와 우리 각 개인에게 이런 일이 닥칠지 알지 못하지만 언젠가 그리스도께서 재림하시면 이 땅의 모든 역사는 종결되고 내세의 새로운 역사가 시작되면서 성도들은 하나님이 예비하신 영원한 도성에서 안식을 취할 것이다. 하나님의 모든 피조물들이 그날을 기다리고 있다.

그리고 모든 개인이 각각 다르게 하나님의 영원한 안식을 맞이하는 수도 있다. 그것은 성도들이 하나님의 부르심을 받아 이 땅 위의 수고와 생활을 쉬고 하늘 나라로 들어갈 때이다. 앞서 하나님 나라를 바라고 소망하던 모든 성도들은 이미 하늘 나라에서 하나님의 안식에 동참하였다. 히브리서 저자는 4:10에서 그리스도를 구주로 믿고 하나님의 영원한 도성을 사모하던 많은 성도들이 이미 하나님께서 주시는 완전한 안식에 들어갔다고 가르친다. 이 얼마나 위로와 만족이 되는 말씀인지 모른다.

죽음은 비록 죄의 결과로 내려진 하나님의 심판이긴 하지만 성도들에게는 그것이 축복으로 변하였다. 인간은 죽지 않고 영원히 생활할 수 있었지만 아담이 하나님의 말씀을 불순종한 결과 죽지 않을 수 없는 존재로 전락하였다. 그 결과 모든 사람이 죽음을 피할 수 없게 되었다. 히 9:27은 "한 번 죽는 것은 사람에게 정하신 것이라" 하였다. 그래서 어떤 작가는 죽음이야말로 인간이 경험하는 것 중에서 가장 민주적인 것이라 하였다. 그 이유는 죽음은 고귀한 사람이나 비천한 사람을 구별하지 않고 모든 사람을 평등하게 취급하기 때문이다. 대부분의 사람들은 자신의 죽음에 대해 생각하지 않고 그것을 부인하면서 생활하고 있다. 죽음에는 휴일도 없다.

이 땅 위의 모든 인간들은 공휴일에는 일을 중단하지만 죽음은 휴일도 없
이 계속 일어난다. 하나님이 부르시는 그 소환장을 피해 갈 사람은 아무도
없다. 죽음을 맞이하는 대부분의 사람은 죽음 저편의 내세에 대한 궁금증
과 두려움에 그리고 지금까지 가깝게 생활하던 모든 사람들과 이별한다는
것 등의 문제 때문에 죽음을 두려워한다. 바울이 롬 8:1에서 "그리스도 예
수 안에 있는 자들에게는 결코 정죄함이 없다"고 한 것처럼 비록 그리스
도께서 우리를 죄의 심판에서 해방시켰지만 육체를 갖고 있는 한 인간에
게 임하는 일반적인 고통을 피할 길이 없다. 그리스도께서 오실 때까지 성
도들도 타락의 결과 주어지는 질병, 노쇠함, 상처와 자연 재해와 죽음 등을
경험하게 된다. 아직까지 사탄이 완전히 파멸되어 완전한 항복을 하지 않
았기 때문이다. 그래서 바울은 고전 15:26에서 "맨 나중에 멸망 받을 원
수는 사망이라"고 하였다.

　그러나 그리스도의 죽으심과 부활이 인간의 죽음에 내려진 저주의 기능
을 제거하고 그 대신 축복으로 채워 주셨다. 바울은 롬 6:23에서 "죄의 삯
은 사망이요 하나님의 은사는 그리스도 예수 우리 주안에 있는 영생이니
라" 하였다. 그리스도를 통해 얻어지는 은사는 죄와 사망을 이기고도 남음
이 있는 풍족한 은혜이다. 이 하나님의 은사는 예수 그리스도 안에 있는
영생이기 때문에 누가 빼앗거나 파괴할 수 없다.[32] 예수 그리스도를 믿으
면 아브라함과 그의 후손들이 가나안 땅에서 소유한 안식과 비교할 수 없
는 안식과 평안을 누릴 수 있다. 예수께서 마 11:28에서 "수고하고 무거
운 짐진 자들아 다 내게로 오라 내가 너희를 쉬게 하리라"는 말씀으로 자
기를 믿는 모든 사람에게 안식을 약속하셨다. 이 영생이 오직 그리스도를
통해서만 성도들에게 주어진다. 그리고 이 영생을 완전히 실재적으로 소유
하는 시점은 성도가 이 세상의 생활을 끝낼 때이다. 그래서 계 14:13에는
"또 내가 들으니 하늘에서 음성이 나서 가로되 '기록하라 지금 이후로 주
안에서 죽는 자들은 복이 있도다' 하시매 성령이 가라사대 '그러하다 저
희 수고를 그치고 쉬리니 이는 저희의 행한 일이 따름이라' 하시더라"는

---

32) John Murray, *NIC, The Epistle to the Romans,* 238.

말씀이 있다. 여기서 그리스도 안에서 죽는 사람은 저희 수고를 그치고 쉰다고 하였다. 그리스도를 믿는 믿음을 지키다가 죽음을 맞이한 사람들은 이 땅 위에서 믿음 때문에 당하던 모든 고통과 수고는 끝이 나고 하나님이 주시는 영원한 안식을 경험하게 될 것이다.[33] 그리고 그리스도를 위해 수고한 모든 일들이 보상을 받게 될 것이다. 그래서 그리스도 안에서 죽는 자들은 하나님의 영원한 안식에 들어가기 때문에 복이 있다.

그러므로 성도들의 죽음은 하나님의 영원한 안식에 들어가는 축복의 관문이다. 새 생명과 영원한 안식을 주시는 그리스도를 믿는 성도들은 비록 이 땅 위에서 살고 있다 할지라도 영원한 도성을 바라보고 생활해야 한다. 히 11:13 이하에는 수많은 믿음의 사람들, 믿음의 용사들을 기록하였다. 그리고 "이 사람들은 다 믿음을 따라 죽었으며 약속을 받지 못하였으되 그것들을 멀리서 보고 환영하며 또 땅에서는 외국인과 나그네로라 증거하였으니 이같이 말하는 자들은 본향 찾는 것을 나타냄이라"고 하였다. 믿음이 훌륭한 사람들은 모두 이 땅에서 생활하는 동안 '외국인과 나그네로라' 하는 자세를 가졌다. 그리고 그들은 본향 찾아가는 생활 원리를 마음에 품었으며 그 원리에 따라 생활하였다. 그러면 본향은 어디인가? 히 11:16에서 "저희가 이제 더 나은 본향을 사모하니 곧 하늘에 있는 것이라 그러므로 하나님이 저희 하나님이라 일컬음 받으심을 부끄러워 아니하시고 저희를 위하여 한 성을 예비하셨느니라"고 답하였다. 이들의 본향은 하늘에 있다. 하나님께서는 이 땅에서 나그네와 외국인으로 생활하면서 본향을 바라는 사람들을 위하여 하나님께서 한 성을 예비하셨다. 아브라함을 비롯한 훌륭한 믿음의 사람들은 하늘에 있는 하나님이 예비하신 도성을 바라보면서 생활하였다.

히브리서 기자는 신약시대의 성도들에게 장차 들어갈 그 성을 바라면서 생활할 것을 권하고 있다. 히 13:14-15에는 "우리가 여기 영구한 도성이 없고 오직 장차 올 것을 찾나니 이러므로 우리가 예수로 말미암아 항상

---

33) Robert H. Mounce, *NIC, The Book of Revelation*, General edit., F. F. Bruce, (Grand Rapids: Eerdmans, 1977), 277-278.

찬미의 제사를 하나님께 드리자"하였다. 이 땅에서 영구한 도성이 없고 장차 올 것을 찾는다는 말씀은 결국 히 11장에서 말한 아브라함과 훌륭한 믿음의 사람들과 동일한 위치에서 같은 마음으로 생활한다는 의미이다. 그래서 현대 기독교인들도 이 땅 위의 일들에만 집착하는 생활을 하지 말고 구약의 족장들처럼 장차 올 하나님의 영원한 도성을 사모하고 바라면서 생활해야 한다. 벧전 2:11에는 "사랑하는 자들아 나그네와 행인 같은 너희를 권하노니 영혼을 거슬러 싸우는 육체의 정욕을 제어하라"고 말씀하신다. 이 세상에서 나그네와 행인 같은 생활을 하면서 영원한 하나님의 도성을 사모하는 성도들은 영혼을 거슬러 싸우는 육체의 정욕을 제어하여야 한다. 우리는 아직 갈 길이 멀기 때문에 멸망에 이르게 할 그 욕심을 제어하지 못하면 하나님의 도성에 이르지 못하므로, 하나님의 안식에 들어갈 사람은 이 세상에서 최선을 다 하여 믿음을 지켜야 한다.

제8장

예수님과 안식일

예수님은 구약의 안식일에 대해 어떠한 견해를 가졌는가? 예수님이 구약의 안식일을 어떻게 해석하고 그것을 지켰는지에 대해 이해하는 것은 아주 중요하다. 그 이유는 예수님 자신이 친히 모든 율법을 만드시고 인간에게 주신 당사자로서 율법에 대한 최고의 권위자이기 때문이다. 그래서 예수께서는 구약의 율법을 바로 해석하기도 하고, 또한 당시 바리새인과 서기관들이 오해한 많은 내용들을 교정시키기도 하셨다. 예수께서 가르치고 행하신 그 모든 내용이 최고의 권위를 갖기 때문에 안식일에 관한 주님의 교훈을 주의 깊게 연구할 필요가 있다.

예수님은 구약의 율법을 해석하는 관점에서 특히 유대 종교지도자인 서기관과 바리새인들과 심한 갈등과 대립을 보였다. 그래서 구약에서 중요하게 가르치는 신학과 교리, 종교의식과 권위 등 제반 문제에 대해 현저한 견해 차이를 나타내었다. 그 이유는 이스라엘 백성들은 자기 조상들이 생명을 담보로 하나님과 언약을 버리고 현지 토속종교의 영향을 받아 우상을 섬겨 종교의 순수성을 잃었기 때문이다. 윤리적 토대가 되는 하나님을 향한 신앙의 정체성이 약화되어 지도층에 속한 사람들을 비롯한 모든 백성들의 도덕성이 무너지게 되었다. 즉 하나님의 언약과 모세 율법의 핵심적 요소인 종교의 정체성과 윤리가 깨어졌다.

그 결과 하나님은 이스라엘 백성에게 아브라함과 모세와 맺은 언약에 따라 그 백성들을 징계하셨고, 바벨론과 앗수르의 침략을 받아 모든 국민이 심각한 피해를 입었다. 외국 군인들에 의해 국토가 유린당하고, 사람들이 살육 당하거나 포로로 잡혀가기도 하고, 재산은 불타거나 탈취되기도 하였다. 국가의 주권이 빼앗긴 상태로 70년이란 세월이 흘렀다. 이러한 민족적 수난과 고통을 겪으면서 그들은 이러한 불행의 원인이 어디에 있는지 알기를 원하였다. 선지자들은 한결같이 이러한 불행은 그들이 하나님과 맺은 언약을 배신한 결과라 하여 회개하고 돌아올 것을 촉구하였다. 백성들은 아픔의 상처가 너무나 크고 고통스러웠기 때문에 선지자들의 외침을 뼈저리게 공감하여, 그들의 예언과 설교를 듣고 회개의 눈물을 흘리면서 새로운 각오로 율법에 순종하기로 다짐하였다.

이러한 불행을 다시 반복하지 않고 하나님의 축복을 회복하는 길은 하나님의 언약을 성실하게 순종하고 지키는 길뿐임을 깨달아, 바벨론 포로에서 귀환한 후 이스라엘 백성들은 하나님의 율법을 더 잘 지키기 위해 많은 노력을 하게 되었다. 하나님의 뜻을 잘 순종하려면 하나님의 율법이 무엇인지 모든 백성이 잘 이해하고 깨달아야 하는 것이 우선이다. 따라서 율법을 깊이 연구하고 가르치는 서기관과 바리새파라는 그룹들이 생기게 되었다. 그들은 최고의 학식을 갖춘 신학자로서 하나님의 모든 말씀을 깊이 연구하고 해석하여 이스라엘 백성들이 일상생활에서 적용할 지침서를 만들었다. 바리새인과 서기관들은 당시 유대사회의 모든 백성들을 지도하고 가르치는 종교 지도자들로서 종교와 문화 교육 등에 끼치는 영향력이 지대하였다. 그 학자들의 노력은 백성들이 하나님의 말씀을 깨닫고 이해하여 모세의 율법을 따라 생활하는데 어느 정도의 도움을 주었을 것이다.

그러나 시간이 지나고 세월이 흐르면서 종교지도자들은 율법을 연구하는 학문성과 종교의식을 집행하는 면에서 자기들의 직업의식은 강했으나 하나님을 사랑하는 마음은 식어지게 되었다. 즉 그들은 종교적 열정이 없이 직업 의식으로 모든 율법을 세밀하고 미세한 부분까지 깊게 해석하고 분석하였다. 그 가운데 어떠한 부분은 인간으로서 감당하고 지키기가 불가능한 요구들이 있는가 하면, 막노동을 하면서 생활하는 다수의 일반 서민들은 노동생활을 하면서 지킬 수 없는 내용들도 많았다. 율법을 해석한 전통들을 너무 작은 부분까지 세밀하게 분류하였기 때문에 그 율법만 지키기 위해 생활하는 사람이 아니라면, 사회에서 일상적 노동과 가정생활을 하는 사람은 그들의 요구를 순종하기 어렵게 되었다. 그러나 지도자들은 백성들에게 자기들이 해석하고 가르친 내용을 따라 생활하도록 지도하고 강요하였다. 자연히 부분적으로나마 그 가르침에 따라 생활하는 사람들은 상당한 존경을 받았을 것이다.

그 결과 유대 민족들은 율법의 외적이고 형식적인 종교의식은 철저하게 열심히 지켰으나 제일 중요한 그 율법에 담긴 하나님의 뜻은 무시하게 되었다. 즉 율법의 근본 정신을 상실한 율법과 종교의식의 형식을 지키는데 강한 집착을 보였다. 자연히 그 사회 구성원의 주류가 율법의 원리를 무시하면서 형식과 외식에 빠지게 되었다. 하나님의 율법에 열심히 순종하고 지키고 있었지만 그 순간에도 자신들의 마음은 다른 곳에 집착되는 경우가 허다하였을 것이다. 이렇게 시간이 지나면서 형식주의에 집착한 종교적 열심은 그 강도가 더욱 강화되어, 이러한 현상은 하나님께서 이스라엘 백성들에게 율법을 주신 목적에서 이탈되었다. 유대 민족 전체가 포로로 잡혀가기 전과는 다른 방향으로 하나님의 뜻을 역행하게 되었다. 소경 지도자들이 소경의 무리를 이끌고 웅덩이로 들어가고 있었다. 이러한 상황 가운데서 예수님의 사역이 시작되었다.

1. 예수님과 구약 율법

예수님의 안식일에 대한 해석과 가르침을 살펴보기 전에 우리는 먼저 주님이 구약의 모세 율법을 어떻게 이해하였는지를 분석할 필요가 있다. 예수님은 공생애를 시작하면서부터 구약의 율법에 관해 많은 교훈을 주셨다. 그 가운데 대표적인 몇 가지만 살펴보기로 하겠다. 예수님의 율법에 대한 견해는 마 5:17-20[1]에 가장 분명하게 나타나 있다. 예수께서는 자신은 "율법이나 선지자를 폐하러 오신 것이 아니라 오히려 완전케 하기 위해 오셨다"고 하였다. 율법과 선지자는 구약 전체를 뜻한다. 예수님은 당시 서기관과 바리새인들이 율법에 대해 가르치는 교훈이 하나님의 뜻을 왜곡하고 율법의 원래의 뜻에서 이탈되었다고 판단하고 많은 비판을 하셨다. 그러자 그들은 예수를 가리켜 율법을 파괴하는 사람으로 오해하였다. 요 5:17-18에서 예수께서 "내 아버지께서 이제까지 일하시니 나도 일한다"고 할 때 "유대인들이 이를 인하여 더욱 예수를 죽이고자 하니 이는 안식일을 범할 뿐 아니라 하나님을 자기의 친아버지"라 하였기 때문이다. 그러나 예수님은 율법을 파괴하거나 손상시키려 한 의도는 조금도 없었으며 오히려 율법의 근본 정신을 강조하셨고 그것을 모두 지키므로 완성하셨다.

유대인들이 예수께서 가르치는 교훈을 믿지 않고 배척하는 이유는 그들이 가장 존경하고 추앙하는 모세를 믿지 않기 때문으로, 주님은 요 5:46-47에서 "너희가 모세를 믿었더면 또 나를 믿었으리니 이는 그가 내게 대하여 기록하였음이라 그러나 그의 글도 믿지 아니하거든 어찌 내 말을 믿겠느냐"고 하셨다. 그들이 입으로는 모세를 믿고 모세의 율법을 순종한다고 하였지만 사실은 모세와 관계가 없는 자기들이 만든 유전적 교훈을 따랐기 때문이다. 예수님의 이러한 가르침은 당시 종교지도자들의 반대를 받아 결국은 주님을 죽이려는 음모를 꾸미는 상황에까지 이르게 하였다. 바리새인들이 그리스도를 죽이려 한 이유는 안식일에 관한 주님의 해석과 예수께서 자신을 하나님으로 가르쳤기 때문이다. 예수님은 자신은 성전보다 더 큰 자이며(마 12:6), 인자는 다윗 왕보다도 더 크고(마 12:3-6), 또한 자신이 안식일의 주인이라(막 2:28)고 하였기 때문이다.[2] 바리새인과

---

1) 마 5:17-20 내가 율법이나 선지자를 폐하러 온 줄로 생각지 말라 폐하러 온 것이 아니요 완전케 하려 함이로라 진실로 너희에게 이르노니 천지가 없어지기 전에는 율법의 일점 일획이라도 반드시 없어지지 아니하고 다 이루리라 그러므로 이 계명 중에 지극히 작은 것 하나라도 버리고 또 그같이 사람을 가르치는 자는 천국에서 지극히 작다 일컬음을 받을 것이요 누구든지 이를 행하며 가르치는 자는 천국에서 크다 일컬음을 받으리라 내가 너희에게 이르노니 너희 의가 서기관과 바리새인보다 더 낫지 못하면 결단코 천국에 들어가지 못하리라.

2) William Henry Davies, "The Relation to the Jewish People Claimed by Jesus in His Sabbath Teaching," *Review & Expositor* 32 (October 1935): 365, 375.

서기관은 구약이 가르치는 원래의 정신에서 이탈된 다른 교훈을 가르치고 믿고 그것을 따라서 생활하였다. 그러니 구약 원래의 원리를 강조하신 예수님과는 항상 충돌이 일어날 수밖에 없었다.

그리고 구약의 율법은 사람들로 하여금 구원의 필요성을 깨닫게 하고, 선지자는 그 구원의 요구가 장래 메시아를 통해 성취될 것임을 가르친다. 율법과 선지자는 준비적이며 예언적이기 때문에 불완전한 부분도 있으나, 구약은 많은 모형과 예표를 사용하여 장차 그리스도를 통해 구원이 성취될 것을 가르쳤다. 그러한 그림자적 교훈은 그리스도의 사역을 통하여 완성되었다. 시 78:2에서 "내가 입을 열고 비유를 베풀어서 옛 비밀한 말을 발표한다"고 한 말씀이 그리스도를 통해 성취되었다. 예수께서 수많은 비유를 통해 하나님의 뜻을 해석하고 가르쳤다. 주님이 율법의 원래 뜻을 풀어서 쉽게 가르치지 않았다면 누구도 이해할 수 없었다. 주님은 율법과 선지자의 모든 교훈과 가르침을 완성시키셨다.

예수님은 바리새인과 서기관들의 위선적이고 율법주의적 교훈을 비판하셨다. 율법에 대한 바리새인들의 형식적이고 위선적인 가르침은 율법의 근본 정신은 무시하고 사람에게만 잘 보이려는 것에 관심이 있었다. 즉 그들은 율법의 내적 정신은 무시하고 문자적이고 형식적 순종을 강요하였다. 그러나 주님은 율법의 외형적 순종과 복종을 요구한 것이 아니라 율법을 통해 나타내려 하는 하나님의 뜻을 이해하고 그 뜻에 따라 생활할 것을 강조하셨다. 예수님은 바리새인들이 율법의 근본 원리는 무시하고 외형적이고 형식적 순종을 가르치는 교훈을 배격하였다.

그들은 율법을 순종하므로 구원이 가능하다고 가르쳤다. 그러한 이유로 마 5:20에서 예수께서 "너희 의가 서기관과 바리새인보다 더 낫지 못하면 결단코 천국에 들어가지 못하리라" 하셨다. 그들은 외형적이고 피상적인 의를 가르치고 행하였기 때문이다. 결국 자기 자신의 의로움만 나타내고 하나님의 영광은 전혀 고려하지 않는 것이 문제였다. 그래서 주님은 율법을 행하므로 구원이 아닌 그리스도를 믿음으로만 구원이 가능하다는 원리를 가르쳤다. 예수님은 마태복음 5장에서 바리새인과 서기관들이 가르치는 살인, 간음, 이혼, 맹세, 원수 사랑 등 여섯 개의 교훈을 사례로 들어 그들의 잘못이 무엇인지 지적하셨다. 우리는 그 가운데 몇 개만 살펴보기로 하겠다.

예수님은 마 5:21-26에서 바리새인과 서기관들이 살인에 대해 잘못 가르치는 것을 비판하고 바르게 해석하셨다. 살인에 관한 교훈은 제육 계명이다. 예수님은 21절에서 "살인하지 말라 누구든지 살인하면 심판을 받게 되리라 하였다는 것을 너희가 옛 사람으로부터 들었다"고 하셨다. 여기서 가르치는 옛 사람은 누구인가? 이 옛 사람은 모세나 선지자가 아닌 옛날 바리새인과 서기관들이다. 즉 예수님을 따라다니면서 주님의 말씀을 배우기보다는 흠을 잡아 괴롭히려는 바리새인과 서기관들의 조상들을 가리켜 옛 사람이라 하였다. 예수님은 바리새인과 서기관이 옛날부터 "살인"에 대한 교훈을 잘못 가르쳤음을 지적하셨다. 예수님은 그들이 하나님의 계명을 잘못 가르쳤다는 것을 "너희가 들었으나"라는 용어를 사용하시면서 그 가르침이 틀렸다는 것을 27절, 간음에 대한 교훈, 31절, 이혼에 대한 교훈, 33절, 맹세에 대한 교훈, 38절, 원수 사랑에 대한 교훈, 43절 이웃 사랑에 대한 교훈에서 계속 반복하셨다.

그들은 살인에 대해 가르칠 때 십계명에서 가르치는 살인에 대한 의미를 축소시켰다. 그들은 출 21:13에 있는 살인하지 말라는 계명을 인용하지 않고 민 35:30-34에서 무고히 사람을 죽인 자는 재판 절차를 따라 그 사람도 죽이라는 말씀을 인용하여 그 의미를 축소 변형하였다.[3] 살인하면 심판을 받게 되리라 하였는데 이 심판은 하나님의 심판이 아닌 "지방 재판의 심판" 이다. 그래서 그들의 해석에 따르면 "너희가 살인하면 지방 재판소에서 재판 받을 위험이 있으니 살인하지 말라"는 뜻이다. 마을마다 있었던 재판소나 범죄 문제를 다루기 위해 설립된 23인의 평의회에 불려갈 위험이 있다는 말이다.[4] 그리고 바리새인과 서기관은 몸으로 직접 살인 행

---

3) Martin Lloyd Jones, 『산상설교집 상』, (Studies in the Sermon on the Mount) (서울: 정경사, 1989), 313.

4) D. A. Carson, Matthew, The Expositor's Bible Commentary, 188

위를 하지 않았으면 그 어떤 생각을 하고 계획하였다 할지라도 그것은 죄로 여기지 않았다. 그러나 주님은 마음의 상태를 중요하게 여기셨다. 형제를 미워한 자는 살인한 자로, 여자를 보고 음욕을 품은 자는 간음한 자로 보았다. 십계명의 원래 뜻도 행위로 나타나는 것보다 마음의 동기를 더 중요하게 취급한다.

주님은 마 5:31-32에서 이혼과 재혼에 관한 교훈을 하셨다. 이혼에 관한 교훈은 마태복음 19장의 말씀과 함께 연구하면서 해석해야 한다. 마 19:3에는 바리새인들이 예수께 나아와 시험하여 이혼에 관한 질문을 하였다. 바리새인은 신 24:1-4을 근거로 하여 "어떤 이유로든지 아내를 버리는 것이 옳은 일입니까?" 하고 질문하였다. 그러자 예수님은 마 19:4-6에서 "하나님이 원래 남자와 여자를 창조하시고 사람이 부모를 떠나 아내와 연합하여 한 몸이 되게 하셨으니 이제 둘이 아니요 한 몸이니 그러므로 하나님이 짝지어 주신 것을 사람이 나누지 못할 지니라"고 창 2:21-24을 인용하여 답하셨다. 그러자 바리새인이 다시 "그러면 모세는 왜 이혼 증서를 주어 내어버리라 하였느냐"고 질문하였다. 이에 대해 예수님은 마 19:7-9에서 "모세가 너희 마음의 악함을 인하여 아내 내어버림을 허락하였지만 본래는 그렇지 아니하니라 누구든지 음행한 연고 없이 아내를 버리고 다른데 장가드는 자는 간음함이니라"고 답하셨다.

마 19장에서 예수님이 가르치는 핵심은 "결혼은 인간의 행복을 위해 하나님이 만드신 제도이므로 평생 유지되어야 한다"는 것이다. 어떤 경우를 막론하고 하나님은 결혼의 영구성을 원하신다. 그러나 이혼의 예외적 규정을 허용하고 있다. 마 5:32과 마 19:9에서 음행한 일이 있으면 이혼의 사유가 된다고 하였다. 모세는 신 24:1-2에서 "사람이 아내를 취하여 수치되는 일이 그에게 있음을 발견하고 그를 기뻐하지 아니하면 이혼 증서를 써서 주고 그를 자기 집에서 내어 보낸다면 그녀는 다른 사람의 아내가 될 수 있다"고 하였다. 모세는 당시 이혼의 남용을 막기 위하여 첫날밤에 발견되는 수치에 한하여 이혼증서를 주어 이혼이 가능하도록 하였다. 증서를 만들려면 증인 2-3인이 필요하므로 모세는 제도를 까다롭게 하여 이혼을 막으려고 한 면이 있다. 모세는 첫날밤에 수치 되는 일만 이혼을 허용하였으나 예수님 당시 유대인은 수치 되는 일을 확대 해석하여 누구든지 이혼증서만 쓰면 이혼이 가능하도록 되었는데 예수님은 그것을 반대하였다. 당시 유대인 남자는 자기 부인이 싫으면 "요리를 잘못하였을 때, 번거롭게 하였을 때, 논쟁하였을 때, 부모에게 나쁜 이야기할 때 등"을 수치 되는 일로 확대하여 이혼의 구실로 삼았다.[5] 그래서 바리새인들은 이혼을 수십 번하여도 이혼증서만 주면 되는 것으로 해석하였다.

그러나 예수님은 모세의 법대로 결혼 첫날밤에 성적인 수치 되는 일 외에는 이혼을 허용하지 않았다. 구약에는 결혼 후 간음은 현장에서 돌로 쳐죽였다. 요 8:1-11에서 바리새인과 서기관은 간음하다 잡힌 여자를 끌고 예수께 와서 시험하였다. 그때 그들은 모세의 법대로 하면 돌로 죽여야 한다는 것을 알고 당신은 이 여자를 어떻게 하겠느냐고 시험하였다. 간음은 이혼보다 훨씬 가혹한 처벌로서 인생과 함께 결혼생활이 끝나도록 규정하였다. 그러나 음행은 이혼증서를 쓰면 이혼이 가능하였다. 예수님은 바리새인과 서기관이 모세가 정하여 준 이혼의 가능한 규정을 확대하여 함부로 가정이 파괴되고 여자들의 인권이 유린되는 것을 막았다.

예수님은 마 5:33-37에서 맹세에 관한 교훈을 하셨는데, 이는 바리새인과 서기관들은 구약의 가르침을 오해하여 맹세를 남발하였기 때문이다. 모세는 민 30:2[6]과 23:21에서 성도가 하나님께 맹세하였으면 반드시 지키라고 하였다. 그래서 구약은 맹세를 완전히 금지하지 않았지만 맹세는 분별력과 신중한 자세로 하도록 가르치고, 맹세한 것은 지킬 것을 강조하였다. 그러나 모세 시대 사람들은 거짓말과 속임수를 남발하였다. 거기에다 하나님의 이름으로 맹세를 하고도 지키지 않았던 일이 많았다. 그래서 모

---

5) James M. Boice, *The Sermon on the Mount* (Grand Rapids: Zondervan Publishing Co., 1972), 204-207.

6) 민 30:2 사람이 여호와께 서원하였거나 마음을 제어하기로 서약하였거든 파약하지 말고 그 입에서 나온 대로 다 행할 것이니라.

신 23:21 네 하나님께 서원하였으면 갚기를 더디지 말라 더디면 네게 죄니라.

세는 레 19:12에서 "내 이름으로 거짓 맹세하므로 네 하나님 여호와 이름을 욕되게 말라" 하였다. 그러자 사람들은 하나님 이름으로 한 맹세는 지키고 그 외의 다른 맹세는 지키지 않아도 되겠구나 라고 생각하였다.[7]

마 23:16-22에 의하면 바리새인들은 맹세의 종류를 만들었다. 그들의 맹세를 종류별로 구분하면 대략 세 가지로 구분된다. 하나님께 한 맹세는 반드시 지켜야 한다. 경우에 따라 지킬 수도 있고 지키지 않아도 되는 맹세는 예루살렘 성과 성전의 금과 제물과 사람의 머리를 걸어서 한 맹세들이다. 안심하고 지키지 않아도 되는 것은 예루살렘 성전과 성전의 제단을 걸고 한 맹세이다. 맹세에 관하여 이러한 분류를 만들어 백성들에게 가르친 바리새인들을 향하여 예수님은 화가 있으리라고 책망하셨다. 예수께서는 마 5:34에서 "도무지 맹세하지 말라"고 하셨다. 즉 예루살렘 성이나, 성전, 성전의 제단, 제단의 제물 등을 걸고 맹세하지 말라고 하셨다. 일상생활에서 그러한 맹세를 하지 않아도 진실하고 정직한 말을 하려고 노력하면 그러한 맹세는 하지 않아도 된다는 뜻이다.

16세기 재세례파들은 예수께서 말씀하신 "도무지 맹세하지 말라"는 말씀을 문자적으로 해석하여 실행에 옮겼다. 이 말씀을 문자적으로 해석하여 생활에 옮긴다면 많은 문제가 발생한다. 법원이나 대사관 같은 곳에서 진실만 말하겠다고 선서를 해야 하는데 그것을 할 수 없다. 또한 물건을 사고 팔 때 약정서에 서명도 불가능하게 되고, 학생이 어느 학교에 입학을 하면 그 학교가 요구하는 학칙을 지키겠다고 서약이나 서명을 해야 하는데 그런 것을 할 수가 없다. 또 직장에 취직하여 그 회사가 요구하는 규정을 지키고 순종하겠다는 서약도 불가능하다. 오늘날 그렇게 한다면 정상적 사회생활이 가능하겠는가? 이는 성경해석을 잘못한 결과이다. 일상생활에서 그러한 맹세까지 하지 말라는 뜻은 아니다. 예수님은 바리새인에게 불필요한 맹세를 남발하여 다른 사람을 속이려는 자세를 버리라는 의미로 맹세를 하지 말라고 하셨다.

---

7) James M. Boice, *The Sermon on the Mount*, 224-225.

예수님은 마 5:38-42에서는 원수를 어떻게 사랑해야 할 것인지에 대해 가르치셨다. 바리새인과 서기관들은 원수를 대하는 일에서도 구약의 교훈을 오해하고 잘못 가르쳤다. 38절에서 "눈은 눈으로 이는 이로 갚으라 하였다는 것을 너희가 들었으나" 이 말씀은 출 21:24-25[8]의 말씀이다. 왜 눈은 눈으로 이는 이로 갚으라고 하였을까? 모세 당시 사람들이 조그마한 손해에도 지나친 보복을 일삼는 경우가 많았기 때문이다. 어느 사람이 실수로 손가락을 다치게 하였으면 팔까지 다치게 하고, 발을 다치게 하였으면 다리까지 못 쓰게 하려는 복수심이 많았다.[9] 모세는 지나친 횡포와 보복을 약화시키기 위한 목적으로 이 법을 주었다. 범죄 행위와 형벌은 일치해야 한다는 원리는 지금까지 변할 수 없는 법의 정신이다. 어느 사람이 손가락을 다치게 하였으면 그 사람도 그만한 처벌을 받게 하라는 것이다. 그리고 모세는 범법자를 이렇게 처벌하는 권한을 법과 질서를 책임지고 있는 재판관에게 주었지 개인에게 준 것은 아니다. 눈은 눈으로, 이는 이로 갚으라는 원리는 재판관이나 통치자에게 준 것이지 개인에게는 아니다. 그래서 누구로부터 손해를 당했으면 법에 호소해야지 당사자가 직접 그만한 보복을 해서는 안 된다.

그러나 바리새인과 서기관들은 이 말씀을 자기를 해치는 자에게 보복하라고 가르쳤다. 여기서 한 걸음 더 나아가 그러한 보복은 "개인의 권리와 의무로" 해석하였다.[10] 모세는 죄를 억제시키기 위해 이 말씀을 사용하였으나 그들은 개인적 복수를 권장하고 강조하므로 죄를 더욱 부추기고 있었다. 그래서 주님은 그들의 그러한 가르침이 잘못되었음을 지적하셨다. 예수님은 오히려 악한 자를 대적하지 말라고 하셨다. 그것은 기독교적 정신과 위배되며 사회를 혼란시킨다. 그러나 "악한 자를 대적하지 말라"는 말씀을 획일적으로 적용시키면 또 다른 문제가 발생한다. 17세기 재세례

8) 출 21:24-25 눈은 눈으로, 이는 이로, 손은 손으로, 발은 발로, 데운 것은 데움으로, 상하게 한 것은 상하게 함으로, 때린 것은 때림으로 갚을 지니라. 이 말씀은 레 24:20과 신 19:21에도 있다.

9) Lloyd Jones, *Studies in the Sermon on the Mount*, 384-385.

10) Lloyd Jones, *Studies in the Sermon on the Mount*, 386-387.

파들은 이 말씀을 문자적으로 해석하면서 국가의 조직을 사탄의 세력으로 보면서 국가 자체를 거부하였다. 국가의 공직자들은 나쁜 사람을 처벌해야 하므로 이 말씀과 위배된다고 보았다. 이 말씀은 개인에게 하신 말씀이지 정부 기관이나 사법 단체에게 하신 말씀이 아니다. 오히려 통치권자와 사법권은 강력해야 한다. 기독교인이 그러한 공직에 있을 때 법에 따라 불법과 사회의 악을 철저하게 통제해야 한다. 통치자가 그러한 악을 보고도 방치한다면 그것은 직무유기에 해당한다. 흉악한 범죄자들이 선량한 국민들을 해치게 되어 사회가 혼란에 빠지게 되어 누구도 정상적 생활이 불가능하기 때문이다.

기독교인이 기독교인을 세상 법정에 고소할 수 있는가? 라는 문제가 발생한다. 바울은 고전 6:1-11에서 기독교인이 형제 기독교인을 걸어서 세상 법정에 고소하지 못하게 하였다. 교회 내의 문제를 불신자에게까지 끌고 가서 재판 받는 것은 부끄러운 일이므로 그렇게 하지 말라 하였다. 교회 내에서 하나님의 말씀으로 해결해야 한다. 그러나 어느 사람이 이 말씀의 원리를 악용하여 사기와 불법을 일삼는다면 그러한 사람은 세상 법에 호소할 필요가 있다. 그러한 악행을 뉘우침도 없이 한다면 그러한 사람을 성도로 보기가 어렵다. 그러한 경우 보복이나 보상을 위해서가 아니라 그 불법을 바로 잡고 교회의 질서를 위해 그 사람이 무서워하는 세상 법으로 바로 잡아 줄 필요가 있다. 그래도 주님의 교훈은 성도가 보복을 삼가라는 뜻으로 "이는 이로, 눈은 눈으로" 원리를 가르쳤다는 것을 명심할 필요가 있다.

주님은 몇 가지 예를 들었다. "오른 뺨을 치면 왼편도 돌려대라." 이 말씀은 육체적 박해나 손해를 당해도 보복하지 말고 상대방을 용서하고 사랑하라는 말씀이다. 다음은 "속옷을 달라는 자에게 겉옷까지 주라 네게 구하는 자에게 주며 네게 꾸고자 하는 자에게 거절하지 말라"고 하셨다. 이 말씀은 기독교인의 소유권에 대한 말씀이다. 당시 대부분의 유대인은 식민지생활을 하였으므로 가난하였기 때문에 속옷은 2-3개 있어도 겉옷은 단 한 벌뿐이었다. 두터운 천으로 된 망토 같은 외출복이다. 겨울에는 방한복으로 사용하기 때문에 모든 사람이 반드시 소유해야 한다. 그러므로 빌려 달라 할 수도 빌려줄 수도 없다. 그런데 주님은 속옷만 달라는 자에게 겉옷까지 주라 하셨다. 가장 귀한 것까지 희생하라는 뜻이다.

또한 "억지로 오 리를 가게 하거든 그 사람과 십리를 동행하라"고 하셨다. 당시 유대인은 로마의 식민지 생활을 하였기 때문에 약탈과 많은 인권유린을 당하였을 것이다. 따라서 군인이나 당국으로부터 육체적 노역이나 강제징발 당하는 수가 많았다. 그 대표적 사례가 마 27:32에 기록된 구레네 시몬이 십자가를 지고 가는 예수님의 근처를 지나다가 강제로 징발되어 대신 예수님의 십자가를 지고 갔다. 이렇게 어느 사람이 무모하게 오리의 동행을 요구하면 그 사람의 요구를 그 이상 들어주라는 뜻이다. 이러한 원리가 모세 율법의 근본 정신이다. 그런데 바리새인과 서기관들은 율법이 가르치는 원래의 뜻을 오해하였다. 주님은 그러한 사람들에게 "자기 십자가를 지고 나를 좇지 않는 자도 내게 합당치 아니하니라, 자기 목숨을 얻는 자는 잃을 것이요, 나를 위하여 자기 목숨을 잃는 자는 얻으리라"고 하셨다. 진심으로 이웃을 사랑하고 아끼면서 도와 줄 것을 강조하였다.

주님은 하나님께서 사람을 외모로 보지 않고 속마음을 보신다고 하였다. 바리새인은 형식적이다보니 외부적 행위를 자랑하였다. 주님은 그들이 자기 도취에 빠진 것을 눅 18:11-12에서 설명하고 있다. 그들이 성전 마당에서 기도할 때 "하나님이여 나는 다른 사람들 곧 토색, 불의, 간음하는 자들과 같지 아니하고, 이 세리와도 같지 아니함을 감사하나이다. 나는 이레에 두 번씩 금식하고, 소득의 십일조를 드리나이다" 하고 자랑을 늘어놓았다. 이들은 일주일에 두 번씩 금식하는 것을 자랑하였으나 구약은 일 년에 대속죄일 단 하루만의 금식을 의무화하였다. 당시 바리새인들은 월요일과 금요일에 금식하였다. 노동일을 하면서 생활하는 서민들이 어떻게 일주일에 이틀씩이나 금식하고 생활이 가능하겠는가? 그러니까 그들은 스스로 거룩하다는 자아도취에 빠져서 신성한 지도자로 착각하였다.

유대 지도자들은 인간의 본성과 한계성을 초월하면서 성경에 규정된 법보다 더 많은 것을 지키도록 하여 결국은 그 법을 무효화시키고 있었다.

일주일에 이틀씩이나 금식한다는 자랑으로 사람들로부터 존경받기 위한 수단으로 사용하였다. 그래서 주님은 그들의 기도는 하나님이 듣지 않으신다고 책망하시고 오히려 세리의 "하나님이여 이 죄인을 용서하소서"라는 기도를 들으신다고 하였다. 주님은 기도를 무시하거나 금식을 비판하지 않으셨다. 단지 바리새인들이 사람에게만 자랑하기 위해 기도와 금식을 이용하는 자세를 비판하셨다. 주님 자신이 사십 일간 금식을 하였을 뿐 아니라 또한 새벽에는 한적한 곳에서 그리고 틈만 있으면 항상 기도하여 기도의 모범을 보이셨다.

또한 바리새인들은 자기들의 유전(遺傳)으로 하나님의 계명을 파괴하였다. 주님은 막 7:8-13에서 "너희가 너희 유전을 지키려고 하나님의 계명을 잘 버리는 도다"라고 바리새인들을 책망하셨다. 그들은 부모를 훼방하는 자를 죽이라고 하였다. 그러나 자기 자신들은 부모 공경을 싫어하여 자기들의 유전을 핑계로 "고르반"하면서 효도를 거부하였다. 즉 하나님께 드렸으니 부모님께 드리지 않아도 된다고 하였다. 바리새인들의 부모들도 하나님을 섬기는 사람들이기 때문에 하나님께 헌금하였으므로 부모님께 생활비를 드릴 수 없습니다 하면 부모는 그 자식에게 할 말이 없게 된다. 하나님께 드릴 것은 하나님께 드려야 하고 부모님께 드릴 것은 부모님께 드려야 한다. 주님은 이것은 인간이 만든 규례로 하나님의 큰 율법을 어기는 일이며, 인간의 잔꾀로 하나님의 율법을 파괴시키고도 심리적 위안을 받는 행위라고 말씀하셨다.

이처럼 바리새인과 서기관들은 매사에 율법의 근본적인 원리는 배제하고 형식적이고 외면적인 율법 준수만 강조하였다. 즉 인간의 행위만 자랑하면서 도둑질, 간음, 살인, 우상숭배 같은 외부로 나타나는 큰 죄는 짓지 않으려고 노력하였다. 그러나 마음속으로 탐심을 품거나 형제를 증오하는 일, 여자에게 음욕을 품는 것 등은 죄로 여기지 않았다. 다른 사람이 보는 곳에서 죄를 범하지 않으면 속에서 마음으로 무슨 악한 생각을 하든지 그것은 문제가 아닌 것으로 알았다. 그래서 예수님은 마 23:25-28에서 "화 있을진저 외식하는 서기관과 바리새인들이여, 잔과 대접의 겉은 깨끗하되 그 안에는 탐욕과 방탕으로 가득하도다. 회칠한 무덤 같으니 겉은 아름답게 보이나 그 속에는 썩은 송장과 각종 더러운 것이 가득하다"고 책망하셨다. 구약의 모세율법도 형식보다 마음의 동기를 중요하게 가르쳤다. 모세는 신 10:16에서 "몸의 할례보다 마음의 할례를 하라"고 하였고, 렘 4:4은 "스스로 할례를 행하고 마음 가죽을 벗기라"고 하였다. 이러한 말씀에 의하면 구약의 율법도 외부적으로 나타나는 모양이나 형식보다는 마음가짐과 자세를 더 중요하게 취급하였다. 예수님의 가르침은 구약 율법이 강조하고 핵심적으로 취급하는 율법에 대한 사람의 마음 자세를 우선 순위에 두었다. 그래서 예수께서 구약 율법의 근본 원리를 가르쳤기 때문에 형식만 강조하는 바리새인들과는 충돌이 있게 마련이었다.

2 예수님의 안식일 해석

구약의 율법을 해석하는 원리와 그것을 생활에 적용하는 일에서 예수님은 바리새인들과 큰 차이를 나타내었다. 그러한 가르침 때문에 예수님은 당시 일반 백성들로부터 환영을 받았으나 바리새인들이 그때까지 누려오던 권위에는 큰 상처가 되었다. 그래서 예수님과 서기관과 바리새인들 사이에는 사사건건 대립과 충돌이 있었다. 이 양자 사이에서 발생하는 논쟁과 갈등의 근본 원인은 구약의 율법을 어떻게 해석하느냐 하는 해석 원리의 차이에서 비롯되었다. 예수님은 항상 구약 율법의 근본 원리와 정신을 강조한 반면 당시 종교 지도자들은 형식적이고 외적인 요소들에 치중하였다. 바리새인들은 하나님의 말씀을 형식적으로 지키려 하고 내면적인 것을 무시하다보니 자연히 모순되고 원리에서 이탈된 일들이 나타나게 마련이었다.

예수님의 안식일에 관한 해석도 바리새인들의 이해와는 전혀 다른 것이었다. 따라서 안식일 문제 때문에 예수님은 그들과 많은 논쟁을 하였고 또한 큰 갈등이 있었다. 이 갈등도 역시 구약의 다른 율법 해석과 적용을 잘못한 것과 동일하다. 이러한 이유 때문에 현대의 어떤 학자들은 예수님은 구약과 안식일을 무시했다고 한다. 특히 로돌프(Rordorf)는 예수님이 제사 계명과 안식일 제도를 완전히 폐지시켰다고 가르쳤다. 그는 예수께서 안식일에 병자를 고치시므로 안식일 계명은 사실상 폐지되었다고 하였다.[11] 우리는 로돌프의 견해가 바른 해석인지를 분석할 것이다. 또한 주잇 (Paul K. Jewett) 교수는 "예수께서 안식일을 지켰기 때문에 안식일이 폐지되지는 않았다는 사실은 보여 주셨지만 주님이 안식일에 자유롭게 활동하시므로 신약교회에 자유를 주셨다"고 하였다.[12] 주잇에 의하면 주님이 유대인의 관습과 전통을 깨고 자신의 원리대로 안식일을 지킨 것이 신약교회로 하여금 안식일의 모든 규제로부터 자유롭게 되었다고 가르친다. 그러나 이러한 주장들이 사실인지 우리는 검토할 필요가 있다.

예수께서 공생애 동안 안식일에 대해 많은 관심을 나타내셨다. 안식일에 예수께서 회당에 들어가 예배를 드리면서 말씀을 가르쳤다는 기록은 무수히 많다. 물론 주님은 유대인 종교지도자들이 만든 안식일의 규례에 얽매이지 않았다. 비록 안식일을 지키기는 하셨지만 그들과 같은 원리와 방법을 따르지는 않았다. 눅 4:16-17에는 "안식일에 자기 규례 대로 회당에 들어가 성경을 읽었다"고 하였다. 예수님은 자기 자신이 만든 규례에 따라 안식일을 지켰다는 뜻이다. 주님은 당시 바리새인들의 구약 율법 해석하는 것이 틀린 것을 보시고 그것을 재해석한 것처럼 안식일 규정에 관한 것도 재해석하셨고 또한 재해석한 그 원리에 따라 생활하셨다.

안식일 원리를 해석하고 지키는 일에서 바리새인과 가장 심하게 대립된 부분은 예수님은 안식일에도 인간생활에 절대로 필요한 본능적 요구와 불쌍하고 어려운 사람을 도와주는 일을 허용하셨으나 그들은 반대하였다. 복음서에 나타나는 주님과 바리새인들의 안식일 논쟁에는 항상 이 주제로 극심한 대립 현상을 보이고 있다. 주님은 안식일에도 인간에게 예상하지 못한 긴급하게 발생하는 일과 불쌍하고 어려운 사람을 항상 도우셨다. 이

---

11) Rordorf, *Sunday*, 70.
12) Paul K. Jewett, *The Lord's Day*, 16 이하.

러한 주님의 안식일에 관한 습관은 자연히 당시 종교지도자인 바리새인과 서기관들의 시비와 논쟁이 되었다. 주님은 바리새인들과 안식일 논쟁을 하는 과정에서 그들의 안식일관에 무엇이 잘못되었는지 잘 지적하셨다. 예수님께서는 모세 율법에 나타난 안식일의 근본 정신과 원리를 바르게 하셨지만 그 권위를 약화시키거나 폐지시키지는 않았다. 우리는 예수께서 안식일에 바리새인과 논쟁하신 여섯 개의 사건들을 하나씩 살펴보므로 주님의 안식일에 관한 견해가 무엇이었는지 바로 이해하기를 바란다.[13]

1) 밀 이삭 자르는 사건 (마 12:1-8; 막 2:23-28; 눅 6:1-5)

마 12:1에는 "그때에 예수께서 안식일에 밀밭 사이로 지나가셨다"고 기록하였다. "그때에"라는 표현은 시간적으로 혹은 주제상으로 바로 앞의 부분과 연관이 있다는 뜻이다. 그 바로 앞부분은 마 11:25-30이다. 25절에서 "지혜롭고 슬기 있는 자들에게 숨기시고 어린아이들에게는 나타내심을 감사한다"고 하였다. 여기서 지혜롭고 슬기 있는 자는 마 12:2, 14, 24, 38에 나타나서 주님을 괴롭히고 시험하는 바리새인과 서기관들이다. 스스로 지혜와 슬기가 있다는 바리새인과 서기관들에게는 하나님의 계시가 숨겨져 있기 때문에 깨닫지 못한다. 그리고 마 11:27에서 주님은 "내 아버지께서 모든 것을 내게 주셨다"고 하였다. 이 말씀은 아들 및 그 아들에게 주어진 모든 것을 받는 권한을 뜻한다. 그 권한은 마 12:1-14에 나타나는 유대교 전통에 반대되는 주님의 율법 해석과 마 12:8에 기록된 안식일의 주인되심을 부여받은 권한이다.[14]

11:28에는 "수고하고 무거운 짐 진자들아 다 내게로 오라 내가 너희를 쉬게 하리라" 하셨다. 누가 무슨 짐을 지고 있었는가? 당시 서기관과 바리새인들이 그들의 전통과 토라의 해석으로 유대 백성들을 억누르는 갖가지

---

13) W. Stott, "The Lord's Day," *The Dictionary of New Testament Theology*, vol. 3, (The Paternoster Press, 1975), 400 이하에 예수께서 바리새인들과 안식일에 관해 일으킨 논쟁들이 모두 기록되어 있다.

14) 양용의, 『예수와 안식일 그리고 주일: 마태복음을 중심으로』 (서울: 이레서원, 2000), 218-221.

종류의 규정을 뜻한다. 이 말씀이 끝난 후 바로 안식일에 관한 말씀이 나오는 것으로 보아 바리새인과 서기관들이 얽매어 둔 안식일에 관한 저들의 교훈과 전통을 뜻하는 것이 분명하다. 이 말씀을 하신 다음 마 11:29-30[15])에서 주님이 주시는 멍에는 쉽고 가볍다고 하였다. 이는 안식일에 관한 주님의 해석과 교훈은 바리새인들이 해석하는 토라의 가르침과는 현격한 차이가 있음을 뜻한다. 여기서 예수님의 말씀에 의하면 두 종류의 멍에가 있다. 바리새인들이 지우는 무거운 멍에와 주님이 주시는 쉽고 가벼운 멍에이다. 구약 안식일법 해석에 관한 바리새인과 주님의 해석은 백성들에게 미치는 영향에서 차이가 난다. 마 11:25-30은 마 12:1-8에 나오는 안식일 논쟁과 깊은 관련이 있음이 분명하다.

마 12:1-8에 나오는 이 사건은 예수님의 제자들이 안식일에 밀밭 사이를 지나는 도중 밀 이삭을 잘라 먹었을 때 일어난 주님과 바리새인들 사이의 논쟁이다. 제자들이 밀 이삭을 잘라 먹는 것을 바리새인들이 보고 예수께 당신의 제자들이 안식일에 불법적인 일을 하였다고 보고하였다(1-2절). 바리새인들은 예수께서 자기가 가르친 말씀대로 생활하는가를 엿보고 시비를 일으킬 기회를 만들기 위해 노력한 것으로 보인다. 그래서 안식일에 제자들이 손으로 밀 이삭 잘라 먹는 것을 보고 시비를 하였다. 모세는 신 23:25에서 길을 가는 사람이 밀밭을 지날 때 시장기를 면하기 위하여 낫을 대지 않고 손으로 잘라 먹는 것은 허용하였다. 배가 고파 시장기를 면하려는 사람을 위하여 밀 이삭이나 과일 한두 개 따먹는 것은 죄로 취급하지 않았다. 그래서 주인이 없을 때도 길 가던 사람이 곡식 밭에 들어가 곡식을 잘라 먹을 수 있었다. 하나님께서 동족간에 그 정도의 사랑은 베풀면서 생활하라고 정하신 법이다.

낫으로 자르는 것은 이웃의 재산을 해치려는 의도가 있는 것으로 보이므로 금지되었다. 그러나 길가는 사람이 손으로 잘라 먹는 것은 인간의 본

---

15) 마 11:29-30 나는 마음이 온유하고 겸손하니 나의 멍에를 메고 내게 배우라 그러면 너희 마음이 쉼을 얻으리니 이는 내 멍에는 쉽고 내 짐은 가벼움이라 하시니라.

능적 시장기를 해결하려는 것이기 때문에 다른 어떤 일보다 긴급한 것으로 여겨 허용하였다. 구약의 근본 정신은 인간의 근본적이고 본능적 요구는 어떠한 상황에서도 항상 우선적으로 허용이 되었다. 제자들이 밀 이삭을 잘라 먹은 것은 안식일에 허용된 반드시 필요한 일과 자비(necessity and mercy)로 해석하는 사람도 있다.[16] 바리새인들은 그러한 율법의 내면적 정신은 무시하면서 외부적으로 나타나는 결과만 중요하게 여겼다.

제자들이 안식일에 밀 이삭을 잘라 먹는 것은 구약 법에는 합법적이었지만 서기관과 바리새인들의 규정에는 위배되는 일이었다. 그들의 전통에 따르면 밀 이삭을 자르는 일과 양쪽 손으로 비비는 것, 그리고 쭉정이와 알곡을 분리하는 일들은 모두 위법이다. 밀 이삭을 자르는 행동은 추수하는 노동과 동일시되고 밀 이삭을 양손으로 비벼서 알곡과 쭉정이를 분리하는 것은 방앗간이나 정미소에서 방아를 찧는 일과 같이 취급되었다.[17] 그리고 바리새인들이 만든 전통에 의하면 그러한 일들은 죄가 되는 행동이었다. 그러나 주님은 하나님의 뜻은 무시하고 바리새인들이 만든 전통과 법은 지키지 않고 구약 율법의 근본 정신을 따라 안식일을 지키셨다.

바리새인이 제자들을 비난하는 말을 들은 주님은 다윗과 그 부하들이 배가 고파서 성전에 바친 진설병을 먹었던 사건(삼상 21:1-6)을 예로 들면서 제자들을 변호하셨다. 인도주의가 의식법을 우선한다는 뜻이다. 또한 주님은 구약에서 그림자로서 나타내려 하였던 모든 제사제도의 원형이시므로 그 진설병을 먹었다는 것이다.[18] 사울 왕이 다윗을 죽이려 할 때 다윗은 도망하는 도중에 제사장 아히멜렉에게 가서 먹을 음식을 요구하였다. 이때 다윗은 제사장에게만 허용이 된 진설병을 먹었다. 성막에는 이스라엘 백성을 대표해서 항상 진설병 떡 열둘을 마련해 놓았다. 이것은 피 없는 제사로서 일종의 소제인데 부지런히 땀흘리고 힘써서 곡식을 만들어 내듯이 자신을 주님께 드린다는 표시이다.

---

16) Bacchiocchi, *From Sabbath to Sunday*, 52.

17) *Mishna* Shabbath 7.2

18) R. T. France, *Jesus and the Old Testament* (Downer's Grove: Inter-Varsity, 1971), 46-47.

그리고 그 진설병은 아무나 먹는 것이 아니고 하나님께서 제사장과 그 식구들에게 주신 것이다. 다른 사람이 못 먹는 이유는 하나님께 드려진 것이라는 뜻과 하나님께서 그것을 기쁘시게 받으셨다는 표시로 제사장에게 은혜를 내려주시는 표시로 그것을 먹으면서 생활하라는 뜻이다. 그래서 제사장 몫으로 주어 그 가족들이 먹으라고 하셨기 때문에 제사장 외에는 누구도 진설병을 먹으면 절대로 안 된다는 것은 아니다. 제사장 가족이 먹을 수 있다면 제사장의 감독 하에 타인도 먹을 수 있었다. 원칙은 제사장만 먹게 되었으나 하나님의 일꾼인 다윗이 먹는 데는 아무런 문제가 없다. 문자적으로 해석을 한다면 다윗이 그것을 먹은 것은 불법이다. 그러나 구약의 근본 정신과 원리는 다윗도 하나님의 종이기 때문에 배가 고프면 먹을 수 있다는 것이다. 예수님의 변론에는 시장할 때는 무엇보다 중요하고 시급한, 먹어야 하는 인도주의 문제가 중요한 의미를 갖고 있다. 제자들이 시장하였다는 언급은 단지 마태복음에만 기록되어 있지만, 제자들이 배가 고파서 밀 이삭을 잘라 먹었다는 것을 마가와 누가복음서에도 전제하고 있다.[19] 마가와 누가복음에도 "다윗이 시장할 때에 한 일을 읽지 못하였느냐?"라는 말이 나온다. 그러므로 마가와 누가도 제자들이 시장하여서 밀 이삭을 잘라 먹었다는 것을 나타내고 있다.

예수님은 12:5에서 제자들을 변호하기 위하여 "제사장들이 성전 안에서 안식일을 범하여도 죄가 없음을 너희가 율법에서 읽지 못하였느냐?"는 말씀을 하셨다. 주님은 제사장들의 안식일 성수 문제를 이용하여 제자들이 밀 이삭 잘라 먹은 것을 정당화하셨다. 이것은 민 28:9-10[20] 등의 말씀을 뜻한다. 구약 유대인들은 제사법에 따라 매 안식일마다 일 년 된 수양 둘을 잡고 가루 에바에 기름을 섞어 제사를 드렸다. 그리고 제사의식을 주관

---

19) Rordorf, *Sunday*, 6 이하에서 로돌프는 마태가 예수님의 제자들이 시장하다는 말을 만들어 넣었다고 하였다. 즉 실제로는 제자들이 배가 고프지 않았는데 마태가 그렇게 기록하였다고 한다.

20) 민 28:9-10 안식일에는 일 년 되고 흠 없는 수양 둘과 고운 가루 에바 십분지 이에 기름 섞은 소제와 그 전제를 드릴 것이니 이는 매 안식일의 번제라 상번제와 그 전제 외에니라.

하고 인도하는 사람은 제사장들이다. 제사를 위해 양을 잡고 에바에 기름을 섞는 것은 중노동이다. 성전의 등불도 켜야 하고 진설병도 만들어 갖다 놓아야 한다. 제사 계명에서 누구든지 아무 일도 못하는 것이 원칙이지만 제사장이 안식일에 하나님께 제사를 드리기 위해 하는 일은 예외였다. 안식일에는 아무 일도 하지 않는 것이 원칙이지만 하나님께 제사 드리는 것은 그것보다 훨씬 더 중요하고 우선되는 일이다. 안식일에 아무 일도 하지 않는 것보다 훨씬 우선되고 중요한 일을 하기 위하여 그보다 덜 중요한 원리인 "일하지 말라"는 계명은 어겨도 죄가 되지 않는다. 구약도 안식일에 제사를 위한 노동은 죄가 되지 않을 뿐 아니라 오히려 하나님께 영광이 되는 예배드릴 것을 강조하고 있음을 알 수 있다. 구약의 제사와 안식일 제도가 가르치는 교훈은 어느 특정한 직종에 종사하는 사람들은 그들에게 맡겨진 사역을 위하여 안식일에 노동이 불가피하다는 원리를 가르치고 있다. 또한 구약에서 제사장과 같은 직종에 종사하는 사람들은 안식일에는 중노동을 하기 때문에 안식일이 아닌 다른 날 안식하고 쉬어야 한다는 원리도 내포하고 있다. 다른 말로 표현하자면 구약의 안식일에 관한 법이 일곱째 날이 아닌 다른 날 즉 매주 첫 날 안식과 예배를 암시하고 있다.

안식일에 다윗이 진설병을 먹은 사건과 제사장들이 제사를 위해 노동하는 것은 안식일의 노동 금지법에 예외가 있다는 원리를 가르친다. 율법이 무엇이나 조금의 실수와 오류가 있다 하여 징계와 벌을 주는 것은 아니다. 다윗이 시장하여 진설병을 요구하였을 때 아히멜렉은 아무런 반대나 주저함이 없이 그것을 주어 허기를 면하게 하였다. 어떤 랍비는 다윗이 진설병을 먹었던 날이 안식일이라고 주장하는 학자도 있다.[21] 그러나 성경에 그날이 안식일이었다는 기록은 없다. 단지 다윗은 제사장 외에는 금지된 진설병을 시장할 때 먹었다는 사실이 시사하는 의미가 크다는 것이다. 구약의 의식법은 예외가 없는 완고한 고집쟁이가 아니다. 안식일법도 하나님을 예배하고 섬기는 일과 인간의 긴급하고 중요한 일을 동정하는 일에는 예

---

21) Lohse, *Theological Dictionary of the New Testament* 7:22

외적으로 허용하고 있다.

안식일에도 인간에게 본능적으로 필요하고 긴급한 일에 동정하는 것과 어려운 일을 당한 사람에게 자비를 나타내야 한다는 원리는 예수께서 호 6:6[22]을 인용하시므로 더욱 잘 나타나고 있다. 호세아 선지자는 이스라엘 백성이 하나님을 바로 알아야 한다고 강조한다. 하나님은 번제와 같은 제사보다 하나님의 사랑을 받은 그 백성이 이웃을 사랑하기를 원하셨다. 그러나 이스라엘 백성은 하나님의 큰 사랑을 그렇게 많이 받았으면서도 이웃을 향한 사랑이 결핍되었다. 오히려 이웃을 해치려고 온갖 종류의 악행을 남발하였다. 그래서 호세아는 하나님은 인애를 원하고 번제를 원치 않으며 번제보다 하나님을 아는 것을 원하신다고 하였다. 하나님의 뜻을 행하지 않는 반복적 제사는 아무런 의미가 없다는 뜻이다. 하나님의 뜻은 하나님의 사랑을 받은 그의 백성들은 이웃에게 자기가 하나님으로부터 받은 사랑을 실천하여 나타내라는 것이다.

주님이 마 12:7에서 "나는 자비를 원하고 제사를 원치 아니하노라"는 말씀을 인용하신 것은 구약의 선지자들이 계속하여 가르치고 강조하던 주제였다. 선지자들은 항상 모세 율법이 가르치는 원리를 백성들에게 강조하면서 그 말씀대로 생활할 것을 선포하였다. 선지자들은 백성들이 마음에서 자발적으로 우러나오는 자세로 하나님의 율법에 순종하라고 가르쳤다. 하나님께서 자기들에게 베풀어주신 은혜를 감사하는 마음으로 제사도 드리고 각종 종교의식을 행하라고 가르쳤다. 그러나 유대인들은 종종 마음의 감사는 없으면서도 제도와 형식의 틀에 매여서 제사도 드리면서 여러 종류의 의식을 행하였다. 그 결과 그들이 제사는 엄격하고도 철저하게 드렸지만 그들의 종교계와 사회에는 심각한 병폐가 만연하였음을 볼 수 있다. 율법의 근본 정신을 망각하고 종교의식에만 집착하였기 때문이다. 이는 마치 몸에 근육은 없으면서 딱딱한 뼈만 있는 사람과 같다. 하나님께 감사하는 마음과 이웃을 사랑하는 마음이 없다면 뼈만 있는 사람과 같을 것이다.

---

22) 호 6:6 나는 인애를 원하고 제사를 원치 아니하며 번제보다 하나님을 아는 것을 원하노라.

제자들이 밀 이삭을 잘라 먹는 것은 죄가 아니며 그것을 비난하는 바리새인은 율법의 정신이 되는 사랑과 자비가 완전히 상실되었다.

그러나 선지자들은 제사폐지를 주장하지는 않았다. 사무엘은 삼상 15:22에서 "순종이 제사보다 낫다"고 하였으나 그도 제사를 집례하였다. 하나님께서 사울 왕에게 아말렉과의 전쟁에서 모든 사람과 육축을 진멸하라 하였으나 왕은 양과 소의 가장 좋은 것과 기름진 어린양은 남기면서 불순종하였다. 사무엘이 사울에게 짐승들을 진멸하지 않은 이유를 추궁하였을 때 왕은 하나님께 제사 드리기 위하여 좋은 것은 남겼다고 하였다. 그러자 사무엘은 사울에게 "순종이 제사보다 낫다"고 하였다. 제사 의식이 덜 중요하거나 무시되어도 된다는 뜻은 아니다. 다만 하나님의 말씀을 순종하지 않는 제사는 아무런 의미가 없다는 뜻이다. 왜냐하면 제사의 본질적 의미는 하나님을 향한 자기의 헌신을 나타내는 표시이기 때문이다. 그래서 아무리 화려하고 아름다운 제사라도 형식만 있고 본질이 없으면 그것은 가치가 없게 된다.

구약에서 제사를 드리는 것은 자신의 생애와 삶을 하나님께 헌신하고 바친다는 고백이다. 따라서 외부적으로 나타나는 제사만 잘 드리고 내용은 하나님을 역행한다면 그것은 아무런 의미가 없게 된다. 합당한 제사는 먼저 순종이 선행되어야 한다. 예수께서도 종교의식 자체를 폐지하지 않으셨고, 그러나 종교의식을 행할 때 항상 그 의식의 본질이 되는 하나님의 뜻을 생활에서 나타낼 것을 가르쳤다. 주님은 마 23:23에서 "화 있을진저 외식하는 서기관과 바리새인들이여 너희가 … 율법의 더 중한 바 인과 의는 버렸도다 그러나 이것도 행하고 저것도 버리지 말아야 할지라"고 하면서 바리새인의 십일조에 대한 잘못된 관행을 책망하셨다. 이는 그들이 율법의 가장 세밀한 것까지 철저히 지키면서 십일조를 하는 것은 좋았으나 율법의 근본 정신인 하나님의 사랑을 버린 것에 대한 책망이다.

예수님의 가르침에 의하면 율법의 가치에는 단계적 구조가 있다. 율법의 이 단계적 구조는 주님이 인용한 이 두 개의 예에서 나타난다. 율법의 근본적이고도 가장 중요한 정신이 되는 하나님을 사랑하고 이웃을 사랑하라는 것이다. 이것은 사람의 손이나 눈으로 만져지고 보이는 물체가 아니다. 마음으로 느껴지고 생활에 반영되어 나타나야 한다. 하나님의 사랑을 받은 사람은 이웃 사랑으로 그것을 반영해야 하며 그것이 산 제사라고 바울은 정의하였다. 그러한 율법의 근본 정신을 갖고 하나님께 제사를 드려야 한다. 그런데 바리새인들은 근본적인 율법의 정신과 원리를 삭제하고 율법의 형식과 의식만 지키고 강조하였다. 그들은 조직화된 제도에 따라 율법을 지키고 준수하였지만 율법의 핵심인 사랑의 빛은 점점 어두워 가고 있었다. 하나님은 경배를 원하시되 법률적이고 형식적인 무의미한 의식이 아니라 하나님을 마음으로 사랑하는 정성이 포함된 예배와 의식을 원하신다.

안식일에 제자들이 밀 이삭을 잘라 먹은 사건에서 예수께서 자신의 메시아적 권위를 나타내 보이셨다. 주님은 마 12:6에서 "성전보다 더 큰 이가 여기 있느니라"고 하셨다. 구약에는 항상 하나님의 은혜는 성전에서 행해지는 의식을 통해서 내려졌다. 즉 예수님은 구약의 성전과 성전에서 행해지는 제사의 원형으로, 성전과 제사는 모두 그리스도의 그림자이며 모형이었다. 그래서 그의 권위는 성전 규례보다 높고 우월하기 때문에 자신의 권위는 의식법보다 크고 우월하다는 뜻이다. 여기서 중심이 되는 주제는 권위 문제다.

프랑스(R. T. France)는 "예수께서 다윗의 진설병 사건을 예로 드신 것은 단순한 전례(前例)에 호소한 것이 아니라 권위의 문제"라고 하였다.[23] 그렇다면 예수께서 인도주의적으로 관심이 되는 긴급한 사항이나 인애를 나타내는 문제에는 누구든지 의식법을 폐지하거나 약화시킬 수 있다고 가르쳤는가? 그렇지는 않다. 그러한 권위는 오직 예수님 자신만 갖고 계셨다. 만약 인간의 필요가 우선이라는 판단이 있을 때마다 모든 개인이 의식법을 파기할 수 있다면 결국 율법은 소멸되어 없어질 것이기 때문이다.[24] 주님은 율법의 권위를 모든 인류에게 위임하지 않으셨다. 예수께서 제자들이 밀 이삭을 잘라 먹는 사건에서 긴급한 상황에서 발생한 인간의 본능적 필

---

23) R. T. France, *Jesus and Old Testament*, 46.
24) Thomas E. McComiskey, *The Covenants of Promise*, 105-106.

요가 의식법을 능가한다는 사실을 보여 주셨지만 우리가 일상생활에서 주님이 하셨던 것과 동일한 판단을 하여 생활화할 수는 없다. 만일 모든 개별 성도가 그렇게 한다면 하나님의 법이 무너지는 결과를 초래할 위험이 많다. 주님은, 율법은 하나님의 사랑과 공의를 나타내지만 자신은 안식일의 주인이라 하셨다.

주님이 안식일의 주인이라는 뜻은 주인 되시는 주님이 원하기만 한다면 안식일법 자체를 변경이나 수정할 권위도 있다는 뜻이다. 최소한 그 법을 처음 명문화한 신적 기원을 가진 모세법과 동등한 권위를 소유하였다는 의미다. 그러므로 인자의 권위는 사람의 권위를 훨씬 능가하며 주님이 안식일의 주인이라는 말씀은 새로운 시대가 열렸다는 다른 표현이다.[25] 동시에 안식일 자체가 새로운 시대와 연결되었다는 증거이다.[26] 인자가 안식일의 주인이라는 말씀은 미래 안식일의 변화와 함께 새롭게 재해석이 되고 있다는 증거이다. 그리고 이 말씀과 함께 인자는 성전보다 크다는 말씀은 성전 중심 의식의 변화를 예고하였다. 즉 안식일의 주인이 되시는 주님이 구약의 제사제도와 안식일의 의미를 새롭게 변형시킬 것을 나타내고 있다. 마가와 누가는 이 말씀 바로 전에 새 포도주를 낡은 가죽 부대에 넣는 자가 없다는 교훈을 하고 있다(막 2:22). 예수님의 새로운 시대와 사역을 구약의 낡은 부대에 담을 수 없다는 말씀이다. 새 포도주는 새 가죽 부대에 넣지 않으면 부대가 찢어진다. 인자의 새로운 메시아 시대가 왔으므로 옛 언약의 틀에서 새로운 방법과 형식으로 모든 것이 변경된다는 의미를 지닌다.

주님이 안식일의 주인이라는 말씀은 막 2:27에서 "안식일은 사람을 위하여 있는 것이요 사람이 안식일을 위하여 있는 것이 아니니"라고 하신 말씀과 관련이 있다. 이 말씀 다음에 "이러므로 인자는 안식일에도 주인이

---

25) Hooker, *The Son of Man in Mark*(London: SPCK, 1967), 102. quoted in D. A. Carson, *Jesus and the Sabbath in the Four Gospel*, 66.
26) F. H. Borsch, *The Son of Man in Myth and History* (London: SCM, 1967) 322.

니라"고 하였기 때문이다. 이 말씀은 사람이 안식일에 보조 역할을 하기 위하여 만들어지지 않았다는 뜻으로 사람이 안식일을 지키지 않을 때 그런 사람에게 징벌이나 심판을 가하기 위한 수단으로 안식일이 존재하지 않는다. 오히려 안식일은 사람을 위하여 만들어졌다. 안식일은 사람의 유익과 기쁨을 위하여 만들어졌다. 그래서 안식일은 사람에게 기쁨과 유익을 위하여 사용되어야 한다. 안식일이 너무 철저하고 엄격한 감독관이 되어 사람이 안식일의 눈치를 보면서 순종을 강요당하여서는 안 된다.

이사야는 안식일은 58:13-14에서 "안식일을 일컬어 즐거운 날이라 여호와의 성일을 존귀한 날이라 이를 존귀히 여기고 ··· 네가 사사로운 말을 하지 아니하면 네가 여호와의 안식에서 즐거움을 얻을 것이라 내가 너를 땅의 높은 곳에 올리고 네 조상 야곱의 업으로 기르리라"고 하였다. 하나님이 만드신 안식일은 사람에게 짐이 되어 고통을 주는 날이 아니라 기쁨과 즐거움을 주는 날이었다. 하나님은 출 31:17에서 "나 여호와가 엿새 동안에 천지를 창조하고 제칠 일에 쉬어 평안하였음이니라"고 하셨다. 하나님은 자신이 제칠 일에 얻으셨던 그 평안과 즐거움을 인간에게 주시기 위하여 안식일을 만드셨다. 그러므로 안식일은 사람에게 하나님의 평안과 안식을 주시기 위하여 만들어진 날이므로 바리새인들처럼 그물과 같은 많은 올가미들로 얽매어 사람의 자유를 박탈하고 고통을 주는 수단으로 사용하여서는 안 된다.

만일 안식일이 사람의 주인이 아니라면 사람이 안식일의 주인인가? 안식일이 사람을 위하여 만들어졌다면 사람이 안식일과 하나님의 율법을 능가하는 권위를 가졌는가? 안식일에 발생하는 긴급한 일들이나 사랑과 인도주의적 관심과 같은 것들이 이미 명문화된 하나님의 계명을 무효화시킬 수 있는가? 예수님은 안식일이 사람의 주인이 아니고 사람이 안식일의 주인이라 하셨다. 그러나 안식일에 대하여 사람이 주인이 되는 권리를 하나님이 모든 사람에게 직접 부여하시지 않았다. 사람이 안식일의 주인이 되는 권리는 오직 그리스도를 통해서만 성도들에게 주어진다.[27] 예수께서 인

---

27) Thomas E. McComiskey, *The Covenants of Promise*, 106-107.

류를 대표하는 대표의 권리에 의하여 성도들이 안식일의 주인이 된다. 주
님은 안식일의 주인은 사람이 아니라 "인자"라 하셨다. 이 말씀은 주님이
막 2:10에서 "인자는 땅에서 죄를 사하는 권세가 있다"고 하신 말씀과 같
은 뜻이다. 주님은 인간으로 나타나셨지만 속죄 제물로 돌아가시므로 우리
를 구원하셨다. 우리를 구원하신 구주이시기 때문에 안식일의 주인이 되신
다. 주님이 안식일의 주인이시므로 그리스도 안에서 성도들도 안식일의 주
인이 된다.[28] 그리스도께서 모든 성도의 대표로서 율법을 초월하는 권위를
갖고 계시기 때문이다.

이 사건에서 강조되는 요소는 예수님의 권위는 율법을 초월한다는 것이
다. 주님은 안식일을 폐지시키지 않으셨고, 그때 당시 사람들이 지키는 안
식일을 구약 율법에 나타난 안식일과 비교 평가하셨다. 그 결과 서기관과
바리새인들이 가르치고 지키는 안식일은 구약 율법의 정신과 맞지 않는다
는 사실을 알게 되었다. 주님은 율법에 나타난 근본 원리와 정신을 강조하
셨다. 그러나 바리새인들은 안식일의 근본 정신과 원리가 상실된 율법을
가르치고 지키려고 노력하였다. 그들은 어떤 항목에서는 율법의 자세하고
세밀한 부분까지 철저하게 지키려 하였으나 그들이 준수한 율법은 의미와
목표가 상실되었기 때문에 그 율법이 오히려 무거운 짐만 되었다. 그래서
예수께서는 바리새인들의 안식일관을 용납하지 않으시고 구약의 율법이
제시한 원래의 정신을 따라서 그날을 지킬 것을 제자들에게 가르쳤다.

2) 회당에서 한편 손 마른 사람을 고치심(마 12:9-14; 막 3:1-6; 눅 6:6-11)

예수께서 안식일에 회당에 들어가 병자를 고치셨다. 막 3:1은 "다시 회
당에 들어갔다." 막 1:21에서 안식일에 가버나움 회당에 들어가신 것을
염두에 두고 다시 회당에 들어갔다는 표현을 썼다. 눅 6:6은 "또 다른 안
식일에 회당에 들어가서 가르치실 때"라 하였다. 예수께서 어느 안식일에
회당에서 말씀을 가르치는 도중에 한편 손 마른 사람을 고치신 것이 주님

---

28) William L. Lane, *The Gospel of Mark: The New International
Commentary on the New Testament*(Grand Rapids: Eerdmans, 1974), 117-120.

과 서기관과 바리새인 사이에 논쟁의 초점이 되었다. 이 사건에서 바리새인들은 자기들이 만든 안식일 규정을 예수께서 어기지 않는지 관찰하고 있었다. 막 3:2은 "사람들이 예수를 송사하려 하여 안식일에 그 사람을 고치는가 엿보았다"고 하였고, 눅 6:7에서는 "서기관과 바리새인들이 예수를 송사할 빙거를 찾으려 하여 안식일에 병 고치는가 엿보았다"고 기록하였다. 혹시 예수님이 자기들이 만들어 놓은 함정에 걸려들기를 기다리면서 바라보고 있었다.

주님은 그 사람들의 악한 생각을 이미 알고 계셨다. 막 3:5은 예수께서 "저희 마음의 완악함을 근심하사 노하셨다"고 기록하였으며, 눅 6:8에서는 "저희 생각을 아셨다"고 분명하게 표현하였다. 예수께서는 서기관과 바리새인들이 자신을 헐뜯고 고소하여 넘어지게 하려고 잘못이나 실수가 일어나기를 기다리면서 유심히 바라보고 있다는 사실을 모두 알고 계셨다. 이날 일어난 사건을 통하여 우리는 서기관과 바리새인들의 악하고 거짓된 믿음을 보게 된다.

그래서 예수님은 모든 사람이 보는 가운데서 손 마른 사람을 공개적으로 고쳐 주셨다. 주님은 막 3:3-4에서 "손 마른 사람에게 한가운데 일어서라 하시고 안식일에 선을 행하는 것과 악을 행하는 것, 생명을 구하는 것과 죽이는 것, 어느 것이 옳으냐"고 질문을 하셨다. 예수님의 이 말씀은 안식일에 선을 행하지 않는 것은 죄라는 뜻이다.[29] 예수님의 말씀에는 안식일에 "선행"을 하는 것은 인간에게 근본적인 의무라는 뜻이 나타나고 있다. 사람을 살리는 것과 같은 선행은 안식일법보다 우선 순서가 된다.[30] 안식일에 선을 행하는 것과 생명을 구하는 것은 합법적이라는 사실이다.[31] 특히 마샬(Haward Marshall)은 특별한 경우 구약의 안식일법이 잠정적

---

29) C. E. Granfield, *"The Gospel According to St. Mark* (Cambridge: Cambridge University Press, 1972), 120. A. Plummer, *The Gospel According to St. Luke* (Edinburgh: T. & S. Clark, 1901), 169.

30) W. Manson, *The Gospel of Luke* (London: Macmillan, 1930), 60

31) Howard Marshall, *Luke: Historian and Theologian, Contemporary Evangelical Perspective Series* (Grand Rapids: Zondervan, 1971), 235.

으로 효력을 중단할 때도 있다고 한다. 그러나 안식일에 예수께서 불법을 허용했다고 해석하기보다는 선행을 가르치고 행하셨다고 보는 것이 정당하다. 그러므로 안식일에 사람을 살리는 선행의 기회가 있음에도 불구하고 하지 않는 것은 죄가 된다. 따라서 당시 서기관과 바리새인들은 그러한 선을 행하지 않았을 뿐 아니라 선행을 행하시는 예수님을 정죄하였기 때문에 그들의 죄는 중하고 무겁다.

서기관과 바리새인들도 출 31:14에 안식일에는 아무 일도 못하게 금하고, 일하는 자는 반드시 죽이라고 한 계명을 생명과 직결되는 긴급한 상황 하에서는 허용하는 예외 규정을 만들었다. 즉 저들이 만든 규정도 사람이 죽을 지경에 처했을 때는 안식일에도 치료가 가능한 것으로 보았다.[32] 모든 인위적 안식일 규정을 거부하신 주님은 그 사람을 그냥 버려 두는 것은 선하지 않다고 생각하시고 그 사람을 치유하기로 하셨다. 주님께서는 안식일에 유대인들도 긴급한 일로 노동을 허용하는 규정을 인용하면서 그 사람을 치료하는 것이 정당하다는 사실을 밝혔다. 마 12:11-12에 "너희 중에 어느 사람이 양 한 마리가 있어 안식일에 구덩이에 빠졌으면 붙잡아 내지 않겠느냐 사람이 양보다 얼마나 더 귀하냐 그러므로 안식일에 선을 행하는 것이 옳으니라"고 하셨다.

그들은 자기들의 재산인 양이 위험에 빠지면 그것을 구하기 위하여 노동을 하면서 사람이 그러한 위험에 처했을 때 방관하고 있다는 사실이 주님에게는 용납될 수 없었다. 사람은 양과 비교할 수 없을 만큼 존귀한 하나님의 형상이다. 사람의 생명이 양보다 존귀하다는 것을 바리새인들도 알고 있었다. 그래서 예수께서 안식일에 한 손 마른 사람을 치료하는 것과 같은 선을 행하는 것이 옳다면서 그 사람을 치유할 뜻을 분명히 밝혔을 때 그를 채잡으려고 주시하던 사람들도 아무런 반응을 보이지 못하였다. 그 말씀을 하신 후 손 마른 사람을 고치셨다. 주님이 그 사람에게 "네 손을 내밀라 하시니 그가 내밀매 그 손이 회복되었다."

---

32) Novra Geldenhuys, *The New International Commentary on the Luke* (Grand Rapids: Eerdmans, 1956), 203.

서기관과 바리새인들은 예수께서 그 사람을 고치신 일에 대해 자기들의 관례로 보아도 책잡을 만한 구실을 찾을 수 없게 되었다. 예수님은 병자를 고치고 치료하기 위해 그들을 찾아다니지 않으셨다. 주님은 어려서부터 행하던 관례를 따라 안식일마다 회당에 가서 하나님께 예배를 드렸다. 주님은 자기의 관행대로 안식일에 회당에서 예배를 드리는 도중에 한 손 마른 환자를 보시고 치료해 주셨다. 예수께서 그 사람을 그 병에서 완쾌되도록 하셨지만 치료를 위한 의료행위를 하지는 않았다. 즉 아무런 노동을 하지 않았다. 주님은 그 사람에게 단지 말씀으로만 "네 손을 내밀라"고 하셨을 뿐이다. 그들의 안식일 규정은 노동하는 행위가 위법이지 말하는 것은 규제의 대상이 아니다. 한 손 마른 사람도 특별한 노동을 하지 않았다. 그 사람은 오직 손만 내밀었을 뿐이다. 손을 내미는 것도 노동은 아니다.[33] 그래서 주님을 향해 허물을 찾으려던 그들도 공개적으로는 아무런 대항을 할 수 없었다.

그러나 자기들의 규정과 법에 의하면 한 손 마른 사람은 생활에 불편만 느낄 뿐 생명이 위협을 당하지는 않았다. 그럼에도 불구하고 그들은 주님이 생명과 직결되지도 않은 사람을 안식일에 치료하므로 안식일법을 위반하면서 자기들의 전통과 권위를 무시하였다고 생각하였다. 그래서 "바리새인들이 나가서 헤롯당과 함께 어떻게 예수를 죽일까 하여 의논하였다"(막 3:6).

위에서도 언급하였지만 예수께서는 안식일에 선을 행하는 것은 안식일에 아무 일도 하지 말라는 계명보다 우선 한다고 여겼기 때문에 모든 것을 통찰하시는 주께서 "저희 마음의 완악한 생각을 아시고 노하셨다." 이 사건에서 주님은 구약의 율법이 정한 안식일법을 위반하지 않았다. 오히려 율법의 근본 정신과 원리를 따라 바로 지켰을 뿐이다.

---

33) J. A. Broadus, *Commentary on the Gospel of Matthew* (Valley Forge: American Baptist Publication Society, 1886), 262, D. A. Carson 의 "Jesus and the Sabbath in the Four Gospel," 70에서 재인용.

3) 꼬부라진 여인을 고치심 (눅 13:10-17)

본문은 예수께서 십자가에 달려 돌아가시기 몇 개월 전에 발생한 일이다. 그리고 안식일에 주님이 회당에서 마지막으로 가르치신 사건이다. 예수께서 어느 회당에서 말씀을 가르치실 때 십팔 년 동안 귀신들려 꼬부라져 조금도 펴지 못하는 여자가 들어와 뒷좌석에 앉는 것을 보셨다. 그 여자는 오랫동안 투병생활로 인하여 말할 수 없는 고통을 당하였다. 그 여자도 예수님에 관한 소문을 듣고 예수를 만나서 자신의 문제를 해결하기 위하여 시간에 맞추어 그 회당에 왔다. 주님은 눅 13:12-13에서 그 여자에게 "여자여 네가 병에서 놓였다 하시고 안수하셨다." 그러자 지금까지 전혀 펼 수 없던 여자가 튼튼하고 건강하게 펴졌다. 그리고 하나님께 영광을 돌렸다. 이러한 기적은 사탄의 힘으로는 불가능하고 오직 하나님의 능력으로만 가능하다는 것을 알았기 때문에 하나님께 영광을 돌렸다.

회당에서 말씀을 가르치던 주님이 안수로 꼬부라진 여자를 완전하게 치료하신 사건을 뒤에서 지켜보던 회당장이 화를 내었다. 눅 13:14에 "회당장이 예수께서 안식일에 병 고치시는 것을 보고 분내어 무리에게 이르되 일할 날이 엿새가 있으니 그동안에 와서 고침을 받을 것이요 안식일에는 말 것이라"고 하였다. 회당장은 안식일마다 회당에서 예배를 드릴 때 기도 인도자, 성경 봉독할 사람, 설교자 등의 순서와 기타 모든 문제를 책임지고 관리하는 사람이다. 회당장은 예수께서 꼬부라진 여인에게 행하신 안수를 의사들이 행하는 의료행위로 판단하였다. 또한 아마 그러한 안수를 하므로 병자를 고치는 일을 사전에 자기와 의논하지 않은 것에 대한 불만일 수도 있다. 그러나 무엇보다 그 사람은 예수님과 병에서 완쾌된 그 여자가 안식일을 범하였다고 생각하였다. 이 사람이야말로 사람이 안식일을 위하여 만들어진 것으로 생각하는 사람의 표본이다.[34] 그는 예수께서 안식일에 의료행위를 한 것으로 오해하였다. 이 사건에서도 주님은 그 여자를 고치기 위하여 아무런 노동을 하지 않고 단지 몇 마디의 말씀과 안수 기도만 하였

---

34) William Hendriksen, *New Testament Commentary: The Gospel of Luke* 11 (Edinburgh: The Banner of Truth Trust, 1979), 700.

을 뿐이다. 그 사람은 안식일의 근본적인 의미를 전혀 이해하지 못하는 서기관과 바리새인들과 동일한 안식일관을 갖고 있었다. 회당장은 예수님께 화를 내지 못하고 이 사건과 아무런 관련이 없는 청중들을 향하여 분풀이를 하면서 화를 내었다.

그러자 예수께서 그 사람의 잘못을 지적하면서 대답하셨다. "외식하는 자들아 너희가 각각 안식일에 소나 나귀나 마구에서 풀어내어 이끌고 가서 물을 먹이지 아니하느냐 그러면 십팔 년 동안 사탄에게 매인 바 된 이 아브라함의 딸을 이 매임에서 푸는 것이 합당치 아니하냐"(눅 13:15-16). 주님은 소나 나귀가 마구에서 고삐에 매여 있는 것과 그 여자가 사탄에 얽매여 있는 것을 비교하셨다. 소나 나귀는 마구간의 고삐에서 풀어야만 밖으로 이끌려 나와 물을 먹고 생존이 가능하다. 서기관과 바리새인들이 안식일에 자기들의 마구간에 매여 있는 짐승들의 고삐를 풀어 끌고 나가 물을 먹이는 것은 일반적인 관례였다. 주님은 그들의 동물 관리 습관을 아시고 너희들은 안식일이라도 가축들을 풀어서 끌고 나가 물을 먹이면서 십팔 년간 질병에 매여 고생하는 아브라함의 딸을 그 질병에서 풀려나게 하는 것을 옳게 생각지 않느냐고 반문하면서 그들을 책망하셨다.

주님은 회당장을 책망하는 말씀에서 오랫동안 질병에서 고생하던 그 여자를 치료하여 고쳐 주는 것을 사탄의 매임에서 해방하는 것으로 말씀하셨다. 여호와 하나님은 이스라엘 백성이 사백 년 동안 애굽의 노예로 고생하던 것을 강하신 능력으로 그 매인 것에서 풀어 해방시키셨다. 이스라엘을 애굽의 포악한 고통에서 해방시키신 하나님의 능력이 사탄에게 얽매여 십팔 년 동안이나 고생하던 그 여자를 풀어 해방시키셨다. 사탄에게 매여서 고생하던 그 여자를 그 고통에서 풀어 해방과 자유를 주기 위해서는 먼저 사탄의 능력을 붕괴시켜야 한다. 이스라엘을 해방시킬 때 먼저 애굽의 장자를 비롯하여 애굽 나라가 망하게 한 것처럼 사탄에 의해 고통 당하던 여자를 풀어주시므로 사탄의 세력을 파괴하는 역사를 수행하셨다. 그 여자는 십팔 년 동안 사탄의 매임에서 질병의 고통으로 수많은 눈물을 흘리면서 자기 자신과 이웃을 원망하면서 생활하였을 것이다. 그 생활이야말로 평안과 안식이 없는 생활이었을 것이다. 그 여자에게는 그러한 질병에서 놓여나는 하는 것이 바로 땅 위에서의 안식이었다. 그녀는 질병에서 치유되므로 인하여 맛보는 안식을 통하여 영원한 하나님의 안식을 느꼈을 것이다. 그래서 주님이 안식일에 그 여자를 치유하신 것은 메시아적 사명, 즉 구속적 해방을 성취하신 것이다. 그 여자가 이 구원의 기쁨을 누리는 것을 보고 백성들은 즐거워하였고 그 여자는 하나님께 영광을 돌렸다. 인류에게 참된 안식과 평안을 주시기 위하여 오신 주님은 안식일에 그 여자를 고치므로 자신이 구속주가 되심을 나타내 보이셨다. 주님은 이 사건을 통하여 참되고 땅 위에서 지키는 안식일이 영원한 안식의 표상이며, 그 영원한 안식과 참된 평화는 오직 그리스도를 통해서만 가능하다는 것을 나타내고 있다.

4) 삼십팔 년 된 병자를 고치심 (요 5:1-18)

예수께서 유대인의 절기를 맞이하여 예루살렘에 올라가 양문 곁 베데스다 못가에 물이 동하면 들어가 고침을 받기를 기다리는 소경, 절뚝발이, 혈기 마른 자들 등 각종 병자를 만났다. 그들 가운데서 주님은 삼십팔 년 동안이나 병으로 고생하던 사람을 안식일에 고쳐 주셨다. 지금까지 예수님과 유대 종교지도자들 사이에 안식일을 지키는 문제, 율법 해석과 적용, 그리고 궁극적으로는 권위 문제에 대해 적지 않은 마찰과 논쟁이 있었다. 그래서 그들은 주님이 갈릴리와 가버나움이나 나사렛 등지로 전도여행을 하면서 가르칠 때 항상 스파이를 투입시켜 책잡을 만한 증거를 찾으려고 노력하였다. 이제 예수께서 예루살렘으로 올라오셨을 때 주님과 서기관과 바리새인들의 갈등과 대립은 더욱 심하게 나타나기 시작하였다. 주님이 삼십팔 년 된 병자를 고쳐 주는 사건을 계기로 유대 종교지도자들은 본격적으로 주님을 죽이려고 온갖 음모를 꾸미기 시작하였다. 이 사건이 예수님의 죽음을 갖고 오게 한 하나의 출발점이 되기도 했다.[35] 그만큼 심각하고 깊은 논쟁을 하였으며 그 결과 갈등과 대립은 더욱 심화되었다.

예수께서 그 병자에게 가서 "네가 낫고자 하느냐?" 하고 질문하셨다. 그러자 그는 물이 동할 때 자기를 도와주는 사람이 없어 항상 다른 사람이 먼저 들어가므로 자신은 치료의 기회를 얻지 못하였다고 답하였다. 즉 병 낫기를 원하는 마음은 간절하지만 상황이 허락하지 않는다고 하였다. 요 5:8에서 예수께서 그에게 "일어나 네 자리를 들고 걸어가라" 하셨다. 그 사람이 주님의 말씀에 순종할 때 그 즉시 완쾌되어 자신이 깔고 있던 것을 들고 일어나서 걸어갔다. 종교지도자들은 그 사람에게 "안식일에 네가 자리를 들고 일어나는 것은 옳지 않다"면서 책망하였다. 이 사건에서 주님과 큰 논쟁과 격론을 벌인 종교지도자들은 아마 바리새인으로 여겨진다.[36] 무섭기로 소문난 종교지도자들의 추궁에 그 사람은 자신에게 화가 미칠까 두려워하여 "나를 낫게 한 그 사람이 자리를 들고 일어나 가라"는 그 말씀 대로 나는 순종만 하였을 뿐이라고 답하였다. 그 병자는 자기를 고쳐 주신 분이 누구인지도 확인하지 않았고 또한 예수님은 군중 속으로 피하셨다. 그러자 그들은 "너를 낫게 한 사람이 누구냐"고 질문하였으나 그는 그 사람이 누구인지 알지 못한다고 답하였다.

이 사건이 있은 후 예수께서 성전에서 자신으로부터 병 고침을 받은 그 사람을 만났다. 그 사람이 성전에 온 이유는 아마 자신의 병이 완쾌된 것에 대해 하나님께 감사를 드리기 위함인 것으로 여겨진다. 주님이 그 사람에게 "네가 나았으니 더 심한 것이 생기지 않도록 다시는 죄를 범하지 말라"고 하셨다. 그 사람의 영적인 상태가 하나님으로부터 멀어진 것을 보시고 바른 신앙생활할 것을 권고하셨다. 뿐만 아니라 주님의 말씀에는 베데스다 못에 들어가서 치료를 받은 사람들은 다시 죽지만 그리스도를 통하여 치료받은 후 하나님을 바로 믿으면 두 번 다시 그러한 병에 걸리지 않으면서 영원한 안식을 얻을 것이라는 뜻이다. 그러자 그 사람은 예수께서 자신의 병을 고쳐 주신 분이라는 것을 알고 유대 종교지도자들에게 가서

---

35) Leon Morris, *The New International Commentary on the New Testament: The Gospel According to John* (Grand Rapids: Eerdmans, 1984), 299.

36) Leon Morris, *Gospel According to Luke*, 307.

자기의 병을 고쳐 준 사람이 예수라는 사실을 보고하였다. 그 사람은 아마 바리새인들이 예수님에 대해 나쁜 음모를 꾸미고 있다는 사실을 모르고 주님에 관한 보고를 하였을 것이다. 주님으로부터 병에서 나음을 입은 그 사람은 바리새인들도 자신처럼 예수께 감사할 이유가 있어서 찾는 줄 생각하였을 것이다.

예수께서 안식일에 그 병자를 치료하였다는 사실을 확인한 종교지도자들은 예수님을 핍박하기 시작하였다. 그들이 지금까지는 자기들끼리 예수님에 대한 음모를 꾸미기는 하였지만 박해는 하지 않았다. 단지 주님과 안식일 규정에 관하여 논쟁만 하였을 뿐이다. 그러나 이제는 주님께 물리적 박해를 가하기 시작하였다. 그 이유는 예수께서 안식일법을 어겼으며 그 증거까지 확보하였다고 생각했기 때문이다. 바리새인들이 주님이 어겼다고 생각하는 안식일법은 안식일에 의료행위를 한 것과 병자가 깔고 있었던 자리를 들고 옮겼다는 것이다. 이미 상술한 바와 같이 그들은 안식일에 사람을 치료하는 일은 불법이라고 규정하였으나 주님은 안식일에 선행은 반드시 하여야 한다고 하였다. 주님은 안식일에 선한 일을 하는 것은 필수적인 의무사항으로 생각하셨다. 지금까지 예수님이 안식일에 행하신 일에 대해 자기들의 유전과 틀리기는 하지만 주님 스스로가 선행이라는 주장 때문에 박해를 가할 수는 없었다.

그리고 바리새인들은 완쾌함을 받은 사람에 대해서는 안식일에 자기가 사용하였던 자리를 들고 일어난 것을 문제로 삼았다. 그들이 깔고 앉았던 자리를 들고 일어난 사건을 두고 안식일을 범했다고 정죄하였다. 그 이유는 렘 17:22에서 "안식일에 너희 집에서 짐을 내지 말며 아무 일이든지 하지 말라"는 말씀을 확대하여 그것을 바탕으로 세밀한 법을 만들었기 때문이다. 예레미야는 당시 유다와 예루살렘 주민들이 안식일을 무시하고 농사, 포도즙을 짜는 일, 물건을 운반하여 매매하는 행위를 책망하였다. 그들은 하나님과 맺은 언약을 파기하였기 때문에 바벨론에 포로가 되는 채찍을 맞았다. 그래서 그들에게 안식일을 지키는 것은 무엇보다 중요한 일이었다.

그들이 포로에서 해방이 된 후 서기관과 바리새인들이 안식일에 하지 말아야 할 일들을 세분화하는 작업을 하여 그것을 강제로 모든 유대인들이 지키도록 하였다. 구약 율법은 안식일을 어떻게 지켜야 하는지에 대한 세밀한 내용은 기록하지 않았기 때문이다. 무엇보다 랍비와 종교지도자들은 유대인들이 변화된 사회에서 구약 율법을 지키면서 생활하는 데 문제가 있는 것으로 보았다. 그래서 학자들이 구약 율법을 상황에 맞게 설명을 하고 또한 율법이 구체적으로 언급하지 않고 있는 부분에서 그것을 세분화해야 일반 대중들이 혼란을 일으키지 않고 그 율법을 지킬 수 있다고 생각하였다.[37] 모세는 하나님의 계명을 선포할 때 원리만 알렸지 일상생활에서 발생하는 세밀하고 작은 일에 대해서는 침묵하였다. 그래서 유대교의 랍비들이 그 간격을 없게 한다고 믿었다. 구약 율법을 세분화하여 만든 것을 미쉬나(Mishnah)라고 한다. 유대교의 안식일에 관한 세밀한 규정들은 모두 이 미쉬나에 수록되어 있다.

미쉬나 가운데 39개의 항목들이 안식일과 관련되었다. 그들이 만든 39개의 항목에는 안식일에 해서 안 되는 모든 금지 사항이 기록되었다. 예를 들면 나무에 오르는 것, 동물 등에 올라타는 것, 물에서 수영하는 것, 박수치는 것, 춤추는 것 등은 금지되었다.[38] 특별히 물건 운반이나 옮기는 것에 대해서는 아주 세밀한 법을 만들었다. 어느 물건을 동시에 두 사람이 운반하면 죄가 되지 않지만 한 사람이 옮기면 죄가 된다는 항목이 있다.[39] 또한 물건을 왼쪽 손이나 바른쪽 손만으로 운반하는 것은 적절하지 않다. 그러나 그것을 팔꿈치, 귀, 손바닥이 아닌 손등, 발, 입, 머리카락, 옷, 그리고 신발 등으로 운반하는 것은 허용이 된다.[40] 바리새인들은 안식일에 포도주를 주전자에 붓는 것, 꿀을 상처에 바르는 일, 새끼줄을 바구니 둘레에 감는 일, 글자 알파벳 두 자를 쓸 수 있는 무게의 잉크를 운바하는 일 등은

---

37) Rowland, "A Summary of Sabbath Observance in Judaism at the Beginning of the Christian Era," 47.
38) *Mishinah*, at Beza 5. 2.
39) *Mishinah*, Shabb. 10. 5.
40) *Mishinah*, shabb. 10. 3.

모두 금지시켰다.[41] 안식일에 옷을 입을 때도 불필요한 장식을 하지 말아야 했다. 따라서 여자들의 의복은 검소하고 단정한 옷을 입어야 한다.[42] 어떤 물건이든지 그것을 개인의 영역에서 공동 영역으로 옮기는 것은 금지되었다. 안식일에 허용되는 여행의 길이는 이천 규빗이다. 이 규빗의 길이는 약 95cm이므로 이천 규빗은 950m 이다. 안식일 하룻동안 여행을 할 수 있는 최대의 길이는 950m로 제한된다.[43] 바리새인들이 만든 규정에 의하여 지금도 유대인들은 모두 회당 근처에 집을 지어 안식일에 회당에 가서 예배만 드리고 집으로 돌아가는 길도 이 규정을 어기지 않도록 노력하고 있다.

안식일에 병 고침을 받아 자리를 들고 일어난 그 사람은 랍비와 바리새인들이 만든 그 미쉬나에 의하면 안식일을 위반한 것이 분명할 것이다. 그 병자가 깔고 있었던 자리가 아무리 가벼워도 알파벳 두 글자를 쓸 수 있는 잉크의 무게보다는 무거울 수밖에 없기 때문이다. 그리고 그 사람이 자기들이 만든 안식일 규정을 어기도록 한 장본인이 예수님이라고 판단하였다. 예수께서 그 병자를 치료한 후 네 자리를 들고 일어나 가라고 하셨고 그 사람은 주님의 말씀에 따라 순종하였다. 이러한 과정을 모두 파악한 서기관과 바리새인들은 주님이 안식일마다 이러한 일을 행한다 하여 박해하기 시작하였다. 예수께서는 안식일마다 불쌍한 자를 돕고 병자를 고치는 일들을 계속적으로 행하셨다.

바리새인들의 이러한 박해에 대해 주님은 요 5:17에서 "내 아버지께서 이제까지 일하시니 나도 일한다"고 응답하셨다. 대부분의 경우 주님은 막 2:28처럼 "인자는 안식일의 주인이다"라는 말씀으로 답하셨다. 내 아버지께서 이제까지 일하신다는 뜻은 하나님은 천지를 창조하신 후 그 모든 창조된 만물들이 하나님의 뜻에 따라 유지 보존되도록 다스리고 통치하신다는 의미이다. 뿐만 아니라 하나님께서는 창조사역 후 지금까지 타락한 인

---

41) *Mishinah*, shabb. 8.1-4.
42) *Mishinah*, shabb 6.1.
43) *Mishinah*, Er. 4.1.6.

간을 구원하기 위해 구속사역을 계속하신다. 하나님께서 하시는 일을 멈추시면 천지만물은 존재할 수 없으며 인간의 구원도 불가능하게 된다. 주님께서 창조사역에서부터 구속사역까지 항상 하나님과 함께 일하셨고, 아버지와 아들은 하나이기 때문이다.

그러나 여기서는 자신을 하나님과의 관계를 근거로 하여 "내 아버지께서 일하시니 나도 일한다"고 대답하였다. 유대인들은 일반적으로 하나님을 향하여 "우리의 아버지"라 부르고 나의 아버지라는 용어를 사용하지 않는다.[44] 주께서 하나님을 향하여 "나의 아버지"라는 용어를 사용한 것은 하나님과 자신을 동등하게 취급한 표시이다. 유대인들은 하나님이 모든 사람의 아버지가 된다는 것은 인정하지 않는다. 오직 유대인, 유대 민족의 아버지이다. 또한 한 개인의 아버지도 아니다. 요한은 1:1부터 계속하여 아들은 아버지와 영원히 함께 계셨으며 그 자신이 하나님이라는 사실을 강조하였다. 예수께서는 하나님이 자신의 개인의 아버지임을 분명히 하였다. 이것은 자기가 하나님과 동일한 신성을 소유하였으며 따라서 하나님과 동일본질이라는 뜻이다. 예수님의 허물을 찾으려 따라 다니던 서기관과 바리새인들은 주께서 하신 말씀이 무슨 뜻인지 즉시 이해하였다. 바리새인들은 주님을 안식일법을 파괴시킬 뿐 아니라 자신을 하나님과 동등하게 여겨서 신성모독죄를 범하였다고 판단하였다.

그러나 주님의 말씀은 항상 일관성이 있다. "인자는 안식일의 주인이다"라는 말씀과 "내 아버지께서 지금까지 일하시니 나도 일한다"는 말씀은 일맥상통하는 말씀이다. 주님이 하나님이시므로 안식일의 주인이 되시고 또한 창조주 하나님께서 일하시기 때문에 주님도 창조사역부터 지금 하시는 구속사역까지 계속하신다. 주님은 유대 종교지도자들이 인위적으로 만든 법이 하나님께서 의도하신 율법의 근본 정신을 버렸기 때문에 그것을 따르지 않고 율법의 원래 정신을 따라 안식일을 지키셨다. 그것은 안식일에 사람이 본능적으로 지킬 수 없는 바리새인의 규칙에 얽매여 가만히 앉

---

44) Leon Morris, *The Gospel According to John*, 309.

아 있는 것이 아니라 하나님의 뜻을 따라 선한 일을 하는 것이다.

5) 천국 복음을 가르치심 (마 13:54-58; 막 6:1-6; 눅 4:16-30)

예수께서 가버나움의 야이로의 집에서 자기의 고향 나사렛으로 가서 회당에서 가르치셨다. 주님은 안식일마다 자신이 하시던 규례대로 랍비의 자격으로 고향 회당에서도 말씀을 가르쳤다. 예수께서 말씀을 가르치실 때 청중들이 듣고 놀랐다. 주님의 가르침에 대한 청중의 반응을 막 6:2에는 "많은 사람이 듣고 놀라 가로되 이 사람이 어디서 이런 것을 얻었느뇨 이 사람의 받은 지혜와 그 손으로 이루어지는 이런 권능이 어떻게 된 일인가"라고 하였다. 예수님이 나사렛 회당에서 안식일을 지키실 때는 병자를 고치는 것과 같은 기적을 행하지는 않으셨다. 그래서 서기관과 바리새인들이 주님에게 안식일에 금지된 일을 했다는 등의 이유로 시비를 걸면서 논쟁하는 사건은 일어나지 않았다. 그러나 고향 사람들이 예수님의 어린 시절을 언급하면서 선지자나 혹은 훌륭한 랍비에게 하는 존경을 하지 않고 무시하는 반응을 보였다.

주님은 자기의 고향 나사렛에서도 안식일마다 하시던 대로 회당에서 하나님의 복음을 가르쳤다. 당시에는 청중들이 지정된 시간에 회당에 모여 회당장의 책임 하에 예배 순서를 맡은 자들이 성경을 읽고 읽은 말씀에 따라 설교를 하는 것이 일반적 형태였다. 안식일에 읽는 성경은 설교자가 정하지 않고 회당에서 읽어 오던 순서대로 하든지 아니면 회당장이 요구하는 내용을 읽게 되었다.[45] 누가복음의 기록에 따르면 예수께서 회당에 들어가셨을 때 회당장으로부터 말씀 증거의 부탁을 받았다. 눅 6:18-19에 의하면 주님이 청중들 앞에서 읽으신 성경은 사 6:1-2[46]의 말씀이다.

---

45) 이날 예수님이 읽으셨던 성경은 회당에서 읽어오던 순서대로 읽으셨는지 아니면 주님이 임의대로 택하셨는지는 알 수 없다. Leon Morris, *The New Testament and Jewish Lectionaries* (London: Tyndale, 1964), 92.

46) 주의 성령이 내게 임하셨으니 이는 가난한 자에게 복음을 전하게 하시려고 내게 기름을 부으시고 나를 보내사 포로된 자에게 자유를, 눈먼 자에게 다시 보게 함을 전파하며 눌린 자를 자유케 하고 주의 은혜의 해를 전파하게 하려 하심이라.

주님은 자신의 메시아적 사역의 성격을 사 6:1-2의 말씀을 인용하여 밝히셨다. 주님은 자신이 하나님의 메시아로서 성령이 임하였음을 밝힌다. 출 30:22-32에서 하나님은 거룩한 관유를 만들어 회막에 사용되는 모든 기구들에 바르도록 하셨다. 그 물건들은 하나님을 예배하기 위해 사용되는 기구들이기 때문에 구별된 성물이라는 의미이다. 또한 아론과 그 아들들에게도 기름을 발라서 거룩하게 한 후 제사장 직분을 행하게 하셨다. 기름을 바르는 것은 제사장을 구별하여 세우는 구약의 의식이다. 예수님에게 성령이 임하신 것은 구약에서 기름을 바르는 의식과 같이 구속 사역을 위해 하나님의 신적 능력이 임하셨다는 뜻이다. 주님은 성령이 자신에게 임한 것은 메시아로서 공적인 사역이 시작되었음을 뜻한다고 하셨다.

그리고 이어서 메시아로서 자신이 해야 할 사역에 대해 설명하셨다. 메시아의 사명은 가난한 자에게 복음을 전파하고, 포로 된 자에게 자유를, 눈 먼 자에게 다시 보게 함을 전파하고, 눌린 자를 자유케 하고 주의 은혜의 해를 전파하신다고 하였다. 이러한 사역은 이스라엘 역사 가운데서 비참한 형편에 처해 있는 자기 백성을 구원하시기 위해 하나님께서 개입하여 구원하실 것이라는 말씀이다. 이 말씀을 처음 예언한 이사야 선지자는 하나님께서 이스라엘을 바벨론 포로에서 해방시켜 예루살렘으로 돌려보내어 모든 억압과 불행에서 구원하시겠다는 약속이다. 여호와께서 자기 백성을 모든 속박과 고통으로부터 해방시켜 자유를 주는 희년을 선포하셨다. 하나님께서는 사 49:8[47]에서 은혜의 때 구원의 날을 약속하셨다. 이 말씀이 사 61:1-2과 깊은 관련이 있다.[48] 이스라엘이 포로에서 고향으로 돌아올 때는 그 백성을 위하여 그 땅도 함께 회복이 되어 그들의 기업이 될 것이라 하셨다. 이것은 전적으로 하나님의 은혜로 종 되었던 형편에서 자유의 몸

---

47) 사 49:8 여호와께서 또 가라사대 은혜의 때에 내가 네게 응답하였고 구원의 날에 내가 너를 도왔도다 내가 장차 너를 보호하여 너로 백성의 언약을 삼으며 나라를 일으켜 그들로 그 황무하였던 땅을 기업으로 상속케 하리라.

48) *NIV The Study Bible*(Grand Rapids: Zondervan Bible Publishing Co., 1985), 1088.

이 되고 잃었던 토지와 재산을 도로 찾게 된다. 하나님의 백성에게 안식이 선포되는 장면이다. 이스라엘 백성에게 닥친 포로가 되고 재산과 생명을 잃는 이러한 불행은 자기들이 지은 죄의 결과이다. 그러나 하나님께서 은혜를 베푸시므로 그들의 모든 죄를 사하시고 완전한 자유와 해방을 주시기로 약속하셨다. 하나님께서 이스라엘에게 베푸시는 은혜의 날은 참된 안식과 평안이 성취되는 순간이다.

그 은혜의 날을 사도 바울은 고후 6:2에서 지금이라 하여 그것이 그리스도를 통하여 성취되었음을 가르쳤다. 예수께서 안식일에 회당에서 가르치실 때 이사야가 예언한 구원의 날이 주님 자신을 통하여 성취된다고 말씀하셨다.[49] 주님은 이스라엘 백성이 포로에서 귀환하는 것과 희년 선포는 분명히 자신의 메시아 사역을 통하여 성취된다는 것을 밝혔다. 여기서 주님은 구원과 함께 사회적인 문제를 자신의 사역에 연결시켰다. 주께서 하신 사역은 영혼 구원과 함께 현실적 질병과 가난과 억압에서부터 자유도 주셨다. 주님이 자기 백성에게 회개와 용서의 은혜를 주시므로 사탄의 노예에서 해방이 됨과 동시에 참된 안식을 주셨다.

메시아로서 주님의 구원 사역은 인간의 병든 마음을 고쳐 하나님께 돌아오게 하는 한편 인간의 실제적인 불행과 사회적인 고통으로부터 회복시키는 두 측면이 있다. 이 두 측면은 동시적이며 하나이다. 메시아이신 그리스도의 사역을 통하여 사탄의 억압하에서 온갖 종류의 고통을 당하는 자기 백성을 구원하고 해방시킨다는 말씀이다. 주님은 안식일에 고향 회당에서 이사야의 예언을 읽고 그 말씀이 자신을 통하여 성취된다는 사실을 선포하셨다. 이 구원의 날에 성취될 일들이 주님의 구속사역의 절정이다. 이 날에 완전한 하나님의 안식이 하나님의 백성에게 주어진다. 주님은 십자가에서 죽으셨다가 부활하시므로 그 구원을 성취하셨다. 현재 성도들은 주님이 주신 구원의 확신을 가슴에 인고 있다. 그러나 그 구원과 안식의 최종적 완성은 미래적이다. 장차 주님께서 재림하시는 그 순간 완전한 구원의

---

49) Plummer, *The Gospel According to St. Luke*, 121.

날이 도래할 것이며 그날 모든 성도들에게 하나님의 안식이 임할 것이다. 지금 우리는 그리스도 안에서 구원의 안식을 누리고 있으나 완전한 하나님의 안식은 그리스도의 재림과 함께 현실로 나타나게 될 것이다. 그래서 하나님의 구원의 날과 안식은 그리스도 안에서 이미 성취되었으나 최종적인 구원의 완성과 안식은 아직 미래적인 양면성이 있다.

우리는 이 사건에서 주님은 안식일마다 항상 회당에서 예배를 드렸다는 것을 알 수 있다. 주님은 눅 4:16-17에서, 규례대로 회당에 들어가 성경을 읽으시고 그 말씀을 따라 백성에게 가르쳤음을 밝히고 있다. 안식일은 주님이 회당에 들어가 말씀을 읽고 가르치는 것이 정해진 규정이었다. 그 만큼 철저하게 그것을 지키셨다는 뜻이다. 그리고 구원에 관한 말씀을 가르치셨다. 주님이 말씀을 가르칠 때 구약을 읽지 않고 바로 자신의 말로 설교를 하셔도 되지만 구약을 읽고 그 말씀에 따라 설교하셨다. 성경에 계시된 구원에 관한 말씀을 듣고 감사하고 믿음을 확인하는 일을 하는 날이 안식일이다.

6) 바리새인의 집에서 고창 병자를 고치심(눅 14:1-6)

이 사건은 어느 안식일에 예수께서 바리새인의 한 두령의 집에서 병자를 고치신 기록이다. 지금까지 주님이 서기관과 바리새인을 상대로 한 안식일에 관한 논쟁은 대부분 회당에서 이루어졌으나 이번에는 바리새인의 집이라는 점이 특이하다. 아마 예수께서 그들의 초대를 받고 응하신 것으로 여겨진다. 그곳에 고창병자 한 명이 예수께서 앉은 좌석 앞에 있었다. 정황으로 보아 바리새인들이 의도적으로 예수님의 눈에 쉽게 보일 수 있는 자리에 그를 앉게 하여 문제를 일으킨 듯하다. 눅 14:1에서 그들은 주님이 그 병자를 어떻게 하는지 엿보고 있었음을 밝히고 있다. 안식일에 주님이 그 병자를 고치는지 여부를 살펴서 상황을 어렵게 만들려는 지능적인 음모를 꾸미며 예수님이 걸려들도록 유도하였다.[50]

---

50) Geldenhuys, *Commentary on the Gospel of Luke*, 388.

이때 예수께서 먼저 율법사들과 바리새인들에게 공개적인 질문을 하셨다. 주님은 특별히 구약과 유대인의 법 전문가인 율법사에게 질문하셨기 때문에 중요하다. 주님이 눅 14:3에서 "안식일에 병 고쳐 주는 것이 합당하냐 아니하냐"고 질문하셨다. 주님은 제자들이 밀 이삭을 잘라 먹는 사건에서 "안식일에 선을 행하는 것과 악을 행하는 것, 생명을 구하는 것과 멸하는 것, 어느 것이 옳으냐"(눅 6:9)고 그들에게 물으신 일이 있었다. 그때 바리새인들은 주님의 질문에 아무런 답변을 못하였다. 이번에 율법사에게 하신 질문과 그때 바리새인에게 하신 질문은 동일한 내용이다. 예수께서 예루살렘 성전을 정결하게 정화시키신 후 어느 날 성전에서 말씀을 가르치실 때 서기관과 바리새인들이 주님에게 무슨 권능으로, 즉 누구에게 권세를 받아서 그러한 일을 하는지 물었다. 그러자 주님은 눅 20:4에서 "세례 요한의 세례가 하늘로서냐 사람에게서냐"고 질문하셨다. 그들은 하나님의 뜻에 의해 세례를 베푼 세례 요한을 죽였는데 지금은 하나님의 뜻을 따라 구속 사역을 행하고 계신 주님을 죽이려고 음모를 꾸미고 있었다. 주님은 이 모든 것을 아시고 그들의 마음을 꿰뚫어 보는 질문을 하셨다. 그래서 이번에도 율법사들은 주님의 그 질문에 답하지 못하고 잠잠하였다.

그러자 예수께서 그 고창병자를 고쳐서 완쾌시켜 돌려보냈다. 이어서 14:5에서 말씀하시기를 "너희 중에 누가 그 아들이나 소나 우물에 빠졌으면 안식일에라도 곧 끌어내지 않겠느냐"고 질문하셨다. 주님이 이러한 질문을 하시는 것은 실제로 바리새인과 율법사들도 자기들의 소나 가축이 우물에 빠진다면 안식일이라도 끌어내는 노동을 허용하고 있는 그 법을 걸어서 질문하셨다.[51] 우물에 빠진 짐승을 끌어내는 것이 합당하면 질병의 고통에 빠져 있는 사람을 구해 내는 것은 더욱 당연하다는 말씀이다. 고창병에 걸려 고생하던 그 사람도 아브라함의 후손이다. 그 사람은 우물에 빠진 소보다는 훨씬 존귀한 하나님의 형성을 입은 하나님의 자녀이므로 그 날이 비록 안식일이라 할지라도 반드시 치료하여야 한다는 뜻이다. 그런데

---

51) D. A. Carson, "Jesus and the Sabbath in the Four Gospels," 73.

주잇은 주님이 안식일에 고창병을 고치신 것은 긴급을 요하는 병자이기 때문에 치료하셨다고 하였다.[52] 예수께서는 안식일에 예상하지 못한 긴급하고 중요한 일이 발생한다면 그것은 허용하신다. 그럼에도 불구하고 이 사건은 긴급한 환자이기 때문에 고쳐 주신 것이 아니다. 이미 위에서 언급한 것처럼 바리새인의 안식일 규정에도 생명과 관계된 치명적이고도 긴급을 요하는 병은 치료를 허용하고 있다. 자신들의 법에서도 허용이 되는 긴급을 요하는 생명이 위험한 병자를 바리새인들이 자기의 집으로 초대하여 예수님 바로 앞에 앉도록 하였을 이유가 없다. 자신들의 법과 전통에는 금지된 일을 하도록 유도하여 문제를 일으키기 위해 모든 일을 꾸몄다. 주님은 그들의 모든 계획을 아셨지만 안식일에 선을 행하는 것이 옳다는 사실을 가르치기 위해 그 병자를 고치셨다. 즉 주님은 율법사와 바리새인들의 규정을 무시하고 구약 율법의 근본 정신과 원리에 따라 선행을 하시면서 안식일을 지키셨다.

예수님은 비록 서기관과 바리새인들과는 안식일에 관해 많은 논쟁이 있었지만 주님은 안식일을 철저하게 지키셨다. 주님은 구약의 언약과 모세의 법을 지켰다. 바울은 "그리스도께서 하나님의 신실하심을 위하여 할례의 수종자가 되셨고"(롬15:8) 또한 "율법 아래 있는 자들을 속량하기 위하여 율법 아래 나셨다"(갈4:4-5)고 하였다. 그러나 주님은 유대인들의 전통에 따라 안식일을 지키지 않았다. 주님은 안식일을 바리새인의 형식적이고 율법의 정신을 무시하는 방법이 아닌 안식일을 만드신 하나님의 뜻을 따라 지켰다. 주님은 자신이 안식일의 주인으로서 주님의 권위는 안식일의 권위보다 훨씬 높고 크다. 예를 들면 어느 회사를 창업한 사장은 그 회사 경영에 관한 모든 것을 자기 마음대로 결정할 수 있다. 출근 시간을 한 시간 늦추고 당기는 문제, 자신이 출근을 할지 안 할지 그 모든 것은 자신이 알아서 스스로 결정 할 수 있는 문제다. 자기가 마음대로 시간을 정해서 출퇴근한다고 해서 누구도 그에게 회사의 규칙을 어겼다고 항의할 수 없다.

---

52) Paul Jewett, *The Lord's Day*, 40-41.

그리스도께서도 안식일과 그 법을 만드신 창조주 하나님이시기 때문에 어떻게 하시든 그것은 주님의 권한이다. 그러나 주님은 인간이 형식적으로 만든 원리를 따르지 않고 안식일이 만들어진 근본 원리를 따라 지키셨다. 그러므로 그리스도께서 지키신 안식일의 원리는 우리 모든 성도들이 지켜야 할 모범이 된다. 주님은 하나님의 뜻에 따라 그의 일생을 생활하였기 때문이다.

3. 주일에 허용되는 일

제사 계명은 안식일에는 누구든지 아무 일도 못하도록 규정하고 있다. 그래서 그날은 육체적 노동이나 세속적 일은 금지되어 있다. 그러나 주님은 구약의 율법과 안식일의 원래 뜻을 밝히고 또한 그 원리대로 생활하면서 안식일에 예외적인 일들을 허용하셨다. 예수께서 "안식일은 사람을 위하여 있는 것이요 사람이 안식일을 위하여 있는 것이 아니니 이러므로 인자는 안식일에도 주인이니라" 하셨다. 이 말씀은 안식일이 주님의 메시아적 주권 영역에 속하여 있을 뿐 아니라 사람의 영적 유익을 위해 활용해야 함을 나타내는 말씀이다. 예수께서 가르치신 이 교훈은 안식일이 제정된 목적이 하나님의 자비와 사랑을 사람들에게 나타내기 위함이라는 뜻이다. 그리고 안식일이 사람에게 주는 모든 유익은 안식일의 주인 되는 그리스도를 통해서 실현됨을 나타낸다. 하나님께서 사랑으로 사람을 위해 정해 놓은 질서 속에서 생활하도록 하기 위해 안식일을 만드셨다. 그래서 안식일에 예수께서 예외적으로 허용하신 일들은 인간으로서 생활하는데 본능적으로 해야 할 일들과 이웃을 사랑하는 것 그리고 예상치 못하게 발생하는 부득이하고도 긴급한 일 등을 하도록 허용하셨다. 이러한 것들은 주님이 생활 가운데서 친히 모범을 보이면서 이 원리들을 나타내셨다.

안식일이라는 용어는 그날을 하나님께 구별하여 드리는 날이라는 의미가 있다. 모세는 출 20:10에서 "제칠 일은 너의 하나님 여호와의 안식일인즉," 출 35:2에는 "여호와께 특별한 안식일"로 가르쳤다. 그래서 안식일의 안식은 아무 활동도 하지 않는 것이 아니다. 안식일의 안식은 게으름이나 나태가 아니다. 다른 종류의 활동이 안식이다. 평소에 육 일간 생활하던 노동이나 활동으로부터 안식하는 것이다. 평상시에 하던 모든 종류의 일을 중단하고 휴식을 취한다는 점에서 안식이다. 그러나 그날에 평일에 하지 못하였던 특별하고 거룩한 일과 하나님의 뜻을 행하는 일을 해야 한다. 안식일에 허용되는 일들이 어떠한 것들인지 간략하게 살펴보기로 하겠다.

1) 하나님께 드리는 예배

하나님의 피조물인 인간은 매일 창조주를 예배해야 하는 것은 사실이지만, 예배드리는 방법은 다양하다는 사실을 잊어서는 안 된다. 그것은 자녀가 부모를 공경하고 효도해야 하지만 항상 동일한 한 가지 방법만으로 효도할 수 없는 것과 같다. 오직 한 방법으로만 효도를 한다면 그것은 기계적이며 형식주의가 될 위험이 있고, 또한 오히려 그러한 방법은 부모를 식상하게 할 위험도 있다. 예배도 동일한 방법으로만 할 수 없는 것이 이와 같다. 항상 하나의 방법만으로 하나님을 예배한다면, 그 사람은 정신이 바르지 못하거나 형식주의에 빠진 고집쟁이일 것이다. 사람의 인격과 성품에는 다양성이 내포되어 있고, 그 다양성은 삶의 전반에서 골고루 나타난다. 이러한 다양성을 무시하는 사람이나 조직이 있다면 머지않아 그에 상응하는 대가를 치르게 될 것이다.

예배에서 이 다양성이 표현되고 명령된 것이 바로 일 주일 단위로 반복되는 제칠 일을 구별하여 예배드리는 일이다. 우리는 매일 하나님께 예배드려야 하지만 주일에 모든 공동체가 동일한 시간에 한 장소에서 예배드리는 일은 다른 예배와 구별된다. 이것이 하나님의 뜻이며 하나님이 만드신 제도이다.[53] 일주일 단위로 반복되는 제칠 일은 다른 날과 구별되고 다르다. 그러나 어떤 사람은 이러한 날들의 구별을 무시하고 모든 날을 동일하게 생각하려는 사람이 있다. 모든 날들을 항상 동일한 것으로 생각하는

---

53) 존 머레이, 『존 머레이 조직신학 I』, 209.

사람이 경건한 것처럼 보일 수도 있다. 그러나 그것은 경건이 아닌 경건을 빙자한 어두운 불경건의 그림자이다. 하나님께서 그날을 거룩하게 하셨기 때문에 안식일을 다른 날과 구별하여 지키는 것은 필수 불가결하다.

주일에 육체적 정신적 모든 활동을 일체 중단하고 잠자는 것과 같은 시간을 보내라는 뜻은 아니다. 안식일에 아무 일도 하지 말라고 하신 이유는 그날은 평일과는 다른 특별한 일을 하기 위함이었다. 제4장에서 살펴본 것과 같이 그날은 하나님께서 우리를 위해 베풀어 주신 은혜를 생각하면서 하나님께 예배드리기 위해 노동금지 명령을 내리셨다. 하나님의 자녀들이 안식일에 해야 할 일들 가운데 가장 중요한 의무는 우리를 창조하시고 구원하신 하나님을 예배하는 일이다. 레 23:1-3[54]에는 이스라엘 백성들이 안식일에 함께 모여 지킬 것에 대해 가르친다. 이스라엘 백성들이 안식일에 아무 일도 못하게 한 이유는 하나님께 정성을 다하여 온전한 예배를 드리게 하기 위함이었다. 하나님께 예배를 드리는 날이기 때문에 안식일은 거룩한 날이다. 주일에 성도들은 예배를 통해 하나님의 창조의 목적을 기리면서 우리를 구원하신 하나님의 은혜를 감사하면서 찬송해야 한다.

신약에는 구약보다 더 명백하고 분명하게 한자리에 모여서 공적 예배를 드려야 한다는 사실을 가르친다. 히 19:24-25는 "서로 돌아보아 사랑과 선행을 격려하며 모이기를 폐하는 어떤 사람들의 습관과 같이 하지 말고 오직 권하여 그날이 가까움을 볼수록 더욱 그리하자"고 하여 교회의 공적 모임에 열심을 낼 것을 가르친다. 초대 교회에 한자리에 모이기를 싫어하는 사람이 있었던 것 같다. 그들이 한자리에 모여 예배드리기를 싫어하는 이유가 어디에 있는지는 모르지만, 그들은 자신들이 모이지 않음과 함께 다른 사람들도 모이지 못하게 아예 그 모임 자체를 없애버리려 하는 시도가 있었던 것 같다. 그래서 히브리서 저자는 그러한 사람들의 태도가 잘못

---

54) 레 23:1-3 여호와께서 모세에게 일러 가라사대 이스라엘 자손에게 고하여 이르라 너희가 공포하여 성회를 삼을 여호와의 절기는 이러하니라 엿새 동안은 일할 것이요 일곱째 날은 쉴 안식일이니 성회라 너희는 무슨 일이든지 하지 말라 이는 너희 거하는 각처에서 지킬 여호와의 안식일이니라.

되었음을 분명히 한다. 하나님의 은혜로 구원을 받았으니까 반드시 교회에 함께 모일 필요가 없다고 생각하는 사람들이 시대마다 있었다. 그들의 이유는 각각 다를 수 있고, 각자가 개인적으로 하나님으로부터 직접 은혜를 받으면 된다는 생각을 하거나, 아니면 영적인 나태함과 게으름 때문일 수도 있다. 더러는 자신의 영적인 수준을 과대 평가하여 교회에서는 배울 만한 가치 있는 것이 없다고 생각하고, 혹은 교회의 정해진 집회 시간에 참석하므로 경제적 손해나 이웃의 박해 때문일 수도 있다. 그러나 모이기를 폐하는 사람들의 주장은 분명히 성경의 가르침을 떠났으며 따라서 옳지 못하다.

교회는 구원받은 사람의 모임이다. 성경에서는 교회를 그리스도의 몸으로 비유한다. 머리는 그리스도며 성도들은 지체의 각 부분으로 가르친다. 그래서 지체가 몸이나 머리에서 분리되는 것을 상상할 수 없다. 교회는 영적이고 신령한 면이 있지만 사람의 눈으로 느끼고 체험할 수 있는 외적 조직도 있다. 모든 성도는 외적 조직인 땅 위의 지역 교회에 소속이 되어야 한다. 성도는 이 유형 교회의 소속에서 이탈되면 바른 신앙생활이 불가능하게 된다. 교회의 모든 집회와 예배에 참석해야만 신령한 예배를 하나님께 드릴 수 있고 신앙 생활에 반드시 필요한 영적인 지도를 받을 수 있다. 또한 성도의 교제를 통해 서로 사랑을 나누면서 위로를 받게 된다. 무엇보다 공적 모임에 참석하지 않으면 성찬을 통하여 그리스도께서 주시는 신령한 은혜를 받을 수 없다. 성찬은 하나님의 특별한 은혜를 받게 하는 은혜의 수단이기 때문에 중요하다. 또한 교회에 소속이 되어 지도를 받지 않는다면 실수나 잘못을 하였을 때 그것을 교정하고 바르게 인도할 훈계가 없다. 그러므로 바른 신앙생활을 하려면 반드시 교회의 공적인 예배에 항상 참석하여야 한다.

예수님은 구약의 예배를 인정하고 지지하셨다. 예수께서 성전과 회당이나 유대인들의 절기에 함께 참석하셨다는 기록이 복음서에 많이 나타난다(눅 2:21-51; 요 7:14-49). 그러나 주님께서 성전에는 가셨지만 그곳에서 자신이 짐승을 잡아 제사를 드리거나 구약의 희생제사를 지지하였다는 기록은 없다. 그럼에도 불구하고 주님은 성전이나 회당을 하나님께 예배드리는 장소로 인정하셨다. 그래서 눅 4:16[55)]에 의하면 예수님은 안식일에 규칙적으로 회당에 들어가서 유대인들에게 말씀을 가르치셨다. 예수님은 구약의 관례에 의해 유대인들이 안식일마다 회당에 모여 집회하는 것을 인정하셨다. 그리고 주님은 그 모임을 자신이 말씀을 가르치는 기회로 활용하셨다. 눅 4:16-27에는 주께서 안식일에 회당에 들어가 이사야의 글을 읽으시고 그 말씀이 자신의 메시아적 사명에 관한 말씀이라는 것을 가르쳤다.

사도들도 예수님처럼 구약의 성전과 회당에 함께 모여 기도하고 말씀 듣는 제도를 인정하고 말씀 전하는 기회로 활용하였다. 행 3:1에는 베드로와 요한이 제구 시 기도 시간에 성전에 올라가면서 출생 때부터 앉은뱅이를 만나 그를 걷게 한 후 하나님께 영광을 돌린다. 유대인들은 아침, 점심, 저녁 때 하루 세 번씩 시간을 정하여 성전에서 기도하였다. 제자들은 유대인들이 기도 시간에 성전에 모이는 것을 이용하여 복음을 전하였다. 행 3:11-26은 앉은뱅이를 치료한 사건을 계기로 그리스도가 자기들의 조상에게 약속하신 메시아임을 설교하였다. 이러한 사례는 사도행전에 무수히 많다(4:12-13, 19-26). 행 13:15과 27절 말씀에 의하면 안식일에 비시디아의 안디옥에 있는 회당에서 율법서와 선지자들의 글이 정규적으로 읽혀지고 있었는데 이때 사도 바울이 구약 해석자로 부름받은 것이 기록되어 있다. 행 15:21은 로마의 모든 성읍의 회당에서 율법이 매 안식일마다 읽혀지고 있었다고 기록하였다.

사도 바울은 고전 11:17-18[56)]에서 고린도 교회가 정규적인 예배의 공적인 모임이 있었다는 사실을 밝힌다. 바울은 고린도 교회에 분쟁이 있음을 염려하여 그것을 바로 잡기 위하여 이 글을 썼다. 고린도 교회가 정규

---

55) 눅 4:16 예수께서 그 자라나신 곳 나사렛에 이르사 안식일에 자기 규례대로 회당에 들어가사 성경을 읽으려고 서시매 …

56) 고전 11:17-18 내가 명하는 이 일에 너희를 칭찬하지 아니하나니 이는 저희의 모임이 유익이 못되고 도리어 해로움이라 첫째는 너희가 교회에 모일 때에 너희 중에 분쟁이 있다함을 듣고 대강 믿노니 …

공적 예배를 위해 정해진 시간에 항상 모였는데 그 시간에 어떤 사람들이 분쟁을 일으킨 것으로 보아 고린도 교회는 하나님께 드리는 예배를 위하여 정규적으로 공적인 모임이 있었다. 고전 16:1-2[57]에 의하면 초대 교회는 매주 첫날 교회에 함께 모여서 예배드렸다. 갈라디아와 고린도 교회는 매 주일 첫날에 성도들이 교회당에 모여서 공적인 예배를 드렸다. 그러므로 안식일의 중요한 기능은 정해진 시간에 교회에 함께 모여 예배드리는 일이다.

바울은 고전 14:6[58]과 14:26[59]에서 고린도 교회에 예배를 위한 공적인 모임이 있었음을 밝혔을 뿐 아니라 그 예배 시간에 있었던 순서들도 소개하였다. 고린도 교회에서 드리는 예배에는 계시, 찬송시, 가르치는 말씀, 그리고 방언과 방언의 통역이 있었다. 모든 성도들이 각자의 은사대로 성령의 감동을 따라 예배에 참여하였다. 또한 고전 11:17-34에서 예배의 또 다른 필수적 순서로 주님의 성찬이 있었다. 또한 예배에는 기도도 자동적으로 들어가는 순서이다. 신약교회의 예배에도 구약처럼 말씀선포, 찬송, 기도, 성찬이 항상 포함되었다. 그래서 예배에서 반드시 필요한 순서는 기도, 찬양, 말씀, 헌신과 감사를 나타내는 헌금, 성찬 등이다. 이러한 순서가 중심이 되지 않는 예배는 예배라 할 수 없다.

신약교회 예배에 설교의 핵심적 주제는 부활한 그리스도였다. 사도행전에서 사도들이 유대인들에게 외친 복음의 주제는 "너희가 십자가에 못 박아 죽인 그리스도가 다시 살아나 하나님 우편에 앉아 계신다"는 것이다. 바울은 고전 15:3-11에서도 그리스도가 우리의 죄를 위하여 죽으시고 장

---

57) 고전 16:1-2 성도를 위하는 연보에 대하여는 내가 갈라디아 교회에 명한 것 같이 너희도 그렇게 하라 매주일 첫날에 너희 각 사람이 이를 얻은 대로 저축하여 두어서 내가 갈 때에 연보를 하지 않게 하라.
58) 고전 14:6 그런즉 형제들아 내가 너희에게 나아가서 방언을 말하고 계시나 지식이나 예언이나 가르치는 것이나 말하지 아니하면 너희에게 무엇이 유익하리요.
59) 고전 14:26 그런즉 형제들아 어찌할꼬 너희가 모일 때에 각각 찬송시도 있으며 가르치는 말씀도 있으며 방언도 있으며 통역함도 있나니 모든 것을 덕을 세우기 위하여 하라.

사 지낸 바 되었다가 성경대로 사흘만에 다시살아 나사 게바와 열두 사도와 오백여 형제에게 일시에 보이셨다고 설교하였다. 이 설교는 초대 교회의 신앙 고백 내용이다. 사도들은 예수님이 부활하신 후에는 항상 부활만 강조하였다. 부활을 설교하였을 때 회개 운동이 일어났고, 교회가 부흥하였다. 그 이유는 우리의 구원은 그리스도의 부활이 완성시켰기 때문이다. 교회를 위하여 아무리 헌신과 충성을 하여도 그리스도의 부활을 믿지 않는다면 그 사람은 하나님과 아무런 관련이 없는 사람이다.

그리고 사도 바울은 예배에서 질서를 강조하였다. 고전 14:40에서 "모든 것을 적당하게 하고 질서대로 하라"고 하였다. 신약교회는 모든 성도가 받은 은사대로 다양하게 봉사할 수 있다. 개인이 받은 은사를 질서와 순리대로 사용하지 않으면 교회는 질서를 잃고 혼란에 빠져버린다. 그래서 고전 14:23에서 "그러므로 온 교회가 함께 모여 다 방언으로 말하면 무식한 자들이나 믿지 아니한 자들이 들어와서 너희를 미쳤다 하지 아니하겠느냐"고 하였다. 바울은 그들에게 방언을 중단하라는 말을 하지는 않았다. 그러나 방언을 시간과 장소와 환경에 맞게 하라고 권고하였다. 성찬에도 질서가 중요하다고 하였다. 바울은 고전 11:20-21[60]에서 고린도 교회가 주님의 성찬예식을 분별없게 하여 교회가 질서를 잃었다고 책망하였다. 교회에서 가장 중요하고 거룩하게 생각하고 행해야 할 성찬예식을 질서를 무시하고 하므로 교회가 혼란스럽다는 것을 지적하였다. 그러므로 하나님께 예배 드릴 때 형편과 상황에 맞게 질서를 지키는 것이 중요하다. 찬양, 기도, 말씀선포, 성찬 모두가 중요하고 예배의 필수적인 요소이다. 그러나 그러한 것들이 아무리 중요하여도 많은 사람들이 동일한 장소에서 정해진 일정한 시간 내에 모든 것을 하려면 적당한 안배와 질서가 중요하다. 개인이 혼자서 예배를 드린다면 공적인 예배처럼 순서와 질서에 대해 관심을 둘 필요기 없다. 공적인 예배는 모든 사람에게 예고된 약속이기 때문에 순

---

60) 고전 11:20-21 그런즉 너희가 함께 모여서 주의 만찬을 먹을 수 없으니 이는 먹을 때에 각각 자기의 만찬을 먼저 갖다 먹으므로 어떤 이는 시장하고 어떤 이는 취함이라.

서와 질서가 중요하며 무엇을 하든지 상황에 맞는 일을 하도록 하는 것이 중요하다.

주일은 공적인 예배만 요구하는 것이 아니고 개인적인 사적 예배도 요구된다. 주일에 예배드린 후 우리는 각자의 가정으로 흩어진다. 자기 가정에 돌아가서는 그날 배운 말씀을 묵상하면서 받은 은혜를 가족들끼리 서로 나누는 것은 좋은 일이다. 즉 주일은 모든 시간을 공적, 사적 예배에 사용하는 것이 옳은 일이다. 이렇게 반복적으로 주일을 지킨다면 신앙이 향상될 것이다. 뿐만 아니라 주일에는 개인적으로 말씀을 읽고 묵상하는 것도 중요한 일이다. 그러면서 하나님의 뜻과 사랑을 체험하게 된다.

비록 안식일에 아무 일도 못하도록 규정하고 있지만 예배는 모든 일들 가운데 최우선하는 중요한 일이기 때문에 당연히 허용된다. 요리문답 제1문에서 "사람의 제일 되는 목적은 하나님을 영화롭게 하고 하나님으로 말미암아 영원토록 즐거워하는 것이라"고 정의하였다. 하나님을 영화롭게 하고 즐거워하도록 하는데는 예배가 제일 우선이다. 하나님은 인간의 예배를 통해 영광 받으시기를 원하신다. 안식일에 아무 일도 하지 않게 하신 이유는 하나님께 바른 예배를 드리도록 하기 위함이다. 그러므로 안식일에 반드시 해야 할 가장 중요한 일은 모든 세속적인 일과 오락을 중단하고 예배드리는 일에 최선을 다 해야 한다.

2) 이웃에게 자비를 베푸는 일

안식일에는 하나님께 예배를 드려야 하지만 또한 인간을 향한 사랑도 나타내야 한다. 그것은 구제나 자선사업이다. 하나님께서는 이스라엘 백성에게 안식일 계명에서 "네가 애굽 땅에서 종이 되었더니 너의 하나님 여호와가 강한 손과 편 팔로 인도하여 내었으므로 안식일을 지켜라"(신 5:15)고 하셨다. 이 말씀은 이스라엘 백성들은 과거에 자신들이 애굽에서 노예로 비참한 처지에 있었던 일을 기억하고 그와 같이 어려운 형편에 처해 있는 사람에게 자비를 나타내라는 뜻이다. 칼빈은 "성도들이 기도하는 일과 이웃을 사랑하는 구제사업을 분리할 수 없으며 하나님께 예배드리는

일과 이웃의 필요를 위해 사랑의 봉사를 나누지 못한다"고 하였다.[61] 그
이유는 예수께서 율법과 선지자의 대강령이 하나님을 예배하는 일과 이웃
을 내 몸과 같이 사랑하는 일이라고 규정하셨기 때문이다. 즉 십계명의 첫
번째 네 개의 계명에서 가르치는 하나님을 사랑하는 일과 나머지 여섯 개
의 계명이 핵심적으로 가르치는 이웃을 사랑하는 일은 분리할 수 없기 때
문이다. 하나님을 사랑하면서 예배를 드리는 사람은 반드시 이웃의 불행을
돌보고 보살펴야 한다. 하나님을 사랑하는 예배와 이웃을 사랑하는 일 모
두 안식일에 해야 할 의무이다.

하나님께서는, 레 25:1-55에 의하면 이 안식을 기념하여 안식년과 희년
까지도 기념하도록 하셨다. 이 안식년에는 땅도 안식하여 쉬도록 하고 농
사를 짓지 않게 하셨다. 이스라엘 백성은 육 년 동안 땅에 씨를 뿌리고 추
수하여 소산을 많이 거두도록 노력해야 하지만 안식년에는 땅에 씨를 뿌
리거나 추수하는 것이 금지되었다. 특히 레 25:6-7[62]은 안식년에 가난한
자를 돌보고 구제할 것을 가르치고 있다. 안식년에 농사를 짓지 않고 땅이
휴식을 취하게 되어도 땅은 지난해 추수 때 떨어졌던 곡식열매들이 자연
히 발아하여 성장하게 된다. 사람이 농사를 짓지 않기 때문에 거름을 주거
나 김을 매지 않아서 곡식의 양과 질은 우수하지 못할 수도 있으나 농사
를 짓지 않는 땅에서 자연적으로 성장하는 열매도 꽤 많은 추수를 할 수
있다. 안식년에는 포도나무도 가지를 치거나 거름을 주지 말고 그 땅과 포
도나무가 일년 동안 쉬도록 하였다. 비록 사람이 포도나무를 관리하지 않
아 우수한 상품적 가치는 없지만 상당한 포도열매를 얻을 수 있다.

주인은 농사를 짓지 않아 안식년 동안 그 땅이 쉬지만 자연발생적으로
생산되는 곡식과 포도 열매 등의 모든 농작물의 소산은 불쌍한 사람에게
주라고 하셨다. 자기의 수하에 있는 남녀 종들과 가난한 사람과 품꾼들과

---

61) Benjamin W. Farley, *John Calvin's Sermons on the Ten Commandment*,
208.
62) 레 25:6-7 안식년의 소출은 너희의 먹을 것이니 너와 네 남종과 네 여종과
네 품꾼과 너와 함께 거하는 객과 네 육축과 네 땅에 있는 짐승들이 다 그 소산으
로 식물을 삼을지니라.

객들의 양식이 되게 하라고 하셨다. 안식년의 이러한 소출은 개인의 소유가 되어 저장하지 못하도록 하셨다. 이때의 모든 농작물은 공동 소유가 되어 가난하고 불쌍한 사람에게 주어졌다. 이러한 제도는 안식년을 통하여 가난하고 불쌍한 사람을 돌보시려는 하나님의 뜻을 나타내고 있다. 하나님께서는 안식일 제도를 통하여 이스라엘 땅에 거하는 모든 가난한 이웃에게 자비와 동정을 나타내도록 하셨다. 땅마다 안식을 당하는 연도는 다를 것이다. 그러므로 가난하고 생활 형편이 어려운 사람들은 매년 굶주리지 않고 안식년을 당하는 땅에서 얻어지는 농산물로서 최소한의 생활이 가능할 것이다. 그래서 안식일에는 이웃 형제의 어렵고 불쌍한 형편과 처지를 살펴서 돌아보고 사랑을 나누어야 한다.

예수께서 공생애 동안 안식일마다 불쌍하고 어려운 사람을 돌보시므로 율법의 진정한 의미를 나타내셨다. 주께서 어려운 처지에 있는 병자들을 고치고 말씀으로 가르치는 사역들을 통하여 그들을 도우신 근거는 요 5:17에 "아버지께서 이제까지 일하시니 나도 일한다"는 말씀으로 잘 나타나고 있다. 하나님은 천지창조 사역은 중단하셨지만 그 사역이 끝난 후 계속하여 지금까지 일을 하고 계신다. 하나님께서는 지금까지 안식일에도 인간의 필요를 채워 주시고 연약하고 불쌍한 죄인들을 구원하기 위하여 구속사역을 하고 계신다. 예수님은 하나님과 동일하신 영광과 능력을 소유하셨기 때문에 하나님께서 하시는 일을 하셨다. 이미 위에서 살펴본 바와 같이 그리스도께서는 불쌍하고 병든 사람을 고치는 것은 선한 일이기 때문에 안식일에라도 허용이 될 뿐만 아니라 오히려 안식일에 모든 성도가 행해야 할 의무로 가르쳤다. 그러나 오늘 우리 교회는 안식일에 선행을 행해야 한다는 사실을 바로 이해하지 못한다. 바른 예배와 함께 불쌍한 이웃의 필요를 돌보는 일도 안식일에 행해야 할 중요한 의무 가운데 하나임을 잊어서는 안 된다. 그래서 대요리문답은 "자선사업에 쓰는 것을 제외하고는 전적으로 공사간 예배하는 일에 기쁨으로 삼을 것이다"[63]고 하였다. 신앙

---

63) 대요리문답 제117번

고백서는 안식일에 이웃의 어렵고 가난한 사람을 도울 것을 강조하고 있다.

3) 부득이한 일

안식일에는 아무 일도 하지 말고 오직 예배에 전념할 것을 가르친다. 그러나 인생이 그렇게 단순하고 간단하지가 않기 때문에 예상하지 못하였던 일들이 발생하는 경우가 많다. 예측 불허한 일들이 일어나는 가운데 어떤 것들은 부득이하게 긴급한 처리를 요구하는 경우가 있다. 안식일에 이러한 일이 발생하였을 때는 예외적으로 허용하고 있다. 이미 언급한 것처럼 사람과 양이나 소가 웅덩이에 빠졌을 경우 안식일임에도 불구하고 빨리 끌어내어 구해야 한다(마 12:11-12). 그리고 마구간의 소나 나귀의 고삐를 풀어 밖으로 끌어내어 물을 먹여야 한다(눅 13:15). 이러한 일들은 예수님과 바리새인들도 의견의 일치를 보이면서 동의하고 있다.

예를 들면 안식일에 기독교인이 물에 빠진다든지 예기치 못한 재난을 만나면 우선 자신이 먼저 그 재난에서 빠져 나오기 위해 노력해야 한다. 자신의 생명을 살리기 위해 노력하고 애쓰는 것은 너무나 당연하고 인간의 본능적인 반응이다. 이러한 경우 자신의 생명을 살리기 위해 하는 일을 두고 누구도 안식일을 범했다고 할 수 없다. 이와 마찬가지로 안식일에 의사가 예기치 못한 사고로 인해 죽어 가는 사람을 보고도 안식일이라는 이유로 치료를 거부하는 것은 안식일의 근본적인 정신을 잃어버린 사람이다.

의사가 안식일에 그러한 사람을 찾기 위해 돌아다닌다면 의료행위로 전락할 위험이 있다. 그러나 우연하게 그러한 사람을 만났다면 그날 예배에 참석하지 못하는 일이 있다 할지라도 그 사람의 생명을 구하기 위하여 치료해야 한다. 안식일에 예배드리기 위해 교회에 가는 도중 물에 빠져 허우적거리면서 죽어 가는 사람을 만난다면 그날 예배에 지각한다 할지라도 먼저 그 사람을 구하기 위해 최선의 노력을 해야 한다. 안식일이라 하여 화재나 재난을 당하여 고통 당한 이웃을 도와주지 않고 예배에만 몰두한다면 안식일을 바르게 지킨 것이 아니다. 긴급한 상황에 빠져 어려운 일을 당한 사람을 도와준 후 예배는 늦게 드려도 가능하다. 하나님은 모든 사람의 마음을 보시기 때문에 이러한 상황에서 너무 규칙과 원칙에만 얽매일 필요는 없다. 부득이하고도 긴급한 상황이 발생한다면 그것은 마땅히 예외적으로 허용된다. 그래서 대요리문답서는 "부득이한 일은 허용하고 있다."[64] 그러나 부득이한 일이 무엇인지 그 판단은 지혜롭고 현명하게 해야 한다. 부득이한 일의 범위를 너무 넓혀서 안식일을 함부로 범하는 일은 자제해야 한다. 그와 동시에 또한 너무 좁혀서 사람이 고통 당하도록 하거나 생명의 위협을 느끼게 해서는 안 된다. 항상 그때그때 상황을 잘 판단하면서 안식일을 지켜야 한다.

대요리문답에서 이에 대한 정의를 잘 내렸다.[65] 웨스트민스터 신앙고백서는 성도가 주일에는 세상적이고 육체적인 쾌락과 오락을 중단하라고 한다. 그러한 일에 빠지면 하나님을 찾거나 영적인 일을 생각할 수 없기 때문이다. 또한 평소 다른 날에는 가능한 일이라 할지라도 주일에는 금지한다. 일상적인 사업과 생각에 집착된다면 바른 예배가 어렵게 될 것이다. 그 날은 종일 하나님의 뜻을 찾는 일에 집착하라는 의미다. 그러나 부득이하게 긴급을 요구하는 일은 하라고 하였다. 또한 자선사업과 같이 불쌍한 사람을 구제하고 돌보는 일도 의무적으로 행하라고 권고한다.

안식일을 유용하게 지키려면 소극적으로는 세상적인 모든 일과 오락을 중단하면서 죄와 관련된 생각까지도 버려야 한다. 적극적으로는 안식일에 공적인 예배와 개인적인 말씀을 묵상하면서 하나님의 은혜를 감사해야 한다. 이러한 예배와 묵상을 위하여 가정의 모든 식구들과 수하에 있는 사람

---

64) 대요리문답 제117번
65) 대요리문답 제117문) 안식일 혹은 주일을 어떻게 거룩하게 지킬 수 있는가?
답) 안식일 혹은 주일을 거룩하게 함은 온종일 거룩하게 쉼으로 할 것이다. 죄악된 일을 그칠 뿐 아니라 다른 날에 합당한 세상일이나 오락까지 그만두어야 하되 부득이한 일과 자선사업에 쓰는 것을 제외하고는 시간을 전적으로 공사간에 예배하는 일에 드리는 것을 기쁨으로 삼을 것이다. 그 목적을 위하여 우리 마음을 준비할 것이며 세상일을 미리 부지런히 절제있게 조절하고 적절히 처리하여 주일의 의무에 더 자유로이 또는 적당히 행할 수 있어야 할 것이다.

들도 모든 종류의 노동이나 오락과 죄가 되는 생각까지 버려야 한다. 또한 이웃의 불행을 위로하고 돌보면서 구제하는 일을 안식일에 의무적으로 해야 한다. 하나님의 말씀을 묵상하고 죄가 되는 행위와 생각까지 억제하면서 이웃의 불행을 도와주는 일은 안식일 하루에만 제한된 것은 아니다. 우리가 이 세상에서 생활하는 동안 항상 그렇게 해야 하지만 하나님은 최소한 안식일 하루만이라도 그것을 요구하셨다.

제9장

토요일에서 주일로

안식일은 하나님께서 인간의 유익을 위하여 천지를 창조하실 때 창조 규범으로 만들었으며 인류의 시조 아담도 타락 전에는 하나님의 안식에 동참하였다. 하나님의 형상을 따라 지음 받은 아담이 타락하기 전에는 하나님의 뜻을 이해할 수 있었기 때문에 안식일에 관해서 결혼이나 노동명령처럼 명문화된 말씀을 주시지는 않았다. 하나님께서는 창조사역을 완성하신 후 친히 안식하심으로 인간에게 하나님의 안식에 동참할 것을 명령하셨다. 하나님은 아담과 그의 후손들이 영원한 하나님의 안식에 들어오게 하기 위하여 그들을 자신의 형상과 모양대로 창조하셨다. 그러나 사탄의 유혹에 빠진 아담이 에덴 동산에서 하나님과 맺은 언약을 배신한 단 한 번의 그 죄가 자신과 그의 모든 후손들에게 주어진 안식을 송두리째 무효화시켰다. 그 죄의 결과 공의로우신 하나님의 뜻에 의해 각종 고통과 시련, 질병과 영원한 죽음이 형벌로 내려졌다.

하나님은 타락한 아담과 그 후손들에게 그리스도를 통해서 영원한 안식을 주기로 하셨다. 그래서 구약에는 그리스도가 오실 것과 그의 사역을 예시하는 그림자적 모형들이 수없이 나타났다. 메시아에 대해 이스라엘 백성에게 가르쳤던 여러 종류의 모형과 그림자들은 하나님의 안식을 느끼고 바라보게 하는 수단으로 사용되었다. 아브라함과 모세에게 가르친 할례와 제사 그리고 각종 의식들은 이스라엘 백성들이 하나님께서 그들과 함께 하신다는 언약의 증표이며 은혜의 방편이었다. 아브라함의 자손들은 하나님께서 그들에게 주신 각종 의식과 규례를 지킴으로 인해 하나님의 은혜를 체험하면서 미래의 영원한 하나님의 안식을 바라볼 수 있게 되었다. 하나님은 구약에서 가르치는 여러 종류의 의식을 통해 이스라엘 백성이 하나님의 안식의 원리와 그곳에 들어갈 수 있는 방법들을 모형과 예시로 보여 주셨다. 그러한 종교의식들은 그들에게 영원한 하나님의 도성에서 안식할 수 있는 믿음과 소망을 제시한다는 점에서 중요한 역할을 하였다.

이미 앞에서 연구한 것처럼 타락한 인간에게 주어지는 안식은 오직 그리스도의 사역을 통해서만 가능하다. 그리스도를 떠나서는 안식의 가능성은 전혀 없다는 것이 성경의 일관된 가르침이다. 하나님은 구약 이스라엘 백성들에게 그리스도의 사역에 관해 대부분 직접적으로 가르치기보다는 예표와 그림자적 모형들을 통해 교육하셨다. 그 대표적인 사례가 할례와 제사와 같은 의식이다. 하나님께서 아브라함과 모세와 선지자들에게 말씀으로 그 원리와 뜻을 계시해 주셨고 그들은 백성들에게 그것을 가르쳤다. 그리고 백성들은 하나님의 명령을 따라 그 의식들을 순종하여 지켰다. 이스라엘 백성들은 하나님께서 마련하신 영원한 안식을 사모하면서 그러한 의식들을 행하여야 했다. 아브라함의 자손들이 열심히 지킨 모든 종교의식들이 지향하는 최종 목표는 그리스도를 통한 영원한 안식이기 때문이다. 그들은 구약성경에 기록된 의식들을 행하여야 하나님의 안식에 들어가는 것으로 믿었다.

구약에서 예표적으로 가르치던 언약의 그림자와 증표는 그리스도가 오심으로 인하여 폐지되거나 변경된 것들도 있다. 이제는 주인공이 직접 나타났기 때문에 과거에 그 주인공을 설명하기 위하여 사용되었던 보조적 수단과 같은 모형이나 그림자가 더 이상 필요하지 않게 되었다. 그리스도는 말씀으로 가르치고 이적과 기사로 능력을 나타내시면서 직접 자신의 뜻을 백성들에게 전달하셨다. 그리스도의 십자가 죽음과 대속의 은혜를 가르치는 짐승을 잡아죽이는 제사제도는 더 이상 반복될 필요가 없다. 구약 시대는 그러한 제사가 그리스도의 죽음을 예표하였는데, 이제는 그리스도께서 실제로 십자가에서 죽으심으로 구원을 단번에 완성하셨기 때문이다.

그래서 그리스도께서 죽으실 때 성전의 휘장이 찢어졌다.

뿐만 아니라 언약의 증표가 변경되기도 하였다. 예수 그리스도의 대속의 죽음을 모형과 예표로 나타내었던 유월절 어린양의 희생제사를 신약교회는 성찬으로 변경하여 지키게 되었다. 이스라엘 백성들이 애굽에서 해방되어 출발하던 전날 밤 애굽의 모든 처음 출생한 사람과 짐승들은 하나님의 심판을 받아 죽임을 당하였으나, 그들은 양의 피를 문설주에 바름으로 인하여 장자의 죽음을 면하게 되었다. 그날 밤에 이스라엘 백성들의 목숨을 대신하여 죽은 양들은 예수 그리스도의 죽음을 예표하였다. 하나님께서는 모든 이스라엘 백성에게 이 예식을 지켜 기념하라고 하셨다. 이것은 앞으로 인류를 위해 그리스도께서 십자가에서 피 흘려 죽으심으로 모든 인류의 생명을 구원하실 사건의 모형이다. 그러나 이제는 그리스도께서 직접 십자가에서 그의 백성들의 죄를 사하시고 구원을 완성하셨기 때문에 십자가의 죽음을 그림자로 가르치는 유월절 의식을 반복할 필요가 없게 되었다. 예수께서는 잡히시기 전날 밤 제자들에게 친히 성만찬을 베풀어 떡과 잔을 주시면서 언약의 표로서 성찬을 행하라고 명령하셨다. 그리하여 구약에서의 유월절이 신약에서는 성찬예식으로 변경되었다.

또한, 불결한 죄악 된 부분을 잘라내고 정결케 하므로 하나님의 백성이 되었다는 언약의 표시인 할례가 세례로 바뀌었다. 할례를 받지 않은 사람은 그 백성에서 잘라지게 되어 있었다. 하나님의 백성이라는 표를 자신의 신체의 한 부분에 행하는 것이 할례이다. 이것이 그리스도가 오심으로 언약의 증표인 세례로 변하였다. 세례는 그리스도의 보혈로 성도들의 모든 죄를 깨끗이 씻어내어 그리스도와 연합하였다는 외적인 표현이다. 눈으로 확인할 수 없지만 마음에 성령을 받았다는 외적인 표현이 세례이다. 아브라함의 자손들에게 언약의 표가 되었던 할례가 그리스도가 오셔서 구원을 완성하심으로 세례로 변경되었다.

언약이 구약에서 신약으로 바뀜에 따라 하나님께서는 언약의 표로 주셨던 안식일을 지키는 원리와 방법도 부분적으로 바꾸셨다. 구약의 안식일 가운데 상징과 그림자적 의미를 내포하고 있던 부분들이 신약에서는 사라지거나 다른 형태로 변경되었다. 모세 율법에서는 안식일을 아주 엄격하고도 철저하게 지킬 것을 요구하여, 그 법을 위반하였을 때는 즉각적인 사형을 요구하기도 하였다. 그러나 신약시대에는 안식일법에 대해서 이러한 엄격하고 무서운 성격은 사라졌다. 또한 구약 유대인들은 토요일을 안식일로 지키면서 그날에는 아무 일도 하지 않고 영적인 일에 전념하였다. 그러던 것을 신약시대에는 주일로 변경하여 지키고 있다. 하나님께 공적인 예배를 드리면서 안식일로 지키는 날짜가 토요일이 성경적인가, 아니면 주일인가 하는 문제는 지금까지 많은 논쟁을 불러일으키고 있다. 우리는 안식일이 주일로 변경된 것이 성경의 가르침이며, 과연 하나님의 뜻인가 하는 문제를 이번 장에서 취급하게 될 것이다. 안식일이 토요일에서 주일로 변경된 것이 하나님의 뜻이라면 지상의 모든 교회는 오직 그날만 안식일로 지켜야 할 것이다. 그러나 교회나 어느 종교회의 혹은 개인의 권위에 의해 날짜가 변경되었다면, 교파나 교회 혹은 개인의 결정에 따라 원하는 대로 어느 날이든지 안식일로 지킬 수 있을 것이다.

1. 날이 변경된 이유

성경은 안식일의 근거와 시작을 하나님 자신이 그날에 안식하셨다는 사실에서 찾는다. 따라서 모든 사람에게 안식일을 지켜야 할 당위성과 구속력이 있다고 믿는다. 하나님은 엿새 동안 천지를 창조하시고, 일곱째 날에 그가 하시던 모든 일을 마치셨다. 그는 그날에 창조하시던 모든 사역으로부터 안식하셨다(창 2:2-3). 하나님께서 안식하신 것은 인간들이 지켜야 할 안식일의 근거가 된다. 제사 계명은 하나님께서 안식하신 그 안식에 근거하여 모든 사람에게 그날을 거룩하게 지키라고 명령하고 있다. 하나님은 출 20:11에서 "세길 일은 너의 하나님 여호와의 안식일인즉 아무도 일하지 말라 이는 엿새 동안에 나 여호와가 하늘과 땅과 바다와 그 가운데 모든 것을 만들고 제칠 일에 쉬었음이라 그러므로 나 여호와가 안식일을 복되게 하여 그날을 거룩하게 하였느니라" 하셨다. 안식일에 아무 일도 하지 말아야 할 유일한 이유가 하나님께서 제칠 일에 쉬셨기 때문이라고 제사 계명은 밝히고 있다. 이것이 안식일의 창조 규범이며, 이 계명에 의해 모든 인류는 그날을 거룩하게 지키면서 안식해야 할 의무가 있다. 출애굽기에서 가르치는 제사 계명은 모든 사람이 창조 규범에 따라 안식일을 지킬 것을 강조한다.

그러나 신명기에서 가르치는 안식일 계명(신 5:12-15)은 안식일을 지켜야 할 근거와 이유를 설명할 때 창조시 하나님의 안식을 언급하지 않는다는데 주목할 필요가 있다. 신명기에서는 이스라엘 백성이 안식일을 지켜야 할 이유를 그들의 해방과 자유에 두고 있다. 하나님은 신 5:15에서 "너는 애굽에서 종 되었을 때 여호와 너의 하나님 여호와가 강한 손과 편 팔로써 너를 구원하여 낸 것을 기억하라. 그러므로 여호와 너의 하나님이 안식일을 지키라고 너에게 명하셨느니라" 하셨다. 이 말씀이 출애굽기 20장에서 안식일이 창조 규범이 된다고 가르친 제사 계명의 뜻을 약화키거나 변경시키지는 않는다.[1) 그 이유는 십계명의 서문이 되는 출 20:2과 신 5:6에서 하나님께서 "나는 너를 애굽 땅 종 되었던 집에서 인도하여 낸 너의 하나님 여호와로라"고 하셨기 때문이다. 안식일을 지켜야 할 이유와 근거는 이스라엘 백성이 애굽에서 비참하게 종노릇하던 것에서 해방되어 자유를 찾은 것을 기념하는 데에 있다. 출 20:2과 신 5:6은 상호 보완적이며 보충적이다. 따라서 창조 규범과 구속기념이 동시에 안식일을 지켜야 할 근본적 이유가 된다. 이 말씀은 안식일을 지켜야 할 이유가 하나님의 창조 뿐 아니라 구원과도 관계되고 있음을 밝힌다.

안식일 계명을 지켜야 할 두 가지 이유는 하나님의 창조사역과 이스라엘의 구원이다. 이 두 사건은 중요성에서 동일하다. 창조는 하나님의 백성이 처음 존재할 수 있도록 역사의 시작을 있게 한 위대한 사건이므로 그 중요성은 말로 다 표현할 수 없다. 애굽으로부터의 해방과 자유의 쟁취는 바로 구원이며 구속이다. 홍해를 건너고 난 후 출 15:13에서 모세는 하나

---

1) 존 머레이, 『존 머레이 조직신학 I』, 221.

님을 찬양하는 노래를 부르면서 "주께서 그 구속하신 백성을 은혜로 인도하시되 주의 힘으로 그들을 주의 성결한 처소에 들어가게 하시나이다" 하였다. 모세는 이스라엘의 출애굽 사건을 구속으로 정의하였다. 그는 백성들의 애굽으로부터의 구속은 그들 스스로의 노력의 결과가 아닌 "주께서 은혜로 인도하셨기 때문"이라 하였다. 은혜로 인도하셨다는 말은 그의 백성을 향하신 변함없는 하나님의 사랑을 뜻한다. 이스라엘을 향한 영원불변하신 하나님의 사랑이 그들의 해방과 구원의 근원이다.

또한 애굽을 탈출하여 해방과 자유를 얻은 이스라엘 백성들이 가야 할 최종 목적지는 "주의 성결한 처소"라 하였다. 성결한 처소는 하나님께 예배 드릴 장소를 뜻한다. 이곳은 하나님께서 자기 백성을 위하여 친히 선택하여 선물로 주신 곳이다. 예레미야는 렘 7:12에서 그곳은 여호와의 이름을 둘 실로 즉 시온에 세워질 성전을 뜻한다고 가르친다. 성결한 처소는 주의 손으로 세우신 성소와 같은 뜻으로 약속의 땅 가나안을 뜻한다. 하나님께서 약속의 땅 가나안에 그의 백성을 인도하여 성전을 세우며, 그곳에 여호와의 이름을 두며, 자기 백성과 교통을 하면서 안식을 주시겠다는 말씀이다. 하나님께서 이스라엘 백성을 애굽에서 구원하여 약속의 땅 가나안으로 인도하여 하나님께 예배드리면서 안식을 누리게 한 것이 안식일 계명을 지켜야 할 이유가 된다. 신명기에 나타난 안식일 계명은 애굽의 비참하고 가혹한 종살이에서 구속한 사건에서 그 백성들에게 안식일을 지켜야 한다는 근거를 끌어내고 있다. 안식일이 구속적 의미를 내포하고 있다는 사실은 중요하다. 하나님의 창조사역이 이스라엘에게 중요한 의미를 부여하고 있지만 출애굽 또한 그것에 전혀 뒤지지 않는다.

출애굽 사건은 구약성경에 나타난 가장 위대한 구원 사건이다. 하나님의 선택받은 이스라엘 백성이 애굽에서 억압받으면서 생활할 때 그들은 하나님을 잊고 생활한 느낌이 있었지만 하나님은 그들을 사랑하셨다. 하나님은 후손과 땅을 주시겠다는 아브라함과 맺은 언약을 성취시키기 위하여 모세를 사용하셨다. 자기 백성을 바로의 억압에서 구출하여 구원을 주신 분이 바로 하나님이라는 사실은 열 가지 재앙과 홍해를 건너는 사건을 통해서

볼 수 있다. 하나님은 재앙을 내리는 과정에서 이스라엘과 애굽 사람들을 분명하게 구분하셨다. 애굽 사람들의 땅에는 흑암이 덮였으나 이스라엘 백성이 생활하는 땅에는 광명이 있었다. 마지막 재앙에서 애굽의 모든 처음 난 것들은 죽임을 당하였다. 이 사건 후 바로는 이스라엘 백성을 보내기로 마음을 바꾸었다. 출애굽의 구원은 이스라엘이 하나님의 백성이라는 자기 정체성을 확립하는데 결정적 영향을 끼친 사건이다.

애굽의 압박에서 이스라엘을 구원하신 하나님은 신 5:15에서 "너는 기억하라 네가 애굽 땅에서 종이 되었더니 너의 하나님 여호와가 강한 손과 편 팔로 너를 거기서 인도하여 내었나니 그러므로 너의 하나님 여호와가 너를 명하여 안식일을 지키라 하느니라"고 하셨다. 이미 받은 구원의 은혜를 생생히 기억함으로 하나님께 감사한 생활을 하게 하기 위함이다. 앤드리슨(Niels-Erik Andreasen)은 강조하기를 신 5:15의 '기억절'의 목적은 노예 상태에서 구원받은 자신들의 역사를 기억하는 모든 이스라엘 자손들로 하여금 안식일을 지킬 자유가 없는 사람들에게까지 그 같은 안식을 확대시키도록 강력한 동기를 부여하는데 있다고 하였다.[2] 즉 매 안식일마다 이스라엘의 모든 가장은 출애굽 당시에 하나님으로부터 받은 자유를 인권이 없는 노동자와 하층에 속한 사람에게 마련해 주라는 명령을 받고 있다. 이 자유와 해방이 그리스도의 사역을 통하여 성취되었다. 예수는 나사렛에서 행한 첫 설교에서 사 61:1-2과 58:6을 읽고 강론하셨다. 그는 "주의 성령이 내게 임하셨으니 이는 가난한 자에게 복음을 전하게 하시려고 내게 기름을 부으시고 나를 보내사 포로된 자에게 자유를 눈먼 자에게 다시 보게 함을 전파하며 눌린자를 자유케 하고 주의 은혜의 해를 전파하게 하려 하심이라"(눅 4:18)고 하였다. 이사야는 이 말씀에서 하나님의 종에게 기대하는 것은 속박으로부터의 해방임을 안식년의 표현을 빌어 묘사하였다. 그리스도께서는 자신을 통해 안식년의 희망을 메시아의 기대의 실현으로 제시하셨다.

---

2) Niels-Erik Andreasen, *The Old Testament Sabbath*(SBL Dissertation Series, 1972), 52.

이처럼 출애굽은 구약과 신약에서 계속하여 사용되는 구원의 패러다임 이다. 이 점은 선지자들이 바벨론으로부터의 해방을 설명할 때 분명하게 나타난다. 선지자들은 바벨론 포로를 제2의 애굽에서의 노예 생활로 보았다. 선지자들은 바벨론 포로에서 귀환하는 과정에 이스라엘 백성들이 광야를 지나 약속의 가나안 땅으로 들어갈 것을 예언하였다(사 35:5-10; 43:14-21). 무엇보다 출애굽 사건을 신약에서는 그리스도의 구속 사역의 모형으로 나타내고 있다. 예수 그리스도의 메시아 사역을 예고한 마가는 1:1-2에서 이사야 41:3과 말라기 3:1을 인용한다. 마가는 "보라 내가 내 사자를 네 앞에 보내노니 저가 네 길을 예비하리라. 광야에 외치는 자의 소리가 있어 가로되 너희는 주의 길을 예비하라 그의 첩경을 평탄케 하라"고 하면서 그리스도의 길을 예비할 자로 세례 요한을 소개하고 있다. 이스라엘의 광야 생활과 그리스도의 지상 사역 사이에는 많은 유사점이 있다. 그리스도가 자신의 사역을 광야에서 시작한 것을 들어 복음서들은 예수님의 사역을 출애굽의 완성으로 밝힌다.

이스라엘 백성의 광야생활은 그리스도의 지상 생활과 유사점이 있다. 예수님 사역의 출발점은 세례 받는 사건이다. 사도 바울은 고전 10:1-2에서 "우리 조상들이 다 구름 아래 있고 바다 가운데로 지나며 모세에게 속하여 다 구름과 바다에서 세례를 받았다"하여 세례를 홍해 횡단으로 비유한다. 즉 예수께서 세례 받은 사건을 홍해 바다를 지난 것으로 설명하는 것이다.[3] 그 후 주님은 광야에서 40일간 마귀로부터 시험을 받았다. 우리가 주목할 만한 점은 예수님이 시험받은 40일은 이스라엘 백성이 생활한 광야 40년에 상응하며, 주님이 경험한 세 가지 시험이 모두 이스라엘이 광야에서 겪은 시험들과 관계가 있다는 사실이다. 이스라엘은 시험에 실패하였으나 주님은 모두 승리하였다. 또한 시험 받는 가운데 예수님이 답한 말씀은 모세가 광야에서 행한 연설을 기록한 신명기에서 인용하신 것이다 (8:3; 6:13; 6:6). 모세는 백성들에게 광야에서 행한 것과 같은 불순종을

---

3) Raymond B. Dillard & Tremper Longman III, 박철현 역, 『최신구약개론』 (서울: 크리스챤다이제스트, 1997), 97-100.

하지 말라고 권고하였다. 그들은 불순종하였으나 주님은 순종하셨다. 또한 모세가 시내 산에서 언약의 율법을 받은 것과 유사하게 주님은 천국 백성이 지켜야 할 산상수훈을 산에서 가르쳤다. 예수님의 산상 설교가 산에서 행해졌다는 사실은 모세가 시내 산에서 율법을 받은 사건과 밀접한 연관성을 나타낸다.[4] 출애굽 사건이 그리스도를 통한 구속의 모형이 됨을 가장 강하게 보여주는 것은 유월절 어린양 사건이다. 예수님은 유월절 절기 중에 십자가에 달리셨다(마 26:19). 결국 죽어야 될 사람들을 살리기 위해 죽임 당한 유월절 어린양이었다(고전 5:7). 따라서 주님은 자신의 지상 사역을 통해 출애굽의 구속을 완성하셨다. 또 다른 한편으로 오늘날 성도들은 출애굽의 마지막에 있을 안식, 즉 영원한 하나님 나라를 유업으로 받기 위해 그것을 바라보고 방황하는 광야생활을 경험하고 있다.

　이와 같이 출애굽의 구원사건은 그리스도의 구속 사건의 모형이며 그림자이다. 출애굽의 구원은 그리스도의 사역을 통해 성취되고 완성되었다. 이스라엘 백성이 광야에서 방황하면서 바라본 약속의 땅 가나안은 그리스도의 사역을 통해 유업으로 받게 될 영원한 천국의 그림자이며 모형이었다. 애굽에서 노예생활 하던 아브라함의 자손에게 가나안 땅을 유업으로 주겠다고 언약하신 하나님은 그 언약의 표로 안식일을 지키라고 명령하셨다. 구원의 역사는 하나님께서 당신의 백성을 애굽이나 바벨론에서의 사회적 육체적인 속박뿐만 아니라 불순종과 사망이라는 영적인 죽음으로부터 자유와 구원을 주시기 위하여 인간의 역사에 개입한 사건이다. 안식일은 이스라엘 백성들에게 창조언약과 함께 구속언약의 증표가 된다. 그래서 하나님의 백성들은 안식일을 지켜야 할 의무에서 결코 벗어날 수 없다.

　그리스도께서 지상에서 사역하신 모든 일들이 인류를 구속하기 위한 일이지만 그 가운데 무엇보다 특별히 의미가 있는 사건은 죽음을 이기고 다시 살아난 그리스도의 부활이다. 예수님의 죽음과 부활은 사도들이 전파한 메시지의 핵심적 내용이다. 그리스도께서 부활하심으로 우리의 구원을 완

---

4) Ibid.

성하셨다. 그래서 교회의 출발점이 예수님의 부활 사건이다. 사도들이 그리스도가 죽음에서 부활하셨다는 메시지를 전파할 때 유대 종교지도자들은 반대하였으나, 사도들은 부활 설교를 하는 것을 하나님의 뜻으로 믿었다(행 4:19). 사도들이 전파한 그리스도의 부활을 믿는 사람은 성령을 받았으며 또한 세례도 받았다. 초대 교회의 사도들은 그리스도가 부활하셨다는 설교만 하였으나 교회는 날마다 부흥하였다.

바울은 롬 4:25에서 "예수는 우리 범죄함을 위하여 내어줌이 되고 또한 우리를 의롭다 하심을 위하여 살아나셨느니라" 하였다. 주님은 우리가 범죄하였기 때문에 죽임을 당하셨고 또한 우리를 의롭게 하기 위하여 다시 살아나셨다. 부활은 하나님이 그리스도께서 인간의 죄를 위하여 드린 제사를 받아들이셨음을 선포하신 것이다.[5] 주님이 부활하심으로 우리는 하나님이 주시는 영생을 소유할 수 있게 되었다. 바울은 살전 4:14에서 "우리가 예수의 죽었다가 다시 사심을 믿을진대 이와 같이 예수 안에서 자는 자들도 하나님이 저와 함께 데리고 오시리라"고 하였다. 주님은 요 14:3에서 "가서 너희를 위하여 처소를 예비하면 내가 다시 와서 너희를 내게로 영접하여 나 있는 곳에 너희도 있게 하리라" 하셨다. 주님이 부활하실 때 그를 믿는 성도들도 자기와 함께 부활시켜 새 생명을 주셨으며 영원한 처소를 약속하셨다.

천지창조는 하나님 백성의 존재를 처음 있게 한 중요한 사건이지만, 그리스도가 부활하심으로 완성하신 구원은 인간의 재창조 사건이다. 죽음에서 다시 살아난 그리스도의 부활은 천지창조만큼이나 중요한 사건이다. 그가 부활하셨기 때문에 자기 백성들에게 새 생명과 안식을 주셨다. 그리스도가 부활하신 사건은 하나님의 천지창조 활동을 능가하는 중요한 의미를 지닌 일이다.[6] 하나님은 그가 작정하신 창조와 구원에 관한 언약을 그리스도의 부활을 통해 완성시키셨다. 하나님께서는 처음 창조를 통해 이 세상을 존재하도록 하셨지만, 부활을 통해 자기의 백성을 구원하여 완전한 안

---

5) James Boice, 『평신도를 위한 조직신학』, 460.
6) O. Palmer Robertson, 『계약신학과 그리스도』, 79.

식으로 인도하셨다. 그리스도께서 부활하셨기 때문에 우리의 구원과 안식은 이미 과거에 완성되었다. 그 결과 성도는 미래의 구원만 바라보는 것이 아니라 부활을 통해 성취한 구원과 안식을 이미 느끼며 향유하고 있다. 그리스도의 부활이 성도들에게 제공하고 있는 그 안식을 성도들은 이미 소유하고 있는 것이다.

이와 같이 그리스도께서 죽음에서 부활한 사건을 안식의 관점을 바꾸어 놓았다. 구약 성도는 장차 있게 될 안식을 소망하는 가운데, 그것을 바라면서 생활하였다. 그러나 신약 교회 성도들은 그리스도의 부활이 성취하고 완성하신 그 안식을 이미 소유하였으며, 동시에 미래에 완전하게 나타날 그 안식을 바라보게 되었다. 그래서 신약 교회는 구약시대 성도가 소유하였던 그 안식의 패턴을 따르지 않는다. 신약 성도는 구약처럼 안식을 기다리면서 엿새 동안 노동하고 일하는 것이 아니라, 이미 성취한 안식 가운데서 기뻐하고 즐거워하면서 일주일의 노동을 하게 된다. 그리스도께서 부활하심으로 이미 완성하신 안식의 승리를 확신하면서 6일 동안의 노동을 즐겁게 하게 되었다. 구약의 성도는 미래 안식에 소망을 두고 생활하였지만, 우리는 이미 그리스도가 완성한 그 안식을 즐기면서 장차 나타날 영원한 하나님 나라의 안식을 바라본다.

하나님께서는 장차 그리스도가 부활하여 성취하게 될 영원한 안식을 계획하셨다. 이스라엘 백성에게 출애굽의 완성은 그리스도의 부활을 통해 성취되는 영원한 안식이다. 모세는 하나님께서 예정하고 작정하신 그리스도의 부활이 완성시킬 그 안식을 믿고 출애굽의 구원을 기억하여 안식일을 지키라고 하였다. 비록 구약의 이스라엘 백성들이 모세를 통하여 애굽의 압박에서 자유와 해방은 쟁취하였지만, 그들의 완전하고 영원한 안식은 오직 그리스도를 통해서 성취될 수 있었다. 아브라함의 후손들은 하나님이 언약하신 그 영원한 안식이 장차 그리스도의 부활로 성취될 것을 바라보고 믿기 위하여 출애굽의 구원을 기억하여 안식일을 지켜왔다. 그래서 아브라함의 후손들이 안식일을 지키는 이유와 근거는 출애굽의 구원을 기억하고 감사하는 것에 의존한다. 이러한 이유로 인하여 신명기에서 가르치는 안식일 계명은 창조 후 하나님께서 안식하신 사건이 아닌 이스라엘 백성이 구원받은 출애굽의 구원을 기억하라고 명령하고 있다. 하나님의 백성들은 그리스도께서 베풀어 주신 은혜로 구원받은 사건을 감사하여 안식일을 지켜야 할 의무가 있다.

성도의 안식에 이렇게 큰 변화를 오게 한 그리스도의 부활은 어느 날 이루어졌는가? 예수께서 어느 날 부활하여 성도의 구원과 안식을 완성하셨는가? 그리스도께서 부활하신 그날은 성도의 구원과 안식을 완성한 날이며, 그날이 안식일에 새로운 의미를 부여하였다. 주님이 부활하신 날이 안식일 패턴에 변화를 가져왔다. 그래서 예수께서 죽음을 이기고 부활하신 그날이 어느 날인지 바로 아는 것이 안식일을 이해하는데 중요한 문제가 된다. 그리스도께서 부활하신 날이 안식일에 어떠한 변화를 오게 하였는지 연구해 보자.

복음서의 기록에 의하면 예수께서 죽음에서 다시 살아나신 날은 안식 후 첫날인 주일이다. 안식 후 첫날 예수님이 누우셨던 무덤에 찾아간 여자들에게 천사가 주님의 부활 소식을 전하였다. 안식 후 첫날 새벽 미명에 마리아와 막달라 마리아와 다른 마리아는 예수님의 무덤을 보러 갔다가 천사가 내려와 무덤 입구 돌을 굴려낸 것을 보았다. 그리고 그 천사는 그들에게 "십자가에 못 박히신 예수는 그의 말씀하시던 대로 살아나셨느니라 와서 그의 누우셨던 곳을 보라" 하였다(마 28:1 이하; 막 16:1 이하). 눅 24:1이하에도 그리스도가 부활하신 날은 안식 후 첫날인 주일로 기록하고 있다. 안식 후 첫날 여인들이 향품과 향료를 가지고 예수님의 무덤에 갔다. 그들은 무덤이 비어 있는 것을 발견하고 크게 당황하였다. 그들이 근심하면서 당황해 하고 있을 때 두 천사가 나타나 "예수께서 살아나셨다 그분이 갈릴리에서 삼 일 만에 다시 살아나리라 하신 말씀을 기억하라"고 말했다. 그 여인들은 무덤에서 나와 사도들에게 빈 무덤과 천사들이 한 말을 보고하였다. 복음서에서 예수님의 부활 사건을 설명한 내용에는 부활한 날을 모두 다른 날이 아닌 안식 후 첫날인 주일로 기록하였다.

부활하신 그리스도께서 사랑하는 제자들에게 나타나 보인 날도 안식 후 첫날인 주일이었다. 마 28:9-10에 의하면 안식 후 첫날 새벽에 예수님의 무덤을 찾아간 여자들에게 부활한 예수께서 그 여자들을 만나 "평안하뇨" 라는 인사를 하셨다. 눅 24:13-35은 엠마오로 내려가는 두 제자에게 부활하신 주님이 나타나신 사건을 기록하고 있다. 눅 24:13은 "그날에" 두 명의 제자가 엠마오라는 촌으로 내려갔다고 한다. 그날이 어느 날인가? 그날은 눅 24:1-12에 안식 후 첫날 새벽 여자들이 빈 무덤을 찾아간 그날을 의미한다. 두 제자는 예수님의 부활을 믿지 못하고 낙심과 절망에 빠진 채 엠마오로 내려가고 있었다. 주님은 그들에게 모세와 선지자의 글인 구약성경을 인용하여 메시아의 고난과 영광의 비밀을 가르쳐 주셨다. 요한은 요 20:19-20에서 안식 후 첫날 저녁 때에 제자들이 유대인들을 두려워하여 모인 곳에 문을 닫고 있는데 예수께서 들어와서 "너희에게 평강이 있을지어다" 라고 하셨다. 예수님은 손과 옆구리를 보이셨다. 이때 나타나신 부활한 예수님의 몸은 볼 수 있고 식사할 수 있는, 육체인 동시에 육체의 제약을 받지 않는 신비로운 몸이었다. 예수께서 제자들에게 신비로운 부활의 육체로 나타나신 그날이 바로 주일이었다.

요 20:26은 여드레 후 제자들이 다시 집안에 있을 때 도마도 함께 있고 문들이 닫혔는데 예수께서 오셔서 가운데 서서 "너희에게 평강이 있을지어다"라고 하였다. "여드레 후"란 언제부터 여드레 후를 가리키는가? 요 20:19-20에서 주일에 제자들에게 신비한 육체로 나타나신 사건 후부터다. 그 사건이 있은 후 팔일 만에 주님이 문 닫고 있는 제자들에게 다시 나타나셨다. 안식 후 첫날인 주일에 제자들에게 나타나신 후 팔일 만에 나타났으면 주일에 다시 나타나신 것이다. 부활한 주님은 주일에 반복적으로 제자들에게 나타나심으로써 그날의 중요성을 확증시키셨다. 주일에 부활하신 예수께서는 자신이 부활한 그날 제자들에게 반복적으로 나타나셔서 주께서 부활하신 주일이 중요하다는 것을 확인시키셨다.

예수께서 부활하기 바로 전날까지 제자들은 유대인이 지켜오던 전통적 안식일을 지켰다. 막 16:1은 막달라 마리아와 야고보의 어머니 마리아와 또 살로메가 예수님을 위해 구입해 두었던 향유를 안식일이 지난 다음 그 시체에 바르기 위해, 안식 후 첫날 새벽에 무덤으로 갔다고 기록하였다. 예수님을 사랑한 세 여인은 유대인의 안식일 규례를 지키고 난 후 주님의 시체에 향유를 바르기 위해 무덤으로 갔다. 즉 주님의 제자들도 예수께서 부활하기 직전까지는 일곱째 날을 안식일로 지켰다. 그러나 주님이 부활한 후에는 안식일의 날짜가 변경되었다.

주님의 제자들은 주님이 부활하신 그날을 기념하여 주일에 한자리에 모여 예배를 드렸다. 주께서 부활하신 후 사도들이 안식일에 회당에 들어가는 일이 있기는 하였다(행 13:14, 42, 44; 17:2; 18:41). 그러나 초대 교회의 유대인 기독교인들은 안식일을 주일과 함께 병행하여 지켰다. 이는 초대 교회가 할례와 세례를 함께 지킨 것과 같다. 초대 교회가 안식일을 주일과 병행하여 지켰다 하여 그들이 주일을 지키지 않았다는 뜻은 결코 아니다. 복음서와 서신에도 주일을 지키라는 명문화된 명령이 없다. 이것은 안식일이 창조 규범임에도 불구하고 분명하게 기록된 계명으로 나타나지 않는 것과 비슷하다. 구약의 처음 안식일이 하나님께서 모범을 보이심으로 시작된 것처럼, 일곱째 날에서 그리스도가 부활한 첫째 날로 변경된 것도 사도들의 모범에 의해 규범화되었다.

그리고 사도들은 하나님의 계시를 받아서 교회와 성도들에게 알리는 사람들이므로 그들이 받은 계시를 말과 글로 전달할 수도 있고, 때로는 그들 자신의 행동으로 전달할 수도 있다. 그러므로 사도들이 행한 모범적인 행동은 신약교회가 반드시 그대로 지키고 순종해야 할 규범이 된다. 그 이유는 사도는 하나님의 계시를 받아서 성도와 교회에 전하는 사람이므로 그들이 받은 계시를 교회에 알려 주는 방법은 말이나 글로 전하든지 행동으로 모범을 보이든지 모두가 동일한 권위를 지닌 계시이기 때문이다. 사도행전 15장에 나타난 예루살렘 총회는 좋은 사례가 된다. 유대인 기독교인들이 이방인 성도들에게 그리스도를 믿은 후 반드시 할례를 받아야 한다는 주장을 할 때, 예루살렘 총회는 오직 믿음으로만 구원이 이루어지므로 그리스도를 믿는 성도는 할례가 필요 없다고 결정하였다(행 15:1-18). 그리고 15:19-20에는 야고보가 성도가 지켜야 할 4가지 사항을 제시한다.

그것은 우상 제물을 먹지 말 것, 당시 이방 사회에서 성행하였던 종교의식을 행하는 과정에 성행위를 행할 만큼 성적으로 문란한 것을 의식하여 음행을 금할 것, 목매어 죽은 것을 먹지 말 것, 그리고 피는 생명을 상징하기 때문에 피가 남아있는 고기를 먹지 말 것 등이다. 예루살렘 총회는 믿음으로 구원받은 성도라 할지라도 이러한 규범은 지켜야 한다고 결정하였다. 그리고 행 15:22-41은 사람들을 택하여 각 지방 교회에 파송하여 총회에서 결정된 사항을 설명하도록 하였다고 한다. 사도와 장로들은 인편으로 안디옥, 수리아, 길리기아 지방의 교회에 편지를 보내어 예루살렘 총회의 결정 사항을 전달하였다. 그리고 모든 지역 교회 성도들은 예루살렘 총회가 결정한 것을 기쁘게 받아들이고 순종하였다.

사도행전 15장에 나타난 기록을 통해 우리가 배워야 할 것은 사도들이 행한 것은 후대 교회가 그대로 따르고 지켜야 할 규범이 된다는 것이다. 선교지와 지방교회에서는 할례에 관한 문제가 논란이 되었을 때 그 문제를 상회인 총회에 상정하여 총회에서 토론하고 결정하였다. 그리고 총회에서는 결정된 내용을 지방 교회에 전달하여 지키도록 하였다. 성경 어느 곳에도 지방의 개교회에 문제가 있으면 총회에 보고하고 총회는 그 문제에 대해 논의한 후 결정하여 지방 교회에 전하면 그것을 받은 지역교회는 총회가 결정한 대로 순종하라는 기록은 없다. 단지 사도와 장로들이 예루살렘 총회에서 그렇게 하였을 뿐이다. 그러나 그 후 모든 신약교회는 예루살렘 총회에서 하였던 패턴을 그대로 따르고 있다. 개교회에 발생한 문제를 그 교회가 스스로 해결하지 못하면 상회인 노회에 보고한다. 노회도 스스로 노회의 힘으로 해결하지 못하면 그 문제를 총회에 보고한다. 교회에서 최고 의결 기관인 총회의 결정은 총회 산하 모든 교회와 성도가 지키고 순종해야 할 규범이 된다. 개교회에 문제가 있으면 상회에 보고하고, 상회는 그것에 관한 것을 결정하여 개별 교회에 답하고 순종하라는 기록된 말씀은 없다.

사도들은 이 원리를 명문화된 글로써 남기지 않았다. 오직 사도들은 예루살렘 총회에서 그러한 모범을 보였을 뿐이다. 사도들이 명문화된 글로 남기지 않고 모범만 보인 그 패턴을 후대의 모든 교회가 따르면서 지키고 있다. 그 이유는 비록 사도들이 글로 명령을 하지는 않았지만 사도들의 모범은 후대 교회가 지켜야 할 규범과 법이 되기 때문이다. 사도들은 자신들이 받은 계시를 명문화된 글이 아닌 행동으로 나타내었기 때문에 그것도 기록된 말씀과 동일한 권위를 갖는다. 제칠 일 안식일 대신 예수께서 부활하신 날을 기념하여 하나님께 예배드리는 것도 사도의 명문화된 명령은 없다. 오직 사도와 초대 교회 성도들이 제칠 일 대신 첫째 날을 예배일로 변경한 것을 그들이 매주 첫날 예배를 드리므로 후대 교회에 나타내 보였다. 사도들의 모범적 행동은 후대 교회에 규범과 법이 되므로 신약교회와 성도는 구약 유대인들이 지키던 제칠 일 안식일을 폐지하고 그리스도가 부활한 주일에 예배드려야 할 의무가 있다. 사도들이 하나님께 예배드리는 날을 안식일에서 주일로 변경한 것은 그들이 받은 계시를 행동과 생활로 당시 교회에 알린 것으로 여겨진다.

그래서 사도들이 안식일에 회당에 들어간 것은 구약의 규례를 따라 예배를 드리기 위함이 아니고, 예수께서 주일에 부활하시므로 그리스도와 주가 되셔서 우리를 구원하셨다는 메시지를 전하여 전도하기 위함이었다. 유대인들은 자신들의 전통을 따라 안식일에 회당에 모이는 습관이 있기 때문에 사도들은 부활한 그리스도를 전파하기 위한 수단으로 안식일에 회당에 들어가는 일들이 있었다. 부활 사건 후 구약의 유대인들이 관례대로 지켜오던 안식일을 지키기 위해 사도들이 안식일에 회당 출입을 한 일은 없다. 복음서나 신약성경 어디에도 그리스도께서 부활하신 후 사도들이 구약 모세의 법을 따라 안식일을 지켰다는 기록은 없다. 그러나 구약 관습에 젖어있던 유대인 기독교인들은 옛날처럼 구약의 안식일을 지킨 사람들도 있었다. 사두들이 옛 언약인 모세의 법에 따라 안식일을 지키지 않았다 하여 그들이 안식일법을 완전히 무시한 것은 아니다. 그들은 새 언약의 법에 따라 하나님께서 창조와 구원의 증표로 주신 안식일법을 지켰다. 그리스도가 부활하심으로 새로운 시대가 열렸기 때문에 옛 언약의 그림자는 더 이상 유효하지 않았다.

그리스도께서 부활하신 후 하나님의 자녀들은 일곱째 날을 안식일로 지키지 않고, 주님이 부활하신 첫째 날을 예배드리는 날로 지켰다. 새 언약인 신약시대에는 창조언약도 중요하지만 그리스도께서 우리를 구속하신 구원의 은총을 더 중요하고 감격적으로 느끼게 되었다. 이는 아담의 타락과 그 형벌이 인간에게 미치는 영향이 너무나 크고 심각하기 때문에 그리스도께서 완성하신 구원이 창조사역보다 더욱 의미심장한 감동을 준 것이다. 신약교회가 예배일을 창조를 기념하는 일곱째 날에서 구속을 기념하는 그리스도께서 부활하신 첫째 날로 변경한 것은 아담의 타락으로 인간에게 내려진 참담한 형벌과 그 형벌을 제거하신 그리스도의 죽음과 부활이 끼친 영향을 생각할 때만 이해가 가능하다. 신약교회는 창조언약을 기념하기보다 그리스도가 성취하신 구속언약을 기념하는 것에 중점을 두었다.[7]

그리스도께서 죽음을 이기고 부활한 날을 가리켜 주일이라 한다. 주일이라는 단어는 계 1:10에만 정확하게 나타난다. 주의 날이라는 뜻은 주님께 속한 날임을 뜻한다. 사도 요한은 주의 날(the Day of Lord, Lord's Day)에 주님으로부터 계시를 받았다. 주의 날은 구약에서 메시아 시대를 대망하면서 종말을 도래하는 용어로 사용되었다. 이사야는 사 13:6, 9[8]에서 여호와의 날이 오면 이스라엘을 포로로 잡아간 바벨론에 심판이 임할 것을 선포하였다. 여호와의 날에 바벨론을 심판하는 것은 마지막 종말 때 최후의 심판을 예시한다. 에스겔은 30:3[9]에서 여호와의 날에 애굽과 전 세계에 심판이 임하여 하나님이 여호와임을 알게 할 것이라 하였다. 구약에서 주의 날은 하나님께서 이스라엘 백성의 원수들에게 무서운 파괴와 심판을

---

7) 이 부분에 대해 더 깊은 연구를 원한다면 Beckwith & Stott, 『기독교인과 주일』, 57-75를 참고하기 바란다. 저자들은 성경과 역사적 자료를 분석하면서 안식일에서 주일로 변경된 과정을 설명하고 있다.

8) 사 13:6 너희는 애곡할지어다 여호와의 날이 가까웠으니 전능자에게서 멸망이 임할 것임이로다.

사 13:9 여호와의 날 곧 잔혹히 분냄과 맹렬히 노하는 날이 임하여 땅을 황무케 하며 그 중에서 죄인을 멸하리니.

9) 겔 30:3 그날이 가까웠도다 여호와의 날이 가까웠도다 구름의 날일 것이요 열국의 때이로다.

가져다줄 가까운 미래의 어느 날을 가리킨다.

또한 주의 날은 심판과 함께 구원도 동시에 가져다줄 최후의 종말론적 날을 뜻한다. 그날을 구름의 날이라 하는데, 구름은 큰 재앙을 상징한다. 요엘 선지자는 1:15[10]에서 "여호와의 날은 여호와로부터 멸망이 임하는 날이다. 주의 날은 심판의 날이기도 하지만 또한 구원의 날"이라고 하였으며 욜 2:32은 "주의 날이 오기 전에 주의 이름을 부르는 자는 구원이 있을 것"이라고 약속하였다. 말라기 선지자는 4:2에서 주의 크고 두려운 날에 하나님의 이름을 경외하는 모든 자들에게 신유와 기쁨을 약속하고 있다. 그리고 말 4:5[11]에서 메시아 되시는 그리스도께서 탄생하실 것을 예고하였다. 메시아의 탄생 예고는 바로 그리스도의 부활을 통하여 구원이 완성될 것을 예시한 것이다. 즉 메시아가 부활하시므로 하나님께서 인간 역사에 간섭할 것을 뜻한다. 그래서 구약에서 여호와의 날은 역사를 향한 하나님의 결정적인 간섭의 날을 의미한다. 여호와의 날에 하나님은 원수들에게 심판과 승리를 선언하였다. 또한 그날 여호와를 섬기는 자들에 대해서는 구원과 축복을 선언하셨다. 모든 이스라엘 백성들은 이날을 희망과 축복이 임할 것으로 믿고 그날을 기다리고 대망하였다.

구약에서 여호와의 날은 안식일과도 깊은 관련이 있다. 이사야는 58:13-14[12]에서 안식일을 "여호와의 거룩한 날"이라 하였다. 주의 거룩한 날을 "주의 안식일" 혹은 "당신의 거룩한 안식일", "나의 안식일", "여호와께 대한 안식일"로 표현하였다. 안식일이 주님의 날이기 때문에 하나님께 속한 백성들은 그날은 하나님을 위해 헌신해야 할 의무가 있다. 사도 요한

---

10) 욜 1:15 오호라 그날이여 여호와의 날이 가까왔나니 곧 멸망 같이 전능자에게로서 이르리로다.

11) 말 4:5 보라 여호와의 그고 두려운 날이 이르기 전에 네가 선지 엘리야를 너희에게 보내리니.

12) 사 58:13-14 만일 안식일에 네 발을 금하여 내 성일에 오락을 행치 아니하고 안식일을 일컬어 즐거운 날이라 여호와의 성일을 존귀한 날이라 하여 이를 존귀히 여기고 네 길로 행치 아니하며 네 오락을 구치 아니하며 사사로운 말을 하지 아니하면 네가 여호와의 안에서 즐거움을 얻을 것이라.

은 요한계시록 1장에서 주의 날은 주님이 부활하신 날이라고 가르친다. 그는 1:5[13]에서 부활하신 주님이 땅의 임금들의 머리가 된다고 하였다. 주님께 속한 백성들은 주일을 주님을 위해 헌신하여야 할 의무가 있다. 그 이유는 주님이 부활하심으로 만 왕의 왕이 되심을 확인하였기 때문이다. 요한은 1:7[14]에서 부활하신 주님이 구름을 타고 오실 것을 보았다. 요한은 단 7:13[15]의 인자 같은 이가 구름을 타고 온다는 말씀을 인용하였다. 구약과 계시록 1장의 말씀에 비추어 1:10의 "주의 날"을 해석하면, 그날은 우선 그리스도의 부활을 기념하는 날이며 또한 주님의 재림을 대망하는 날이다. 주님이 재림하여 이 세상의 역사가 끝나는 그날이 바로 주의 날이다. 그리고 주님의 부활을 기념하고 재림을 소망하면서 한자리에 모여 예배드린 날이 주일이다. 초대 교회의 성도들은 주일에 주님이 죽음에서 부활하시므로 우리의 구원을 성취하신 것을 기념함과 동시에 장차 재림하여 성도의 영원한 안식을 최종적으로 완성하실 것을 바라보면서 한자리에 모여 하나님께 예배드렸다.

그런데 사도 요한이 계 1:10에서 "주의 날"이라고 언급한 그날이 주님께서 부활하신 주일이라는 증거가 어디 있는가? 구약은 하나님의 원수에게는 심판이, 하나님의 백성에게는 구원이 내려지는 날이 주의 날이라고 가르쳤다. 대부분의 주석가들은 계시록에 기록된 주의 날은 주님이 부활하신 안식 후 첫날을 의미한다는 것에 동의한다. 하나님은 자신의 구원과 원수의 심판을 부활을 통해 완성하셨다. 그래서 주님이 부활한 날이 바로 주의 날이다. 바클레이(Willaim Barclay)는 사도 요한이 사용하는 '주의 날'은 우리가 말하는 주의 날과 같다고 하였다. 그러면서 그는 12사도의 교훈집인 '디다케'(the Didache)에서 "기독교가 예배와 교육을 위하여 최

---

13) 계 1:5 충성된 증인으로 죽은 자들 가운데서 먼저 나시고 땅의 임금들의 머리가 되신 예수 그리스도로 말미암아 은혜와 평강이 너희에게 있을지어다.

14) 계1:7 볼지어다 구름을 타고 오시리라 각인의 눈이 그를 보겠고 그를 찌른 자들도 볼 터이요 땅에 있는 모든 족속이 그를 인하여 애곡하리니 그러하리라 아멘.

15) 단 7:13 내가 또 밤 이상 중에 보았는데 인자 같은 이가 하늘 구름을 타고 와서 옛적부터 항상 계신 자에게 나아와 그 앞에 인도되매.

초로 주의 날에 성도들이 모여 떡을 나누었다"는 말을 인용하였다.[16] 그리고 바클레이는 2세기의 교부 이그나티우스(Ignatius)의 서신에서 "신약교회는 이미 안식일을 위해서가 아니라 주의 날을 위하여 생활한다"고 하였다는 말을 인용하였다. 이것은 2세기에 벌써 사도들이 부활한 주님을 기념하여 예배드리는 날로 가르친 말씀이 정착되었음을 나타낸다.

사도들은 그리스도께서 부활하신 주일날, 부활을 기념하면서 성도들을 한자리에 모아 하나님께 예배드리도록 하였다. 그 결과 초대교회는 주일날 함께 모여 예배드리는 일이 습관이 되고 관례가 되었다. 그 예로 행 20:7 은 "안식 후 첫날에 우리가 떡을 떼려 하여 모였더니 바울이 이튿날 떠나고자 하여 저희에게 강론을 밤중까지 하였다"고 한다. 이 말씀에 의하면 드로아의 초대 교회 성도들이 모인 날은 안식 후 첫날인 주일이었다. 주일에 그들이 모여서 행한 일은 떡을 떼는 일이었다. 떡을 떼는 일이란 성만찬을 뜻한다. 그 이유는 떡을 떼려 하여 모였다는데, 단순한 식사만을 위하여 전 교회가 한자리에 모일 필요는 없기 때문이다. 예수께서는 제자들에게 성찬을 행하여 자신의 죽음을 기념하라고 말씀하셨다(눅 22:19). 예수께서 죽으시기 전날 명하신 대로 초대 교회는 모일 때마다 성찬예식을 거행하였다. 행 2:42에는 "저희가 사도의 가르침을 받아 서로 교제하며 떡을 떼며 기도하기를 힘쓰니라" 하였다. 떡을 떼어 먹고 기도하였다는 것은 성찬예식을 행하였다는 의미다. 초대 교인들은 주일에 모여서 성찬식만 행한 것이 아니고 사도가 강론하는 말씀도 경청하였다. 강론은 누가 하였는가? 하나님의 말씀을 강론한 사람은 바울이었다. 즉 주일에 교인들은 한자리에 모였고, 사도들은 하나님의 말씀을 강론하였고, 한자리에 모인 교인들은 그 강론을 경청하였다. 그들은 비록 다른 가정에서 생활하면서 각자의 직업을 갖고 있었지만 재산을 공유하기도 하였고(행 2:44 이하) 함께 식사도 하였다. 그들은 그렇게 자주 모였으므로 사실히 공동 예배도 함께 드렸다.

---

16) Willaim Barclay, *Commentary on Revelation*, 77-78.

행 20:7을 종합하여 해석하면 초대교회 성도들은 주일에 한자리에 모여 성찬예식을 행하고 사도들이 강론하는 하나님의 말씀을 경청하였다. 성찬식을 행하고, 사도가 하나님의 말씀을 강론하고, 한곳에 모인 성도들이 그 말씀을 경청하였다면 이는 예배를 드렸다는 뜻이다. 즉 초대 교회 성도들은 안식 후 첫날 한장소에 모여 하나님께 예배를 드렸다. 그리고 드로아 교회에서만 주일에 예배를 드린 것이 아니고 모든 교회가 주일에 모여서 예배를 드렸는데, 누가가 드로아 교회에서 일어난 사건을 기록하는 가운데 주일에 예배드린 사건이 밝혀졌다. 즉 드로아 교회에서 유두고가 떨어져 다시 살아난 사건을 기록하는 과정에서 초대 교회는 모두 주일을 하나님께 예배드리는 날로 정하였음이 밝혀졌다.

초대 교회가 예배드리는 날이 주일이었음을 밝히는 또 다른 증거는 고전 16:2에 있다. 사도 바울은 고린도 교회에 보내는 편지에서 "매 주일 첫날에 너희 각 사람이 이를 얻은 대로 저축하여 두어서 내가 갈 때에 연보를 하지 않게 하라" 하였다. 이 편지에 의하면 고린도 교회도 주일에 모였음이 분명하다. "이를 얻은 대로 저축하라"는 말은 성도들이 주일에 해야 할 의무가 있다는 뜻이 포함되어 있다. 주일은 가난한 예루살렘 사람을 도와주기 위해 얻은 이익의 일부를 헌금하여야 한다는 사실이다. 바울은 주일에 모일 때마다 그 헌금을 하라고 하였다. 고린도 교회는 우연히 어느 한 주일에만 모인 것이 아니다. 그 교회는 주일마다 모였다. 주일 마다 예배드리기 위해 정규적으로 모이는 일이 관례화된 고린도 교회 성도들에게 바울은 그날 모일 때 구제 헌금도 할 것을 요구하였다. 평소에는 주일에 모이지도 않았는데 구제 헌금을 위해 주일에 모이라고 하지 않았을 것이다.

그리고 바울은 고전 16:1에서 "성도를 위하는 연보에 대하여는 내가 갈라디아 교회들에게 명한 것 같이 너희도 그렇게 하라"고 하였다. 바울은 이 말을 한 후 "매 주일 첫날에 연보하라"는 말을 하였다. 이 말에는 바울이 갈라디아에 먼저 편지를 보내어 매 주일 첫날 모일 때마다 헌금을 하여, 자신이 갈 때 특별한 헌금을 하지 않도록 하라고 하였거나 혹은 비록 바울이 편지를 보내지 않았다 할지라도 갈라디아 교회도 이미 매 주일에 모여서 예배드리는 가운데 구제 헌금을 하였을 가능성이 있다. 또한 바울은 갈라디아 교회가 행한 것처럼 고린도 교회도 매 주일 첫날에 각 사람이 이를 얻은 대로 저축하여 두어 자신이 고린도 교회에 갔을 때 연보하지 않게 하라고 하였다. 바울은 연보하는 시간과 방법에 대해 갈라디아 교회가 시행하고 있는 것과 같은 동일한 내용의 방법을 고린도 교회에 가르쳤다. 그렇게 하여 고린도 교회는 매 주일 첫날 모일 때마다 연보를 하여 자신이 방문할 때 연보하는 일이 없도록 하라고 가르쳤다. 이 말은 갈라디아 교회도 매 주일 첫날 모였고, 모일 때마다 연보를 하여 바울이 그 교회를 방문할 때 연보를 하지 않게 하였다는 뜻이다. 고전 16:1-2을 종합하면 갈라디아 교회와 고린도 교회 성도들은 매 주일 첫날 모여 예배드리는 일이 이미 정착되어 있었다.

그들이 매 주일마다 모인 이유는 무엇인가? 단순히 연보만을 하기 위해 모였을까? 연보만 하기 위해 성도들이 교회에 모이지는 않았을 것이다. 그들은 하나님께 예배드리기 위해 모였다. 예배드리는 순서 가운데는 특별히 구제를 위해 헌금할 것을 요구하는 것도 있었다. 바울은 갈라디아 교회와 고린도 교회가 매 주일 첫날 모여 예배드릴 때 헌금 시간마다 특별히 구제헌금을 하라고 당부하였다. 행 20:6과 고전 16:1-2을 함께 해석하면 드로아 교회, 갈라디아 교회, 그리고 고린도 교회는 매 주일 하나님께 예배드리기 위해 한자리에 모였다. 그리고 예배드리는 순서에는 성찬과 말씀 강론 그리고 헌금이 포함되어 있었다. 그러므로 이 말씀을 종합하여 결론을 내린다면 모든 초대 교회는 주일을 정하여 한자리에 모여 하나님께 예배드렸다는 것이다. 주일은 초대 교회 성도들이 한자리에 모여 하나님께 예배드리는 날로 정하여, 그날에 모든 성도들이 함께 예배드렸다. 구약 모세 율법 아래서는 일곱째 날을 하나님께 예배드리는 날로 정하였지만 주님이 부활한 후에는 첫날이 예배드리는 날로 변경되었다. 신약교회가 하나님께 예배드리는 날은 그리스도께서 부활한 날이며, 하나님의 뜻에 의해 일곱째 날에서 그날로 변경되었다. 이 원리를 믿고 가르치는 교회와 학자들은 주

로 개혁주의 계열에 속한 사람들이다.[17]

히브리서 저자는 히 4:1-11에서 구약의 토요일 안식일에서 주일로 변경될 것을 암시하여 가르치고 있다. 저자는 이스라엘이 광야에서 생활하였던 내용을 소재로 하여 신약교회의 정체성을 감동적으로 묘사하고 있다. 이미 우리가 연구한 것처럼 히브리서에 의하면 신약교회의 공동체는 하나님 나라를 향해 가는 순례자들이다. 천국을 향해 가는 광야의 이스라엘 백성들이 가나안을 고대하였던 것처럼 장차 나타날 영원한 안식을 소망하면서 길을 걸어가고 있는 자들이다. 본문은 이스라엘 민족들이 하나님께서 그들의 조상에게 약속하여 소망하고 기다리던 가나안 땅에 들어가 정착은 하였지만 그것으로 하나님의 언약이 완전히 성취된 것으로 여기지 않는다. 하나님은 모든 성도들에게 가나안 정착보다 훨씬 근본적이고 본질적인 하나님 나라의 안식을 약속하셨는데 그 영원한 안식에 들어가기 위해 노력하라는 권고가 본문의 핵심적인 내용이다.[18]

그러나 저자가 성도들에게 영원한 하나님 나라의 안식에 들어가기 위해 노력하라는 말을 하는 과정에 안식일로 지키는 날짜가 변경되었음을 가르치고 있다. 저자는 히 4:6-9에서[19] 시편 95:11[20] 말씀을 인용하여 다윗이

---

17) 이 원리를 가르치는 학자들과 교회는 다음과 같다. 에라스무스(Erasmus), 베자(Theodore Beza), 제2스위스 신앙고백, 바운드(Nicholas Bownds), 도르트 신앙고백서(Confession of Dordt), 웨스트민스터 고백서 등이다.

18) John Calvin, *New Testament Commentaries on Hebrews* (Grand Rapids: Eerdmans), 47-49.

19) 히 4:6-9 그러면 거기 들어갈 자들이 남아 있거니와 복음 전함을 먼저 받은 자들은 순종하지 아니함으로 말미암아 들어가지 못하였으므로 오랜 후에 다윗의 글에 다시 어느 날을 정하여 오늘날이라고 미리 이같이 일렀으되 오늘날 너희가 그의 음성을 듣거든 너희 마음을 완고하게 하지 말라 하였나니 만일 여호수아가 그들에게 안식을 주었더라면 그후에 다른 날을 말씀하지 아니하셨으리라 그런즉 안식할 때가 하나님의 백성에게 남아 있도다.

20) 시 95:11 "그러므로 내가 노하여 맹세하기를 그들은 내 안식에 들어오지 못하리라 하였도다." 마소라 사본(Massoretic text)은 시편 95편의 저자를 밝히지 않고 있으나 70인경(Septuagint)은 다윗으로 지목하였다. 히브리서 저자는 70인경을 인용하여 시 95편의 저자를 다윗으로 밝히고 있다. F. F. Bruce, *NIC on the New Testament: the Epistle to the Hebrews*, 75.

아직 안식할 다른 날이 남아 있다는 말을 하였다고 한다. 역사적으로 분명한 사실은 여호수아와 갈렙은 이스라엘 백성들을 인도하여 하나님께서 그들의 조상에게 약속하신 가나안 땅에 이미 정착하였다. 여호수아서는 하나님께서 그들의 조상에게 약속하신 대로 이스라엘 백성이 주변의 모든 적들을 물리치고 가나안에 정착하여 안식을 누리고 있다고 반복하여 밝히고 있다(수 1:13, 15; 21:44; 23:1; 22:4). 여호수아가 가나안 땅을 정복할 때는 그들이 이미 일곱째 날인 토요일을 안식일로 지키고 있었다는 사실도 부인할 수 없는 역사적 현실이었다.

히브리서 저자에 의하면, 약속의 땅에 정착한 수 백년이 지난 후 다윗은 그러한 역사적 사실을 인식하였을 뿐 아니라 자신이 일곱째 날을 안식일로 지키면서 다음에 아직 안식할 다른 날이 남아 있다고 하였다. 그러므로 다윗이 말한 '안식할 다른 날'은 분명히 구약 유대인들이 지켜온 일곱째 날은 아니다. 히 4:4-5에서[21] 2개의 안식일을 소개한다.[22] 그 첫째는 창 2:2-3에서 언급한 천지만물을 창조하신 후 안식하신 하나님의 안식이다(4절). 구약의 모든 성도들은 하나님의 모범을 따라 그 날을 안식일로 지키고 있었다. 두 번째 안식은 하나님께서 안식하신 것과 연관이 있는, 하나님께서 그의 백성에게 약속하신 참된 의미의 진정한 안식이다(5절). 하나님의 백성들은 하나님이 약속한 이 두 번째 안식에 들어가는 것이 최대의 목표이다. 모세 시대 이스라엘 백성들의 다수는 하나님의 모범을 따라 일곱째 날을 안식일로 지키기는 하였지만 하나님과 함께 하는 진정한 안식에 들어가는 데는 실패하였다(2-3, 6절). 그들이 하나님의 안식에 들어가지 못한 이유는 복음을 듣고도 순종하지 않았기 때문이다(6절). 그래서 하나님은 자기의 백성을 위하여 안식할 다른 날을 준비하셨다. 이 사실에 대해 히브리서 저자는 8-9절에서 "만일 여호수아가 그들에게 안식을 주었더라

---

21) 히 4:4-5 제칠일에 관하여는 어딘가에 이렇게 일렀으되 하나님은 제칠일에 그의 모든 일을 쉬셨다 하였으며 또 다시 거기에 그들이 내 안식에 들어오지 못하리라 하였으니.

22) F. F. Bruce, Ibid., 73.

면 그 후에 다른 날을 말씀하지 아니하셨으리라 그런즉 안식할 때가 하나님의 백성에게 남아 있도다"고 하였다.

하나님께서 아브라함과 그 후손들에게 주시겠다고 언약한 약속의 땅은 여호수아를 통해 이스라엘의 소유가 되었다. 하나님의 언약이 외형적, 문자적, 형식적으로는 성취되었다. 다윗은 여호수아를 통해 얻은 가나안 안식의 가치를 인정하면서도 그보다 더 훌륭하고 영원한 안식을 사모하라고 권고하였다. 가나안의 안식은 불완전하기 때문이다. 다윗이 볼 때는 모세 시대의 이스라엘 백성들이 하나님의 말씀에 불순종하여 가나안에 들어가지 못한 것처럼 다윗 자신의 시대 사람들도 하나님의 안식에 못 들어갈 위험이 있음을 경고하였다. 그러므로 여호수아가 이스라엘 백성들에게 준 안식은 완전한 것이 되지 못하였다. 동족들 가운데서 가나안 땅을 밟지 못한 사람들이 있을 뿐 아니라 약속의 땅에 정착한 후에도 각종 어려움과 고통이 함께 수반되는 생활이었기 때문이다. 이스라엘 백성이 가나안 땅에서 누리는 안식은 하나님께서 그들을 위해 예비하신 참된 안식이 될 수가 없었다. 이러한 이유로 인하여 다윗은 하나님께서 예비하신 참된 영적 안식을 누리게 될 안식할 다른 날이 남아 있다고 하였다.

다윗이 "만일 여호수아가 그들에게 안식을 주었더면 그 후에 다른 날을 말씀하지 아니하셨으리라"고 말을 한 것은 여호수아의 인도로 얻어진 가나안의 안식이 불완전하므로 영원한 하나님 나라를 소망하라는 의미를 나타낸 것이다. 그와 동시에 여호수아 시대를 비롯하여 구약 성도가 지킨 제칠일 안식일이 완전하지 못하므로 다른 날로 안식일이 변경될 것을 함께 가르치고 있다. '다른 날'이라는 단어는 구약의 일곱째 날 안식일이 아닌 그 날과는 구별된 다른 어느 날을 의미한다. 7절에서 다윗은 "어느 날을 정하여 오늘날이라고 미리 이같이 일렀다"고 설명한다. 7절에서 말하는 '어느 날'이 '오늘날'이며 그 날이 바로 8절에서 언급한 '다른 날'이다. 히브리서 저자에 의하면 다윗은 여호수아와 구약 성도들이 지킨 그 안식일은 성도들에게 완전한 영적인 안식을 제공하지 못하였기 때문에 미래 어느 다른 날을 정하여 참된 안식의 날이 될 것이다 라고 하였다.

그러면 다윗이 언급한 '어느 날' 혹은 '다른 날'은 어느 날을 뜻하는가? 이는 분명히 주일을 뜻한다. 히브리서 기자가 즐겨 사용하는 주제 가운데 하나는 가정법을 이용하여 사실과 다른 상황을 설정하고 그것을 부정하면서 바른 진리를 제시한다. 그 예가 4:8의 "여호수아가 그 백성에게 안식을 제공하였다면(사실은 제공하지 못하였지만), 그후에 하나님께서 다른 날을 말씀하지 아니하였으리라(사실은 다른 날을 말씀하였음)," 7:11에서[23] 멜기세덱의 반차를 따른 제사, 8:7에서[24] 첫 언약에 관한 말씀 등이다. 히브리서 기자가 가정법을 사용하여 진리를 밝히는 내용들은 모두 구약에서는 미완성으로 끝나지만 신약 시대에 성취될 것들이었다. 그 내용은 여호수아가 주지 못한 구약의 안식일(4:8), 구약의 레위 제사(7:11), 구약의 첫 언약(8:7) 등이다. 이 모두는 구약 시대는 그림자와 모형 역할을 하였으나 그리스도가 부활하심으로 성취된 것들이다.[25]

레위인들이 주관한 제사는 장차 인류의 죄를 속량하기 위해 그리스도가 십자가에서 죽으실 것의 모형이었다. 그리스도가 부활하는 순간 선택받은 모든 성도의 죄가 용서받았지만 완전한 속죄의 성취는 하나님 나라에 들어가는 그 순간에 이루어질 것이다. 따라서 부활 사건 후 제사의 의미와 드리는 외적인 형태가 구약과는 완전히 다르게 변하였다. 첫 언약을 지키지 못한 이스라엘 백성으로 인하여 렘 31:31-34의 말씀대로 하나님은 새 언약을 만드셨다. 그리스도가 오시므로 새 언약이 성취되었으나 완전하고도 최종적인 성취는 그리스도께서 다시 재림할 때가 될 것이다. 구약의 레위 제사와 첫 언약 모두 그림자와 모형과 같은 역할을 하였으나 그리스도가 오심으로 그 의미가 재해석되고 외적 형태가 변화되었다. 이와 같이 구약에서 일곱째 날로 지키던 안식일도 그림자와 예표적 성격이 있었으나

---

23) 히 7:11 레위 계통의 제사 직분으로 말미암아 온전함을 얻을 수 있었으면 어찌하여 아론의 반차를 따르지 않고 멜기세덱의 반차를 따르는 다른 한 제사장을 세울 필요가 있느냐

24) 히 8:7 저 첫 언약이 무흠하였더라면 둘째 것을 요구할 일이 없었으려니와

25) Simon J. Kistemaker, *New Testmament Commentary: Exposition of the Epistle to the Hebrews* (Grand Rapids: Baker Book House, 1984), 114.

실체가 되는 그리스도가 오심으로 성취되었다. 그러나 완전한 성취는 종말론적이다. 히브리서 기자는 그리스도가 탄생하시므로 구약의 신학과 신앙에서 중요하게 생각하고 지켰던 것들이 변화가 생긴 것들을 안식일과 함께 소개한 것은 안식일도 제사와 첫 언약처럼 변화가 있었음을 나타내는 표현법이다. 히브리서는 그리스도의 부활이 제사계명의 의미를 재해석 하게 하고 변화가 있었음을 가르치는 것이 분명하다.

또한 히브리서 기자가 이스라엘 백성을 가나안으로 인도한 지도자를 여호수아로 기록한 것이 특이하다. 여호수아(Joshua)는 헬라어 예수(Jesus)를 히브리어형으로 번역한 이름이다. 여호수아와 예수는 두 개가 아닌 한 개의 이름이다.[26] 여호수아가 광야에서 추위와 더위, 피곤과 고통 가운데 방황하던 그의 백성들을 가나안 땅으로 인도하여 안식을 주었다. 예수께서는 사탄의 포로가 되어 유리방황하던 자기 백성을 영원한 안식으로 인도하셨다. 히브리서 저자는 예수 그리스도와 이름이 동일한 구약 시대의 인물을 상기시키지만 그들이 하신 일들을 구별하고 있다. 구약의 여호수아는 그의 백성을 불안전한 이 땅의 가나안으로 인도하였지만, 예수 그리스도께서는 자기 백성을 영원한 하나님 나라로 인도하셨다.[27] 그는 레위 제사와 대제사장이신 그리스도의 희생제사, 첫 언약과 영원한 둘째 언약을 비교한 것처럼 구약의 여호수아와 예수 그리스도, 그리고 이 땅의 안식과 영원한 안식을 비교하고 있다.

히브리서 저자는 가정법을 사용하여 레위 제사와 첫 언약이 그리스도를 통해 성취되었음을 밝히면서, 동일한 가정법으로 사용한 안식일도 그리스도의 사역으로 완전히 성취되었음을 설명하고 있음이 분명하다. 여호수아가 제공하지 못한 참된 안식이 그리스도의 부활을 통해서 모든 자기 백성에게 주어졌다. 그리스도가 죽음에서 부활하신 것이 장차 그의 백성들을 영원한 하나님 나라의 안식으로 인도하게 된 결정적 사건이다. 그러나 그리스도의 부활은 구약의 그림자적 안식만 맛보던 성도들에게 영원한 하나

26) Leon Morris, *The Expositor's Bible Commentary on Hebrews*, 42.
27) F. F. Bruce, NIC: *On the New Testament: The Epistle to the Hebrews*, 77.

님 나라의 안식을 맛보게 한 전환기가 되기도 한다. 즉 부활이 안식일의 의미와 함께 안식일을 지키는 외부적 형태에도 변화를 가져오게 하였다. 다윗은 그 사실을 미리 알고 "여호수아가 그들에게 안식을 주었더라면 그 후 다른 날을 말하지 아니하였으리라"고 하여 구약의 안식일이 다른 날로 변경될 것을 예고하였다. 칼빈은 구약 이스라엘 백성은 그리스도의 은혜를 통한 영적인 안식일을 지키지 않고 미신에 사로잡혀 의식적이고 외형적인 안식일만 지켰다고 한다. 그리스도가 부활하시므로 구약의 율법이 성취되면서 안식일의 영적이고 참된 의미가 회복되었다.[28]

따라서 우리가 이미 연구한 바와 같이 그리스도의 부활은 안식일 날의 변경을 가져 오게 하였다. 그러므로 다윗이 하나님께서 그 후 '어느 날'(7절) 혹은 '다른 날'(8절)을 말씀하실 것을 가르치는 그날이 그리스도께서 부활하신 바로 그날로 해석하는 것은 자연스럽다. 그리스도께서 부활하시므로 구약의 안식이 완성되었을 뿐 아니라, 다윗이 예언한 여호수아가 인도하지 못한 완전한 안식이 이루어졌기 때문이다. 다윗이 언급한 그 후 어느 날은 영원한 안식에 들어가는 그날을 최종 목표로 가르치지만, 그럼에도 불구하고 레위 제사와 첫 언약과 함께 안식을 가정법으로 설명한 히브리서 기자의 의도는 그리스도께서 부활하심을 기념하여 신약 성도가 지키는 주일날을 염두에 두고 있음이 분명하다. 그리스도께서 부활하신 그날이 안식의 성취에서 의미가 크다. 따라서 히브리서 4장도 안식일이 토요일에서 주일로 변경되었음을 가르친다고 해석하는 것이 타당하다.

그리스도께서 부활하신 후 구약의 유대인들이 지켜오던 안식일은 서서히 자취를 감추게 되었다. 그러나 초대교회가 언제부터 일곱째 날 모여서 예배드리던 것을 매주 첫날로 변경하였는지 정확한 날짜를 알 수는 없다. 행 20:7과 고전 16:2 그리고 계시록 1:10에 언급된 주일의 예배는 유대

---

28) Calvin, *Commentaries on Hebrews*, 48-49. 칼빈은 기독교강요 제3권 8장과 십계명 강해설교 제4계명에서 그리스도가 부활하시므로 구약 이스라엘 백성에게 그림자, 예표, 모형적으로 나타난 안식일의 의미가 사라지고 참된 의미의 영적인 안식일이 회복되었다는 주장을 계속하여 반복한다.

제9장 토요일에서 주일로 *603*

인의 땅이 아닌 이방에서 일어난 사건들이다. 즉 전통적 유대교 사상이 강한 지역에는 주일에 모여서 예배를 드렸다는 기록이 없다. 주일에 관한 최초의 기록은 고전 16:2로서, 그 시기는 약 54년이며 예수께서 부활하신지 24년이 지난 다음이다. 예수님의 부활을 기념하여 하나님께 예배드리는 날을 안식일에서 주일로 변경하여 지킨 것은 모두 이방지역에서 일어났지만 주일을 처음 지킨 사람들은 유대인 기독교인들이다. 유대계 기독교인들은 그리스도께서 부활하신 사건을 기념하기 위하여 시간과 장소를 정하여 축제행사를 반복적으로 행한 듯하다. 그리스도의 부활을 기념하는 축제와 주일의 시작은 밀접한 관련이 있다. 시간이 지나면서 그리스도의 부활을 기념하는 축제 행사를 예수께서 부활한 매주 첫날 하면서 그날이 예배드리는 날로 결정되었다.

사도들의 가르침에 의해 유대인 기독교인들이 시작한 부활 기념 사건은 시간이 지나면서 주일예배로 정착되면서 이방 지역으로 번져나가게 되었다. 이방인 기독교인들은 그들이 복음을 믿는 순간부터 주일만 지켰으나, 유대인 기독교인들은 구약의 전통을 따라 일곱째 날 안식일과 함께 부활을 기념하는 주일도 지켰을 것이다. 이는 마치 사도행전 15장에서 예루살렘 총회가 유대인 기독교인들에게 할례법을 지킬 필요가 없다고 결정하였음에도 불구하고, 그들이 구약의 할례도 행하면서 동시에 신약교회가 가르친 세례를 받았던 것과 같다. 이때도 이방인 기독교인들은 할례를 받지 않고 오직 세례만 받았다. 유대인 기독교인들이 주일을 지키는 것은 방법에서 구약의 안식일을 지키는 것과 유사하였을 것이다. 그들은 처음에는 성전과 회당에서 행하는 안식일도 지키고 또한 주일에는 기독교 예배에 참석하였을 것이다. 유대의 민족정신이 약한 온건한 사람들은 안식일을 지키지 않고 주일을 지켰을 것이다. 그러나 엄격한 유대교 기독교인들은 상당 기간 동안 구약의 안식일과 함께 주일을 동시에 지켰다. 그래서 그들은 두 날을 함께 지키게 되었다.

유대인 기독교인들이 한 주간에 이틀씩 예배드리는 날로 지켰다는 분명한 기록은 없다. 그러나 그것을 간접적으로 입증하는 자료들은 있다. 누가

는 사도행전에서 "사도들은 오로지 기도에 힘썼다"(1:14), "사도들이 늘
성전에 있었다"(3:1)고 기록하였다. 또한 2:24에는 새 신자들이 "사도의
가르침을 받아 서로 교제하며 떡을 떼며 기도하기를 힘쓰니라" 하였다. 그
리고 2:46에는 모든 믿는 자들이 "날마다 성전에서 모이기를 힘쓰고 집에
서 떡을 떼며 주께서 구원받는 사람을 날마다 더하게 하시니라" 하였다.
행 5:42에는 "사도들은 날마다 성전에 있든지 집에 있든지 예수는 그리스
도라 가르치기와 전도하기를 쉬지 아니하니라" 하였다. 이러한 기록에 의
하면 예루살렘 교회가 한 주간에 이틀 이상 교회나 성전에서 예배를 드렸
을 가능성은 충분히 있다. 그들이 일주일에 이틀씩 성전에서 예배를 드렸
다는 것은 구약의 창조를 기념하는 안식일과 신약의 부활을 기념하는 주
일을 동시에 지켰기 때문이다. 구약의 안식일과 신약의 주일을 동시에 지
킨 것은 예배드리는 날이 안식일에서 주일로 변경되는 과도적 기간이었기
때문이다.

창조사역을 기념하는 안식일과 부활을 기념하는 주일에는 연속성과 단
절된 면이 있다. 안식일과 주일이 상당한 유사성과 차이점이 있기 때문에
초대 교회의 일부 성도들은 두 날을 동시에 지켰다.[29] 안식일과 함께 주일
도 역사의 근본과 출발이 되는 사건을 기념하는 축제의 날이다. 이 축제의
날은 매 칠 일마다 순환 반복된다. 이 기념적 축제의 날은 모두가 하나님
께 예배드리는 날로 정해졌다. 공예배를 드리기 위해 두 날 모두 성도는
일상적 노동에서 휴식을 취하여야 했다. 안식일이 매 주 일곱째 날에서 첫
날로 변경되었다 하여 안식일이 내포하고 있는 창조기념과 출애굽의 구속
을 기념하는 의미가 변하거나 감소된 것은 아니다. 오히려 그리스도의 부
활 사건과 연관하여 그 의미는 더욱 깊어지고 분명하여진다. 그리스도의
죽으심과 부활을 통하여 성도와 모든 피조물들은 재창조되었으며 애굽으
로부터의 해방과 구속이 성취되고 완성되었다. 안식일과 함께 주일도 과거
에 일어난 사건을 기념함과 동시에 미래지향적 희망을 내포하고 있다. 창

---

29) Beckwith & Stott, 『기독교인과 주일』, 78-82

조 기념으로서의 안식일은 그리스도의 부활을 통해 성취되었다. 그리스도
의 부활을 기념하는 주일은 그리스도께서 재림하는 주의 날에 완성될 것
이다.

2. 안식교회의 견해

천주교회를 비롯한 모든 기독교회는 주일을 기독교의 공적인 예배일로
지킨다. 그러나 안식교회는 지금까지 하나님께서 창조사역 후 안식하신 일
곱째 날의 안식일이 성경의 유일한 교훈임을 믿고 그대로 지키고 있다. 안
식교회 성도들은 하나님께서 인간에게 주신 안식일은 창세기에 기록된 그
안식일 이외에 어떠한 다른 날도 예배일로 주신 일이 없다고 믿는다. 따라
서 안식일과 관련된 성경에 대해 개혁주의와 안식교 신학자의 해석에는
견해 차이가 있다. 그러면 안식일 교회의 신학적 관점이 무엇인지 검토하
면서 평가하도록 하겠다.

1) 복음서에 나타난 예수님의 모범
먼저 안식일을 토요일로 지켜야 한다고 주장하는 사람들은 예수님이 안
식일에 회당에서 가르친 사건을 사례로 들면서 주님의 모범을 따라야 한
다고 강조한다. 예를 들면 눅 4:16에 "예수께서 그 자라나신 곳 나사렛에
이르사 안식일에 자기의 규례대로 회당에 들어가셨다"는 말씀은 예수께서
안식일을 지키심을 보여 준다고 한다. 그들은 특히 안식일에 자기의 규례
대로 회당에 들어가셨다는 말씀에 의미를 두고, 주님은 안식일마다 회당에
들어가서 교사로서 말씀을 가르치면서 구약의 안식일을 철저히 지켰다고
주장한다.[30] 안식교회 학자들이 주장하는 대로 예수님은 자신의 생활습관
을 따라 안식일마다 회당에 가서 말씀을 가르쳤다. 그것이 구약율법의 요

---

30) Walter F. Specht, "The Sabbath in the New Testament," *The Sabbath in
Scripture and History*, ed. Kenneth Wood (Review and Herald Publishing Co.,
1982), 92.

구이기 때문이다. 주님은 스스로 자신이 "율법이나 선지자를 폐하러 온 것이 아니라 오히려 완전케 하기 위하여 왔다"고 하셨다. 그러나 주님이 비록 안식일에 구약의 규례대로 회당에 가셨지만 그것은 어디까지나 부활 사건 전이었다. 예수께서 부활하신 후에도 구약의 규례를 따라 안식일을 지키지는 않았다. 이미 앞에서 언급한 것처럼 부활 사건은 안식일의 의미와 지키는 방법에 대해 큰 변화를 가져왔다. 그리스도의 부활을 통해 새로운 구속의 언약이 시작되었으므로 구원과 은혜의 방편으로 인식되어 오던 안식일을 지키는 방법과 그 날짜가 변하게 되었다.

그리고 복음서에 나타난 예수와 바리새인의 안식일에 관한 많은 논쟁에서 주님은 구약의 안식일을 유일한 안식일로 가르쳤다고 안식교회 성도들은 강조한다. 그들도 예수께서 바리새인과 안식일 논쟁을 한 것은 주님이 구약의 안식일을 거부한 것이 아니라 유대교 장로들이 만들어 놓은 인간의 생각과 규칙을 반대한 것이라고 주장한다. 그러면서 주님은 구약 성경이 가르친 안식일 원래의 의미를 다르게 해석한 장로들의 가르침을 반대만 하였지 모세가 세워놓은 안식일을 변경시킨 것은 아니라 한다. 그러나 이미 언급한 것처럼 할례가 세례로 변하고 유월절이 성찬으로 바뀌어진 것처럼 안식일이 주일로 변경된 것은 주님의 부활사건 후의 일이다. 그들은 인간의 구원과 안식에서 제일 핵심적인 사건이 되는 그리스도의 죽음과 부활이 주는 의미를 간과하고 있다. 그러므로 부활 사건 전에 예수께서 안식일에 회당에 가신 것과 안식일에 관한 가르침은 안식일 날짜 변경과 관련이 없다고 할 수 있다.

안식교 신학자들은 예수께서 부활하신 날이 안식 후 첫날이었다는 사실은 인정하지만 그 사건이 주는 신학적 의미에 대해서는 침묵한다. 복음서의 기자들은 모두 하나같이 주님이 다시 살아나신 날을 안식 후 첫날 아침 미명으로 표현하고 있기 때문에 그날이 주일이라는 사실을 누구도 거부할 수는 없다. 안식교 성도들은 단지 주님이 부활하셨다는 사실에만 의미를 부여한다. 그리고 부활하신 그리스도께서 주일에 자신의 사랑하는 제자들과 여자들에게 나타나셨다는 사실도 인정하지만 그 사건이 주일에 발생한 것에 대해서는 아무런 뜻을 찾지 않는다. 즉 그리스도께서 부활하신 것만 중요하지 어느 날 부활하였는지 또한 부활 후 주일에 주님이 무슨 일을 하셨는지에 대해서는 침묵하면서 의미를 찾지 않는다. 주님은 자신이 부활한 날이 중요하기 때문에 자신이 다시 살아난 그날 제자들에게 나타나셨다. 이 말은 제자들에게 나타난 그날이 의미가 있다는 것이다. 그래서 주님이 부활하신 사건도 한없이 중요하지만 부활하신 그날도 중요하므로 사랑하는 사람들에게 주님은 그날 많이 나타나셨다. 그 이유는 그날 인간의 재창조인 구원이 완성되었기 때문이다.

하나님의 창조사역은 인간에게 무한한 의미가 있다. 그러나 하나님이 창조사역을 완성하신 그날은 인간의 안식과 관련하여 깊은 뜻이 있다. 그래서 하나님은 자신이 창조사역을 완성하신 후 일곱째 날을 정하여 그날 안식하셨다. 하나님께서 창조사역을 완성하신 날이 중요하고 의미가 있기 때문에 하나님께서 그날을 안식일로 만드신 것처럼, 구원을 완전히 완성한 부활의 날도 창조가 완성된 날처럼 의미가 크다. 부활사건은 하나님의 창조사건처럼 중요할 뿐 아니라 인간의 구원을 완성하셨기 때문에 창조사역을 완성한 것보다 더 깊은 뜻이 있다. 인간에게 창조와 부활 모두가 중요한 것은 사실이지만 하나님께서는 창조 때 시작하셨던 인간을 향하신 구속적 경륜이 부활을 통해 성취되게 하셨기 때문에 부활의 의미가 더 중요하다. 그리스도의 부활이 창조사역보다 더 큰 의미가 있다면, 창조사역을 완성한 날보다는 구원을 완성한 부활의 날이 더 크고 중요한 것은 사실이다. 창조사역을 완성한 그날을 기억하면서 기념할 가치가 있다면, 인간의 구원을 완성한 그리스도께서 부활하신 날도 기억하면서 기념할 가치는 충분히 있다. 그러므로 그리스도가 죽음을 이기고 승리함으로 인간의 구원을 완성한 그날을 기억하면서 예배드리는 것은 당연한 일이 아닐 수 없다. 구약 이스라엘 백성이 창조사역이 완성된 그날을 기억하면서 하나님께 예배드렸기 때문에 구원 사역을 완성한 날을 기억하면서 예배드리는 것은 필연적이다. 이러한 이유로 인하여 영원한 안식을 바라보면서 예배드리는 날짜가 창조 기념일에서 부활 기념으로 변경되었다.

2) 드로아 교회의 주일 예배에 관한 견해(행 20:7)

안식교회의 대표적 신학자 가운데 한 사람인 스펙트(Walter F. Specht)는 행 20:7에 나타난 안식 후 첫날 드로아 교회 성도들이 모여서 말씀을 경청한 사건을 공적인 예배로 인정하지 않는다.[31] 그는 드로아의 성도들이 주일에 모였다는 사실은 인정하지만 그날 모인 목적이 예배드리기 위해 모였다는 사실을 거부한다. 즉 매주 주일마다 모인 것이 아니라 특별한 목적이 있어 한 번 모인 그날이 바로 주일이었다는 것이다. 드로아 성도들이 그 주일에 왜 모였을까? 스펙트는 아마 사도 바울이 예루살렘으로 가는 길에 그 도시를 경유하여 가기 때문에 훌륭한 사도로부터 말씀을 듣고 그를 전송하기 위해 모였을 것이라고 한다. 즉 바울의 여행 일정에 맞추어서 모이다 보니 그날이 우연히 주일이었다는 것이다. 그러나 위에서 우리가 이미 언급한 것처럼 고전 16:1-2에 따르면 고린도와 갈라디아 교회는 주일에 모였고 그날 예루살렘 교회 성도들을 위하여 연보도 하였다. 초대교회 가운데 고린도와 드로아 그리고 갈라디아 교회가 안식 후 첫날 모였다면 이를 공적 모임이 아닌 우연한 모임으로 생각하는 것은 비약적인 해석이다. 이 교회들은 관례적으로 주일에 모였다. 이렇게 많은 교회가 주일에 모임을 가졌다면 그것은 공적인 예배일이었기 때문이다.

그리고 안식교회 학자들은 드로아 교인들이 자정이 지나 밤늦게까지 바울의 강론을 경청한 것으로 보아 낮 시간에 모인 것이 아니라 밤 시간에 모였을 것이라고 추정한다. 이 말은 주일을 공적인 예배일로 결정하였다면 밤에 모이지 않고 낮 시간에 한자리에 모여 바울의 강론을 들었을 것이라는 주장이다. 그러나 드로아 성도들이 낮 시간부터 모여서 밤늦은 자정까지 바울의 강론을 경청하였을 가능성은 충분하다. 즉 자정까지 바울이 강론하였다 하여 밤에만 모였다는 주장은 무리한 해석일 가능성이 있다. 스펙트는 심지어 바울이 사정//시 강론을 하여 유두고가 3층에서 떨어진 그날의 모임은 주일이 아닐 가능성이 있다고 한다. 즉 안식일(토요일) 밤에

---

31) Walter F. Specht, "The Sabbath in the New Testament," 121-123.

모여 주일 새벽까지 말씀을 듣던 도중 유두고가 떨어지는 사건이 일어났다는 것이다. 그러나 행 20:7은 "안식 후 첫날 우리가 떡을 떼려 하여 모였더니"라고 기록하여 모임이 끝나는 시간이 아니라 모임을 시작하여 진행한 날이 주일임을 가르친다. 안식교회 성도들이 생각하는 것처럼 드로아 교회 성도들이 모인 것이 공적인 예배를 위함이 아니고 단회적인 사건이었음을 입증하기 위해 제시한 이론들은 합리적이거나 논리적이지 못하다. 드로아 교회에서 주일에 성도들이 모인 것은 바울을 전송하기 위한 목적만이 아니라 공적인 예배를 위한 것이었다. 그들은 모여서 바울의 강론을 듣고 난 후 바울을 전송하였을 것이다. 누가는 사도행전에서 주일에 하나님께 예배드리기 위해 모였을 때 바울이 그 교회에 방문하여 하나님의 말씀을 설교하는 과정에 발생한 사건을 기록하였다.

3) 고린도 교회의 주일 예배에 관한 견해(고전 16:1-2)

안식교회는 바울이 고린도 교회 성도들에게 매 주일 첫날 모일 때 헌금하라고 한 말씀 가운데 나타난 "주일에 모였다"는 사실을 거부한다. 바울은 고전 16:1-2에서 "성도를 위하는 연보에 대하여는 내가 갈라디아 교회들에게 명한 것 같이 너희도 그렇게 하라 매 주일 첫날에 너희 각 사람이 이를 얻은 대로 저축하여 두어서 내가 갈 때에 연보를 하지 않게 하라"고 하였다. 스펙트는 고린도 교회가 주일에 예배드리기 위해 모이지 않았다는 사실을 다음과 같이 설명하였다.[32]

"왜 바울이 하필이면 매 주일 첫날을 헌금하는 날로 정하였을까? 많은 사람들은 매주 첫날이 이미 종교적으로 중요한 날로 되어 있었기 때문이라고 대답한다. 그러나 이 구절을 세심히 살펴 읽어본다면 우리는 그러한 결론이 진실로 본문에 기초한 것인지, 아니면 후대에 일반화된 관행을 단순히 신약성경에 억지로 맞추어 읽은 것인지에 대해 의문을 제기하지 않을 수 없다. 이 구절에서 바울은 매 주 첫날에 어떤 신성한 특성을 부여하

32) Ibid., 124.

지 않고 있다. 뿐만 아니라 이 구절은 그 날에 교회에 출석해야 한다거나 또한 주간 연보를 교회로 갖고 와서 교회에 내라든가 하는 문제에 대해 전혀 언급이 없다. 이 구절은 단지 주간의 첫째 날이 돈 액수를 계산하고 한 주일의 수입에서 일정한 기부금을 따로 떼어놓기에 적합한 시기라고 말하고 있을 뿐이다. 첫째 날을 언급한 것은 교회 예배일로 언급한 것이 아니라 각 사람이 개인적으로 이행할 실천 사항과 관련하여 언급한 것이 다."

스펙트가 주장한 내용을 분석하기로 하겠다. 우선 그는 "그러한 결론이 본문에 기초한 것인지, 아니면 후대에 일반화된 관행을 성경에 억지로 맞추어 읽은 것인지에 대해 의문을 제기한다"고 하여 성경의 권위를 인정하지 않는 듯한 입장을 취한다. 그는 고린도 교회에 "매 주 첫날 모일 때 헌금하라"는 말은 바울이 기록하지 않았는데 후대 사람이 삽입하였을 가능성을 제기하였다. 그는 안식교의 교리에 불리하다고 여겨지는 말씀은 하나님의 계시가 아니며, 따라서 성경에서 제외시켜야 한다는 생각까지 갖고 있었다. 자신들의 교리에 맞추어 그 교리의 틀에 맞지 않는 말씀이 있다면 그 부분은 삭제하려는 시도가 있음을 엿보게 한다. 두 번째로 그는 이 본문을 바울이 직접 기록한 것을 전제로 하여 바울은 "매주 첫날에 어떤 신성한 특성을 부여하거나, 교회에 출석해야 한다거나, 주간의 연보를 교회로 갖고 오라는 뜻은 없다"고 하였다. 그는 성경에서 분명하게 기록된 말씀을 본문의 의도와는 다른 뜻으로 해석하였다. 그러나 본문은 분명히 매주 첫날은 교회에 모이는 날이므로 고린도 교회의 성도들은 매주일 첫날 교회에 모일 때마다 헌금을 하여 바울이 고린도 교회를 방문하였을 때는 헌금하는 일이 없도록 하라고 하였다.

스펙트는 바울이 매주 첫날을 언급한 이유가 "매주 첫날이 돈 액수를 계산하고 한 주일의 수입에서 일정한 기부금을 따로 떼어놓기에 적합한 시기"라고 하였다. 스펙트가 주장한 것처럼 1세기의 고린도 사회의 형편이 매주일 첫 날이 과연 수입 가운데서 일부를 저금하기에 가장 적합한 날이 었겠는가? 매주일 첫 날 저금하기에 적합하려면 현재 미국 사회처럼 대부분의 직장인들이 월급이 아닌 매 주말마다 봉급을 받는 주급이어야 그 주장이 가능할 것이다. 그러나 당시 사회는 일주일 단위로 일정한 액수가 수입되고, 그 돈으로 일주일을 생활하는 편리한 사회는 아니었다. 스펙트는 1세기의 고린도 교회 성도들의 형편을 자기가 21세기에 미국에서 생활하는 사회 상황으로 뛰어넘어 연결시켰다. 그리고 매주일 첫날이 왜 돈 액수를 계산하기에 편리한 날인지 여부는 밝히지 않고 있다. 고린도 교회에 다른 날보다 매주일 첫날 돈 계산하기 편리하도록 특별한 금융 시스템이 있었다는 말인가? 그날이 돈 계산하기에 편리할 이유가 없다. 그러므로 바울이 매주일 첫날 헌금하라는 것은 고린도 교회가 이미 그날에 모여서 예배드리는 것이 관례가 된 것을 알고 매주일 첫날 교회에 모일 때마다 헌금하라고 하였다는 해석이 합리적이고 자연스럽다. 스펙트가 설명한 것처럼 매주일 첫날은 저금하고 돈 계산하기 편리한 날이라고 해석한 것은 부자연스럽고 억지 논리인 듯한 느낌이다.

바울의 글을 분석하면 고린도 교회의 성도들은 매주일 첫날 교회에 모이는 것이 이미 관례가 되어 있었다. 그렇기 때문에 매주일 첫날에 연보를 하라고 하였다. 그들이 매주일 첫날 모인 이유는 무엇일까? 그것은 분명히 주님의 부활을 기념하여 하나님께 예배드리는 날로 정착되어 모든 사람이 지키고 있었기 때문이다. 바울은 교인들이 예배드리기 위해 교회에 모일 때마다 헌금을 하여 모아 두어서 자기가 고린도에 갔을 때 헌금하는 복잡한 일이 일어나지 않도록 당부하였다. 그러므로 고린도 교회는 매주일 첫날을 공적인 예배일로 지킨 것이 분명하다. 안식교회에서 초대교회는 주일에 공적인 예배모임을 갖지 않았다고 하는 주장은 성경의 가르침과는 일치하지 않는다.

4) 주의 날에 관한 견해(계 1:10)

안식교 신학자 스펙트는 요한계시록에 기록된 "주의 날"도 주일이 아니라는 이론을 제기하면서 초대 교회에 주일의 존재가 있었음을 부인하였다. 계 1:9-10은 "나 요한은 하나님의 말씀과 예수의 증거를 인하여 밧모라 하는 섬에 있었더니 주의 날에 내가 성령에 감동되어 내 뒤에 나는 나팔 소리 같은 큰 음성을 들었다"고 기록하였다. 스펙트는 요한이 언급한 "주의 날"이 주일이라는 사실에 강한 의심을 나타내었다. 그가 품은 의심은 첫째 "불행하게도 이 문맥에서 어느 날을 두고 주의 날이라고 부르는지 알 도리가 없다"고 하였다. 그러면서 그는 요한 이후 1세기 동안 기록된 문서에는 "주의 날"이라는 용어를 찾을 길이 없다고 하였다. 물론 신약성경에 "주의 날"이라는 단어가 기록된 곳은 유일하게 이 곳뿐이다. 그러나 주의 날(Kuriake hemera)이라는 용어가 외경인 요한의 행전(Acts of John)에 기록되어 있다. 그리고 후기 헬라어 기록에도 동일한 단어가 사용되고 있다.

주일에 해당되는 아람어 단어는 헬라어보다 훨씬 보편적으로 많이 사용되었다.[33] 따라서 주의 날이 보편적으로 사용되지 않았기 때문에 그날을 주일로 믿지 못한다는 것은 앞뒤가 맞지 않는다. 스펙트는 마치 당시에 그 단어가 넓게 사용된 용어가 아니라면 믿을 수 없다는 듯한 인상을 풍긴다. "주의 날"이라는 용어가 성경에 기록되었으면 그 당시에 사용되지 않았다 할지라도 그것을 믿어야 할 것이다. 사도는 하나님의 계시를 받아서 성경을 기록하기 때문에 사용되지 않았던 용어들도 처음 사용할 가능성은 충분히 있다. 스펙트는 이 사실을 완전히 배제하고 있다.

둘째, 스펙트는 계 1:10에 나오는 "주의 날"을 그리스도께서 부활한 주일로 읽지 않고 구약에 나오는 주의 날, 즉 여호와의 날일 가능성이 있다고 해석한다. 구약에는 주의 날이 하나님의 원수에게는 심판이, 하나님의 백성에게는 구원이 선포되는 날이다. 그는 사도 요한이 밧모 섬에서 계시를 받은 날은 구약에 나오는 주의 날일 가능성이 있다고 본다. 그러나 요한이 계시를 받을 때는 그리스도께서 십자가에 달려 죽으시고 부활하므로 사탄과 그를 따르는 무리들에게는 이미 심판이 내려졌고, 하나님의 백성에

---

33) Beckwith & Stott, 『기독교인과 주일』, 65. 아람어에는 주님의(dominical)라는 형용사가 없기 때문에 아람어로는 Lord's Day와 Day of the Lord를 구별할 수 없다.

게는 구원이 성취되었는데, 그날을 구약의 주의 날로 해석하는 것은 정확한 것으로 볼 수 없다. 신약 시대에 생활하는 요한이 왜 구약의 선지자들이 대망한 그날을 보았겠는가? 이는 사도 요한을 메시아가 탄생하기 전인 구약의 선지자로 오해하는 느낌을 준다.

셋째, 스펙트는 계시록의 "주의 날"이 부활한 주일이 아닌 미래 그리스도가 재림하여 세상을 심판할 "여호와의 날"일 가능성이 높다고 생각한 이론을 소개한다. 그의 글을 옮기면 다음과 같다.

계 1:10은 "내가 묵시 중에 하나님의 심판의 날에 내가 서 있음을 보았다. 계시록이 주간의 날들보다 무한대로 광대한 무엇과 함께 위로 올려지고 있다는 뜻이다. 요한이 일요일인 주의 날에 성령에 감동되었다고 읽는 것은 실제로 우리에게 아무런 의미가 없다. 오히려 요한이 예언적인 중요성을 띤 여호와의 날에 성령에 감동되었다고 읽는 것이 우리에게 중요하다."

그러나 계 1:10의 주의 날이라는 문구가 이러한 해석을 허용하는가? 그는 문맥 해석상 주의 날이 미래 세상을 심판할 여호와의 날은 아니라 하면서도 그날을 그리스도가 부활하신 주일로 해석하기보다는 여호와의 심판의 날로 해석하는 것이 바르다는 인상을 풍긴다. 그러나 요한이 가르친 주의 날은 자기가 주님으로부터 계시를 받은 시간과 장소를 나타내는 표현이지 미래나 과거의 어느 날을 뜻하는 것은 아니다. 따라서 이 해석도 바른 해석으로 보기 어렵다.

넷째, 스펙트가 가장 의미 있게 주장하는 해석은 계시록의 "주의 날"은 칠 일마다 반복되는 일주일 단위의 매주 첫날 주일이 아닌, 일 년마다 반복되는 주님이 부활하신 바로 그날이라는 것이다. 그는 "주의 날"은 주님의 부활을 일 년에 한 번씩 기념하는 기독교 유월절, 즉 나중에 "부활절"로 불리게 되는 그날을 언급한다고 주장한다. 그는 신약 성경 이후의 저술가들에게 최초의 주의 날은 일 주일마다 지키는 어떤 날을 지칭하는 것이 전혀 아니고 일 년에 한 번씩 기념하는 부활의 기념일이라고 강조한다. 그는 연례적으로 맞이하는 부활절 주의 날이 세례를 받거나 성찬을 하기에 적합한 날이라는 말을 잊지 않았다. 그래서 바울은 고전 5:7-8에서 "우리의 유월절 양 곧 그리스도께서 희생되셨느니라 이러므로 우리가 명절을 지키자"고 하였을 때 연례적 부활절을 제안하였다고 한다. 마지막 이 이론이 위에서 제시한 다른 세 개보다는 설득력이 있어 보인다. 그러나 우리는 이미 초대 교회에서 그리스도의 부활을 기념하는 축제의 분위기 속에서 매주 첫날을 공적인 예배드리는 날로 모이고 있었다는 사실을 염두에 두고 계시록에 기록된 "주의 날"을 해석해야 한다. 연례적으로 한 번씩 반복되는 부활절을 의미 있게 지키는 것도 신앙생활에 도움이 될 것이다. 그러나 연례적으로 한 번씩 찾아오는 부활절을 가리켜 주의 날이라고 부른 기록이야말로 전혀 없다. 그날은 그리스도께서 부활하신 부활절일 뿐이다. 그러나 주의 날은 그리스도의 부활을 기념하여 공적인 예배로 모이는 매 일주일 단위로 반복되는 주일을 뜻한다.

마지막으로, 스펙트는 계시록의 "주의 날"은 매주 첫날이 아닌, 구약의 제칠 일 안식일을 가리킬 가능성이 높다고 해석한다. 그는 안식일은 창조 때 거룩한 용도로 구별되었으며, 신약에 따르면 그 창조의 매개적 존재를 예수 그리스도로 가르치기 때문에 안식일과 그리스도는 밀접한 관계가 있다고 한다. 그리고 그는 제사 계명은 "제칠 일은 주 너의 하나님의 안식일"로 표현하였다고 한다. 이사야는 제칠 일은 하나님의 성일 또는 여호와의 성일(사 58:3)이라 하였다. 그리고 공관복음은 예수께서 인자는 안식일의 주인이라 하셨다고 전한다. 따라서 그는 안식일을 가리켜 주의 날이라 할 수 있다고 하였다. 그러나 그리스도께서 부활하신 후 구약의 안식일을 지칭하여 주의 날이라는 표현은 없다.

안식교회에서 계시록에 기록된 "주의 날"이 그리스도께서 부활한 안식 후 첫날이 아니라는 전제 하에 다양한 이론적 논리를 전개하지만, 그것들은 합리적이기니 지연스럽지 못하다. 기록된 말씀을 하나님의 계시로 인정하지 않기도 하고 서로 충돌과 모순된 해석을 하기도 하는가 하면 문제가 되는 성경 구절에 대한 분명한 자신들의 입장을 밝히지 않고 여러 학자들의 견해를 소개만 하기도 한다. 하나님께서 창조사역을 완성한 것을 기념하여 안식하신 일곱째 날이 신약교회에서도 공적인 예배일로 지키는 안식일이라는 주장은 자연스럽지 못하고 억지로 해석한 듯한 부분이 많다. 예수 그리스도께서 십자가에서 죽으시고 부활하기까지는 안식일이 창조사역을 기념하는 일곱째 날이었으나, 주님의 부활 후에는 매주 첫 번째 날로 변경되었다.

5) 주일에 관한 안식교의 견해

안식교회는 신약교회도 제칠 일을 하나님께 예배드리는 날로 지켜야 한다고 가르친다. 그러나 안식교회가 지금까지 그렇게 가르치고 지키고 있다 할지라도 현재 지상의 절대 다수의 교회와 성도가 제칠 일을 지키지 않고 매주 첫날을 예배일로 지키고 있다. 구약시대는 안식일을 토요일만 지켰는데 무엇 때문에 신약교회는 토요일과 일요일로 각각 나누어서 예배드리게 되었는가? 안식교회는 예배드리는 날이 매주 일곱째 날에서 첫째 날로 변경된 이유가 어디에 있다고 생각하는가?

안식교회는 지상의 다수 교회가 제칠 일에서 매주 첫날을 지키는 것은 성경의 가르침과 명령을 따르지 않는 것이라 보고 있다. 안식교회의 대표적인 학자인 바치오키는 제칠 일을 지키는 대신 주일을 지키는 것은 성경의 가르침을 이탈하여 이교적 사상과 종교의 영향을 받은 결과로 해석한다.[34] 성경의 가르침을 무시하고 교회가 교권의 힘으로 예배드리는 날짜를 변경하였다는 것이다. 바치오키는 이러한 주장을 하는 근거로 중세교회의 공식적 입장을 대변하였던 토마스 아퀴나스(Thomas Aquinas)의 가르침을 인용하였다. 토마스는 "일요일을 지키는 것은 성경의 제사 계명에 기초한 것이 아니라 교회법에 기초하였다"고 가르쳤다.[35] 바치오키는 기독교의 모체 교회가 되는 예루살렘 교회는 주일을 예배일로 준수한 흔적이 없다

---

34) Samuele Bacchiochi, "From Sabbath to Sunday," *The Sabbath in Scripture and History*, ed. Kenneth A. Strand (Review and Herald Publishing Co., 1982), 131.

35) Thomas Aquinas, *Summa Theologica*, 1947, 1702.

고 한다. 뿐만 아니라 초대교회가 주일을 예배일로 지켰다면 성경에 사도들이 주일에 예배드렸다는 언급이 있었을 것이라고 주장한다. 초대 교회는 할례를 세례로 변경하는 일 때문에 유대인과 사도들 사이에 많은 논쟁이 있었던 것처럼 제칠 일에서 첫날로 예배일이 변경되었다면 논쟁이 있었을 것인데 그러한 흔적이 없으므로 사도들이 주일을 지키지 않았다고 주장한다.

그러나 토마스가 말한 것처럼 예배드리는 날이 바뀐 것은 교회의 권위로 변경된 것이 아니다. 우리가 위에서 언급한 바와 같이 사도들은 주일에 예배드리는 행동으로 모범을 보였다(행 20:7; 고전 16:1-2; 계 1:10). 사도는 하나님으로부터 받은 계시에 의해 주일에 성도들을 한 장소로 모아 예배드리도록 하였을 것이다. 그리고 유대교 지도자들과 사도들이 안식일을 지키는 날짜 문제로 논쟁을 하지 않은 것은 교회가 주일을 지킨 것이 부활 후 즉시 모든 교회가 그렇게 시행하지 않고, 부활 후 20년 이상 지난 다음에 보편화 되기 시작한 때문인 것으로 여겨진다. 그 이유는 고린도전서가 기록된 시기가 54년경이기 때문이다. 초기 유대인 기독교인들도 안식일의 날짜가 변경되는 일에 관해서는 큰 관심을 두지 않았을 수도 있다. 그리스도의 부활 직후에는 매주 첫날에 교회가 부활을 기념하는 축제행사를 하면서 동시에 사도들은 안식일에 유대인 회당 집회에도 참석하였기 때문에 유대 종교지도자들은 별다른 의심을 하지 않았을 가능성이 있다. 그렇다면 유대인과 기독교인들 사이에 논쟁이 일어났을 가능성은 별로 없게 된다. 그리고 시간이 지나면서 기독교인의 수가 증가하고 안식일 대신 주일을 지키는 것이 보편화 되었을 때는 이미 성경 기록이 끝난 상태이다. 그러니 안식일에 관한 기록이나 이 문제에 대한 논쟁은 성경에 나타날 수 없다.

바치오키는 제칠 일 안식일이 주일로 처음 변경된 곳은 로마 교회였다고 한다. 그는 사도행전과 고린도전서에 기록된 매주 첫날 성도들이 교회에 모였다는 사실은 전적으로 무시한다. 로마 교회가 처음 유대인의 안식일을 포기하고 그리스도가 부활한 날을 안식일로 지켰다고 한다. 그는 로마의 기독교인들이 유대교의 제칠 일 안식일을 거부하고 새로운 안식일을 만든 것은 유대교와 기독교의 결별을 원하였기 때문으로 해석하였다.[36] 초대 교회의 유명한 역사가 유세비우스(Eusebius)는 2세기에 니산월 14일에 전통적 유대인의 유월절을 기념하는 소아시아의 14일 교도(Quartodeciman)들과 부활절을 기념하는 주일을 주장하는 로마 교회 사이에 큰 논쟁이 발생하였다고 한다.

로마 교회는 전통적으로 지켜왔던 유대인의 유월절을 포기하고 그 대신 부활을 기념하는 새로운 절기인 부활절을 지키므로 서로 큰 논쟁과 분란이 일어났다 바치오키는 로마 교회의 반 유대교적 감정은 170년경 멜리토(Melito)가 남긴 "유대인들에 의해 살해된 그리스도"라는 제목의 부활절 설교에서도 잘 나타난다고 하였다. 2세기에 들어오면서부터 유대인과 기독교인의 우호적 관계는 끝이 나고 적대적 관계가 시작되었다고 한다. 바치오키에 의하면, 로마 교회는 유대교 사상을 배격하기 위하여 유월절 양을 니산월 14일인 안식일(토요일)에 먹는 대신 그 다음날인 주일에 먹도록 하였다고 한다. 또한 당시에 그리스도의 부활에 대한 관심이 높아지면서 그리스도가 부활한 주일을 기념하여 지키자는 인식이 확산되었다고 한다. 이러한 분위기의 결과 반 유대교적 사상과 유대교적 신앙의 유입을 막기 위하여 부활절 기념일과 안식일의 날짜를 변경하였다고 주장한다.[37]

바치오키와 함께 안식교회는 신약교회의 주일이 하나님의 뜻이 아닌 인간의 결정에 의해 정해졌다고 강조한다. 안식일의 변경이 하나님의 신적인 계시에 근거하지 않고 인간의 집단인 교회의 권위에 의해 정해졌다면, 주일의 권위는 그만큼 무시되고 약할 수밖에 없다. 뿐만 아니라 교회가 안식일의 예배드리는 날을 변경할 수 있다면, 그날과 함께 성경에 기록된 하나님의 말씀을 무엇이든지 마음대로 수정하고 변경할 수 있게 된다. 안식교회는 자신들을 제외한 주일을 안식일로 지키는 모든 교회와 성도들은 성

---

36) Samuele Bacchiocchi, "From Sabbath to Sunday," 143.
37) Samuele Bacchiocchi, "From Sabbath to Sunday," 145.

경과 하나님의 권위를 무시하는 집단으로 비판한다. 그러나 이미 우리가 위에서 언급한 것처럼 그리스도의 부활을 기념하여 주일을 지키는 제도는 로마 교회가 처음 시작한 것이 아니고 사도가 모범을 보인 것이다. 로마 교회와 함께 모든 신약교회는 사도의 가르침을 따라 그날을 지키게 되었다. 주일을 안식일로 변경하여 지키던 중에 로마에서는 기독교인과 유대인들 사이에 많은 논쟁과 갈등이 있었던 것도 사실이다. 그러나 유대인과 로마 교회의 갈등과 투쟁이 원인이 되어 예배드리는 날을 구약의 제칠 일에서 주일로 변경하였다는 바치오키의 주장은 성경과 역사적 사건을 오해하고 있다. 유대인과 기독교인의 나쁜 감정은 주일 제정과는 아무런 관련이 없다.

모든 안식교회 성도들은 신약교회가 주일을 하나님께 예배드리는 날로 결정한 것은 로마 제국과 그 국민들이 열심히 섬기던 태양신 숭배의 영향이라고 보고 있다. 바치오키는 1세기 말부터 로마인들이 동방종교인 무적의 태양신을 섬겼다고 한다. 초대교회의 유명한 교부인 터툴리안(Tertullian)도 당시 로마는 태양신을 열심히 섬겼음을 인정하였다. 터툴리안은 "로마의 대경기장은 주로 태양신에게 바쳐진 것이었고 그 신전은 도시 한가운데 세워졌다. 그리고 그 신상은 지붕 꼭대기에서 빛을 발하였다. 창공에 위치한 태양을 지붕 아래 설치하는 것은 그 신앙을 바르게 표현한 것이 아니라고 생각하였기 때문이다"라고 하였다.[38] 태양신이 이렇게 빠르게 퍼지게 된 이유는 로마 사회가 황제와 태양신을 일치시켜 황제를 태양신으로 숭배하여 정치적 안정을 찾으려 하였기 때문이다.

바치오키는 태양신 숭배의 획기적인 파급은 주간의 요일 순서에 중대한 변화를 초래하였다고 한다. 7일 주간 제도는 로마에서 주후 1세기에 처음 시작되었다. 또한 주간의 7일들은 혹성의 이름으로 정해졌다. 그에 의하면 토성의 날인 토요일이 주간의 첫째 날이고 태양의 날인 일요일은 두 번째

---

38) Tertullian, *The Shows* 8, ANF III, 83.
39) Samuele Bacchiocchi, "From Sabbath to Sunday," 150.

날이었다고 한다.[39] 그런데 태양신 숭배가 확산되면서 2세기에는 태양의
날이 주간의 둘째 자리에서 첫째 자리로 올라섰다는 것이다. 그 결과 모든
날들의 위치가 한 자리씩 앞당겨졌고 그 대신 토요일은 제일 끝자리인 일
곱째 자리로 밀려났다. 그래서 주간의 요일 순서가 일, 월, 화, 수, 목, 금,
토의 현재와 같이 되었다고 한다. 그런데 바치오키도 날들의 위치가 바뀐
시기가 언제인지는 모른다고 하였다.

  일요일이 첫째 날인 토요일을 밀어내고 그 자리를 차지한 사건과 기독
교인들이 구약의 안식일인 토요일을 밀어내고 대신 주일 준수를 채택한
것은 2세기 초에 거의 동시적으로 발생하였다고 한다.[40] 따라서 안식교회
는 일요일이 그리스도께서 부활하신 날의 첫째 날이 된 사건은 유대인의
안식일을 폐하고 주일을 하나님께 예배드리는 날로 정하고자 하는 기독교
인을 로마 황제 숭배자들이 부추겨서 그렇게 하였을 것으로 추정한다. 바
치오키는 그 증거로서 당시 기독교의 일부 지도자들이 주일 준수를 정당
화 하기 위하여 태양의 날의 상징을 많이 사용하였다고 말한다. 또한 2세
기에는 예루살렘을 향하여 기도하던 과거 습관을 버리고 태양이 솟아오르
는 동쪽을 향하여 기도하는 습관이 기독교인들 사이에 많이 번졌다. 그리
고 이교의 축제인 무적의 태양신의 탄신일이 그리스도의 탄생일인 크리스
마스로 채택된 것을 사례로 꼽았다.

  바치오키의 주일 예배가 처음 시작된 곳은 로마 교회라는 주장과 로마
제국의 무적의 태양신 숭배사상과 이방종교가 제칠 일 안식일에서 매주일
첫날 주일로 변경되는데 영향을 끼쳤다는 가르침은 사실과 다르다. 고대
로마 사회는 종교심이 뜨거운 민족이었다. 그 이유는 당시 로마가 정치, 사
회, 경제적 문제 등에서 어려웠기 때문에 대부분의 사람들은 종교에 열심
이었다. 그리고 로마군대는 주변 국가를 정복하여 로마의 영토를 확장시키
고 있었다. 로마제국은 다른 민족을 점령하여 속국으로 만든 후 자기들의
국가와 쉽게 동화되게 하기 위하여 그 민족들이 섬겨 오던 고유한 종교를

---

40) Ibid., 150.

모두 인정하였다. 그래서 로마제국의 영토가 넓어지면 그것과 비례하여 종교의 숫자도 많아지게 되었다. 그 결과 어떤 사람은 4-5개의 종교를 소유하고 섬기기도 하였다. 모든 종교는 제국의 안정과 번영에 도움이 된다고 믿었기 때문이다. 2세기에 들어오면서 로마제국의 종교는 다양하고 복잡해졌으며 동시에 종교가 사회문제를 일으키기도 하였다. 예를 들면 주신제라는 종교집단은 주로 여성들로 구성되었는데 종교 의식 가운데 심야에 정부요인 암살 행위가 있었다. 이러한 사건에 충격을 받은 당국은 종교를 검토하고 제한하기 시작하였다. 이 사건과 함께 로마 원로원은 종교를 이용하여 정치의 안정을 꾀하였다.

원로원은 모든 종교를 조사하여 자기들의 기준에 합격하는 종교만 인정하였다. 그 기준은 새로 시작된 종교와 종교의식이 이상한 종교는 허용하지 않는다는 것이다. 즉 전통적 뿌리와 역사성이 있어야 하며 종교의식에서 의심될 부분이 없어야 했다. 당시 기독교는 새로운 종교였으며 예배의식이 이방종교에 비교하면 큰 차이가 있었다. 따라서 원로원은 기독교를 허용하지 않았다. 또한 원로원은 정치적 안정을 위하여 황제를 태양신으로 승격시키고 모든 제국 백성들에게 숭배를 강요하였다. 교회와 로마 정부의 관계는 최악의 상황이 되었다. 기독교의 본질을 파괴하는 우상숭배를 강요하였기 때문이다. 교회는 황제숭배를 반대하고 또한 정부가 금지한 집단이었으므로 심각한 박해를 받았다. 그러나 당시 성도들이 어려운 환경 가운데서도 말씀에 대한 확신과 모범적 생활, 전도의 열심 등으로 교회가 크게 부흥하였다. 터툴리안은, 만약 기독교인들이 떠난다면 제국은 텅 빈 땅이 될 것이며, 그들은 제국의 신전 외에 시장, 원로원, 군대, 관공서 등 모든 곳을 점령하였다고 하였다. 박해를 받았음에도 불구하고 그만큼 교회가 크게 부흥하였다는 증거이다.

당시 교인의 숫자는 증가하였지만 제국의 박해 하에 있는 교회는 이에 대한 대비를 할 수 없었다. 우선 성직자 양성을 위한 교육을 시킬 수 없었다. 또한 정부 당국의 감시를 피하여 신앙생활을 하다보니 예배와 교육을 위한 시설도 갖출 수 없었다. 교인을 교육시킬 선생과 교육 받을 장소가 없으니 신앙교육이 어려웠다. 그 결과 기독교로 개종한 후에도 이방종교에서 행하던 생활 습관이 교회에서도 계속되는 경우가 많았다. 그래서 일부 교인들은 태양신을 숭배하는 사람들처럼 동방을 향해 기도하는 사람도 있었고, 심지어 태양신을 섬기는 신전에 가서 기도하는 교인들도 있었다. 이러한 현상은 안타깝지만 당시 교회로서는 감당하기 어려운 일이었다. 그리고 교회 지도자 가운데 일부는 정부당국자와 관계를 좋게 하여 교회가 당하는 인적·경제적 피해를 줄이려고 노력한 사람도 있었을 가능성은 있다. 그러나 당시 교회는 정부를 사탄의 세력으로 보았고 제국은 교회에 대해 국가를 전복시키려는 불법 집단으로 생각하였기 때문에 교회가 로마 제국의 태양신 숭배 영향을 받았다고 평가하는 것은 정확한 역사 해석이 아니다. 오히려 당시 교회는 신앙의 순결을 지키기 위해 순교의 영광을 강조하였다.

시간이 지나면서 교회가 부흥하고 하나님의 은혜로 콘스탄티누스(Constantine) 황제가 회개하고 기독교인이 되었다. 황제의 회개는 교회에 획기적인 변화가 오게 하였다. 교인의 폭발적 증가와 함께 로마 제국은 교회에 최대한의 호의를 베풀었다. 교회가 로마 사회와 정치에 영향을 끼치는 세력으로 성장한 결과이다. 교회로부터 빼앗은 모든 재산을 돌려주고 주교에게는 군 입대와 각종 세금 면제, 고관들 연회에 초대되는 혜택을 주었다. 그리고 교회 주교와 교회도 정부의 모든 일에 협력하게 되었다. 당시 로마 제국과 황제는 기독교인의 폭발적 증가와 더불어 교회의 영향력이 커지게 되자 교회의 요구를 거부할 수 없게 되었다.

그 결과 로마 제국은 기독교인들의 예배드리는 날인 매주일 첫날을 공휴일로 결정하였다. 그러나 당시 태양신을 숭배하는 사람들도 일요일에 자기들의 종교활동을 하였다. 정부 당국자들이 매주 첫날인 주일을 공휴일로 만든 것은 기독교인과 태양신 숭배자들 모두로부터 환영을 받았다. 물론 주일을 공휴일로 정하는 과정에는 당시 사회 문화적 환경에 따라 로마제국의 정치적 결단이 있었다. 이미 밝힌 바와 같이 로마 정부와 태양신 숭배자들은 기독교인들이 주일을 예배드리는 날로 결정하는데는 아무런 영향도 끼치지 않았다. 주일을 예배드리는 날로 변경한 것은 전적으로 교회가 사도의 가르침을 따라 스스로 결정한 일이었다. 부활을 기념하여 주일에 예배드리기 시작한 시기는 1세기 초반이다. 그러니까 황제숭배를 시도하는 의견은 있었지만 그것이 교회에 강요되기 전부터 사도들은 주일에 모여서 예배드렸다. 이러한 상황에서 교회가 태양신을 숭배하는 사람의 영향을 받은 결과 예배드리는 날을 제 칠 일 안식일에서 매주 첫날로 변경하였다는 안식교회의 주장은 사실과 다르다.

안식교회는 예배드리는 날짜 변경에 태양신을 숭배하는 이방종교가 약간의 영향을 끼쳤다고 한다. 그러나 안식교의 이 주장은 사실과 다르다. 우리가 이미 위에서 고찰한 것처럼 예배드리는 날짜가 제 칠 일 안식일에서 주일 첫날로 변경된 것은 사도들의 모범적 행동과 그들의 가르침에 따라 정해진 것이기 때문이다. 따라서 날짜가 변경되는 과정에는 안식교회가 주장하는 것처럼 이방종교의 영향은 아무것도 있을 수 없었다. 물론 예수님이 부활한 1세기 초기에도 로마 제국에는 태양신 숭배자가 있었다. 예수께서 부활하신 안식 후 첫날이 바로 로마에서 태양신을 숭배하는 그날이다. 그리고 교회는 태양신 숭배와는 아무런 관련도 없었지만 주님이 로마 시민들이 태양신을 숭배하는 바로 그날 부활하셨기 때문에 교회는 주님의 부활을 기념하여 주님이 부활하신 매주 첫날 모여서 예배를 드리기로 하였다. 교회가 날짜를 변경한 동기와 목적 그리고 방법 등에서 이방종교와 문화의 영향은 전혀 없었다. 그럼에도 불구하고 예배드리는 날짜가 제 칠 일에서 첫날로 변경된 것이 이방종교의 영향 때문이라고 주장한다면 이는 예수께서 이방종교인 태양신의 영향을 받아 주일에 부활하였다고 주장하는 것과 전혀 다를 바가 없다.

그러나 4세기에 주일을 공휴일로 결정하는 과정에는 이방종교의 영향이 있었나. 이미 상술한 바와 같이 매주 첫날은 기독교인들이 예배드리는 날이기도 하지만 태양신 숭배자들도 그들의 신에게 제사를 드리는 날이었다. 콘스탄티누스 대제가 일요일을 공휴일로 결정할 때는 기독교인의 수가 상상을 초월할 정도로 부흥하였지만, 여전히 태양신 숭배자들의 수가 더 많았을 것이다. 콘스탄티누스 황제가 비록 기독교로 개종하여 기독교인들이 하나님께 예배드리기에 편리한 목적으로 그날을 공휴일로 결정하였지만, 태양신을 숭배하는 시민들의 요구도 무시할 수는 없었을 것이다. 황제는 주일을 공휴일로 결정함으로 인하여 기독교인과 태양신 숭배자, 즉 제국의 양대 세력 모두를 만족시켰다. 콘스탄티누스는 단 하나의 결단으로 종교적 갈등으로 심각한 대립 상태에 있는 두 정치 세력 집단 모두에게 만족을 주었으니 정치인 황제로서는 훌륭한 결정을 한 셈이다. 그러나 콘스탄티누스 황제가 주일을 공휴일로 결정한 이유는 1세기부터 교회가 그날을 예배일로 지켜왔기 때문이다. 하나님의 계시를 받은 사도들의 가르침에 따라 주일을 예배드리는 날로 정하여 시행하여 오던 그날을 4세기에는 로마정부가 공휴일로 결정하였다. 그러므로 예배드리는 날의 변경은 하나님의 뜻에 따라 사도들의 모범에 의해 시작되었고, 사도들의 가르침에 따라 교회가 받아들여서 정착된 것이다.

결론

안식일은 하나님께서 인간의 행복과 축복을 위해 만드신 제도이다. 천지 창조 때 안식일을 만드셨기 때문에 그것은 창조 규범으로 전 인류와 모든 시대에 구속력이 있다. 하나님께서는 이 안식일의 원리와 함께 그것을 지키고 순종하는 방법을 성경에서 가르치는 다른 교훈들처럼 아브라함의 후손들을 매개로 하여 모든 사람에게 전달되도록 하셨다. 안식일은 이스라엘 백성들에게 하나님과 맺은 언약의 징표였다. 그리고 안식일은 창조 때 시작되어서 그리스도께서 재림하실 때 최종 완성되는 종말론적 의미가 크게 담겨 있다. 또한 하나님께서는 오직 그리스도의 사역을 통해서 그의 자녀들에게 참된 안식을 베푸신다. 그리스도만이 하나님의 영원한 안식을 모든 성도들에게 나누어 줄 수 있다. 안식을 만드시고 완성하시며 성도들에게 그것을 제공하시는 분은 오직 하나님뿐이시다. 그러므로 그리스도를 떠나서는 참된 안식을 소유할 수 없다. 다만 성도가 이 땅에서 생활하는 동안은 완전하고도 최종적인 안식을 소유할 수 없다 하더라도 하나님의 자녀들은 그리스도를 통해 하나님의 안식을 미리 맛볼 수 있다.

하나님은 이 땅 위에서 순례자의 길을 가는 성도들이 안식일에 하나님께 예배드리는 시간을 통해 하나님이 주시는 영원한 안식을 느끼도록 하셨다. 이는 그 영원한 안식을 바라보면서 소망 가운데 생활하도록 하시는 하나님의 은혜이다. 그러나 오늘날 성도들은 이 안식의 맛을 향유하지 못하는데 심각한 문제가 있다. 그 결과 현재 신앙생활에서 재미와 만족을 경험하지 못하고 있다. 이는 마치 행복하고 즐거운 마음이 없이 결혼생활을 하는 부부와 비슷한 상황이다. 그러한 부부는 가정을 위해 일하는 보람이나 의미를 느끼지 못한 채 어쩔 수 없이 사회 관습과 제도에 얽매여서 생활 그 자체가 무거운 짐이 된다. 하나님이 공급하시는 안식의 은혜를 공급받지 못하는 성도는 교회에 다니면서 신앙생활 하는 그 자체가 무거운 짐으로 느껴질 것이다.

이렇게 된 원인은 많겠지만 무엇보다 하나님께서 모든 성도들에게 요구하시는 주일을 제대로 지키지 못한 결과이다. 오늘날 대부분의 성도들은 매 주일 교회에 출석하지만 하나님께서 말씀하시는 원리에 따라 그날을 지키지 못하고 있다. 즉 영적 안식을 누리지 못하는데 근본적인 문제가 있다. 주일은 하나님께 드리는 예배와 말씀, 기도, 찬양, 성도의 교제, 봉사 등을 통해 영원한 하나님 나라와 안식을 바라보는 소망이 있어야 한다. 오늘날 교회는 주일 예배와 봉사를 통해 하나님의 영원한 안식을 사모하게 하는 욕망이나 갈증을 느끼지 못하고 있다. 교회에 출석하여 예배를 드리고 다양한 프로그램에 동참하지만 영적인 생명력을 느끼지 못하는 성도가 많다. 그 이유는 주일에 교회에서 행하여지는 행사들이 영혼들에게 편안한 쉼과 안식을 주지 못하는데 있는 듯하다.

성도들이 주일에 영적인 안식을 얻지 못하는 이유가 어디에 있는가? 많은 이유가 있겠지만 무엇보다 평소 6일간 행하던 일과 생각들을 그대로 갖고 주일 예배에 출석하기 때문이라 여겨진다. 오늘날 대부분의 사람들은 사회의 구조적 여건 때문에 너무 열심히 일하고 바쁘게 생활한다. 현대인들의 다수가 24시간 사업과 직장에서 있었던 일들을 계속 생각하며 생활하는 경우가 많다. 이러한 현상은 기독교인들도 예외가 아니다. 예배시간에도 직장의 일을 생각하게 되고, 경우에 따라서 주일에 출근해서 일을 해야 할 수도 있다. 어떤 사람들은 비록 주일에 일은 하지 않더라도 6일간 너무 열심히 노동한 결과 주일 예배드리는 시간에 피곤에 지쳐 예배에 집중을 못하는 경우도 있다. 이렇게 되면 마음을 완전히 하나님께 맡기지 못해 은혜를 받기가 어렵게 된다. 모든 것을 하나님께 맡기고 그날은 마음과 육신이 평소에 열심히 하던 사업과 직장의 노동으로부터 안식하면서 쉬어야 한다. 주일에 온전한 안식을 위해 평소에 시간을 철저하게 관리할 필요가 있다. 육체 노동으로부터 휴식이 없는 한 온전한 주일 성수는 불가능하다.

현대 기독교인들이 주일을 정상적으로 지키지 못하는 또 다른 이유는 세상적 쾌락을 추구하기 때문으로 여겨진다. 과거 가난한 시절에는 보릿고개를 넘기 위하여 앞만 보고 열심히 일하였다. 이제는 한국 사회도 지적 경제적 수준이 높아지면서 문화 창출과 함께 여유 있는 문화생활을 추구하게 되었다. 우리 나라의 GNP가 일만 달러를 바라보면서 OECD에 가입하는 선진국이 되었으니 문화생활을 바라는 것은 자연스러운 현상이고 이 욕구를 채워 주기 위한 수많은 프로그램들이 개발되어 사람들을 유혹하고 있다. 옛날에 비해 다양한 문화 행사들과 많은 사람들의 관심을 끌게 되는 큰 스포츠 게임을 주일에 진행하는 일이 허다하므로 스포츠에 관심 있는 성도의 마음이 흔들릴 가능성이 있다. 또한 과거 어느 시대보다 말초신경을 자극하는 영상 매체들이 홍수처럼 흘러나오고 있어 TV 프로그램의 채널수가 얼마나 많아졌는가? 너무 다양하고 많은 TV채널이 안방과 연결되어 있다. TV 프로그램의 중독성을 무시할 수 없다. 특히 주말 심야 프로그램에 빠지게 되면 이튿날 주일 예배도 온전한 정신으로 드릴 수 없게 된다.

우리 국민들도 가족과 함께 주말 여가를 즐기는 인구가 증가하고 있어 휴일이나 쉬는 날이면 교외의 산과 바다가 몸살을 앓고 있다. 최근 정부에서 모든 기업들이 주 5일 근무제를 도입하도록 결정하자 교회가 긴장하고 있다. 주말 여행을 즐기는 기독교인들의 증가와 더불어 교인들의 주일 예배 출석이 줄어들게 될 것을 염려한 것이다. 주 5일 근무제도가 뿌리를 내리게 된다면 교회가 염려하는 문제가 현실화될 가능성은 충분하다. 즉 성도들이 주일을 지키지 않고 그 시간에 여행을 떠나는 숫자가 증가되면 개인의 신앙과 교회에 손해가 되는 것은 분명하지만 교회가 주 5일 근무제를 반대할 명분은 없다. 이미 미국과 같은 서구 사회에서 오래 전부터 이 제도를 시행하고 있었지만 이 제도 때문에 미국의 교회가 영향을 받아 쇠퇴하였다든지 교인들의 신앙이 식었다고 보기는 어렵다. 주 5일 근무제가 어떤 형태로든지 영향을 끼쳤겠지만 그것을 직접적인 원인으로 볼 수 없을 뿐만 아니라 교회가 부흥하든 쇠퇴하든 그것은 교회의 문제이지 국민들이 노동을 5일 하느냐 6일 하느냐에 의존되는 일은 아닐 것이다.

성도들이 주일을 제대로 지키지 못하는 이유는 많이 열거할 수 있다. 평소에 일을 너무 열심히 하여 피곤하기 때문이라든지, 여행을 하거나 문화생활에 취미가 있었다든지 이런 것들이 원인이 될 수는 있다. 그러나 성도들이 주일을 지키지 않는 근본적인 문제는 교회 책임도 크다고 볼 수 있다. 교회에 출석하는 성도에게 세상의 그 무엇을 하는 것보다 기쁨과 만족을 준다면 이러한 현상은 나타나지 않을 것이다. 성도가 주일을 온전한 성수주일로 지키지 못하는 것은 교인들에게 교회의 영향력이 감소된 결과라 할 수 있다. 주일 예배에 참석하고, 봉사하면서 성도의 교제를 나누는 것이 더 유익하고 만족스럽다고 느낀다면 성도들이 교회를 떠나지 않을 것이다.

오늘날 성도들을 유혹하는 종류가 다양해지고 그 수법은 더욱 교묘하여졌는데 비하여 교회의 영적인 힘은 과거보다 약해지고 있다. 세상으로부터 받는 영향은 커지는데 반하여 교회가 끼치는 감동은 약화되고 있는 상황이다. 사람은 누구나 영향을 받는 쪽으로 기울어지게 마련이다. 오늘날 교인들이 완전한 주일을 지키게 하려면 교회가 먼저 변해야 하고, 말씀과 영적인 권위를 회복하는 일이 가장 시급한 것으로 보인다. 교회의 프로그램 개발이 문제가 아니라 이미 진행하고 있는 예배, 교육, 봉사, 친교의 진정한 회복이 필요하다. 성경에서는 이러한 프로그램을 교회에서 진행해야 할 근본적인 것들로 가르친다. 다수의 교회가 프로그램 개발에 많은 노력을 기울이지만, 그러한 것들이 근본적인 변화를 주지는 못할 것이다. 교회가 해야 할 본질적인 일은 등한히 하면서 다른 일을 아무리 잘한다 할지라도 거기에는 큰 의미가 없다. 성경에서 가르치는 본래의 의미를 살려서 이러한 프로그램들이 영성 있는 내용으로 진행된다면 성도들이 은혜를 받고 만족하게 될 것이다. 무엇보다 교인들이 주일에 교회에서 진행되는 근본적인 프로그램들을 통해 은혜를 받을 때만 그 다음 단계의 영적 안식이 진행될 수 있을 것이다.

현재 우리 교회가 안식일을 정상적으로 지키지 못하고 있는 원인은 성도 개인과 사회적 요인과 교회의 문제가 함께 얽혀 있다. 주일을 말씀에 따라 지키게 하려면 문제의 원인이 된 모든 것들을 해결해야 하겠지만, 우선순위에서 교회가 갖고 있는 문제를 먼저 풀어야 나머지 문제가 해결될 것이다. 그렇게 하지 못한다면 앞으로 더욱 심각한 위기를 맞을 가능성도 배제할 수 없을 것이다. 교회의 존립은 성도들이 주일을 어떻게 지키느냐의 여부에 달렸다. 주일을 지키지 못하는 교인을 가리켜 성도라 할 수 없을 것이고, 주일을 정상적으로 지키도록 지도하지 못하는 교회도 교회로 존립하기 어려울 것이다. 성도가 주일을 정상적으로 지키면서 신앙생활 할 때만 하나님의 영적인 은혜를 누릴 수 있다.

참고문헌

Anderson, Bernhard W. "Exodus Typology in Second Isaiah," ed. Bernhard W. Anderson and Walter Brueggemann, ed. *Israel's Prophetic Heritage*, 1962.

Andearson, N. E. "Recent Studies of the Old Testament Sabbath: Some Observation," *Zeitschrift fur alttestamentliche Wissenschaft* 86 (1974): 455.

_____. "Jubilee of Freedom and Equality," *Spectrum* 9 (1977): 43-47.

_____. *The Old Testament Sabbath* (SBL dissertation Series, 1972.

Augustine. 하나님의 도성. 조호연, 김종흡 역, 서울: 크리스챤다이제스트, 1997.

Bacchiocchi, Samuel. *From Sabbath to Sunday: A Historical Investigation of the Rise of Sunday Observance in Early Christianity*, Rome: The Lord's Day Alliance of the United States, 1977.

_____. *Anti-Judaism and the Origin of Sunday*. Rome, 1975.

_____. *Rest for Modern Man*. Nashville, 1966.

_____. *Divine Rest For Human Restlessness: A Theological Study of the Good News of the Sabbath For Today*. Rome: The Lord's Day Alliance, 1980.

Barth, Karl. *Christ and Humanity in Romans 5*. New York, 1957.

Beckwith, Roger T. and Wilfrid Stott. *This is the Day: The Biblical Doctrine of the Sunday in its Jewish and Early Church Setting*. Greenwood, S.C.: The Attic Press Inc.: 1978.

Berkhof, Hendrikus. *Christ the Meaning of History*. trans. L. Buurman, Richmond: John Knox Press, 1966.

Berkhof, Louis. 벌코프 조직신학. 권수경, 이상원 역, 크리스챤다이제스트, 1991.

Berman, Saul J. "The Extended Notion of the Sabbath," *Judaism* 22 (Summer 1973): 347.

Blenkinsopp, Joshep. *Ezra-Nehemiah: A Commentary.* The Old Testament Library, Philadelphia: The Westminster Press, 1988

Blum, Edwin A. *1 Peter: The Expositor's Bible Commentary.* ed. Frank E. Gaebelein. Zondervan, 1981.

Boice, James M. 로마서. 김덕천 역, 도서출판 줄과추, 1997.

_____. 산상수훈 강해. 이상원 역, 크리스챤다이제스트, 1987.

Borsch, F. H. *The Son of Man in Myth and History.* London: SCM, 1967.

Briggs, Charles R. "Exposition and Adaptation of the Sabbath Commandment in the OT," *Australian Biblical Review,* 23 (October 1975): 13-23.

Brown, James. "Karl Barth's Doctrine of the Sabbath," *Scottish Journal of Theology* 19 (December 1966): 409; id., "The Doctrine of the Sabbath in Karl Barth's Church Dogmatics," *Scottish Journal of Theology* 20 (March 1967): 1.

Brown, Francis, S. R. Driver, and Charles Briggs. *Hebrew and English Lexicon of the Old Testament.* New York: Houghton Mifflin, 1907.

Bruce, F. F. *The New International Commentary on the New Testament: The Epistle to the Hebrews.* Eerdmans, 1975.

_____. *The New International Commentary on the New Testament: The Book of Acts.* Eerdmans, 1984

_____. *The New International Commentary on the New Testament: The Epistle to the Colossians.* Eerdmans, 1984.

Budde, Karl. "The Sabbath and the Week: Their Origin and Their Nature," *The Journal of Theological Studies* 30 (1928): 1-15.

Calvin, John. *A Commentary on Genesis.* Eerdmans, 1948.

_____. *A Commentary: Minor Prophets.* Eerdmans, 1948.

_____. *A Commentary on Luke,* Eerdmans, 1979.

_____. *A Commentary on Romans,* Eerdmans, 1979.

_____. *Commentaries on Hebrews and I and II Peter.* Eerdmans,

1979.

_____. *A Commentary on Isaiah.* Eerdmans, 1953

_____. *Institutes of the Christian Religion.* ed. John T. McNeill. Philadelphia, Westminster Press, 1970.

_____. 칼빈의 십계명설교. ed. Benjamin W. Farley, 박희석 역. 성광문화사, 1991.

Childs, B. S. *Memory and Tradition in Israel.* London: SCM Press, 1962.

Clowney, Edmund P. "The Final Temple" *Prophecy in the Making.* ed. Carl F. H. Henry. Carol Stream: Creation House, 1971

Cohen, Gary C. "The Doctrine of the Sabbath in the Old and New Testament," *Grace Journal* 6 (Spring 1965): 9.

Cole, R. A. "Law in the Old Testament", *The Zondervan Pictorial Encylopedia of the Bible.* ed. Merrill C. Tenney.

Congdon, Philip F. "An Exegetical and Theological Study of Numbers 15:22-31," Th. M. thesis, Dallas Seminary, 1983.

Craigie, Peter C. *NIC: The Book of Deuteronomy.* Eerdmans 1976

Cullmann, Oscar. *Early Christian Worship.* trans. Todd and J. B. Torrance. London: SCM, 1953.

_____. *Christ and Time.* trans. Floyd V. Filson. Philadelphia: Westminster Press, 1950.

Davenant, John. *Exposition of the Epistle of St. Paul to the Colossians.* 1:484.

Davies, Glenn N. "New Covenant Worship", Th. M. Thesis, Westminster Theological Seminary, 1979,

Davies, William Henry. "The Relation to the Jewish People Claimed by Jesus in His Sabbath Teaching," *Review & Expositor* 32 (October 1935): 365-375.

Davis, W. D. *The Gospel and the Land.* Berkeley: University of California, 1974.

Dillard, Raymond B. & Tremper Longman III. 최신구약개론. 박철현 역, 크리스챤다이제스트, 1997.

Doukhan, Jacques. "The Seventy Weeks of Daniel 9: An Exegetical Study," *Andrews University Seminary Studies,* 17 (1977): 22.

Dressler, Harold H. P. "The Sabbath in the Old Testsment," *From Sabbath to the Lord's Day: A Biblical, Historical and Theological Investigation,* ed. D. A. Carson. Zondervan:1980.

Dumbrell, W. J. 언약과 창조: 구약언약의 신학. 최우성 역. 도서출판 크리스챤서적, 1990.

Erickson, Millard J. 복음주의 조직신학. 신경수 역, 크리스챤다이제스트, 1995

Eskenazi, Tamara C. *In An Age of Prose: A Literary Approach to Ezra-Nehemiah.* Atlanta: Scholars Press, 1986.

Fensham, Charles. *NIC: The Books of Ezra and Nehemiah,* Eerdmans, 1982

Feinberg, Charles L. "The Sabbath and the Lord's Day," *Bibliotheca Sacra,* 138, (April-June, 1968): 180

Feinberg, John S. "Salvation in Old Testament," *Tradition and Testament: An Essays in Honor of Charles Lee Feinberg,* 39-77.

Fishbane, M. *The Text and Texture.* New York: Schocken Books, 1979

Friedman, Theodore. "Sabbath: Anticipation of Redemption," *Judaism* 16 (Fall 1967): 443-52.

Gaffin, Richard B. Jr., *The Centrality of the Resurrection: A Study in Paul's Soteriology* Baker Book House, 1978.

Geldenhuys, Novra. *The New International Commentary on the Luke.* Eerdmans, 1956.

Granfield, C. E. *The Gospel According to St. Mark.* Cambridge: Cambridge University Press, 1972.

Griffith, Richard J. "The eschatological significance of the Sabbath," Th. D., diss., Dallas Theological Seminary, 1990

Guthrie, D. *Hebrews. Tyndale Commentary.* Eerdmans, 1983.

Hamilton, N. Q. *The Holy Spirit and Eschatology in Paul.* Edinburgh: Olive and Boyd, 1957.

Hamilton, Victor P. *NIC, The Book of Genesis Chapters 1-17,*

Hasel, Gerhard, "The Sabbath in the Pentateuch," *The Sabbath in Scripture and History.*

Hasel, Gerhard. *The Remnant.* Berrien Springs: Andrew University Press,

1972.

Hendriksen, William. *New Testament Commentary: Galatians & Ephesians.* The Banner of Truth Trust, 1981.

_____. *New Testament Commentary: The Gospel of Luke.* Edinburgh: The Banner of Truth Trust, 1979.

Hengstenberg, E. W. 구약의 기독론. 원광연 역, 크리스챤다이제스트, 1997.

_____. "The New Covenant," *Classical Evangelical Essay: In Old Testament Interpretation.* ed. Walter C. Kaiser, Baker Book House, 1972.

Heylyn, Peter. *History of Sabbath.* London, 1636.

Hodge, Charles. *Systematic Theology.* Eerdmans, 1977.

Hoekema, Anthony A. 개혁주의 종말론. 류호준 역, 서울: 기독교문서선교회, 1988.

Hagglund, Bengt. 신학사. 박희석 역, 서울: 성광문화사, 1989.

James Garcia. "Contribution to the Theology of Sunday," *Worship* 52 (July, 1978): 369-74.

Jang, Jae. "The Role of the Deuteronomic Sabbath Commandment," Th. M. Thesis, Westminster Seminary, 1997.

Jewett, Paul K. *The Lord's Day: A Theological Guide to the Christian Day of Worship,* Eerdmans, 1971.

Jones, David C. *Biblical Christian Ethics.* Baker Book House, 1994.

Johnson, R. K. "Imputation," *Evangelical Dictionary of Theology.* ed. Walter A. Elwell Baker Book House, 1984.

Johnston, Robert M. "Patriarchs, Rabbis, and Sabbath," *Andrews University Seminary Studies,* 12 (July 1974).

Kaiser, Walter C. *Toward an Old Testament Theology.* Zondervan, 1978.

_____. 신약의 구약사용. 성기문 역, 크리스챤다이제스트, 1997.

Kevan, Ernest F. *The Grace of Law: A Study in Puritan Theology.* London: The Carey Kingsgate Press.

Keil, C. F. and F. Delitzsch, *Commentary on the Old Testament in Ten Volumes,* vol. 3, *I & II Kings, I & II Chronicles, Ezra, Nehemiah, Esther.* Eerdman, 1980..

Kiesling, Christopher. *The Future of the Christian,* New York, 1970.

Kim, Sungsoo. "A Study of the Exodus Motiff in Isaiah," Th. M. thesis, Calvin Theological Seminary, 1982.

King, Marchant A. "Sabbath and the Spring Feast," *Moody* (May, 1985): 46.

Kistemaker, Simon J. *New Testament Commentary: An Exposition of the Epistle to the Hebrews.* Baker Book House, 1984.

Kline, Meredith G. *Kingdom Prologue.* 1981.

_____. 구약에 나타난 성령의 형상. 서홍종 역, 서울: 줄과 추, 2000.

_____. *By Oath Consigned: A Reinterpretation of the Covenant Signs of Circumcision and Baptism.* Eerdmans, 1968.

Klooster, Fred H. "The Biblical Method of Salvation: A Case for Continuity", *Continuity and Discontinuity: Perspectives on the Relationship Between the Old and New Testaments.* ed. John S. Feinberg. Westchester: Crossway Books, 1988.

Krealing, E. G. "The Present Status of the Sabbath Question," *American Journal of Semitic Languages and Literatures,* 49 (1931-33): 218-228.

Kubo, Sakae. *God Meets Man,* 52; id., "The Experience of Liberation," *Spectrum* 9 (1977): 11.

Ladd, George. *The Presence of the Future.* Eerdmans, 1974.

Lane, William L. *The Gospel of Mark: The New International Commentary on the New Testament.* Eerdmans, 1974.

Lee, Francis Nigel. *The Covenantal Sabbath: The Weekly Sabbath Scripturally and Historically Considered.* London: The Lord's Day Observance Society.

Lehmann, Paul. *Ethics in a Christian Context.* New York: Harper, 1963.

Lewy, Julius and H. "The Origin of the Week and the Oldest Calendar," HUGA, 17 (1941-43): 1-152.

Lindsell, Herold. "Consider the Case for Quiet Saturday," *Christianity Today,* 5 (November, 1976): 42.

Lloyd-Jones, D. Martyn. 로마서 강해. 서문강 역, 서울: 기독교문서선교회, 1978.

_____. 산상설교집. 문창수 역, 서울: 정경사, 1989.

Lotz, Gulielmus. *Questiones de historia Sabbati libri duo.* Leipzig, 1883.

Manson, W. *The Gospel of Luke.* London: Macmillan, 1930.

Marshall, Howard. *Luke: Historian and Theologian, Contemporary Evangelical Perspective Series.* Zondervan, 1971.

Martens, Elmer A. 새로운 구약신학: 하나님의 계획. 김의원 역. 서울: 아가페문화사, 1992.

Martin, Ralph P. 신약의 초석, 크리스챤다이제스트, 1997.

McComiskey, Thomas Edward. 계약신학과 약속. 김의원 역, 서울: 기독교문서선교회. 1987.

McRae, Allen A. *Theological Wordbook of the Old Testament,* 2 vols., 2:672-73;

Meek, Th. J. "The Sabbath in the Old Testament: Its Origin and Development," *Journal of Biblical Literature* 33 (1914): 201-212.

Miller, J. Maxwell and John H. Hayes, 고대 이스라엘 역사. 박문재 역, 크리스챤다이제스트, 1996.

Morey, Robert A. "Is Sunday the Christian Sabbath?" *Baptist Reformation Revirw,* 8 (1979): 6.

Morgenstern, J. "Sabbath," *Interpreter's Dictionary of the Bible,* 4 (1962): 137.

Morris, Leon. *The New International Commentary on the New Testament: The Gospel According to John.* Eerdmans, 1984.

_____. *The New Testament and Jewish Lectionaries.* London: Tyndale, 1964.

Mounce, Robert H. *The Book of Revelation.* Eerdmans, 1977.

Murray, John. 성경과 기독교 윤리. 김남식 역, 도서출판 엠마오: 1990.

_____. *Collected Writings of John Murray.* The Banner of Truth Trust: 1977.

_____. *NIC The Epistle to the Romans.* Eerdmans, 1965.

_____. *Christian Baptism.* New Jersey: Presbyterian and Reformed Publishing Co., 1980.

North, Christopher R. "The 'Former things' and 'New things' in Deutero-Isaiah." *Studies in Old Testament Prophecy.* ed. H. H. Rowley, Edinburgh: T. & T. Clark, 1950

Oswalt, John N. *The Book of Isaiah Chapters 1-39.* Eerdmans, 1986.

Owen, John. *The Exercitations Concerning the Day of Sacred Rest, The Work of John Owen D.D. With Memorial of His Life and Writing.* ed. William Orme, London, 1826.

Pinches, Theophilus G. "Sapattu, the Babylonian Sabbath," *Proceedings of the Society of Biblical Archeology* 26 (1904): 51-56.

Pocklington, John. *Sunday No Sabbath.* London; 1636.

Poythress, Vern S. *The Shadow of Christ in the Law of Moses.* Brebtwood: Wolgemuth & Hyatt, Publishers, Inc., 1991.

Rayburn, Robert G. *O Come, Let Us Worship.* Baker Book House, 1980.

Rewley. H. H. "Moses and Decalogue," *Bulletin of the John Rylands Library,* 34, (1951-52): 81-118.

Ridderbos, Herman. *Paul: An Outline of His Theology,* trans., John R. De Witt, Eerdmans, 1975.

_____. *The Coming of the Kingdom.* ed. Raymond O. Zorn, trans., H. de Jongste, Philadelphia: Presbyterian and Reformed Publishing Co., 1962.

Ring, Rodney E. "Please don't call Sunday the Sabbath," *Dialog* 25 (Spring 1986): 139-40.

Roberston, O. Palmer. 계약신학과 그리스도. 김의원 역, 기독교 문서선교회: 1983.

Robinson, Gana. "The Origin and Development of the Old Testament Sabbath: A Comprehensive Exegetical Approach." Ph. D., diss., University of Hamburg, 1975.

Robinson, Richard A. "The Laws of Prohibited Labor on the Sabbath in Relation to the Book of Exodus: From Exodus Through the Mishnah," Ph. D., diss., Westminster Theological Seminary, 1993.

_____. "The Prohibition of Strange Fire in Ancient Israel: A New Look at the Case of Gathering Wood and Kindling Fire on the Sabbath," *Life of Constantine* 28 (1978). 301-17.

Rohr, John Von. *The Covenant of Grace in Puritan Thought.* Scholars Press: Atlanta, Georgia, 1986.

Rordorf, Willy. *Sunday: The History of the Day of Rest and Worship in the Earliest Centuries of the Christian Church,* Philadelphia,

1968.

Sailhamer, John H. *The Expositor's Bible Commentary, Genesis,* General ed. Frank E. Gaebelein, Zondervan, 1990.

Scharbert, Josef. "Curse," *Sacramentum Verbi: An Encyclopedia of Biblical Theology,* ed. Johannes B. Bauer, New York: Herder and Herder, 1970.

_____. *A Commentary on the Book of Genesis.* trans. Israel Abraham, Jerusalem: Megnes Press, Hebrew University, 1961-4.

Scriven, Chuck. "Beyond Arithmetic: A Look at the Meaning of the Sabbath," *Insight,* 7 (September 1971), 17-18;

Segal, M. H. "The Religion of Israel Before Sinai," *Jewish Quarterly Review* 52 (July 1961): 41-68.

Shedd, W. G. T. *Dogmatic Theology.* Zondervan, 1894.

Shuler, John L. "The Sabbath-a Sign of Righteousness By Faith," *Advent Review and Sabbath Herald,* 5 (August 1971), 6.

Sloan, Robert B. *The Favorable Year of the Lord: A Study of Jubilary Theology in the Gospel of Luke.* 1977

Specht, Walter F. "The Sabbath in the New Testament," *The Sabbath in Scripture and History.* ed. Kenneth Wood, Review and Herald Publishing Co., 1982.

Speiser, E. A. "'Coming' and 'Going' at the 'City Gate,'" *Bulletin of the American Schools of Oriental Research* 144 (1956): 20-23. id., *Genesis: Introduction, Translation, and Notes*, Garden City, N.Y.: Doubleday, 1964.

Spitz, Lewis W. 종교개혁사. 서영일 역, 서울: 기독교문서선교회, 1983.

Strong, A. H. *Systematic Theology.* Philadelphia: Griffith and Rowland, 1907-1909.

Thompson, J. A. *NIC, The Book of Jeremiah.* Eerdmans, 1980.

Tigay, J. H. "'On the Day Before the Sabbath' and 'On the Day after the Sabbath'" (Nehemiah xiii 19) *Tradition* 28 (1978): 362-65.

Turretin, Francis. *Institutes of Elenctic Theology.* ed. James T. Dennision, Jr. trans. George M. Giger, New Jersey: Presbyterian & Reformed Publishing, 1992.

VanGemeren, Wilem A. *The Expositor's Bible Commentary: Psalm.*

General. ed. Frank E. Gaebelein, Zondervan, 1991.

Von Rad. Gerhard. *Genesis: A Commentary*, trans. E. W. Trueman Dickens. 1961.

_____. "There Remains Still a Rest for the People of God: An Investigation of a Biblical Conception," *The Problem of the Hexateuch and Other Essays* (N. Y. :1966): 94-102.

_____. *Old Testament Theology II.* New York: Harper and Raw, 1965

Vos, Geerhardus. *Biblical Theology.* Eerdmans, 1948.

_____. *The Pauline Eschatology.* New Jersey: Princeton University Press, 1961.

Warfield, B. B. 구원의 계획. 모수환 역, 서울: 크리스챤다이제스트, 1991.

Webber, Robert E. *Worship Old & New.* Zondervan, 1982.

Weingreen, J. "The Case of the Woodgatherer death (Numbers XV 32-36)," *Theology Digest* 16 (1966): 361-64.

Wenham, G. H. *Genesis 1-15.* Waco: Word Books, 1987.

Weber, Hans-Ruedi "The Promise of the Land: Biblical Interpretation and Present Situation in the Middle East," *Study Encounter* 7 (1971): 7-10.

Williamson, H. G. M. *Ezra, Nehemiah.* Texas: Word Books, 1985

Williams, Donald. "The Israelite Cult and Christian Worship." In *The Use of the Old Testament in the New and Other Essays.* ed., James M. Efird Durham: Duke University Press, 1972.

Winstone, H. *Introduction to the Liturgy.* Collegeville: Liturgical, 1968

Woudstra, Martin H. "The Toledot of the Book of Genesis and their Redemptive Historical Significance," *Calvin Theological Journal*, 5(1970): 184-191.

Wright, Christopher J. H. *God's People in God's Land: Family, Land, and Property in the Old Testament.* Eerdmans, 1990

Young, Edward J. *The Book of Isaiah.* Eerdmans, 1972.

_____. *Daniel's Vision of the Son of Man.* London: Tyndale Press, 1958.

Youngblood, Ronald F. *The Expositor's Bible Commentary: 1, 2 Samuel*, General ed. Frank E. Gaebelein, Zondervan, 1992.

권성수, 히브리서. 서울: 총신대학교 출판부, 1997.

김세윤, 구원이란 무엇인가? 서울: 도서출판 참말, 1993.

류호준, 히브리서: 우리와 같은 그분이 있기에, 크리스챤다이제스트,
      1998.

신복윤, 칼빈의 신학사상. 성광문화사, 1993.

임창일, "이사야의 회복 사상에 나타난 창조 모티프," 박사학위 논문, 총
      신대학교, 1997.

한철하, 고대기독교 사상. 서울: 대한기독교서회, 1982.

최낙재, 영원한 안식과 주일, 크리스챤다이제스트, 1997.

_____. 웨스트민스터 소요리문답 강해. 크리스챤다이제스트, 2000

안식일과 주일

초판 발행 2002년 5월 15일
중쇄 발행 2012년 4월 15일

발행처   **크리스챤다이제스트**
발행인   박명곤
주소   경기도 고양시 일산동구 장항동 611-19
전화   031-911-9864, 070-7538-9864
팩스   031-911-9824
등록   제 396-1999-000038호
판권   ⓒ 박희석 2002
총판   (주) 기독교출판유통
         전화 031-906-9191~4
         팩스 0505-365-9191